国家社科基金重大项目成果

"十三五"国家重点图书出版规划项目

中国老学通史

刘固盛 主编

明清卷

刘固盛 王闯 涂立贤 著

海峡出版发行集团
THE STRAITS PUBLISHING & DISTRIBUTING GROUP

福建人民出版社
FUJIAN PEOPLE'S PUBLISHING HOUSE

图书在版编目（CIP）数据

中国老学通史. 明清卷 / 刘固盛主编；刘固盛，王闯，
涂立贤著. --福州：福建人民出版社，2023.9
　ISBN 978-7-211-08992-5

　Ⅰ.①中… Ⅱ.①刘… ②王… ③涂… Ⅲ.①老子—
哲学思想—研究—中国—明清时代 Ⅳ.①B223.15

　中国国家版本馆 CIP 数据核字（2023）第 021689 号

中国老学通史·明清卷

ZHONGGUO LAOXUE TONGSHI·MINGQING JUAN

作　　者：刘固盛　主编　刘固盛　王　闯　涂立贤　著
责任编辑：陈稚瑶
责任校对：李雪莹
出版发行：福建人民出版社　　　　　　电　　话：0591-87533169（发行部）
网　　址：http://www.fjpph.com　　电子邮箱：fjpph7211@126.com
地　　址：福州市东水路 76 号　　　　邮政编码：350001
经　　销：福建新华发行（集团）有限责任公司
印　　刷：恒美印务（广州）有限公司
地　　址：广州市南沙区环市大道南 334 号
开　　本：710 毫米×1000 毫米　　1/16
印　　张：39.75
字　　数：570 千字
版　　次：2023 年 9 月第 1 版　　　　2023 年 9 月第 1 次印刷
书　　号：ISBN 978-7-211-08992-5
定　　价：138.00 元

目　录

第一章 明清老学发展的思想文化背景

明朝与 1840 年以前的清朝，是中国古代社会的后期，就该时期思想文化发展的总体情况来看，一方面理学的正统地位进一步加强，思想控制严密；另一方面，到了明代，三教合一思想又有了进一步的发展①，王阳明心学成为影响巨大的时代思潮，乾嘉考据学则成为清代学术的标志。如此种种，都影响着明清老学的发展走势。

第一节 明清两代思想学术的变化

一、理学与心学

自元仁宗延祐元年（1314）正式恢复科举，以程朱之学作为考试内容，理学的正统地位得以确立，并延续于明清。洪武三年（1370），明太祖开始实行科举制，"专取四子书及《易》《书》《诗》《春秋》《礼记》五经命题试士。盖太祖与刘基所定"②。至洪武十七年，制定了严格的科举程式，并形成定制，其中对所试科目规定更

———————

① 如柳存仁言："在明代以前的道教中人，像南宋的夏宗禹、萧应叟（观复），元代的李道纯（他是白玉蟾的再传弟子）、卫琪等人，在他们自己的著作里或为道经作注疏，莫不提倡三教归一的说法，而夏宗禹并著《三教归一图说》，把它刻在所著《阴符经讲义》的正文之前。这种观念，到了明代，加上明太祖的赞助，更成为最时髦、最无可非议的论调了。"见柳存仁：《和风堂文集》卷中，上海古籍出版社1991 年版，第 822 页。

② 《明史》卷七十，《志四十六·选举二》，中华书局 1974 年版，第 1693 页。

加详细：

> 初场试四书义三道，经义四道。四书主朱子《集注》，《易》
> 主程《传》、朱子《本义》，《书》主蔡氏传及古注疏，《诗》主
> 朱子《集传》，《春秋》主左氏、公羊、穀梁三传及胡安国、张
> 洽传，《礼记》主古注疏。①

先将所考科目限定在四书五经范围内，又进一步将对四书五经的疏
解缩小在程朱及程朱派学者的注疏中。

明成祖即位，沿袭了明太祖的这一做法。永乐十年（1412），明
成祖令大臣胡广等辑宋儒四书五经传注，名为《四书五经大全》，又
辑诸儒言论中有羽翼经书者，汇为一编，名为《性理大全》，永乐十
三年书成，朱棣亲自为之作序：

> 所谓道者，人伦日用之理，初非有待于外也。厥初圣人未
> 生，道在天地，圣人既生，道在圣人，圣人已往，道在六经。
> 六经者，圣人为治之迹也。六经之道明，则天地圣人之心可见，
> 而至治之功可成。六经之道不明，则人之心术不正，而邪说暴
> 行侵寻蠹害，欲求善治，乌可得乎。朕为此惧，乃命儒臣编修
> 五经、四书。②

较之明太祖时期，朱棣所选定的传注范围更加狭小了。《易》《书》
《诗》指定注者相同，但对其内容进行了删减，如洪武二十七年
（1394），明太祖征召儒臣定正蔡氏《尚书集传》，要求"凡蔡氏传得
者存之，失者正之，又采诸家之说足其未备"③。及永乐年间修《尚

---

① 《明史》卷七十，《志四十六·选举二》，中华书局 1974 年版，第 1694 页。
② 朱棣：《御制性理大全书序》，《性理大全》，明万历二十五年（1597）吴勉学师古斋刻本。
③ 顾炎武著，黄汝成集释：《日知录集释》卷十八，《书传会选》，上海古籍出版社 2006 年版，第 1044 页。

书大全》，不仅删去异说，甚至连音释也不再保留。而《春秋》则由左氏、公羊、穀梁三传及胡安国、张洽传改为专主胡传；《礼记》由主古注疏改为专主陈澔《礼记集说》，书成之后，将其颁之官学，成为官方指定教科书，其他传注废弃不用。顾炎武感慨曰："自八股行而古学弃，《大全》出而经说亡。"① 士子的思想被限定在《大全》范围之内，程朱理学的正统地位进一步加强。

清朝建立以后，同样推崇儒家文化，顺治在继位的第一年就三次祭祀孔子，顺治十三年（1656），朝廷颁发了编纂《孝经衍义》的上谕，公开宣示接受儒家的治国主张，要以孝治天下。上谕说："自古平治天下，莫大乎孝，孝为五常百行之原……务俾读者观感效法，以称朕孝治天下之意。"② 顺治尊崇儒家的文化政策得到了康熙的继承和发扬。康熙不止一次在上谕中说到要"黜异端而崇正学"，正学即程朱理学。他对朱熹褒奖有加：

> 惟宋儒朱子，注释群经，阐发道理，凡所著作及编纂之书，皆明白精确，归于大中至正，今经五百余年，学者无敢疵议。朕以为孔孟之后，有裨斯文者，朱子之功最为弘钜！③

康熙认为朱熹才是孔孟的真正继承者，"朱夫子集大成，而绪千百年绝传之学，开愚蒙而立亿万世一定之规，穷理以致其知，反躬以践其实"，"至于忠君爱国之诚，动静语默之敬，文章言谈之中，全是天地之正气，宇宙之大道"④。为此他主持编纂了《御纂朱子全书》颁行于世，以供天下士人学习。康熙不仅表彰程朱理学，还重用了

① 顾炎武著，黄汝成集释：《日知录集释》卷十八，《书传会选》，上海古籍出版社2006年版，第1045页。
② 《世祖章皇帝实录》卷九十七，《清实录》，第3册，中华书局1985年版，第755—756页。
③ 《圣祖仁皇帝实录》卷二百四十九，《清实录》第6册，中华书局1985年版，第466页。
④ 康熙：《御制朱子全书序》，《御纂朱子全书》，《景印文渊阁四库全书》第720册，《子部·儒家类》，台湾商务印书馆1987年版，第2页。

一批宗程朱理学的名臣。比较著名的有魏裔介、魏象枢、熊赐履、李光地、耿介、汤斌等。这些理学名臣与康熙一起，共同推动了理学作为清朝统治思想地位的确立。

程朱理学自康熙时期成为清朝官方统治思想之后，一直受到后世帝王的推崇。如乾隆在即位之初的乾隆五年（1740）就颁发御旨，倡导天下士子投身理学，他说：

> 夫治统原于道统，学不正则道不明。有宋周、程、张、朱子，于天人性命大本大原之所在，与夫用功节目之详，得孔、孟之心传，而于理欲、公私、义利之界，辨之至明。循之则为君子，悖之则为小人。为国家者，由之则治，失之则乱。实有裨于化民成俗，修己治人之要，所谓入圣之阶梯，求道之途辙也。学者精察而力行之，则蕴之为德行，学皆实学；行之为事业，治皆实功。此宋儒之书，所以有功后学，不可不讲明而切究之也。①

乾隆早年对程朱理学的推崇，比起康熙有过之而无不及，他将理学视为治国安邦的指导思想。尽管后来考据学兴起，并成为乾嘉时期的标志性学术形态，但理学一直居于意识形态的主导地位，"不仅统治者要利用它，就是在读书人那里，不少人也将其视为安身立命之学，甚至对普通百姓而言，某些理学教诲亦已深入骨髓"②。

与理学居于官方正统地位不同，王阳明心学的出现虽不反名教，但内含个性解放的精神。

王阳明早年谓圣贤可学而至，虽专意于程朱格物之学，结果不仅未能格得天理，反因过虑成疾。他努力几年，于成圣之道却不得其门，"乃随世就辞章之学"③。但王阳明最热切的愿望仍然是成为圣

---

① 《高宗纯皇帝实录》卷一百二十八，《清实录》第 10 册，中华书局 1985 年版，第 876 页。
② 龚书铎主编、李帆著：《清代理学史》（中卷），广东教育出版社 2007 年版，第 29 页。
③ 王守仁著，吴光、钱明等编校：《王阳明全集》卷三十三，《年谱一》，上海古籍出版社 1992 年版，第 1223 页。

贤，转向辞章之学不过是一时的逃避，是对自己精神的一种放松与修养，他很快就认识到辞章艺能并不能达成其成圣的理想，却苦于找不到良师益友为其指点迷津，只能继续在宋儒成说之中寻求。然而王阳明始终觉得物理与其心判而为二，程朱之学所宣扬的天理伦常与道德败坏的社会现实形成强烈的矛盾，他格不出一个让自己心悦诚服的天理法则。失望之下，遂寄情于佛老之学，以"遗世入山"来安顿自己的成圣理想。他自述此一时期的心路："守仁早岁业举，溺志词章之习，既乃稍知从事正学，而苦于众说之纷挠疲病，茫无可入，因求诸老、释，欣然有会于心，以为圣人之学在此矣！"① 可见，王阳明虽学佛老，但并非为了出世，而是于其中探寻成圣之道。不过，佛老之学的空虚之弊与他的成圣主张格格不入，遂悟佛老二氏之非。正德元年（1506），王阳明因为戴铣求请，结果被流放到贵州龙场。在龙场担任驿丞期间，王阳明证得"圣人之道，吾性自足，向之求理于事物者误也"②。"龙场悟道"不仅是儒学的一次重要转型，对王阳明个人而言，此事亦关系重大。如余英时认为"龙场悟道"不能简单从学理层面理解，对于王阳明而言，这是一次人生道路的抉择："他早年两度困于'心与理如何合一'的问题而不得出，是因为这个问题根本不是在认知层面所能解决的。但经过了入狱、廷杖、贬谪等一连串的巨创深痛之后，他终于发现：尽管他生活在一个'治'无'道'而'君'不体现'理'的世界，他心中的'忠之理'却依然未曾消逝。达到了这一悟境，'理'内在于人之'心'，而不能外求于事事物物，在他已是体证了的真实，再也无可怀疑了。"③ 在遭遇刘瑾迫害后，王阳明以"良知"之学安顿己身，将内圣外王的理想收缩为"独善其身"，注重个体人格完善和精神满足。王阳明由佛老之学最终又回归到儒家成圣之学，因为早年的经历，

---

① 王守仁著，吴光、钱明等编校：《王阳明全集》卷三，《朱子晚年定论·阳明子序》，上海古籍出版社 1992 年版，第 127 页。

② 王守仁著，吴光、钱明等编校：《王阳明全集》卷三十三，《年谱一》，上海古籍出版社 1992 年版，第 1228 页。

③ 余英时：《宋明理学与政治文化》，吉林出版集团有限责任公司 2008 年版，第 184 页。

虽然对佛老持批评的态度，但却是有舍有取，并未一概否定：

> 孟氏患杨、墨；周、程之际，释、老大行。今世学者皆知尊孔、孟，贱杨、墨，摈释、老，圣人之道若大明于世。然吾从而求之，圣人不得而见之矣，其能有若墨氏之兼爱者乎？其能有若杨氏之为我者乎？其能有若老氏之清净自守、释氏之究心性命者乎？吾何以杨、墨、老、释之思哉？彼于圣人之道异，然犹有自得也。①

王阳明认为佛老虽不同于儒学，但犹有"自得"之处，可资取法，故晚年虽然一再言"陷溺于邪僻者二十年"②，但当其时，道家思想已经融入他的思想体系。王阳明哲学体系的构建与道家思想密不可分。

二、明代科举考试的导向

明初建国，统治者为了统一思想，对科举考试的内容有严格的规定，《明史·选举志》记载：

> 乡试以八月，会试以二月，皆初九日为第一场，又三日为第二场，又三日为第三场。初设科举时，初场试经义二道，四书义一道；二场，论一道；三场，策一道。中式后十日，复以骑、射、书、算、律五事试之。后颁科举定式，初场试四书义三道，经义四道……永乐间，颁《四书五经大全》，废注疏不用。其后，《春秋》亦不用张洽传，《礼记》止用陈澔《集说》。

---

① 王守仁撰，吴光、钱明等编校：《王阳明全集》卷三十三，《年谱一》，上海古籍出版社1992年版，第1234页。

② 正德六年（1511年），王阳明对湛若水曰："某幼不问学，陷溺于邪僻者二十年，而始究心于老、释。赖天之灵，因有所觉，始乃沿周、程之说求之，而若有得焉……"（王守仁撰，吴光、钱明等编校：《王阳明全集》卷三十三，《年谱一》，上海古籍出版社1992年版，第1234页）王阳明还曾对黄宗贤曰："守仁幼不知学，陷溺于邪僻者二十年。"（王守仁撰，吴光、钱明等编校：《王阳明全集》卷七《别黄宗贤归天台序》，上海古籍出版社1992年版，第233页）

二场试论一道，判五道，诏、诰、表、内科一道。三场试经史
时务策五道。①

明初科举内容限制在程朱学派所注的四书五经范围之内，学子谨守
义理，不逾程朱之注。成化年间，八股文体形成，科举体例更加完
备，此"完备"一方面是指行文框架固定为八股形式，另一方面是
指文章恪守程朱之注。这样，科举考试与程朱理学紧密结合，读书
人只读科举指定书目，"言不合朱子，率鸣鼓而攻之"②。而科举选士
的标准自然也是程朱理学。试看以下一则记载：

> 成化丙戌，陈公甫、庄孔旸、章德懋应南宫试，试官相戒
> 曰："场中有此三人，不可苟。"及填榜，章、庄高列，惟不见
> 陈卷。时题为"老者安之"三句，亟索至，则陈破云："人各有
> 其等，圣人等其等。"同考者业批其旁云："若要中进士，还须
> 等一等。"见者哄堂。③

成化二年（1466）时，科举考试仍然恪守程朱义理，故当时倡导心
学并颇有名声的陈献章参加会试，其破题并不得考官赏识。但到弘
治末年，科举的标准发生了变化，程朱以外的思想渐渐得到考官的
接纳：

> 宏（弘）治十八年乙丑会试，太常卿张元桢、侍讲学士杨
> 廷和为主考，得一卷曰："非白沙之徒不能为此。"署第二名，
> 揭晓唱名，乃广东增城人湛若水也。④

---

① 《明史》卷七十，《志第四十六·选举二》，中华书局 1974 年版，第 1693—1694 页。
② 朱彝尊：《曝书亭集》卷三十五，《道传录序》，《清代诗文集汇编》第 116 册，上
  海古籍出版社 2010 年版，第 296 页。
③ 姚旅：《露书》卷十二，《谐篇》，福建人民出版社 2008 年版，第 283 页。
④ 李调元：《制义科琐记》卷二，《白沙之徒》，《丛书集成新编》第 31 册，台北新文
  丰出版公司 1985 年版，第 21 页。

当时陈献章的心学思想已经传播开来，并得到了官员的认可，故其衣钵传人湛若水得以考中。

随着王阳明心学的创建和传播，越来越多的阳明门人步入仕途，阳明学影响力日增，在科举中被越来越多的学子应用，与此同时，《老子》也出现在科举文章中。徐阶曾言：

> 国家以文取士，百八十年于兹。在宣德以前，场屋之文虽间失之朴略，而信经守传，要之不抵牾圣人。至成化、弘治间，则既彬彬盛矣。正德以降，奇博日益，而遂以入于杨、墨、老、庄者，盖时有之。彼其要归，诚与圣人之道不啻秦越，然其言之似是，世方悦焉，而莫之能放也。①

可见，正德之后，《老》《庄》就开始出现在时文之中。但直至嘉靖，朝廷都禁止科举中引用《老》《庄》。如嘉靖八年（1529）会试，霍韬、张孚敬任主考官，凡引用《老》《庄》者皆不予录取："霍文敏公韬，嘉靖己丑主会试，士有剿述《庄》《老》野史，逞博炫奇者，置勿取。谓变时丧礼，至道攸寓，特以命题，不复拘忌。《春秋》比事，碎裂经旨，不以之试士。"②嘉靖十七年正月，"礼部请正文体，禁引用《庄》《列》不经语。诏可"③。然而，朝廷的禁令并没有起到应有的效果，科举考试中引用《老》《庄》的现象并没有得到遏制，引用者反而越来越多。顾炎武认为这一现象的出现与徐阶、李春芳有关：

> 隆庆二年会试，为主考者厌五经而喜《老》《庄》，黜旧闻而崇新学，首题《论语》"子曰由诲汝知之乎"一节，其程文破

---

① 徐阶：《世经堂集》卷一二，《崇雅录序》，《中国考试史文献集成》第五卷（明），高等教育出版社 2003 年版，第 522 页。

② 张萱：《西园闻见录》（五）卷四十四，《礼部三·科场·往行》，《明代传记丛刊》第 120 册《综录类》（30），台北明文书局 1991 年版，第 341 页。

③ 查继佐：《罪惟录》志卷十八，《科举制》，浙江古籍出版社 1986 年版，第 834 页。

云："圣人教贤者以真知，在不昧其心而已。"始明以《庄子》之言入之文字。自此五十年间，举业所用，无非释老之书。彗星扫北斗、文昌，而御河之水变为赤血矣。崇祯时，始申旧日之禁，而士大夫皆幼读时文，习染已久，不经之字，摇笔辄来，正如康昆仑所受邻舍女巫之邪声，非十年不近乐器，未可得而绝也。虽然，以周元公道学之宗，而其为书，犹有所谓"无极之真"者，吾又何责乎今之人哉！①

徐、李二人都曾位居首辅；徐阶服膺王学，李春芳曾从学于王门欧阳德、王艮。隆庆二年（1568）会试，主考官正是首辅李春芳，会试之前，先由主考官作一篇范文，李春芳在范文中引入了《庄子》之言。自此之后，科举时文引《老》《庄》者屡禁不止。如万历三十四年（1606）明神宗的诏谕所指出：

> 文体敝坏，至今日而极。非独士习之陋，亦因阅卷官自繇此轨而进，相师相尚，莫知其非，以此取士，士安得不靡然从之。今后房考官见有离经畔注，穿凿揣摩，及摭拾佛书俗语隐讳怪诞者，必弃不取，甚者参罚。仍刊布谕旨，预使闻知。②

这一诏书很清楚地说明了"所录者反所禁"的原因就在于朝廷要求禁止，但阅卷官本人当年科考之时亦引用《老》《庄》，及其阅卷取士，自然不会抵触这样的试卷，故有学子专投其所好，循环如是，自然不能禁止。

隆万以后，科举中引用《老》《庄》及诸子百家之言的风气愈盛，尤其是天启二年（1622）、天启五年两场会试，"能用子史者咸入彀"③。

---

① 顾炎武著，黄汝成集释：《日知录集释》卷十八，《破题用〈庄子〉》，上海古籍出版社 2006 年版，第 1057 页。

② 《明神宗实录》卷四二八万历三十四年十二月丙午，《明实录》，上海书店 1982 年版，第 61 册，第 8069 页。

③ 郭伟辑：《新镌分类评注文武合编百子金丹·凡例》，《四库全书存目丛书·子部》第 153 册，齐鲁书社 1995 年版，第 1 页。

以致《老子》更不能被禁："启祯之间，文体益变，以出入经史百氏为高，而恣轶者亦多矣。虽数申诡异险僻之禁，势重难返，卒不能从。"① 这一风气也可以从当时的刻书业得以证明。如万历年间，豫章人李元珍刊刻《诸子纲目》，在封面介绍此书曰："选子百六十种，材取邓林，品节千八百条，富资石室。纲分其类，目列其详，好古者不苦汗牛，舞象者可同藜火，博而约，古而奇，艺苑宗工，举业鸿宝。"② 可见此书专为科举考试者而辑，故以"举业鸿宝"称之。以诸子书为考试内容，反映了当时科举考试的一种导向，而此种导向有益于《老子》影响力的扩大，注《老》者与《老子》书的刊刻数量急剧增长，老学迎来了一个发展的繁荣期。

三、清代考据学与诸子学

考据学是清代最有代表性的学术形态，其兴起的原因，既与清代的政治、文化政策有关，也是学术本身发展演变的结果。而考据学之所以在乾隆时期达到鼎盛，则与四库馆的开设有很大关系。

考据学得以开展的基础条件乃是图书资料的完备，而《四库全书》的编修使得全国的珍本秘籍汇于一处，为考据学的兴盛提供了坚实的资料基础。乾隆在决意编修《四库全书》之前的乾隆三十七年（1772），就已经颁发了征书的上谕，号召全国百姓踊跃献书。上谕说："今内府藏书，插架不为不富，然古今来著作之手无虑数千百家，或逸在名山，未登柱史，正宜及时采集，汇送京师，以彰千古同文之盛。其令直省督抚会同学政等通饬所属，加意购访。""其历代流传旧书，内有阐明性学治法，关系世道人心者，自当首先购觅。至若发挥传注，考核典章，旁暨九流百家之言，有裨实用者，亦应备为甄择。"③ 在乾隆三十八年决定编修《四库全书》之后，为了激

---

① 《明史》卷六十九，《志四十五·选举一》，中华书局1974年版，第1689页。

② 李元珍辑：《诸子纲目类编》，故宫博物院编：《故宫珍本丛刊》第501册，海南出版社2000年版，第199页。

③ 乾隆三十七年正月初四日谕，《四库全书总目·卷首圣谕》，中华书局1965年版，第1页。

起民间献书的热情，乾隆皇帝还采取了诸多的奖励措施，下令：

> 将进到各书，于篇首用翰林院印。并加钤记，载明年月姓名于书面页。俟将来办竣后，仍给还各本家，自行收藏。其已经题咏诸本，并令书馆先行录副，将原书发还。俾收藏之人，益增荣幸。今阅进到各家书目，其最多者如浙江之鲍士恭、范懋柱、汪启淑，两淮之马裕四家。为数多至五六七百种。皆其累世弆藏，子孙克守其业，甚可嘉尚。因思内府所有《古今图书集成》，为书城钜观，人间罕觏。此等世守陈编之家，宜俾专藏勿失，以俾留贻。鲍士恭、范懋柱、汪启淑、马裕四家，著赏《古今图书集成》各一部，以为好古之劝。又如进呈一百种以上之江苏周厚堉、蒋曾莹，浙江吴玉墀、孙仰曾、汪汝瑮以及朝绅中黄登贤、纪昀、励守谦、汪如藻等，亦俱藏书旧家。并著每人赏给内府初印之《佩文韵府》各一部，俾亦珍为世宝，以示嘉奖。①

乾隆承诺所献之书不但原本返还，还会在上面盖上翰林院的印，以作收藏之用。对江浙地区献书达五百种以上的藏书家，奖励《古今图书集成》一部，献书一百种左右的奖励内府初印本《佩文韵府》一部。不仅如此，乾隆还决定加大奖励，"前已降旨分别颁赏《古今图书集成》及初印《佩文韵府》，择其书尤雅者，制诗亲题卷端，俾其子孙世守，以为稽古藏书者劝"②。在皇帝的重奖之下，图书征集工作比较顺利，最终征得各地图书一万多种。如此丰富的典籍收藏是普通学者难以想象的，正如章学诚所言："四库搜罗，典章大备，遗文秘册，有数百年博学通儒所未得见而今可借钞于馆阁者。"③

---

① 乾隆三十九年五月十四日谕，《四库全书总目·卷首圣谕》，中华书局 1965 年版，第 2 页。

② 乾隆三十九年七月二十五日谕，《四库全书总目·卷首圣谕》，中华书局 1965 年版，第 2 页。

③ 章学诚：《文史通义·外篇三·为毕制军与钱辛楣宫詹论续鉴书》，浙江古籍出版社 2005 年版，第 653 页。

随着《四库全书》的编修，涌现出了一大批长于考据的学者，著名的有戴震、纪昀、朱筠、邵晋涵、王念孙等，他们利用有利条件，提升自己的学术水平。戴震在四库馆工作期间，利用《永乐大典》等图书资料，纂校了大量失传或讹误已久的古代数学典籍，如《周髀算经》二卷、《九章算术》九卷、《海岛算经》一卷，《夏侯阳算经》三卷、《孙子算经》三卷、《五经算术》二卷、《张丘建算经》三卷等。① 周永年在四库馆内"见宋元遗书湮没者，多采入《永乐大典》中，于是抉摘编摩，自新喻刘氏兄弟《公是》《公非集》以下，凡得十余家，皆前人所未见者"②。法式善因参校《四库全书》得见众多秘籍孤本，从而补全了明人偶桓《乾坤清气集》中所缺少的元人七言绝句。③ 法氏为此还十分得意地说："朱竹垞谓偶吏目桓所选元诗为独开生面，而以缺七言绝句为憾，余尝欲补之而未就也。因忆文渊阁校四库书，所阅元人诗佳者辄录存，多《四朝诗选》《元文类》《宋元诗会》《元诗体要》《元风雅》《元诗选》《元诗癸集》中所未载者。将来合诸集甄综之，以复吏目旧观。"④ 史学家邵晋涵亦受益于《四库全书》的编校，他从《永乐大典》等古代类书中辑出被认为失传已久的宋人薛居正主编之《旧五代史》。

这些学者集中在四库馆，不仅从其中受益良多，促进了自身学术水平的提高，更为重要的是，他们将四库馆变成了考据学的大本营，有力推动了考据学风的发展。正如黄爱平所言，《四库全书》的编修，使得"一代学术由此得以迅速发展起来，并很快占据了学术界的主导地位。许多学者竭毕生精力，从事于文字、音韵、训诂、校勘、辑佚的研究，大量散失亡佚的古书得以发掘复出，残缺脱误的典籍得到爬梳整理，难以卒读的古籍也再经疏通证明"⑤，考据学在乾隆时期达到了鼎盛。

---

① 张舜徽：《清儒学记》，华中师范大学出版社 2005 年版，第 97 页。
② 《清史列传·邵晋涵附周永年》，中华书局 1987 年版，第 5527 页。
③ 郭康松：《清代考据学研究》，崇文书局 2001 年版，第 93 页。
④ 法式善：《陶庐杂录》卷二，中华书局 1959 年版，第 27 页。
⑤ 黄爱平：《朴学与清代社会》，河北人民出版社 2003 年版，第 205 页。

清代考据学所关注的主要内容是经学。钱大昕云："夫六经定于至圣，舍经则无以为学。"① 段玉裁也认为"凡古礼乐制度名物之昭著，义理性命之精微，求之六经，无不可得"②。圣人之道存六经，这是考据学者的普遍共识。所以要认识圣人之道，则必须从研读六经入手。可是六经典籍乃上古遗存，后人距离太远，认识起来颇有难度，其中文字、音韵和训诂就是头等问题。戴震说："经之至者，道也；所以明道者，其词也；所以成词者，未有能外小学文字者也。由文字以通乎语言，由语言以通乎古圣贤之心志，譬之适堂坛之必循其阶，而不可以躐等。"③ 圣人之道是通过六经的语言文字表达出来的，认识六经则必须要通文字、音韵和训诂，这是戴震为考据学总结的一般治学规律。然而六经之难治，除了语言文字之隔阂以外，还涉及其他众多问题，戴震对此曾有一段非常著名的论述：

> 至若经之难明，尚有若干事：诵《尧典》数行，至"乃命羲和"，不知恒星七政所以运行，则掩卷不能卒业。诵《周南》《召南》，自《关雎》而往，不知古音，徒强以协韵，则龃龉失读。诵古《礼经》，先《士冠礼》，不知古者宫室、衣服等制，则迷于其方，莫辨其用。不知古今地名沿革，则《禹贡》职方失其处所。不知"少广""旁要"，则《考工》之器不能因文而推其制。不知鸟兽、虫鱼、草木之状类名号，则比兴之意乖。④

要想真正理解六经是十分困难的事，除语言文字外，还涉及天文、地理、古代宫殿服饰制度和手工业情况等。所以，研究六经所需要的知识是非常多的，一个问题的解决往往需要跳出经典之外，求助于其他典籍，于是，距离六经不远的先秦子书就这样进入了考据学

① 钱大昕：《潜研堂文集》卷二十四，《经籍纂诂序》，《四部丛刊初编本》，商务印书馆 1919 年版。
② 段玉裁：《经韵楼集》卷六，《江氏音学序》，上海古籍出版社 2008 年版，第 125 页。
③ 戴震：《戴震文集》卷十，《古经解钩沉序》，中华书局 1980 年版，第 146 页。
④ 戴震：《戴震文集》卷九，《与是仲明论学书》，中华书局 1980 年版，第 140 页。

者的视域，成为他们考证儒家经典的辅助资料。

清代的考据学者大都精通子学，他们普遍认为经学的研究离不开子学的辅助。如焦循就说："经学者，以经文为主，以百家子史、天文术算、阴阳五行、六书七音等为之辅，汇而通之，析而辨之，求其训故，核其制度，明其道义。"① 章学诚甚至认为"战国之文，其源皆出于六艺"，他说：

> 老子说本阴阳，庄、列寓言假象，《易》教也；邹衍侈言天地，关尹推衍五行，《书》教也；管、商法制，义存政典，《礼》教也；申、韩刑名，旨归赏罚，《春秋》教也；其他杨、墨、尹文之言，苏、张、孙、吴之术，辨其源委，挹其旨趣，九流之所分部，《七录》之所叙论，皆于物曲人官得其一致，而不自知为六典之遗也。②

在他看来，诸子学说都是源自六经，自然也就可以为经学之辅助了。叶德辉更是明确提出"以子证经"，他说："以子证经，诸子皆六艺之支流，其学多于七十子。周、秦、两汉九流分驰，诸儒往往撷其书之遗言，以发明诸经之古学。"他还进一步举出子学可以成为经学研究辅助的例子：

> 今试举其书论之……《韩非子》《淮南子》为《春秋左氏》义，《白虎通德论》为《春秋》礼义，《荀子》、蔡邕《独断》为《礼》义，此其彰明较著者。至《墨子》有《古尚书》、有《百国春秋》，《管子》有《周礼》遗法，《淮南子》有九师《易》义，是又在读者善为沟通，而无用其比较已。③

---

① 焦循：《雕菰楼集》卷十三，《与孙渊如观察论考据著作书》，《丛书集成初编》本，中华书局 1985 年版，第 214 页。
② 章学诚：《文史通义·内篇一·诗教上》，浙江古籍出版社 2005 年版，第 45 页。
③ 徐珂编：《清稗类钞》第 8 册《经术类·经有六证》，中华书局 2010 年版，第 3806 页。

俞樾的例子更为详细，他说：

> 故读《庄子·人世间篇》曰："大枝折，小枝泄。"泄即拽之假字，谓牵引也。而《诗·七月篇》"以伐远扬，猗彼女桑"之义见矣……读《管子·大匡篇》曰："臣禄齐国之政。"而知《尚书》今文家说大麓，古有此说……读《商子·禁使篇》曰："驺虞以相监。"而知韩鲁诗说以驺虞为掌鸟兽官，亦古义也……读《吕氏春秋·音律篇》曰："固天闭地，阳气且泄。"而知《月令》"以固而闭，地气沮泄"之文，有夺误也。①

俞樾对先秦子书的重要性有着清醒的认识，他感慨道："凡此之类，皆秦火以前。六经旧说，孤文只字，寻绎无穷。乌呼！西汉经师之绪论，已可宝贵，况又在其前欤？"②

以子证经是清代考据学者的普遍认识，他们大多都在自己的研究中运用子书考证儒家经典。③ 这一学术方法带来的结果就是长期得不到重视的先秦子书，在清代学者的努力下，开始进入学者的视野。更为重要的是，清代学者出于以子证经的需要，整理校勘了大量先秦子书，诸子之学也因此而重新复活，并在晚清形成一股学术潮流。

第二节　道教的发展与调整

一、皇帝的崇道活动

明代朱元璋建国后，基本上采用三教并用的思想政策，对佛道

---

① 俞樾：《诸子平议·序》，商务印书馆 1935 年版，第 1 页。
② 俞樾：《诸子平议·序》，商务印书馆 1935 年版，第 1—2 页。
③ 刘仲华在《清代诸子学研究》（中国人民大学出版社 2004 年版）一书中认为，清人从解经、古音、训诂、辨伪等四个方面对以子证经进行了实践。

二教的作用是持肯定态度的，如洪武七年（1374）有《御制玄教斋醮仪文序》云：

> 朕观释道之教，各有二徒，僧有禅有教，道有正一有全真。禅与全真务以修身养性独为自己而已；教与正一专以超脱特为孝子慈亲之设，益人伦，厚风俗，其功大矣哉……敕礼部会僧道定拟释道科仪格式，遍行诸处，使释道遵守，庶不糜费贫民，亦全僧道之精灵，岂不美哉。①

朱元璋认为道、释二教均有助于人伦教化，特别对道教的最高经典《老子》十分推崇，并亲注《老子》，成为继唐玄宗、宋徽宗之后又一位注解《老子》的皇帝。朱元璋认为《老子》"乃万物之至根，王者之上师，臣民之极宝，非金丹之术也"②，其解《老子》的目的是将《老子》思想运用到治国的实践中去，所以他谈道：

> 本经云：民不畏死，奈何以死而惧之？当是时，天下初定，民顽吏弊，虽朝有十人而弃市，暮有百人而仍为之，如此者岂不应经之所云？朕乃罢极刑而囚役之，不逾年而朕心减恐。③

看来，朱元璋对老子思想体会颇深，并且将其作为施政的指导。皇帝对老子的重视，于道教的发展自然是有利的。

明成祖朱棣则是一个著名的崇道皇帝，他把真武大帝树立为明皇室的保护神大加崇奉，武当山作为真武玄天上帝修真得道之地而受到朱棣的特别重视，他曾先后颁发几十道圣旨以兴隆武当道教，

---

① 《御制玄教斋醮仪文序》，《道藏》第九册，文物出版社、上海书店、天津古籍出版社 1988 年版，第 1 页。

② 《大明太祖高皇帝御注道德真经序》，熊铁基、陈红星主编：《老子集成》第六卷，宗教文化出版社 2011 年版，第 2 页。本书下引《老子集成》，只注卷数，页码，省去其他出版信息。

③ 《大明太祖高皇帝御注道德真经序》，《老子集成》第六卷，第 2 页。

其扶持政策和管理措施主要有：大规模创建宫观、钦点各地道士入武当山虔心办道、钦命道官提点各宫观、拨赐公田佃户专一供赡道士、轮差军民修理洒扫宫观、钦授藩臣提调全山、颁降圣旨严饬道规等。① 在皇帝的扶持下，武当道教得到空前的发展，而武当道的兴起，是明代道教史上的一个亮点。

明成祖以后，仁宗、宣宗、英宗、宪宗、孝宗、世宗等都是著名的崇道皇帝。明代皇帝崇道的一个共同的特点是宠信和重用道士，如明太祖授丘玄清为监察御史、授王德益为太常卿；明成祖任袁廷玉、沈与真、赵彝善为太常寺丞等；而从英宗到世宗的几位皇帝，更是先后提拔四位道士担任尚书之职。如第一位道士尚书是英、代两朝的蒋守约，第二位是宪宗朝的李希安，第三位是孝宗朝的崔志端，第四位是世宗朝徐可成，这四位尚书开始几乎有相似的经历，后来则升迁至礼部尚书。以崔志端为例：

> 志端，李广之党也，习部虚声，音吐洪畅。成化中传奉，历官至太常少卿，久之进卿。致是骤擢尚书，仍掌寺事。言官以志端羽流，不宜清秩，抗疏力争。上曰："先朝有之，既擢用矣。"不听。②

孝宗对崔志端的重任遭到了言官的反对，但孝宗对言官的意见不予采纳，其中的一个重要的原因是前朝有任道士为尚书的旧例。

明代道教从教派上区分为正一、全真两大派，由于正一派与世俗社会的结合更加密切，非常适合统治者神道设教的需要，故受到了明朝皇帝的重视，"在政治地位上压倒其余一切道派，取得了前所未有的尊荣，成为道教的代表"③。像正一道第四十二代天师张正常、第四十三代天师张宇初、第四十四代天师张宇清、第四十五代天师

---

① 参见王光德、杨立志：《武当道教史略》，华文出版社 1993 年版，第 166—168 页。
② 《明通鉴》卷四十，中华书局 2009 年版，第 1379 页。
③ 卿希泰主编：《中国道教史》第三卷，四川人民出版社 1996 年版，第 435 页。

张子开等，都屡受朝廷封赐，地位十分显贵。从第四十六代天师张元吉开始，正一道渐渐走向衰落，但道教在整个明代影响是巨大的，诚如柳存仁所言："在整个中国思想史中，道教的势力之大，道教空气弥漫笼罩于上下各阶层、各方面，却没有比这三百年更浓厚更盛的了。"①

清代统治者对道教的态度并不像明代皇帝那样崇奉，但从顺治皇帝开始，朝廷对全真道开始加以重视，康熙、雍正、乾隆诸帝都有崇道的举措，例如康熙皇帝敕封龙门派高道王常月为"抱一高士"，雍正皇帝封南宗始祖张伯端为"大慈圆通禅仙紫阳真人"，对南宗实际创始人白玉蟾的解《老》著作《道德宝章》颇为推重。在清代皇帝中，雍正对道教、佛教的扶持是最多的。他认为，道教、佛教与儒家的思想都不矛盾："域中有三教，曰儒、曰释、曰道，儒教本乎圣人，为生民立命，乃治世之大经大法，而释氏之明心见性，道家之炼气凝神，亦于吾儒存心养气之旨不悖。"不仅如此，道、佛二教对于国家的治理也大有裨益："其教皆主于劝人为善，戒人为恶，亦有补于治化。"他还特别肯定道教的符箓法术："道家所用经箓符章，能祈晴祷雨，治病驱邪，其济人利物之功验，人所共知。"②并时常为出家的道士辩护："彼既立愿出家，其意亦为国家苍生修福田耳，乃无故强令配合，以拂其性，岂仁君治天下者之所忍为乎？"③他十分反对那些毁僧灭道的行为。正如王卡所指出的，雍正帝在位期间，尤其是雍正八年（1730）重病愈复之后，至十三年八月驾崩之前，他极力提倡三教同源之说，驳斥儒学臣僚辟佛老为异端的偏见，而对禅道二门颇为关照。数年之中，编修经书语录，封赠禅僧道士，敕建寺院宫观，御制庙额碑文等优崇礼遇不断。雍正帝特别优崇的道士有两位，一个是宋代金丹派南宗祖师张伯端，一个是当时的龙虎山法师娄近垣。他们的著作被收入雍正帝主编的《御选语录》，两

---

① 柳存仁：《和风堂文集》（中），上海古籍出版社1991年版，第814页。
② 娄近垣：《龙虎山志》，《藏外道书》第19册，巴蜀书社1992年版，第427页。
③ 《三教平心论》"上谕"，《丛书集成初编》第734册，商务印书馆1935年版，第2—3页。

人同年内被加封为"真人"，而且雍正帝还拨帑银遣官修建两人道场。雍正帝对张伯端的推崇，是因为张伯端性命双修的内丹功法，及其三教归一、道释无二之说，与他多次提振宣示的旨意，可谓若合符契。娄近垣则是因为给雍正皇帝看病有效，深得其宠爱，被授为龙虎山上清宫四品提点，兼大内钦安殿住持。雍正十一年，又进封娄为妙正真人，授任京城大光明殿正住持。在雍正皇帝的扶持下，张伯端和娄近垣所代表的道教全真、正一两大教派，因此一度兴盛。①

二、全真道在明清时期的发展

相对于全真道在元代的兴旺，明代全真道的发展落后于正一，这与当时朝廷扬正一抑全真的宗教政策有直接的关系。因此，有很多研究者认为明代的全真道处于沉寂衰落的状态，如王志忠言："自明初二百多年来，对全真教道士活动的管制是由紧到松，逐渐弛禁。历史的阴影已逐渐淡化，全真教的活动一直在下层流传，且人数极少，它的经济力量决定了它不可能在当时的历史舞台上亮相，'虽时当晦迹，先圣一脉，不可不续'，所以，一些全真教道士仍在各处进行小范围的活动。"② 但也有不少学者提出了不同的看法，如陈兵指出："其实力尚堪与正一派相敌，其教风与内炼之学被推广于道教诸派，道士中实践发挥本派内炼之道者尚不无其人，其影响亦及于道教圈子外。作为一个已有数百年根柢的文化实体，全真派可谓元气未伤，余力尚存，这使它在清初又有所中兴。"③ 意谓明代全真道只是在政治地位上失去了元代的显赫，不如正一道荣贵，但其在明代并非元气大伤，一蹶不振了，它仍然在努力扩张自身势力。近年来，有更多的学者不同意明代全真道衰落的观点，如吴亚魁在总结学者们对明清时期全真教的宗派、传承谱系等诸多问题研究成果的基础

---

① 参见王卡：《雍正皇帝与紫阳真人——兼述龙门派宗师范青云》（上、下），《宗教学研究》2013 年第 1、2 期。
② 王志忠：《明清全真教论稿》，巴蜀书社 2000 年版，第 55 页。
③ 陈兵：《道教之道》，今日中国出版社 1995 年版，第 118 页。

上得出结论："明初、中期以降，陆续有全真龙门和其他道教宗派活跃于南北中国，且一如《诸真宗派总簿》所载派字诗般地代代相传。"① 张广保则注意到了明代全真道发展的新特点："由于这一时期全真教注重向社会各阶层渗透，加之过于依赖政治权力支持的掌教宗师权威已经瓦解，因此明代全真教的宗派认同取代前此的教门整体认同。各宗派的独自发展是明代全真教发展的主基调。这就是宗派认同为什么在明代全真教中特别盛行的内在原因。"② 看来，明代全真道主要是政治地位下降，其传承仍在继续，并且出现了新的传播特点，所以沉寂说可能与历史事实存在出入。

武当山全真道的发展情况也印证了这一点。法国学者高万桑认为，从地理区域上讲，武当山虽然属于全真教的西部大区，却在全国的全真教团中发挥着至关重要的作用。这座仙山在地理位置上处在中国的中心。和其他道教仙山相比，各种传记资料对它的记载相对较多，而且常住道士的数量也比较多。③ 高万桑意识到了武当山在全真道发展史上的特殊地位，很有眼光。就明代武当全真道来说，在当时正一派占优的情况下，全真道也能够积极应对，并从以下几个方面做出了自身的努力：其一，向上取得朝廷与皇帝的支持，从而有利于维护其宗教形象与地位。如丘玄清得到明太祖的敬重，李素希连续遣人将象征祥瑞的榔实奉送朝廷，引起明成祖的注意并受到称许，李玄成以万历国舅身份在凝虚观弘宗演教等。可以看出，全真道所走的上层路线无疑是成功的，全真道在武当山还是有着不低的地位。其二，向下赢得民众的拥护，并积极扩展生存空间。全真道参与到当时的朝山进香活动中，既反映了整个明代道教世俗化的大势，也是全真道主动探求变革的结果。而孙碧云在兰州推行全

① 吴亚魁：《江南全真道门所见之诸真宗派与传承谱系》，《全真道研究》第 2 辑，齐鲁书社 2011 年版，第 77 页。
② 张广保：《明代全真教的宗系分化与派字谱的形成》，《全真道研究》第 1 辑，齐鲁书社 2011 年版，第 204 页。
③ 高万桑：《1700—1950 年的全真教》，张广保编：《多重视野下的西方全真教研究》，齐鲁书社 2013 年版，第 435 页。

真教风，李德渊奉湘王命前往荆州长春观，阎希言到茅山建立新的宗派，都体现了武当全真道在当时具有较大的影响力。其三，继续保持武当道教特色，与正一、清微等道派相互兼容。自元代张道贵、张守清一系在武当兼传全真与清微教法，这一特点在明代仍然在延续，如李素希、李德渊等道士都是代表。也就是说，明代武当全真道实际上在保持全真教风的同时，更多地与武当本山的道教相融摄，由此获得了新的发展机会。综上所述，明代武当全真道政治地位虽不及正一，但其宗教影响并未降低，对世俗社会的渗透显著加强。传承与发展，是明代武当全真道的主调。①

全真道在清代更出现了中兴之势，被誉为全真道中兴之祖的是龙门派第七代传人王常月。王常月于顺治十二年（1655）秋北上京师，任白云观住持以后，开始弘宗阐教，以振兴全真道为己任。其措施主要是清整戒律，针对全真道初创时戒律不严的情况，大力加强了戒律的建制。据《昆阳王真人道行碑》，王常月曾于顺治十三年"奉旨主讲白云观，赐紫衣凡三次，登坛说戒，度弟子千余人"。王常月的传戒活动影响很大，南北道士纷纷前来求戒，皈依者众多，全真道由此出现了中兴的局面。

全真龙门派在王常月之后确实得到了长足的发展，他曾经长期传教的江南地区，有大批弟子在这些地方传戒授徒，如黄守正（号虚堂）、程守丹（号华阳）、陶守贞（号靖庵）、黄守元（号赤阳）、吕守璞（号云隐）、程守宏（字谔山）、黄守中（号冲阳）、林守木（号茂阳）、金筑老人、江处士等，推动着这些地区龙门派的发展。②由于徒众日益增多，龙门派又分衍出许多支派，如黄守正在苏州浒墅关开创的太微律院支派，吕守璞在苏州开创的冠山支派，陶守贞在湖州金盖山开创云巢支派，金筑老人在余杭金筑坪开创的天柱观支派，周太朗在杭州开创的金鼓洞支派，高清昱在浙江天台开创的

---

① 具体论述参见刘固盛、涂立贤：《明代全真道在武当山的传承与发展》，《宗教学研究》2015 年第 4 期。

② 卿希泰主编：《中国道教史》第四卷，四川人民出版社 1996 年版，第 106 页。

桐柏宫支派等。[①] 在江南地区的全真龙门派道士中，最为有名者为闵一得。闵一得于沈一炳之后主持金盖山的道教事务，取得了不小的成绩。一方面他修葺和建设宗教建筑。据记载，闵一得"悯其法嗣凌替，屋宇倾颓，慨然思振其绪，于是修葺增壮，拓其规模"[②]。另一方面，大力发展教团组织。闵一得为了吸纳更广泛的信众加入龙门教派，在传教手法上也有所变化，将道教信仰和儒家纲常伦理以及佛教教义结合起来，"启龙门方便之法，以三教同修，儒者读书穷理，治国齐家，释者参禅悟道，见性明心，道者修身寡过，利物济人。至律、法、宗、教四宗，及居家出仕，入山修道，寻师访友，蓄发易服，均俾有志者自然而行，大旨以五伦八箴为体用"[③]。在所谓龙门方便之法的作用下，闵一得几乎无不可渡之人，"自是学者日进，自当代名公卿相及缁流羽士，以及胥吏仆舆，钦其道范，纳交受业者，实繁有徒"[④]，江南地区的龙门派在其领导下，十分兴盛。

全真龙门派在西北地区也得到了较大的发展，其中第十一代传人刘一明的功劳很大。刘一明在甘肃榆中以栖云山和兴隆山作为自己的传教根据地，两山在其经营下也成为远近闻名的大道场。乾隆四十五年（1780），刘一明云游至金县栖云山，在周边信众的请求和鼓励下，开始重建栖云山道场。"明年（乾隆四十六年）大开旧基，量地建造，一时各处信士发心领疏者，不约而合，起建三清殿、黑虎殿、五图峰、均利桥、牌坊道房"，整个工程在乾隆四十七年才告完工。三年之后，刘一明决定扩大栖云山道场，"其年，岁稔年丰，欲兴大工，募化布施，如有神助，远近善人信士，或自送钱谷，或请疏募化，乐输恐后"。在周围信众的帮助下，工程十分顺利，先后

---

① 卿希泰主编：《中国道教史》第四卷，四川人民出版社 1996 年版，第 106—107 页。
② 《第十一代闵大宗师传》，戴本珩编：《龙门正宗觉云本支道统薪传》下卷，《藏外道书》第 31 册，巴蜀书社 1992 年版，第 470 页。
③ 《第十一代闵大宗师传》，戴本珩编：《龙门正宗觉云本支道统薪传》下卷，《藏外道书》第 31 册，巴蜀书社 1992 年版，第 470 页。
④ 《第十一代闵大宗师传》，戴本珩编：《龙门正宗觉云本支道统薪传》下卷，《藏外道书》第 31 册，巴蜀书社 1992 年版，第 470 页。

建立太顶混元阁、经柱亭、东峰雷祖殿、西峰斗母宫等大量宗教建筑，并且日后"每年接续修补，添建北斗台、朝阳洞、三圣洞碑亭、牌坊、各殿遭房"。不仅如此，他还"同众施主商议，买水地六十六亩，山旱地五十四亩，浇灌水地三沟一昼夜，又峡内旱地一十八亩，作主持焚修养膳之用"，"置买常住香火地二十六亩，招住持道人焚修"。[①] 栖云山在刘一明的修建下，规模十分可观，也吸引了周围众多信众，使龙门教派得到了极大的传播。

三、明清道教与民间宗教

明清道教传播与发展还存在的一个趋势是，道教与民间宗教信仰的结合越来越密切。明代以林兆恩所创的三一教为典型。林兆恩道号子谷子、心隐子，后又号混虚氏、无名氏，门徒尊称为"三教先生"。他博览三教典籍，意识到儒、释、道三家分而言之，各有所偏，合而言之，则可圆备，于是倡导三教合一，并四处传播其思想，由此形成了三一教。其著作《林子三教正宗统论》《夏午尼经》《夏午经纂》《夏午经训》《九序图》等构成了三一教的主要经典。林兆恩对《老子》十分重视，其主要的解《老》著作为《道德经释略》六卷。林兆恩不是仅仅局限在学理上的论证与阐发三教合一，而是将其作为一种宗教信仰在民间社会进行践行与传播。

清代道教亦与民间宗教紧密结合，并发展出新的特点，道教与扶乩的结合便是其中之一。扶乩是一种古老的巫术，一直在民间流传。明代以来，扶乩之风日益兴盛。在清代，扶乩与道教的关系变得十分紧密，各地出现了大量的乩坛，不少道教徒都参与扶乩活动，并且很多新出道教经典也是以扶乩的方式产生的。

清初常州地区龙门派第五代传人潘静观的事例可以为我们揭示扶乩在清代道教中的盛行程度。[②]

① 张阳志：《悟元老师刘先生本末》，《刘一明：栖云笔记》，社会科学文献出版社2011年版，第179—180页。

② 关于潘静观的详细研究可以参见刘固盛、王闽的论文《全真龙门派在清初的另一种生存境遇——对潘静观及其〈道德经妙门约〉的考察》，载《华中师范大学学报》（人文社会科学版）2014年第6期。

潘静观隶属于清初常州地区一个以朱元育为首的龙门派团体，此一宗教团体在王常月于江南地区传道之前就已存在。朱元育来江南传道的时间要早于王常月数年，《藏外道书》所收之《参同契阐幽》为我们提供了线索。该书卷前有几行文字交代作者信息，题为"云阳道人朱元育阐幽"，书前还收有朱元育的自序，提到了他自己受业、传道的经历，以及与潘静观的师生关系，他说：

> 元育髫年慕道，最初拜北宗张碧虚师指示玄关，便于此书得个入门，而尚未窥其堂奥。从此足穷五岳，遍参诸方，鲜有豁我积疑者。最后入终南深处，幸遇灵宝老人点开心易……犹忆告别老人时，临歧丁宁，嘱以广度后人，无令断绝，且机缘多在大江以南。既而束装南旋，入圜办道，赖毗陵诸法侣竭力护持，粗了一大事。丁酉岁挈门下潘子静观习静华阳，兼览《道藏》，信手抽出《参同契》一函，快读数过……禁足结冬，日诵正文一两章，与潘子究其大义，令笔录焉，深山静夜，秉烛围炉，两人细谈堂奥……既脱稿，复与潘子改正数番……岁在丁未，许子静笃启请流通，公诸同志，张子静鉴实佐焉。①

文末署"康熙己酉仲春朔旦北宗门派下弟子朱元育稽首敬撰"。从这篇自序中我们可以得知，朱元育乃清初人，门下弟子有潘静观、许静笃、张静鉴等人。他名中的"元"字应当是为了避康熙皇帝的讳而改"玄"为"元"，他的弟子都是"静"字辈，正符合龙门派之派字诗，因此朱元育当为龙门派第四代弟子，潘静观等人乃第五代。朱元育在终南山深处跟随灵宝老人学道，学成之后受师命千里迢迢来到江南毗陵（今常州）传道。从序言的表述来看，朱元育最迟在顺治丁酉年（1657）就已经在常州地区传道了，他比王常月更早地来到江南地区，并且也收了众多弟子。

---

① 朱元育：《参同契阐幽序》，《藏外道书》第 6 册，巴蜀书社 1992 年版，第 420—421 页。

　　从序中可以看出，潘静观在这个团体中颇得其师之欣赏，他不仅仅是朱元育的弟子，甚至参与到朱元育的著述事业中，与其师"究其大义""细谈堂奥"，朱元育的著作脱稿后还交与他"改正数番"，可见潘静观在这个龙门派团体中占据了重要的位置。

　　清初大儒李二曲曾于康熙九年（1670）应邀前往常州讲学，李二曲在常州的活动被其门人王心敬编入《南行述》中。其中记有一位名叫潘易庵的当地人曾拜访过李二曲。王心敬说"潘易庵先生讳静观"①，这位拜访李二曲的潘易庵正是潘静观。②

　　潘易庵与《太乙金华宗旨》之形成有着很大的关系，目前学术界普遍认为邵志琳重辑的六十四卷本《吕祖全书》所收之《太乙金华宗旨》乃现存各版本的祖本。③此本卷前收有数篇序言，④按其所称，该书乃是由常州当地的一个吕祖信仰团体分别于康熙七年（1668）和康熙三十一年通过扶乩的方式获得，而潘易庵，也就是潘

———————

① 李颙：《二曲集》卷十，《南行述》，中华书局1996年版，第82页。

② 潘静观与潘易庵为同一个人，此点由刘固盛在《全三教之真：以全真道老学为视角的考察》（载《探古鉴今：全真道的昨天、今天与明天国际学术研讨会论文集》，香港青松观，2010年1月）一文中首次提出。又参见刘固盛：《全真道老学研究》，香港青松出版社2010年版，第9页。

③ （日）森由利亚：《〈太乙金华宗旨〉的成立与变迁——以诸版本之序、注所述为线索》，《八仙文化与八仙文学的现代阐释——二十世纪国际八仙论丛》，黑龙江人民出版社2006年版，第477页。

④ 按照邵志琳《先天虚无太乙金华宗旨小序》的说法，收入六十四卷本《吕祖全书》中的《太乙金华宗旨》一书是邵志琳的改编本，他所依据的原本乃"苏门吴氏抄本"。在邵志琳眼中，这个"苏门吴氏抄本"与张爽庵等所编辑的《太乙金华宗旨》原本几乎是一样的，他甚至将此抄本看作是张本之抄本，他说"张君（指张爽庵）只依降笔先后，笼统列为二十章，前谭真，次吕祖，终邱真，不分所言轻重，未免本末失宜"。他认为要想使后学不目此书为金华科仪，"何可仍张君原订，漫无区别也"。从这样的叙述来看，他确实是把手中得到的"苏门吴氏抄本"看作是张爽庵原本之抄本。而他的改编，"谨将祖师所宣宗旨十三章牟首，而谭邱二真之说，作为宗旨垂示，附于卷末，其中有立言似非正大，字句涉于舛讹者，悉皆删正之"。邵志琳对抄本的改编基本上保留了原书的面貌，邵本卷前所收录的数篇序言，都题为"……原序"，所谓原序，就是指"苏门吴氏抄本"本来就有的序。这些序言并不是后人之伪造，很可能就是张爽庵编辑《太乙金华宗旨》原书的序言，至少邵志琳是这么认为的。

静观，不仅参与了这个吕祖乩坛，还在其中处于领袖的位置。

另一方面，值得注意的是，虽然该扶乩团体中的重要成员与全真道有直接关系，但是他们又另号曰"太乙法派"，如《太乙金华宗旨》文后所附《神宵侍宸谭长真真人宗旨垂示》中有一则关于"太乙法派"的记载：

> 金华太乙之徒，另有宗派。以纯阳圣祖为第一代开宗大道师，此三教中大纲领，仙释中真骨髓也。在坛弟子，俱依乾坎艮震，巽离坤兑为次。潘易庵名乾德，屠宇庵名乾元，庄惺庵名乾维，诚庵名乾心，周野鹤名乾龙，刘度庵名乾善，许深庵名乾亨，以后七人所授弟子，即从坎字叙列，周而复始。

在这里谭真人开列了一个以"乾坎艮震，巽离坤兑"为派字的太乙法派，此派以纯阳吕祖为开派宗师。而且，潘易庵、刘度庵、许深庵、庄惺庵、屠宇庵、张爽庵等为《太乙金华宗旨》所作的序言中都署了太乙法派的道名。这个"太乙法派"以往并不存在，是潘静观等人所组的吕祖乩坛为自己所创，他们以吕祖信仰为号召，聚集在一起，并新创了这个以吕祖为开山宗师的道派。

通过《太乙金华宗旨》一书所附载的数篇序言，我们还能得知潘静观与净明道也有关系。因为这个吕祖信仰团体还自称净明嗣派弟子。屠宇庵的序言为我们清晰地展现了这一点，他说：

> 忆自丙午岁，余小子元奉教于易庵先生之门，先生授以《净明忠孝录》一册，曰：此旌阳真君四字天经也……小子敬奉而读之，盖天经地义之蕴，尽性至命之学，一以贯之矣，元服膺弗失。

由此可见潘静观对净明道法应当是有研究的，他还将《净明忠孝录》这样的净明派经典传授给其弟子，并对其宣讲净明道法。

不仅潘静观自己与净明道有着莫大的关系，他所在的这个扶乩团体除了自认为是吕祖所开创的"太乙法派"传人外，还自视为净明道的传人，他们在《太乙金华宗旨》的序言虽然属名是太乙法派的，但是名前却又自称"净明嗣派"。而且从书后所附《全真宗主邱长春真人宗旨垂示》来看，这个扶乩团体的净明色彩相当浓厚。

从现有的材料来看，潘静观等人的净明派身份似乎并不是通过现实中的师承关系获得，而是以吕祖信仰为纽带，通过《太乙金华宗旨》的降示而自认传承净明一派。[①] 也就是说，他们的净明派身份是自我承认的结果，当然在他们自己看来，是圣祖通过降乩的方式予以"收录"。潘静观为我们展示了清代道教徒紧密拥抱民间扶乩信仰的历史事实，像他这样的道士在清代还有很多。

通过以上分析我们可以得知，在清初的常州，存在着一个以朱元育为首的龙门派团体，这个团体中的佼佼者潘静观身上却体现了十分复杂的道派情况，他一人身兼数派之传承，积极与净明道以及民间吕祖信仰进行互动。而且潘静观虽然是龙门派的嫡传弟子，但是他似乎并没有积极地去发展龙门派的宗教组织，而是积极参与民间的吕祖信仰，组织乩坛，并且自立了一个以吕祖信仰为核心的太乙法派。如果将潘静观放入清初全真龙门派的发展历史中去，我们会发现，龙门派在清初还存在着一个与"中兴"并不太一样的生存境遇。

一般认为，在清初，由于政府的支持以及王常月等众多高道的努力，龙门派出现了中兴的局面，而中兴局面之所以能形成，其中一个很重要的原因就是加强宗教的戒律和组织。王常月在北京白云观的公开传戒对全真派的复兴具有非同小可的意义，"全真龙门派不仅发展了大批教徒，更重要的是使世人得知全真道已获得清统治者的支持和保护，堂而皇之地亮相于大庭广众之中，为进一步的传播和发展奠定了基础"[②]。陈耀庭也认为龙门派能在清初实现中兴，一项很重要的历史经验就是加强了宗教组织，王常月"利用各种可以

---

① （日）森由利亚：《〈太乙金华宗旨〉的成立与变迁——以诸版本之序、注所述为线索》，《八仙文化与八仙文学的现代阐释——二十世纪国际八仙论丛》，黑龙江人民出版社 2006 年版，第 481 页。

② 卿希泰主编：《中国道教史》第四卷，四川人民出版社 1996 年版，第 80 页。

利用的条件，从加强自身、积聚力量入手，从培养和加强组织入手，创造改变局面的条件，实现全真龙门的中兴"①。然而通过对清初常州龙门派第五代弟子潘静观的考察，我们会发现，尽管当时在常州存在着一个以朱元育为首的龙门派团体，但是这个团体中的第二代并没有积极去发展龙门派组织，而是选择了另外一条道路，即与其他道派以及民间信仰互相融合，从而使其自身的教派属性显得十分独特。潘静观代表的龙门派教团与王常月代表的龙门派教团之间的明显差别，显示出清初全真道传播和发展的丰富性与复杂性。而潘静观教团的出现，则与当时常州地区的宗教基础以及明清时期中国宗教的发展状况有很大关系。

据吴亚魁的研究，常州地区是全真道发展的薄弱之地，元明清三朝少有关于全真道士的记载。② 据他的统计，元、明、清三朝，常州府的全真道观见于记载的仅有明代的全真庵和清代的玄妙观两处，而江南其他地区，如苏州、松江、杭州、嘉兴、湖州等地，道观众多，这从一个侧面也反映了全真道在常州地区历来就没有得到很好的发展。朱元育就是在这样一个缺乏全真龙门派基础的地方从事传道事业的，其中的困难可想而知。朱元育时时不忘自己是"北宗门派下"，而到了其弟子潘静观那里，可能及时选择了一条与众不同的发展道路。此外，明清时期道教发展的新局面也值得我们注意。一方面，道教内部各教派之间并不是壁垒森严，而是有互相学习、借鉴甚至融合的倾向。全真道与净明道的互动就很能说明这个问题，明清时期出现了不少身兼净明道与全真道等多个道派传承的道士，他们有的顺其自然地任各种道法为我所用，有的则是积极融合全真与净明两派的思想学说。③ 另一方面，道教的民间化也促使全真道士

---

① 陈耀庭：《清代全真道派适应低潮时期的三项历史经验——全真三大师王常月、刘一明、闵小艮的启示》，《全真道研究》（第二辑），齐鲁书社 2011 年版，第 149 页。
② 参见吴亚魁《江南全真道教》（上海古籍出版社 2012 年版）一书的第五章第二节"江南全真道教的空间分布"。
③ 郭武：《明清净明道与全真道关系略论——以人物交往及师承关系为中心》，《全真道研究》（第一辑），齐鲁书社 2011 年版，第 142 页。

积极回应并参与其中。明清时代道教多神崇拜、内丹炼养及立善积功等宗教观念进一步深入民间，和儒佛二教通俗之说混融在一起，与民间传统的宗教、迷信观念融合，在社会生活中有相当广泛、深刻的影响，其中扶乩的盛行就是典型代表。① 潘静观正是在这样的宗教环境下，走上了一条积极融合其他道派和民间信仰的弘教之路。

有清一代，不仅道教徒参与扶乩活动，甚至大量道教经典也是靠扶乩的方式产生。据日本学者森由利亚的研究，王常月所开创的由初真戒、中级戒和天仙戒组成的全真道三坛大戒，其中的天仙戒，"实际上是由清朝中期蒋予蒲的吕祖乩坛做成的文献"。他认为，"王常月所授的初真戒、中极戒和天仙戒中，关于初真戒和中极戒的内容我们可以从直接反映王常月本人思想的《龙门心法》《初真戒律》等资料中有一定程度的了解"，但是天仙戒的内容并不能从王常月存世的这些可靠资料中看到。尽管如此，"也存有作为全真教天仙戒而被参照的资料，即蒋予蒲编的《道藏辑要》中所收的天仙戒，它是题记为'开玄阐秘宏教真君柳守元撰'的《三坛圆满天仙大戒略说》。其版心处独记有'天仙大戒'，暗示着这个文本已经被认为是天仙戒的本文了"②。也就是说，《三坛圆满天仙大戒略说》是扶乩的产物，后来又被全真道接受并成为三坛大戒中的天仙戒。意大利学者莫尼卡则指出，《吕祖全书》里的许多经文也都是在蒋予蒲主持的乩坛产生出来的。③ 由此可见，清代道教与扶乩活动关系确实是十分密切的。

---

① 任继愈主编：《中国道教史》下卷，中国社会科学出版社 2001 年版，第 868 页。

② 参见（日）森由利亚：《清代全真教的天仙戒和吕祖扶乩的信仰——关于〈三坛圆满天仙大戒略说〉的研究》，《天台山暨浙江区域道教国际学术研讨会论文集》，浙江古籍出版社 2008 年版，第 213 页。

③ 参见（意）莫尼卡：《"清代道藏"——江南蒋元庭本〈道藏辑要〉之研究》，《宗教学研究》2010 年第 3 期。

第二章　明清老学的主要特点与成就

随着学术界对明清思想史的重新认识，以及编纂《老子集成》时对明清老学文献的新发现，明清老学发展的特点、成就及其在中国古代思想学术史上的历史地位都需要重新研究和评价。

第一节　明清老学的主要特点

一、侧重老子治道的发挥和运用

《老子》一书蕴含着深刻的政治智慧，老子的道论，既是探讨世界本原的自然哲学，同时也是一种君道，即"君人南面之术"。如张舜徽先生疏证《老子》首章"道可道，非常道"时指出："盖治人之具，因时而变，非可久长守之者也。惟人君南面之术，蕴之于己，不见于外，乃治国之常道，历久远而不可变者。此乃老子宣扬君道之言，意谓凡人世可用言语称说之道之名，皆非其至者，以此见君道之可贵。君道微妙玄通，深不可识，故不可称说也。"[①] 老子之道确实是可以用来治国安民的。汉初的黄老政治，是老子思想发挥政治功能的黄金时期。到后来，虽然儒学独尊，但历代统治者对《老子》仍然是相当重视的，从皇帝到文武大臣，为《老子》作注者大有人在。因此，对老子政治思想的发挥与运用，是历代老学的重要内容。

---

① 张舜徽：《周秦道论发微》，中华书局1982年版，第162页。

要说发挥老子治国之政术功能，西汉是其高峰时期，但对老子的政治思想或者说治道的关注，在历史上则是绵延不断的。如唐代不仅有唐玄宗御注《老子》，李约甚至提出了"六经乃黄老之枝叶"的观点。又如宋代不仅有多位皇帝倡导黄老并进行具体的政治实践，而且黄老在思想界也很流行。到了明清时期，对老子政治思想的运用又有新的发展，具体表现在以下几个方面。

1. 明清两皇帝注《老》

明太祖朱元璋亲自注解《老子》，其目的非常明确，那就是用老子思想治国。明太祖即帝位后，想到自己出身草莽，读书太少，不知前代哲王之道，询问身边官员，也不知所从。他带着疑虑披览群书，看到了《老子》，顿觉该书言简意奥，十分受用，遂反复体味，颇有所得。其序曰："又久之，见本经云：民不畏死，奈何以死而惧之。当是时，天下初定，民顽吏弊，虽朝有十人而弃市，暮有百人而仍为之，如此者，岂不应经之所云？朕乃罢极刑而囚役之，不逾年而朕心减恐。"① 这是现学现用，效果明显。明太祖之注是出于迫切的现实需要，因而能够结合其施政治国的理念与措施，体现出理论与实践的呼应。试看《老子》首章"常无欲以观其妙，常有欲以观其徼"的注："无欲观其妙，谓道既行，而不求他誉，以己诚察于真理，故云：常无欲以观其妙。又常有欲以观其徼，非他欲也，乃欲善事之周备耳。虑恐不备，而又欲之，非声色财利之所欲。"② 从道之用的角度阐述老子无欲、有欲之义，无欲是以内心之诚明辨真理，有欲指做事尽量追求周备，其解具有新意，也是可取的。又如第五十五章"古之善为道者，非以明民，将以愚之"句之注："上古圣君，道治天下，安民而已。岂有将货财声色奇巧以示天下，使民明知？若民明知货财声色奇巧，君好甚笃，则争浮利，尚奇巧之徒盈市朝朝，皆弃本以逐末矣。所以有德之君，绝奇巧，却异财，而

---

① 《大明太祖高皇帝御注道德真经序》，《老子集成》第六卷，第 2 页。
② 《大明太祖高皇帝御注道德真经》，《老子集成》第六卷，第 3 页。

远声色，则民不争浮华之利，奇巧无所施其工，皆罢虚务而敦实业，不数年淳风大作，此老子云愚民之本意也，非实痴民。老子言大道之理，务欲使人君君臣臣父父子子，彝伦攸叙。实教民愚，罔知上下，果圣人欤?"①注文指出老子"愚民"的本意是使民不尚浮华，恢复社会的淳朴之风，圣人治理天下，不会使民众愚昧无知。此解深得老子真意。也许明太祖以皇帝的身份与经历，更能领会出《老子》书所言君道的真谛，故而发出了"斯经乃万物之至根，王者之上师，臣民之极宝"的感叹。

关于《清世祖御注道德经》，作者目前有两说，一说为顺治皇帝亲注，一说为顺治十三年（1656）大学士成克巩纂，顺治钦定。两说孰是，尚难以确定，有学者认为后者的可能性似更大一些。②实际上可能还存在第三种情况，即该注是顺治皇帝和大臣成克巩共同完成的，可以认为是君臣合注。不管怎样，顺治对《老子》是重视的，对该注的内容是认可并接纳的。篇首序为顺治所写则无疑，据序言："老子道贯天人，德超品汇，著书五千余言，明清净无为之旨，然其切于身心，明于伦物，世固鲜能知之也……自河上公而后，注者甚众，或以为修炼，或以为权谋，斯皆以小智窥测圣人，失其意矣。开元、洪武之注，虽各有发明，亦未彰全旨。朕以圣言玄远，末学多歧，苟不折以理衷，恐益滋伪误，用是博参众说，芟繁去支，厘为一注。理取其简而明，辞取其约而达，未知于经意果有合否？然老子之书，原非虚无寂灭之说，权谋术数之谈，是注也于日用常行之理，治心治国之道，或亦不相径庭也。爰序诸简端，以明大旨云。"③显然，顺治重视的是老子思想的政治功能。

以皇帝身份注《老》并流传至今的注本有四种，其中唐玄宗、宋徽宗都是历史上有名的崇道皇帝，其注之目的虽有对黄老政治的关注，但更多的是出于对老子及道教的信奉和推崇，而明太祖和清

---

① 《大明太祖高皇帝御注道德真经》，《老子集成》第六卷，第 26 页。
② 王闿：《清代老学研究》（华中师范大学出版社 2016 年版）第三章第一节有具体考辨，可参考。
③ 顺治：《御制道德经序》，《老子集成》第八卷，第 591 页。

世祖注《老》的原因则是试图借鉴老子的政治智慧，并将其运用到治国理政的具体实践之中。

2. 官员注《老》成风

明代不仅朱元璋注解《老子》，发君术之微，还出现了官员群体解《老》的现象。据统计，见诸史志和各类目录著录的明代注《老》者共约 160 家，其中官员身份者有 109 人，官员成为明代老学发展的主力。[①] 代表性的注本有黎尧卿《老子纂要》、张邦奇《释老子》、薛蕙《老子集解》、王道《老子亿》、杨慎《老子疏》、朱得之《老子通义》、邓球《老子注》、赵统《老子断注》、李贽《老子解》、沈一贯《老子通》、焦竑《老子翼》、徐学谟《老子解》、张位《道德经注解》、孙鑛《评王弼注老子》、郭子章《老解》、周如邸《道德经集义》、周宗建《道德经解》等。这些注者大都为进士出身，多人官至尚书之位，且不乏著名将领。如黎尧卿为兵部尚书，张邦奇官至礼部尚书、兵部尚书，杨慎官至内阁首辅，沈一贯官至礼部尚书兼东阁大学士、吏部尚书，徐学谟为礼部尚书，孙鑛官至太子少保、兵部尚书，郭子章官至兵部尚书等。他们的解释虽各有异同，但都注重阐明老子思想的政治价值。明代官员群体注《老》是老学史上一个十分突出的现象，也是明代老学发展的一个明显特点。

清代官员解《老》虽不及明代之盛，但有顺治皇帝开风气，注解者仍然不少，如顾如华《道德经参补注释》、花尚《道德眼》、徐永祐《道德经集注》、胡与高《道德经编注》、吴鼐《老子解》、黄文莲《道德经订注》、姚鼐《老子章义》、魏源《老子本义》等。这些注解虽然内容各异，但也大都重视老子思想的政治功能。尤其是魏源指出老子思想的本义就是黄老之学，把老子的治道提到了一个新的高度，他说："老氏书赅古今，通上下。上焉者，羲、皇、关尹治之以明道；中焉者，良、参、文、景治之以济世；下焉者，明太祖

---

① 参见涂立贤：《明代官员群体老学研究》，华中师范大学博士学位论文，2017 年。

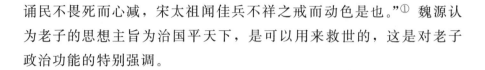

诵民不畏死而心减，宋太祖闻佳兵不祥之戒而动色是也。"① 魏源认为老子的思想主旨为治国平天下，是可以用来救世的，这是对老子政治功能的特别强调。

3. 道教界注《老》的现实关怀

具有浓厚的现实关怀，是道教的优良传统，并在道教老学中体现出来，明清道教界注《老》亦是如此，明代道士王一清的《道德经释词》及清代全真道士宋常星的《道德经讲义》等注可为代表。即使如程以宁与李西月等侧重以丹道解《老》者，也同样透露出社会关怀。王一清之注虽谈道教性命之学，但明确指出："五千文不只专言炼养，盖亦兼言治道……若概以炼养之意释之，则隘矣，然非老子之旨也。故曰：修之于身，其德乃真。修之于家，其德有余。修之于乡，其德乃长。修之于国，其德乃丰。修之于天下，其德乃普。故知圣人中心行道，不遗世法，老子曷尝专以炼养而言哉。"王一清在其注的篇首专列《叙道德经旨意总论》，对老子的治道加以强调，认为"老子之道，极深研几，圣人南面之术也。若孔子者，世之博大圣人，一见老子言礼之要，叹之犹龙"。他分别列举了司马迁、吴筠、刘向、司马谈、薛道衡、白居易、欧阳修、苏轼、苏辙、吕希哲、陈瓘、黄茂材、宋太宗、张知白等人对老子治道的论述，并言："若以其道举之于政，内以修身，外以治国，以无私应世，以无为治心，以无心待物，以无事治民，以不战为策命诸将，以省刑息事敕百司，则下民自然观感兴起，不数载间，其民淳淳，其俗朴朴。则羲轩之化复行，唐虞之治可觊，比隆禹文，铢视汤武，淳朴之风重见，圣人大体复明。上古圣王以道治天下，何有加于此哉。百世之下，有同志同气者，亦将有感于吾言，信夫。"② 由此可见，王一清认为老子思想的主旨并不是炼养之学，而是治国之道。

程以宁注《老》，并不是仅仅局限于金丹大道，同时也关注社会

① 魏源：《老子本义》，《老子集成》第十一卷，第3页。
② 王一清：《道德经释词》，《老子集成》第七卷，第274—277页。

人事，如第五十七章之注：

> 正者，道之常也；奇者，道之变也；无事者，道之真也。以正教为治，则足以立国之经；以奇谋用兵，则足以应时之变；天下神器不可为也，取天下常以无事。及其有事，不足以取天下。惟体道恬愉，无心顺物，自然而天下归之矣。上古之民忘帝力，而不知其所为何忌何讳，后世民动触忌讳，避讳之不暇，而何暇治生哉？故弥贫。古之人有什百人之器而不用，车舆无所乘，甲兵无所陈，其治亦醇。后世为符玺以信之，人并符玺而窃之。制五兵以防暴客，人并五兵而盗之，所以人多利器，国家滋昏。①

通过古今对比，阐明了无为而治的重要性。

又如清初道士董汉策②的《老子注》，亦推重老子的治国之道。其序云："世以老子为虚无之学者，非也。老子化方任员，中于绳治，故秦汉水火，曹参倚平，景武兵狱，汲黯和物，皆用老子治天下，老子功德深远哉……天下大治矣。夫子言仁义，老子亦言仁义，夫子言道德，老子亦言道德，知其所言则不言可也，知其所言则言可也，遂为之注，恐后世不悟老子而因不悟夫子犹龙之叹之意也。注既竟，举老子语曰：'多言数穷，不如守中。'嗟乎，守中也，老子岂虚无之学哉。"董汉策盛赞汉初用黄老治国的成效，并认为老子思想与孔子思想相通，老子之学绝不是虚无之学。他注解《老子》的原因，一方面是为了阐释老子思想的真意，另一方面也是为了避

---

① 程以宁：《太上道德宝章翼》，《老子集成》第八卷，第 274—275 页。

② 据汪日桢撰《南浔镇志》卷十三《董汉策传》："汉策字帷儒，号芝筠，又号甦庵，又号帚园……癖嗜道家符箓，自以为雷雨可召，鬼魅可破。兼精青囊、青乌、易筮、乙蓁、风角、壬遁等学，并有奇验……康熙三十一年卒，年七十一。咸丰三年以孝子题旌，其著述有数十种行世。"《传》后有按语云："按顺治甲午汉策作《紫光朝谢科序》，自称芝筠道者董麟科，盖其道士之名也。"（见《中国地方志集成·乡镇志专辑》第 22 册下）从中可知董汉策的道士身份。

免后人曲解老子并误会孔老之关系。

二、儒道释思想在老学中深度融合

《老子》之道具有高度的灵活性和广泛的适用性，儒、道、释等各种思想都可以与之结合。因此，自唐宋以来，以儒、道、释解《老》的现象十分常见，并在明清时期得以延续。随着儒、道、释三教思想的融合进一步加深，明清老学中三教交融互通的情况更为突出。从道教界对《老子》的诠释来看，最突出的表现是全真道老学的发展。对于三教关系，王重阳早有"一树三枝"的形象比喻，并有诗云："儒门释户道相通，三教从来一祖风。悟彻便令知出入，晓明应许觉宽洪。精神气候谁能比，日月星辰自可同。达理识文清净得，晴空上面观虚空。"[1] 他认为儒、道、释三教乃是一家，可以融会贯通。到明清时期，这种三教同源的思想得到继续发挥，如全真道士何道全作《三教一源》诗曰："道冠儒履释袈裟，三教从来总一家。红莲白藕青荷叶，绿竹黄鞭紫笋芽。虽然形服难相似，其实根源本不差。大道真空元不二，一树岂放两般花。"[2] 随着清代全真道中兴，全真道老学研究有了新的发展，潘静观、宋常星、刘一明等全真高道解《老》都倡导三教融合。如宋常星的《道德经讲义》便对儒家伦理道德加以肯定，他注《老子》第三十八章说：

> 未有天人之先，其至诚无妄者谓之道。受命于天，全之于性，得之于心，谓之德。至公无私，生理常存者，谓之仁。有分别，有果决，当行则行者，谓之义。天秩之品节，人事之仪则，有文有质，恭谨谦让者，谓之礼。此五者，乃是治国齐家之远道，修身立命之本始也。[3]

---

① 王重阳：《重阳全真集》卷一，《孙公问三教》。
② 何道全：《随机应化录》卷下。
③ 宋常星：《道德经讲义》，《老子集成》第九卷，第198页。

注文肯定了儒家仁、义、礼的合理性与存在的必要性，并且与老子之道可以保持一致，即："道德仁义，爱民亲贤，皆正道也。自古治国者，未有不以正。君臣父子，无不行之以正。礼乐尊卑，无不导之以正。民心之天德，由正而复。国家之风俗，由正而纯，道德既能行于中外，仁义自然化于乡帮。"①

全真道学者解释《老子》时，引入全真道的教义，强调一个"真"字，对儒家伦理容易产生的虚伪进行有效矫正。如宋常星注第二十八章说：

> 圣人既为天下式，为君者守其君之式，为臣者守其臣之式，为父者守其父之式，为子者守其子之式，黑白当然，不起好恶之情，知守一致，忘乎去就之想，则君臣父子之天理成全，上下尊卑之天德完具。真常之德，人人同知，人人同守，民无异俗，国无异政，未有差殊而不齐者也。②

在宋常星看来，圣人之无为，同样是离不开儒家的三纲五常、上下尊卑之"天理"的。值得注意的是，宋常星引入了"真常之德"的概念，这便是真常之道的具体落实，儒家的伦理道德由此得以与道家精神相圆融。

刘一明解《老》时，同样认为老子之道与儒家伦理并不矛盾，他说：

> 自然之道，无理不具，无事不通，乃大道也。大道不仁而至仁，不义而至义，不智而至智，不慧而至慧，不孝而至孝，不慈而至慈，不忠而至忠，统仁义智慧孝慈忠，而一以贯之，非一仁、一义、一智、一慧、一孝、一慈、一忠而执于偏者也。③

---

① 宋常星：《道德经讲义》，《老子集成》第九卷，第243页。
② 宋常星：《道德经讲义》，《老子集成》第九卷，第178页。
③ 刘一明：《道德经会义》，《老子集成》第十卷，第151—152页。

既然自然之道包含仁义礼智，那老子为什么又说"大道废，有仁义"呢？对此，刘一明有他的解释：

> 所谓大道废有仁义者，非外仁义也。智慧出有大伪者，非外智慧也。六亲不和有孝慈者，非外孝慈也。国家昏乱有忠臣者，非外忠臣也。盖自然大道，为仁义智慧孝慈忠之始母，若废其始母，以之行仁义，则仁义无本，不出于自然，是勉强仁义，故曰大道废有仁义。以之用智慧，则智慧无本，不出于自然，是大伪智慧，故曰智慧出有大伪。以之行孝慈，则孝慈无本，不出于自然，即不和孝慈，故曰六亲不和有孝慈。以之为忠臣，则忠之无本，不出于自然，即昏乱忠臣，故曰国家昏乱有忠臣。然则仁义智慧孝慈忠臣，皆当本乎自然之道也。顺其自然，则一真而七者皆真；逆其自然，则一假而七者皆假。道也者，须臾不可离也。岂可废之乎？①

大道是仁义礼智之始母，如果离开了道，仁义礼智便失去了本根，不再合乎自然，不再是真正的仁义礼智了，而成了"勉强仁义""大伪智慧""不和孝慈""昏乱忠臣"。所以，在践履道德的过程中，顺道而行，一真而皆真，逆道而行，一假而皆假。由此看来，欲全儒学之真，当顺道之自然。

刘一明进而指出，老子所言"绝圣弃智""绝仁弃义"之类，并不是真正要否定圣智仁义，而是由于废弃大道，圣智仁义皆不自然，出于勉强，假而不真，不如绝而弃之：

> 盖绝圣弃智者，无思无为，不但己之神气有养，即推之治民，而民各安生理，其利百倍矣。绝仁弃义者，无假仁假义，不但己之天真不失，即推之化民，而民不昧本性，皆复孝慈矣。绝巧弃利者，无机谋贪图，不但己之意念清静，即推之感民，

---

① 刘一明：《道德经会义》，《老子集成》第十卷，第152页。

而民皆守本分，盗贼无有矣……能见素抱朴，是得其始母，私不期少而自少，欲不期寡而自寡，久之无私无欲，浑然道气，不圣而至圣，不智而至智，不仁而至仁，不义而至义，不巧而至巧，不利而至利，是谓真圣智、真仁义、真巧利，绝假复真，弃文就质之功，大矣哉。①

刘一明认为，儒家的纲常名教，容易造成虚假和虚伪，所以要绝假复真，恢复真圣智、真仁义、真巧利，自然民心自安，民风自朴，社会和畅，家国稳固。可以看出，刘一明此解，确体现出了"全真"的精神。

全真道不仅试图恢复儒家纲常名教之真，同时对佛学进行了抉择和吸收，这一点在其老学中也有体现。试以潘静观《道德经妙门约》第一章的解释为例，他说：

这个道体先天地而无始，后天地而无终，亘古亘今，不变不易，一切人物，本来具足，无欠无余，虽千圣出世，未尝增得一毫头，即三途中人，亦未常减得一毫头，合天地人物，总在生生化化之中，莫可方物，无有穷期，此所谓常道也。道本无名，强名曰道，即所谓常名也。常道常名，古今人物由行其中，不免仁智见生，名言纷起，莫不以为可道而可名矣，不知真常之道，正在千变万化之中，真常之名，迥出语言文字之外，则虽率由莫外而朕迹不留，动静弗离而言思道断，故曰道而可道，则非常道矣。名而可名，则非常名矣。②

潘静观用"真常"来说明道的永恒性与普遍性，同样显示了全真道士解《老》的一贯特点。而世人不识真常之道体，拘泥于名言智故，因而无法彻悟大道，获得解脱。接下来，潘静观对有和无进行了阐释：

① 刘一明：《道德经会义》，《老子集成》第十卷，第152页。
② 潘静观：《道德经妙门约》，《老子集成》第九卷，第326页。

然于无可道无可名之中，而强为之安名立号，则或谓之无，又或谓之有。其所谓无者，盖言此真常之体，原空空洞洞，而两仪即于此造端托始，而无不终无也，故即无而强名曰天地之始。其所谓有者，盖言此真空之中，又无所不有，一切人物莫不从此中绢缊化育，而生生无尽也，故即有而强名曰万物之母。由此观之，真空即是妙有，妙有亦即真空。吾于真常之道而言其无，非仅以观其无也，正欲以观其无中生有之妙也；于真常之道而言其有，非仅以观其有也，正欲以观其自有还无之徼也。①

有和无是老子哲学中两个极重要的哲学概念，无是天地之始，有为万物之母，但怎样理解始与母、无和有的内涵与关联呢？潘静观援引了佛教中的真空妙有进行阐发，无为真空，有为妙有，真空非空，妙有非有，真空是从体上讲，妙有是从用上讲，两者是一不是二，所以真空即是妙有，妙有亦即真空。由此推之，观妙即指无中生有，观徼乃是自有还无。通过这样的解读，老子的玄妙之道顿时变得清晰起来。潘静观接着说：

自世眼观之，有对无而成两，妙对徼而成两，似乎名相炽然。若以道眼观之，则有无妙徼，总是空名，有何实体？盖两者名虽异，而所出则同。自其同者言之，则不谓之无，谓之有，谓之妙，谓之徼，但谓之玄而已。夫五色至玄而亡，谓之玄，则固非世眼所能观，即道眼亦可忘乎其为观矣。到此则有无双泯，妙徼齐融，朕迹不存，绝人指视，诚玄之又玄矣。抑知玄之又玄，即万有所从出，而为众妙之门乎。神龙无首，狮子迷踪，犬用现前，不存轨则，此真常之道所以不可名言，不容思议也。②

---

① 潘静观：《道德经妙门约》，《老子集成》第九卷，第 326—327 页。
② 潘静观：《道德经妙门约》，《老子集成》第九卷，第 327 页。

本段注文，借用佛教"空"的概念以及中观学中双遣双非的思维理论，以明真常之道体。用世眼观道，那是入道的门径而已，而对于道的体认，则不能仅仅停留在观的层面，因为停留于观，就是执于观，便无法体会道之自然，只有以道眼观之，虽名为观，实忘乎观，有无双遣，妙徼圆融，于是可见空明之道体。

　　儒家学者解《老》方面，朱得之《老子通义》驳斥先儒对老子的误解，阐明孔老思想不相悖，老子思想与心学可以相通。徐学谟《老子解》从儒家立场出发，认为"孔老并圣"，同宗《周易》，有忧患之意，并言："《易》之《大传》即三陈九卦，而一禀于忧患之处。孔子因追慨于文、周之所遇，而伤其有不得不然者，故以《易》为衰世之书。而老子之生，去文、周抑又远矣，则其心之忧患，必有甚于殷周改革之际。乃不得已洞究天人之始终，令人沿末以求本，而又重之以三宝之说。若遾遾然宁抑情以就势者，以其极重而不可反，而姑为之推挽，则何嫌于矫枉之过？其视孔子之用简、用约、用让、用先进之意，同乎否耶？"[1] 清代李大儒《道德经偶解》专以理学的范畴与命题诠释老子思想。花尚《道德眼》亦从理学的立场解《老》，所谓"其同于吾儒者是之，其异于吾儒者非之，其虽不同于吾儒，而实不害于自异者，亦存而表白之"[2]。吴世尚《老子宗旨》以《易》解《老》，认为儒道两家具有共同的学术源头。郑环《老子本义》指出孔老思想没有根本性的差异，"老子与儒非判然不同也，其异在毫发之间。老子志在羲农唐虞而兼言天道，孔子志在尧舜文武而专言人道，如是而已"[3]。老子兼言天道与人道，孔子则主要讲人道，很多看法是相通的。王绍祖《老子袭常编》亦以儒解《老》，认为老子常道之"常"与儒家五常之常是一致的："开卷言道，即曰常道；篇中言德，亦曰常德。斯二常者，岂有异于五常者哉？盖仁兼四德，道统五常，实则一常而已。"[4]

---

① 徐学谟：《老子解》，哈佛大学哈佛燕京图书馆藏万历刻本。
② 花尚：《道德眼》，《老子集成》第九卷，第291页。
③ 郑环：《老子本义》，《老子集成》第十卷，第3页。
④ 王绍祖：《老子袭常编》，《老子集成》第十卷，第386页。

　　佛教界解《老》方面，代表注家有释德清、释镇澄、释德玉等。憨山大师的《老子道德经解》为人所熟知，是以佛释《老》的名著。释镇澄在《道德经集解》自序中说："先儒言：自有生民以来未有如孔子者。而孔子尝适周问礼于老子，其言斑斑，见于《礼记》，且有犹龙之叹，则孔子之与老氏，师友之间矣……余尝窃谓孔子尚仁义，助吾戒；老子尚至虚，助吾定；庄子尚玄辩，助吾慧。"① 有了这样的认识，故其注能够做到儒道释三教融会贯通。释德玉为清康熙间高僧，作《道德经顺硃》，其叙言："余阅玄圣言，质而不文，朴而非器，与素王言、西方圣人言合，故取而释之……若果于此五千言中领会得，则不唯看《易》，言《学》，言《庸》，言《易》，即看《圆觉》，言《楞严》，言《华严》，言亦不难矣。"又赞曰："王者师，民之宝，指李非姓，白发非老，尼父称犹龙，婴儿恒自抱。宪宗尊谥上皇，七圣列封祖老。灼然紫气彻关头，众妙之门人难造。"② 释德玉对老子评价很高，并认为老子思想与儒、佛相通。以上仅举佛门中人解《老》者，至于文人士大夫、黄冠道士解《老》时参以佛理，亦是十分常见的做法。

　　这里还要提到林兆恩《道德经释略》对三教思想的特殊运用。林兆恩提出，三教之名各异，三教之实则一，如《三教正宗统论·三教合一大旨》云："沙界之华，龙天之夏，而为儒者曰'我儒也'，为道者曰'我道也'，为释者曰'我释也'。教既分为三矣，而余之意，则欲会而归之，以复合于孔老释迦之道之本一也。"林兆恩对《老子》十分重视，其主要解《老》著作为《道德经释略》六卷。《道德经释略》之主旨仍在于三教合一，指出"老子之教，何尝与孔子异邪……释迦之不仁而至仁，以与老子不异也"③，类似的观点很多，正如他的门徒所言："我师龙江先生，每以道一教三，度世度人，楤持儒道释之统而序列之，以开天下万世之迷。"④

---

① 释镇澄：《道德经集解》，《老子集成》第七卷，第442页。
② 释德玉：《道德经顺硃》，《老子集成》第八卷，第742页。
③ 林兆恩：《道德经释略》，《老子集成》第七卷，第62—63页。
④ 陈大道：《道德经释略跋》，《老子集成》第七卷，第104页。

三、仙解《老子》与老学的民间化

明清时期，出现了一批托名神仙解《老》的著作，这既可看出道教神仙信仰在该时期影响增大，同时也反映了明清老学发展的民间化倾向。仙解《老子》是道教老学与民间信仰结合的产物，是明清老学的一个重要特点。

1. 仙解《老子》的原因

明清时期仙解《老子》的著作，主要有八洞仙祖《太上道德经解》，吕真人注、顾锡畴解《道德经解》，纯阳吕仙撰、杨宗业校《道德经注》，纯阳子注、刘沅重刊《道德经解》，纯阳真人释义、牟允中校订《道德经释义》，纯阳吕仙衍义《道德经注释》，吕纯阳解、田润校《太上道德经》等。这些著作所借托之神仙主要就是吕洞宾，八洞仙祖虽然是指八个神仙，但中心人物为孚佑帝君，即吕洞宾。这一现象的出现主要有以下两个原因：

其一是道教民间化的结果。明清时期，道教与民间信仰进一步结合，在社会上的影响不断加大，其中的一个重要表现就是扶乩与劝善书的盛行。① 吕祖信仰是民间信仰的重要内容，对吕祖的信仰和崇拜大约开始于北宋末年，由于全真道奉吕洞宾为纯阳祖师，随着元代统治者对全真道的扶持，吕祖信仰不断加剧，到明清时期达到了一个新的高峰，所谓"古今圣真，未可数计，妙道真传，群推孚佑帝师。非特开南北宗派，传经演典，至大至精，即片语只词，亦必关合道妙，玄微难名。且奉敕普度，化被四洲"②。特别是清代中叶出现在湖北江夏的乩坛涵三宫专为吕洞宾降笔扶鸾而设，所以托名吕祖的各类道教经书通过扶鸾的方式大量涌现。《道藏辑要》收入不少托名孚佑上帝的作品，亦与此有关，因为其编者蒋予蒲（蒋元

---

① 参见任继愈主编：《中国道教史》下卷，中国社会科学出版社 2001 年版，第 868 页。

② 《道藏辑要·凡例》。

庭）即鸾坛的组织者和参与者。据意大利学者莫尼卡的研究，蒋予蒲于1792年夏与其信奉儒教的父亲蒋日纶加入了觉源坛（又名第一觉坛），这是一个专门为吕祖所设的鸾坛，江夏涵三宫则是蒋予蒲鸾坛的样板，有着自己的规章制度和修行方式，其成员都有各自的职能。一系列托名吕祖降笔的道经在蒋予蒲的鸾坛上产生出来，并被收入《道藏辑要》。①

其二是吕祖崇拜在老学中的反映。扶乩在宋元时期便和《老子》发生了关联，如刘惟永《道德真经集义·诸家姓氏》录有宋代张冲应、张灵应两著，并注云："以上两家，系鸾笔。"可见宋代已有以鸾笔解《老》者。到明清时期，随着扶乩之风的兴盛，以鸾笔形式解《老》的情况明显增多，其中托名吕洞宾所撰的老学著作大都为扶乩之作。如署名纯阳真人的《道德经释义》就宣称该著是"吕祖降鸾释义"，署名纯阳吕仙的《道德经注释》亦称孚佑帝君"降鸾释义，普化群黎"。此种以神道设教说解《老子》的方式，不一定有助于《老子》哲理的展开，但对道教教义、道教伦理思想在社会上的传播有很大的促进作用。

由此看来，明清老学所出现的这些托名吕祖的扶鸾之作，既可以视为道教与民间信仰混融的结果，也体现出老学民间化的倾向。关于老学的民间化，还可以清代龚礼所著《道德经经纬》为例。全书八十一卷，近四十万字，并附有数百幅养生修炼图，篇幅堪称老学史上单独注解之冠。龚礼生平不详，但据《自序》记载："礼于咸丰八年避蓝逆之扰，隐居二蛾眉之紫云堂，入山已百余里，道路险阻，绝无人径。秋八月已积雪盈丈，四顾无烟火，凄然不可久居。

---

① 参见（意）莫尼卡：《"清代道藏"——江南蒋元庭本〈道藏辑要〉之研究》，《宗教学研究》2010年第3期。莫尼卡在该文中指出，1803至1805年之间，在当时所存吕祖经典《吕祖全书》的基础上，蒋元庭在坛友协助下编辑了一个新版本——《全书正宗》。这部16卷的经藏也被称为《吕祖全书》，其中大部分经文都被收入《道藏辑要》的核心卷册。如《孚佑上帝纯阳吕祖天师十六品经》《金华宗旨》《同参经》《五经合编》《吕帝文集》《吕帝诗集》《太上道德经解》《先天斗帝敕演无上玄功灵妙真经》《玉枢宝经》《易说》《传道集》《天仙金丹心法》《玄宗正旨》《十戒功过格》《警世功过格》《圣迹纪要》《语录大观》等。

近山有茅庵，甚隘。往叩之，有道者二，鬓眉尽白，与语事理，甚有妙解。室无长物，惟《道德经》一部，朝夕吟诵，时相过从，以豁岑寂。一日出《道德经传》并《图》，示礼曰：'汝业申韩之学，《洗冤录》载"命门中红丝一缕，直贯顶门"，汝识其义乎？此《道德经》之经纬也。从人身而推之天地万物，一以贯之矣，故曰经纬。天地万物者，道德也。经纬道德者，人也。经之精理，因字形而解以五行，便能得其精理，不烦博引外求。吾以《传》与《图》赠汝，谨藏之，从此《道德经》得解矣。'相与探讨数日，甚得开悟。忽一日往寻，庵为雪压，道者已不知所往。礼从此时时研求道德精理。积三年而知分章置节，八十一章所自著。再三年而因字求义，因义明传，竟能贯串经义，先后不爽锱铢，遂分节作解，因字为注，成《道德经经纬》八十一卷。比之世传邵康节《皇极经世绪言》，邱长春《西游记》，同不同未可知耶。"① 龚礼这段经历颇带有传奇色彩，且说明其解有民间的思想源头。《道德经经纬》又署名李正著，柳融传，龚震阳解，并言："书中姓字皆仍道者所传，从义假合，间亦参掇一二，皆义之所寓也。若必求而实之，则凿矣。"② 这种做法也增加了全书的神秘性。全书注解从《老子》每一个字的字形分析入手，阐述阴阳生化之理，这种解释方式在老学史上前所未有，可谓龚礼的独创。其思想上提倡儒道互补，并围绕道教性命之学的主题展开诠释："礼注此经，皆反身而求，不假外索，或于吾人性命之学，万有一得耳。"③

2. 仙解《老子》的作者

既然吕洞宾只是托名，那么各种仙解《老子》真实的作者应该另有其人。如吕真人注、顾锡畴解《道德经解》，显然，该书的实际作者与顾锡畴有关，或者本是顾锡畴撰写，而以扶鸾的方式呈现出

---

① 龚礼：《道德经经纬》，《老子集成》第十卷，第487—488页。
② 龚礼：《道德经经纬》，《老子集成》第十卷，第488页。
③ 龚礼：《道德经经纬》，《老子集成》第十卷，第488页。

来。顾锡畴，字九畴，号瑞屏，江苏昆山人。万历四十七年（1619）进士，崇祯朝历任国子监祭酒、礼部左侍郎等职，南明福王时官至礼部尚书。著有《纲鉴正史约》《秦汉鸿文》《尚书讲义》《天文易学》等。该书顾锡畴之序云："真人以普度为心，位列上仙，灵迹显化，婴儒共钦，发为词章，既有全集流布宇内，而此经解尤会文切理，不拘拘于字释句训，而大旨跃如，虽谓老子注纯阳可也。且墨迹历数百季而如新，尤为稀世之珍。"[1] 序文实际上点明了《道德经解》的鸾笔性质。全书语言非常浅显，并夹杂五言、七言诗，如："利我我无心，害我我有守。天下原无贵，至贱谁不有？""主兵先后分强弱，进退工夫在合离。轻敌定知真宝失，兹和端的有便宜。"这些诗应都是扶乩诗。

又如纯阳吕仙撰、杨宗业校《道德经解》。杨宗业为晚明武将，据《明史》卷二百七十一，杨宗业参加了天启元年（1621）的辽阳之战："又有杨宗业、梁仲善者，皆援辽总兵官。宗业历镇浙江、山西。杨镐四路败后，命提兵赴援。至是父子并战死。"杨宗业万历年间镇守过浙江和山西，辽阳之战中，他担任援辽总兵官，父子同时殉职。据杨宗业序，该注是一位道人所授，道人则云其书是吕洞宾所注，要他代为转交。道人对杨宗业说："昔遇唐真人吕师谓予曰：万古仙源皆本《道德》。《道德》五千，不外一真。此经本不容后仙赞一辞，而末学昏庸，眇窥玄始，予故以释语添注，阐发幽微，提纲挈要，尽删繁芜之论，不涉借喻之词。言言真秘，句句玄通，所谓入道之筌蹄，宁外于此？今以授尔，非私尔一人也。道人在大罗，下视尘界，有如慕道累德，存心正，处世诚，学足穷玄，思足运妙者，几何人？则味玄杨子其俦矣。尔行将遇此子于闲亭，必以吾所授者而授之。又得令杨味玄以道人所授而获广其传，则天下万世之人，同此道体，同此德行者，其或可以兴起矣。则今日山人之授于将军者，非山人所授，而吕祖之所先传也。"[2] 吕洞宾所注，道人所

---

[1]　顾锡畴：《道德经解》，《老子集成》第七卷，第735页。
[2]　纯阳道人：《道德经解》，《老子集成》第八卷，第58页。

传，显然是虚构，杨宗业为实际作者而托言神授的可能性很大。又御史张惟任为该注作序云："今杨将军所得吕仙注事甚奇，岂神仙一种道理，汉武帝以多欲，求之不得；将军心诚，求之而得耶？今读其解，宣示宝藏，抉露鸿笙，俨睹函关之驾青牛，逼同尹喜之望紫气。信非灵异者，不能道也。"张惟任在序中已明确透露出该注的"灵异"背景。另该注前还有云水山人题的《道德经引》，及未署作者的《道德机微七言诗》，从形式和内容，都呈现出鸾笔作品的一般特点。

又如署名八洞仙祖分章合注的《太上道德经解》。该书过去一般认为是在明代经扶鸾而成，实际上应该是清代的著作。《老子集成》收入该注时，认为作者应是明清雍正之前的人，但并没有确定的说法。《道藏辑要》收录的《天仙金丹心法》为考察该书的成书时代提供了一条线索，因为《天仙金丹心法》同样署名为八洞仙祖，且前面还有"宏教弟子柳守元熏沐题词"，这与《太上道德经解》所署一致。闵智亭、李养正认为《天仙金丹心法》是清嘉庆十八年（1813）至二十年间全真道士柳守元托八仙而作，系全真道北宗主性命双修之内丹功法。① 上述两书同时提到的柳守元是一个关键人物，闵、李二位视柳守元为一真实的全真道士，但日本学者森由利亚却认为柳守元并不是实际存在的人物，而是《道藏辑要》的编纂者蒋予蒲所经营的乩坛觉源坛里降临的仙人，是从信仰出发而被想象出来的人物。② 莫尼卡进一步指出，在蒋予蒲经营的乩坛上，吕洞宾富有传奇色彩的弟子和助手柳棨变为了柳守元，"在众多据说在蒋予蒲的扶鸾坛上降笔扶鸾的神仙真人中，柳守元是一个很重要的角色。作为吕洞宾同其门徒的媒介，柳守元不仅帮助蒋予蒲及其道友编纂《全书正宗》，而且还是蒋予蒲编辑的两部著作中许多序跋的托名作者。此外，柳守元也被说成是《道藏辑要》中一系列新道经的作者。如果

---

① 《天仙金丹心法》，闵、李合序，中华书局 1990 年版。

② （日）森由利亚：《清代全真教的天仙戒和吕祖扶乩的信仰——关于〈三坛圆满天仙大戒略说〉的研究》，《天台山暨浙江区域道教国际学术研讨会论文集》，浙江古籍出版社 2008 年版，第 214 页。

说蒋予蒲设坛扶鸾而出的大部分道经是改编而成而不是文学创作的话，那么相比之下，托名柳守元所作的道经则是原创作品——这些道经形成了蒋予蒲扶鸾坛成员的新的特征。在这样的背景下，柳守元作为蒋予蒲扶鸾坛的鸾神和监护人，就成为天仙派继创派祖师吕洞宾之后的第二任祖师，享有崇高的地位"①。森由利亚、莫尼卡的看法值得重视。换言之，柳守元可能并不是一个真实的历史人物，而确是蒋予蒲鸾坛虚构出来的角色，那么，凡是署名柳守元撰或序、跋、题词的道经，都与蒋予蒲经营的觉源鸾坛有关。由此看来，托名八洞仙祖合著、"宏教弟子柳守元熏沐题词"的《太上道德经解》，也极有可能是蒋予蒲鸾坛降笔而作。该注虽托名仙解，却颇有可取之处，正如序中所说："八洞仙祖，阐扬奥旨，不离乎道，不泥乎道，就文解意，浅近无非高深。俾千万世后，能领略此尊经者，以之为己则顺而祥，以之为人则爱而公，以之为天下国家，无所处而不当。而玄纲仙谱，卒亦莫能逾越其范围，其解乃至解也。"② 全注语言浅显明白，平正通达，从内容上看，并不重视对老子道论的哲学发挥，而是集中言道德人心教化与治国之理。

再举一个例子，题为纯阳子注、刘沅重镌的《道德经解》，也应是一部扶鸾之作。书前有南宋端平三年（1236）纯阳山人即吕洞宾的序，该序表明了本书的扶鸾性质。又有刘沅分别撰于嘉庆十年（1805）和道光二十四年（1844）的重镌、重刊序，说明本注与刘沅具有密切关系。刘沅是清代著名学者，儒道兼修，为槐轩学派创始人，并创建刘门教，刘沅是刘门教第一代教主，生前亲自主坛做法会，对斋醮之事十分熟悉，积累了大量斋醮法会的实践经验。③ 据欧福克的研究，新津县老君山与刘沅关系很深，该山的宗教神圣特点主要是在刘沅及其门人塑造下形成的。山上的老君庙里存有一块石

---

① 参见（意）莫尼卡：《"清代道藏"——江南蒋元庭本〈道藏辑要〉之研究》，《宗教学研究》2010年第3期。

② 八洞仙祖：《太上道德经解》，《老子集成》第八卷，第84页。

③ 参见马西沙、韩秉方著：《中国民间宗教史》，中国社会科学出版社2004年版，第1007—1030页。

碑，碑文的内容是追忆 18 世纪末重修老君庙始末，并附有一首以老君口吻宣教的诗歌。① 欧福克认为，碑文很可能为刘沅所撰，并且可能是扶乩所出，但是否是刘沅捉刀则尚存疑问。② 根据欧福克所得出的结论，我们有理由断定，署名纯阳子注的《道德经解》也应是由刘沅主持的扶鸾作品。

由此可见，明清时期出现的系列托名神仙所降或者神仙所授的《老子》注，其实际作者大都为文人学者甚至官员，或者与之相关，而以神道设教方式呈现出来。

3. 仙解《老子》的特点

仙解《老子》作为明清老学发展的一个突出现象，从内容到形式，都形成了自己的特点，主要表现如下。

（1）鲜明的道教属性。

明清时期的仙解《老子》大都与扶乩有关。扶乩作为一种古老的民间信仰形式，在中国至少已有 2000 年的历史，到东晋时其术已经相当完备成熟，道教亦与之发生密切的关系，如最初由杨羲、许谧造制的系列上清经书即出自他们在建业和茅山经营的乩坛。③ 但到宋代以后，道教界似乎开始与扶乩之类的方术保持距离，或者加以反对，如《道法会元》卷一言："师曰：附体、开光、降将、折指、照水、封臂、摄亡坠旛，其鬼不神，其事不应，皆术数也，非道法

---

① 该诗原文为："昔驾青牛过函关，隐蜀新研天社山。石室凿向太平座，丹灶烟浮透九天。邛水为带岷江襟，控五凤而桥迎仙。海岛蓬莱何似此，玉册经文授喜看。盖新旬中遭爨烬，秋风荒草白云寒。今显道灵重振起，愿将经文再一传。"转引自（德）欧福克：《老子隐居之所：以〈天社山志〉为中心的历史地理考察》，《宗教学研究》2018 年第 3 期。

② 参见（德）欧福克：《老子隐居之所：以〈天社山志〉为中心的历史地理考察》，《宗教学研究》2018 年第 3 期。

③ 《真诰叙录·真经始末》云："伏寻《上清真经》出世之源，始于晋哀帝兴宁二年太岁甲子，紫虚元君上真司命南岳夫人下降，授弟子琅琊王司徒公府舍人杨某，使作隶字写出，以传护军长史句容许某并第三息上计掾某某。二许又更起写，修行得道。凡三君手书，今见在世者，经传大小十余篇，多掾写，真授四十余卷，多杨书。"按：杨某即杨羲，许某即许谧，上计掾某某即许谧子许翙。

也。知此者，可明神道设教耳，知道者不为是也。"明代第四十三代天师张宇初在《道门十规》中也说："圆光、附体、降将、附箕、扶鸾、照水诸项邪说，行持正法之士所不宜道，亦不得蔽惑邪言，诱众害道。"张宇初作为当时的道教领袖，视扶乩等民间方术为"邪说"，规定道门中人不得参与并宣传，这是道教界表明的一个态度，但另一个事实是，明清时期扶乩之风盛行，并与道教混合在一起，不但正一道士使用，全真道也参与进来。前述潘静观便是一个典型例子。潘静观及其道团的种种活动，体现出全真道与其他道派以及民间信仰互相融合的特点，是全真道士对当时道教民间化这一道教发展大趋势的积极回应。① 而蒋元庭经营的觉源鸾坛所造制出来的大批道教经书，其中不少具有较高的理论水平和思想价值。由此看来，道教与扶乩的关系是十分复杂的，需要具体问题具体分析，不能简单地加以否定或肯定。

明清时期出现的这批托名吕祖或八洞仙祖的老学著作，既然称仙解，便与道教有深厚关联。有的直接是与道教混融的鸾坛之作，如八洞仙祖注《太上道德经解》。有的虽称是吕祖注、道人所传，实际上也同样具有鸾笔的性质。如吕真人注、顾锡畴解《道德经解》序言："只以藏诸内府，世人罕睹。成祖文皇帝在潜邸日，雅重三丰张真人，践祚之后，命侍臣遍访不遇，乃建太和宫于楚之武当，极其宏丽，以示崇敬。即将此经解□以制并灵官银像，颁赐为镇宫之宝。羽流珍重，不敢出以示人，犹如在内府也。方友蒋也痴，云游所至，与道士习久而后寻录之。家大人与也痴习久而后得观之，信有异缘哉。"② 前面明确署名"顾锡畴撰"，但序中又描述了该解的神奇经历，称该书实为吕洞宾所注，藏于朝廷内府，明成祖大兴武当，修建了太和宫，并御赐该注为镇宫之宝。方友蒋也痴云游武当，从武当道士处把该注抄录出来，顾锡畴的父亲顾笋洲跟从蒋也痴学道，

---

① 参见刘固盛、王闯：《全真龙门派在清初的另一种生存境遇——对潘静观及其〈道德经妙门约〉的考察》，《华中师范大学学报》（人文社会科学版）2014 年第 6 期。
② 顾锡畴：《真人道德经解序》，《老子集成》第七卷，第 735—736 页。

遂得到这个抄本，再传给顾锡畴，经友人刊印。显然，这个注本的传承过程很可能为顾锡畴虚构，其目的是把该注纳入道教系统，借助道教的影响力以广其传。类似的例子还有杨宗业校的《道德经解》。杨宗业也称该注为道人所授，并记载了具体的传授场景："山东公务之暇，偶憩闲亭，忽见一道士羽衣蹁跹而来，揖余言曰：将军非所称真心大道者耶？予目注视之，见其星眸鹤发，丹脸童颜，识其人非复人间世者也。起而交掌请曰：真人下询，何以知宗业为慕道之人乎？傥真人不弃凡骨，特以大道一指南乎？道士叹而抚掌曰：善哉尔之心入三千，功陆八百，夙世有缘，今生有遇道人，若深藏天宝不尔指示，岂不虚负世上有心人，此道人所不敢也。"① 这一遇道经历恐怕也是杨宗业虚构出来的。

可以看出，上述仙解注本，都具有明显的道教属性，故可统归于道教老学的范围。

（2）文人、学者、官员广泛参与。

明清这批《老子》的仙解著作，虽大都为扶鸾之作，其实际作者则是一个由文人、学者、官员组成的团体，因此，这些注本虽带有民间的特点，水平却不低。杨宗业校的《道德经解》尤可注意。杨宗业为武将，但该注在他周围的官员中流传，如督抚高举，台察郑继芳、张惟任等。这是一个对道教有浓厚兴趣的官员群体，试看他们的道名：杨宗业自称"学道弟子味玄"，高举称"集虚子"，郑继芳称"还虚子"，张惟任称"有方居士"，从中可以看出道教文化对这些官员的影响。郑继芳、张惟任、高举都为《道德经解》作序，对该注评价很高。如高举序云："顷睹杨大将军所刻《道德经解》，乃吕祖所著者。试一披读，灵旨高远，义类渊微。大都皆金简玉字之音，琼函藻笈之语。仰览无射，爱玩弥深。信非尘吻之所能言、寸鬼之所敢拟者也。要以将军明德内朗，灵标外足，故能精诚玄感，妙契高真，顿令青栓紫书，传之人间，昭示来彦。"② 高举既肯定了

---

① 杨宗业：《道德经解序》，《老子集成》第八卷，第58页。

② 高举：《道德经解序》，《老子集成》第八卷，第57—58页。

该解的神圣来历，同时勉励杨宗业在军事中运用老子之学，"他日功标铜柱，名书绛简，与老氏、吕祖同语玄关，游戏太清之中，不佞且愿假羽翰以从矣"①。

主刻《道德经解》的刘沅则是历史上少有的被世人奉为教主的学问大家。其所作《槐轩全书》，会通儒道释，体大思精，堪称鸿篇巨制。萧天石《道海玄微》论刘沅之学，谓："其学既直探洙泗心传，复深得玄门秘钥，融道入儒，援儒说道；复会通禅佛，并涉密乘，博学多方……以其一生行事及其等身著作之内容性质而言，则称之为道化儒家可，称之为儒化道家亦可。其内养及修持方法，则又纯用道家金丹宗手眼……讲学规模，以儒家为本；功夫修炼，以道家为本。不奉佛氏，亦不诋排，间举扬之以助传心，期融会三家而贯通之。"② 刘沅借《老子》传教，显示出他作为宗教家的救世用心。

编纂《道藏辑要》的蒋予蒲，是清朝官员。蒋予蒲字元庭，乾隆二十年（1755）出生于一个官宦世家。乾隆四十六年中进士，嘉庆十三年（1808）任户部侍郎。蒋予蒲的很多朋友都是高官，他们对道教的修炼、内丹和教义也深感兴趣，③ 所以他主持的觉源乩坛，不会只有他一个官员，而署名八洞仙祖的《太上道德经解》出自他的乩坛，也不足为怪了。

（3）突出修身治国之道。

从内容上看，这些仙解注本的特点是浅显实用，注重修身治国之道。修身的内容主要有两个方面，一是普遍意义的修养，一是具体的修炼，即内丹。如署名纯阳帝君、云门鲁史撰的《道德经解》，全书以修身为主旨，每一章解，首先用一句话提示主题，最后用一首七言绝句收尾。如第六章解曰："此章是体道之实，知道之微，用道之妙，登道之岸。"诗云："谷神无始立天根，上圣强名玄牝门。

---

① 高举：《道德经解序》，《老子集成》第八卷，第 58 页。
② 萧天石：《道海玄微》，华夏出版社 2007 年版，第 514—515 页。
③ 参见（意）莫尼卡：《"清代道藏"——江南蒋元庭本〈道藏辑要〉之研究》，《宗教学研究》2010 年第 3 期。

点破世人生死窟，神仙只此定乾坤。"① 第九章解："此章修身之要。有道而不自满，持真而无骄心，人性之后，任其自然。"诗云："满堂金玉要长存，火候工夫细细论。筌在得鱼蹄在兔，塞其兑则闭其门。"② 第三十五章解："此章教人莫执着的意思。"诗云："出口淡于其无味，能者用之不可既。逢人好话说三分，过客欣闻乐与饵。"③ 可以看出，这些注解既包含修道的方法，也包含人生的基本经验。又如第三十六章言："此章发明圣人制心驭情之法。"④ 第六十章言："此言治身以虚空为主。"⑤《老子》此两章一般被认为是讲如何治国，但这里仍然以修身解之，体现出该注在注解宗旨上的倾向性。至于以内丹修炼解《老》，杨宗业注本更加明显。如第十六章注："此章是内丹的诀。万化之起，皆出于虚静之中。此虚极静笃四字，成丹之大道，无加于此外者矣。你看虚字何义？是太虚不着之微妙也。静字何义？是一私不着之真体也。虚静已妙，而进之极笃。极笃已妙，而加之致守。则静忘其静，虚忘其虚，还归于太极之初。而阴阳五行，自从太极中流出，万物生矣……比之人身是虚静，之后阴极阳生，其一团真气，变动于窅冥恍惚之中，而不可御，不可倚。自然三关透彻，遍身周流，以复还于丹田气海之中，而为一个周天，此所为归根之妙奥。"⑥ 注文将万物生长的虚静阴阳生化之理与真气在人身体中的流转变化联系起来，以阐明丹道的内在机制。又如第三十章注："此即用兵以明炼己，是微妙之真诀，不可以轻语于人者也。道字即治身之道，人主即天君之称，兵强即阳胜之义也。凡阴阳二字，交相出入，互为消长，极盛难继，故不可以战胜为要诀。若我欲胜人，人反胜我，则得不足偿失矣。则有兵以为国之卫，而

---

① 纯阳帝君、云门鲁史：《道德经解》，《老子集成》第八卷，第142—143页。
② 纯阳帝君、云门鲁史：《道德经解》，《老子集成》第八卷，第144页。
③ 纯阳帝君、云门鲁史：《道德经解》，《老子集成》第八卷，第159页。
④ 纯阳帝君、云门鲁史：《道德经解》，《老子集成》第八卷，第159页。
⑤ 纯阳帝君、云门鲁史：《道德经解》，《老子集成》第八卷，第174页。
⑥ 纯阳道人：《道德经解》，《老子集成》第八卷，第65页。

有兵之费以为民之扰，其理一也。"① 这是将老子的用兵之道与内丹进行比拟。第四十六章注："人身之真气，为马。人身之流动，为车。善治其身者，把真气自运于丹田要紧之处，而受生成之益。不善治身，把真精真气向外面去浊乱，而不知内养。此何异马之生郊，无所驾驭乎？"② 这是在修丹实践中对老子哲理的具体运用。

当然，除了修身，仙解之作对社会、国家也是关心的。如刘沅在《道德经解》的序中就指出："《道德经》五千言，总贯天人万物之理，直抉于穆清宁之机。秦汉以来，识者甚鲜，兼忘本逐末之流，偏枯附会之辈，谬解虚无，妄相诟病。讵知言各有当，道无二端，清净自然乃纯一不已之极致。"③ 老子之道贯通天人，以清静自然为宗。但世人对老子误解很多，尤以儒家为甚："太上道祖缘其先天奉天，不今不古，随时变化，更姓易名，以神奇之妙诣常阐教，而分真住世留踪，隐显莫测。所以历代以来，儒者罕究其故，夫子不云乎：鸟，吾知其能飞；兽，吾知其能走；至于龙，吾不知其乘云而上青天也。呜呼！尽之矣！"④ 刘沅认为，误解老子者实际上是后儒，孔子是真正懂得老子的人。他进一步指出："夫道者，理之总名，德者所得于天，能全天理即为有德，岂特行文虚字。老子与孔子问答，无非至理。若至阴肃肃，至阳赫赫，肃肃出乎天，赫赫出乎地，尤直抉造化生成之原，心性分合之义。而君子得时则驾，不得时则蓬累而行，用舍行藏，道亦如斯。"⑤ 老子之道不仅包含造化生成之理，而且具有应世救时之用。司马迁《史记》所载孔子问礼于老子之事是可信的，孔老之间的对话，反映出两位思想家对社会具有同样的关切之情。基于这样的认识，《道德经解》不仅沟通儒道，以儒解《老》，而且注意突出治国救民之道。如第十三章注："以身为天下者，不自私其身，而欲偕天下于大道也。贵，以慎重言，爱，以关

① 纯阳道人：《道德经解》，《老子集成》第八卷，第69—70页。
② 纯阳道人：《道德经解》，《老子集成》第八卷，第74页。
③ 刘沅：《重刊〈道德经解〉叙》，《老子集成》第十卷，第286页。
④ 刘沅：《重刊〈道德经解〉叙》，《老子集成》第十卷，第286页。
⑤ 刘沅：《重镌〈道德经解〉序》，《老子集成》第十卷，第287页。

切言。可寄于天下，宠辱不惊也。可以托于天下，不以一身之患为患也，此为徒爱其身，而不知以道济天下者发。"① 该章体现了老子的贵身思想，但注文同时提醒，仅仅爱身是不够的，还要以道济天下。又如第六十一章注："此为恃强大以陵弱小者发，而反复推下人之功效，乃太上救时之论也。从来大国以力相服，往往不胜，不知柔可以制刚，理足以夺势，大国权重而势尊，可以容民畜众，而咸欲归焉。如下流然，第天下之所欲附，必天下之至柔者也。"② 注文点明本章的主旨是老子的救时之论，提醒大国不要恃强欺弱，滥用武力，而应谦虚涵容，以柔克刚，天下才会自然归服。再如第七十四章注："民不畏死，衰世之极矣，奈何更以刑罚惧之。若使民常有怀刑之心，则教化明，而民已知所趋避。乃有为奇邪以诱民者，从而杀之，民孰敢不畏死乎！太上此言为末世以杀禁乱，而不务本者发也。"③ 以杀禁乱是末世之法，不是理想的治理之策。治国要务本，所谓本，即老子清静自然、返朴还淳的无为之道。

第二节　明清老学的地位与价值

过去学术界认为明清老学成就不高，故不太重视。现在看来，这是一种片面的认识，实际上明清老学内容丰富，在思想上也仍然具有创造性，并呈现出新的时代特点。从现存老学文献来看，明清时期大量《老子》注疏的学术水平很高，代表作如沈一贯《老子通》、徐学谟《老子解》、王道《老子亿》、朱得之《老子通义》、薛蕙《老子集解》、释德清《老子道德经解》、李贽《老子解》、吴世尚《老子宗指》、王夫之《老子衍》、张尔岐《老子说略》、宋常星《道

① 纯阳子：《道德经解》，《老子集成》第十卷，第291页。
② 纯阳子：《道德经解》，《老子集成》第十卷，第303页。
③ 纯阳子：《道德经解》，《老子集成》第十卷，第306页。

德经讲义》、胡与高《道德经编注》、徐大椿《道德经注》等。而且，《老子集成》收录的大量珍本、善本，也主要为该时期的本子，如释镇澄《道德经集解》、洪其道《道德经解》、田艺衡《老子指玄》、印玄《老子尺木会旨》、周如砥《道德经集义》、周宗建《道德经解》、郭子章《老子解》、黄元御《老子悬解》、王泰徵《檀山道德经颂》、王定柱《老子臆注》、刘一明《道德经会义》等。纵使是形成于民间的扶鸾之作，也具有较高的水准。从思想价值来看，明清老学也具有其重要贡献，主要表现在以下几个方面。

一、对老子思想政治功能的阐发达到了新的高度

关于老子政治思想或者说治国之道的阐发，历代老学都有涉及，但明清时期的《老子》注者仍然提出了一些新的见解，显示出新的时代特色。明太祖和清世祖两帝注《老》，是出于现实需要，直接把老子的思想运用于政治实践。显然，两帝解《老》的重点在于用老，但在思想层面也不乏真知，如明太祖注《老子》第三章："是以圣人常自清薄，不丰其身，使民富乃实腹也，民富则国之大本固矣。"[①]藏富于民的观点很有超前性，由强化中央集权的明太祖提出，尤为难得。官员解《老》方面，如徐学谟也很有见地，其《老子解》倡导经世致用、反对空谈心性的学术主张；在以气论道的基础上，提出以人的自然本性之"欲"为先天之德，以"知"为基础养成的"不争之德"为后天之德；同时以儒家的经世思想改造道家的贵身理念，一方面继承了"天下为公"的儒家传统，同时有限度地肯定了私的价值和合理性，由此发展出具有一定政治启蒙色彩的公私观。从老学与理学的关系看，徐学谟《老子解》所体现的这些思想特色，显示出晚明时期儒道两家在经世致用的共同目标下进行了新的融合。[②]

---

① 《大明太祖高皇帝御注道德真经》，《老子集成》第六卷，第 3 页。
② 具体论述参见刘固盛、甄跃达：《晚明儒道关系的转向——以徐学谟〈老子解〉为中心的考察》，《道家文化研究》第 32 辑，中华书局 2019 年版。

张尔岐《老子说略》的主旨亦体现出对老子政治思想的重视，他说："《老子》明道德，盖将治身以及天下，与外常伦、遗世事者异趣矣。先儒审辨源流，每有论驳，至清静不争之旨，则莫或异议。"① 他认为老子思想的重点在于以清静不争之旨治身治国，尽管历来解《老》者对老子思想存在各种看法，但在这一点上是被公认的。又如他在《老子》第七十七章注言："天之道，有余者损之，不足者补之，政相类也。"② 对老子之道的阐发可以从多个方面展开，"政相类也"一句，点明了张尔岐注解的倾向。学界已注意到张尔岐解《老》的新意，即对现实政治的回归，如其理解的"无为"更加具体指向对君主行使政治权力的限制。③ 这是有价值的见解，也是张尔岐对老子政治思想的新发挥。试看第九章注："身既治而治人……则于天下之民，生之畜之，生之而不自以为有，为之而不恃其劳，长之而不任己意以宰制之，是谓深远难名之德。"④ 这显然是针对君主或者在上位者而言，指出其不能滥用权力，随意宰制百姓。那么，用什么办法可以对君权加以限制呢？对此，张尔岐提出了自己的看法。其一，君主提高自我修养。所谓"圣人之为圣人，无所积以自私"⑤，"善建、善抱者，善修其德而已"⑥。君主要修道德，做到大公无私。其二，对天的敬畏。第六十七章注言："夫为上者尽慈之道，则百姓亲附，各出死力以卫其上，以战则胜，以守则固，是天将救是人而以慈卫之也。人知是人之以慈卫人也，不知实天之欲救是人而以慈卫之也，则世之残民以逞者，其天之所绝乎？"⑦ 老子的"三宝"之一为慈，"天将救之，以慈卫之"，世人只知道是人为，而不知实为天意。因此，张尔岐告诫说，不要用手中的权力横行霸道，

---

① 张尔岐：《老子说略》，《老子集成》第八卷，第717页。
② 张尔岐：《老子说略》，《老子集成》第八卷，第740页。
③ 王继学：《张尔岐的〈老子〉学思想研究》，山东大学硕士学位论文，2006年。
④ 张尔岐：《老子说略》，《老子集成》第八卷，第721页。
⑤ 张尔岐：《老子说略》，《老子集成》第八卷，第741页。
⑥ 张尔岐：《老子说略》，《老子集成》第八卷，第734页。
⑦ 张尔岐：《老子说略》，《老子集成》第八卷，第738页。

伤害百姓，滥用权力者，必遭上天的惩罚。其三，用法律加以约束。第七十四章注云："且民之有罪，常有司杀者杀之。若任一人之喜怒而杀人，是代司杀者杀，如人代大匠斫也。代大匠斫，希有不伤手者矣。司杀者，法也。圣人立法，本乎天讨，不可以私意轻重其间，为废法任情警也。"① 把司杀者解释为"法"，很有新意。百姓犯罪，当依法惩处，这是常理。但谁有可能随个人喜怒杀人而免于处罚？恐怕只有君主。而这种情况的出现，也是违背常理的，不会有好的结果。因此，即使是手握生杀大权的君主，也不可胡来，不可"废法任情"，而应去掉私意，遵守法律。总之，张尔岐以学者的身份注《老》，在阐述老子治道时能够注意到对君权的制约问题，确有超越前人之处，也显示出其老学思想的深远。

二、推动了三教关系的进一步发展

儒道释三教融合是中国思想文化的重要特征，正如牟钟鉴先生所指出："儒、佛、道三教合流的历史很长，覆盖面很宽，对中华精英群体的性格和大众民俗文化以及多民族文化都有普遍而深刻的影响。"② 魏晋以后，儒、道、释各家学说都得以与《老子》沟通，老学史上一直是以儒解《老》、以佛解《老》、以道教理论解《老》同时并存的局面。通过老学这一特殊的窗口，便可以看到儒、道、释是如何在《老子》这部不朽的巨著中找到了互相对话与沟通的共同支点，它们又是如何交融与碰撞的。明清学者在援引儒、佛诠释《老子》时，并不局限于简单的比附，而是注意揭示儒、道、释之间能够互通合一的深层原因。如黄裳从本体论的角度进行阐述："三教之道，圣道而已。儒曰至诚，释曰真空，道曰金丹，要皆太虚一气，贯乎天地人物之中者也。"③ 这是以气沟通三教之道。他又从境界的层面进行分析："夫道究何状哉？在儒家曰隐微，其中有不睹不闻之

---

① 张尔岐：《老子说略》，《老子集成》第八卷，第 739 页。
② 牟钟鉴：《儒道佛三教关系简明通史》，人民出版社 2018 年版，第 3 页。
③ 黄裳：《道德经讲义》，《老子集成》第十一卷，第 66 页。

要。释家曰那个，其中有无善无恶之真。道家曰玄关，其中有无思无虑之密。"① 儒、道、释各家的修养方法虽然不同，但追求的理想境界却异曲同工。董德宁则从立言方式进行论证："老子之《道德》五千言者，辞深而理奥，言近而指远。其先道德而后仁义，以仁义居道德之中也；厚忠信而薄礼智，以礼智在忠信之内也。而绝圣弃智去其伪，绝仁弃义就其真。天地不仁大恩生，圣人不仁至德化。大道化而为仁义，智慧生而为知识。此数者，是反言之而若正者也……而用兵伐逆以其慈，修身治国用其啬。先人以后己，退高以就卑。利而不害于物，为而不争于民。如此者，是正言之而若反者也。"② 从老子"正言若反"的否定思维方式出发进行分析，认为老子并不是要绝弃儒家的仁义礼智，理解老子的思想，一定要注意其"立言之大意"，即有的是正言若反，有的是反言若正，而老子的主要思想是以修身治国为主，抓住了这一主旨及老子的立言特点，便知"孔老之合一，儒道之同源"③。

至于王夫之的《老子衍》，则从哲学的高度，对儒道释三教关系进行了特殊的分析和反思。其《自序》中说："昔之注《老子》者，代有殊宗，家传异说，逮王辅嗣、何平叔合之于乾坤易简，鸠摩罗什、梁武帝滥之于事理因果，则支补牵会，其诬久矣。迄陆希声、苏子由、董思靖及近代焦竑、李贽之流，益引禅宗，互为缀合，取彼所谓教外别传者以相糅杂，是犹闽人见霜而疑雪，洛人闻食蟹而剥蝤蛑也。"④ 王夫之对自王弼以来的各家老子注都不满意，显然，他之解《老》，意在另立新说。他指出："舍其显释，而强儒以合道，则诬儒；强道以合释，则诬道；彼将驱世教以殉其背尘合识之旨，而为蠹来兹，岂有既与！夫之察其悖者久之，乃废诸家，以衍其意。盖入其垒，袭其辎，暴其恃，而见其瑕矣，见其瑕而后道可使复

---

① 黄裳：《道德经讲义》，《老子集成》第十一卷，第69页。
② 董德宁：《老子道德经本义》，《老子集成》第十卷，第26页。
③ 董德宁：《老子道德经本义》，《老子集成》第十卷，第26页。
④ 王夫之：《老子衍》，《老子集成》第八卷，第563页。

也。"① 王夫之认为，从老学的角度谈三教关系，要注意厘清彼此之间的异同及各自学说的欠缺。他认为历史上《老子》的诸家注释都存在不足之处，但他并不是简单加以批判或否定，而是主张深入各家注释的内部，真正认识到其中的瑕疵，再加以综合判断。至于对老子思想本身，王夫之是非常肯定的："文、景踵起而迄升平，张子房、孙仲和异尚而远危殆，用是物也。较之释氏之荒远苛酷，究于离披缠棘，轻物理于一掷，而仅取欢于光怪者，岂不贤乎？司马迁曰：老聃无为自化，清净自正。近之矣。"② 王夫之同意司马迁对老子的评价，显示出他对道家精神实质的深刻洞察。而他在《老子衍》中对儒、道、释三教关系的分析，则超越了前人的认识，具有新的时代高度。有学者指出，王夫之对《老子》的阐释，其目的在于对自宋以来儒、道、释三家学说混用演绎的还原。在王夫之对代表传统中国文化精髓的儒、释、道三家思想的批判和审视中，《老子衍》成为探索中国文化从传统到现代转型的一个重要代表，其间跃动着现代性、启蒙性的思想，这对中国儒释道三家哲学一系列概念的认知、对于后来者乃至今日我们理解中国哲学的精义都有着不可忽视的开创意义。③

三、扩大了老子思想在民间社会的影响

前已指出，明清两代，道教发展下移，与民间信仰的结合日益紧密，与此相关，明清老学中出现了系列托名吕祖的鸾笔解《老》作品。仙解《老子》的不断出现，正是老子思想在民间社会影响增强的反映。如署名纯阳子注的《道德经解》应是由刘沅主持的扶鸾作品。刘沅序云："丙辰下第西归，道出留侯庙下，邂逅静一老人，谭次，畁以《道德经解》。予受而读之，如启琅环而遗身世也。"④ 据

---

① 王夫之：《老子衍》，《老子集成》第八卷，第563页。
② 王夫之：《老子衍》，《老子集成》第八卷，第564页。
③ 焦宗烨：《王夫之〈老子衍〉与中国文化的近代转变》，台湾《鹅湖月刊》2014年第2期。
④ 刘沅：《重刊〈道德经解〉叙》，《老子集成》第十卷，第287页。

刘沅自述，他曾遇到一位贩卖草药的野云老人，并拜其为师，跟从他学习道教的修炼方法，体质得以明显改善。这位神秘的野云老人被认为是老君的化身。① 由此看来，静一老人也可以看作是与野云老人类似的形象。对于《道德经解》，刘沅之所以不言自注而称是静一老人所赠，显然是为了增加该注的神圣性与权威性，以利于弘道宣教。刘沅又称："自来污老子者多矣，得是书，可以稍正其妄愚，故与《感应篇》合而存之。"② 把《道德经解》与《太上感应篇》合刻刊行，其突出民间教化的意图十分明显。

又如托名纯阳吕仙所著的《道德经注释》，约成书于光绪丙申年（1896），亦是孚佑帝君飞鸾降笔之作。书前有托名"太极天宫文华殿内左相臣颜子渊谨撰"的序云："今有吕祖，道号纯阳，奥稽五帝，历考三皇，参玄门之妙旨，解道祖之灵章，安邦定国之文，微而益显，养性修真之理，隐而弥彰。昨日功曹，向文华而问序；今朝生等，开幽阁以焚香。窃思抹犬涂鸦，宜藏大绌；转念飞龙舞凤，足见余光。因降香坛，信笔而书俚韵；聊为宝忏，片言以发幽芳。序始末于灵文，大彰六合；阐古今之妙理，广播八方。"③ 序中"广播八方"一语，点明了该注宣教的意图，而其主旨则是："孚佑帝君愍世不已，忘天之至尊，降鸾释义，普化群黎，阐性理之精微，发是经之奥旨，指示后学，以正心修身、穷理尽性为齐家治国平天下之大道。诵斯经者，宜读其辞，而玩其意，朝讽夕咏，日进于躬行，悟澈真诠，则知天人一气，万物一体，宇宙内事，乃吾性分中事也。"④ 吕祖降笔之意，在于阐明《道德经》所蕴含的性命之理与治国之道，使天下百姓得到教化，后学者要善于运用。

美国道教研究专家柏夷教授指出："道教，自古就存在于华夏文明的髓心与肌腠之中。它不仅是中国的本土民族宗教，也是中国文

---

① 参见（德）欧福克：《老子隐居之所：以〈天社山志〉为中心的历史地理考察》，《宗教学研究》2018 年第 3 期。

② 刘沅：《重镌〈道德经解〉序》，《老子集成》第十卷，第 287 页。

③ 颜子渊：《道德经序》，《老子集成》第十一卷，第 606 页。

④ 刘光才：《道德经跋》，《老子集成》第十一卷，第 664 页。

化中人本主义内在动力与道德准则的最佳体现……毫不夸张地说，道教代表了古代中国的精魂与力量。"① 柏夷教授对道教在中国文化中的地位做出了极高的评价。确实，道教以多种方式对中国文化产生深刻影响，通过注解《老子》弘道阐教，便是其中重要的一种。明清时期，随着道教与民间信仰的结合日趋紧密，道教老学出现了仙解《老子》这样独特的形式，虽流行于民间，却得到了文人学者及官员各界人士的支持。也正是因为他们的参与，道教教义包括老子思想在社会上的影响日益扩大且更加深远。而在道教界与社会各界的密切互动中，道教文化自然进入了"华夏文明的髓心与肌腠之中"。应该说，在对中华民族共同体的信仰塑造上，道教文化起着非常重要的作用。明清老学的民间化，正是道教影响中国社会、文化、信仰的独特方式和具体体现。

---

① （美）柏夷：《道教研究论集》，孙齐等译，中西书局 2015 年版，第 2 页。

第三章　明清皇帝对《老子》的
阐释与影响

中国老学史上以皇帝之尊注解《老子》并有注本传世的有四位，分别是唐玄宗、宋徽宗、明太祖以及清世祖。四位皇帝的注解各有特色，但相对来说，明太祖、清世祖之注更加重视对老子政治思想的发挥，其现实针对性更强。

第一节　明太祖对《老子》的注解和运用

明太祖朱元璋纯粹站在统治者的立场注解《老子》，其注解不注重文采、义理，而是本着实用的原则，着重于挖掘《老子》中的修身治国思想，特别是利用《老子》来论证王权之合法性，且朱元璋以"王者之上师，臣民之极宝，非金丹之术"定性《老子》，为明代老学奠定了基调，故朱元璋《御注》虽然不是理论水平最高的，但就对臣民的思想影响而言，却是最大的。

一、对君权合法性的论证

"道"是道家思想的核心，道既是万物的本原，亦是万物产生的依据，具有本体论与生存论的双重内涵。朱元璋在注解《道德经》时，有意忽略了"道"的哲学含义，而是以"王道"代替了"天道"，极力论证王权的合法性。朱元璋认为道即路，路即心，那么道就是心，人能够律身行己，心无他欲就是行道。以律身行己为行道，道的形上之义被淡化：

上至天子，下及臣庶，若有志于行道者，当行过常人所行之道，即非常道。道犹道也，凡人律身行事，心无他欲，执此而行之，心即路也，路即心也，能执而不改，非常道也。①

律身行己以道为目标，其实道就是君主的化身，朱元璋借此宣扬君主的权威，天下万姓之安危存亡皆系于君之一身：

此以君之身为天下国家万姓，以君之神气为国王，王有道不死，万姓咸安。又以身为天地，其气不妄为，常存于中，是谓天地根。若有所养，则绵绵不绝，常存理用，则不乏矣。②

能行道，就能留名万世，故谓非常之名，此时"名"也下降为名誉之"名"，修身行道不仅可以成就功名，还可以身安长存，这是以名利诱导臣民服从君主。然后朱元璋又借助道对君主进行神化，如他指出：

朴散而为器，则圣人用之。朴，道未行也，散而为器，道布也。圣人用之，则为官长，非官长也，云人主是也。③

道散而为器，圣人得此而为君主。君主如果无德，上天会降下各种征兆以资警戒，君主如果执迷不悟，天命就会转移：

盖谓鬼本不神，因时君无道，故依草附木，共兴为怪，以兆将来，亦有戒焉。时君若知怪非常，能革非心，以正道心，则天意可招回焉。不然则天虽不叙，必假手于可命者，则社稷移而民有他从，不可留也。④

---

① 《大明太祖高皇帝御注道德真经》，《老子集成》第六卷，第2页。
② 《大明太祖高皇帝御注道德真经》，《老子集成》第六卷，第4页。
③ 《大明太祖高皇帝御注道德真经》，《老子集成》第六卷，第13页。
④ 《大明太祖高皇帝御注道德真经》，《老子集成》第六卷，第24页。

君主得天下乃是顺应天命，君臣名分亦是天定，若不安本分，只会自取灭亡。不唯有自取灭亡的臣子，君主失天命也会败亡。朱元璋以此宣扬其登上君位乃是顺应天命，他说：

> 老子云：吾将取天下而将行，又且不行，云何？盖天下国家，神器也。神器者何？上天后土，主之者国家也。所以不敢取，乃曰我见谋人之国，未尝不败，然此见主者尚有败者，所以天命也。老子云：若吾为之，惟天命归而不得已，吾方为之。①

朱元璋还指出，在君权神授的条件下，臣子对君主不仅不能有二心，而且还要尽心辅佐。臣子辅佐人主，要依道而行，不可鼓动人主尚战，也不可当发兵时却犹豫不决，以致君主失去先机。这些都是亡君欲取天下之举，不只陷君于不仁，且战争伴随着伤亡，上天必然会报应于不臣之人自身或其后世子孙："云其事好还者，乃非理之为，神天不许也。若有此无故损伤物命，非身即子孙报之，理有不可免者。"②

《老子》中凡是涉及天下不可强取之意的章节，朱元璋都予以大力称赞，如"将欲取天下"章，朱元璋赞曰："朕于斯经乃知老子大道焉。"③"以道佐人主"章，朱元璋称赞老子曰："朕观老子之为圣人也，亘古今而无双，夫何故？以其阴骘大焉。"④ 在后面的注解中，朱元璋也多次强调。如在"名与身孰亲"章中，朱元璋再次重申天命思想：

> 噫！深哉意奥，愚人将以为老子不贵天爵乎？非也。其戒禁贪婪之徒，特以甚多二字，承其上文，又以二知字收之，再

---

① 《大明太祖高皇帝御注道德真经》，《老子集成》第六卷，第13页。
② 《大明太祖高皇帝御注道德真经》，《老子集成》第六卷，第13页。
③ 《大明太祖高皇帝御注道德真经》，《老子集成》第六卷，第13页。
④ 《大明太祖高皇帝御注道德真经》，《老子集成》第六卷，第13页。

以长久示之，吾故比云。且国之大职，王之下冢宰之官极位，若非天命，弃其此而爱王位，可乎？六卿非君命而谮居相位，可乎？以次序校之，诸职事皆然……君子之亲，日亲于道，多多于道。小人之病，病不务学道，贪非理之名，多藏货物。其非理之名易夺，货藏多而必恃，故厚亡。君子守有命之名，藏合得之物，是谓知足不辱，知止不危，可以长久，云永不坏也。①

如在"出生入死"章中，朱元璋又提到还报思想：

又云天道好还，如小人务尚奸邪，动辄致人于死地，所以好还者，彼虽避兕虎而入兕虎中，彼虽远兵甲，而由兵甲而死。其还也如是，其得也必然，此皆动之死地耳。②

朱元璋反对祈福于上天，在他看来，严刑峻法只会导致人民的反抗，祈福于天也会招致祸殃，相反，"若能治人省苛，事天祀以理，广德以安民，则其德厚矣。虽不祈于天福，乃天福也"③。祈福于天不若施惠于民。朱元璋并不迷信宗教，但这并不妨碍他本着政治实用的态度利用宗教维护其统治。他起家与明教关系密切，但建国之后就下令禁止明教流行。他虽然提倡三教并立，但其对佛、道二教也没有偏爱，只将它们看作"阴翼王纲"的手段。陈国全在《明太祖的宗教政策》中说道："又太祖虽礼信沙门，崇重黄老，僧道入仕，几成国初常例；唯其对二教之制约，即未稍放松，僧道录司之沿置，周知册之颁行，均清楚显示其严束释道之意向。至于假释老内典以护王纲，宣扬军权至上，则其利用佛道以申王权之手段也甚明耳。"④ "假释老内典以护王纲"很准确地揭示了朱元璋注解

① 《大明太祖高皇帝御注道德真经》，《老子集成》第六卷，第 18 页。
② 《大明太祖高皇帝御注道德真经》，《老子集成》第六卷，第 20 页。
③ 《大明太祖高皇帝御注道德真经》，《老子集成》第六卷，第 24 页。
④ Chan Kwokchuen（陈国全）：《明太祖的宗教政策》，香港大学硕士学位论文，1991 年，第 1 页。

《老子》的目的，朱元璋注解《老子》的主要目的就是挖掘其中的治国思想，并发挥其中有利于其统治的部分，有些方面还加以扩大甚至是曲解。因此，朱元璋在注解《老子》时借神学思想宣扬其统治乃是顺应天命，也就可以理解了。

二、为君之道

朱元璋作为开国之君，元朝灭亡的教训就在眼前。创业不易，守业更难，朱元璋对此有清醒的认识。他在马上得天下后，并没有耽于享乐，反而以身作则，数十年如一日，勤于政事，生活节俭。他的身上有很浓厚的务实精神，对君主的责任也有清醒的认识，故他对君主要求尤高，在注《老》时，朱元璋发挥老子的修身之道，主要就是针对君主而言，如对《老子》首章注：

> 道之幽微，静无名而动有益，即无极而太极是也。且如吾为天下君，善政之机日存于心而未发，孰知何名？才施行则有赏罚焉。不但君心有赏罚，贤人君子有志，则皆能利济万物，所以无名天地之始，即君子仁心畜之于衷，发而济万物，则有名矣，岂不万物之母云？①

当道隐而不显之时，无名无像，一旦大道运行，则成就万物，是为万物之母。正如人主治国，当其执政方针未实施时，只存于己心，其他人都不知道，一旦施之于世，赏善罚恶，则能泽被世人，故为君者关系甚大，一言一行更应谨慎：

> 无欲观其妙，谓道既行，而不求他誉，以己诚察于真理，故云：常无欲以观其妙。又常有欲以观其徼，非他欲也，乃欲善事之周备耳。虑恐不备，而又欲之，非声色财利之所欲。②

①　《大明太祖高皇帝御注道德真经》，《老子集成》第六卷，第 2 页。
②　《大明太祖高皇帝御注道德真经》，《老子集成》第六卷，第 3 页。

君主言行谨慎以适度为原则，不要做"道上加道，善上加善"之事，过于求道、求善，只会过犹不及，欲求利反受害，不若无为而治：

> 国王及臣庶，有能行道者，笃能行斯大道，勿于道上加道焉，善上更加善焉。凡以巧上此二事者，美则美矣，不过一时而已，又非常道也。故美尽而恶来，善穷而不善至矣。若治天下者，务使百姓安，不知君德之何如，即古野老云：帝力于我何有哉？①

朱元璋主张的"无为"并非什么都不做，而是侧重于对君主言行的要求，要求君主不妄为。君主作为一国之主，治国理民犹要警惕，不可任意而为："君为民之主，君乃时或妄为，则民祸矣。民疲则国亡，信哉！"②须知君主乃万民之表率，君主为善则人民善，君主为恶则人民恶，"不欲身民如是，务秉之以道，常以心似乎小儿之无知，特守无为之道，故天下安"③。君主手握天下，要达到无为的境界，必然要经历一番"损"之功夫。对《老子》中"为学日益，为道日损，损之又损，以至于无为"句，朱元璋解释说：

> 圣人有志学道，道乃日积。日积日益也，久日道备，将欲作为其道，圣人虑恐道行未稳，以此宵衣旰食，苦心焦思，致使神疲心倦，即是损之又损。然后道布天下，被及万物，民安物阜，天下贞。是以圣人无为，又无为而无不为矣，岂不先苦而后乐乎？④

圣人有志学道，日积月累，道行愈益完备，然圣人仍担心道行不稳，于是"宵衣旰食，苦心焦思"，不敢懈怠，致使神疲心倦，身心损之

---

① 《大明太祖高皇帝御注道德真经》，《老子集成》第六卷，第 3 页。
② 《大明太祖高皇帝御注道德真经》，《老子集成》第六卷，第 5 页。
③ 《大明太祖高皇帝御注道德真经》，《老子集成》第六卷，第 20 页。
④ 《大明太祖高皇帝御注道德真经》，《老子集成》第六卷，第 19 页。

又损。这样的解释不一定是老子的原意，但朱元璋此解有自己的目的，那就是借此警戒为君者要修身不怠，勤于政事。为君者要做到无为，先要对己有为，只有君主严格要求自己，才能避免妄为，以此达到无为无不为的治国目标，如第三章注所言："诸事先有勤劳，而合理尽为之矣。既已措安，乃无为矣。"

在注中，朱元璋强调的君主之不妄为表现在以下两个方面：首先，君主要以清静为念，不能随意变更各项前人的规矩：

> 清静为天下正，此言理道之守甚严，谓君天下者既措安之后，当坚守其定规，勿妄为。妄为，或改前人之理道是也。改则乱，不改则天下平，是谓正。①

其次，为君者要厉行节俭。朱元璋在注中反复强调修身之道在清廉绝奢。他对"虚其心"注解曰："是以圣人常自清薄，不丰其身。"② 在"天长地久"章中再次强调"后其身者，俭素绝奢"，"外其身者，以其不丰美其身，使不自安而身存，乃先苦而后乐也"。③若不听此劝，沉迷于声色财物，取之无道，用非其理，反而会身被物伤。故有道君子，需谨记立身行道要合乎天理。

朱元璋强调节俭，要求王者要起到率先垂范的作用："谓为王者，身先俭之，以使上行下效，不致纵欲是也。"④ 因为王者一旦纵欲，必将劳民伤财，以致民乏国危，故朱元璋赞同《老子》中"治大国若烹小鲜"的告诫：

> 善治天下者，务不奢侈，以废民财，而劳其力焉。若奢侈者，必宫室台榭诸等徭役并兴擅动，生民农业废，而乏用国危，

---

① 《大明太祖高皇帝御注道德真经》，《老子集成》第六卷，第 19 页。
② 《大明太祖高皇帝御注道德真经》，《老子集成》第六卷，第 3 页。
③ 《大明太祖高皇帝御注道德真经》，《老子集成》第六卷，第 4—5 页。
④ 《大明太祖高皇帝御注道德真经》，《老子集成》第六卷，第 16 页。

故设以烹小鲜之喻，为王者驭天下之式。①

在实际生活中，朱元璋确实在践行着节俭的原则。他禁止臣下进献珍奇宝物，甚至宫殿墙上的装饰都摒弃了浮华无用的雕饰而刻以《大学衍义》；对民间，他也以法令的形式规定"庶民之家不许衣锦绣"②。朱元璋反对物质之乐，提倡修道行道之乐，在他看来，物质只能带来一时的快乐，而体道之乐则无穷。他说：

> 盖谓学道与物乐不同也。所以不同者，道乃无形之理，善用无乏焉，故盈之而弗厌。其游赏宴乐，乃用物而骄盈也。既盈而有亏，以荡志而用物过也。③

朱元璋能对君主严格要求，不追求物质之乐，固然有维护统治的意思在其中，但其爱民之心亦于此可见。以不妄为之心安民，朱元璋的爱民思想亦是其不妄为思想的具体表现。

三、安民之道

朱元璋为政颇重民生，如言："譬犹初飞之鸟，不可拔其羽；新植之木，不可摇其根，要在安养生息之。"④ "养民在于宽赋。"⑤ 由于他起于寒微，对于民众疾苦有深刻的认识，故其执政举措，非常重视安定百姓。在注《老》时，朱元璋着重发挥了藏富于民的安民之道。他在注解"不尚贤"章时，对吴澄的注解表示了赞赏。吴澄认为要使百姓无知无欲，就是要使其不存名利之心，那么统治者就

---

① 《大明太祖高皇帝御注道德真经》，《老子集成》第六卷，第 24 页。
② 朱元璋：《明太祖祖训》卷三。
③ 《大明太祖高皇帝御注道德真经》，《老子集成》第六卷，第 9 页。
④ 《明太祖实录》卷二十九，洪武元年正月辛丑，《明实录》第 1 册，上海书店 1982 年版，第 505 页。
⑤ 《明太祖实录》卷二十九，洪武元年正月甲申，《明实录》第 1 册，上海书店 1982 年版，第 495 页。

要不尊崇贤者，以免世人逐名而忘实；不贵难得之物，以免世人逐利而为盗。圣人之治，要让百姓丰衣足食，身体强壮，但不存名利之心，不存争名夺利之志。而朱元璋对此章的解释与吴澄之意大致一致，但是他作为统治者，考虑事情的角度不一样，这表现在对虚心、实腹、弱志、强骨的解释上，朱元璋曰：

> 是以圣人常自清薄，不丰其身。使民富乃实腹也，民富则国之大本固矣。然更不恃民富而国壮，他生事焉。是为实腹弱志强骨也。①

朱元璋实行富民政策的根本目的是巩固统治。"水能载舟，亦能覆舟"，朱元璋起于寒微，以武力反抗元朝暴政而登上帝位，对于君与臣民的关系，朱元璋体会得更加深切：

> 又云治家者以道律身，以礼役奴仆，则奴仆驱劳而治家者安。木枯根而深固，枝叶荣矣，则干全而永年。岂不知诸事先理道而后成？故奴仆驱而主逸，枝叶繁而干盛，皆抚绥乘气之至也。故奴仆营而资给于家，枝叶繁而招雨露于干，其理势之必然！②

君主好比大树的树干，臣民就是枝叶，枝叶繁盛，大树才能富有生机，故统治者治理臣民，要修道律身，以礼待下。臣民因为君主的不恣意妄为，生活富裕，感激君恩，自然也不会生出反叛之心。君臣上下等级有序，海内安定，是为天下王。故朱元璋虽然实行重典治吏，但对于百姓则主张实行仁政，他曾对大臣说："仁义者，养民之膏粱也。刑罚者，惩恶之药石也。舍仁义而专用刑罚，是以药石

---

① 《大明太祖高皇帝御注道德真经》，《老子集成》第六卷，第3页。
② 《大明太祖高皇帝御注道德真经》，《老子集成》第六卷，第29页。

养人，岂得谓善治乎?"① 富民思想正是明太祖仁政的表现之一。洪武元年（1368），朱元璋向刘基请教生息之道，刘基只言"宽仁"，而朱元璋则将宽仁具体化：

> 上曰："不施实惠，而概言宽仁，亦无益耳。以朕观之，宽民必当阜民之财，息民之力。不节用则民财竭，不省役则民力困，不明教化则民不知礼义，不禁贪暴则无以遂其生。"基顿首曰："此所谓以仁心行仁政也。"②

在注中，朱元璋仍然坚持富民思想，反对重敛厚科：

> 治国务欲民实，无得重敛而厚科，若重敛而厚科，则民乏用矣。民既乏用，则盗贼之心萌，盗贼之心既萌，将必持戈矛而互相戕，是谓难治。为天下君，勿过为。过为者何？五荒是也。若有为此者，民多失养，既多失养，无所不为，尤其难治。③

他很清楚地认识到百姓富裕才是政权稳固的根本，为君者不可与民争利，故言：

> 与民休息，使积蓄之，是谓生之畜之。君不轻取，是谓不有。天下措安，君不自逞其能，是谓不恃。生齿之繁，君不专长，百职以理之。是谓长而不宰。④

民穷则思变，民富又可能萌生反叛之心，作为统治者既要使人民富裕，又要防范他们富而生反叛之心，故要弱其志。如何弱其志？

---

① 《明史》卷九十四，《志第七十·刑法二》，中华书局 1974 年版，第 2319 页。
② 谷应泰：《明史纪事本末》卷十四，《开国规模》，中华书局 1977 年版，195—196 页。
③ 《大明太祖高皇帝御注道德真经》，《老子集成》第六卷，第 28 页。
④ 《大明太祖高皇帝御注道德真经》，《老子集成》第六卷，第 6 页。

这就涉及朱元璋的"愚民"思想。朱元璋认为"愚民"不是使民无知，而是使臣民遵守君君臣臣父父子子之道，各安其分，臣尊其君，民安本业，上下秩序井然，从而实现淳朴之治。他指出：

> 所以有德之君，绝奇巧，却异财，而远声色，则民不争浮华之利，奇巧无所施其工，皆罢虚务而敦实业，不数年淳风大作，此老子云愚民之本意也，非实痴民。老子言大道之理，务欲使人君君臣臣父父子子，彝伦攸叙。实教民愚，罔知上下，果圣人欤？①

朱元璋对老子"愚民"思想的解释是可取的。他同时强调，君主行道不妄为，其实所行之道就是儒家之仁义礼智信而已。因此，朱元璋称赞《老子》为"王者之上师，臣民之极宝"，正是老子之道有助于他达成儒家君贤民朴的圣人之治：

> 大道果何？曰仁、曰义、曰礼、曰智、曰信，此五者，道之化而行也。君天下者，行此守此，则安天下。臣守此，而名贤天下，家乃昌。庶民守此，而邻里睦，六亲和，兴家不犯刑宪，日贞郡里称良。②

综上，朱元璋注解《老子》之道很少涉及形上哲学，而完全从主政者的立场出发，将老子形上之道发挥为君主修身治国之道。有学者对朱元璋各项举措的总结是：一方面用严苛的法令对付叛逆大臣，另一方面又通过对宗室大臣文化思想的控制，向他们灌输忠心思想；且通过御制文献，达到既能御天下，又能怀柔学者，教化群臣的目的。③ 其解《老子》，当然也是为这一政治意图服务的。

---

① 《大明太祖高皇帝御注道德真经》，《老子集成》第六卷，第 26 页。
② 《大明太祖高皇帝御注道德真经》，《老子集成》第六卷，第 21 页。
③ Hui Chunfat：《明太祖〈相鉴〉研究》，香港大学硕士学位论文，1995 年，第 3 页。

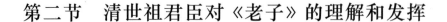

第二节　清世祖君臣对《老子》的理解和发挥

在历史上出现过的这几部御注《道德经》中，有些曾经在历史上产生了重大影响，如唐玄宗之注。有些影响则相对要小，如顺治帝的《御定道德经注》，一直以来，学界对其学术水平的评价并不太高。柳存仁就认为其"于道家思想哲学无大发明，其于政治哲学，亦不如《道藏》所收上述三圣注本之重要"①，所谓"三圣注本"，就是唐玄宗、宋徽宗以及明太祖的注疏。熊铁基也认为"此'御定'之注远不及前此三御注的影响，只不过是道教得到清王朝承认并认可其发展的一种反映"②。诚然，从学术建树上来看，这部《御定道德经注》或如学界所言并不是十分突出，影响也不及另外三部御注，但仍然是不可忽视的。这毕竟是满人入主中原之后，对中原文化所做的一种姿态宣示，它对我们了解顺治的治国思想和清王朝的文化政策还是很有帮助的。

一、《御定道德经注》的作者问题

从历史记载来看，这部《御定道德经注》的作者，存在两种说法，这两种说法跟这部书的版本有关系。清内府刊本③是我们现在能看到的最早版本，前有署名顺治的"御制道德经序"，正文题为"御注道德经"。而且从顺治的序言来看，似乎此注就是他亲笔所作：

①　柳存仁：《道藏本三圣注道德经之得失》，《和风堂文集》，上海古籍出版社1991年版，第472页。

②　熊铁基：《〈道德经〉与道教发展》，《第二届全真道与老庄学国际学术研讨会论文集》（下册），华中师范大学出版社2013年版，第571页。

③　该本刊于清顺治十三年（1656），严灵峰《无求备斋老子集成续编》和《藏外道书》收有其影印本。

> 朕以圣言玄远，末学多岐，苟不折以理衷，恐益滋伪误，
> 用是博参众说，芟繁去支，厘为一注。[①]

然而根据内府刊本而抄写的《四库全书》本却为我们提供了另外的信息。该本书前也收有署名顺治的"御制道德经序"，但是正文前的题名变为"御定道德经注"，由"御注"变为了"御定"，作者归属就变得不同了。同样，四库本书前"提要"说该书是："顺治十三年大学士成克巩恭纂，仰邀钦定。"[②] 按照四库馆臣们的说法，该书乃大学士成克巩所纂，然后再由顺治帝"钦定"并颁行全国，所以他们将内府刊本中的题名由"御注"改为"御定"。这两种说法到底哪一个是真实的呢？

有的学者认为四库馆臣的看法更可靠。因为顺治十三年（1656）时，福临才 20 岁，顺治八年他亲政之时还看不懂汉文。五年过后，他的汉文水平应当还不至于可以为《道德经》作注。而成克巩是顺治年间的重臣，他仰邀钦定也是可能的。[③] 按四库馆臣的说法，是成克巩纂，顺治钦定。所谓"钦定"，应当有一个披阅删改最终定本的过程。也就是说，还有一种可能，即成克巩和顺治共同完成了这部书，这种可能性是很大的。

成克巩为什么要上呈这部《道德经注》呢？笔者以为，这恐怕跟当时的政治现实以及他的政治地位有关。成克巩是明崇祯十六年（1643）进士，第二年明朝就灭亡了。明亡后他避乱乡里，顺治二年（1645）在李若琳的举荐下开始在清朝为官。顺治十年，他官至吏部尚书；十二年，加太子太保，暂摄左都御史。[④] 当时的形势是清朝建立初期，南方各地的抗清斗争还此起彼伏，社会并不安稳，能够安

---

① 顺治：《御制道德经序》，《老子集成》第八卷，第 591 页。

② 《清世祖御注道德经》，《老子集成》第八卷，第 592 页。

③ 熊铁基：《道德经与道教发展》，《第二届全真道与老庄学国际学术研讨会论文集》（下册），华中师范大学出版社 2013 年版，第 570—571 页。

④ 《汉名臣传》卷一，《成克巩列传》，周骏富编：《清代传记丛刊》第 38 册，台北明文书局 1985 年版，第 53 页。

定天下的治国良策是顺治皇帝迫切需要的。《清史稿》载：

> 世祖初以克巩世家子，知故事，不次擢用，值讲筵，命内臣将画公就邸舍图其像以进，居常或中夜出片纸作国书询时事，克巩占对惟谨。①

成克巩深得顺治之信任可见一斑，为皇帝提供治国之良方自然成为其责无旁贷的义务。他在此时为《道德经》作注并将其上呈顺治，是因为《道德经》中的治国思想对于处在战乱恢复期的社会，以及寻找治国良策的君臣，吸引力是巨大的。

二、《御定道德经注》的治心治国之道

正是出于对社会安定和治国之道的需求，顺治君臣十分关注《道德经》中的治国思想。他们对《道德经》的理解，四库馆臣有一个很准确的概括：

> 注中亦备论日用常行之理，治心治国之道，于是犹龙之旨灿然明显矣……今注参取众说，简要明畅，真足以益心智，阅治理，非徒以究清净无为之说而已也。②

四库馆臣认为顺治君臣的注解特别注重阐明《老子》"治心治国之道"和"日用常行之理"，充实了关于国家治理的种种理论，这个看法是准确的。

在顺治君臣看来，道是天下万物之本，人人皆有此道，乃为"德"，但是一般人不能够保全此"德"，"人之初生，其德性至厚也，其及长也，耳目交于外，心识受于内，则其厚者薄矣"③。人们因为

---

① 《清史稿》卷二百三十八，《列传二十五》，中华书局 1977 年版，第 9499 页。
② 《清世祖御注道德经》，《老子集成》第八卷，第 592 页。
③ 《清世祖御注道德经》，《老子集成》第八卷，第 614 页。

耳目等感觉器官和心识思维的作用，会离道越来越远，但是圣人则可以避免这个过程而保全此道或此德，"人莫不有道，惟圣人能全之"①。圣人是如何"全之"的呢？第四章的注文说：

> 何以全之？挫其锐，恐其入于妄也。解其纷，恐其与物构也。不入于妄，不与物构，则以污染去而光生焉。然苟自曜其光，则是有心以立异于众矣，故和其光。以至洁之光应至杂之尘，而无所不用，岂弃万物而为道哉？道如是而后全，则湛然至清而尝存矣。②

"不与物构"指的是人的感觉器官不与外物相接，这样就不会因感觉器官对外物的"捕获"而使人的心识产生种种"妄念"。这一点达到之后，还要做到不将自己的这种修养外现于人，如此，则可"道全"。对此，顺治君臣还有具体的阐述：

> 守之如何？亦曰塞其兑，闭其门而已。心动于内而吾纵焉，是谓有兑。有兑则心出而交物，我则塞其兑而不通，不通则不出矣。物引于外而吾纳焉，是谓有门。有门则物入而扰心，我则闭其门而不纳，不纳则物不入矣。内不出，外不入，虽万物之变，芸芸于前，而不知夫何勤之有哉？若乃忘道徇物，开其兑而不塞，济其事而不损，则终身陷溺，其莫之救也。夫惟守其母者，于不可目窥者独能见之，故曰见小曰明。于不可力得者独能守之，故曰守柔曰强。既用其光，以照其微，复归其明，以返于寂然也，则未常开兑济事以至于不救，何殃之有哉？如是知常之明，明深不可见矣。③

----

① 《清世祖御注道德经》，《老子集成》第八卷，第594页。
② 《清世祖御注道德经》，《老子集成》第八卷，第594页。
③ 《清世祖御注道德经》，《老子集成》第八卷，第612—613页。

具体来说，要做到"全道"需要在内与外两个方面下功夫。所谓"内"，指的是人的心识。凡人的心识常妄动不已，如果不加节制而纵容之，则心识会愈加流转而不可恢复。所谓"外"，指的是外界能够引起人的心识妄动的事物。人心之妄动，皆由人的感觉器官不停歇地对外在事物的"捕获"。内外相交，则离道愈远。若要"全道"，则要做到"不入于妄，不与物构"，也就是不为外物所引，人心不动于内，从而达到一种"内不出，外不入"的状态。所以综合起来看，这里顺治君臣讲的就是圣人如何"治心"的问题，办法就是让心既不动于内，同时也不受外物之引诱。

心的这种状态，顺治君臣认为是所谓"中"，其言说道：

> 至人性定于中，目辨色，耳审音，口和味，田猎以时，珍货在御，随境而中不惑，盖得其正也。若中无所主，则为物迁，遂使五色足以盲目，五音足以聋耳，五味足以爽口，田猎足以乱心，难得之货足以伤行，种种皆失其正，外泪而真漓矣。圣人惟守内，不务外，使其心承受诸物而不随触迁流，故为腹而不为目。既去彼以取此，则中常渊静而湛然不扰矣。①

凡人心无所主，一旦遇到外界事物对感官的刺激，就会引发心识的妄动而随波逐流，失去正道。圣人因为心有所主，所以无论遇到什么样的境况，美景、音乐、美味、田猎抑或珍宝，这些外在事物均不会引起其感官的刺激，而是永远保持正道，即所谓"随境而中不惑"。如何做到这一点呢？即通过"治心"从而达到一种中有所主的状态，人心有所主，则不会受外物之诱惑。"中有所主"是什么呢？在顺治君臣看来，就是心常渊静。

圣人不仅如此修养自己的心性，还扩而充之，以化复天下人的性情为治国之目标。在顺治君臣看来，天下之人因"适情"而使性被遮蔽，其说道：

---

① 《清世祖御注道德经》，《老子集成》第八卷，第 597 页。

夫人之所谓美善，皆生于情，以适情为美，未必真美，以
适情为善，未必真善。如此者何情使然也？夫人之性大同，而
其情则异，以殊异之情外感于物，是以好恶相缪矣。恶无主，
皆知美之为美，而不知恶之名已从美生，皆知善之为善，而不
知不善之名已从善起。①

顺治君臣认为性是道在人身上的体现，天下人之性是一样的，这里
的性是从本体论的角度而言，这是普遍性。而情是每个人的主观感
受，美丑善恶等都是人基于主观感受而生，凡是自己感觉好的就认
为是美善，感觉不好的就认为是丑恶，而人人的感受各不相同，并
无一定的客观性。顺治君臣对性情的理解应当是源自理学，既然天
下之人都只知"适情"而不知还有一个更普遍、更为根本的性存在，
圣人需要做的，则是帮助天下之人"化情复性"：

圣人知之，将复其性，必化其情，是以体道自然，为无为
之事，行不言之教，美者固美，恶者亦化而为美，善者固善，
不善者亦化而为善。是以用无弃物，教无弃人，万物各遂其性，
若未尝使之然者。故万物并作，吾从而与之作，作而不辞。万
物并生，吾从而与之生，生而不有。方其有为，非我之为，顺
物而已。故为而不恃。及其有功，非我之功，应物而已，故功
成而不居。夫惟不居，则万物莫不仰之如天地，而爱之如父母，
更无离去之者矣。②

如何化情复性呢？顺治君臣认为应当从两个方面入手：一方面，教
无弃人，能够照顾到所有人，无论是善者还是不善者，都在自己的
教化之中，不能因为其是不善者就放弃。这里的不善者，即是适情
而忘性之人。在第二十七章的注文中，他们进一步发挥了这个看法，

---

① 《清世祖御注道德经》，《老子集成》第八卷，第593页。
② 《清世祖御注道德经》，《老子集成》第八卷，第593—594页。

说道："然人与物虽有常而失其真常，故圣人每以真常救之。以真常救人，则无弃人。以真常救物，则无弃物。盖人与物同具此明，唯圣人以知常之明而救之于所同然之际耳。故其明藏而不可见，是谓袭明。是以善人不善人之师，不善人善人之资，人之不善，何弃之有哉？然圣人忘己忘物，不知其师之为贵，不知其资之为可爱，则善恶两忘，混然而化于道。虽智者亦有所不能喻，岂非反本还原，独观道妙者欤。"① 人所丢失的"真常"，指的就是前面所言的"性"。圣人并不因为治下之民去性日远而抛弃之，因为人人都具有此性或者真常，只是因种种原因而得不到彰显罢了，但还是有恢复的可能。圣人所需要做的，就是将其"藏而不可见"的固有之性给恢复过来，如果恢复成功，不善之人不就变为善人了吗？如此一来，国家也就自然得到了很好的治理。这是从反面进行的阐述。

另一方面，顺治君臣还从正面来阐述所谓的化情复性，其方法是上引注文中提到的体道自然，无为而治，也就是顺应人生而固有的天性，不去干扰它、破坏它，而是让其自然发展。其论述云：

> 圣人以道莅天下，无为无事，使人外无所扰，内无所畏，则物莫能侵。及其至也，则其鬼不神，何以言之？鬼之道非不神也，而其所以不神者，阴阳和静，六气均调，万物咸若，言生不夭，其神不伤人也。然又非其神不伤人也，所以不伤人者，由圣人以道莅天下，使人不淫其性，不迁其德，无大喜大怒以干阴阳之和，则是圣人亦不伤人也。使圣人至于人不能全其朴而伤之，而人失其性，至于四时不顺，寒暑之和不成，人之所以伤人者为多，则神其能不伤人乎？夫惟大而政治，幽而鬼神，两不相伤，故人鬼之心交归焉，非至德其能如是乎？②

所谓的无为而治，在顺治君臣看来，即老子所谓"圣人不伤人"。统

---

① 《清世祖御注道德经》，《老子集成》第八卷，第 604 页。
② 《清世祖御注道德经》，《老子集成》第八卷，第 616 页。

治者无为无事，不过分干扰百姓的生活，人生而固有的天性、天德则会一直保持而不会丧失，这不就是一种自然的化情复性吗？统治者如果做不到这一点，则人就会丧失其固有之天性，从而纵情忘性，社会的治理也会变得困难起来。

统治者，或者说圣人对天下人化情复性的统治方法，在顺治君臣看来是治国之正道，其说道："治国者不可以不常且久，欲以正而不以奇。正者，立万世之纪者也。用兵者，不得已之事，故以奇而不为正。奇者，应一时之变者也。"① 所谓的"立万世之纪者"，即"治国而无所事智"，也就是无为而治。

综上所述，我们比较清楚地知道了顺治君臣对《道德经》一书治国思想的发挥，他们将治国与治心紧密联系起来。治心是心性的修养，统治者不仅自己需要修养心性，在治国中也应当以化情复性为目标。所以，这部《道德经注》治国思想中的心性论色彩是比较明显的。

三、顺治对《道德经》的接纳

前文提到，这部《道德经注》极有可能是成克巩先期纂写，后来呈顺治批阅删改并钦定的。顺治愿意对成克巩的注解予以钦定，至少说明两个问题，其一，顺治皇帝对《道德经》这部书是接纳并认同的；其二，成克巩对《道德经》的理解，得到了顺治皇帝的认可。

顺治在《御制道德经序》中说道：

> 朕闻道者先天地而为万物宗，生生化化，莫得而名者也。惟至人凝道于身，故其德为玄德，而其言为圣言。老子道贯天人，德超品汇，著书五千余言，明清净无为之旨，然其切于身心，明于伦物，世固鲜能知之也……然老子之书，原非虚无寂灭之说，权谋术数之谈，是注也于日用常行之理，治心治国之道，或亦不相径庭也。爰序诸简端，以明大旨云。②

---

① 《清世祖御注道德经》，《老子集成》第八卷，第 615 页。
② 《清世祖御注道德经》，《老子集成》第八卷，第 591—592 页。

顺治对老子其人其书评价甚高。他认为，老子这个人品德超群，其道贯通天人之际。而《道德经》一书并不是"虚无寂灭之说"，所谓"虚无寂灭"，指的应当是道教徒以《道德经》为内丹修炼秘籍而追求个人长生不死的做法。同时，《道德经》也不是教人权谋、权诈的书。顺治认为《道德经》中谈论了大量个人心性修养以及治国理政等思想，对人的身心以及国家的治理都是很有帮助的，而这个内容，普通人并不一定十分清楚。成克巩先期纂写并上呈的注，很准确地阐明了《道德经》的这个主旨。对这部著作，顺治是十分认可的，这从他以"御注"形式将之颁布天下的行为就能看出。

其实，顺治认可的不仅是成克巩的这部注，更是《道德经》本身。他对《道德经》的重视与顺治时期的政治现实有密切的关系。关于这一点，《中国老学史》一书已经点破，该书认为顺治接纳和提倡《道德经》是因为其"相信老子之道是有助于清王朝进行统治的思想体系"①，笔者拟在此论点之上做进一步展开和申述。

首先，顺治对《道德经》的重视与他的文化政策是密不可分的。入关以后，清政府在文化上所面临的一个问题就是究竟该如何对待汉民族的固有文化。清初自摄政王多尔衮开始，就十分尊重儒家文化。顺治亲政之后，继续采取了尊儒的做法，他亲政后的第二个月便遣官员赴孔子故乡阙里祭孔。顺治九年（1652）他亲临国子监祭祀孔子，并制谕说道："圣人之道，如日中天，讲究服膺，用资治理"，"上赖之以致治，下习之以事君"，"尔师生其勉之"。② 顺治对孔子的公开表态意义重大，它表明清朝政府要继承中国历代王朝尊孔尊儒的文化政策，这对安抚广大汉族士子有着重要作用。除了对孔子的尊崇之外，顺治还极力表彰儒家经典，其称赞道："天德王道，备载于书，真万世不易之理也"③，"平治天下，莫大乎教化之广宣；鼓动人心，莫先于观摩之有象"④。顺治十二年春，他谕礼部道：

① 熊铁基、马良怀、刘韶军：《中国老学史》，福建人民出版社 2005 年版，第 442 页。
② 《世祖章皇帝实录》卷六十八，《清实录》第 3 册，中华书局 1985 年版，第 2022 页。
③ 《世祖章皇帝实录》卷七十二，《清实录》第 3 册，中华书局 1985 年版，第 2061 页。
④ 《世祖章皇帝实录》卷八十八，《清实录》第 3 册，中华书局 1985 年版，第 2022 页。

"朕惟帝王敷治，文教是先，臣子致君，经术为本"，"今天下渐定，朕将兴文教、崇经术以开太平，尔部即传谕直省学臣训督士子，凡六经诸史有关于道德经济者，必务研求通贯，明体达用"。① 以此号召全国读经。光尊崇与表彰还不够，顺治还十分重视将儒家的伦理教化切实地应用到社会中去，特别重视"忠""孝"二字，以"自古平治天下莫大乎孝"，命大学士冯铨为总裁官编纂《孝经衍义》一书颁行天下。他还亲自主持编纂并颁布了《顺治大训》《资政要览》《范行恒言》《劝世善言》《儆心录》和《通鉴全书》等书籍。显然，顺治对孔子和儒家文化的尊崇是为了稳定人心，树立新政权是传统道德捍卫者的形象，在一定程度上消除了关内广大汉人对清朝统治者心理上的隔阂。

在顺治的文化政策里，尊儒是最主要的，但是他同样也重视道家。《道德经》乃中国文化的根本经典之一，他重视《道德经》，其实就是在向广大士人宣示他对汉文化的认同，这是他文化政策的一个重要组成部分。但是《道德经》中就有不少诸如"绝仁弃义"这类被认为是反对儒家价值观的文字，因此，顺治在重视《道德经》的同时，还不忘调和儒道两者之间的差异。他试图从儒家出发，将《道德经》的思想也纳入忠孝等价值观念中去。其说道：

> 老子道贯天人，德超品汇，著书五千余言，明清净无为之旨。然其切于身心，明于伦物，世固鲜能知之也。尝观其告孔子曰：为人子者，无以有己，为人臣者，无以有己。而仲尼答曾子之问礼，每日：吾问诸老聃。岂非以人能清净无为则忠孝油然而生，礼乐合同而化乎？犹龙之叹，良有以也。②

顺治以清净无为概括《道德经》的思想是比较准确的。在他看来，

---

① 《世祖章皇帝圣训》卷五，《景印文渊阁四库全书》第 411 册，《史部·诏令奏议类》，台湾商务印书馆 1985 年版，第 134 页。
② 《清世祖御注道德经》，《老子集成》第八卷，第 591 页。

清净无为并不是要人"虚无寂灭",清净无为必然会使人导向忠孝之途——从这一点上看,儒道之间的分歧就不存在了。所以他极力表彰老子"切于身心,明于伦物"的一面,认为,"老子之书,原非虚无寂灭之说,权谋术数之谈,是注也于日用常行之理,治心治国之道,或亦不相径庭也"①。在这里,顺治试图将《道德经》与儒家的价值观念做一个沟通,力求突出《道德经》中的"日用常行之理"。顺治之所以对《道德经》做这样的理解,很显然是与前文我们所谈到的文化政策密不可分。在顺治看来,尊崇汉族的文化是一种十分有效的统治策略,其中儒家文化所提倡的忠孝仁义等观念显然有利于抚平他们的心理创伤,减少其对统治者的反抗。虽然作为中国文化经典的《道德经》自然而然应在尊崇之列,但是,从文化统治的角度来看,必须要对其思想进行有利于统治的重新阐发。于是,顺治便从忠孝入手,试图将《道德经》与忠孝等价值观念进行有效沟通。这样一来,道家经典摇身一变,就披上了儒家的外衣,这也是他不断强调《道德经》并非"虚无寂灭之说"的原因。

其次,我们还应该看到,顺治之所以重视《道德经》,是因为他看到了其中所蕴含的治国之术,对稳定和恢复清初因战乱而遭到破坏的社会有着积极的作用。从顺治为这部《道德经注》所作的序可以得知,该书乃顺治十三年(1656)由大学士成克巩呈上,此时距顺治亲政不过六年时间,距清兵入关问鼎中原也才不过十三年,南方各地的抗清斗争还在继续,社会经济的破坏是十分严重的。这时摆在顺治面前的主要问题有两个:一是如何坐稳刚打下的江山,二是如何稳定和恢复经济。顺治之所以亲自为成克巩所纂的《道德经注》作序,且与之一同删定注本,并对《道德经》大加推崇,很可能是因为他在其中读出了很多解决前述问题的治国之道。如第二章的注文认为,要想使天下万民对统治者不离不弃,则必须要采取一种无为而治的方式,"用无弃物,教无弃人",要使治下的每一个人都能享受到统治者的恩泽,而统治者却并不因为施恩于百姓而有所

---

① 《清世祖御注道德经》,《老子集成》第八卷,第591—592页。

傲慢。只有施恩而不居，天下百姓才不会离弃。注文中的"万物莫不仰之如天地，而爱之如父母，更无离去之者矣"① 一句，恐怕正中顺治皇帝的下怀吧。因为如何让广大汉族被统治者顺服是清朝立国之后的大问题，而注文中给出的答案，顺治帝应该是有所触动的。这样的文字还有不少，第七章的注文云：

> 圣人之成百姓也，长生久寿，莫如天地，天地所以能长且久者，正以天施地生，其施物不已，其生物不测，未尝一日爱其施，未尝一日怠其生，是之谓不自生。万物莫不恃之以生，故能长生。圣人亦然，知此心常真不变，浩然与天地量，故于此身无可爱者。一心之运，知无不为，举措之间，无非善利。由其不见有身，故天下之有身者莫我若也，故大德必得其禄，必得其位，必得其名，必得其寿。②

注文认为圣人，也就是统治者，要像天地那样养育万物而不居其功，要做到不居其功，则必须有一种忘我的无私精神，要"施物不已，生物不测，未尝一日爱其施，未尝一日怠其生"。只有以此精神勤恳施政，统治者才能得其禄、得其位、得其名、得其寿，换句话说，才能坐稳天下。这种忘我的无私精神，注文又称之为"公道"："知常则其心与天地同大，何物不容？既能容矣，则何事不公？王天下者，即此公道是也。以公道而王，则与天地同。"③ 所谓公道，一方面则要求统治者应当将善政普遍地施于全天下的百姓，无论其善与不善，都一体均沾，另一方面要求统治者要忘掉自己的私利，即所谓"不见有身"，功成而不居，恩泽施于百姓但不居功自傲。以此公道施政，则可以王天下。亲政才数年不久的顺治帝，在看到这样的文字后，怎能不有会心之感呢？

① 《清世祖御注道德经》，《老子集成》第八卷，第 594 页。
② 《清世祖御注道德经》，《老子集成》第八卷，第 595—596 页。
③ 《清世祖御注道德经》，《老子集成》第八卷，第 599 页。

第四章　明代官员群体的老子研究

有学者对汉唐时期注《老》者身份进行分析后发现，汉唐时期注《老》者六十余家，其中三分之二为道士，因此推断"推动汉唐老学思想发展的主力是道教学者"①。而到了明代，这一情况完全反过来了。对明代见诸著录的 160 位注《老》者身份进行统计，官员有 109 人，占注《老》者总数的 68.13%。这里所统计的官员人数是指能查到其具体为官史料的，而身份为进士、举人、贡生、诸生，但没有查到其为官的具体史料的，还未计算在内。而整个明代，道士注《老》者只见到何道全、陆西星、王嘉春、王一清、程以宁、白云霁 6 人。官员成为明代老学发展的主力，官员群体注《老》，是明代老学发展的突出特点。

第一节　明代官员群体解《老》的原因

明代官员纷纷注解《老子》，而道士却参与不多，出现这种现象，有以下几个原因。

一、明代文人多从科举出

《老子》其书，辞简意丰，玄妙高古，这一特点要求其受众必然

---

① 孙亦平：《汉唐〈道德经〉注疏与老学思想的发展——以杜光庭〈道德真经广圣意·序〉为中心》，《中国哲学史》2002 年第 4 期。

具有一定的知识水平，而明代教育与科举结合的文化培养模式，使得文人出路单一，科举入仕基本成为读书人的首要选择。

有学者言及明代教育的一个突出特点："是它从学校学习内容到科举考试内容的学习、科举考试方式方法的培训及各级学校教育的教学、管理、考核、奖惩以至通过科举入仕等诸多方面，都充满了浓厚的为科举考试服务的色彩。"① 学校成为科举制的附庸，为朝廷延揽了大部分读书人。

而对于学校之外的读书人，科举制也没有遗漏，洪武十七年（1384），朱元璋制定科举定式时即规定有司推举参加科考之人包括"则国子学生及府、州、县学生员之学成者，儒士之未仕者，官之未入流者，皆由有司申举性资敦厚、文行可称者应之"②。科举资格的开放使得尽可能多的文人得以获得入仕的机会，这就是《明史》中所言："进士、举贡、杂流三途并用，虽有畸重，无偏废也。"③ 进士、举人自不必言，贡生是指各类学校培养的贡生与监生，这些构成了明代入仕的主体。"舍此之外，诸如儒士、荐举、恩荫、上疏、技艺、吏员、医士、买官、献粟等别途入仕者，皆被视作'杂流'"④。如此广泛的取士范围，无怪乎倪谦在《顺天府乡试录后序》中自豪地说：

> 国家立贤无方，广延英乂于开科取士，不惟简拔于学校，凡贵游、民秀、兵校、史胥，皆得抱艺来试，诚欲尽天下之才，虑有遗珠之惜也。士生斯世，抑何幸与！⑤

① 王凯旋：《明代科举制度考论》，沈阳出版社 2005 年版，第 36 页。
② 《明太祖实录》卷一百六十，洪武十七年三月"戊戌"条，《明实录》第 4 册，上海书店 1982 年版，第 2467—2468 页。
③ 《明史》卷六十九，《志四十五·选举一》，中华书局 1974 年版，第 1675 页。
④ 陈长文：《明代"杂流"登科现象考略》，刘海峰主编：《科举学的形成与发展》，华中师范大学出版社 2009 年版，第 339 页。
⑤ 倪谦：《倪文僖集》卷二十一，《景印文渊阁四库全书》第 1245 册，《集部·别集类》，台湾商务印书馆 1986 年版，第 434 页。

朱元璋在设科举之初就规定"使中外文臣皆由科举而进，非科举者毋得与官"①。国家对学校与科举的重视，为读书人尤其是平民阶层向上流动提供了可能。明朝对平民阶层的录取率可以说是科举史之最，据何炳棣研究，"洪武四年至弘治九年（1371—1496），这些寒微举子占了进士总数的大半"②。这里的寒微举子是指"其祖宗三代未有一人得过初阶科名的生员，遑论更高的功名与官位或官衔"③。后来随着官员家庭的积累，他们的后代能够享受更多的有利条件，平民在科举中所占的比率呈下降趋势。但整个明代，平民进士的录取率高达 46.7%，这一数目远高于清朝的 19.2%。④ 何炳棣只统计了进士的人数，若加上举贡及所谓"杂流"，数量只会更多。虽然后两者不如进士出身者前途远大，但科举对他们而言也不失为一条上升途径。整个明朝，在科举的推动下，其社会形态也具备了明显的科举特点："明代实行科举取士，由此也就形成了一个独特的'科举社会'。科举社会的最大特点，就是社会流动的频繁，用明朝人的话语来概括，就是当时的社会是一个'善变'的社会。"⑤ 其"善变"主要体现在上下阶层的流动上，贫寒之家可由科举而改换门庭，簪缨之家亦可因经营不善而致贫。但对于平民而言，科举的高录取率保障了他们向上流动的可能性，这使得国家得以最大程度地网罗读书人。如此，明代时学者自然也多从官员中产生。有研究者对明代理学、心学代表人物及文学家、史学家的出身进行统计后，将明代学者分为官僚学者与职业学者，官僚学者是指长期居官，业余做研究者；而职业学者亦非脱离科举，专职做研究者，而是居家时间多于为官时间者，具体可分为"升上去又退下来者"与"升不上去者"。"升上去又退下来者"有考进却主动退出朝堂者，有入仕却被动退下者，有时仕时隐者。"升不上去者"是指升不上进士的举人、

① 《明史》卷七十，《志四十六·选举二》，中华书局 1974 年版，第 1695—1696 页。
② 何炳棣：《明清社会史论》，台湾联经出版事业股份有限公司 2013 年版，第 138 页。
③ 何炳棣：《明清社会史论》，台湾联经出版事业股份有限公司 2013 年版，第 134 页。
④ 何炳棣：《明清社会史论》，台湾联经出版事业股份有限公司 2013 年版，第 141 页。
⑤ 陈宝良：《明代社会生活史》，中国社会科学出版社 2004 年版，第 3 页。

秀才、童生。从数量上看，明代学者"官员多，纯学者少"，且取得成就更大者多为官僚学者。出现这种现象是由当时中国的社会、政治状况决定的："古代中国是一个官本位国家，入仕是唯一的、最佳的名利双收的实现自我价值的途径。在中国这个社会，只有官僚兼学者，从政与治学兼备，才能实现自身价值的社会化，才能成为社会上的名人。实践证明，出名的学者，也总是那些能处理好科举考试与学术研究者。没有取得较高学历职业化学者，由于未能进入主流学术圈，所以，成为全国著名学者的机会也少。明朝可以说是一个职业化学者难以独立生存的时代。"①

由上述可知，在科举制高度发达的情况下，科举出仕成为明代文人实现自身政治抱负与学术理想的最快捷途径。而《老子》本身的语言、思想特点，决定了它难以成为民间通俗读物，只能首先为文人所接受，这是明代注解《老子》者多为官员的原因之一。

二、明代道教趋于世俗化

道教发展到明代之后，出现了缺乏理论创新的问题，而统治者宗教管理政策又进一步限制了道教的理论发展。朱元璋的道教政策以扬正一而抑全真为前提，朱元璋认为全真只顾个体修行，而正一派注重斋醮科仪，以宗教仪式导民向善，有益于世道教化，可为儒教之辅翼：

> 禅与全真，务以修身养性，独为自己而已。教与正一，专以超脱，特为孝子、慈亲之设，益人伦，厚风俗，其功大矣哉！虽孔子之教明，国家之法严，旌有德而责不善，则尚有不听者。纵有听者，行不合理又多少？其释道两家，绝无绳愆纠缪之为，世人从而不异者甚广。官民之家，各有丧事，非僧非道难以殡送。②

---

① 钱茂伟：《国家与科举——以明代为中心的考察》，复旦大学博士后报告，2002年，第94—95页。

② 宋宗真、赵允中等编：《大明玄教立成斋醮仪范》，《道藏》第9册，文物出版社、上海书店、天津古籍出版社1988年版，第1页。

朱元璋重视正一，不是因其理论，而是重视外在之斋醮仪式。正一派斋仪繁芜，他又以政治力量对其进行简化、统一，使之符合国家教化群黎的需要：

> 今之教僧教道，非理妄为，广设科仪，于理且不通，人情不近。其愚民无知者，妄从科仪……敕礼部会僧道，定拟释道科仪格式，遍行诸处，使释道遵守。①

正一派成为官方宗教，而全真教在上层生存空间萎缩的情况下，转换发展方向，向民间渗透。同时，相较正一派而言，全真道的理论建设尚有所发展，如陈兵指出："与同期的正一道相比，明代全真道士的著述尚为客观，何道全、王道渊、阳道生、伍守阳等的著述，对内炼之学尚不无进一步的发挥，表现出将内丹学通俗化、明朗化、系统化的特点。"② 显然，全真道理论建设也是为其世俗化服务的。总体而言，这一时期道教理论不受重视，"除了承袭宋、元旧说以外，至多加上一些诸宗融合、三教合一等内容，殊少发展"③。在这种情况下，道教经典《道德经》自然被忽视，虽然明代道教老学在某些方面仍有自己的特色，④ 但是这些特色却是通过少量道士的《道德经》注体现出来的，这和官员群体相比，明代道教对《道德经》的忽视于此表现得很明显。

道教的世俗化虽然削弱了自身的理论创造力，却增强了它在民间的影响力。明代以程朱思想作为官方意识形态，在明前期，佛老思想被摒弃在主流思想之外，成为"异端"。随着社会环境的渐趋复杂，严肃的程朱思想已难以约束士人逐渐觉醒的主体意识，复古派、

① 宋宗真、赵允中等编：《大明玄教立成斋醮仪范》，《道藏》第9册，文物出版社，上海书店、天津古籍出版社1988年版，第1页。
② 陈兵：《道教之道》，今日中国出版社1995年版，第111页。
③ 南炳文、何孝荣、陈安丽著：《明代文化研究》，人民出版社2005年版，第310—311页。
④ 刘固盛：《道教老学史》，华中师范大学出版社2008年版，第271页。

白沙之学、阳明心学等重视个体精神的学说渐次兴起，《老子》一书再次回到士人视野，并以其性命思想受到士人的重视。全真道的内丹学说亦为官员所喜爱。内丹学的性命双修思想与儒家的修身养性思想相结合，为官员指出了一条精神超越之路，这也是官员关注《老子》的一个重要原因。如薛蕙自言其注《老》主旨就在于"扬榷本指，发挥大义，明圣人之微言，究性命之极致"①。也有官员指出儒道有别，但仍然认为《老子》是言性命的，有的甚至认为《老子》乃专言性命思想，如赵宋在为陆西星《老子道德经玄览》所作的序言中曰：

> 间得一二，则苏子由、林希逸、王道、薛蕙、朱得之辈，若是已矣。而数君子类以儒术谈玄，殊失宗旨。子由虽自禅宗悟入，而了命一关，尚隔影响……夫《道德》五千，的非儒术。谷神玄牝，六经无文。妙徼重玄，虞廷弗及也。乃今一以儒术窥之，何谬哉……《道德》五千，本于《阴符》三百，继之则《参》《悟》诸家，又皆副墨之子，洛诵之孙也。是作会意群经，履影先觉，发徼妙重玄之秘，明盗机逆用之巧，指阴阳相胜之术，末转数语，旨趣悠长，媲美群籍，所谓百不为多，一不为少者。②

赵宋，嘉靖三十八年（1559）进士，官至宁武兵备副使、山西行太仆寺卿，归里后与陆西星研讨丹法，陆西星的著作多赖其资助方能刊行。他不赞同以儒解《老》，认为《老子》本于《阴符经》，《参同契》《悟真篇》都是沿袭《老子》而来，基于这一认识，赵宋非常欣赏陆西星以性命双修思想注解《老子》："惜也，章句腐儒，未能尽读玄圣之书，为长庚赞一辞，而以耳目睹记，似当准此梓传海内具

---

① 薛蕙：《老子集解序》，《老子集成》第六卷，第 279 页。
② 赵宋：《老子道德经玄览序》，《老子集成》第六卷，第 567—568 页。

正法眼者，求印可云。"①

与《老子》中的性命思想相比，其治国思想尤其受到官员的重视，可以说官员群体注《老》大都从性命思想入手，通过复性功夫，达到儒家内圣外王的终极追求。如明中期之阳明弟子及其后学王道、万表、朱得之，明后期之沈一贯、张位、焦竑等，皆是此一进路。甚至仙解《老子》的著作，亦注重发挥《老子》的治国之理。明清时期出现了大量托名神仙解《老》的著作，它们大都托名八洞先祖或纯阳吕祖，这正是道教民间化和吕祖崇拜在老学中的反映，这类著作虽然托名神仙，却以性命之理与治国之道为诠释重点："大致说来，此类特殊的老学著作均以宣扬道教教义为主，虽托名神仙之作，但在内容上神仙气味并不浓厚。在具体的诠释上，一般不太重视对老子道论的哲学发挥，而是集中言性命之理与治国之道。"② 如前述纯阳道人注、杨宗业校的《道德经解》。杨宗业历任浙江、山西总兵，天启元年（1621）战死沙场，这样一位武将，却"不言兵而言道，言道而以《五千言》为宗"③，书成之后，高举、张惟任、郑继芳纷纷为其作序。高举官至浙江巡抚、都察院右金都御史，张惟任曾任贵州道监察御史，郑继芳曾任浙江道御史，这三位官员都对《道德经解》高度赞扬。他们所赞扬的不是《老子》的神仙思想，而是《老子》中的用兵之道，如张惟任曰："汉之曹将军，今之杨将军，皆手提大刀，口诵《五千言》，深于兵矣……余不习神仙术，何能为之赞？第知杨将军意，非欲率天下归杨，欲吾日言兵而人不吾知焉耳。以是知善哉，杨将军之为将也！"④ 指出《道德经解》虽托于神仙而意在现实的老学宗旨。

三、朱元璋提倡三教合一

明代官员以儒学入仕，却纷纷注解《老子》，这和明代的三教会

---

① 赵宋：《老子道德经玄览序》，《老子集成》第六卷，第568页。
② 刘固盛：《道教老学史》，华中师范大学出版社2008年版，第284页。
③ 张惟任：《道德经解叙》，《老子集成》第八卷，第57页。
④ 张惟任：《道德经解叙》，《老子集成》第八卷，第57页。

通思想是分不开的。早在开国之初，朱元璋就确定了三教并立的政策，以儒教为本，佛道为辅：

> 于斯三教，除仲尼之道祖尧舜，率三王，删诗制典，万世永赖。其佛仙之幽灵，暗助王纲，益世无穷，惟常是吉。尝闻：天下无二道，圣人无两心。三教之立，虽持身荣俭之不同，其所济给之理一。然于斯世之愚人，于斯三教，有不可缺者。①

三教会通思想自牟子《理惑论》发其端，经过魏晋隋唐的发展，在两宋金元时期大行其道。宋儒虽然斥佛道为异端，然而其对儒家思想的修正却又不得不吸收佛道思辨思想，这是无可争议的事实。及至明代，朱元璋以统治者的身份支持三教会通思想，他提出的"天下无二道，圣人无两心"，是对三教会通思想的最好解读。明中期，阳明心学兴起，使三教会通思想流传更加广泛，在社会上形成了"无不讲三教归一也"②的局面。嘉靖中后期，林兆恩在连续四次乡试落第后，遂弃举业，以儒学为本，吸收释道二家思想，创立三一教，在福建等长江以南地区产生了较大的影响。三一教提倡以儒家纲常伦理立本，以道教修身养性入门，以佛教虚空本性为极则，循序渐进，最终至于三教同归于心。林兆恩的思想对三教会通思想影响很大，"他以王守仁心学为指导，对儒、佛、道三教经典进行重新诠释，克服三教之间的严格差别，冲破三教间门墙壁垒"③，使其思想成为明代三教会通思想的高峰。三教会通思想，在民间引起的反响也不断扩大："明代的三教合一论不但流行于士大夫和僧尼之间，而且在民间传播开来。"④据林国平考证，在英宗朝，就出现了

---

① 明太祖撰，姚士观等编校：《明太祖文集》卷十，《景印文渊阁四库全书》第1223册，《集部·别集类》，台湾商务印书馆1986年版，第108页。

② 永瑢等撰：《四库全书总目提要》卷一百三十二《知非录》，上海古籍出版社1987年版，第807页。

③ 何孝荣等著：《明朝宗教》，南京出版社2013年版，第357页。

④ 林国平：《林兆恩与三一教》，福建人民出版社1992年版，第56页。

老佛孔三像并祀的三教堂，明中后期又出现了大量的以三教会通思想为教义的民间宗教。

　　三教会通思想的长期流行为官员接受《老子》做了思想上的准备。而朱元璋亲自注解的《道德经》，可以说是践行三教会通思想的著作。这一著作对官员起到了引导示范作用。《御注道德真经》完成于洪武七年（1374），朱元璋在注解完成之后，直接告诉群臣，他注解《道德经》的目的就在于统一世人对《道德经》的认识：

　　　　《御注道德经》成，上对儒臣举老子所谓"五色令人目盲，五音令人耳聋"与"圣人去甚、去奢、去泰"之类曰："老子此语，岂徒托之空言？于养生治国之道，亦有助也。但诸家之注，各有异见，朕因为注，以发其义。"①

　　洪武八年（1375）明太祖将《御注道德真经》颁行于世，太祖对人明言重视佛道之原因在于其"益王纲而利良善，凶顽是化，世所不知其功"②。朱元璋《御注道德真经》颁行之后，对明代官员注《老》起到了引导与规范的作用。如何良俊在《四友斋丛说》中记载：

　　　　昔吕申公当国，申公好禅学，一时缙绅大夫兢事谈禅，当时谓之禅钻。今之仕宦，有教士长民之责者，此皆士风民俗之所表率。苟一倡之于上，则天下之人群趋影附，如醉如狂。然此等之徒，岂皆实心向学，但不过假此以结在上之知，求以济其私耳。③

---

① 《明太祖实录》卷九十五，洪武七年十二月"甲辰"条，《明实录》第 3 册，上海书店 1982 年版，第 1644 页。
② 何乔远：《名山藏》卷三，《续修四库全书·史部·杂史类》第 425 册，上海古籍出版社 2013 年版，第 474 页。
③ 何良俊：《四友斋丛说》卷四，《经四》，中华书局 1997 年版，第 31 页。

当然，不能说所有官员都是为了结上所好，但这毕竟会有一定的引导作用，特别是思想方面的引导。朱元璋注解《老子》，并在序言中评价《老子》曰："惟知斯经乃万物之至根，王者之上师，臣民之极宝，非金丹之术也。"① 朱元璋注《老》是为统一世人的老学观，从后来老学发展来看，这一效果可以说非常显著，从官员到学者、道士，都有受其思想影响者，其中官员表现得最为突出。

明代官员注《老》，修身治国思想是其必然会涉及的方面，朱元璋对《老子》的评价尤为官员所推崇，如薛蕙在《老子集解》中引用了《御注道德真经序》中对《老子》的评价，并称赞朱元璋曰："于戏！我太祖盖天纵大圣人者，故聪明睿智，知言之矣，如此亶聪明作元后，太祖之谓矣。"②

田艺蘅在其《老子指玄》的序言中反驳前人对《老子》的误解，引御注以证其说：

古之大圣人以道德而师天下者，莫如我孔子，孔子尝赞之曰：龙吾不能知，其乘风云而上天。吾今日见老子，其犹龙邪！今之大圣人以道德而君天下者，莫如我太祖，太祖尝叙之曰：朕虽菲材，惟知斯经乃万物之至根，王者之上师，臣民之极宝，非金丹之术也。至哉！孔子之言盖见而知之者也。大哉！太祖之言盖闻而知之者也。夫老子之言既不足信，则二圣之言独不足信乎？反古者迫灾，非圣者无法，余固阙里之徒，而大明之臣也，乌敢吠声以冒侮言之罪哉？③

朱得之在《老子通义》中言：

草莽微臣朱得之，粤仰稽我太祖高皇帝《御制道德经序》，

---

① 《大明太祖高皇帝御注道德真经》，《老子集成》第六卷，第2页。
② 薛蕙：《老子集解》，《老子集成》第六卷，第319页。
③ 田艺蘅：《老子指玄》，《老子集成》第六卷，第340页。

有曰：……于戏休哉！天纵至圣，乘时御天，从善好古，不徒空言，若决江河，永世无怼。敢为我太祖此《序》颂。利世而溥，浩浩惟天。亦又何求？仁人之言。慈母婴儿，不见其怼。敢为《老子》此章颂。①

沈一贯在《老子通》中引用《御注道德真经序》，并曰："高皇帝天纵大圣，知言之奥，宗社无疆之庆，实本于此。抑老子所谓仁人之言其利溥哉。"②

郭子章在"民不畏死"章后亦引用了《御注道德真经序》，并赞之曰："呜呼！太祖真知老子矣。罢极刑而囚役之，是真能行老子之道矣。老子曰：吾言甚易知，甚易行，天下莫能知，莫能行。谁谓数千年后，有吾太祖知而行之耶？"③ 诸如此类，不再列举，从明初至明后期，朱元璋的《御注道德真经》对官员的影响贯穿整个明代。

学者如印玄散人涂国柱，他在《老子尺木会旨》自序中言："我高皇帝序《道德经》曰：朕知斯经乃万物之至根，王者之上师，臣民之极宝，非金丹之旨也。"④

正一派第四十三代天师张宇初在为危大有《道德真经集义》所作的序文中开篇即言："太上《道德》上下篇，凡五千余言，内而葆炼存养之道，外而修齐治平之事，无不备焉，此所谓内圣外王之学也。"⑤

明末，社会危机爆发，《老子》成为士人探寻救世之道的理论来源之一，这亦是对明太祖评价的认同，明太祖的注解影响了整个明代老学发展，为明代老学确立了发展基调。

---

① 朱得之：《老子通义》，《老子集成》第六卷，第 426 页。

② 沈一贯：《老子通》，《老子集成》第七卷，第 53 页。

③ 郭子章：《老解》，《老子集成》第七卷，第 665 页。

④ 印玄散人：《老子尺木会旨》，《老子集成》第七卷，第 346 页。

⑤ 张宇初：《道德真经序》，《老子集成》第六卷，第 31 页。

四、科举的引导作用

明前期，虽然朱元璋提倡三教合一，并亲自注解《老子》，但道家思想毕竟只被看作儒学的补充，而程朱思想则得到统治者的极力尊崇。统治者一方面以利禄导之，将程朱思想与科举结合，以程朱思想作为取士标准，另一方面则采用强硬手段推广程朱思想，凡违背程朱思想者，有破身亡家之祸。程朱思想的权威地位由此得以确立，而老子与科举之间似乎并没有太多关系。但这一情况在正德嘉靖年间发生了改变。

鉴于八股文的特点，学界一般笼统地认为明代科举考试一直以程朱理学为指导思想。对于这一看法，有学者动态地考察明代科举考试后发现，明前期科举考试确实以程朱思想为指导，"但明中后期，随着思想文化的日趋多元化，程朱理学的意识形态霸主地位开始动摇，科举考试中开始大量出现'引用《庄》《列》《释》《老》等书句语者'"。[①] 正德以降，《老》《庄》就开始出现在时文之中，其具体时间不可考，查阅明代《会试录》可以发现，在正德之前，《会试录》所选程文[②]，其中涉及《老子》者，受程朱思想影响，多是将老子视为异端，批评其虚无之弊。如成化二十年（1484）会试策问第三问，要求士子对诋周子之学同于老氏宗旨、张子之说同墨子之兼爱的论调予以批评。此题所选程文，谨遵程朱思想，以朱熹批评陆九渊来驳斥周子之学为老氏的观点：

> 周子尝作《太极图》，探无声无臭之妙，以万化万物之根，

[①] 张献忠：《阳明心学、佛学对明中后期科举考试的影响——以袁黄所纂举业用书为中心的考察》，《四川大学学报》（哲学社会科学版）2012 年第 1 期，第 55 页。

[②] 会试之后，由主考官撰作或选定的一篇范文，称为"程文"，录入《会试录》中，刊印、颁行天下，犹如现在的参考答案。"因程文对举子作文起着导向和示范的作用，故正统、景泰以前所刻程文，虽'皆士子亲笔'，但考官也要'稍加润色'……而天顺、成化以后所刻程文，则'多是考官代作，甚至举子无一言于其间'"。参见张希清、毛佩琦、李世愉主编，郭培贵著：《中国科举制度通史·明代卷》，上海人民出版社 2015 年版，第 402 页。

盖其言之醇者也。而象山陆氏乃诋其为老氏之宗旨，以无极二字同于老氏之言耳。故朱子累以书辩之，其意以为周子所谓无极者，言无形而有理，而其实则造化之枢纽，品汇之根柢，未尝为真无也，岂可与老氏之徒、虚无之言相并乎？①

又以程颐答杨时之惑来驳斥张子之说同于墨子兼爱的观点：

张子尝作《西铭》，推理一分殊之旨，以明事亲事天之道．亦其言之醇者也。而龟山杨氏乃疑其同墨氏之兼爱，以"民胞物与"数言近于墨氏之说耳。故程子特以书晓之其意，以为张子所谓民胞物与者，言人物之禀同出乾坤，而其实则人物之生、血脉之属，未尝不分殊也，岂可与墨氏之流、无分之爱相比乎？②

此篇程文，除转述程朱之意外，并无自我观点发挥，然这样的文章得到科举评阅者的一致赞扬，考试官彭华称赞曰："论宋儒得失，了无凝滞，其深于理者与。"③

这一情况在正德年间发生了改变。正德九年（1514），会试程文中开始出现对《老子》的正面引用，但只取其零星字词，并无以老子主要思想入会试者。如当年会试策问第一题，取周大谟的文章为程文。文章歌颂明太祖的功绩曰："虽务农讲武，而常以佳兵为戒……其论治道也，则曰：为治之道有缓急。治乱民不可急，急之则益乱；抚治民不可扰，扰之则不治。故烹鲜之言虽小，可以喻大；治绳之说虽浅，可以喻深。"④ 及至正德十二年会试，在最重要的经

---

① 龚延明主编，闫真真点校：《天一阁藏明代科举录选刊·会试录》（上），宁波出版社 2016 年版，第 517 页。

② 龚延明主编，闫真真点校：《天一阁藏明代科举录选刊·会试录》（上），宁波出版社 2016 年版，第 517—518 页。

③ 龚延明主编，闫真真点校：《天一阁藏明代科举录选刊·会试录》（上），宁波出版社 2016 年版，第 517 页。

④ 龚延明主编，闫真真点校：《天一阁藏明代科举录选刊·会试录》（上），宁波出版社 2016 年版，第 736 页。

义考试中，居然出现了引用《庄子》之言者。会试第五名王廷陈的文章，破题曰："人臣受君之命，不以有所遇而忽所事焉。盖臣之事君，以敬为本也。使所事或堕于得志焉，抑何以尽其道哉?"① 即为臣者，既居其位，不论得志与否，都要尽忠职守，此为臣道。文章末尾引用《庄子》之言以证其观点："庄子曰:'臣之于君也，命也，义也，无所逃于天地之间。'"② 此句出自《庄子·人间世》："天下有大戒二:其一，命也，其一，义也。子之爱亲，命也，不可解于心;臣之事君，义也，无适而非君也，无所逃于天地之间。"自此，这一风气开始兴起。尽管后来礼部多次下达关于正文体、禁《老》《庄》的指令，但科举文章中引《老》《庄》者不绝，尤其是隆庆以后，此一风气炽盛，不可遏制。如八股文大家唐顺之选编的《文编》中公然收录《庄子》中《秋水》《徐无鬼》《胠箧》等十二篇文章。顾炎武将造成这一局面的"罪魁祸首"归之于徐阶、李春芳:

> 嘉靖中，姚江之书虽盛行于世，而士子举业尚谨守程、朱，无敢以禅窜圣者。自兴化、华亭两执政尊王氏学，于是隆庆戊辰《论语程义》首开宗门，此后浸淫，无所底止。科试文字大半剽窃王氏门人之言，阴诋程、朱。③

兴化指李春芳，华亭指徐阶。徐阶师从聂豹，于嘉靖二十年（1541）出任国子监祭酒，国子监祭酒督课举人、贡生、官生、恩生、功生、例生、土官、外国生、幼勋臣及勋戚大臣子弟之入监者，且享有"车驾幸学，则执经坐讲。新进士释褐，则坐而受拜"④ 的荣耀。李

---

① 龚延明主编，闫真真点校:《天一阁藏明代科举录选刊·会试录》（下），宁波出版社 2016 年版，第 36 页。

② 龚延明主编，闫真真点校:《天一阁藏明代科举录选刊·会试录》（下），宁波出版社 2016 年版，第 37 页。

③ 顾炎武著，黄汝成集释:《日知录集释》卷十八，《举业》，上海古籍出版社 2006 年版，第 1055 页。

④ 《明史》卷七十三，《志四十九·职官二》，中华书局 1974 年版，第 1789 页。

春芳嘉靖二十六年会试第一，曾师从王艮、湛若水、欧阳德。徐阶利用政治权利，积极推广王学，提高王学的政治地位。嘉靖三十二年他曾在京师灵济宫组织讲会，邀请聂豹、欧阳德、程文德等高官大儒出席讲会，轰动一时："学徒云集，至千人，其时癸丑甲寅，为自来未有之盛。"① 上有所好，下必甚焉，社会上竞相效仿：

> 嘉靖末年，徐华亭以首揆为主盟，一时趋骛者人人自托吾道，凡抚台苍镇，必立书院，以鸠集生徒，冀当路见知。其后间有他故，时驻节其中，于是三吴间，竟呼书院为中丞行台矣。②

嘉靖四十二年，徐阶擢为内阁首辅，直至隆庆二年（1568）引疾求退，李春芳接任为内阁首辅。此外，当时隆庆内阁赵贞吉亦服膺王学，史称其"最善王守仁学"③，隆庆三年（1569），擢文渊阁大学士。由上可知，"在隆庆朝的内阁中，确实存在着由徐阶、李春芳、赵贞吉三大巨头组成的，以尊奉陆王心学为理念的'同志'"④。越来越多的王门弟子步入仕途，并逐渐位居高位，在他们的积极推动下，隆庆初，追封王阳明为新建侯，谥文成。万历十二年（1584），钦准王阳明从祀文庙。王阳明的事功、学问皆得到朝廷认可。在王学得到推广的同时，老学也在科举中推广开来。这和王学的特点有关。

湛若水在总结王阳明早期学术经历时言其经历了"五溺"方才笃志于圣学："初溺于任侠之习；再溺于骑射之习；三溺于辞章之习；四溺于神仙之习；五溺于佛氏之习。正德丙寅，始归正于圣贤之学。"⑤

① 黄宗羲：《明儒学案》卷二十七，《南中王门学案三》，中华书局 2008 年版，第 616 页。
② 沈德符：《万历野获篇》卷二十四，中华书局 1959 年版，第 608 页。
③ 《明史》卷一百九十三，《列传八十一·赵贞吉》，中华书局 1974 年版，第 5122 页。
④ 韦庆远：《张居正和明代中后期政局》，广东高等教育出版社 1999 年版，第 282 页。
⑤ 王守仁著，吴光、钱明等编校：《王阳明全集》卷三十八，《世德纪·阳明先生墓志铭》，上海古籍出版社 1992 年版，第 1401 页。

王阳明的求学经历，使他对佛老之学持有既批评又吸纳的态度。其"良知"之学的建立和完善吸收了佛老的思辨方式，而阳明后学在继承师说时，因为其理论与佛老的相似性，往往持三教会通的立场，如王阳明嫡传弟子王畿直接宣扬三教会通："三教之说，其来尚矣，老氏曰虚，圣人之学亦曰虚；佛氏曰寂，圣人之学亦曰寂，孰从而辩之，世之儒者不揣其本类，以二氏为异端，亦未为通论也。"① 王阳明及其弟子的三教会通思想，使得他们对老学的接纳度很高，甚至直接注解《老子》，以儒解《老》，会通儒道。王门后学中直接注《老子》者有黄省曾、王道、朱得之、万表、焦竑、李贽，此外倾向王学者，如薛蕙、田艺蘅亦有注书传世。王阳明殁后，阳明后学在儒道会通的道路上走得更远，出入佛老者甚多，以致世人有批评阳明之学"若良知之说，鲜有不流于禅者"②。

顾炎武认为正是隆庆二年（1568）会试，李春芳作为主考官，却在范文中引入《庄子》之言，以庄子之"真知"解释孔子之"知"，遂造成释老之书在科举中泛滥的局面：

> 隆庆二年会试，为主考者厌五经而喜《老》《庄》，黜旧闻而崇新学，首题《论语》"子曰由诲汝知之乎"一节，其程文破云："圣人教贤者以真知，在不昧其心而已。"始明以《庄子》之言入之文字。自此五十年间，举业所用，无非释老之书，彗星扫北斗、文昌，而御河之水变为赤血矣。③

《庄子·大宗师》曰："且有真人而后有真知。"在庄子看来，认识主体受时间、空间、个体成见的限制，且认知的是非标准难以确立，故认知主体所获得的认知是有限之知，唯有齐物我、一死生，与道合一，才能超越这些限制，达于"真知"。而程文作者田一俊在文章

---

① 王畿：《龙溪王先生全集》卷十七，《三教堂记》，明万历四十三年张汝霖校刊本。
② 《刘宗周全集》附录，《刘宗周年谱》，浙江古籍出版社 2012 年版，第 463 页。
③ 顾炎武著，黄汝成集释：《日知录集释》卷十八，《破题用〈庄子〉》，上海古籍出版社 2006 年版，第 1057 页。

开头破题曰："圣人教贤者以真知，在不昧其心而已矣。夫知原于心也，不昧其心而知在矣，又何俟于他求哉。"真知不假外求，亦不求于外物，知外物之知非真知也："彼事物之在天下者无穷，有所知必有所不知，虚灵之在人心者……盖知者知其为知，固知也。不知者知其为不知，亦知也。在事虽有知不知之殊，而吾心之虚灵固湛然其常明矣，则虽有所不知，亦何害其为知乎，何也？知在心而不在事也。知周万物而非有所益也，知不遍物而非有所损也。在物虽有知不知之异，而虚灵之中涵固浑然其具足矣，岂必无所不知然后可以为知乎。何也？知固神而不滞于物也。"① 将"真知"等同于心，既有阳明心学色彩，亦可以以庄子之"真知"解释。

此次考试是明代科举史上一次重大变化。自明代科举考试确立了程朱理学的权威地位，其考试指导思想一依程朱传注；正德嘉靖年间，思想环境多元化，老庄思想进入科考，也是零星字词含义的引用；隆庆二年（1568）会试之后，科举中公然以老子思想解释儒家经典。如隆庆五年会试，在第二场论"人主保身以保民"中，程文选邓以赞文，文中引用《老子》"贵以身为天下，若可寄天下。爱以身为天下，若可托天下"以论证其意，程文曰：

> 天之立君，以为民也。人君明于天之意，则所以自爱其身者，必不轻矣。夫以天下之大，林林总总之众，而无君，则孰与治之？人主以其身托于天下，君王之上而无民，则孰与守之？故世之爱戴人主也，莫不愿其安富尊荣而长为君者。非独爱其君也，有之以为利故也。人主之自受其身也，亦莫不欲其寿考宁固而长为君者。非独爱其身也，有之以为天下利故也。故贵以其身为天下者，乃可以托天下；爱以其身为天下者，乃可以保天下。②

---

① 屈万里主编：《明代登科录汇编》，第 17 册，台北学生书局 1969 年版，第 9216—9218 页。

② 龚延明主编，闫真真点校：《天一阁藏明代科举录选刊·会试录》（下），宁波出版社 2016 年版，第 608 页。

这一时期对于老子等诸子之学的论断也一改前期的贬斥态度，而开始客观评价其在历史中的作用。

如万历五年（1577）会试，在第三场策问中，要求考生陈述儒学与黄老、申韩之学在治国上的得失之处。此次会试所选程文为会试第一名冯梦桢之文，冯梦桢站在儒家本位的立场，认为儒学才是治国之本，儒学胜于黄老、申韩者正在于其仁义思想。但冯文不避谈儒学之失，不讳谈黄老、申韩之长，指出汉武帝崇儒，反而导致海内虚耗，几续秦亡，不如文景用黄老，如此结局，是因其失儒学之本，致使贱儒、漏儒、俗儒、伪儒当道：

> 夫以武帝之儒，当文帝之黄老，其数不胜也。以元帝之儒，当宣帝之申韩，其数不胜也。何者？彼无欲自化，清静自正，而吾犹利禄之陋习也。彼以言责事，以事责功，而吾犹章句之空谈也。故黄老、申辨之得行其说，则世儒之罪也。①

又如书坊托礼部尚书兼东阁大学士李廷机之名，在科举资料汇编的序言中直接为诸子书张目："六经之道炳如日星，而诸子百家犹圣言之羽翼，故嗜奇之彦，尤当研心焉。"② 万历年间，李元珍刊刻《诸子纲目》，选包括《老》《庄》在内的子书百六十种，聚奎楼刊刻此书时在封面介绍曰："艺苑宗工，举业鸿宝。"③ 科举用书如此推崇子书，可见当时科举取士之风向。无怪乎万历之后，朝廷申斥正文体、禁诸子的奏疏越来越频繁，万历十五年礼部上言曰：

---

① 龚延明主编，闫真真点校：《天一阁藏明代科举录选刊·会试录》（下），宁波出版社 2016 年版，第 710 页。

② 焦竑等辑：《新锲翰林三状元会选二十九子品汇释评》，《四库全书存目丛书·子部》第 133 册，齐鲁书社 1997 年版，第 240—241 页。

③ 李元珍辑：《诸子纲目》，故宫博物院编：《故宫珍本丛刊》第 501 册，海南出版社 2000 年版，第 199 页。

唐文初尚靡丽而士趋浮薄，宋文初尚钩棘而人习险谲。国初举业有用六经语者，其后引《左传》《国语》矣，又引《史记》《汉书》矣。《史记》穷而用六子，六子穷而用百家，甚至佛经、《道藏》摘而用之，流弊安穷。弘治、正德、嘉靖初年，中式文字纯正典雅。宜选其尤者，刊布学官，俾知趋向。[1]

万历二十二年（1594），御史陈惟之等人上奏，要求于科考落第士子的试卷中，搜罗险怪尤甚者，告之国子监提学官，将其革为民。这是扩大了打击范围，连落第之人也不放过，可见当时经传之学在科考中的没落。礼部认可了其要求，并上言："今科取士，专以纯粹典雅、理明词顺为主，如有掇拾佛老不经之谈及怪句险字混入篇内者，定勿收录，俟朱墨卷解部，本部及科臣详阅，有违式者遵旨除名。"[2] 然即便以除名相威胁，亦未能收到遏制之效果，孙鑛曾对这种现象表示奇怪，"余甲戌赴公车，见谏垣疏有云士子习番经，甚讶之，然于时未有奇也。迩来禁愈烦，奇乃愈出，侏离已半错，其故何哉？"有人解释曰："顷者，主上正服色，有持具带入都者，旦五十金不卖，暮五金而售，何者？贱生于无所用，今所录者反所禁，谁其信之？"[3]

万历二十九年（1601）会试，礼部尚书冯琦在《会试录》前序中批评科举中引用佛老的现象，并言："臣与诸臣奉昭旨取士，即明与诸士约：离经旨弃传注，参用释老者，皆置之。"[4] 然而当年会试程文中仍然出现了这样的文章。第二场论"王者以天下为家"的程文中，就化用了《老子》中关于无为之论述：

① 《明史》卷六十九，《志四十五·选举一》，中华书局1974年版，第1689页。
② 黄儒炳：《续南雍志》卷六，《事纪》，《中国考试史文献集成》第五卷（明），高等教育出版社2003年版，第524—525页。
③ 张萱：《西园闻见录》（五）卷四十四，《礼部三·科场·前言》，《明代传记丛刊》第120册《综录类》（30），台北明文书局1991年版，第303页。
④ 屈万里主编：《明代登科录汇编》第21册，台北学生书局1969年版，第11607页。

盖天下莫不有家，亦莫不营家，积家为天下，析天下为家，算数譬喻之所不及，而王者独寄家于天下之上，都其尊而友其大，则其道不可以私。天之无私，万物酌焉而不辞，而万物则天之万物也，王者之无私，百姓寄生焉而不穷，而百姓则君之百姓也。故王者未尝不为家也，为之而无以为也，为之而有以为，则益上或恐损下，聚财或恐散人，而利之所聚，即害之所起，为之而无以为，则何啬？何丰？何彼？何此？①

这就是上文所言"所录者反所禁"。老子思想进入科举考试，并且屡禁不止，这是明代出现官员群体解《老》的重要原因。

第二节　黄润玉、　万表等的老子研究

明代官员占注《老》者总数的 68.13％，这是一个很突出的现象，而明代各时期官员注解《老子》，面临的社会政治背景及思想学术背景各不相同，下文将选择各时期比较有代表性的官员及其注解进行分析，以期能展现明代官员群体老子研究的特点。

一、《性理大全》中的"异端"老子

永乐十年（1412），明成祖令大臣胡广等辑宋儒四书五经传注，名为《四书五经大全》，又辑诸儒言论中有羽翼经书者，汇为一编，名为《性理大全》。《性理大全》卷五十七《老子》汇集了程子、朱熹、李衡、魏了翁、陈埴、许衡、吴澄七人关于《老子》的言论。他们对《老子》赞同的言论，书中只收集了论说节俭、不争、寡欲等有利于专制统治的内容。如朱熹言："多藏必厚亡，老子也是

---

① 屈万里主编：《明代登科录汇编》，台北学生书局 1969 年版，第 21 册，第 11646—11647 页。

说得好。"① "俭德极好，凡事俭则鲜失，老子言：'治人事天莫若啬，夫惟啬，是谓早服，早服是谓重积德。'被他说得曲尽。"② 又如李衡之言：

> 或问："如何是天得一以清？"乐庵李氏曰："夫物不一而各有其一，如日月之照临，星辰之辉粲，风雷之鼓舞，雨露之渗漉，各有其一，而不相乱，天惟得此不一之一，是以清净，无为而化，推此言之，地得一以宁，神得一以灵，谷得一以盈，万物得一以生，侯王得一以为天下正，亦只是这个道理。且如人君治天下，亦何容心哉，公卿大夫各依其等列，士农工商各就其职分，如此则尊卑贵贱不相混淆，好恶取舍不相贸乱，天下自然而治。"③

除此外，《性理大全》所收录的大都为批评《老子》的言论。归纳起来，他们对《老子》的批评有以下几点：

其一，《老子》乃权诈之术。《老子》言绝圣弃智、将欲翕之必固张之、知白守黑之言，皆被宋儒看作老子的心机之论。绝圣弃智是效仿秦的愚民政策，将欲必固，知白守黑，更是以退为进的手段。申韩流于惨刻少恩，苏秦以言论鼓动天下，皆老子之过。如言：

> 程子曰："老氏之言杂权诈，秦愚黔首，其术盖有所自。老子语道德而杂权诈，本末舛矣。申韩苏张皆其流之弊也，申韩原道德之意而为刑名，后世犹或师之，苏张得权诈之说而为纵横，其失益远矣，是以无传焉。"④

---

① 胡广等撰：《性理大全》卷五十七，《老子》，《景印文渊阁四库全书》第 711 册，《子部·儒家类》，台湾商务印书馆 1987 年版，第 261 页。

② 胡广等撰：《性理大全》卷五十七，《老子》，《景印文渊阁四库全书》第 711 册，《子部·儒家类》，台湾商务印书馆 1987 年版，第 261 页。

③ 胡广等撰：《性理大全》卷五十七，《老子》，《景印文渊阁四库全书》第 711 册，《子部·儒家类》，台湾商务印书馆 1987 年版，第 261 页。

④ 胡广等撰：《性理大全》卷五十七，《老子》，《景印文渊阁四库全书》第 711 册，《子部·儒家类》，台湾商务印书馆 1987 年版，第 256 页。

程子云老子之言窃弄阖辟者，何也？（朱熹）曰："如将欲取之，必固与之之类，是他亦窥得些道理将来，窃弄如所谓代大匠斲则伤手者，谓如人之恶者不必自去治他，自有别人与他理会，只是占便宜不肯自犯手做。"①

其二，儒道不相容。《老子》书中亦有仁义道德之言，这既可作为其与儒家之学的相通处，亦可看作其相抵牾处。明成祖君臣容不下儒道相通的言论，故对其相通处皆要予以反驳。首先儒道两家在本体论上已然不同。老子言天下万物生于有，有生于无。朱熹则认为万物生于理和气，而非生于无："无者无物，却有此理，有此理，则有矣，老氏乃云'物生于有，有生于无'，和理也无，便错了。"②邵雍曾言老氏得易之体，孟子得易之用，朱熹反驳说："老子自有老子之体用，孟子自有孟子之体用，'将欲取之，必固与之'，此老子之体用也。存心养性，充广其四端，此孟子之体用也。"③老子之体在于无，其发用处流于权诈，孟子之体在于仁，以存心养性，广其四端为用，故孟子对老子亦是排斥的。朱熹认为虽然孟子文中只提到了杨朱，不及老子，然杨朱学于老子，排杨朱就是排老子。《性理大全》又收录有吴澄之言，再申此意：

老子云："天下万物生于有，有生于无。"万物者指动植之类而言，有字指阴阳之气而言，无字指无形之道体而言，此老子本旨也。理在气中，元不相离，老子以为先有理而后有气，横渠张子诋其有生于无之非，晦庵先生诋其有无为二之非，其

---

① 胡广等撰：《性理大全》卷五十七，《老子》，《景印文渊阁四库全书》第711册，《子部·儒家类》，台湾商务印书馆1987年版，第258页。
② 胡广等撰：《性理大全》卷五十七，《老子》，《景印文渊阁四库全书》第711册，《子部·儒家类》，台湾商务印书馆1987年版，第258页。
③ 胡广等撰：《性理大全》卷五十七，《老子》，《景印文渊阁四库全书》第711册，《子部·儒家类》，台湾商务印书馆1987年版，第258页。

无字是说理字，有字是说气字。①

　　本体不同，其道之发用处自然不同。许衡曰："老氏言道德仁义礼智与吾儒全别，故其为教大异，多隐伏退缩不肯光明正大做得去。吾道大公至正，以天下公道大义行之，故其法度森然，明以示人。"②

　　其三，《老子》外人伦。朱子曰："问老子与乡原如何？曰老子是出人理之外，不好声，不好色，又不做官，然害伦理，乡原犹在人伦中，只是个无见识的好人。"③ 只因为老子思想有教人出世之意，于儒家所重视的人伦有害，朱熹将此作为老子第一大罪："佛老之学，不待深辨而明。只是废三纲五常，这一事已是极大罪名！其他更不消说。"④ 这种批评显然有失公允，是出于维护儒学的偏见。

　　其四，《老子》易导人入神仙荒诞之术，历代君主求长生者劳民伤财，不可不防。如魏了翁认为道家思想创立之初，其本意在于恬淡自养以独善其身，后之学者不知其精髓，而使其流入神仙荒诞之术：

　　　　道家者流，其始不见于圣人之经，自老聃氏为周柱下史，著书以自明其说，亦不过恬养虚应以自淑其身者之所为尔。世有为老氏而不至者，初无得于其约，而徒有慕乎其高，直欲垢浊斯世，妄意于六合之外求其所谓道者，于是神仙荒诞之术或得以乘间抵巇，而荡摇人主之侈心，历世穷年，其说犹未泯也。⑤

① 胡广等撰：《性理大全》卷五十七，《老子》，《景印文渊阁四库全书》第711册，《子部·儒家类》，台湾商务印书馆1987年版，第262页。
② 胡广等撰：《性理大全》卷五十七，《老子》，《景印文渊阁四库全书》第711册，《子部·儒家类》，台湾商务印书馆1987年版，第262页。
③ 胡广等撰：《性理大全》卷五十七，《老子》，《景印文渊阁四库全书》第711册，《子部·儒家类》，台湾商务印书馆1987年版，第258页。
④ 黎靖德编，王星贤点校：《朱子语类》卷一百二十六，中华书局1986年版，第3014页。
⑤ 胡广等撰：《性理大全》卷五十七，《老子》，《景印文渊阁四库全书》第711册，《子部·儒家类》，台湾商务印书馆1987年版，第261—262页。

明成祖君臣视老子之学为异端，官方以《四书五经大全》《性理大全》作为科举考试的标准答案，士人囿于程朱之说，既不读汉唐之书，亦不关注宋以后之书，眼界狭小，固于己见，故正德以前，注《老》者较少，且大都以修身治国思想或程朱思想注解。然思想只可以被禁锢一时，及士人由身心性命之学进而开始注重个体人格，新的思想亦孕育其中了："以帝王科举之力，造成一世之风气，固亦有绝大之关系，而人心之演进，常无一成不变之局，故其趋势绝不为最初提倡者所囿。明儒之学之墨守程、朱之传者，固出于科举及三《大全》之影响，而后学派一变，有显与朱子背驰者，则非科举及三《大全》所预必也。"①

二、黄润玉《老子附注》

黄润玉（1389—1477），字孟清，号南山，浙江鄞县人。永乐十八年（1420）举顺天乡试，授建昌府学训导，丁父忧后改任南昌。后历任交阯道御史、广西按察司佥事、湖广按察司，因得罪上官，被贬为含山知县，后以老致仕，归家闲居著书。成化十三年（1477）卒。平生著述颇丰，有《礼记戴记附注》《经书补注》《学庸通旨》《宁波简要志》《南山录》《南山稿》等著作，并为《老子》《阴符经》《孙子》作注。②

黄润玉学宗朱子，全祖望将其与南宋黄震、史蒙卿并称为四明朱学三大家。全祖望评价黄润玉的学问是"宗朱而不尽合于朱"③。鄞县自南宋以来即朱陆二派学问并兴，黄润玉生长于此，故其思想也具有合会朱陆的特点："先生（黄润玉）系吾乡朱学大宗，而其经书补注多有不合，至于《大学》古本以及格物之义，则实开新建之先，以是知人心之各有所见，而所以为朱学之羽翼者，正不在苟同也。"④

---

① 柳诒徵：《中国文化史》（中），河南人民出版社 2018 年版，第 343—344 页。

② 参见《明史》卷一百六十一，《列传第四十九·黄润玉传》，中华书局 1974 年版。

③ 全祖望：《横溪南山书院记》，张全民、杜建海编注：《诗画横溪》，宁波出版社 2004 年版，第 241 页。

④ 全祖望：《横溪南山书院记》，张全民、杜建海编注：《诗画横溪》，宁波出版社 2004 年版，第 241 页。

黄润玉"宗朱而不尽合于朱"在其《老子附注》中亦有体现。《老子附注》前有黄润玉作于正统十二年（1447）的题辞，则此书应作于正统十二年或之前。正统年间是程朱思想的权威地位非常稳固的时期，但黄润玉对程朱之学并不盲从，而重自得之学，故其《老子附注》中，对于程朱思想既有发挥，亦有反驳。

黄润玉"宗朱"首先表现在对朱子理、气观的认同，以理、气解释《老子》之道：

> 阴牝阳牡而生物，不能无欲，故圣人静以观其生生之理，动以观其生生之感。妙者，物理所以然。微者，气感所由然。曰妙曰微，体用一原。两者同出异名，然而同谓之玄者，天体玄默，一理气而已。理气流行，生之又生，万物所由出，非众妙之门而何？众妙者，物物一太极，而微即门也。①

朱熹认为理无动静，但理挂搭在气上，气有动静，故理亦有动静，阴阳二气动而化生万物："天道流行，发育万物。其所以为造化者，阴阳五行而已。"② 阴阳五行之气聚而成万物之魂魄，而理气不相离，理伴随着气，气凝结物形，理随之而立，故万物生而具理，这就是朱熹的"理一分殊""物物一太极"的思想。物因理生，理因物显，理与物体用一源，显微无间：

> "体用一源"者，自理而观，则理为体、象为用，而理中有象，是一源也；"显微无间"者，自象而观，则象为显、理为微，而象中有理，是无间也。③

---

① 黄润玉：《道德经附注》，《老子集成》第六卷，第210—211页。
② 朱熹：《大学或问》，朱杰人等主编：《朱子全书》第6册，上海古籍出版社、安徽教育出版社2002年版，第507页。
③ 朱熹：《晦庵先生朱文公文集》卷四十，《答何叔京》，朱杰人等主编：《朱子全书》第22册，上海古籍出版社、安徽教育出版社2002年版，第1841页。

　　黄润玉认为阴阳二气动而生物，理无动静，故静以观理，气有动静，故动以观气，"妙"为理，"徼"为气，理为道之体，气为道之用，万物因气成形，因理成性，故曰气为所由然，理为所以然，"此两者同出而异名"，正是指理、气而言。

　　黄润玉"宗朱"的第二个表现在于批评佛、老外人伦之举。黄润玉认为道无名无相，寓于器物，体道不能远器，故黄润玉言"道无玄妙，只在日用间，着实循理而行"①。秉持这一观点，他反对空谈心性的逃世行为：

> 道之得名本指人之所当行者而言，而当字即循理也，不当既是非理。佛、老之徒，上不事君王，无忠；中不事父母，无孝；下不育妻子，无慈，然无是事而空，知此理所谓有体无用也。②

不仅佛、老二家有此弊端，黄润玉认为当时儒者中也存在一些空谈心性而不将道付之日用常行者，这样的人不能算作识道：

> 孔门所教所学皆于用处发明，而体在其中，盖理是道之体，事是道之用，然孝弟见于日用，只从仁上发出来，仁是孝弟之理，孝弟是仁之用，如今学者务于高远，不尽孝弟之事，只是去探高妙，论心、论性，却全不识道。③

　　可见黄润玉批评老子，并非出于门户之见，而是就事论事。

　　黄润玉"不合于朱"的表现在于赞同《老子》的自然无为思想，

---

① 黄润玉撰：《海涵万象录》卷二，《道》，张寿镛编：《四明丛书》（第三集）第 46 册，扬州古籍刻印社 1935 年版。

② 黄润玉撰：《海涵万象录》卷二，《道》，张寿镛编：《四明丛书》（第三集）第 46 册，扬州古籍刻印社 1935 年版。

③ 黄润玉撰：《海涵万象录》卷三，《为学功夫》，张寿镛编：《四明丛书》（第三集）第 46 册，扬州古籍刻印社 1935 年版。

而非如朱熹一般，指责老子之无为为虚无。黄润玉认为无为就是道，无为就是自然，他指出：

> 但执古之无为，以御今之有事。古初为无，道之宗也。①
>
> 人而行焉，一有作为，非自然也。人而言焉，一弗顺理，非自然也。自然之道，即天道也夫。②

以无为治天下，要求在上者应以清净为务，黄润玉认为静才可体会天道，躁动则与道背道而驰，故为君者当以静为本，不朝令夕改，不繁政扰民，"事不轻举，欲不动心"，③百姓保持淳朴之心，自然可天下太平：

> 静以观物理，默以契天运，则天人之道无不明。人或躁动，出行愈远而知愈迷也。故圣人静而知，默而得，笃恭而天下平。④

清静之政要求统治者以百姓之心为心："天地任物性之自然，圣人任民性之自然"⑤。圣人以无为治民，不是指放任无为，而是以"朴治"为前提。人性趋利避害，好逸恶劳，故圣人需镇之以朴，使民无知无欲：

> 有国者能守无为之道，万民自遂其性。性遂而物欲起，吾则不竞利欲以镇之。惟无欲而镇以静，则天下自定矣。⑥

---

① 黄润玉：《道德经附注》，《老子集成》第六卷，第213页。
② 黄润玉：《道德经附注题辞》，《老子集成》第六卷，第210页。
③ 黄润玉：《道德经附注》，《老子集成》第六卷，第215页。
④ 黄润玉：《道德经附注》，《老子集成》第六卷，第218页。
⑤ 黄润玉：《道德经附注》，《老子集成》第六卷，第211页。
⑥ 黄润玉：《道德经附注》，《老子集成》第六卷，第216页。

"镇之以朴"就是指在上者不尚圣智、仁义、巧利，使民无知无欲，对待有知之人要弱化他的贪念，使其不敢恣意妄为：

> 故圣人治人，在虚其心，使民无知；实其腹，使民无欲；使夫民之知者，弱其贪志，而不敢恣欲，则强其骨也。故人人为无为，则无不治。①

黄润玉主张无为是为了使民保持淳朴的本性。他认为民多智则难治，故圣人实行无为统治，不推崇圣智、仁义、巧利，老百姓就不会汲汲追求这些，而会安于现状，保持一种淳朴的状态。他指出：

> 古者行不言之教，欲民朴也。民巧诈则难治，故以智御民，则奸滋起，为无为，则欲归朴。此两者亦稽古式，是谓不显之德。玄德深远，与用智相反，如此必至天下大顺。②

黄润玉的自然无为思想和他的保守政治观一致。有学者认为黄润玉赞同老子的自然无为的政府治理方式，这和他的行政思想相一致："在行政精英的录用上，黄润玉在宗法制度约束下，提倡一种自然主义行政观，反对苛法约束官员自主性，特别看重人的积极性，反对当时法规太严。"③ 黄润玉的自然无为思想固然有以上所言的积极一面，但亦有安于现状的保守一面，这从他对朱元璋废除宰相制度的评价就可以看出来。他认为太祖时期，废除宰相制度，是任法不任人，这样既可以防止奸臣为乱，也使臣民有法可依，即便君不明，只要遵循祖制，虽然国家缺少活力，但亦不至于出现大的动乱：

> 去宰相而升六部，任法不任人也。任相得人则大治，非其

---

① 黄润玉：《道德经附注》，《老子集成》第六卷，第211页。
② 黄润玉：《道德经附注》，《老子集成》第六卷，第221页。
③ 邹建锋：《朱元璋至王阳明时期（1368—1528年）中国行政管理思想研究》，社会科学文献出版社2014年版，第203页。

人则大乱。不任相而任法，则循规守矩，扶持以俟圣王出。是任法，虽不甚治，亦不甚乱，此守成之常也。善乎，不改祖宗旧制，虽少有更变，亦不致乱，使民无所措手足也。①

为政之本毕竟在于人，法制也要靠人来实施，若法度不明或不完善，为政者又因循守旧，不知变通，甚至以此为借口互相推诿，反而会酿成更大的弊端。黄润玉自己也明白这一点，故多次感慨任法不任人之弊，如云：

> 为政在人，然作法于凉，其弊尤贪。②
> 古者任人不任法，今者任法不任人，故法立而弊生。③

黄润玉的担心不无道理，后来的发展也印证了他的忧虑。江盈科在《雪涛小说》中很形象地描述了明中后期这种因循苟安、互相推诿的状况，让人不得不佩服黄润玉的先见之明：

> 天下有百世之计，有一世之计，有不终岁之计。计有久近，而治乱之分数因之。国家自洪武至于今，二百四十年，承平日久，然所以保持承平之计，则日益促。自宗藩、官制、兵戎、财赋以及屯田、盐法，率皆败坏之极，收拾无策，整顿无绪。当其事者，如坐敝船中，时时虞溺，莫可如何。计日数月，冀幸迁转，以遗后来。后来者又遗后来，人复一人，岁复一岁，而愈敝愈极。虽有豪杰，安所措手？
>
> 盖闻里中有病脚疮者，痛不可忍，谓家人曰："尔为我凿壁

---

① 黄润玉撰：《海涵万象录》卷三，《用人》，张寿镛编：《四明丛书》（第三集）第46册，扬州古籍刻印社1935年版。
② 黄润玉撰：《海涵万象录》卷三，《用人》，张寿镛编：《四明丛书》（第三集）第46册，扬州古籍刻印社1935年版。
③ 黄润玉撰：《海涵万象录》卷三，《田赋》，张寿镛编：《四明丛书》（第三集）第46册，扬州古籍刻印社1935年版。

为穴。"穴成，伸脚穴中，入邻家尺许。家人曰："此何意？"答曰："凭他去邻家痛，无与我事。"又有医者，自称善外科，一神将阵回，中流矢，深入膜内，延使治。乃持并州剪剪去矢管，跪而请谢。神将曰："镞在膜内者须亟治。"医曰："此内科事，不应并责我。"噫，脚入邻，然犹我之脚也；镞在膜内，然亦医者之事也。乃隔一壁，辄思委脚；隔一膜，辄欲分科，然则痛安能已、责安能诿乎？今日当事诸公，见事之不可为，而但因循苟安，以遗来者，亦若委痛于邻家，推责于内科之意。

　　呜呼，忠臣事君，岂忍如此？①

伸脚入邻与镞在膜内两个比喻，极其生动地反映出晚明政局的真实状况，无奈"立法易，得人难"②。黄润玉所处的时代，尚能寄希望于遵守祖制，这样即便人才难寻，然有法可依，也可无功无过。晚明政局的弊端，恐怕难以找到有效的方法加以革除了。

三、万表以心学思想解《老》

　　万表（1498—1556），字民望，号鹿园，晚号九沙山人，浙江鄞县人。万表年十七袭宁波卫指挥佥事，但他心怀大志，不满足于世袭职位。正德十五年（1520）考中武进士，晋浙江把总，旋升都指挥佥事兼理浙江漕运，后累官漕运参将、广西副总兵、淮安总兵、南京中府都督同知等职。万表虽历武职，却"读书学古，不失儒生本分"③。《明史稿》中称赞万表曰："武臣中有儒学者，表为著。"④焦竑对他的学术成就亦评价甚高："嘉靖中，唐应德（顺之）、王汝

---

① 江盈科：《雪涛阁集》卷十四，《小说·任事》，岳麓书社 2008 年版，第 466—467 页。
② 黄润玉撰：《海涵万象录》卷三，《用人》，张寿镛编：《四明丛书》（第三集）第 46 册，扬州古籍刻印社 1935 年版。
③ 黄宗羲：《明儒学案》卷十五，《浙中王门学案五·都督万鹿园先生表》，中华书局 2008 年版，第 310 页。
④ 浙江省地方志编纂委员会：《雍正浙江通志》卷一百七十二，《人物四·万表》，《浙江通志》第 9 册，中华书局 2001 年版，第 4895 页。

中（畿）、罗达夫（洪先）三先生者以理学名于时，而闻鹿园万公与之相颉颃，心窃异之。退而考公之平生与其议论，然后知公殁方驾三先生而不啻过之，非独能不愧而已。"① 其主要著作有《玩鹿亭稿》《灼艾集》《皇明经济文录》《万氏家抄济世良方》等，注《老》之作为《道德经赘言》。

黄宗羲将万表寄于浙中王门，并言"先生之学，多得之龙溪、念庵、绪山、荆川"②。万表交游广阔，与王畿、罗洪先、钱德洪、唐顺之四人关系尤为密切，他们对万表的学术思想有着重要的影响，"在实际的文献记录上，于万表的求学过程中，我们并未发现有直接师承的对象，其累积学问的途径，除了借由自身勤奋好学的精神，终其一生不断学习之外，更值得注意的是，其交游往来的对象，不少是阳明后学的重要代表人物，与这些阳明后学交流切磋的过程与经验，显然对万表思想的形成扮演了主导作用"③。万表长期饱受疾病折磨，多次中断仕途，居家休养。嘉靖三十四年（1555），朝廷准其辞官，可惜万表在第二年即因病去世。因身体原因，万表对佛、道都有所关注，黄宗羲称其"究竟于禅学"④。万表晚年自号"鹿园居士"，鹿园即鹿野园，乃传说中释迦牟尼悟道后讲道之所。但万表毕竟是一位儒家学者，其思想以儒学为根本，兼收释道二家之学。万表论述三教思想之相通言：

> 鹿园居士曰：儒，一以贯之。一者，无也；贯者，有也；一以贯之，有无合一也。费而隐。费者，有也；隐者，无也；费而隐者，有无合一也。佛，应无所住而生其心。无所住者，

① 焦竑：《澹园集》卷二十八，《墓志铭·荣禄大夫南京中军都督府都督同知前提督漕运镇守淮安总兵官鹿园万公墓志铭》，中华书局 1999 年版，第 422 页。
② 黄宗羲：《明儒学案》卷十五，《浙中王门学案五·都督万鹿园先生表》，中华书局 2008 年版，第 311 页。
③ 林尚志：《从武将世家到学术名族——明代浙东儒将万表（1498—1556）之研究》，台湾师范大学硕士学位论文，2009 年，第 119 页。
④ 黄宗羲：《明儒学案》卷十五，《浙中王门学案五·都督万鹿园先生表》，第 312 页。

无也；生其心者，有也，无住生心，有无合一也。老，谷神不死。谷神，无也，呼之即应；不死也，有也；谷神不死，有无合一也。儒，顾误天之明命。顾误即内照也。天命无声臭，而声臭所由生，故必顾误焉。佛，照见五蕴皆空。照即顾误也。五蕴非无也，皆空非有也。老，故常无欲以观其妙，常有欲以观其窍。观即照也，即顾误也。两观最重是其入道之功。①

万表认为儒释道三教的终极境界皆为有无合一，而至圣之径则在于"内照"之功夫。虽然三教有相通处，然在经世方面，释道乃出世之学，于修身养性有所裨益，却不及儒家兼具内圣外王之学：

> 世崇三教，儒与释道也，释道二氏皆出世之学，惟儒教为大中至正，治天下国家之不可一日无者也。然二氏教虽各异，而尽性至命处则同，故道谓之玄，释谓之白，言于性命无所加损，皆本色也，但不同者教耳，故曰三教，而释氏所谓菩萨道、菩萨行者，则愈高远而无涯涘矣，中庸亦谓君子之道，圣人有所不知不能，天地有所不足者，亦可谓高矣，远矣，而皆不出乎平常日用之道，但不令有止耳。②

万表虽然身体多病，但对道教的长生神仙之说却持否定态度：

> 希仙学道者，先要识破世间一切虚幻，身亦是幻，凡有必无，凡生必灭，既少而长，必老而死，此必然之理也，故须具此正信，无惑于中，斯无贪欲，凡诸邪师谬解不能乱之，可以入道矣。但一有贪生之念生于其心，则邪说易入而无所不至，虽名学道，只是作业，岂有欲此身常存于世，朝夕用心，只成

---

① 屠隆：《鸿苞》卷二十七，《鹿园论三教》，《四库全书存目丛书·子部》第89册，齐鲁书社1995年版，第491页。
② 万表：《玩鹿亭稿》卷五，《九沙草堂杂言》，《四库全书存目丛书·集部》第76册，齐鲁书社1995年版，第96页。

一己之私，而可以为道乎，盖人之贪欲，莫有大于长生者也。老子曰，吾有大患，为吾有身，及吾无身，吾有何患。又曰，死而不亡者寿，人知死而不亡者寿，则知长生之说矣。①

万表对生死问题持顺其自然的态度，他认为生死不过是生命发展的自然形态，若人汲汲于求生，心生贪欲，名为求道，其实是误入歧途。且道教的丹鼎之术要求法财皆备，方可炼丹，此种养生之术不仅耗费资财，而且专意形体，不顾精神，不知"金丹不落形气，专在性命"②。故服食外丹、烧炼方术皆是不明性命之旨，而性命之理存在于心体之中，无须外求，只要时时磨炼心体，恢复心体本来面目，自然长生可得：

> 心体即是药物，格物即是火候。一点灵明，彻底光透，则火药一矣。③
>
> 吾性即金丹也，今之好此学者甚多，而长生之欲根于其心，往往便为邪师彼家鼎器之说所惑，乃谓长生住世可得，因而流于黄白之事，择鼎立室，以为入山养道，必资法财，非得外事，则内事不成，遂使尽生精神皆弊于此。毕竟无成，虽贤士大夫亦惑之，而况其他哉。殊不知学道者，饥寒贫病皆所不顾，又何待于法财养道之具，色色齐备，而后可以为道也。盖饥寒贫病正以炼心，只在志耳。故曰自古圣贤真皆自贫苦得来，非从富贵中出，黄白之事非未必有，亦不足学，人生精神诚不当为此一事，遽尔汩没，亦可惜也，古人得亦弃之，何况求而不可得哉。至于鼎器彼家之说，尤为非道。《悟真篇》云，先把乾坤

---

① 万表：《玩鹿亭稿》卷五，《九沙草堂杂言》，《四库全书存目丛书·集部》第 76 册，齐鲁书社 1995 年版，第 96 页。

② 万表：《玩鹿亭稿》卷五，《九沙草堂杂言》，《四库全书存目丛书·集部》第 76 册，齐鲁书社 1995 年版，第 97 页。

③ 王畿：《龙溪王先生全集》卷二十，《骠骑将军南京中军都督府都督佥事前奉敕提督漕运镇守淮安地方总兵官鹿园万公行状》，明万历四十三年张汝霖校刊本。

为鼎器，次抟乌兔药来烹，盖言太虚鼎器也，阴阳药物也。若只言以坤为鼎器，则邪说犹可附矣，吾性流于情识，则喻曰彼家所谓白虎丸铅皆此也，今人以彼家为女，岂不谬耶。《悟真篇》云，只缘彼此怀真土，遂使金丹有往还，盖言互为其根也。又曰人人自得长生药，又曰此般至宝家家有，盖言人人本具也，曾何假于外物哉。近来惑此说者甚多，人心真为其陷溺，愚故不得不为之辩。①

万表反对黄白外丹之术，引张伯端《悟真篇》以明修炼的正途在于内丹心性。

在《道德经赘言》中，万表亦以融通三教思想解《老》，如解释"涤除玄览，能无疵乎"句，认为"玄览"就是儒家所说穷理尽性，就是佛教所说的"理障"，"玄览"并非修道的终极目标，达到"玄览"境界之后，还要抛去"玄览"，最终达到"无疵"境界。"爱民治国，能无为乎"即儒家所说事理相合，佛氏所说断除事障。孔子言天何言哉？四时行，百物生。达摩曰廓然无圣，遂面壁少林，这和老子言绝圣弃智，意义相同。

万表从心性论角度融合三教，他的心性论正是其心学思想的集中体现。万表认为心之本体本为至善，并无善恶之分："不思善，不思恶，正是本来面目，此即喜怒哀乐未发之中，此即真常不变之体。"②故"择其所谓美善者而居之，即离体矣"③。人心受到现实环境的诱惑，希圣希贤，求富求贵，产生种种妄念，"妄生则心乱，妄除则心息，此意最精信"④。老子言"不见可欲"，正是要消除心中妄念，保

① 万表：《玩鹿亭稿》卷五，《九沙草堂·杂言》，《四库全书存目丛书·集部》第 76 册，齐鲁书社 1995 年版，第 99—100 页。
② 万表：《玩鹿亭稿》卷八，《道德经赘言》第一章，《四库全书存目丛书·集部》第 76 册，齐鲁书社 1995 年版，第 151 页。
③ 万表：《玩鹿亭稿》卷八，《道德经赘言》第二章，《四库全书存目丛书·集部》第 76 册，齐鲁书社 1995 年版，第 152 页。
④ 万表：《玩鹿亭稿》卷八，《道德经赘言》第三章，《四库全书存目丛书·集部》第 76 册，齐鲁书社 1995 年版，第 153 页。

持心体宁静，达到中无一物、一念不生的境界，自然可以窥见精微大道，恢复心体澄澈，这与儒家穷理尽性至命之学相通：

> 人心之万变纷纭，未有不息，而归其体者，本体元静，故曰静，此即人生而静，天命之性，所谓本来面目是也，故曰复命，命无生灭，故曰常，知此则头头上明，物物上显，故曰明。不知常则任其所为奇，特与圣不殊，皆名妄作，以其不达本故也，是故穷理尽性至命之学不可无也。①

穷理尽性需要通过格物之功，万表以良知为道德实践的终极目标，格物即为格心：

> 圣贤切要工夫，莫先于格物，盖吾心本来具足，格物者，格吾心之物也，为情欲意见所蔽，本体始晦，必扫荡一切，独观吾心，格之又格，愈研愈精，本体之物，始得呈露，是为格物。格物则知自致也。②

良知本心落入现实环境之中，为情欲所蔽，须时时省观吾心，扫荡情欲，恢复良知本体。万表的格物功夫与王阳明的格物正心说正相合，故黄宗羲言："先生之论格物，最为谛当。"③ 万表对格物过程的重视正是他内圣外王思想的反映，如有学者指出："万表之所以强调'渐修'的工夫历程，实际上也反映了他重视道德在现实环境中的落实与开展，盖万表一生都是致力仕途之人，其中心思想充满了对于现实世界的关怀，对他而言，儒学的终极目标，除了建成个人道德

---

① 万表：《玩鹿亭稿》卷八，《道德经赘言》第十六章，《四库全书存目丛书·集部》第 76 册，齐鲁书社 1995 年版，第 160 页。
② 黄宗羲：《明儒学案》卷十五，《浙中王门学案五·都督万鹿园先生表》，中华书局 2018 年版，第 311 页。
③ 黄宗羲：《明儒学案》卷十五，《浙中王门学案五·都督万鹿园先生表》，中华书局 2018 年版，第 311 页。

修养的圆满之外，更重要的是必须能推扩到现实社会之上，发挥‘经世济民’之效用，内圣与外王必须两者兼顾、不可偏废，才是最完满理想的境界。"①

万表仕宦生涯中从事时间最久的就是漕运，焦竑言："公历漕既久，国计诎赢，河渠通塞，祖制及时弊当复当厘状，靡不明习。"②他出生于宁波，宁波正是明代时遭受倭寇之害最严重的地区之一，万氏家族又是宁波卫世袭武官，明代沿海卫所正为防御、抗倭而设，这样的经历使万表对倭乱之事非常关注，万表著有《海寇议》，分析沿海地区倭患产生的原因，并提出严禁通藩之党，以法治倭的解决办法。此外他曾编《皇明经济文录》，收录前人切要时政之奏章，供执政者参考。可见万表虽然谈禅论道，但并没有放弃对现实世界的关注，反而以一位儒者的经世情怀，关心国情民生。在万表看来，修道与治国密不可分：

> 人能尽其性，则可以位天地而育万物，岂不大哉！故曰域中有四大，而王处一焉。王雱氏曰言王举人之尽性者，良是，观下文曰人法地可知，故天德王道亦尽性者之通称也。③

圣人能尽其性者，视万物为一，无分别之意，故能成万物而无遗："盖救人救物势不能以尽救，必有弃之者，圣人救人而无弃人，救物而无弃物，乃所为善，盖无救之之迹也。"④ 无救之之迹，就是因为"天地圣人之心于万物百姓元无系累，此其所以广大而无穷也"⑤。是

---

① 林尚志：《从武将世家到学术名族——明代浙东儒将万表（1498—1556）之研究》，台湾师范大学硕士学位论文，2009 年，第 123 页。

② 焦竑：《澹园集》卷二十八，《墓志铭·荣禄大夫南京中军都督府都督同知前提督漕运镇守淮安总兵官鹿园万公墓志铭》，中华书局 1999 年版，第 423 页。

③ 万表：《玩鹿亭稿》卷八，《道德经赘言》第二十五章，《四库全书存目丛书·集部》第 76 册，齐鲁书社 1995 年版，第 165 页。

④ 万表：《玩鹿亭稿》卷八，《道德经赘言》第二十七章，《四库全书存目丛书·集部》第 76 册，齐鲁书社 1995 年版，第 166 页。

⑤ 万表：《玩鹿亭稿》卷八，《道德经赘言》第五章，《四库全书存目丛书·集部》第 76 册，齐鲁书社 1995 年版，第 154 页。

以圣人可以与天地化育万物同功。由此,万表得出结论曰:

> 凡为有为,皆有限量,故有不治者,是以圣人但为无为,
> 则无不治矣。[①]

万表反对有为,提倡无为,他的无为不是无所作为,而是道事不相
离之无为。万表认为,事可显理,亦能覆理,若爱民治国者,是为
有为,故曰全在事上,这就是事覆理也。而无为者,顺万物之理而
为,既不失理,亦不失事,即为事能显理,他说:

> 事理无碍,权实双显,盖事能显理,亦能覆理,若爱民治
> 国,未免全在事上。虽在事上,不为世谛流布,头头明显,无
> 为而为,既不失理,亦不失事,事理浑融。[②]

万表以穷理尽性进而开出事理浑融之无为论,正是王阳明内圣外王
之进路。丰道生在为《道德经赘言》所做的序言称赞万表之注曰:
"都督万侯鹿园子暇时著《道德经赘言》,深明性命之旨,而不杂于
迂诞,俾人修德凝道,顺受其正,甚可传也。"[③] 丰道生原名丰坊,
与万表为同乡,嘉靖二年(1523)进士。可见,万表的注《老》宗
旨,在官员中是被认可的。

四、湛若水《非老子》

湛若水(1466—1560),初名露,字民泽,广东增城人。会试落
榜后,师从当时大儒陈献章。为表一心向学的决心,湛若水焚毁了

---

① 万表:《玩鹿亭稿》卷八,《道德经赘言》第三章,《四库全书存目丛书·集部》第
76 册,齐鲁书社 1995 年版,第 153 页。
② 万表:《玩鹿亭稿》卷八,《道德经赘言》第十章,《四库全书存目丛书·集部》第
76 册,齐鲁书社 1995 年版,第 156 页。
③ 丰道生:《道德经赘言序》,《四库全书存目丛书·集部》第 76 册,齐鲁书社 1995
年版,第 150 页。

部檄——当时参加会试的准考证。凭借其聪明与努力，三年之后，湛若水就领会并发展了陈献章的"以自然为宗"的心学方法，提出"随处体认天理"的心学宗旨。湛若水的才识得到陈献章的称许与赞同，将江门心学的信物——江门钓台，付与湛若水，指定他为江门心学的传人。弘治十八年（1505），湛若水中进士，授庶吉士，任编修。正德元年（1506）在京师初识王守仁。二人一见定交，引为知己，大有相见恨晚之意："（王守仁）语人曰：'守仁从宦三十年，未见此人。'甘泉子语人亦曰：'若水泛观于四方，未见此人。'遂相与定交讲学。"① 两人道义相励，共昌圣学，从者云集，"时天下言学者，不归王守仁，则归湛若水"②。嘉靖初年，湛若水在大礼议中得罪嘉靖帝，此后多在南京任职，历官南京礼部尚书、南京吏部尚书、南京兵部尚书，官职虽崇，却无实权。嘉靖十九年（1540）致仕，其后二十年，教学不倦。嘉靖三十九年卒。

王阳明、湛若水虽为知己好友，但学术观点并不完全一致，如黄宗羲指出：

> 阳明宗旨致良知，先生宗旨随处体认天理。学者遂以良知之学，各立门户。其间为之调人者，谓"天理即良知也，体认即致也，何异？何同？"然先生论格物，条阳明之说四不可。阳明亦言随处体认天理为求之于外，是终不可强之使合也。先生大意，谓阳明训格为正，训物为念头，格物是正念头也，苟不加学问思辨行之功，则念头之正否，未可据。③

王阳明认为"随处体认天理"，是于外部求天理，这和他的心即理思想不合。湛若水则认为阳明以正念头为格物，然若不以外在之学问思辨正之，念头如何能正？两人除了格物论不同外，对于儒释道的

---

① 湛若水：《阳明先生墓志铭》，《王文成公全书》卷三十七，《世德纪》，中华书局2015年版，第1605页。

② 《明史》卷二百八十二，《列传第一百七十·吕楠》，中华书局1974年版，第7244页。

③ 黄宗羲：《明儒学案》卷三十七，《甘泉学案一》，中华书局2008年版，第876页。

看法更是截然相反。湛若水在《奠阳明先生文》中言：

> 聚首长安，辛壬之春，兄复吏曹，于吾卜邻。自公退食，坐膳相以，存养心神，剖析疑义。我云圣学，体认天理。天理问何？曰廓然尔。兄时心领，不曰非是。言圣枝叶，老聃、释氏。予曰同枝，必一根柢，同根得枝，伊尹、夷惠。佛于我孔，根株咸二。①

王阳明认为儒释道三教乃是一根三枝的关系，湛若水则认为佛老与儒学根株不同，且对圣学有害。如以下记载：

> 陈生问曰："何为异端？"甘泉子曰："异也者，二也。夫端，一而已，二之则异端矣。"曰："异端固害道乎？"曰："孟子之时，害道者有杨、墨矣。程子之时，害道者有佛、老矣。"②

王、湛二人就此问题展开过多次辩论，但谁也未能说服对方，究其根源，在于二人立学目的不同，王阳明治学是为自立门户，湛若水则为维护道统："湛若水与王阳明对待佛道二教的不同态度，除了与他们的修习佛教、道教（道家）的不同经历以及所接受的佛教、道教（道家）的不同影响密切相关之外，可能还与他们的卫道意识、自立门户意识有所不同相关。大体说来，湛若水的卫道意识似乎要比王阳明更强烈一些，而王阳明的自立门户的意识则要比湛若水更加强烈。卫道意识强，则可能为排异端而斥同道；门户意识强，则可能不惜取异端而伐同道。"③ 湛若水身为江门心学的传人，谨遵师命，以卫道为己任，时刻不敢忘怀："大哉！二程夫子之有功圣门也，排佛老而卫先圣之道，虽以配孟可也。吾师白沙夫子手授遗书

---

① 湛若水：《泉翁大全集》卷五十七，《奠阳明先生文》。
② 湛若水：《泉翁大全集》卷四，《二业合一训·教肄》。
③ 黎业明：《湛若水生平与学术思想研究》，中山大学博士学位论文，2009 年，第 76 页。

于水曰：'孔孟正脉也。'水受而读之二十余年矣。"① 白沙之学以"自然"为宗，后人对白沙之学最大的批评就是指其"主静"之说为禅学，其"静坐中养出端倪"亦如佛教的顿悟。湛若水继承江门心学，一心以儒学正统自居，自然要与禅道划清界限。在湛若水的心目中，儒家的传授系统为：

> 夫自然者，天之理也。故学至于自然焉，尧、舜、禹、汤、文、武、孔、孟、周、程之道尽之矣。扩先圣之道以觉乎后之人，为天地立心，为生民立命，为往圣继绝学，为万世开太平，其功岂不伟欤！后之人欲求尧、舜、禹、汤、文、武、孔、孟、周、程之学者，求之白沙先生可也，非求之先生也，因先生之言，以反求诸吾心之本体自有者而自得之也。②

湛若水所列的儒学道统之中并没有朱熹的位置，不过湛若水生前和身后亦有人将其视为朱子学者。虽然在有些时候，湛若水认为没有必要强调所谓道统，甚至认为"道统"二字还有可能被人用来作为指斥正人君子的手段。例如，他在回答冼挂奇"道学之实不可亡，道统之名不可有"的请教时，就说："大道为公，不为尧存，不为桀亡，流行宇宙，何尝论统？只为立《道学传》，后遂有道统之说，其指斥正人者，则以此二字加之而摈弃之，而斯道亦未尝不流行于天地间也。"③ 但是，湛若水为了维护师门正统地位，不得不排列了一个以尧、舜、禹、汤、文、武、孔、孟、周、程、陈为传授顺序的儒家道统。

　　基于以上原因，才有湛若水《非老子》之书。《非老子》作于嘉靖二十七年（1548），湛若水作《非老子》的直接原因在于反驳其弟子王道的《老子亿》。王道先师王阳明，黄宗羲言王道"受业阳明之

① 湛若水：《泉翁大全集》卷十九，《文集·伊川唐录序》。
② 湛若水：《泉翁大全集》卷二十七，《文集·白沙书院记》。
③ 湛若水：《甘泉先生续编大全》卷二十七，《答问》。

门，阳明言其'自以为是，无求益之心'，其后趋向果异，不可列之王门"①。王道后又改师湛若水，然其思想亦不能尽合于湛。"自以为是"，言王道为学坚持己见，注重独立思考。王道当年对阳明学说产生怀疑，王阳明对此持宽容的态度：

> 夫趋向同而论学或异，不害其为同也；论学同而趋向或异，不害其为异也。不能积诚反躬而徒腾口说，此仆往年之罪，纯甫何尤乎？因便布此区区，临楮倾念无已。②

王道后改师湛若水，然"其学亦非师门之旨"③。王道著《老子亿》，以三教会通思想解《老》，其书成后，流传甚广，湛若水恐世人误解王道会通思想出自江门，遂于嘉靖二十七年（1548），以八十三岁高龄著《非老子》，力陈老子之"非"。

湛若水为了破解《老子》的权威性，直接否定《老子》为老聃之作。他说："《非老子》何为者也？非老子言也，非老子之作也。"④他反驳的理由有：第一，老子以"道德"名书，然观其书，其所言道德与儒家道德不同："今观老子《道德》上下篇，无一言暨乎天理者，其能稽谋自天乎？无一言发明乎六经之指者，其能稽古人之德矣乎？"⑤且其书中夹杂权谋之术，老聃身为周柱下史，乃是一多闻博古之敦厚长者，不可能作此书。第二，著《老》之人非孔子问礼之老聃。孔子问礼于老聃，且以犹龙称之，然观《老子》之书，多为薄礼之言。否定孔子问礼之老聃与《老子》作者的关系，也就否定了《老子》一书的权威性。

湛若水在《非老子》中对《老子》进行了集中批评，但因江门

---

① 黄宗羲：《明儒学案》卷二十九，《北方王门》，中华书局 2008 年版，第 635 页。
② 王守仁撰，吴光、钱明等编校：《王阳明全集》卷四，《与王纯甫四》，上海古籍出版社 1992 年版，第 157 页。
③ 黄宗羲：《明儒学案》卷四十二，《甘泉学案六》，中华书局 2008 年版，第 1036 页。
④ 湛若水：《甘泉先生续编大全》卷三十二，《〈非老子〉叙》。
⑤ 湛若水：《甘泉先生续编大全》卷三十二，《〈非老子〉叙》。

之学以自然为宗,《老子》亦言自然,故他又指出老子之自然非江门之自然。下面分别叙述。

首先,对老子之道与自然进行辩驳。湛若水认为:"天即道,道即自然也。"① 道感物而应,物物具足,用之不穷,无需外力:"知天所为,绝无丝毫人力,是谓自然。"② 老子却言"道法自然",是在自然之上又加一层;又曰"大道废",不知"此道不为尧存,不为桀亡"③,生生不息,安言灭亡。且老子言挫锐解纷,和光同尘者,有私意夹杂其中,非真正的自然。

其次,《老子》外人事,任虚无。湛若水认为:"虚中有实,实中有虚。而独言虚者,虚无之弊也。"④ 儒家亦言虚,但儒家之虚,虚实同体,而老子以"谷神"言道,谷为虚也,故《老子》之道亦虚而已:"一言而尽之,曰'无'之一字足矣。"⑤ 以儒道之道用之于世,儒家可以开物成务,老子则无用之学也:

> 葛涧问:"释、老之学,孰近于用与?"甘泉子曰:"二氏均之无用焉尔矣,离事以语心也。圣人之学,心事合一,是故能开物而成务。"⑥

老子之无为者,误身误国。以身言之,老子言五音、五色、五味、田猎者,乱心妨行,将人德行之失不归罪于人,反归之于物也,而儒家"制礼以节之,故非独不为害,而且有养也"⑦。以国言之,老子所谓的无为而治,"便一切无了,似是而非"⑧。若以无为治国,君王臣庶皆任无为,则礼乐刑政、土田贡赋皆废,此为乱天下之法也。

---

① 湛若水:《甘泉先生续编大全》卷三十二,《非老子》,第二十五章。
② 湛若水:《泉翁大全集》卷三十三,《自然堂铭》。
③ 湛若水:《甘泉先生续编大全》卷三十二,《非老子》,第四十一章。
④ 湛若水:《甘泉先生续编大全》卷三十二,《非老子》,第六章。
⑤ 湛若水撰:《甘泉先生续编大全》卷三十二,《〈非老子〉叙》。
⑥ 湛若水:《泉翁大全集》卷六,《雍语·辨志第十二》。
⑦ 湛若水:《甘泉先生续编大全》卷三十二,《非老子》,第十二章。
⑧ 湛若水:《甘泉先生续编大全》卷三十二,《非老子》,第四十三章。

即便汉文无为而治，亦有征战，何尝无为也，"必欲弃其法令矣，是乱天下之道也"①。

第三，《老子》乃权谋之术。湛若水认为儒家以气为道，气聚而成万物，故气即器也，万物各具其理，道不离器，器亦不远道，故儒家之道仁而公：

> 《易》一阴一阳之训，即气即道也。气其器也，道其理也，天地之原也。器理一也，犹之手足持行也，性则持行之中正者也。②

老子者任气而不见道，任气者，自私其身，身远于道也，故老子之道恶而私：

> 曰："老氏何以非道？"曰："老氏任气，圣人任理。任理则公，任气则私。理气之异，毫厘千里。"③

是以《老子》乃权谋之术，言"非以明民，将以愚之"，"秦欲愚黔首，此说倡之也"④。所谓"以曲枉洼敝少为道"，实际上是"欲人悦乐，私意横流，是自欺欺人也，可谓信乎？后之乡愿乱德者似此人也"⑤。言"公而王"者，有道者就可为王，是乱天下也。言"天下神器，不可为也"，又言"将欲取天下而为之，吾见其不得已"，说不为终为之，"此阴谋之说启天下奸雄之心"⑥。言将欲必固者，"同一诡谲之术也"⑦。言"佳兵者不祥之器"，教之以丧礼处之，"终归于权谋

---

① 湛若水：《甘泉先生续编大全》卷三十二，《非老子》，第五十七章。
② 湛若水：《泉翁大全集》卷二，《新论·一致》。
③ 湛若水：《泉翁大全集》卷二，《新论·大中章》。
④ 湛若水：《甘泉先生续编大全》卷三十二，《非老子》，第三章。
⑤ 湛若水：《甘泉先生续编大全》卷三十二，《非老子》，第二十三章。
⑥ 湛若水：《甘泉先生续编大全》卷三十二，《非老子》，第二十九章。
⑦ 湛若水：《甘泉先生续编大全》卷三十二，《非老子》，第二十八章。

用兵之法，得志天下之策，宜其一流而为申商也"①。凡此等等，不再列举。

湛若水出于卫道之意，对老子诋訾甚力，故其《非老子》中，多有强为之说之语，极力扩大老学末流之弊，将其全归咎于《老子》。特别是其学既以自然为宗，却又试图否定老子的自然思想，难免自相矛盾，缺少说服力。

第三节　赵统、沈一贯等的老子研究

一、赵统《老子断注》

赵统（1499—?），字伯一，陕西临潼人。嘉靖十四年（1535）进士，授临汾知县，历蒲州守、户部郎中。为人性格耿直，嘉靖二十四年，罢官归乡。嘉靖二十六年，赵统被人诬陷杀人、谋反，蒙冤入狱，至隆庆六年（1572）始蒙恤出狱。

《老子断注》成书于万历七年（1579），当时赵统已八十岁高寿，家境贫寒，体衰多病，以耕种园林为事。他曾作《老穷》诗描述当时的心境：

> 俟死八旬老，死归了大归。世逢唐稷契，人乐汉邦畿。忘命惟身累，从心与世违。著书多异见，空惹后生讥。②

多年的牢狱生活，艰苦的生活环境，并没有磨平赵统耿直的性格，也没有浇灭他的救世之心。他在《老子断注》自序中言，《老子断

---

① 湛若水：《甘泉先生续编大全》卷三十二，《非老子》，第三十一章。
② 赵统：《骊山集》卷六，《老穷》，《四库全书存目丛书·集部》第 102 册，齐鲁书社 1995 年版，第 10—11 页。

注》不重训诂，因其"非断注之所急也"①。他所急者在于消除世人对老子的误解，使《老子》的救世之道不被埋没："非欲援老而入儒，正欲后学因儒而不异老子耳。不异老子，将方士之奇衺少抑，而欺君误民之祸熄，无为之治成矣，此固统区区救世之心也。"② 故其注文，首要任务就是辨明孔、老不异，进而发明《老子》治国之道。

1. 老子非异端

赵统对于诬老子为异端者非常愤慨，他说：

> 老子本与儒者不相异，惜方士承之以诡诞，注者附之以谬妄，而儒者不知玩察以相通融，遂长摈为异端，以与道流竖一敌帜，是太诬也。天下古今之诬殆不止此，千古异世之心解，聊自悲耳。③

为了证明老子非异端，他从以下几个方面沟通儒道：

其一，儒道之道同。赵统为了说明孔、老不异，首先沟通孔、老之道：

> 道即天命人心自然之理，即下文所谓常者也……常即是中庸，即中庸所谓悠久，即伏羲以来圣人所传统之常道，亦即所谓恒性。故仁义礼智信亦谓之五常，是即谓太极也，是不容名言者也。是道也者，兼有无而为之名者也。④

道不容言，言之非常道，如儒家之五常仁义礼智信与太极也。老子以有无言道，有无皆出于道，故都可以"玄"言之，"非是有无两者

---

① 赵统：《老子断注凡例》，《老子集成》第六卷，第507页。
② 赵统：《老子断注》，《老子集成》第六卷，第506页。
③ 赵统：《老子断注》，《老子集成》第六卷，第549页。
④ 赵统：《老子断注》，《老子集成》第六卷，第508页。

同，可谓之玄"①。无者即无极也，有者即太极也，太极以无极为本，无极动而化生万物，正如老子言无为天地之始，有为万物之母。然有无不可单言："有无只是一理，是之谓常。以为道，才无即有，才有即无，出无入有，出有归无……是活泼泼地生理。"② 而这一"活泼泼地生理"就是心："总是从抱一中来，圣人之心学也。"③ "一者，道也，即精一之一。"④

赵统认为，老子无为大都对圣人之居天子之位者而言，对于下学功夫有所忽略，而孔子与心学却与之相反，重视下学功夫：

> 心学大善中先有下学工夫，不然善何以大。⑤
>
> 老子大于示人，故每言其上达之妙，而略其下学与有司之事。孔子详于教人，故言下学之事。要之下学，自可以上达。上达未尝不本于下学，其为道一也。⑥

王阳明言愚夫愚妇之良知与圣人同，此言乃是从本体论而言，落实到现实中，百姓之良知多被私欲遮蔽，故需"致良知"之功夫。而良知之内容却正存于百姓日用常行之中，故阳明言："与愚夫愚妇同的，是谓同德；与愚夫愚妇异的，是谓异端。"⑦ 赵统接受良知存于百姓日用常行之中的观点，上达本于下学，皆是道也，则孔、老之道不仅不为异，反可相互补充。

老子言"大道废，有仁义"者，并非菲薄仁义，而是他惋惜大道不行于世，愤世矫俗之辞而已。仁义者，道之端，仁义礼智信，道之条目也。道存于天地间，人体道而用之，故能废道者，人也。

---

① 赵统：《老子断注》，《老子集成》第六卷，第 509 页。
② 赵统：《老子断注》，《老子集成》第六卷，第 508 页。
③ 赵统：《老子断注》，《老子集成》第六卷，第 517 页。
④ 赵统：《老子断注》，《老子集成》第六卷，第 525 页。
⑤ 赵统：《老子断注》，《老子集成》第六卷，第 514 页。
⑥ 赵统：《老子断注》，《老子集成》第六卷，第 543 页。
⑦ 王守仁著，吴光、钱明等编校：《王阳明全集》卷三，《语录三》，上海古籍出版社 1992 年版，第 107 页。

人能行道，则仁义自在道中，无仁义之别名。人不能行道，道废而后仁义之名出，此仁义不过是煦煦之仁，孑孑之义。老子所废者正是此不根道之仁义，非之者不明其仁义之非道，反攻老子非道，这正是伪儒之所为。

其二，为申韩正名。《老子》文简意深，后世但见其表面，遂诬申韩之惨刻、苏张纵横之说皆原于老子，赵统认为这不过是先入之见。如果将申韩与老子扯上关系，那么也可说孟子之好辩原于孔子之游说天下，苏张纵横之论步孔门七十二贤者之遗辙。这明显是不对的，人之善恶变化不能归咎于父亲、师父，就如孔子不能使冉求不附于季氏。况且观申韩之刑名理论与实践，以今日之标准论之，犹可为良吏。而后世之诵法孔子者，其惨刻却甚于申韩，难道可以说其原于孔子吗？至于用黄老之汉文帝，程朱谓其只用了老子之皮毛，然得其皮毛已达于大治，若完全理解并实践老子之无为，岂非可达于羲轩之治。

赵统学尚刑名，从上述之辩解也可看出他对法家思想的偏向。秦始皇焚书坑儒事件，历来为儒者所批评，赵统却站在法家的立场予以赞同，他曾作《始皇坑儒原》专门论述此事：

> 古昔无官守之责也。仕而有责，则当谏，谏不行，则当去，去则当诵习教授，以承先圣之统。而不援上，不陵下，不怨天尤人以待用。何至未仕而非国？是之谓谤，人君之忌，最忌于谤。谤人者斗，谤国者诛。故曰：自戕之也……且秦之今自非古矣，世变江河，焉可溺古？由今观之，井田车战可复古乎？他无足论矣。是不知时变之秦儒也。知时之儒，因而通变，不用而修，观变趋时，何至取坑以为书殃？故曰：是自戕也。且秦何能焚书哉？所焚者横书耳。亦何能坑儒？所坑者一咸阳中伪儒、乱儒耳！而天下之儒固在也。由今观之，五经固在也，所谓十三经固在也。[1]

---

[1] 史传远纂修：乾隆《临潼县志》卷八，《艺文上·始皇坑儒原》，《中国地方志集成·陕西府县志辑》(15)，凤凰出版社 2007 年版，第 177—178 页。

赵统说的伪儒、乱儒，就是指不能为君所用，不通时变，以古非君者，而那些误解老子救世之言者，就是逃焚坑者之游魂也："由今观之，逃焚坑者徐生卢生辈尚不待教而诛之，游魂也而犹误老子以过激乎。"①

对"上善若水"章，他虽然认为不争乃是道之一德，但是他同时亦认为对于不善之人，不能不争，这是明显的仁义为表法为里：

> 其于不善，则一国天下非之而不顾。若执不争，不知老、不善用老者也。黄老要非随波逐流之人，故注多而愈失。②

为了给法家刑名思想正名，赵统将刑名与道联系起来。世间祸福相为倚伏，不可固于所见，以之定善恶，"天下之事，理果无正邪"③。且道者，天下至公，人人皆可用道，仁者见之谓之仁，刑者见之谓之刑，刑名亦出之于道，乃是礼之下者："且君子谓刑名不本于道乎，上礼而下而刑出焉，刑亦所以用道，是攘臂之仍法也。"④ 老子虽只言失道而后德、失德而后仁、失仁而后义、失义而后礼，乃是就形上者而言，行下者需读者自行体会，赵统认为：

> 失礼而后政，失政而后刑，失刑而后兵。兵不可极，求道之不尽失者，解纷息争以销兵，治国省刑以修政。得政复礼，得礼复义，得义复仁，得仁以复德，归德反道以合乎天，此圣人之能事，大人之成功，老子所不尽言，欲人之知自反也。⑤

刑名作为一种治世的手段，是不得已而为之，但亦为道之分支，申韩乃后世之刑圣，世人罪申韩而禁刑，犹如食者因己之过饱或过饥

---

① 赵统：《老子断注》，《老子集成》第六卷，第 521—522 页。
② 赵统：《老子断注》，《老子集成》第六卷，第 514 页。
③ 赵统：《老子断注》，《老子集成》第六卷，第 550 页。
④ 赵统：《老子断注》，《老子集成》第六卷，第 551 页。
⑤ 赵统：《老子断注》，《老子集成》第六卷，第 551 页。

而归罪于燧人氏，这是不可取的。

其三，老子不言方术、长生。赵统认为"谷神不死"章以之治身治国皆可，并非专言养生。但老子所言之养生其要在于"不勤"二字："万物生成而不勤劳也，人惟有心作用则苦勤，勤则劳，劳而枯憔以归于死，此神之所以不死也。"① 万物生成不勤劳，故人之养生，视听言动不动于心，无心以应物也。以此，李少君、栾大之辈，如何能祖于老子乎！老子所言之抱一、天门者，皆是譬喻之辞，抱一指人之神形不离，"是不使心为形役，性为情易也"②。天门指天道而言，皆是治国治民之道，后世有以魂魄抱一为男女之事者，实在是诬诞之言。

所谓长生之术者，不过是愚民贪生之欲太强而强托之于老子，真正的长生之方在于修德。所谓长生者，并非与天地同寿，老子言"没身不殆"，"身而曰没，是此老以百年之期为寿"③。"知常容"，容者，寿也，与凶相反，指能保其真性不失，不夭亡而考终。常者，常道之常，秉彝之别名，如仁义礼智信之无常也，知常则有容于造物，故曰寿。"驾长生之言以鼓长生之术，是诬此老为异端也"④。心即良知，其在自身，在目前，明而后能知，明则公，公则王。赵统认为，此处之"王"不是世俗的君王，而是"借王而言天下归心，为道统之宗主，即至人之别称也"⑤。修德之外，其他种种丹鼎、房中之术者，皆是自速其死也：

> 缪秘仙方，酷取滋味。过为闭藏，其云运气啬精，往往速死。其云炉候房术，实为贪财好色之别名。富室贵族多为之，士大夫亦为之，而侯王尤甚，古史之所及不几也。此皆老子之

---

① 赵统：《老子断注》，《老子集成》第六卷，第513页。
② 赵统：《老子断注》，《老子集成》第六卷，第516页。
③ 赵统：《老子断注》，《老子集成》第六卷，第520页。
④ 赵统：《老子断注》，《老子集成》第六卷，第533页。
⑤ 赵统：《老子断注》，《老子集成》第六卷，第520页。

所不言。[1]

　　赵统认为生命只有百年之期，虽不可于本分之外而加之，但可以养生使之不损，犹如医者不能起死回生，却能治疗身体之疾病。

　　其四，老子非虚无。老子并非专言无。老子言"有之以为利，无之以为用"，正是说明有无相成之理，无因有而存在，有因无而为用，即不能偏于无，亦不能溺于有。老子言"执古之道，以御今之有"，亦是言道之有无相须，可以见老子不虚无。且老子曰："非以其无私邪，故能成其私。"此"私"不是公私之偏私，"私是对人己而言之，以在我者为私"[2]。故所谓成其私者，成先其身者、爱其身者之私，是为后天下之乐而乐之也。老子以"私"言，言虽不雅，却是老子顺世人之意劝导那些先身、爱身者效法圣人之无私，此正体现出老子的救世之心。

　　赵统在为《老子》正名后，发挥《老子》的无为而治思想，并揭示出老子无为经世的法则。

2. 为无为

　　赵统认为有、无皆是道，老子并非专言无而不及有，如老子言"知美之美"，此为学过程，乃上达也，而使天下皆知美之美，则是学问落实到实践的过程，此为下学功夫。王阳明言："夫目可得见，耳可得闻，口可得言，心可得思者，皆下学也；目不可得见，耳不可得闻，口不可得言，心不可得思者，上达也。"[3] 上学下达，此正是圣人之责，故老子首章言道，接着就言无为，无为正是老子经世之法：

　　　　知美之美，又自有知之之工夫学问。而能使天下之皆知，

① 赵统：《老子断注》，《老子集成》第六卷，第546页。
② 赵统：《老子断注》，《老子集成》第六卷，第514页。
③ 王守仁撰，吴光、钱明等编校：《王阳明全集》卷一，《传习录上》，上海古籍出版社1992年版，第12—13页。

非夫人之良知，如日用饮食者也，此又是下学之事，非圣人而不能。①

赵统在《老子断注》吸收心学中上学下达思想说明老子之无为。王阳明曰："良知良能，愚夫愚妇与圣人同，但惟圣人能致其良知，而愚夫愚妇不能致，此圣愚之所由分也。"② 在王阳明看来，良知是人的本性，圣人有，愚夫愚妇亦有，然而唯有圣人能使良知本体完全呈露，所以赵统言使良知传于下民，民用之如日用饮食者，为非圣人不能。老子言天地不仁、圣人不仁，是指天地自然化生万物，圣人无为而成治，皆不自以为仁也，而是将万物平等看待，"此正见天地圣人之广大普遍"③。可见无为而治正是老子之下学功夫，谓圣人能用之。

老子所谓无为者，"要之以天道人情物理，因而利道之，以成无为之治者乎"④。无为是指顺应万物发展的自然之理，故所谓"为无为"者，第一个"为"字是"使"之意，使之者，圣人也。赵统的无为思想明确表明用无为者只有圣人能为之，圣人于多种治国思想中选择无为而治："道在天地而圣人之用者，是有心而无为之化也。""言天地无心而成化，圣人有心，无为而成治。"⑤ 所"为"之"无为"指在上者无知无欲不敢妄为，在下者因而随之，则无不治：

> 为无为三字甚有力，上为字即是上使夫使之义。下无为字即是上无知无欲不敢为，总之曰无为也。能使民至于无为，而我因而为之，则无不治，此是探本之论。以己之无为，致民之

---

① 赵统：《老子断注》，《老子集成》第六卷，第509页。
② 王守仁撰，吴光、钱明等编校：《王阳明全集》卷二，《传习录中》，上海古籍出版社1992年版，第49页。
③ 赵统：《老子断注》，《老子集成》第六卷，第511页。
④ 赵统：《老子断注》，《老子集成》第六卷，第530页。
⑤ 赵统：《老子断注》，《老子集成》第六卷，第511页。

无为，而方用己之有为，是何等定静而不劳攘。①

赵统进而指出，人君之无知非真不知也，而是知雄守雌，知白守黑之谓，是知"道"之知。能知"道"者，唯圣人也，圣人与道相合，却隐而不显，潜德不耀，因为圣人知雄、白与荣，世人所尚，恐起世人之争心，故守之以雌、黑与辱，使世人无知无欲，复归于真性，"由知而至复至朴，试看是多少工夫力量，此大德之敦化，小德之川流也。是圣人之用者，积之以有为而用之于无为，自然之化，有本者如是"②。后文言圣人之守常道、镇之以无名之朴、不欲，亦是圣人以有为而成之以无为也，圣人成己成物经世之志于此体现：

> 末乃结归于道，言上士之能勤至于能隐，则道在我而成已矣。善贷即大赍语意。贷，假以与人也，即末章既以为人己愈有，既以与人己愈多之意。如云得人而传之，如尧之传于舜，亦是善贷，所以成己成物，而道成，而无为之治成，皆属望上士之意。③

赵统思想中具有法家因素，这使他对儒家宣扬的上古唐虞之世并不相信。他认为这不过是儒家的臆测之事，尧舜之世，鲧治水失败而被诛，舜受父亲瞽与继弟象的迫害，若无所作为，怎么能受禅而登王位呢？世道愈趋愈下，治乱相继，老子以无为救之，以复民淳朴之性：

> 此老子之所旁观而真见之者。故忧之而切，为之著无为之教，欲后之作者不丧其无为之心，而为有为以济之也乎。不然必如宋人之识，必井田，必肉刑，必封建，以回不识不知上古

---

① 赵统：《老子断注》，《老子集成》第六卷，第 510 页。
② 赵统：《老子断注》，《老子集成》第六卷，第 529 页。
③ 赵统：《老子断注》，《老子集成》第六卷，第 540 页。

之化。将尧舜益皋并作百年而未能也。①

老子之救世，不丧无为之心，且济之于有为，这也是赵统上文所言，礼乐刑政亦为道，不可废之原因。人君无为之心必静以养之。无为之道用之于身，欲人与道同德，其要在于抱一无离。一者，道也，抱一就是守道，"抱中有工夫，无字大着力，是不使心为形役，性为情易也"②。溺情欲就是丧心以离道，故治身之无为就是要去情欲，复真性。去情欲非为绝弃情欲，而是指节制情欲，"若曰无私无欲，是天下皆圣人也"③。故老子只言"寡欲"。寡欲故静，静才能无为，"盖无欲则自无为，无为自静，静自无事"④。人君富有四海，权柄天下，若不节制欲望，必然乱国而扰民，故人君尤当寡欲，寡欲之要在于清静，人君之修身亦在于此。《老子》言："虽有荣观，燕处超然"，其超然者，"实人君治身之要术"⑤。为君之道在于重与静，虽身处宫殿之内，而心如独处之静。赵统将君主的清静之道具化为以下内容："此中远谗佞、抑奢靡、戒请谒、厉骄惰、别内外、正名分，众美皆备。至于节饮食嗜欲，则在言外。"⑥

赵统的无为论正是王阳明所开出的"天地万物一体之仁"的进路，故"为无为"既是治国之法，亦是治身之道，治民治国不可分而为二，"分人己体用而言，则是断成两节学问矣。天地之道无始无终，圣人之道彻上彻下，分之则便离一"⑦。但赵统在无为论中加入了法家元素，圣人穷理尽性至命，此为保持圣人无为之心，而现实社会的整理还需济之以礼乐刑政，即以无为之心行礼乐刑政，可见赵统本心更加认可法家的治国思想，但又怕流入惨刻之地，故以无

---

① 赵统：《老子断注》，《老子集成》第六卷，第 536 页。
② 赵统：《老子断注》，《老子集成》第六卷，第 516 页。
③ 赵统：《老子断注》，《老子集成》第六卷，第 522 页。
④ 赵统：《老子断注》，《老子集成》第六卷，第 550 页。
⑤ 赵统：《老子断注》，《老子集成》第六卷，第 528 页。
⑥ 赵统：《老子断注》，《老子集成》第六卷，第 528 页。
⑦ 赵统：《老子断注》，《老子集成》第六卷，第 516 页。

为济之。赵统融合儒、道、法思想，谋求治国之道，正可见其拳拳爱国之意。

二、沈一贯《老子通》

沈一贯（1531—1615），字肩吾，又字不疑、子唯，号龙江，又号蛟门，浙江鄞县人。隆庆二年（1568）进士，选庶吉士，授翰林院检讨、编修，先后参与编写《世宗实录》《穆宗实录》。万历十七年（1589）因丁父忧离职。万历二十二年，出任东阁大学士，入阁参与机务。万历二十六年至二十九年，沈一贯独秉国政，升吏部尚书，加少保衔。首辅赵志皋去世后，万历二十九年，沈一贯升任首辅。

万历十五年（1587），沈一贯仕途上升之时，突然告假归家，并疏乞致仕。虽未被批准，但他辞官之心坚决，多次拒绝朝廷诏命，直至万历二十二年方应召出任东阁大学士。沈一贯在《答亲知劝驾书》自陈其辞官的十条理由：

> 多病，一也；硁硁顾小节，二也；不记事，三也；不喜树党植交，四也；心轻厌中人，不愿与共事，五也；事掣肘不可为，纵为可小不可大，六也；好洁廉，无资以充结交，七也；四面攻者多，八也；不能忍气，虽习宽大，终非性之，九也；坦夷平易，耻作儿妇，人附耳语，澹泊清静，不喜作为，又以竞进为深愧，以保宠为大辱，十也。①

沈一贯三次参加会试，方才得中，对仕途生涯自然也是向往的。入仕以来，长期担任翰林院检讨、编修等清要之职，并因经筵日讲官之职常伴皇帝左右，对此仕途经历，沈一贯也是比较满意的：

---

① 沈一贯：《喙鸣文集》卷二十一，《答亲知劝驾书》，《四库禁毁书丛刊·集部》第176册，北京出版社1997年版，第412页。

> 有禄代耕，无沾涂之苦；有马代步，释负担之劳；加以密友契朋、良辰美景，无案牍之纷扰，有唱和之好音。翱翔乎石渠金马之次，逍遥乎蓬山册府之间，遂得长养其不才之木，延历其多病之躯，既而执经金华，责善龙衮，陈无罪之言以为戒，谭不讳之文以为劝，日月浸渍，尘露渊崇，斯亦足以憾畅生平，不负所学矣。①

沈一贯将其早期的仕途经历比作庄子之逍遥游，然此逍遥只是官宦生涯的一面，要维持这种状态却是要以牺牲自己的本性为代价，故沈一贯感慨为官十数载，"吾之不能一日安"②，遂以体弱多病、奉养父亲为由离开了京城。也是在这一年，沈一贯著《老子通》，将其读《老子》心得与诸家注解参笺而成，并把它作为归家送给父亲的礼物。且从《答亲知劝驾书》中可以看出，沈一贯并非突然接触道家思想，他对庄子之逍遥、老子的"宠辱若惊"思想深有体会，其《老子通》也可以说是对其早期仕宦生涯处世之道的总结。

1. 人有耳目口鼻，乌能无欲

沈一贯修身论和无为论都表现出对现实清醒的认识。对于欲望，沈一贯直言人皆有欲，但承认欲望的存在不等于可以放纵自己。沈一贯以《老子》之"观妙""观徼"来论证其修身之法。沈一贯认为人若于声色欲望之中，不牵动一心，喜怒哀乐之情不发，是为静而无欲也，可以观道之体，是为"观妙"。感物而动，有喜怒哀乐，却能控制欲望，发而中节，发而知止，此动而有欲之时，可以观道之边界，是为"观徼"：

> 欲，所以供人之求者皆是。人有耳目口鼻，乌能无欲。所

---

① 沈一贯：《喙鸣文集》卷二十一，《答亲知劝驾书》，《四库禁毁书丛刊·集部》第176 册，北京出版社 1997 年版，第 412 页。

② 沈一贯：《喙鸣文集》卷二十一，《答亲知劝驾书》，《四库禁毁书丛刊·集部》第176 册，北京出版社 1997 年版，第 412 页。

以抚世酬物，养生尽年，长子孙福黎民者，皆资于欲。若游于声色货利之林而不染，未尝无喜怒哀乐，而亦未尝有之，若莲生于污而不染于污，此无欲之妙也。有喜怒哀乐，而各中其节，虽以声色货利为用，制节谨度，财取给而止，是则有封畛边疆之徽焉。①

沈一贯强调无欲不等于溺空，有欲不等纵欲。溺空者不承认欲望，以灭寂、苦、空为无欲，是执于空也。纵欲者徇生执有，溺于欲而违于道，真常之有欲自然而发，发而皆中节，故从心所欲不逾矩，于此可见道之徽。所谓不逾矩者，即勿忘勿助也。

制欲者，知足知止也，需求之于内而非外物。人之生，耳目口鼻之欲必不可少，然有欲得之心，内劳心神，外疲形体，若言知足知止，"然所谓知足者，非有程数等期之可预定也，待足而足，足无足期矣"②。求足于外，永无满足，真正的满足在于精神："是以圣人知分命之不齐，达道德之常足。"③ 道之在人心，体道而行，于勿忘勿助之间而求之，其足自得：

> 人心排下而进上，任其进上，则名高苍冥而不知极，富苞四海而不知广，乐淫昼夜而不知倦，戾干彗孛而不知改。能排抑则肘见踵决而不为贫，粮绝色菜而不为困，名销声埋而不为辱，颜黧色焦而不为苦，常足在我故也。④

于道德之常足，具体而言，有以下两个方面，其一，以身为贵。二十年的仕宦生涯，沈一贯见惯了宦海沉浮，故对"宠辱若惊，贵大患若身"有颇多感慨：

---

① 沈一贯：《老子通》，《老子集成》第七卷，第6页。
② 沈一贯：《老子通》，《老子集成》第七卷，第40页。
③ 沈一贯：《老子通》，《老子集成》第七卷，第52页。
④ 沈一贯：《老子通》，《老子集成》第七卷，第40页。

士大夫一日失官，几不欲生，贸贸无所容于天地之间，此
可与寄托功名者哉。悲夫，彼贵爱其身不如外物之甚也。卒之
身名俱败而大患至，然犹悔前术之未工，而不知反性命之
初也。①

士大夫一旦失官，痛不欲生，这是不知身体比天下更加贵重。沈一
贯赞同庄子"道之真以修身，其绪余以为国家"的观点，认为身为
忧患之源，有身故有衣食之忧、妻子之累、亲戚故旧之请，有悲愁
哀苦、寒暑疾病之痛，有争斗纷争、亡国败家之患，此皆心为身役
也。知进而不知退，知得而不知失，保宠持贵之心太过，劳心伤神，
最终不仅宠贵不得保，身亦可能不得保。若贵爱其身甚于天下，不
得已而治理天下，不以天下为贵，得之不喜，失之不惊，人亦不为
天下而起争端，自然可以全身远害：

不自贵而天下不知其贵也，不见争端而天下莫与之争也。
来亦不辞，去亦不留也。故天下相与说而安之，惟恐不为君，
何患之有。②

其二，以不争为德。沈一贯秉持凡圣皆有欲望，故对于《老子》中
言"圣人后其身而身先，外其身而身存"，以无私而成其私，他此处
并没有讳言老子有私心，反而明确地将"私"字解释为："老子之所
谓私与欲者，凡今之禄位名寿，富贵福泽，一切有为之事皆是，非
所谓污染戕贼之欲也。"③但他强调老子成私心之手段是不争，"夫
争，逆德也"④。人皆有所长，有所短，争则以己之长攻人之短，无
益于操刃而劫，人亦反劫之，故圣人不耻之。圣人不自见，不自是，
暗然自修，人皆服其德，其德自彰。不自矜，不自伐，真以功为众

① 沈一贯：《老子通》，《老子集成》第七卷，第 16 页。
② 沈一贯：《老子通》，《老子集成》第七卷，第 16 页。
③ 沈一贯：《老子通》，《老子集成》第七卷，第 11 页。
④ 沈一贯：《老子通》，《老子集成》第七卷，第 23 页。

人之功，非推脱之辞。"不争则天下服其德，服其功，而又服其所以居功与德者，谁与之争哉"①。不争则先成人而后己私自然而成，是为无为之私，乃是大无私也。

沈一贯承认欲望的合理性，同时也看到了沉溺欲望的后果，所以要求知足知止。他认为圣人如老子也有私心，只要成私心无害于他人利益即可。且先成人后成己者，不与人争，己私自成。他的无为论正是修身论的延伸。

2. 至人不为世，亦不离世

沈一贯从《老子》的有、无关系入手，说明如何平衡入世与出世。《老子》言有、无同出而异名，无者有之体，有者无之用，有、无虽分而为二，其名异而其出同，两者相成相济，"故无非绝无，谓之真无。有非定有，谓之妙有"②。执有者，但知有之为有，不知有之为妙也，妙者，道也，因为有只是无之寄寓，无去而有亡，故得有不足喜，失有不足悲。执空者，但知无之为无，不知无非真无，无亦自有，无因有而显，有者道之用，故不必恶有而弃。得此者以处世，则为至人。沈一贯说：

> 故至人不为世，亦不离世。处清净而不为高，坐泥淖而不为污。当生不为来，当死不为去。齐万物，一穷通。时至则行，无挂无碍。③

至人之处世，不为世亦不离世，处世俗之中，有功于天下，为四海谋利，这是不离世。然至人爱民治国之有为实无为，他对万物无所分别，有功而不以为功，死后老死山泽，人不知其名，亦不以为愠，不耽于功名富贵，这是不为世。老子言"爱民治国，能无为乎"亦

① 沈一贯：《老子通》，《老子集成》第七卷，第 23 页。
② 沈一贯：《老子通》，《老子集成》第七卷，第 7 页。
③ 沈一贯：《老子通》，《老子集成》第七卷，第 8 页。

是此意：

> 世之言治者多眩露其聪明，驰骋于事功，而不知无为之为
> 妙也。及知矣，则又不免于遗弃万事。斯二者皆惑也。圣人则
> 异于是。虽爱民治国而心常无为，虽常无为而爱民治国之事不
> 废也。①

"至人不为世，亦不离世"就是指以无为之心行有为之事，"无私成
私，无欲成欲，无不可也"②。老子之言善言、善计、善闭、善结，
即此意也。王道《老子亿》注曰："但其有为之业，皆自无为而
出。"③ 沈一贯赞同王道的注解，故第二十八章"知其雄"基本原文
引用了王道的注释。沈一贯亦对此"有为"进行了限制，无为中之
有为不是妄为，而是指遵循事物自然之理，因其势而导之，免于一
偏之执而已。物各有其理，若违其理而为之，强使之合己意，则非
自然也：

> 因其势而导之，易简而理得。违其性而扰之，烦劳而寡功。
> 圣人顺其机而不敢逆，循其变而无所堙。特就中去其过当者而
> 已，而无敢多事。④

以治国而言，循事物之理，就是指在上者不强迫百姓从己之意，
而以百姓心为心，顺应民心民情："百姓之心，天心也。圣人与天合
道。与百姓同心，而不以己之心与焉，此所为圣人也。"⑤ 趋利避害，
趋生恶死，乃人之常情，在上者无须以法令强迫，名为爱民，实则
害之。因法令愈繁，分别愈过，争此夺彼之心愈烈，统治者欲治反

---

① 沈一贯：《老子通》，《老子集成》第七卷，第 13 页。
② 沈一贯：《老子通》，《老子集成》第七卷，第 20 页。
③ 王道：《老子亿》，《老子集成》第六卷，第 245 页。
④ 沈一贯：《老子通》，《老子集成》第七卷，第 28 页。
⑤ 沈一贯：《老子通》，《老子集成》第七卷，第 41 页。

不治也。此祸福倚伏之机不可不察：

> 道之大全，不容察察焉，分裂拣择于其间，世人以耳目所知为至，谓吾如此则去祸而就福，从正而违邪，获善而除妖，可以为政矣。不知既有对待，即有倚伏。祸福之来，方且循环而其极无止。方以为正，而不知已为奇，方以为善而不知已为妖。其迷若此，为日已久，哀哉。①

沈一贯这种圆融处世的方式使得他在史书中的形象是互相矛盾的。李庆分析沈一贯的生平，发现他思想中存在着很多矛盾，既有以国事为先、舍身以成之的一面，亦有明哲保身、趋附上意的一面，同时亦有为个人、为党派谋利益的一面。这种种矛盾，"一是反映了当时知识分子的理想主义，一是表现出大多数那个时代官僚的现实处世方法，一是着眼于当时明王朝更长远的利益，以求'长治久安'，一是代表了官僚阶层的现实利益，但求眼前安稳而已"②。沈一贯的老学观更多地体现了他保守圆融的一面。

三、洪其道《道德经解》

洪其道，生卒年不详，字心源，又字惟一，河南商城人。万历十七年（1589）进士，官至刑部主事。

洪其道《道德经解》作于万历四十六年（1618）。其言《老子》之要有三："道无名，心无欲，治无为。"③ 以三个"无"字概括《老子》主旨，说明洪其道对《老子》主旨的理解明显偏向于"无"，这使他的无为论在强调不废有为的同时，很明显地流露出虚无化的倾向。

洪其道言："凡物有则不常，而无则常。常者，无也，老子自解

---

① 沈一贯：《老子通》，《老子集成》第七卷，第45—46页。
② （日）李庆：《论沈一贯及其〈老子通〉——明代的老子研究之四》，《金泽大学外语研究中心论丛》2001年第5辑，第220页。
③ 洪其道：《道德经解》，《老子集成》第七卷，第688页。

曰归根、曰静，复命曰常，惟无也，是以常也。"① 此处之"有"，是指实物，而道之有、无方为"常"。道之无者，天地之始，道之有者，万物之母，皆未落形迹，"皆在天地万物未生之先"②。无者自无，有亦无也，只是相对于道之无而名之曰有，故"有亦无也，是之谓常道"③。

洪其道将有、无都解为常道，并驳斥世人对老子绌有而申无的批评："呜呼，其亦不达老氏之旨矣。老氏盖浑有无而同之者也。"④ 他认为自其异者观之，有、无不同；自其同者观之，有、无皆道也，故老子言无就是言有。洪其道没有区分形上形下之有、无，而是有意泯弃了有、无的区别，并将老子之有欲无欲，有为无为、道德仁义礼、冲虚静柔朴慈等混融在一起解释，使其《道德经解》具有某种虚无化的意味。且又曰"有之为利，无之为用也。道之纲领象矣"⑤。而老子所谓自然者，善行，善言，善计，善闭，善结者，皆妙于无也。显然可见，洪其道更重视道之无。从此基调出发，洪其道的修身治国理论极力陈述"无"之妙。

在修身论中，洪其道强调无欲。洪其道从心即理出发，"吾心之无欲、有欲一念动静之间耳，第有无而同曰欲，有欲无欲而同曰常"⑥。心无欲之时，即喜怒哀乐未发之时，以无观无，可得道之妙。心有欲之时，即喜怒哀乐发而皆中节，以有观有，可得道之徼。故有欲、无欲亦为常，然无欲为上："圣学一为要，无欲而已。无欲可以观妙，无欲以静而天下治之哉。"⑦

洪其道的治国理论强调无为，但此无为不同于明代官员群体老学的主流无为观，即以无为之心行有为之事，而是要求不作为，任

---

① 洪其道：《道德经解》，《老子集成》第七卷，第 670 页。
② 洪其道：《道德经解》，《老子集成》第七卷，第 673 页。
③ 洪其道：《道德经解》，《老子集成》第七卷，第 670 页。
④ 洪其道：《道德经解》，《老子集成》第七卷，第 669 页。
⑤ 洪其道：《道德经解》，《老子集成》第七卷，第 673 页。
⑥ 洪其道：《道德经解》，《老子集成》第七卷，第 670 页。
⑦ 洪其道：《道德经解》，《老子集成》第七卷，第 670 页。

万物自然发展。洪其道言："治贵无为，非抱一守柔并玄览而涤之，为能超形气而游性初，终不免落有为法矣，乌能爱民而治国乎？"① 抱一者纷解，守柔者锐挫，涤玄览者和光同尘，然凡此者，皆指修身体道，而未落实在现实世界："塞兑闭门，挫锐解纷，和光同尘，皆在先天体味，不可以言言也，玄同之境也。"② 这种无为观落实到具体的无为而治的治国理论，自然是沿着虚无化方向进发，进而开出摒弃道德仁义、礼乐刑政的治国思想。

洪其道认为无为在于顺其自然，但其自然是摒弃人力之自然。洪其道曰："吾识得同字之义，而老氏有无之旨始畅。"③ 此"同"字指有无同出而异名之"同"，即同于无也。在他看来，道、德、仁、义、礼，冲、一、虚静、柔、朴、慈，自其名而观之，无不异也，然自其同而观之，皆出于道也，故无不同。"道者同于道"，"失者同于失"亦是此意。"同者，异名而用处者也。失者，道德失而后有仁义礼也。"④ 同于道者即以道为道也，故德亦道，仁、义、礼亦曰道。自名而观之，道、德、仁、义、礼无不异也，然自其出而观之，则无不同也；自其异而观之，则其皆道之分，无有不失者也，然自其道而观之，无不得于道也。德与仁、义、礼亦是如此，"莫不化其异而浑于同。浑于同者，无得亦无失"⑤。化其异而浑于同，即顺其自然之意。洪其道之自然就是任其自生自养，不加外力：

> 天地之于物，圣人之于人，一听其自生自养，特不伤之而已，无所以与之也。此天道亦王道也。⑥

洪其道虽言万物发展各有其理，圣人亦不能使智愚贤不肖者皆

① 洪其道：《道德经解》，《老子集成》第七卷，第 672 页。
② 洪其道：《道德经解》，《老子集成》第七卷，第 683 页。
③ 洪其道：《道德经解》，《老子集成》第七卷，第 676 页。
④ 洪其道：《道德经解》，《老子集成》第七卷，第 676 页。
⑤ 洪其道：《道德经解》，《老子集成》第七卷，第 676 页。
⑥ 洪其道：《道德经解》，《老子集成》第七卷，第 684 页。

遵一途，故"古今治天下者，一切有为之法，安能尽废？盖亦有不得已焉"①。此不得已之为就是去甚、去奢、去泰而已，但落实到具体政策上，洪其道仍然坚持其虚无化方向。他认为老子言绝弃仁、义、礼者，乃是绝弃仁、义、礼之文而返之道："绝者属之反也。绝仁弃义，正以属之道也。"② 仁、义、礼者乃德之分，离于道则为下德，流于道之下也："道浑善恶好丑而一之，使民不争，所以为大。仁义则有分别见矣。"③ 如圣人以常善治之，"常善也，有之而若无也"④。无善与不善之分，善与不善皆归于善，故无弃人，百姓感之，亦忘善与不善，不贵爱善人，故无弃不善人，天下同归于善。反之，以仁、义、礼治国，有仁义者就有不仁义者，民分别之心日甚，智慧生，巧伪起，天下亲我、畏我、侮我，虽可称之为治，此非上古淳朴之治也：

> 上煦煦，下时时，上肃肃，下栗栗，不几落声色之粗而涉应求之迹耶？况侮我者之攘臂而无如乎？此之为效，殊觉薄而无味，久矣其细而下矣，孰与两忘而化于道者哉？⑤

欲上下两忘而化于道，就要使仁、义、礼反之于道。则善亦为道也。道为朴，朴散而为器，是为仁、义、礼者，故只需"见素抱朴，道得而仁、义、礼亦得矣"⑥。朴者，无欲也，"无欲则无为，无为则无言无事"⑦。上下相忘于道，天下治也：

> 朴素俭啬，皆大道也，惟无欲者能行之……故多欲之主，

---

① 洪其道：《道德经解》，《老子集成》第七卷，第 677 页。
② 洪其道：《道德经解》，《老子集成》第七卷，第 675 页。
③ 洪其道：《道德经解》，《老子集成》第七卷，第 674 页。
④ 洪其道：《道德经解》，《老子集成》第七卷，第 677 页。
⑤ 洪其道：《道德经解》，《老子集成》第七卷，第 669 页。
⑥ 洪其道：《道德经解》，《老子集成》第七卷，第 675 页。
⑦ 洪其道：《道德经解》，《老子集成》第七卷，第 671 页。

重田赋，空廪储，以崇宫室，而衣服饮食刀俎资货之属，莫不有余，则民之贫可知。上行之而下复效之，是唱竽而招盗者也。呜呼，乌有知而不敢为者哉？①

洪其道极力强调"无"，正是为了复归淳朴之治，这与老子的思想并不相悖，但他的解释相对于明代其他官员而言，对有为之治确有所淡化。

四、彭好古、龚修默的老学思想

明太祖将《老子》定义为"王者之上师，臣民之极宝，非金丹之术"。整个明代官员老学，修身治国成为绝对的主题。而对于金丹炼养之道，很少有人提及，内丹养生思想只是偶尔穿插在其注解中。直到明后期，才出现少许以内丹思想注解《老子》的著作，彭好古与龚修默为其代表，而彭好古之注尤为典型。

彭好古，生卒年不详，字伯箴，号熙阳，又号一壑居士，湖北麻城人，万历十四年（1586）进士，历官歙县县令、御使金事、尚保卿。彭好古虽学宗儒家，然旁及别家，尤其对道教炼丹养生之术颇有研究，编著有《道言内外秘诀全书》，收录道教经籍数十种，其《道德经注》即收录于其中。

彭好古注解《老子》非常简明，只随文夹注数语，其所注者集中于老子中可发挥内丹炼养之道者，这样的注解方法，彭好古自言是效仿孔子述而不作：

> 因哀集《道言内外》而咏诵之，经直录本文，令其持诵绀释，自得而书之，难训者，稍以数语附益其间，余非不欲解也，小子好古，孔氏所云述而不作者也，他日有向老、彭而问义者，

① 洪其道：《道德经解》，《老子集成》第七卷，第682—683页。

尚能一一口笺之，夫余安敢自谓有功八百哉？[1]

虽然彭好古注解非常简洁，然亦可从中看出其思想倾向。彭好古持性命双修思想，认为儒释道三教都是性命之学："生死大矣，故有生死则有学，而三圣人性命之教与天地相终始。"[2] 只是三家性命之学侧重点不同，在《道言内外秘诀全书》的序言中，彭好古简要论述了儒释道的性命思想：

> 　　孔氏倡素王之业，为一世法，而言性言命，其词微；释氏出称为梵王，而言性不言命，其词密。[3]
>
> 　　老氏之学，则异是矣。《阴符》《道德》而下，亹亹言命，亹亹言性，而又亹亹言性必言命，言命必言性。余尝评之：孔氏之言性命，言其影，不言其形者也。释氏之言性命，以性为形，以命为影者也。老氏之言性命，言其影，并言其形者也。老氏而下，则多歧矣。[4]

三教皆言性命，只是孔子治素王之业，关注现世，性命思想隐而不显，《易》之"穷理尽性以至于命"，子思之"天命之谓性"，"孔氏之家藏泄于此矣"。[5] 故曰孔子言性命，言其影不言其形。而释氏修梵王之业，关注来世，言性不言命，且其言性也，存于咒语之中，密之又密，故曰释氏以性为形，以命为影。唯有老氏，言性亦言命，

① 彭好古：《道言内外秘诀全书·序》，《藏外道书》第 6 册，巴蜀书社 1994 年版，第 2 页。

② 彭好古：《道言内外秘诀全书·序》，《藏外道书》第 6 册，巴蜀书社 1994 年版，第 1 页。

③ 彭好古：《道言内外秘诀全书·序》，《藏外道书》第 6 册，巴蜀书社 1994 年版，第 1 页。

④ 彭好古：《道言内外秘诀全书·序》，《藏外道书》第 6 册，巴蜀书社 1994 年版，第 2 页。

⑤ 彭好古：《道言内外秘诀全书·序》，《藏外道书》第 6 册，巴蜀书社 1994 年版，第 1 页。

性命双修，无有偏废。

至于性命双修的具体操作，彭好古接受道教南宗的思想，主张先命后性。他在"无为章"中注曰："绝名心，绝利心，绝欲心，抱一以虚其心，炼铅以实其腹。"① 炼铅，在道教内丹学里指炼气，铅有凡铅，有真铅。凡铅指后天水谷之气，气质之气，不可用，然后天之气可以像铅一样，经过烧炼，转化为真铅，即先天之气。铅之气乃是生命之本，沉而不散，命可长保，再经过炼气化神之功，气化为神，神化为虚，命与道合，此长生之道也。彭好古在这里没有明确说抱一与炼铅孰先孰后，但在注解《悟真篇》"虚心实腹义俱深。只为虚心要识心。不若炼铅先实腹，见教守取满堂金"时具体解释了虚心、实腹之功：

> 虚心、实腹出《道德经》，既得药，则抱一以虚其心，未得药，则炼铅以实其腹，二者其义俱深。然虚心须要识心，而心未易识，必大开悟门，了达真如之性者，自然一彻万彻，能识真心，如此利根，世不易得。不若先且采取真铅，炼而服之，以实其腹，使金精之气，充达四肢，然后抱一以虚其心，则形神俱妙，与道合真，才是大修行之人。虚心者，了性之事也；实腹者，了命之事也。先了命后了性，是为性命双修之学。②

彭好古认为抱一直悟大道，直达修行之本，然非上根之人不可得也，不若先炼气以实腹，待金精之气完足，再炼神以虚其心，形神俱妙，性命双修。

炼气之要在于固精累气，"精不动摇为民安，神气充满为国富"③。若不能积精累气，"三尸五贼，随之而入"④。若要精不动摇

---

① 彭好古：《道德经注》，《老子集成》第七卷，第313—314页。
② 彭好古：《道言内外秘诀全书·悟真篇》，《藏外道书》第6册，巴蜀书社1994年版，第331页。
③ 彭好古：《道德经注》，《老子集成》第七卷，第314页。
④ 彭好古：《道德经注》，《老子集成》第七卷，第319页。

气不散，就在于守静之功，"静则易昏，动则易散"①。"真一之水，其中有信。斫丧多方，有不信，便非自然。"② 精固气满，炼气化神，"以精留气，以气留神"③。最终至于"练神返虚"④。炼神返虚，不可速也，亦要符合自然之道，"抱一自守，不敢欲速，此念虽活，久之而死"⑤。

　　与彭好古相比，龚修默虽然也以性命双修思想解《老》，但其重点和彭好古不同，他以性命双修思想立论，阐发《老子》的修身治国之道。龚修默，生卒年不详，名道立，字应身，修默为其号，江苏常熟人。万历十四年（1586）进士，授兵曹，后又任户部主事。万历二十年任建宁知府。东林书院重修完成后，"与高攀龙、钱一本、唐鹤徵等会东林。嗜藏书，与道书梵典，亦多涉猎"⑥。其致仕之后，居家十五年，讲学著书不倦，其著作有《白鹭洲答问》《金刚经注》《清静经评》《紫芝草》《绿云集》《杜律心解》《老子或问》等。龚修默《老子或问》采用问答的形式，使其每章注解围绕一个主题，重在解释老子之道，而非训诂章句。龚修默认为："老子之书，不独养身，亦以治天下。"⑦ 那些单以长生养生之术解释《老子》的观点，不过"仅其道之绪余。山人借为口实，可发一笑"⑧。秉持这一思想，龚修默的《老子或问》虽然杂有道教性命之说，但其重点在于以性命双修思想发挥《老子》的修身治国思想。

　　龚修默在注解中也承认老子之学乃性命双修之学："性命双修，要离离不得，谓老氏不修性，误矣。"⑨ 老子之玄，观妙观徼者正是

---

① 彭好古：《道德经注》，《老子集成》第七卷，第 320 页。
② 彭好古：《道德经注》，《老子集成》第七卷，第 316 页。
③ 彭好古：《道德经注》，《老子集成》第七卷，第 319 页。
④ 彭好古：《道德经注》，《老子集成》第七卷，第 316 页。
⑤ 彭好古：《道德经注》，《老子集成》第七卷，第 321 页。
⑥ 南京师范大学古文献整理研究所编著：《江苏艺文志·常州卷》，江苏人民出版社 1994 年版，第 141 页。
⑦ 龚修默：《老子或问》，《老子集成》第八卷，第 197 页。
⑧ 龚修默：《老子或问》，《老子集成》第八卷，第 193 页。
⑨ 龚修默：《老子或问》，《老子集成》第八卷，第 193 页。

性命双修之意："章中玄字固妙，观字亦要。性命双修固辟玄门，有无二观，亦阐观门。观即玄机，玄从观出。虽非平等，自是相因。"①龚修默认为老子性命双修开出道教之学，有无二观乃性命双修之关键门户，而有无二观之道即守中也。守中乃修命双修之法门。老子言守中，养生家却以意守丹田为守中，龚修默认为此不过是气而非理，是术而非道，守中乃是天地圣人之大道。大道不着有，亦不着无，不着动，亦不着静，只存于有无动静之间也：

> 亦非无非有、非静非动，而有生于无、静出于动，此其间即所谓中也。于此守之，至守无所守，而天地之道尽是矣。若说有、说无、说动、说静，此数也，非道也。数可穷，道不可穷。②

守中者，不执于有，亦不执于无。有生于无，无无即无有，有归于无，无有亦无无，是为有无相生，体用相成。无为体，有为用，有之为用者出于无，是为"有之以为利，无之以为用"。世人往往不悟有、无相依之理，或执于有，或执于无，此两者皆为疵病，老子恐人"只知有之利而不知有之害，知无之用而不知无之体"③，故强调虚无：

> 此老子之虚无，即其所为私利者。顾其教人之意，则重虚无一边，以为徇生执有者戒。所谓黄老，悲其贪着，亦一解缚法也。而自私自利云云，过已。然吾儒不着有，亦不着无，有无互用。什氏不说无，亦不说有，有无双忘。④

但龚修默认为老子重虚无并非执于无，道存于有无之间，有无

---

① 龚修默：《老子或问》，《老子集成》第八卷，第 192 页。
② 龚修默：《老子或问》，《老子集成》第八卷，第 193 页。
③ 龚修默：《老子或问》，《老子集成》第八卷，第 195 页。
④ 龚修默：《老子或问》，《老子集成》第八卷，第 195 页。

互出，无非虚无，有存于其中，万物因此而生；有非本有，有生于无：

> 无不终无，固自有为之无者；有非终有，亦自有为之有者。无状无象之中，亦寓有精、有物之义。执古之道，总归于无，御今之有，指着甚的。此其间道法俱泯，名理两忘，即造化在其中，而事物不足言已，非先天地生，其孰能知之。①

故老子言致虚守静以观复者，乃即物以观复："万物皆备于我，道不离物，物即是道，亦须用观乃得其复。"② 此为道不离物。龚修默以此将老子之道拉入现实世界。

秉持儒家的入世精神，龚修默认为老子性命双修之道不仅用于养身，更重要的是将此修身之道推而广之至于天下国家，正如儒家所言修身、齐家、治国、平天下："老子大道止养生而已乎？精言之则养生，深言之则性命，推而广之则天下国家。"③ 故龚修默在注解《老子》时更为注重发挥老子的修身治国之道，凡言兵、言国、言民者，如"以正治国""治人事天莫如啬""治大国若烹小鲜""大国者下流"等，他大都先言修身，再推而至于治国。执中道以治国者，其要在于自然。龚修默认为自然是为老子易简之道，其为也，顺万物自然之势而为，随处尚同，不自立异，虽为之而实无为也："自然之道，治世养身，无所不可，太上无为，而未尝一无所为；虽有所为，而终归于无为。"④ 虽然无为可以有所为，但不能执于为，最终仍要归于无为，故见仁义礼智者，是为有而不能归于无，皆非自然。龚修默对《老子》的阐发，对于道教思想发挥不多，他其实是借"性命双修"的理论宣扬修身治国的主张，正可谓言在此而意在彼。

---

① 龚修默：《老子或问》，《老子集成》第八卷，第196页。
② 龚修默：《老子或问》，《老子集成》第八卷，第197页。
③ 龚修默：《老子或问》，《老子集成》第八卷，第210页。
④ 龚修默：《老子或问》，《老子集成》第八卷，第198页。

第四节　徐学谟的老子研究

徐学谟（1522—1593），苏州府嘉定县（今上海嘉定区）人，原名学诗，字恩重，因与嘉靖时刑部郎中徐学诗同名而改为学谟，字叔明，一字子言，号太室山人、归有园居士、二白居士等。徐学谟一生事功显著，嘉靖二十九年（1550）中进士，授兵部职方主事。历任荆州知府、南阳知府、湖广按察司副使、江西左参政、湖广按察使，后升任右布政使、左布政使、刑部右侍郎。万历八年（1580）升礼部尚书，后被神宗封为"太子少保"。徐学谟著作有《海隅集》《世庙识余录》《万历湖广总志》《归有园尘谈》等。其晚年十分重视嘉定的学术发展，带头申请殷子义入先贤祠、倡议并支持修建汇龙潭和钟楼、向县学捐赠书籍等，极大地影响了"僻在海隅"的嘉定的学术和文化。

《老子解》是徐学谟万历十一年（1583）致仕归家后所作。据《老子解·自序》说："解成付申甥用嘉校刻之，而自为之序。"① 即序写于《老子解》完成之后。其序的落款时间是"万历庚寅年夏五月朔旦"，因此，《老子解》的成书时间不晚于作序时间，即万历十八年。其书以"志道救世"为宗旨，融汇吸收诸家之学，并阐发了具有浓厚朴治色彩的政治道德思想。

一、孔老并圣

徐学谟在《老子解·自序》中，梳理了《老子》一书在后世的诠释史。这个梳理的过程，不仅反映出他对《老子》的理解，也表达了他对三教关系和宋明理学的看法。特别是他提出的"孔老并圣"说，成为其立论的中心观点。

① 徐学谟：《老子解·自序》，哈佛大学哈佛燕京图书馆藏万历刻本。

徐学谟诠解《老子》，仍是立足于儒家的立场。因而，他在《自序》的开篇就把《老子》与道教、法家等划分开来：

> 老子之书，自战国而下，人多好之。第其词指宏邈奥衍，无所不该，故解之者率如射覆。至讹传妄臆，流为后世刑名、养生诸家，犹属影响。乃道家更矫诬之，推为金书洪应之祖，则谬悠极矣。①

徐学谟认为，《老子》言辞简要，内容却精深宏远、包罗万象，致使战国以后的人注解《老子》如同猜谜一般，很难把握其真义。"刑名、养生诸家"，当分别指以韩非《解老》为代表的以法解《老》和以《河上公章句》为代表的以养生解《老》等不同的诠释宗旨。"道家"在这里指道教，"金书洪应"便是指道教中的丹药和神仙思想。韩非是法家的集大成者，其思想的形成与老子有关。道教的产生和发展，更与《老子》有密切的联系。徐学谟否认《老子》与法家，特别是与道教的关系，反映出儒家向来的偏见，不过也为确立孔老并圣的观点减少了阻力。但这并不表示徐学谟的《老子解》没有吸收道教的思想。如他用以诠释老子之道的"真常"概念，即应当受到了南宋息斋道人李嘉谋《道德真经义解》的影响。②

由于当时理学是学术界的主流，甚至被完全等同于儒学。因而，若要援老入儒，就必须回应理学家对老子的批评。徐学谟说：

> 唐之韩愈，故挟小伎以诎大道，疑无足怪。逮赵宋之世，最称理学大明。奈何诸巨儒互是己见，喜于眇末千古而诋呵诮让，其诎老子尤甚。或谓宋人知德而不知道，知诵法孟子而不

---

① 徐学谟：《老子解·自序》，哈佛大学哈佛燕京图书馆藏万历刻本。
② 徐学谟《老子解》所参考的前人解《老》著作，在文中有明确表述且可考的有韩非、赵坚、李约、王安石、王雱、苏辙、吕惠卿、林希逸、息斋道人李嘉谋、吴澄、薛蕙和焦竑等人的注解。其中只有息斋道人李嘉谋的《道德真经义解》用"真常"描述道。

尽知孔子。既不尽知孔子，又安知老子？宜其说之抵牾如是，岂其然与！①

徐学谟指出，唐代韩愈对道没有深入研究，因而其指责《老子》尚属无知之举；宋儒深研理学，却固执己见，批评老子非常厉害。他认为，宋代理学诸说之所以存在矛盾，其原因在于宋儒止步于孟子，未能完全了解孔子学说的底蕴，更没有去深究老子思想之哲理。徐学谟批评了宋儒构建的孔孟道统只是局限在"德"的层面，并指明老子和孔子的学说是高出其上的关于"道"的理论。当然，这种评价和实际情况并不完全相符。因为宋代理学家如张载、朱熹等都熟知《老子》，而且二程思想的形成深受陈抟学派中陈景元、张伯端等人的老学思想和北宋儒家学者解《老》著作的影响。② 因而，与其说宋代理学家不知《老子》，不如说随着儒道融合的加深和社会情况的变化，徐学谟对《老子》有了新的理解。

徐学谟以"衰世"为历史背景，建构了孔老并圣说。他说："夫老子者，衰周之圣人也。"③ 儒家尊孔子为圣人自不待言，以道家创始人老子为圣人，是重视其学说的救世功用。《自序》写道：

> 《易》之《大传》即三陈九卦，而一禀于忧患之处。孔子因追慨于文、周之所遇，而伤其有不得不然者，故以《易》为衰世之书。而老子之生，去文、周抑又远矣，则其心之忧患，必有甚于殷周改革之际。乃不得已洞究天人之始终，令人沿末以求本，而又重之以三宝之说。若逡逡然宁抑情以就势者，以其极重而不可反，而姑为之推挽，则何嫌于矫枉之过？其视孔子之用简、用约、用让、用先进之意，同乎否耶？④

---

① 徐学谟：《老子解·自序》，哈佛大学哈佛燕京图书馆藏万历刻本。
② 参见刘固盛：《二程人性论的道家思想渊源》，《华中师范大学学报》（人文社会科学版），2005 年第 2 期。
③ 徐学谟：《老子解·自序》，哈佛大学哈佛燕京图书馆藏万历刻本。
④ 徐学谟：《老子解·自序》，哈佛大学哈佛燕京图书馆藏万历刻本。

儒家认为《易经》六十四卦是商末周文王演八卦而成,《易传》是孔子为阐述《易经》之义而作。徐学谟则突出了其中殷周革命的衰世背景,因而讲孔子三陈九卦贯穿着如何在忧患中处世的思想。而老子生活在春秋末年。徐学谟据此认为,老子身处一个距文王、周公传统更远的乱世,同样出于对衰世的忧患,深究天人之际,主张由表象的仁、礼等返归本原的大道,并提倡"慈""俭"和"不敢为天下先"的"三宝"之说,以厚敦风俗。徐学谟指出,老子主张丢掉仁义礼智等思想,虽过于严苛,有矫枉过正之嫌,但这是在当时世道大坏背景下的不得已之举;从根本上讲,老子的主张与孔子提倡的"简""约""让"和"先进"的思想是一致的。徐学谟从历史背景中去寻找老子学说和孔子思想的相近之处,就是为了突出老、孔学说的救世功能。

如前文所述,徐学谟认为宋代理学没超出"德"的范围,未能见"道"。在衰乱之世,仅凭宋儒发明的关于"德"的学说难以救世,必须提倡孔老之"道"。因此,他对宋儒站在道德主义立场批评老子多有不满:

> 乃谓其以异端之教,驱一世以尽涂其耳目,而导之于倾危权谲之习。如宋人之所言,则老子直一妄庸人耳。而犹龙之叹,又胡然而出于洙泗之问耶?[①]
> 宋人谓老子之言,窃弄阖辟者也。夫老子教人,惟欲其与世推移。要之至理,亦不外是,岂用智自私者哉?后儒不明其学,指为异端,所以陷于腐烂无能耳。[②]

老子之学是因时救世的,但宋儒囿于门户之见,视之为玩弄权谋的自利之术,最终"陷于腐烂无能"。为说明宋儒的错误,徐学谟还引用了孔子问学于老子的记载。"洙泗"代指孔子,"犹龙"即孔子见

---

① 徐学谟:《老子解·自序》,哈佛大学哈佛燕京图书馆藏万历刻本。
② 徐学谟:《老子解》,《老子集成》第七卷,第150页。

过老子后对老子的赞叹。

基于同样的学术立场，徐学谟也反对以佛解《老》，尤其反对以禅宗思想解《老》。他在《自序》中论述道：

> 而宋人之障，惟苏家子由能决之。而沿袭子由者，则又类剿西方之言以窜入老子。夫西方之言，以无言无其教，仅可行之西方已耳。乃老子之学，自无出有，自有入无，因应无方，固未可与无生家同日语矣。老子尝曰："吾言甚易知，甚易行。"夫以易知易行之道，而必欲索之于窅冥无所稽据之归，以尽弃天下之实，则又何贵于老子哉？然则今人之推尊老子，与宋人之诎老子，其无得于老子一也。①

苏子由即苏辙，著有《老子解》，是宋元以来以佛禅解老的代表性人物。苏辙以佛禅解《老》跳出了儒家窠臼，但后世效法者则又陷于佛教学说不能自拔，导致歪曲了老子的思想。徐学谟指出，佛教特别是禅宗不讲言语文字的教化，而追求虚无缥缈的冥悟，不同于老子的"易知易行之道"；佛教以现实世界为空，追求彼岸世界，也不同于老子兼综有无、不离现实的道。因而，"今人"因贵佛贵禅而推崇老子，与宋代理学家的批评老子一样，都没能理解老子之真义。徐学谟构建的孔老并圣传统，是以救世为目的的，因而需要认识和改变现实世界，而佛教主张出世，禅宗甚至排斥理性认知。因此，孔老并圣之说必然排斥佛教的这些认识，尤其是禅宗的直接冥悟。所以徐学谟经常以禅宗代佛教，并加以批评：

> 老子生于释迦之前，谓西方之教本于五千言则可，乃近注以"非常道""非常名"，谓圣人不轻以道示人，即禅家三乘之演，自有传于教外者在，似于本章之指无涉。况老子教人，反复提撕，惟恐人之不知，而禅家则不欲尽泄之，于人第令从悟

---

① 徐学谟：《老子解·自序》，哈佛大学哈佛燕京图书馆藏万历刻本。

而入，原不可强合也。①

　　注者见一"知"字，便谓是邪思，此禅学也。②

可见，徐学谟辨析佛道之别的用意，尤其在于一个"知"字。"近注"根据《老子》中的"非常道""非常名"而将老子视为佛教的教外别传，是受禅宗和王阳明及其后学影响所致。因而，徐学谟批评的"近注""今人"，暗指受禅宗影响极深的心学学者。

　　"易知易行之道"，是徐学谟针对以佛禅解《老》者关于老子之"道"不可名说而提出的说法。他对此解释说：

　　　　然则所谓"易知易行"者，亦不过"庸言""庸行"而已，而有道存焉，故曰"宗"、曰"君"。③

　　　　禅语欲人自悟，而老子之言，非困人以难知者。但当求之于显然，不当索之于冥然也。④

"易知易行之道"，是人之言、行背后的主导者，即规律。强调普通的言行之中有道存在，不必额外深求，这一方面包含了道器不离的思想，另一方面说明此道是存在于言行中的具体之道，而非"常道"。将老子之道划分为"常道"与"可道"之道，可追溯到严遵《老子指归》和《老子河上公章句》，但两书都强调二者对立的一面。北宋著名道士陈景元在《道德真经藏室纂微篇》中，为调和儒道，以"常道"和"可道"分别统摄道德和仁义礼智，形成体用关系。⑤徐学谟从老子的"道"中分出"易知易行之道"，显然渊源于此，而又以儒家的"中庸"和"易简"思想为之解释。可见，在排佛的背后，仍是儒道的深度融合。

---

① 　徐学谟：《老子解》，《老子集成》第七卷，第 146 页。
② 　徐学谟：《老子解》，《老子集成》第七卷，第 178 页。
③ 　徐学谟：《老子解》，《老子集成》第七卷，第 188 页。
④ 　徐学谟：《老子解》，《老子集成》第七卷，第 176 页。
⑤ 　刘固盛：《宋元时期的老学与理学》，陕西人民出版社 2002 年版，第 64—88 页。

当然，在晚明三教融合的背景下，徐学谟老学思想中也有佛教思想的影子。如言："圣人无较计辨别之心，惟以事处事，无所留滞，一过即化。"[1] 圣人应当剔除一己之欲和外物的诱惑，不用私智，以磊落光明之心就事论事、就事行事。这与禅宗的"无念"思想关系密切。但禅宗的"无念"是摒弃一切理性认知活动，只讲冥悟，而徐学谟主要强调不起私心，这就抽去了个体的情感、直觉等成分，形成一种理性的自我要求和约束，从而实现了自禅宗境界论到儒家道德论的转化。

由上可见，徐学谟提出孔老并圣之说，是以倡导经世致用和反对空谈心性为目的的。孔老并圣并非简单地强行融合儒道、排斥佛教，而是建立在对三教思想深刻理解的基础之上。徐学谟关于三教关系的重新厘定，实际也是对宋明理学的批评、吸收和继承。

二、道德之辨

徐学谟解《老子》"上德不德"章说："世知道德之名，而不知道德之辨。"[2] "道"和"德"是《老子》阐发的两个核心范畴。一般认为，"道"是《老子》哲学体系中的最高概念，"德"次之。在《老子解》中，"道德之辨"是孔老并圣的思想基础。

1. 道论

道论是《老子解》思想体系的基石。徐学谟阐释第十四章说："此章通篇形容道体之冲漠无朕，语言虽多，只是一意。或有或无，不可思议。而要于本始，则无为有根耳。"[3] "冲漠无朕"原是北宋二程描述理范畴的用词，明初薛瑄已开始注意从气的角度解释其内涵："细看万物，皆自冲漠无朕之微，以至于形著坚固，得天地之气相感

---

① 徐学谟：《老子解》，《老子集成》第七卷，第 146 页。
② 徐学谟：《老子解》，《老子集成》第七卷，第 169 页。
③ 徐学谟：《老子解》，《老子集成》第七卷，第 154 页。

而物乃成形。"① 因此，徐学谟的"冲漠无朕"就是对道体虚寂无形状态的描述。而"冲者，虚也"②，"虚"成为徐学谟对"道体"存在状态和根本特性的集中概括；"无为有根"则强调道体蕴含"无""有"两种相对立的特性，且"无"比"有"更具根本性。徐学谟用"有""无"概念阐释了道体和天地万物生成过程的特征。

在第十四章注中，徐学谟开门见山地指明道体"冲漠无朕"的特点之后，具体描绘了道体的冲虚特性：

> 道不可以色求，故视而不见，名曰夷。道不可以声求，故听之不闻，名曰希。道不可以力求，故搏之不得，名曰微。此三者，本无名而强名之也，故不可致诘而分别之。夫是以溷合而为一。既谓之一，溷然而已。然仰而观之，如在其上。在上者必明，而不见其皦。俯而察之，又如在其下。在下者必暗，而不见其昧。绳绳然，往过来续，无须臾之间，而终不可名，若有物以主之矣，乃复归于无物。虽无物也，是谓无状之状，无象之象，又疑其有物也，是谓恍惚。恍惚者，出入变化，不泥故常之谓也。其来无始，故迎而视之不见其首。其去无终，故随而追之不见其后。③

道体不能以视觉、听觉和触觉为人感知，它无上下终始、无明无暗、连绵不绝、变动不居，是浑然一体、神妙莫测的非物之物。

徐学谟以"有""无"和"存""亡"概念辩证地说明了道体在形上世界和形下世界的作用：

> 而道之为物何如者？以为不可见，则恍兮惚兮，其中若有象可象，有物可物者。以为可见，则窈兮冥兮，有象非象，有

---

① 薛瑄：《薛文清公读书录》卷四，《物理》，《丛书集成初编》本，商务印书馆 1937 年版，第 72 页。
② 徐学谟：《老子解》，《老子集成》第七卷，第 147 页。
③ 徐学谟：《老子解》，《老子集成》第七卷，第 154 页。

物非物，而其中自且神妙不测之精。其精甚真，一而不杂也。
其中有信，正而能常也。夫是以道不以有而存，不以无而亡。①

道无形无象，恍惚变幻而不可见，但其中自有神妙净洁之精气。所
谓"不以有而存"意即道有实体，但却不是形下世界的可见实有；
"不以无而亡"，意为道在本体意义上是无，却无碍现实世界的万有。
因此之故，道才呈现若有若无、幽眇难识的有无莫测状态。徐学谟
辨别了"有"与"存"、"无"与"亡"的差别，说明道体是形上实
无而形下实有。这一诠释还受到了《易传》《中庸》等儒家作品的影
响，如他辨析老子以物言道时说："道不可以物言也。'有物混成'
之'物'，即《中庸》'为物不贰'之'物'也；《易》之所谓'拟诸
其形容'，非真有物也。"② 对"物"这一概念的辨析，充分体现了徐
学谟将《周易》"幽""明"概念的内涵赋予《老子》的道体，丰富
了道体概念的内涵层次，辩证地论证了道体是"有""无"的统
一体。

当然，"虚"不是道体的唯一特性，但"道以冲为主"③。"混成，
言其无始终无内外无声臭，不可合不可离，混然而成者也。其生于
天地未有之先乎，寂兮寥兮，无形迹可见也。独立，谓无偶之者。
不改，言有常也。周行者，周万物而行乎。其所不得不行，不见其
倦而至于殆也。殆，危也。而天地间之生生化化，皆橐籥于是矣，
故曰：可以为天下母"④。可见，道体还有无限性、超越性、至上性、
恒常性、普遍性和运动性等特性。需要注意的是，徐学谟于道体自
身不言动静，"周行而不殆"中所讲的道体运动是与形下世界的万物
联系在一起的。或者说道体的运动性是与道体的创生功能紧密联系
在一起的。而道体的创生功能根源于其冲虚之性，或者说，冲虚之
性包含有生育天地万物的功能。因此，冲虚特性也是道体的主导特

① 徐学谟：《老子解》，《老子集成》第七卷，第 159 页。
② 徐学谟：《老子解》，《老子集成》第七卷，第 161 页。
③ 徐学谟：《老子解》，《老子集成》第七卷，第 148 页。
④ 徐学谟：《老子解》，《老子集成》第七卷，第 161 页。

性。徐学谟说:

> 牝者,生物之具也。牝以形用,而玄牝者以神用。形有尽而神无尽,其生生不穷也,不犹谷神之不死乎。而玄牝之门,即生天生地之根也。门,所从出也。根,所立命也。门无所出,则命无所立矣。天地之根安在? 根即玄也,玄即神也,神即虚也。以其无而常有,故绵绵不见其绝。以其有而常无,故若存而不见其存。而用之以生天,用之以生地,了无所勤,而见其有所作为之迹也。故曰"虚而不屈,动而愈出"。①

"神"就是道体生成天地万物的一种功用,因其绵绵不绝和"了无所勤"的特点而称之为"神"。道体的创生功能也是其冲虚之性的表现。在这里,天地与万物是一起说的,"神"既是天地之根,也是万物之根。"又曰'玄牝之门',言万物所自出也。'天地根'言天地所自生也。夫言天地则万物在其中矣,似不必过于分析。"② 因此冲虚之性也是万物产生的根源。

为了进一步阐述道体冲虚的特点,徐学谟还重点借用了"太虚"的概念。他在第一章就开宗明义地指出:

> 此章首揭大道不离于有无之间,无能生有,有复于无。是故世间变化无端,真常故在此太虚之本然,所谓道也。③

"有"和"无"是《老子》中的两个重要概念,直接关系着对"道"的诠释。徐学谟虽然也讲道存在于有无间的无穷变化之中,却只是从现象上笼统地说。真正用来定义道的内涵的概念,是"太虚":道是存在于宇宙根本的太虚中的真实恒常之物。实际上,道即太虚。

---

① 徐学谟:《老子解》,《老子集成》第七卷,第149页。
② 徐学谟:《老子解》,《老子集成》第七卷,第149页。
③ 徐学谟:《老子解》,《老子集成》第七卷,第145页。

之所以还用真常辅助解释道，一则是指明真实恒常是道最重要的特性，再则是为了更加清晰地说明道与太虚的具体关联。

"太虚"一词源于《庄子》，北宋张载赋予其本体内涵。① 后世对张载的"太虚"概念经历了三次主要的诠释，形成"形上道体""空间"和"气"三种内涵。② 徐学谟使用的"太虚"概念，呈现出以气为主的特点。如他解第四十二章"道生一，一生二，二生三，三生万物"云：

> 故推本而言之，道一太虚也，冲漠之真，不可以终秘，故突而为禅形之始，而一生焉。一不可以无耦，而两仪交焉，不成二乎。有二则三又生于二矣。自三而衍之，以至于生生无穷，则盈天地皆物矣……故禅形之始，莫非冲气以为之和，所谓"保合太和，各正性命"也，岂有一毫之相戾乎。③

道就是太虚，太虚初始为"冲漠之真"，继而化为有形之冲气，即一。冲气化为"两仪"，"两仪"生"三"，"三"生天地万物。虽然徐学谟对"二"和"三"的解释不太明确，但从"一"为冲气和"禅形"一词可知，"两仪""三"和"万物"都是冲气演化生成之物，即本质都是气。冲气是太虚"突"而成形，可知太虚是气的一种无形状态。对"冲漠之真"的理解，可以联系前引第十四章的诠释：

> 此章通篇俱形容道体之冲漠无朕。语言虽多，只是一意。或有或无，不可思议……道之本体如此。④

该章老子描绘了道虽恍惚迷离，而又有迹可循，真实存在的情况。

---

① 丁为祥：《张载虚气观解读》，《中国哲学史》2001年第2期。
② 丁为祥：《张载太虚三解》，《孔子研究》2002年第6期。
③ 徐学谟：《老子解》，《老子集成》第七卷，第172页。
④ 徐学谟：《老子解》，《老子集成》第七卷，第154页。

"道体""本始"为"无",即其初始是一种无形状态;当其衍化为"有",即成为有形之物。"冲漠无朕"描述道体之虚空广大,但"冲漠之真"的"真"字,意在说明"道体"或"道之本体"并不是绝对的虚无,道有一个实在的承载物,而非只是一个抽象的形式。

徐学谟以"气"解释"太虚",显然受道家思想影响。这不仅因为道家最早从哲学角度阐释和发展了"气"的理论,还因为徐学谟明显地以老子"无中生有"的模式解释了太虚与气的关系。对于后一方面,张载曾有一段著名的评论:

> 若谓虚能生气,则虚无穷,气有限,体用殊绝,入老氏"有生于无"自然之论,不识所谓有无混一之常。[1]

张载的目的是构建气本体论,若以"生"来联系太虚和气便会消解太虚的本体意义,因而必然会批判老子的"有生于无"之说。徐学谟不需要用"太虚"作为本体概念,因此反其意而用之。

太虚虽然不是宇宙的本体,但对于可见的有形世界,仍然具有超越性。徐学谟总结第二十一章对道的描写说:"夫是以道不以有而存,不以无而亡。"[2] 有形世界并非太虚的存在形式,太虚虽无形但却真实存在。那么为什么无形可以成为太虚具备超越性的根据呢?他对"名可名,非常名"句的解释回答了这一问题:

> 道本无形,非可指而名之。谓名可名,是以道为有形也。有形则有敝,岂万世真常之名乎?[3]

名用以指称有形之物,有形之物必有病坏,其名也不能恒久。只有无形之物才能永恒、真实,因此道不可命名。可见,道因无形而具

---

① 张载撰,章锡琛点校:《张载集·正蒙》,中华书局1978年版,第8页。
② 徐学谟:《老子解》,《老子集成》第七卷,第159页。
③ 徐学谟:《老子解》,《老子集成》第七卷,第145页。

备真常之性，因真常之性而超越于存在病坏的有形世界。

但太虚毕竟衍化为冲气，进而生成天地万物。这就需要解决超越性的太虚与有形世界之间的关系问题。徐学谟提出太虚具备"虚"就是"冲漠无朕"，即冲虚无形的特点。道因冲虚的特性而无所作为，因而道以自我本然状态为法则。"自然"是道的究极名称，亦即最高规定。虚静无为的自然特性，使道不主动参与有形世界的活动。也正因此，道才具备了无限生育天地万物的能力。徐学谟称第六章是"总明虚字之义"，具体解释说：

> 天地之根安在，根即玄也，玄即神也，神即虚也。以其无而常有，故绵绵而不见其绝。以其有而常无，故若存而不见其存。而用之以生天，用之以生地，了无所勤，而见其有作为之迹也。①

从追问天地的本根出发，他将"根""玄""神"层层推进，直到解释为"虚"。可见，虚的特性，将形而上之道与形下世界联系起来。

不过，冲虚无形的特性并未解决太虚生天地万物的动力问题。徐学谟从经验世界中总结出"对"的规律，说："独者未始不对，此物理之固然也。"② 太虚是"无"，也必须有"对"，其动力问题由此即可得到解决。第四十章之解云：

> 夫反非所以为动，而动原于反……何相反而相成也。不观万物之生乎，未有天地之先，万物何所托生。故其生也，生于天地之既有。夫有有则有无矣，乃天地之始。本受命于太虚，是万物之所以为有也。而有又生于无，若循环然者，此万世真常之理。所以为有无，则知所以为动静矣。③

---

① 徐学谟：《老子解》，《老子集成》第七卷，第 149 页。
② 徐学谟：《老子解》，《老子集成》第七卷，第 146 页。
③ 徐学谟：《老子解》，《老子集成》第七卷，第 171 页。

"反"并非太虚运动的原因，而是其运动所遵行的原则。天地既成之后，才能生出原本不存在的万物，这是有生无。天地又生于太虚，太虚无形，天地有形，因此是无生有。有无之间的这种相反相成，是太虚运动永恒不变的法则。有无之间的差异，则是太虚运动的原因。以"反"和有无之"对"来解释太虚运动的原则和动力，是一种对立统一的思想。徐学谟的诠解，吸收了《周易·说卦》"参天两地"的观念以及张载的"有对"① 之学，从中可见其对儒道思想的融合。

道除了作为形上实有的太虚外，还指一种恒定的规律。徐学谟解"常无欲""常有欲"说："常，即道也。"② 为突出道作为规律之永恒性，徐学谟提出了"真常"概念。他解"道常无名"说："道者，浑然而已。常，真常也。"③ 所以所谓"道常"就是"道之真常"。"道之真常，以无名而无为，以有名而无不为"④。"道之真常"即道的恒常性。这里的恒常性不仅指道体永恒存在的特性，而且指道体生成天地万物过程中的"无为而无不为"的永恒规律性。真常是对道体规律的抽象，"真常故在此太虚之本然"一句最能说明这一点。无可置疑，"真常"就是"理"。在诠释"死而不亡者寿"句时，徐学谟说："死而不亡者，形灭而真常故在，能与天地长久。"⑤ 并进一步解释说："寿与动对，亦言其理之可久耳。"⑥ "理之可久"与真常"能与天地长久"正相应，真常即理。既然如此，则道理真常是道体太虚之恒常活动规律的抽象。

徐学谟认为"太虚"道体是"感"而生物的，道体运动的必要条件和方向是"反"。因此，作为太虚运动规律的抽象概括的理或"真常"，与"感"和"反"是密切联系的。

---

① 张载《正蒙·太和》云："有象斯有对，对必反其为；有反斯有仇，仇必和而解。"
② 徐学谟：《老子解》，《老子集成》第七卷，第 145 页。
③ 徐学谟：《老子解》，《老子集成》第七卷，第 166 页。
④ 徐学谟：《老子解》，《老子集成》第七卷，第 168 页。
⑤ 徐学谟：《老子解》，《老子集成》第七卷，第 166 页。
⑥ 徐学谟：《老子解》，《老子集成》第七卷，第 166 页。

太虚之"感"实际就是太虚的冲虚之性因应事物而动，而不主动生成天地万物。因此其抽象化即"自然"。"道，本一虚也，无为而已，故道又法自然。至于自然，而道益不可名矣"①。徐学谟认为"法"并非效法之义。"天地无心，难称效法二字，况于道之恍惚窈冥者乎……法者，则也，即'惟尧则之'之义"②。徐学谟用《论语·泰伯》中"巍巍乎！唯天为大，唯尧则之"解释"人法地，地法天，天法道，道法自然"一句。"法"就是法则、规律。"自然"就是道的最高规定性、最高法则。而"无心"就是无为，天地如此，道亦如此。"而道之尊德之贵，所以役使群动，牢笼万有者，孰为之使令哉。而其际天蟠地，气至理行，一禀于自然之常耳"③。所以"自然"就是对道体太虚生成天地万物过程中的"无为"的抽象概括，亦即"自然"就是真常，就是理。这句话中"气至理行"一句，还明确地表达了理对气的依赖关系。理依于气而行，这与朱熹"理在气先"说已有所不同。

同时，由于人、地、天、道的层层相法，天地"有名"生成万物和圣人治理天下也都遵行自然之理。"盖言天地圣人，浑浑而已，噩噩而已，无所谓仁也。其于民于物，适然而为之，已然而去之，犹祭之有刍狗也。生之畜之长之育之成之熟之养之覆之，一任其自然而已。而自然之理，在天地间，不犹之橐籥乎。天地圣人之铸民物也以仁，橐籥之铸器也以风。风何有于橐籥哉？当其无所用之也，寂然而已。橐籥一动，而气随之，无不靡矣。是非机巧所致也，惟其虚而已矣"④。这里的不仁就是"无心"。"苏注谓天地无私，听万物之自生自死，为不仁。此指天地言犹可，若圣人如此，是弃天下而不为矣。观刍狗，有用之之时，则非一无所为于天下者也，下文橐籥之喻可知矣。至薛注，则以无私心亲爱之为不仁。此语圣人则

---

① 徐学谟：《老子解》，《老子集成》第七卷，第 161 页。

② 徐学谟：《老子解》，《老子集成》第七卷，第 161 页。

③ 徐学谟：《老子解》，《老子集成》第七卷，第 177 页。

④ 徐学谟：《老子解》，《老子集成》第七卷，第 148 页。

可，而不可以语天地。天地本无心者也，不待老子而其理始明"①。这里，徐学谟辨析了苏辙、薛蕙注之失，指出"无心"于为不是不为，而是为之以"无心"，这是"无为"。"无心"之"心"不同于偏私之心，而是无己之心、不掺己意之心，一遵其当然与应然。所以自然也是一种应然与当然，强调"自然"作为一种规律的客观性。依自然而为就是"无为"，它包含不为和为，而为与不为都是不掺杂主观意志的当然与应然。与太虚之"感"根源于其冲虚之性相应，天地圣人的"自然"也是"惟其虚而已矣"。

道体的运动方向是"反"，所以道表现出来的自无而有的运动的抽象规律也是理和真常。"天不变，则道亦不变。若执古之道，以御今之有，则知古之所自始者，今之所从来也。其始不绝，其来无端，是非道之所执以为纪者乎。以无御有，而天下之能事毕矣"②。徐学谟从中抽象出来的规律是"以无御有"。而从过程的角度来看，"无"是"有"的开端，因而"以无御有"就是要重视"本始"。"老子之学专务其本始。本始者，即道之自然也"③。因此"自然"之作为当然与应然的另一个内涵就是自无而有的规律。"凡持之于既安则易，著则不及于持矣。谋之于未兆则易，兆则不及于谋矣。破之于脆则易，坚则不及于破矣。微而散之则易，著则不及于散矣……而大始于小……高始于卑……远始于近……然则世间何物不有所从来哉。惟不知其所从来，非所为而为焉，是揠苗也，安得而不败。非所执而执焉，是胶柱也，安得而不失"④。自安而危、自未兆而已兆、自脆而坚、自微而著、自小而大、自卑而高、自近而远，都可以概括为从无至有的过程。了解事物的来源，抓住事物的本始，就是"以无御有"。遵循自无而有的规律，"以无御有"，就是"无为"。"是以圣人为之于未有，则为而无为也。本无所为，何败之有。治之于未乱，则执而无执也，本无所执，何失之有……慎其所终，知其所始，

---

① 徐学谟：《老子解》，《老子集成》第七卷，第 148—149 页。
② 徐学谟：《老子解》，《老子集成》第七卷，第 154 页。
③ 徐学谟：《老子解》，《老子集成》第七卷，第 185 页。
④ 徐学谟：《老子解》，《老子集成》第七卷，第 185 页。

则无败事矣"①。以无御有,遵循自然之理,则事无败绩,事少而功多。重视本始的思想,使得徐学谟的思想带有从事物本身的发展历史中寻求理的倾向。这与宋明理学动辄预设"天理"或者主张"心即理"的路向显然不同,而与事功派对"理"的解释相近,追求实事求是的理性认识,当然其认识对象仍然局限于人事。这包含有一种求真的价值理想在内。

从"反"的角度出发,徐学谟还重视柔弱之理。他明确说:"老子之学,主于用柔。"② 他把老子的"弱者道之用"解释为关于柔的道理。"弱,致柔也。柔则退而善下矣,疑其用之讪也。顾不濡忍者不能持久,而广大坚固之气实扩充于是"③。徐学谟总结"强梁者不得其死"说:"是知万物生于冲和,而死于强梁,此必然之理。而用柔善下者,则几于道矣。"④ 万物都是禀冲和之气而生,因而其"本始"即有冲虚柔弱之性,因此"用柔善下"就几近于道之自然。他解"天下之至柔"章说:"此章因上章强梁者不得其死之说,而推明天地间自然之理。……此章'天下之至柔,驰骋天下之至坚,无有入于无间',诸注皆作设喻,言恐非旨也。此正无为之至理,而唤起下文无为之益,原是一气相贯,非以粗浅形容精妙也。"⑤ 他反对前人把该句解释为一种比喻,就是为了肯定柔弱之理就是"无为"之理,并直接称之为"天地间自然之理"。

徐学谟认为理是对道体运动规律的抽象概括,他赋予作为道之理的"自然"以客观规律性、本始和柔弱三重含义。这体现他追求客观性的理性精神和探寻原初自然的求真求实思想。

2. 德的内涵与特点

由于道是内涵为气的太虚,其真常、虚静无为等特性决定了德

---

① 徐学谟:《老子解》,《老子集成》第七卷,第 185 页。
② 徐学谟:《老子解》,《老子集成》第七卷,第 191 页。
③ 徐学谟:《老子解》,《老子集成》第七卷,第 171 页。
④ 徐学谟:《老子解》,《老子集成》第七卷,第 173 页。
⑤ 徐学谟:《老子解》,《老子集成》第七卷,第 173 页。

的内涵与特点。具体来说，德的内涵与特点在道与形下世界的联系中形成。道与形下世界的联系，是太虚与天地万物的生成关系，这个过程也是道赋予万物以德的过程。如第五十一章的解释：

> 此章论道而及德，以明德之未始不为道也。道者，虚而已，虚则无矣。万物自无而有，故曰道生之，即乾元资始之谓也。德则有所凝聚矣，太和于是而保合矣，故曰德畜之，既生既畜，而胚胎露矣。[1]

道冲虚而无形，万物经历的自"无"而"有"的过程，即道生万物的过程。万物之生，从根本上说是取资于太虚，即构成万物之气来源于太虚。德是太虚冲虚无形之气开始凝结的阶段。"保合太和"原出自《周易·系辞上》。但这里徐学谟主要吸收了张载对"太和"的解释。张载的《正蒙》开篇即说：

> 太和所谓道，中涵浮沉、升降、动静、相感之性，是生絪缊、相荡、胜负、屈伸之始……散殊而可象为气，清通而不可象为神。不如野马、絪缊，不足谓之太和。[2]

张载把太和称为道，具有对立交感之性，从而产生各种运动。太和可以散殊而见于气的运动变化，可以清通而呈现一种不可见的神的状态。太和的主要特性即飞扬的运动和交感之性。徐学谟吸收了张载赋予太和的特性，用来描述开始凝聚的气的状态。但他受老子无为思想影响，将运动变化的太和定位于德而非道，并强调"保合"，即和谐有序。太和的运动交感孕育着万物，同时也将"保合"特性赋予万物。如前文引述："故禅形之始，莫非冲气以为之和，所谓

---

[1]　徐学谟：《老子解》，《老子集成》第七卷，第 176 页。
[2]　张载著，章锡琛点校：《张载集·正蒙》，中华书局 1978 年版，第 7 页。

'保合太和，各正性命'也，岂有一毫之相戾乎。"① 从生成过程看，冲和之气就是德。"各正性命"即天地万物在孕育之初，已被冲和之气赋予品性，这就是万物由道赋德的过程。

"德"的内涵也来自太虚的生生过程。徐学谟注解第二十一章说：

> 德非道也，而德从道出，故曰孔德之容，惟道是从。孔，大也。容，即"知常容"之容，万物皆其所包涵也，非强为之容。容字止指气象言之也，容字应孔字。道运而为容……自古及今，物化递迁，而其容德之名，未尝一日去。以阅众甫，而生化之往来代变于前者，孰得而遁其情乎。②

"容"即对万物的包涵。德即万物的孕育阶段，因此可称为"孔德之容"；而德生于道，因此"惟道是从"。德是由道运动而生，因此称"道运而为容"。自古及今，万物的流转变迁，都不出道的"容德"的范围。实际上，"容"也就是"德畜之"的"畜"。只是"畜"字是从万物生成过程的角度讲德发挥的蓄养万物的作用，"容"字则是从德的内涵角度说明德包容万物。

德的生成及其内涵都直接来源于道，因而可称之为先天之德。先天之德是人与万物共同拥有的。具体到人讲，"大都善与恶对，而善则本然之性也"③。"善"是人的先天之德。这种先天之德与《中庸》讲的"自诚明，谓之性"有相近之处。但这个"善性"吸收了道家的自然主义思想，指人的自然本性。"善"指人的自然本性的完满。

《老子》中有"弱者道之用"一句，徐学谟据此以解释"道之用"说：

---

① 徐学谟：《老子解》，《老子集成》第七卷，第 172 页。
② 徐学谟：《老子解》，《老子集成》第七卷，第 159 页。
③ 徐学谟：《老子解》，《老子集成》第七卷，第 150 页。

> 弱，致柔也。柔则退而善下矣，疑其用之诎也。顾不濡忍
> 者不能持久，而广大坚固之气实扩充于是，故曰弱者道之
> 用……弱非所以为用，而用原于弱。①

弱能够达到柔的结果。柔顺即退后居下，不与物争，似乎所用有限。但只有柔顺忍让才能保持长久，因而才能蓄积"广大坚固"之气。弱并非道之用的结果，道之用为柔，但柔来源于弱。弱实际就是太虚的冲虚之性，是太虚可以用、即生天地万物的原因。道因"弱"而生天地万物，同时也将"柔"赋予天地万物。"柔"与"容"相对，从这个角度看，"道之用"就是先天之德的表现形式。

人对道"执而行之"所成之德，则是人的后天之德。道与形下世界的关系，除了太虚的联结外，还表现在人对道的把握上。道虽然是太虚，但其运动规律可以被人抽象地把握。关于人对道的把握，徐学谟的相关论述如下：

> 夫道一虚而已，自人执而依据之，始谓之曰"德"。②
> 道本无方，非可执而行之。谓道可道，是以道为有方也。有方则有尽，岂万世真常之道乎。③
> 前章言道不可道，而此章专言道之用。若疑于可道者，故章内曰"或"曰"似"曰"谁"曰"象"，皆恍惚未定之辞。以见道虽可道，而不可道者固在也……④

道是冲虚无形之物，人若能把握并遵行它，便是德，这属于后天之德。但道自身并无抽象规则，因而不能直接被用作可施行的方法。"道之用"就是对道的"执而依据"，称"不可道者故在"，反而说明道之中存在着可言说、可认知的部分，由此也体现出认知对德的重

---

① 徐学谟：《老子解》，《老子集成》第七卷，第 171 页。
② 徐学谟：《老子解》，《老子集成》第七卷，第 169 页。
③ 徐学谟：《老子解》，《老子集成》第七卷，第 145 页。
④ 徐学谟：《老子解》，《老子集成》第七卷，第 147 页。

要性。再看第二十五章的解释：

> 道本无名，人于是字之曰道。实不可以名之也，故强名之曰大，言其无所不该也。无所不该，则无所不往矣，故大曰逝。既逝矣，则往而不知所之，故逝曰远。远者必有所归，反之吾心而具在矣，故远曰反。夫道体如此，非人莫行。[①]

道无形无名，人以"道"作为它的字，勉强为之命名为"大"，意指其无所不包。道无所不包因而遍在万物，道遍在万物便不知其所抵及之处。道的变化虽没有抵及之处，但道必然有其存在之地，这个存在之地便是人之心。因此，道只有人才能施行。这也意味着，后天之德是人独自具有的。将道强行命名为"大"，实际只是表述出了它与万物联系的那一部分。该部分是人能用心去认知，并身体力行的部分。当然，徐学谟说这部分可认知之道"具在"于人心，不仅指其实体，也包括其抽象形式。因此，他将"不窥牖，见天道"解释为："天者，理而已矣。理具于心，不由外得。"[②] 将"天道"解释为理，意在说明人心之中包含着抽象形式的道，这个道确实是可以被认知并践行的。

　　总之，徐学谟以气论为基础阐述道的特点和德的内涵，融合了《老子》的"有生于无"说和张载的气学思想，由此为其提倡经世致用的学术宗旨提供了思想理论基础。

3. 德性与功夫

　　在古代的中国，伦理道德是维持政治、社会秩序的重要手段之一。徐学谟强调"道德之辨"，注意从"德"入手探讨政治与社会秩序问题，提出个人既要保障先天之德的完满，又要实现后天之德的养成。

---

① 　徐学谟：《老子解》，《老子集成》第七卷，第 161 页。
② 　徐学谟：《老子解》，《老子集成》第七卷，第 174 页。

先天之德和后天之德互不可分，徐学谟将二者比为母与子的关系："母者，万物之所由生也，而本之生者即子矣。既知母之所以生子，则知子之所以事母。既知子之所以事母，复守其所以为母，而不离其始，则终其身为母之所护持焉，有危殆之及乎。"① 这里的母子关系实际上可以理解为人如何调节先天之德与后天之德的关系。先天之德为母，后天之德为子。人要从先天之德中认知如何养成后天之德，然后以之辅助持守先天之德，令人不失本性。可见，保持先天之德的完满要求后天之德的养成，后天之德的修成则必须以先天之德为依据。徐学谟由此将二者结合成一体，并提出了独具特色的功夫论。

（1）欲与知。

先天之德来自道的生生过程，人的先天之德也不例外。徐学谟把《老子》首章"常无欲以观其妙"句以下的内容，都放在人的先天之德上讲：

> 人既生矣，生则有欲矣。欲即情也，固圣凡所同具者。当其寂然不动，则未始有欲者，其常也，神之所舍，幽眇难知，于常无欲处，吾以观道之妙。及其感而遂通，则未始无欲者，其常也，形之所效，顺应不穷，于常有欲处，吾以观道之徼。徼，即边徼之徼。耳、目、鼻、口、四肢、百骸，皆附丽于徼，如各有司存也。是有欲无欲，皆天之为之，真实无妄，所谓常也。常即道也。以其至无，涵其至有。以其至有，合于至无。妙非窈冥，徼非粗迹。此两者，何尝不出于一原。特寂感异时，则或谓之妙，或谓之徼耳，故曰同出而异名。②

人生而有"欲"，人之欲因寂、感不同而分为无欲和有欲两种存在状态。寂然不动之时，便能见神之微妙；感应发动之时，便能指挥形

---

① 徐学谟：《老子解》，《老子集成》第七卷，第 177 页。
② 徐学谟：《老子解》，《老子集成》第七卷，第 145 页。

体运行。无欲、有欲两种状态都是生而具备，合乎道。无欲之中包含着有欲，有欲也不违背无欲，二者不是矛盾关系。无欲之神微妙，并非难知。有欲令形体有所作为，也非粗俗。二者都源于欲，是欲的两种不同状态。从万物生成而被赋予德的角度看，欲即人的先天之德，亦即人的自然本性。

当然，无欲与有欲是有差别的。由于无欲与神、有欲与形存在着对应关系，因而徐学谟也借用形神关系论述有欲和无欲。他在第一章继续解道：

> 形与神，固未始相离也。形以神用，神亦以形用。其理幽眇，故同谓之玄。夫既谓之玄，宜无可加矣。而必有所以为之玄者，其生天生地之太始乎，是又无欲之妙所从出也。[①]

形和神交相为用，不可分离，其原理幽渺难知，因此两者合称为"玄"。这种形神关系的形成，来源于生育天地的太始。无欲出自太始，"太始"概念在道家著作中较早使用。《列子》用"太易""太初""太始""太素"和"太极"五个概念解释了由气到天地诞生前的衍化过程。其曰："太始者，形之始也。"[②] 太始指气现于有形的阶段。联系徐学谟将《老子》"一生二"中的"一"解释为冲气，"二"解释为两仪，可知他使用的"太始"一词意为太虚凝聚而成的冲气，也就是德。无欲出自太始，即无欲直接来源于德。徐学谟又说：

> 凡人与物，以神为无，以形为有。有者，本所以为无者也。无者，又所以为有者也。有与无，均之不可少，而有出于无，无尤为可贵耳。[③]

---

① 徐学谟：《老子解》，《老子集成》第七卷，第 145 页。
② 杨伯峻撰：《列子集释》，中华书局 1979 年版，第 6 页。
③ 徐学谟：《老子解》，《老子集成》第七卷，第 152 页。

对于人和物来讲，神是无，形是有。有无交相为用，不可缺一。"有出于无"，即无是有的本始状态，因此无比有更为神妙。而单独对人来说，就是有欲生于无欲，无欲具有一种本原地位，因而可贵。

后天之德的养成，须以先天之德为依据。这就产生了认知先天之德的需要，"知"的重要性由此凸显：

> 使为道者知纯气之守，久而不渝，可以复于命矣，故知和曰常。知其可常而洞然于原始要终之故，则智亦大矣，故知常曰明，是不失赤子之心者也……心所以师气，而不可以役于气。气为心使，而凡所以用罔者无不至矣，故曰强。①

徐学谟借鉴了《庄子》的"纯气"说，从"气"和"心"的角度解读先天之德与后天之德的关系。"为道者"是德性完满的一种理想人物。为道者持守纯气，坚持不懈，最终可以回复于本命，即先天之德，这是真常之理。知道持守纯气可达到真实恒常的境界，就明白先天之德与后天之德的母子、始终关系，那么人就具备了大智。因此，"知常曰明"就是不丢失人的原初本心，从中可见"知"在连接先天之德和后天之德中的重要性。知是心对纯气的知。纯气实际就是存在于人身之中的冲气，因此知纯气就是知"柔"。所谓心师法于气，而不能役使气，就是讲人要以纯气为认知和效法对象。

知柔然后用柔，就能实现后天之德的养成。徐学谟解释第八章说：

> 此章发明上善之理。上之为言尚也。所上在善，是能用柔者，即不争之德也……上善而如之，虽未能与道之自然者为一，亦几近于道矣。②

---

① 徐学谟：《老子解》，《老子集成》第七卷，第179页。
② 徐学谟：《老子解》，《老子集成》第七卷，第150页。

将"上"解释为"尚"，仍是强调对先天之德的认知和效法。尚善即用柔，就是不争之德。不争之德即养成的后天之德。虽然这种德不像先天之德那样直接根源于人的本性，但也已经非常接近先天之德了。但后天之德毕竟是在现实中逐渐养成的，因而如果存在着错误的"知"，便将导致先天之德的丧失。徐学谟在第十章的注揭示了这种可能性："此章大都言有形者必有知，有知者必有为，有为者必有累。此大道之所以日漓也。"① 有形之物必产生知，知产生后必然产生个人主观目的，个人主观目的必然会产生麻烦，大道因此日益流失。这种知之所以导致这样的后果，是因为其是一种计较辨别的私智。这与从先天之德得到的关于"柔"的认知不同，因而导致了争斗。徐学谟对此曾反复陈述：

> 邃古之初，其民蚩蚩昧昧而已，不知有美，安知有恶；不知有善，安知有不善。自情窦日开，而较计辨别之私起矣。②
>
> 人之始生，保合太和，其德本厚。而其后知识渐生，始分人己。人己既分，而敌交于外，伤之者至矣。③
>
> 老子所恶，在私用其智者耳，故曰自见者不明。若夫微明、袭明之旨，何尝以知为病哉。④

"较计辨别"与"人己"之分，都是知所产生的私心。这种分别心产生的私导致大道日漓。徐学谟对"微明""袭明"等"明"表示肯定，而只否定了私智。

私智会通过对"有欲"的影响，最终导致先天之德的破坏。徐学谟说："凡人之有欲，生于有知。无所知，则无所欲矣。"⑤ 此处的"有欲"是指背离了先天之德的欲望，并非与"无欲"相对的"有

---

① 徐学谟：《老子解》，《老子集成》第七卷，第 151 页。
② 徐学谟：《老子解》，《老子集成》第七卷，第 146 页。
③ 徐学谟：《老子解》，《老子集成》第七卷，第 179 页。
④ 徐学谟：《老子解》，《老子集成》第七卷，第 178 页。
⑤ 徐学谟：《老子解》，《老子集成》第七卷，第 147 页。

欲"。徐学谟在"五色令人目盲"章更具体地解释了这先天之德损坏的过程：

> 耳目口鼻心志在我，而声色臭味游畋货利诸可欲之事，俱自外来，一引之而在我者俱去矣，故目盲于五色，耳聋于五声，口爽于五味，心狂于驰骋畋猎，行妨于难得之货，而吾丧我矣。此无他，由其厚生之过。不明于内外之辨，因爱生瞋，而大患至矣。①

耳目口鼻心志是人内在的"能欲"，声色臭味游畋货利是外在的"可欲"。可欲会对能欲造成诱惑，导致人沉溺于外物，最终损害人的先天之德。其原因在于人过于重视自己的感官需要，不断满足自身的欲望，导致对外物的索取超出内在需要的限度。而对外物的喜爱和追求，引发人与人之间的争夺，招致人身之患。这种由外物诱发的超过内在合理需要的欲，便破坏了先天之德。

（2）返本穷源的功夫。

在徐学谟看来，私心实际上是由错误认知导致的。知是通过有欲来影响先天之德的，而在先天之德中，有欲出于无欲，无欲是本原状态。由此可见，如果要矫正私心，正本清源的方法就是从先天之德入手。徐学谟将"见素抱朴，少私寡欲"解释为克制私的功夫论纲领：

> 素，无色也。见素者，不以文灭质也。惟抱朴而后能见素。朴，本然之心也。有所私者，本于有所欲也。能寡其欲，则私安用之。②
>
> 见素抱朴，少私寡欲，诸家注俱平看，而愚谓抱朴则能见素，寡欲则能少私，从心说起，自有相因。苟人皆反本穷源，

---

① 徐学谟：《老子解》，《老子集成》第七卷，第 152—153 页。
② 徐学谟：《老子解》，《老子集成》第七卷，第 157 页。

则圣智仁义巧利自置而不用矣。①

"朴"即"本然之心"，也就是先天之德的无欲。"见素"即不因外物的诱惑而丧失本然之心。徐学谟特意强调他与其他注解者对此句的不同理解，意在说明其功夫论讲究从先天之德的无欲下手。抱守本然之心，才不会为外物所诱惑；清心寡欲才能不以自己的主观目的扰乱知见，从而杜绝私心。总之，这是一种返本穷源的功夫，是超功利和伦理道德的。

先天之德是无欲和有欲的统一，因而返本穷源的功夫便要求对寂感、动静进行合适的把握。《老子》第十五章"孰能浊以静之徐清，孰能安以久之徐生"句的解释说：

> 凡人喜动者，则以物泪性，故常淆于其浊。而有道者动而无动，静以久之，则垢秽去而徐清。凡人喜静者，则以寂静灭性，故常溺于所安。而有道者，静而无静，安而久之，则天机发而徐生……凡此数者，非微妙玄通之可见者哉。而微妙玄通之道，即虚之本体也。故欲保此道者不欲盈。②

"喜动者"的"以物泪性"，就是人因形体感应外物，使先天之德淹没于无限的欲望之中；"喜静者"的"寂静灭性"，则是人一意抑制有欲，使其不能生发。只有有道者能保持有欲和无欲的和谐统一，感应而动又能不失无欲，不至于陷溺于物欲之中；寂然而静又能不失有欲，天机可以自然发生。有道者保持先天之德的完满状态，即称为"微妙玄通"。这种微妙玄通就是一种"虚"的状态，虚就是"不欲盈"。这实际上肯定了人之欲的合理部分。

徐学谟在第十六章继续对"不欲盈"进行解释，指出保任先天之德的功夫虽不能拘泥，但仍当以"守静"为核心：

---

① 徐学谟：《老子解》，《老子集成》第七卷，第 158 页。
② 徐学谟：《老子解》，《老子集成》第七卷，第 155 页。

故致虚而至于其极，由其守静而不分其心也……能静则能动而无动，故万物皆起而有为，吾亦不能以不为，故曰并作。而吾独能观其复，复字即"复其见天地之心"之"复"也。其复安在。大凡物之作也，虽芸芸不一，若畅茂条达者，然而莫不有自出之根。当夫霜降水涸，则各归其根而息之矣，即复之谓也。归根者，归于虚而已矣。若未始有动也者，故曰静。人生而静，又天之性也。守静而不失其初，故能复于命。性即命也，复于命则妄念不起，寂无变动，故曰常。[1]

虚就是先天之德的完满状态，而守静是其功夫。守静指持守无欲状态。守静不妨碍欲的感应而动，而又不失其静。万物都动而有所作为，因而人不能静而不为，因此称为"并作"。但只有人能够"观复"，"复"即返回各自的本根，本根就是"虚"。由于有欲生于无欲，因而虚表现为"静"。无欲是先天之德的本原状态，因而无欲之"静"是人的本性。"守静"就能保持人的本性，因而得以回归于"命"，"命"亦即人的本性。"复命"即持守无欲，不起私心妄念，寂然不动，从而达到恒常的状态。简言之，守静是持守先天之德本原状态的无欲，使得私心妄念无从而生，最终实现先天之德的保全。

徐学谟的守静功夫走向外王，便表现在他要求侯王用"朴"上：

为侯王者，若能守此无为之道，则不烦刑政，而万物自化于大道之内矣……人情无久静之理，所谓易穷则变也。故自化而后不能无作。藉令侯王与世俱靡，则其变不可胜穷矣。当其方作，则以无名之朴镇压之，令不复作……无欲故内存用朴之心，外无用朴之迹。万物虽作，而吾不与之俱作也。故无欲而静，天下复于无为而自正矣。[2]

---

① 徐学谟：《老子解》，《老子集成》第七卷，第 155 页。
② 徐学谟：《老子解》，《老子集成》第七卷，第 168 页。

这里概括解释了侯王用朴的两个阶段。首先侯王要顺万物之朴而无为；其次当万物要有所作为时，侯王要用自心之朴进行压制，如此则无为而天下自归于正途。

"内存用朴之心，外无用朴之迹"是侯王用朴无为的关键。徐学谟又言：

> 朴者，器之资也，朴一散则为器矣。圣人能制而用之，立成器以为天下利，则可以官长乎天下……治天下者，不可以无制。有制则有割，而无为之意微矣。[①]

> "将欲取天下而为之"，谓天下大矣，非法制号令何以整齐之，若必有待于为之而后治，吾见其可已而有不得已者在。不知天下本神明之器，其变动莫测，不可以人力智巧为也……故圣人之治，不以有心为天下，亦不以无心弃天下。不过因势而利导之……而稍去其过当者，裁其甚、敛其奢、约其泰而已。苟无妨碍，不必过求，是无为而无不为也，故天下治。[②]

面对天下万物的"朴散为器"状况，圣人不能"以有心为天下"，否则便会以自己的成心剖割坏裂万物，具体地说就是不要随心所欲地兴起法令制度；但圣人也不能"以无心弃天下"，否则就是放任自流，万民处水火而不顾，所以圣人还要有所为。圣人的有所为是"因势利导"，即遵循天下万物本身固然之理、势，虽立法兴制，也只是为了去除超过适当的部分，以使万物万民得以自由而正常地生长发展。这就是圣人治国治天下的无为无不为之法。徐学谟把《老子》的"朴"与《周易·系辞传》的圣人"立成器以为天下利"思想完美地结合起来，是对儒道两家的深度融合。

"守静"功夫也体现出儒道结合的倾向。从"知常"开始，是人依据先天之德养成后天之德的功夫。徐学谟在第十六章注继续解

---

① 徐学谟：《老子解》，《老子集成》第七卷，第 163 页。
② 徐学谟：《老子解》，《老子集成》第七卷，第 164 页。

释道:

> 知常则太虚无翳,任物往来,不常容乎。容则无所偏主,故乃公。公则可以宰制万物,故乃王。王则无私覆、无私帱也,故曰天。天有形而道无形,《诗》云:"於穆不已。"是天之所以为天者,非天乃道乎,道则无方,体者无穷尽矣。非道乃久乎,惟有此可久之德者,没身不至于危殆。①

注中将"知常"解释为"容",这个"容"便是对先天之德内涵的认知,也就是"柔"。"用柔"所形成的不争之德与此处的"公"恰好相应。至"容乃公",个体的后天之德已经养成。但徐学谟认为,"公"德会自然继续推展开去,进而超出个体私德的范围。他在该章注解后下按语说:

> 容乃公以下,曰王曰天曰道等语,即《大学》之定静安虑,相因而至,非有等差。乃有为愈尊愈大之说者,非矣。②

他以《大学》首章定、静、安、虑的自然相接而至的文法,说明《老子》所说的公、王、天、道是相同的写作手法,并强调公、王、天、道之间不存在等级差别。公是王管理天下的准则,王的大公无私则可比德于天。天是尽善尽美的,可与道媲美,二者只存在有形和无形的差别。而道无方无形,无穷无尽,真实永恒。王具备这种恒久之德,则终生不会有危险。徐学谟消解公、王、天、道之间的等级性,实际上突出了公的重要性。"无所偏主""无私覆"和"无私帱"赋予公以公平、公正内涵。以公为原则来要求和约束王,则进一步体现了公的公共内涵。

"公乃王""道乃久"的解释包含着徐学谟的公私观,但主要是

---

① 徐学谟:《老子解》,《老子集成》第七卷,第156页。
② 徐学谟:《老子解》,《老子集成》第七卷,第156页。

联系"王""圣人"等统治者说的。公的内涵和范围明确后,反过来私的界限便也清晰起来。"宠辱若惊"章的注释指出:

> 能不私其身之贵爱,而以其所贵所爱者为天下,则视身非有,视有非无,形逐境空,心随缘彻。虽浮游宇宙,而了无疑碍矣。故曰"可寄天下","可托天下"。如是而又何宠辱之可惊,大患之足患哉。①

徐学谟把老子的贵身思想,解释为国家统治者要抛弃对自身的宝爱,毅然投身于"为天下"之公的事业中,最终没有宠辱的惊扰,也没有生死的忧患,这是去私成公。第七章注则言:

> 凡人之所以不能长久者,以有其身而私之也。惟圣人深明此理,不与物竞。常后其身,不为生生之厚。常外其身,视其身若非己有者。卒之住世而能出世,不求生而能自生。故后其身而身未尝不先,外其身而身未尝不存。犹之天地,无心而成化也。能后能外,非以其无私邪。而身先身存,是则可以长久也。适以成其私耳。②

从中可以看出,徐学谟并非完全反对"私",而是认为只要从无私出发,私反而能够得以成全,这是执公成私。去私成公与执公成私是一个前后连贯、相期而至的整体,不能截然分开地看,而两者具有共同的思想基础,即不争之德。徐学谟说:"若圣人者,岂惟常使天下享我之有余哉,而歉歉然犹以博施济众为病。故常为天下劳其神,而不挟之以为能。为天下役其身,而不居之以为功。其所以不恃不处者,盖恐天下以我为贤,不欲以自见其贤耳!此非圣人之有意于

---

① 徐学谟:《老子解》,《老子集成》第七卷,第153页。
② 徐学谟:《老子解》,《老子集成》第七卷,第150页。

谨让也，天道无心而成化，如是而已矣。"① 圣人不仅要如天道"主于平"② 而"损有余以补不足"，还要不显示自己的能力与功劳。这样才能符合天道。

如何才能做到呢？徐学谟认为要用"啬"：

> 啬字即吝啬之啬，言收敛精神而不放溢于外也。啬，人所鄙也，而不知天之所以为天，人之所以为人，皆主于收敛而已。故能啬，则治人而人治，事天而神享矣……夫精神者，性命之本也。不能啬而侈用之，至于精疲神耗，虽欲求复其初亦晚矣……能早复，则日有所得，而厚培之，其德愈盛，不谓之重积德乎。德积于己，而推之于事，岂直可以治人事天哉。寒暑不能侵，水火不能害，禽兽不能灭，故无不克。无不克，则其妙用不穷，安究其所止……莫知其极，则道全身完，可以卓立于世矣。③

"啬"就是"收敛精神而不放溢于外"。精神"放溢于外"就会导致消耗。"啬"则"积德"。强调德的积累于自身而不是炫耀于外在，这就是不示己德，也是"主于收敛"的结果。德积则能推而广之用于人事，进而达到养生全身、与道合一。徐学谟又言："夫惟不武不怒不与，盖顺应而无成心者也。惟能下人，则人将忘劳、忘死，谁敢自爱其身，是谓不争之德，而群力且为之用矣。天之道，不过恶盈好谦而已，故不争之德可以配天。自古以来，无加于此道者矣，故曰'古之极'。"④ 圣人不示己德才能自下于他人，这是不争之德，如此他人之力才能为我所用，以助成可以与天相匹配的圣德。

总之，徐学谟的这种公私观，是以儒家的经世思想改造道家的贵身理念，一方面继承了"天下为公"的儒家传统，同时有限度地

---

① 徐学谟：《老子解》，《老子集成》第七卷，第 191 页。
② 徐学谟：《老子解》，《老子集成》第七卷，第 191 页。
③ 徐学谟：《老子解》，《老子集成》第七卷，第 181—182 页。
④ 徐学谟：《老子解》，《老子集成》第七卷，第 187 页。

肯定了私的价值和合理性。而对统治者的期许，已不同于传统儒家的"圣王"观念，这是晚明世俗社会的发展在政治思想上的反映。

徐学谟的德论是功夫论与政治思想的相互结合，尤其是关于守静与先天之德的阐发，与王畿从王阳明四句教中悟出的"四无说"有某种相似之处，即呈现出一种"一悟本体即是功夫"①的简易特点。但"四无说"建立在心为本体的基础上，其对本体的认知方式是带有神秘色彩的"悟"，因而王畿发展出了"良知信仰论"，"更代表了阳明学宗教化的一个基本形态和主要取向"②。徐学谟讲的先天之德则是由太虚生成赋予的，重在对它的觉知，这种觉知不仅成为后天之德养成的基础，而且由不争之德发展出了带有政治启蒙色彩的公私观。两者比较，可以看出徐学谟老学思想与宋明以来盛行的心性学之间的差异。

三、《老子解》的思想价值

1. 老学思想与时代特点

徐学谟在自序中解释注解《老子》的缘由说："予涉世久矣，人心风俗江河日徙矣。比于既老而蒿目以观，嚣呶在前，能不益有味于清净宁一之旨乎？"③奢侈僭越和浮华不实是明中后期的时代弊病。徐学谟的老学思想是他反思明中后期虚浮奢靡的社会政治风气的产物，也是他"志道救世"一以贯之的指导思想。

首先，救世思想中渗透着士人的独立品格，它是徐学谟老学的公私观在特定时代的反映。徐学谟阐述《老子》第十三章主旨说："前言有身则有患，是身于人为赘物，未见有着落处，故申言不有其身者，非无其身也，谓不私其身，以天下为身也。以天下为身，则

---

① 王阳明撰，邓艾民注：《传习录注疏》，上海古籍出版社 2012 年版，第 258 页。
② 彭国翔：《王畿的良知信仰论与晚明儒学的宗教化》，《中国哲学史》2002 年第 3 期。
③ 徐学谟：《归有园稿》卷二，《老子解自序》，《四库全书存目丛书·集部》第 125 册，齐鲁书社 1997 年版，第 466 页。

无人无己，形骸罔间，骨肉都融，即易旦不获其身。"① 不惜己身为天下服务，正是士人关心天下兴衰的责任意识。这种精神在改革家张居正身上有充分体现，他说："二十年前曾有一宏愿，愿以其身为蓐荐，使人寝处其上，溲溺之，垢秽之，吾无间焉……有欲割取吾耳鼻，吾亦欢喜施舍。"②"吾平生学在师心，不蕲人知。不但一时之毁誉不关于虑；即万世之是非，亦弗所计也。"③ 海瑞评价张居正"工于谋国，拙于谋身"。然而，张居正是"以天下为身""无人无己"的改革者，斤斤计较于个人得失绝非改革家张居正的气魄。郭正域在徐学谟身上也看到这种精神的闪耀："圣人有言，上善无名，岂不然乎！信心而行，不见是而无闷，不有其身，何知身外？墨墨而施，恢恢而往，岂其若建，鼓然而急人知也。"④"上善无名"，是对不计个人得失而"工于谋国"者的道家化的褒扬语言。在党派纷争的明代中后期，在高扬个体主动性的阳明心学和对儒家礼制有着深刻批判性认识的道家思想的综合影响下，毅然投身于挽救政治危机的儒家知识分子展现出释放主体创造力的独立人格。但不同于个体主义的独立，它在凸显个体主动性的同时，也扮演着连接私与公、现实与理想之间精神桥梁的重要角色，还原了儒家思想的情感底色，成为经世致用思想的理论根基。

其次，《老子解》中朴治主义色彩的救世思想是对时代弊病的回应。徐学谟看到晚明社会人心与民风浇漓，因而本着"务求其是"的学术态度，希望通过阐发《老子》中的"清净宁一"思想，给统治者提供可资借鉴的治国智慧，体现出儒家士人深刻的社会关怀。徐学谟在回答张居正询问的"官富民贫"问题时，深刻分析了时代

---

① 徐学谟：《老子解》，《老子集成》第七卷，第 154 页。
② 张居正：《张文忠公全集》书牍五，《答吴尧山言宏愿济世》，商务印书馆 1935 年版，第 295 页。
③ 张居正：《张文忠公全集》书牍十二，《答湖广巡按朱谨吾辞建亭》，商务印书馆 1935 年版，第 446 页。
④ 郭正域：《合并黄离草》卷二十六，《少保资政大夫礼部尚书徐公墓志表》，《四库禁毁书丛刊·集部》第 14 册，北京出版社 1997 年版，第 421 页。

病痛：

> 无亦承平既久，而天下之人文日胜乎……大都文胜则风靡，风靡则俗竞，俗竞则士大夫有侈心，有侈心者必有横政。横政亟行，则势必至于"损不足以奉有余"。夫"损有余以补不足"，天道也。王者承天之道，将使吏宣布之而致之民。乃今不足者，不惟不能补，而又从而损之；有余者不惟不能损，而又从而益之。夫是以利常缺于所需，而财恒积于无用，言官"官富民贫"之说有以也。①

人心的浮华不实导致风俗的奢靡和私争，进而刺激士大夫的贪欲，转移到政治上形成侵渔百姓的横政。《老子解》对此也有反映。"盖见后世之天下，二者决不可已，乃老子所指尚贤，即后世之标榜也。所指贵货，即后世之掊克也"②。"标榜"即私争，"掊克"即横政。所谓"人文"实际就是私智。《老子解》对私智的产生有具体分析。"乃上之人，顾日忧其无知，而思以开导其智慧，此条教号令所由设也，而作奸犯科者出矣"③。可见，徐学谟认为问题出在国家的治理上。

徐学谟提出带有"无为"意味的敦化人心风俗的措施：

> 国家法制大备，纲纪森严，外内均齐，较若画一，非周末之陵夷比也。所不足者，人心风俗耳。老氏曰："孰能浊以久静之徐清。"愚以为在相公固不必大有所更革，亦惟为天下得人而已矣。今在外重臣能办可大可久之业者，惟巡抚官耳。其人正，百僚将自正，计序而升，循途守辙。由今之道无变今之俗，虽百巡抚无益也。愚以为九卿中岂无"见素抱朴，少私寡欲"，已

---

① 徐学谟：《徐氏海隅集》卷续三十二，《上张相公书》，《四库全书存目丛书·集部》第 25 册，齐鲁书社 1997 年版，第 49 页。
② 徐学谟：《老子解》，《老子集成》第七卷，第 147 页。
③ 徐学谟：《老子解》，《老子集成》第七卷，第 147 页。

试而有验者乎！诚得三四人访祖宗朝故事，遇大藩有缺，暂令出镇，示以指向，毋动声色，一以"去甚、去奢、去泰"责之，凡一切蠹国耗财烦苛之病民者，悉扫除而湔涤之。即未能旦夕见效，而揉摩渐渍，观视顿殊，远迩闻风，将来取法。道德可以徐一，风俗可以徐同矣。①

徐学谟不主张改弦更张，认为遵守之前的法令制度已足够；着眼吏治得人，主张通过重点任用巡抚抑制奢靡浮华之风，端正风俗民心。这与他在《老子解》中发挥的圣人以"朴"治天下的思想完全一致。徐学谟的措施有敦本务源的意旨在，但企图以地方要员之力扭转民风、官风，使人民止于衣食饱暖、官员安于道德仁义，则失于理想化。这与明代中后期人们在商品经济发展起来后的物质、精神需要和思想自由风气是相违背的。

张居正自然没有采取这种建议，但他整顿吏治的措施在一定程度上渗透了这种精神。张居正在用人方面要求公诠选，"所谓公诠选，是官员的用舍进退，一以功实为准，不徒眩虚名，不尽拘资格，不摇之毁誉，不杂之爱憎，不以一事概平生，不以一眚掩大节"②。在重实才而不计虚名这一点上，张、徐二人是有共识的。这是对世病的共同诊断。但徐学谟的朴治主义反对虚名是以厚培道德为目的的，而张居正过分重实才而导向了忽略道德的功利主义用人标准，客观上与徐学谟的朴治主义走向对立。

但张居正采纳了徐学谟关于整治书院的建议。徐学谟认为："士失本原久矣，凡所措注，非妄即庸耳。关骼不通，虽有良药，何从奏效哉？毁私创书院以遏奔竞，燔坊市时文以崇传注。足下建白，尚欠此也。傥相公相见，一从容言之。以非职分，不敢喋喋也。"③

① 徐学谟：《徐氏海隅集》卷续三十二，《上张相公书》，《四库全书存目丛书·集部》第 25 册，齐鲁书社 1997 年版，第 52 页。
② 樊树志：《晚明史（1573—1644 年）》，复旦大学出版社 2003 年版，第 247 页。
③ 徐学谟：《徐氏海隅集》卷三十，《与张给谏书》，《四库全书存目丛书·集部》第 125 册，齐鲁书社 1997 年版，第 3 页。

"遏奔竞"就是息争心,"崇传注"就是求真知。可见,徐学谟的建议是着眼于端正学术和培养士人实才的。这封书信是徐学谟在郧阳任上所作,即万历七年(1579)之前。张居正对讲学运动的态度有一个从禁讲学、不许私创书院到明令毁书院的变化过程,而毁书院之令恰始于万历七年。所以张居正的毁书院政策或与徐学谟的这封书信有关。

2.《老子解》与学术变迁

在晚明程朱理学僵化,阳明心学日益盛行的背景下,一般儒家士人或者废书不读,空谈心性,或者出于科举考试的需要沉溺于程朱著作,这些都导致了儒士对实际学问的忽视。因此,徐学谟提出"孔老并圣",意在提倡经世致用,反对空谈性理。他的老学思想吸收气学、理学、心学的有益成分,而且在学术宗旨上出现了明显的转变。

徐学谟的学术思想深受嘉定学术传统和老师唐钦尧、殷子义,以及归有光等人博通经史百家、折衷程朱陆王和经世致用的学术学风影响。他在《老子解》中揭示出来的"志道救世"一词,是对这种学术学风的高度概括和发展。徐学谟的老学思想贯穿着其一贯的经世致用精神,这在其德论的政治道德部分有明显表现。经世致用,即"救世"的方式是"志道"。

徐学谟继承了殷子义和归有光的学术思想,主张研习经史以求义理。他晚年倡议在嘉定创建钟楼,作文记述说:

> 异时学者以通经为务、以学古为师,比出而效用,往往不诡于名实,殆断断如也。然吾犹虑其局于方之内,而未能游乎方之外也。藉令有味乎建楼之旨,庶其一览而知天地四方之广乎,而名世者累累而踵接之矣,而又何艳羡于元魁之选!①

---

① 徐学谟:《归有园稿》卷五,《嘉定县新创钟楼记》,《四库全书存目丛书·集部》第 125 册,齐鲁书社 1997 年版,第 499 页。

嘉定学术的传统是博通经史以获得实学、养成实才。但徐学谟强调要在此基础上"游于方之外",意即要了解和研习义理。这就是要从经史之学中求取义理。

而针对学术上心学盛行的局面,徐学谟也是强调由博返约。他为刻印薛瑄的《郡斋读书记》作序说:

> 今儒生家所诵法者,宜莫如孔子。孔子之教颜渊,先之以博文,而后约之以礼。当其时,及门之士彼独称庶几焉,然犹不能径造以见孔子之卓。至其雅言于诸弟子者,不过诗书执礼而已。虽以子贡之颖悟,不得与于性与天道之闻。则约礼之训,自颜氏之外,固未易以轻授之也。乃孔子之自言犹曰:"下学而上达。"夫圣人之学得于天性,讵假于积习而后至哉?顾道无所缘,则无所入。成章后达,即上智之所不废也。骛玄虚而厌探索,窅然茫然,将何底竟焉?圣人盖伤之矣,故直以己而示之准。由人以之天,溯博而反约,理无二而学有等。此精一相传之指,千圣复起不能易也。①

心学流行之弊,是空谈义理而废弃实学。徐学谟为此竖起儒家开创者孔子这面大旗。"由人以之天,溯博而反约,理无二而学有等",将"博"与"约"辩证地统一起来,并且认为由博学所得之理与约礼所得之理是相同的,只是二者为学方式不同,但圣人孔子尚且是"下学而上达",所以通过博学广识以求取义理是古来十六字心传的意旨。这继承了殷子义和归有光综合朱熹、王阳明,以心中之理与经书所载之理相印证的学术观点。

《老子》对徐学谟学术思想的影响还体现在对"理"的理解上。徐学谟《老子解》所阐发的理为自然之理,这个理并非以伦理为导向,而是具有理性自然精神。其博通经史所求取的"理"也不同于

① 徐学谟:《徐氏海隅集》卷六,《刻薛文清公读书全录序》,《四库全书存目丛书·集部》第 124 册,齐鲁书社 1997 年版,第 454 页。

宋儒所讲的性命之理，而是超越性的客观规律。因为自然之理存在于"本始"之中，所以求取"本始"就包含了求真求实思想。探求世事的"本始"，就表现为历史意识和尊古意识，反映在学术上就是对史学的重视，这在《老子解》中也有反映。如解"莫知其极，则可以有国。有国之母，可以长久"说："譬之有国者，社稷人民以我而为之主也，故曰'可以有国'。而国之所以为国者，必有缔造之始，如人之有母，万物由之以生，既得其母，以知其所以为子。既知其子，复守其所以为母。子母相抱而不离，则'可以长久'。"① 这已经在思考国家的历史形成问题，"守母"即一种复古追寻。回归人心的"本始"，就表现为对自然之性和淳朴风俗的提倡和重视。所以徐学谟在他纂修的《湖广总志·风俗志论》中说："'顽似鄙'老氏之所贵也，'先进之野人'孔子之所从也，肫肫颛固不近之乎……一变至道，固于是乎在！"② 可见，徐学谟认为风俗关乎国家治理，注重风俗问题和推崇醇厚朴实的风俗，受老子思想的影响十分明显。

徐学谟《老子解》的思想价值，还可通过其对嘉定地域学术的传承加以认识。钱穆曾以"经学即理学"为线索，将顾炎武的学术思想经由钱谦益上溯至归有光，称"要其辨经学、理学，分汉、宋疆界，则终亦不能远异于其乡先生之绪论耳"③。龚鹏程则从地域角度指出明代吴中学术对明清学术转变具有重要影响。④ 在文学领域，孙之梅、黄霖、李圣华和刘霞等梳理了包括归有光、徐学谟、"嘉定四先生"和钱谦益等在内的"嘉定文派"文学思想的传承和发展。⑤

---

① 徐学谟：《老子解》，《老子集成》第七卷，第 182 页。
② 徐学谟：《徐氏海隅集》卷三十六《志论》，《四库全书存目丛书·集部》第 125 册，齐鲁书社 1997 年版，第 103 页。
③ 钱穆著：《中国近三百年学术史》（上），商务印书馆 1997 年版，第 154 页。
④ 参见龚鹏程：《晚明思潮》，商务印书馆 2005 年版，第 296—301 页。
⑤ 参见孙之梅：《归有光与明清之际的学风转变》，《文史哲》2001 年第 5 期；《嘉定学派与明清学风文风转变》，《汉语言文学研究》2011 年第 1 期。黄霖主编：《归有光与嘉定四先生研究》，上海古籍出版社 2007 年版。李圣华：《嘉定文派古文观及其创作述略——从嘉定文派之兴谈起》，《求是学刊》2009 年第 6 期。刘霞：《从徐学谟至娄坚再至钱谦益——明代嘉定文脉传承之考论》，《宁夏师范学院学报》2015 年第 1—2 期。

文学思想的传承当与学术思想的传承相伴而行。徐学谟在嘉定学术史上的重要地位，亦可从清代嘉定籍考据学大师钱大昕的论述中窥见一斑："嘉定濒海小邑……宋元以前，未有文人学士、故家流风之遗也，士大夫多循谨朴鲁，仕宦无登要路者。然自明嘉隆间，海隅徐氏及唐、娄、程、李、严诸君，敦尚古学……邑虽僻小，其名尤著于海内，则以乡之多善士焉。"① 文中"海隅徐氏"即指徐学谟。徐学谟被置于嘉定"敦尚古学"者之首，可见他对嘉定学术的影响。这里的古学，指经世致用之学。文中"唐、娄、程、李"四人，即文学史上的"嘉定四先生"唐时升、娄坚、程嘉燧和李流芳。其中娄坚、程嘉遂二人甚至以徐学谟的"门人"自称。结合钱穆和龚鹏程的观点来看，徐学谟提出的"孔老救世"说与顾炎武的"明道救世"说之间，徐学谟"务求其是"的学术态度与嘉定钱大昕提出以"实事求是"为考据学宗旨之间，应当有地域学术传统的传承在内。由此可见，徐学谟的《老子解》在明清学术的转变过程中具有重要的意义。

第五节　郭子章的老子研究

郭子章（1543—1618），字相奎，号青螺，江西泰和人。十岁时便对《周易》、《程》传、《朱》义"合读无遗"，被当地学者称为"泰和奇童"。② 嘉靖四十三年（1564）拜师当地名儒胡直。隆庆三年（1569），获恩贡进京，后在廷试中名列榜首，时评卷人李春芳、张居正、赵志皋批："如汉高御韩彭，颠倒豪杰，莫测端倪，所谓天

---

① 钱大昕：《潜研堂文集》卷二十六，《习庵先生诗集序》，《四部丛刊初编本》，商务印书馆 1919 年版。

② 郭子章撰，郭子仁编：《青螺公遗书合编》卷首，《年谱》，《明别集丛刊》（第 3 辑），第九十四册，黄山书社 2015 年版。

授，非人力也。"① 他于隆庆五年以第三甲第二十四名考中进士。他大半生都居于官场，足迹遍及半个中国。万历四十年（1612）被封兵部尚书、右都御史，加太子少保衔。郭子章一生为官勤政廉洁，政绩突出，所到之地皆有建树，且得到广大百姓的好评。

郭子章一生"著述几于汉牛"②，对哲学、政治、军事、历律、文学、历史、地理、经济和医学等领域都有专门的论述，且为官所到之处便会留下著作。明朝文学家王世贞评价曰："（欧阳）永叔后一人。"③《千顷堂书目》录有郭子章的著作五十五种，然根据其第九世从孙郭子仁在清光绪年间对其著述的整理，表示当时郭子章的著作还存有九十二种，达数百卷之多。

郭子章是王阳明心学的承继者，其为学注重自身修养和家国兴亡，著述多是自己亲身经历和平日之所得，绝不空言。清代军机大臣瞿鸿禨曾为《郭青螺先生遗书》作序，对郭子章师承关系及学术思想有较为全面的总结，序曰：

> 自余姚王氏揭良知之统，海内翕然师尊之。百余年间，士非王氏之学不言也，而江右为其开府勤劳之邦，著籍弟子尤多，且盛于时，贤者亦纷纷出焉。公自少有异禀，师事同县胡庐山直，胡氏之学盖出文成。然予考公论学大旨颇欲以汉儒通经之功，救末流空疏之失，可谓善承师说哉。其宦迹所经历，东并大海，出于闽粤，北抵晋西，南迤楚蜀之间，风流文雅，所在振发，最后建节黔中，值播苗构逆，首请用师讨之，不数月殄平，声威赫然，几与王氏宸濠之事相埒。世之好苛论者动谓晚明之祸阳明氏实酿成之，以予所闻，明自中叶以降，上之政教

---

① 郭子章撰，郭子仁编：《青螺公遗书合编》卷首，《年谱》，《明别集丛刊》（第3辑），第九十四册，黄山书社2015年版。

② 郭子章撰，郭子仁编：《青螺公遗书合编·本传》，《明别集丛刊》（第3辑），第九十四册，黄山书社2015年版。

③ 郭子章撰，郭子仁编：《青螺公遗书合编·序》，《明别集丛刊》（第3辑），第九十四册，黄山书社2015年版。

虽颠，下风俗犹茂，其一时志节道义之士出而应时用者，兢兢然树立不苟，大抵私淑阳明之教为多焉，如公盖其一已。且夫君子之为学岂惟是苟焉，猎取名位争一日华宠而止哉，内慎其淑身制行之原，而外极其用于家国天下无穷达，皆得有以自见。若夫世俗章句小儒，沾沾焉挟一得以自喜，与夫文人好夸言而迄无事实者，皆儒者所羞也。公视学蜀中，时著论非宗藩禄养过厚，宜稍为之节，其在晋又论漕政诸大弊，皆切中机宜，而言漕事可施行者至今尚遵用之。于此，益知儒者不为空言决矣。其他文因事设辞，自撼所得，多慷慨磊落之旨，而不屑以剽袭摸拟为能事，视同时弁州历下诸子盖蔑如也。夫学者深造于古而有得矣，贵其行之自立，诚自立久而继之以不惑，则岂惟功见事信不终泯没于当世，即偶尔奋笔为文，亦必光辉发越，或蔽于暂而久遂施耀于无穷，韩子所谓诚不可掩者是也，予因序公文而并推广言之，以为世之读公书者勉焉。①

郭子章之师胡直，字正甫，号庐山，嘉靖进士，师从江右王门罗洪先，故郭子章亦为王学传人。瞿序指出阳明之学并非全是空谈，也有务实经世的一面，实为有得之见。如罗洪先便是明代杰出的地理制图学家。郭子章为学同样主张经世致用，"论学大旨颇欲以汉儒通经之功，救末流空疏之失，可谓善承师说哉"，郭子章正继承了阳明学中重视事功的精神。从序中可以看出，瞿鸿禨对郭子章的学术与事功都很推重。

关于其《老解》一书，《郭公青螺年谱》记载，癸丑四十一年"冬十月著《老子通解》成"②，可知《老解》一书成书于万历四十一年（1613），最初名为《老子通解》，其好友汪君畴曾为之作序，年谱记载：

① 郭子仁编：《青螺公遗书合编》瞿鸿禨序。
② 郭子章撰，郭子仁编：《青螺公遗书合编》卷首，《年谱》，《明别集丛刊》（第3辑），第九十四册，黄山书社2015年版。

冬十一月，长至后一日，文江邹南皋师偕曾明甫、汪君畤、康仲扬过公促膝谈心，留饭而别。君畤出所书乾坤二卦解题辞赠公，留宿明日，公为君畤题复山汪氏家政寥廓斋七篇。君畤为公作《老子通解》序，相得欢甚。①

此序今已不可见。不过郭子章自己也为《老解》撰有序文，其序曰：

世之诋老子者，莫悟其言之戾也。其誉老子者，亦莫知其言之宗也。誉老子者，莫过于庄子。即孔子犹龙一语，亦出《天道》篇。先秦有河上公注，予疑其赝；有韩非子注，予惜其驳。至汉严君平《指归》，始知其谓。然俱以自然为宗。夫自然者，有所自而然也，吾儒不言也。《大学》言自明自慊，《中庸》言自得自成自道，而不言自然，《孟子》言同然，而不言自然。六经纯矣，不著自然字。至佛氏遂破自然，曰非自然，非不自然，而以自然为戏论。则自然者，老氏之宗，非三教之宗也，非乾元统天之宗也。予故曰：誉老子者，未知言之宗。其诋老子者，自《原道》小仁义一语始甚，至欲人其人，火其书。宋儒遂诋之为权术，诋之为自私自利。不知老子未尝小仁义也。《上德》篇曰：上仁为之而无以为，上义为之而有以为。则上仁上义，老子所深慕不可得者。至所弃绝，则蹩躠之仁，踶跂之义。老子原未尝小仁义也，原未尝以蹩躠为仁，踶跂为义也。则韩子诬老子也。予故曰：诋老子者，莫知其言之戾。夫自然非宗，必有所以为宗者。上仁上义非上，必有所以为上者。探其宗可以语上矣。宗未易探，上未易语，故道难言也。夫一老子也，孔子龙之，韩子火之。予愧浅陋，上不敢雷同孔子之龙，下不敢甘食韩子之火，辑诸家注，作《老解》二篇，以俟后之

---

① 郭子章撰，郭子仁编：《青螺公遗书合编》卷首，《年谱》，《明别集丛刊》（第 3 辑），第九十四册，黄山书社 2015 年版。

作者采焉。①

从此序中大概可知郭子章注《老》的目的。他不满后世之人对于老子之评价过于主观，认为赞誉老子之人，没有抓住其言之要领处，而诋毁老子之人，又没有领会到其言之深刻处，二者皆因未知其宗而不能给出正确的评价。郭子章认为老子以自然为宗，不反真仁义，理解老子需要澄清宋儒对他的误会。至于其书名，他在序中还是确定为《老解》。

一、道论

郭子章对老子之道的阐释，首先抓住其玄妙自然的特点，如言：

> 道无始，故迎之不见其首。道无终，故随之不见其后。此古始之道也。圣人执古之道，御今之有，是谓能知古始。道统系之，是谓道纪。②

道是浑然的、无尽的，往前寻不见其来处，转后又看不到其尽头，幽深玄远，神秘莫测，其作用于物也是无穷无尽的，而圣人可以运用此亘古已存的道来驾驭万事万物，其中的规律则是"道纪"。道无始无终，取之不尽，用之不竭，又可类比于水："天下之至弱者，莫如水。水无源无归，道本无首，末无尾，应用不穷，故曰道之用。"③道不仅"应用不穷"，而且还包罗万物："物有尽而道无穷，用之不可既，故万物归焉，而不知主。"④正是因为道之无穷尽性，故能使万物归之。

关于道与自然之关系，郭子章言："自然者，道之母也。"又言："道犹有字有名，离名绝字，乃为自然。故道法自然。自然者，寂兮

① 郭子章：《老解·序》，《老子集成》第七卷，第 623—624 页。
② 郭子章：《老解》，《老子集成》第七卷，第 630—631 页。
③ 郭子章：《老解》，《老子集成》第七卷，第 646 页。
④ 郭子章：《老解》，《老子集成》第七卷，第 643 页。

寥兮，独立不改，周行不殆，天下母也。"① 将自然解释为"道之母"，"母"强调其根本性，并不是说自然高于道，而是说明自然是道的根本属性，道的作用通过自然体现出来：

> 天下惟自然之道可以长久。多言者失之，希言者得之……道者与之同于道，顺道之自然也。即未必道而德者，与之同于德，顺德之自然也。未必德而失者，与之同于失，顺失之自然也。②

自然是道的根本性特点，如果违背自然，也就违背了道，故对于一切非自然的现象都应该加以克服："举踵曰跂。跂者强高出人一头，故举踵而立，不知举踵不能久立……以皆非自然也，即自见、自是、自伐、自矜之狂态也。"③ 以自我为中心的强行强为，即非自然的行为，不应该提倡。人们应该顺应自然之道，而"自然之道，通而为一，无物不然，无物不可"④，这样便可以做到无为而无不为。

郭子章对老子之"无"论述较多，他认为《老子》以无名为宗，以无为为教，故"无"成了《老解》的重点，是其探究"乾元统天"之宗的结果。在郭子章看来，无与道既是平行的又是相等的，他说："道无所不在，而所在皆无也。"无成了道的归属，明白了无也就明白了道。由此，老氏之宗便在于无："言必有宗，吾所谓言者，以无言为宗。知言之宗，则言皆苗裔，无难知矣。"⑤ 无与道一样很玄妙，故郭子章论老子之无，首先从宇宙万物的生成开始，此即"无名"：

> 道者，众名之祖，反隐匿而无名。道之无名如此，而物皆

---

① 郭子章：《老解》，《老子集成》第七卷，第 637 页。
② 郭子章：《老解》，《老子集成》第七卷，第 636 页。
③ 郭子章：《老解》，《老子集成》第七卷，第 636—637 页。
④ 郭子章：《老解》，《老子集成》第七卷，第 636 页。
⑤ 郭子章：《老解》，《老子集成》第七卷，第 662 页。

赖之以成，岂非善贷乎？夫贷者，必有贷于人者必偿。今无有而贷，成而不偿，善贷矣。可见道之深远，实与常情相反。①

道是宇宙间所有有名之物之始祖，"众名"即万事万物之统称，道则是无名的，"无名"也是众名之祖。郭子章在第一章注阐述了无名的本原性作用：

> 无名，天地之始也。无声无臭，谁为之名？第既无矣，无必生有。有名，万物之母也。生二生三生万，谁非其子？无名之始，其妙可观。故常无欲以观之，无以观无也。有名之母，其徼可观。常有欲以观之，有以观有也。此妙与徼两者，同出于无而异名，曰妙曰徼。妙固玄也，徼亦玄也，同谓之玄，而无始无母，归于无名，统天地万物，各正性命，保合太和之众妙出焉，故曰众妙之门。②

无名作为天地万物的本始，即万物最开始的状态，一切皆是"无声无臭"，"名"无从谈起。然"无"并不只是简单的无，它能产生"有"，而"有"则产生万物，万物资始则有"名"。所以不管是论无还是论有，皆是源于无名，所有的有与所有的无也都归于无名之中。而在本原问题上之所以会有差别，乃是所用的工夫不同和所持的心态不同。以无欲的态度观之，看到的就是无，以有欲之态度观之，看到的则是有，但其实二者都是"无名之始"，只是名字不同罢了。天地之始始于无始，万物之母始于无母，他们最终都将归于无名，所以此无名统领天地万物，正性命之情，和顺天道。

无名是万物之本体，是"乾元统天"之宗，又可称之为"朴"。郭子章说：

---

① 郭子章：《老解》，《老子集成》第七卷，第 647 页。
② 郭子章：《老解》，《老子集成》第七卷，第 624 页。

　　道常无名，无名者朴也。无名之朴虽小，天下莫敢臣。侯王若能守朴，万物将自宾服。上而天地相合，以降甘露，以和召和也。下而万民不令而自均调，以顺召顺也。万物自宾如此，而实始于朴。特患侯王莫能守耳。若朴散为器，器始有名……既有而无，既有名而无名，常德乃足，复归于朴，夫何殆？常道之在天下，譬川谷之与江海。常道者万物之宗，犹江海者万水之会。川谷异派，朝宗于海。万物纷纭，同归于道。此之谓朴虽小，天下莫敢臣也。①

在万物生成的问题上，无、无名即"朴"，朴为万物最初之起点，其散开为器物，有了器物就开始有了名。"自宾"，可以理解为"自将宾服于道"②，可见，守住了朴，是符合道的，万物才能顺其自然地发展。关于"无名之朴"，郭子章还有论述："常德难知亦难守，不离不忒，至于常足，守之极也。总归于朴。朴虽小，天下莫敢臣。朴散为器，始制有名，圣人用之为官长，故大制不割。"③ 这里"朴"又与"德"联系起来了。《老子》第二十八章云："为天下式，常德不忒，复归于无极……为天下谷，常德乃足，复归于朴。"保守常德之不离不忒，以致充足，就是要回归到朴：

　　道常朴而无欲，退藏于密，似可名于小。万物且归焉，而不知道为之主，荡荡乎民无能名，又可名于大。然圣人终守朴之小，而不为大，故天下莫敢臣，万物将自宾，能成其大。④

　　万物之所以自道而从，实际上是来自朴的作用。朴是一种简单真实的状态：

---

① 郭子章：《老解》，《老子集成》第七卷，第 641—642 页。
② 陈鼓应：《老子今注今译》，商务印书馆 2003 年版，第 199 页。
③ 郭子章：《老解》，《老子集成》第七卷，第 639 页。
④ 郭子章：《老解》，《老子集成》第七卷，第 643 页。

> 是以父子之间，其礼朴而不明。故曰：礼薄也。凡物不并盛，阴阳是也。理相夺予，威德是也。实厚者貌薄，父子之礼是也。由是观之，礼繁者实心衰也。然则为礼者，事通人之朴心者也。众人之为礼也，人应则忻欢，不应则责怨。今为礼者，享通人之朴心，而资之以相责之分，能毋争乎？有争则乱……①

用礼烦琐会遮盖礼之本质，真正的礼存在于人的"朴心"之中，"朴心"可以理解为"良知"，没有过多的修饰，是人之天生具备的，没有差别，不能加以区分责怨，如果强行分别对待，就会产生争乱。郭子章进一步指出，保持朴的意义在于保持人性的"真"：

> 非其神不伤人，由圣人亦不伤人，故其神不伤人也。使圣人于人，不能全其朴而伤之，而人失其性，至于四时不至，寒暑之和不成，人之所以伤神者为多，则神其能不伤人乎？②

圣人体道，并能够教化众人，使其保守真朴，从而全其性命之情。如果失去了朴，也就离开了道，人将失其性情，天地万物之间也将变得无序。

由此可见，郭子章把老子所言的"道""无名""朴"三者联系起来论说，既强调了道的本原意义，同时将人性论与本体论结合起来进行阐述。

论及道的本原意义以及道与人的关系之后，郭子章对道物关系进行了阐释。《老子》第二十五章云："有物混成，先天地生。"郭子章把该句与《大学》之"格物"联系起来，他说："有物混成，先天地生，《大学》格物，格此而已。"③ 郭子章所谓的"格物"与一般儒家学者所论有所不同，他论格物之物，结合老子道论，着重探寻万

---

① 郭子章：《老解》，《老子集成》第七卷，第 645 页。
② 郭子章：《老解》，《老子集成》第七卷，第 657 页。
③ 郭子章：《老解》，《老子集成》第七卷，第 637 页。

物之根本，乃是从本体论的层面来讨论。他认为："物有本末，格物者格物之本也。"① 对此，他结合陆九渊、杨简直至明代诸儒的各家观点进行了详细解说：

> 杨慈湖曰：吾心本无物，忽有物焉，格去之可也，物去则吾心自莹，尘去则鉴自明，滓去则水自清矣。象山先生曰：格物者，格此者也。伏羲仰象俯法亦先于此，尽力焉耳，不然所谓格物，末而已矣。夫格物，学问之大纲也。陆曰格此，杨曰格去，毫厘之差，千里之谬，又安敢望杨之直接陆乎？故象山语人曰：杨敬仲不可说他有禅，只是尚有气习未尽。又与敬仲书曰：承喻未尝用力而旧习释然，此真善用力者也，若茫然无主，泛然无归，恐将有颠顿狼狈之患，岂师弟间药石之语耶，抑有所窥测而云耶，故读二公书不可不细玩而审择之也。
>
> 格物格此之论，自象山始至于我明最莹澈者，莫如薛文清、王心斋、王龙溪、胡庐山四先生，今备载之，象山之所谓光大者，其在是乎？其在是乎？
>
> 薛文清公曰："格物只是格个性，格物致知到豁然贯通处，即所谓天下无性外之物，而性无不在也。"又曰："致知格物者，欲推极知识以知性也，故朱子曰：知性则物格之谓。"
>
> 王心斋先生曰："大学是经世完书，吃紧处只在止于至善，格物却正是止至善。"又曰："格物之物，即物有本末之物，其本乱而末治者否矣，其所厚者薄，而其所薄者厚，未之有也，此格物也。"故即继之曰："此谓知本，此谓知之至也"。又曰："知得身是天下国家之本，则以天地万物依于己，不以己依于天地万物。"又曰："危其身于天地万物者谓之失本，洁其身于天地万物者，谓之遗末。"又曰："大人者正己而物正者也，故立吾身以为天下国家之本，则位育有不袭时位者。"又曰："行有

---

① 郭子章撰，郭子仁编：《青螺公遗书合编》卷八，《书院讲义》，《明别集丛刊》（第3辑），第九十四册，黄山书社 2015 年版。

不得者皆反求诸己，反己是格物底工夫，其身正而天下归之，正己而物正也。"

王龙溪先生曰："体用显微只是一机，心意知物只是一事，若悟得心是无善无恶之心，意即是无善无恶之意，知即是无善无恶之知，物即是无善无恶之物。盖无心之心则藏密，无意之意则应圆，无知之知则体寂，无物之物则用神。阳明先生曰上根之人悟得无善无恶心体，便从无处立根基，意与知物皆从无生，一了百当，即本体便是工夫，易简直截，更无剩欠，顿悟之学也。"

胡庐山先生曰："经上文已曰物有本末，而下文即以格物应是，宁有二物哉，格有通之义，致知在格物者，盖言古人之致其良知。虽曰循吾觉性，无感不通，而犹惧其泛也，则恒在于通物之本末，而无以末先其本，夫是则知本，即格物而致知之功不杂施矣，故其下文曰一是皆以修身为本，其本乱而末治者否矣，其卒语曰此谓知本，此谓知之至也。噫，亦明甚矣。"①

郭子章综合明代"四先生"薛瑄、王艮、王畿以及胡直的格物之说，认为他们直接陆九渊的思想，所论各有特点。郭子章本人则认为：

有物浑成在天地先，即性也，即物之本也，朱子所谓明德为本，是也，《中庸》曰："为物不二。"又曰："诚者，物之终始。"诚即不二也，即有物浑成之物，即物有本末之物，纯一不已，所以格不二之物。诚之为贵，所以格终始之物，知所先后，所以格本末之物，其实一也。孟子曰："物交物，则引之。"朱子曰："以外物交于此物，则引而去之。"所谓格物者，格此物而不使外物交也，与陆子格物格此同。谁谓朱陆异耶？自陆子有格物格此之说，而我明四先生益发明之，格物之义，无余蕴

① 郭子章撰，郭子仁编：《青螺公遗书合编》卷九，《又疾慧编上·格物》，《明别集丛刊》（第3辑），第九十四册，黄山书社2015年版。

矣，近儒有主慈湖格去之说，予所未解。①

郭子章言格物之"物"不是一般之物，乃是"有物浑成在天地先"的"物"，是"物之本"，同时他还把这个"物"称为"性"。这一解释综合了道家的本体论和儒家的德性论，因此，他很认可朱熹"明德为本"的观点，同时，他对王阳明"心身意知天下国家皆物也"的解释也是赞同的，因而肯定了明代"四先生"对格物的阐发。此外，在对格物之义的阐述中，郭子章表现出了和同朱陆的倾向，这一点，在他把明代传承朱学的薛瑄和王学传人王艮、王畿、胡直一起称为"四先生"也可以看出来。至于格物致知的具体含义，郭子章指出：

> 乾阳物也，坤阴物也，此物之在天地也。阴阳合德而刚柔有体，此物之在吾人也。以体天地之撰，以通神明之德，物格而后知致也。物为知，体知为物用，有物而后有知，故格物而后知致。②

把老子对物的根源性追究与儒家的格物致知结合起来，这是郭子章在这一问题上做出的新解。郭子章反复强调格物之物应该从物之本原来言。他说："夷希微，玄也。复归于无物，玄之又玄也。《大学》格物，格此无物之物而已。"③ 他又解释"夷希微"说："无色曰夷。道无采色，不可得视而见之。无声曰希。道无音声，不可得听而闻之。无形曰微。道无形体，不可搏持而得之。"④ 无色、无声、无形都将归于无物，而此无物也就是《大学》格物所要格之物。那么，

---

① 郭子章撰，郭子仁编：《青螺公遗书合编》卷九，《又疾慧编上·格物》，《明别集丛刊》（第 3 辑），第九十四册，黄山书社 2015 年版。

② 郭子章撰，郭子仁编：《青螺公遗书合编》卷八，《书院讲义》，《明别集丛刊》（第 3 辑），第九十四册，黄山书社 2015 年版。

③ 郭子章：《老解》，《老子集成》第七卷，第 624 页。

④ 郭子章：《老解》，《老子集成》第七卷，第 630 页。

郭子章所言老子的"无物"具体来说是什么？他回答道：

> 道之为物，恍然而有，惚然而无，惚而恍，匪象也，其中有象，而能象象。无状之状，无象之象，是谓惚恍。恍而惚，匪物也，其中有物，而能物物。有物浑成，在天地先，寂兮寥兮，可以为天下母，无物之物，是谓恍惚。①

老子的无物之物乃是似有若无的"恍惚"，不是物体本身，但其中却又包含物，并且还能产生物，始终不离"物之本"。这个物，也就是老子所言之"一"：

> 老子书论一者四，曰抱一，曰混而为一，曰道生一，至此曰得一，即玄也。《书》曰惟一，《中庸》曰为物不二，《论语》曰一贯，皆是物也。而孟子又恶执一者，何哉？夫一可得也，不可执也。得之则神，执之则贼。《关尹子》曰：性一而已。夫性一者，无人无我，无死无生，故得一者在知性。②

"一"与"无物之物"具有同样的含义，均是就物之起源与本体而论。郭子章又进一步说道：

> 天地之道可一言尽也，其为物不二，此不二之物，天地之一也。天地以此不二之物付予吾人，即吾人之一也。吾道一以贯之，非始于夫子之言也。尧曰："道心惟微，惟精惟一。"《书》曰："德惟一，动罔不吉。"《老子》曰："天得一以清，地得一以宁，神得一以灵，谷得一以盈，万物得一以生，侯王得一以为天下正。"曾子之忠恕为一也，非始于曾子也。子贡曰："有一言而可以终身行之者乎？"子曰："其恕乎，己所不欲，勿

---

① 郭子章：《老解》，《老子集成》第七卷，第 634 页。
② 郭子章：《老解》，《老子集成》第七卷，第 646 页。

施于人。"盖得之夫子也。周子曰："圣学一为要，一者，无欲也。"朱子曰："一者，诚也。天下未有不诚之恕，无忠做恕不出也。夫天下未有有欲之恕，己欲立而立人，己欲达而达人，无欲故也。"杨慈湖曰："夫子之道，忠恕而已矣。"……道心惟一，忠恕即道，道不远也，形生神发之后，气拘物蔽之余，去道已远，不得不忠恕以求之，故曰强恕而行，求仁莫近焉，或勉强而行之，或安而行之，一也。①

天地之生乃由"一"开始，此一即"不二之物"，此一产生万物，万物用之，产生一以贯之的想法，此一有贯通之意。可见，一不仅具有独创性，还具有流通性。同时一还具有包容与完备的特点："一体本全，不曲不全。致曲抱一，乃名全归。譬如算数，算一乃至算百算千算万，算竟还至一……圣人专心于一，故于道有得。众人多知多见，故于道转惑。是以圣人知少之为贵也。故抱一以为天下式。一者，少之极也……众美具备，仍归于一。"② 一包含了万事万物，而万事万物最终又归于一，此一即道。

二、道与德

郭子章论老子之道与老子之德，主要包括两个方面：其一，德是道的表现；其二，道与德乃为一体。关于德是道的表现形式，郭子章有十分形象的描述，其曰：

> 虚无无形之谓道，物之祖也，故曰道生之。化育万物之谓德，物之母也，故曰德畜之。此二句即物生之先而言。物形之，聚而成物，形可见也。势成之，物既形矣，自生而长，自长而成，自然之势也。此二句即物生之而言。别而言之，有此四者

---

① 郭子章撰，郭子仁编：《青螺公遗书合编》卷八，《书院讲义》，《明别集丛刊》（第3辑），第九十四册，黄山书社2015年版。
② 郭子章：《老解》，《老子集成》第七卷，第635页。

之异。然物形之，势成之，亦皆道德之所为，是以万物莫不尊道而贵德。物无生而贵者，如天子之尊贵，必命于天，诸侯之尊贵，必命于天子。惟道德之尊贵，无有命者，而自然尊贵。①

郭子章论道、德皆从宇宙生成来讲，即二者均是在万物产生之前即已存在。道即万物之本源，乃是万物赖以生存的依据，而德是道之化育万物的表现，是万物产生的开始。世间之万事万物，形色各异皆是道与德的作用。人类的具体行为也遵循此理，故郭子章说："无为之谓道，行道有得之谓德。"② 如果说无为是道的体现，那么行此无为之道而有所得便是德。道之无为，表现为德，这个德是无心的，不执着的，即"有德无心待物，无德有心待物"③，"上德无所作为，而无心于为，无心为上"④。对于万物不持占有之心，对于为不持功利之心，对于德也是不执着的。

郭子章进而指出，人须尊道贵德："善建善抱者，建于德，抱于德也。所以不拔不脱者，德盛而流光也。"⑤ 真正懂得道的人就是遵德之人，道、德实为一体，且长久存在：

> 老子书言久者四，始曰天地所以长久者，以其不自生，又曰道乃久，又曰重积德则无不克，无不克则莫知其极，是深根蒂固，长生久视之道。至此又曰，不失其所者久。总之，不外道德。不失其所，不失道，不失德也。⑥

在郭子章看来，道与德不仅同一，而且还是唯一的，其言："天下无

---

① 郭子章：《老解》，《老子集成》第七卷，第 652 页。
② 郭子章：《老解》，《老子集成》第七卷，第 636 页。
③ 郭子章：《老解》，《老子集成》第七卷，第 667 页。
④ 郭子章：《老解》，《老子集成》第七卷，第 644—645 页。
⑤ 郭子章：《老解》，《老子集成》第七卷，第 654 页。
⑥ 郭子章：《老解》，《老子集成》第七卷，第 642 页。

二道，无二德，圣人知天下，以此道德知之尔。"① 道只是一个"道"，德也只是一个"德"，并不存在多样性的道与德。当然，道与德在层次上仍然具有区别："德有上下，故曰上德不德，下德不失德……惟道无上下，故曰：形而上者谓之道，形而下者谓之器。"② 德可上可下，而道却终处于上，道是最高原则之所在。

在道与德的关系中，道的具体落实所表现出来的当然是上德。对于上德的含义，郭子章言：

> 上德不德，不有其德也。得而无得，是谓真得。下德不失德，不忘所得也。所得不忘，犹未得矣。盖上德无所作为，而无心于为，无心为上。下德有所作为，而有心于为，有心为下。③

在郭子章看来，要成就上德，则需无为；如果有所作为，则沦为下德。同理，"上仁上义上礼，其为也，与下德同。是仁义礼之上者，乃德之所为下也。就其中而较量之，仁无不爱，上仁之无以为，类上德。义有所择，上义之有以为，类下德"④。据此可以明白上仁、上义与上德一样，如要保持之，需做到无为。所谓"无为"，并不是什么都不做，而是忘其为仁，忘其为义，乃是"无心于为，无心为上"⑤。具体来讲就是持上仁、上义之心的人，并不知自己已经拥有仁义，也不知道自己所作所为乃是仁义之举。此仁义，无所拣择，对事物是无差别对待的。反之，如果持仁义而为之，此"仁义"便会沦为与下德同等的地位，这样就与老子的道相去甚远，世俗之仁义礼智产生，社会的混乱由此而起。所以郭子章才说："大道之行，天下为公。至仁无仁，至义无义。自大道废，而蹩躠为仁，踶跂为

---

① 郭子章：《老解》，《老子集成》第七卷，第 654 页。
② 郭子章：《老解》，《老子集成》第七卷，第 645 页。
③ 郭子章：《老解》，《老子集成》第七卷，第 644—645 页。
④ 郭子章：《老解》，《老子集成》第七卷，第 645 页。
⑤ 郭子章：《老解》，《老子集成》第七卷，第 644—645 页。

义者出焉。"①

在仁义观点上，一般认为孔、老基本上是持相反的态度，孔子推崇仁义，老子反对仁义，并讲"绝仁弃义"。郭子章却不这么认为，其言："至所弃绝，则蹩躠之仁，踶跂之义。""蹩躠之仁""踶跂之义"出自《庄子·马蹄》篇："及至圣人，蹩躠之仁，踶跂之义，而天下始疑矣；澶漫为乐，摘僻为礼，而天下始分矣。"可知"蹩躠之仁""踶跂之义"乃是天下道德废弃之后才产生的，这也是老子要绝弃的。郭子章认为，众人所言的仁义正是"蹩躠之仁""踶跂之义"，而"老子原未尝小仁义也，原未尝以蹩躠为仁，踶跂为义也"②。老子既非小仁义，故老子所说的仁义乃上仁、上义，属于上德。至于所谓的"蹩躠之仁"与"踶跂之义"，也就是有为之仁与有为之义，具体而言即：

> 声色名利之美，人皆知其为美而美之，则声色有死亡之患，名利有倾覆之祸，斯恶已。仁义礼乐之善，人皆知其为善而善之，则仁必蹩躠，义必踶跂，礼必伪薄，乐必郑卫，斯不善已。夫惟于声色名利而无之，并于仁义礼乐而无之，美且不知，恶知有恶？善且不知，恶知不善？③

有了声色名利之好，人得其好而求之，必会招来祸患，此便是恶的来源。仁义礼乐之善，人知其善，就行善，仁义必有缺陷，礼乐必为伪薄。不知而为之，谓上仁上义，知而为之谓"蹩躠之仁""踶跂之义"，其间还有一个区别就是上仁、上义对万事万物皆有仁义，而"蹩躠之仁""踶跂之义"则有所择拣，并非针对所有事物。知之而为，乃是有目的而为之，如此便是有私心的表现，便丧失仁义之原意，降低仁义之层次。所以郭子章在这里给出了他最后的结论："绝

---

① 郭子章：《老解》，《老子集成》第七卷，第633页。
② 郭子章：《老解·序》，《老子集成》第七卷，第624页。
③ 郭子章：《老解》，《老子集成》第七卷，第626页。

圣之法，非绝圣之神也。弃智之凿，非弃智之大也。绝蹩躠之仁，非绝至仁也。弃踶跂之义，非弃精义也。"① 至仁即上仁，精义则为上义，这都是老子认同的。

那么，怎样才能绝弃"蹩躠之仁""踶跂之义"，回归上仁、上义的状态呢？郭子章给出的方法就是无思无为，他说：

> 绝圣制作，反初守元，弃智出慧，复于无始，则至公无私，守分明农，大利也。绝蹩躠之仁，归于无思，弃踶跂之义，归于无为，家有慈父，户有孝子，大顺也。②

"无思无为"源于《周易》："易无思也，无为也，寂然不动，感而遂通天下之故，非天下之至神，其孰能与于此。"孔颖达《周易正义》解释为："易无思也，无为也者，任运自然，不关心虑，是无思也；任运自动，不须营造，是无为也。"所谓无思无为就是不知不行，因任自然，无所作为。王安石对此亦有论述，其曰："圣人无心，故无思无为。虽然，无思也未尝不思。无为也未尝不为，以吉凶与民同患故。"③ 王安石所言的"无思无为"与孔颖达的解释有所出入，认为"无思无为"并不是毫不作为，而是面对外界的干扰能够以坦然的心境处之，积极应对。而郭子章论"无思无为"乃从"知"着手，他说：

> 知常知和，是谓知者。无思无为始知道，知者不言也。支离分别尽梦境，言者不知也。惟塞兑闭门以杜其外，挫锐解纷，和光同尘，以治其内，无有一法从外而来，无有一法从内而出，又无少法和而生，是谓与天地同心而无知，与道同心而无体，显则与万物共其本，晦则与虚无混其根，语默随时而不殊，启

---

① 郭子章：《老解》，《老子集成》第七卷，第633页。
② 郭子章：《老解》，《老子集成》第七卷，第633页。
③ 彭耜：《道德真经集注》，《老子集成》第四卷，第637页。

言日出而应变，谓之玄同也。①

只有保持知之初始之状，即无思无为，才能做到真正的知，从外无来，从内无出、无生，在现象处表现为与万物同一状态，在隐晦处又表现为与虚无同一本体。所以他说："无思无为，虚也。致虚不已而极。"② 无思无为同时也是老子道德之最终归属，要摒除世俗的伪薄仁义，达到至上仁义就需要做到"绝蹩躠之仁，归于无思，弃踶跂之义，归于无为"。无思无为整体来说即回归本原的状态，与道同体。

从上面的分析可以看出，郭子章对《老子》的诠释具有会通儒道的倾向。因此，对于老子与孔子言论相悖的地方，郭子章都一一进行消解，批评人们对老子思想的诋毁，并为老子正名。如老子言"绝学"，孔子讲"学而不厌"，"学如不及，犹恐失之"，甚至还认为"朝闻道，夕死可矣"，可见其重视学习的程度之深。郭子章则指出，老子说的"绝学无忧"，此"绝学"即所谓的"绝圣弃智，绝仁弃义，绝巧弃利"③。这些言论看似与儒家注重学习的重要性相反，其实不然，因为"学之名目不一，有俗学，有文学，有心学，有无学。管商之功利，申韩之形名，俗学也"④。可见，老子所说的"绝学"乃是绝弃糟粕之学，并非不学，这与孔子"学而不厌"思想并不违背。又如对孔子之"举贤"与老子之"不尚贤"的分辨。孔子言："才难，不其然乎？唐、虞之际，于斯为盛。"孔子认为人才众多是唐尧、虞舜兴盛的原因，所以他十分重视举贤任能。而老子却言："不尚贤，使民不争。"郭子章认为，老子不尚贤，并非不尚贤人。"不尚贤，则国空虚，何以使民不争？"老子之"不尚贤"，实乃"不高尚而自贤"⑤。所以在郭子章看来，孔老并非相悖，只是孔子所言

---

① 郭子章：《老解》，《老子集成》第七卷，第655页。
② 郭子章：《老解》，《老子集成》第七卷，第631页。
③ 郭子章：《老解》，《老子集成》第七卷，第634页。
④ 郭子章：《老解》，《老子集成》第七卷，第634页。
⑤ 郭子章：《老解》，《老子集成》第七卷，第626页。

显现，而老子所言隐晦罢了。

解决了孔老之间的主要矛盾之后，郭子章以儒解《老》、以求实现儒道之间进一步的融通也就顺理成章了。首先是儒道在宇宙本体论上的相通。《老子》第一章"玄之又玄，众妙之门"，其解释道："无始无母，归于无名，统天地万物，各正性命，保合太和之众妙出焉，故曰众妙之门。"① 这里的"统天地万物""正性命"与"太和"皆出于《周易》，《易》《老》在本体论上是可以相通的，故郭子章又言："乾坤易之门"，"成性存存，道义之门"。② 其次，儒道思想可以互补。如老子讲"道常无名"，"道常无为而无不为"，郭子章发挥说："第曰无名，而又曰名亦既有，曰无为，而又曰无不为，此孔子所以必正名，而孟子所以重有为也。"③ 意谓道家的无为与孔孟的有为是可以互相补充协调的。再次，儒道在具体概念上可以互通。如郭子章认为《大学》之"格物"所格乃是《老子》"有物混成，先天地生"之"物"。他又言，老子之"道生一"，《中庸》之"为物不二"，孔子所言"一贯"，此三者皆是言"物"，所以也是相通为一的，并云："《大学》格物而知至，此物此知而已。愚谓老之无物，孔之格物，庄之未始有物，一也。"④

三、修身与治国

老子思想中包含丰富的修身治国之道，对此，郭子章《老解》进行了阐发。关于老子的修身之道，他主要从以下三个方面论述：

其一，处下不争。众人不愿甘于人下，更不愿落于人后，郭子章认为这是因为众人存在私心，才会"贪民逐利，垂涎太牢，淫意春台"⑤，而圣人则体天地之无私：

---

① 郭子章：《老解》，《老子集成》第七卷，第 624 页。
② 郭子章：《老解》，《老子集成》第七卷，第 624 页。
③ 郭子章：《老解》，《老子集成》第七卷，第 642 页。
④ 郭子章：《老解》，《老子集成》第七卷，第 625 页。
⑤ 郭子章：《老解》，《老子集成》第七卷，第 634 页。

欲上民，必以言下之；欲先民，必以身后之，后其身也。圣人处上而民不重，处前而民不害，乐推而不厌，后其身而身先也。外天下，外物，外生，外其身也。能朝彻见独，能无古今，入于不死不生，外其身而身存也。先且存，圣人似私其身矣，然得之后，得之外，非以其无私耶？[①]

圣人因其无私而甘于处下，其终有得，反而能够成全自身。郭子章同时指出，圣人处下就是处于自然的状态：

圣人不自见，故明。若自见者，不明。圣人不自是，故彰。若自是者，不彰。圣人不自伐，故有功。若自伐者，无功。圣人不自矜，故长。若自矜者，不长。自有道者视之，如弃余之食，悬赘之形，物皆恶之，故不处。处者处于自然，不犯众恶。[②]

实际上，圣人处下就是体道的表现：

圣人委屈御世，无一人不尽其诚，无一物不得其所，则其德全。黄河九折，一泻千里。圣人屈己从人，俯循万物，混世同波，身屈道伸，则其德直。江海最洼，万水皆归。圣人至虚至下，故众德交归，德无不备而日盈。衣敝浣濯，乃见其新。圣人去故与知，洗心退藏而日新。圣人专心于一，故于道有得。[③]

圣人体道，处下不争，其结果则能达到无人与之争的境地：

---

① 郭子章：《老解》，《老子集成》第七卷，第 628 页。
② 郭子章：《老解》，《老子集成》第七卷，第 637 页。
③ 郭子章：《老解》，《老子集成》第七卷，第 635 页。

王之为言天下所归往也……圣人为天下主，犹江海也，是以欲尽上人之道，以孤寡不谷为称，而受国之垢与不祥，以其言下之；欲尽先人之道，迫而后动，感而后应，不得已而后起，以其身后之。夫人性陵上者也，由圣人能下人后人，是以虽处人上，人欣戴之不以为重……夫以言下，以身后，则不争者也。天下乐推而不厌，又谁能与之争？①

圣人能够处下处后则无人与之争，因而为天下推重。那何为"不争"？郭子章言："有为则有争，圣人无为，何争之有？利且为何难？为人与人，利而不利，为而不为，是以愈有愈多。"② 在郭子章看来无为即无争，无为包含无争，无争乃是无为的表现之一。不争又表现在不勇于敢，有顺应之意："世之禁网虽密，然人多幸免者。惟天网恢恢广大，有疏而不密，未尝失一恶人，无得漏网者。则人又何必勇于敢，以投其网哉？"③ 不勇于敢，就是不去争强而为，"若争而后胜，虽不疏必有失矣"④。郭子章还认为，无论善恶，如"勇于敢"，皆不得善终："勇于敢则杀，不独勇于敢为恶者杀，即勇于敢为善者，亦属死地。"⑤

其二，保持赤子之心。郭子章言老子之绝圣弃智，并非彻底抛弃智慧，而是摒弃后天所得，回到人之初生状态，即赤子。而成人与婴儿的不同在于，成人有分别之心而婴儿没有。婴儿所持的乃为"元气"，元气乃是人初生之气，冲和纯粹，成人则不一样，乃"心使气者，以心而动气，是乃刚强而暴其气矣"⑥。成人之元气早已丧失，其所有的乃是"心"，故"听之以心，而不听之以气"⑦，心为其

① 郭子章：《老解》，《老子集成》第七卷，第 661 页。
② 郭子章：《老解》，《老子集成》第七卷，第 668 页。
③ 郭子章：《老解》，《老子集成》第七卷，第 664 页。
④ 郭子章：《老解》，《老子集成》第七卷，第 664 页。
⑤ 郭子章：《老解》，《老子集成》第七卷，第 664 页。
⑥ 郭子章：《老解》，《老子集成》第七卷，第 654 页。
⑦ 郭子章：《老解》，《老子集成》第七卷，第 629 页。

主导，所以归于刚强，失去赤子之心，导致人与人之间敌对关系的形成。其原因在于："人有心而后有形，有形而后有敌，敌立而伤之者至。"① 人有了心思，便对事物有了好恶的概念，又因人心之好恶各异，不免立敌。赤子则不同，"赤子无心"，故"无物与敌"。

郭子章所言之"无心"也就是无世俗之心，赤子只保留有先天所有的良知之心。修道者如何才可称为已有赤子之心，郭子章给出了一个具体的标准：

> 夜光在守，可易碔砆，何贱何贵？天子在前，了无怖色，何尊何卑？虎尾可履，鸩酒可饮，何死何生？南威在床，罔识牝牡，何情何欲？毋羡文绣，毋鄙土草，何荣何辱？修道者必至于是，乃名赤子。②

拥有赤子之心，即"生本自然，惟委之以无为可也"③。

其三，守柔。老子一再示意柔能胜刚，且柔可保全一切，为修身立命之道。怎样做到守柔？郭子章解释道：

> 守之云者，在塞其兑，使内者不出；在闭其门，使外者不入，皆守之义也。如是则澹然无为，终身不劳，其又何殆之有？若开其兑，以济其事，动之死地，终身不救，能免于殆乎？毋谓塞兑闭门，使不明不强也。所见者大，能敛而小，则为至明。内视之谓明也。所主者刚，退而守柔，则为至强。自胜之谓强也。④

"守"不仅要保证外者不入，还要保证自身力量不发散出去，其又言："老子重守，上篇曰：知其雄，守其雌；知其白，守其黑；知其

---

① 郭子章：《老解》，《老子集成》第七卷，第 654 页。
② 郭子章：《老解》，《老子集成》第七卷，第 654—655 页。
③ 郭子章：《老解》，《老子集成》第七卷，第 654 页。
④ 郭子章：《老解》，《老子集成》第七卷，第 652 页。

荣，守其辱。又曰：侯王若能守，万物将自宾。侯王若能守，万物将自化。总之曰守柔，守其母也。"① 可知，守柔不仅应该把握事物不同的一面，还要保持自我的真实以及最初的一面。老子云："天下之柔弱莫胜于水。"然而，郭子章认为，天下之至柔除了水还有气：

> 以坚御坚，不折则碎。以柔御坚，柔亦不靡，坚亦不病。求之于物，则水是也。以有入有，捍不相受。以无入有，无未尝劳，有未尝觉。求之于物，则气是也。水以柔弱，故几于道，然而不能无形者也，而犹攻坚强者莫之能先。气以其无质，故合于神，然而不能无气者也，犹能入于无间。而况以无形之至柔，太易之未见气，于以驰骋天下之至坚，而入于无间，则孰不为之动，而亦何入不自得哉？吾是以知无为之有益也。而不言之教，无为之益，则神明之符，自然之骄，天下谁得有及之者？②

水御坚，气御有，无为之无所不为，能够战胜世上所有事物，无为体现出自然的真正价值。总之，无论是水，还是气，都是用来说明柔弱胜刚强的道理以及修身的原则。

至于治国之道，郭子章主要从为政与用兵两个方面加以阐述。

在论述老子为政也即治国之道时，郭子章将其分为两种：一是世主之治；一是圣人之治。他认为老子所批判的是世主之治，追求的是圣人之治。世主之治，即当时的人君之治，"世主"是与老子所言"圣人"相反的无道之君，对此，郭子章进行了具体的描述，其言：

> 世主粉饰太平，盛修宫室，而朝甚除，夺民力而田甚芜，竭民财而仓甚虚，服文绣而作淫巧，带利剑而尚武功，厌饮食

---

① 郭子章：《老解》，《老子集成》第七卷，第 653 页。
② 郭子章：《老解》，《老子集成》第七卷，第 648 页。

> 而忘机务，货财有余而好聚敛，是谓盗竽。竽唱而众盗和，大
> 奸作而群盗起，其非道哉。①

可见，世主治国是无道之治，而其直接导致的结果则是："内暴虐其
民，而外侵欺其邻国。内暴虐则民产绝，外侵欺则兵数起。民产绝
则畜生少，兵数起则士卒尽。畜生少则戎马乏，士卒尽则军危殆。
戎马乏，则将马出。军危殆，则近臣役。"② 之所以世主之治会造成
社会混乱，百姓困苦，皆因为人君太过有为。因此，想要得到一个
安乐祥和的清净社会，须行圣人之治，即行"无为之政"。何为无
为？《老子》第三十七章言："道常无为而无不为"，郭子章解释说：
"道常无为者，其本体也，而无不为者，其妙用也。"③ 老子的道是无
为的，无为的表现则是无所不为。因此无为之政可以达到无不为的
效果，这就是所谓的圣人之治。圣人行无为之治的原理是：

> 为之以智，智不足以周物；为之以辨，辨不足以喻物；为
> 之以勇，勇不足以胜物。从来往为之，来无今，往无古。从高
> 低为之，高无盖，低无载。从大小为之，大无外，小无内。从
> 本末为之，本无一，末无多。从内外为之，外无物，内无人。
> 从远近为之，近无此，远无彼。不可分，不可合，不可喻，不
> 可思。唯其浑沦，所以不可为已。④

郭子章认为事物之浑沦如此，世主之有为始终不能包含事物的全部，
因其毕竟精力有限，并不能全方位地去考虑，所以还不如保持初始
状态，行无为之事，委屈以御世，使之长久。那么如何做到无为呢？
最主要的就是要知不可为，具体的法则有：

其一，无心。要做到无为，首先就要做到无心，此无心乃无为

---

① 郭子章：《老解》，《老子集成》第七卷，第 653 页。
② 郭子章：《老解》，《老子集成》第七卷，第 649 页。
③ 郭子章：《老解》，《老子集成》第七卷，第 644 页。
④ 郭子章：《老解》，《老子集成》第七卷，第 639—640 页。

之心。《老子》第四十九章云："圣人无常心，以百姓心为心。"郭子章对此的解释是："圣本无心，其有心也，以百姓心为心。"① 郭子章把圣人之无为与其无心联系起来，认为圣人因其无心，所以无为。圣人无心表现在其能见而不喜，闻而不怒，"一以婴孩遇之，是以彼亦不矜，此亦不愠，释然皆化，而天下定矣"②。因为圣人无心就不会产生爱恶之感，此乃圣人之原本之态。如圣人对其百姓而言，则是有心的，此心是以百姓心为心，圣人本没有善信之心，其有心也是以百姓之心为善心，由此泽及天下："是何同德之善，而非一人之善，同德之信，而非一人之信。"③

无心也即无欲。老子所言无欲，乃是保留道的纯然状态，无所显露，表现出一种甘于处下为小的泰然状态，所以他说："道常朴而无欲，退藏于密，似可名于小。"④ 可见道之无穷也无欲。其表现在"爱养万物而不为主"⑤，道作育万物，使万物归附而不主宰万物。此无欲包含无我、无为的意思。在《老子》第三章"常使民无知无欲"句，他引薛蕙之解云：

> 圣人之治天下，塞富贵之涂，屏纷华之物，使民消其贪鄙之心，守其素朴之行，恬淡而无思，心之虚也，故神气内守而腹实矣；退怯而无为，志之弱也，故精力不耗而骨强矣。无知无欲，人心本如是耳。⑥

无欲就是恢复本心、保持素朴之心，这是治民之要。

其二，贵不用智。"智慧者，伪薄之源也"⑦，所以圣人治国不仅

---

① 郭子章：《老解》，《老子集成》第七卷，第 651 页。
② 郭子章：《老解》，《老子集成》第七卷，第 651 页。
③ 郭子章：《老解》，《老子集成》第七卷，第 651 页。
④ 郭子章：《老解》，《老子集成》第七卷，第 643 页。
⑤ 郭子章：《老解》，《老子集成》第七卷，第 643 页。
⑥ 郭子章：《老解》，《老子集成》第七卷，第 627 页。
⑦ 郭子章：《老解》，《老子集成》第七卷，第 660 页。

不用智，且要引导人民也不开启智巧之门。因为圣人用智治国会直接影响其民，郭子章这样解释："用智治国，民化为智，造伪饰诈，是国之害也；不用智治国，则民化为朴，黎民醇厚，是国之福也。"①由此可见郭子章所说的不用智，并不是使民愚昧无知的低劣手法，而是使其保留最为原始的质朴状态。他认为百姓只有在质朴未失、诚信未变的情况下，才易施教化，才能使民从禁令。其中的道理则如《庄子》所言："擢乱六律，铄绝竽瑟，塞瞽旷之耳，而天下始人含其聪矣。灭文章，散五采，胶离朱之目，而天下始人含其明矣。毁绝钩绳而弃规矩，攦工倕之指，而天下始人有其巧矣。削曾、史之行，钳杨、墨之口，攘弃仁义，而天下之德始玄同矣。"② 这样就能达到老子所言的治世。

其三，发挥圣人的主导作用。《老子》第三章云："不尚贤，使民不争。不贵难得之货，使民不为盗。不见可欲，使心不乱。是以圣人虚其心，实其腹，弱其志，强其骨。常使民无知无欲，使夫知者不敢为。"③ 郭子章注："不尚贤章有四使民字，故曰圣人之治也。"④ 郭子章注意到《老子》此章四处提到"使民"，包含着治国治民之道，强调了圣人的引导作用。对于"不尚贤，使民不争"句，他认为："尚，高尚也。不高尚而自贤，惟不矜，天下莫与争功，惟不伐，天下莫与争能，何争之有？"⑤ 使贤者做好自己的本分，而不自以为是贤者，这样就可避免争斗；而如果过度重视贤者，反而容易导致其自大自夸，易生骄纵嫉妒之心，从而纷争四起。"不贵难得之货，使民不为盗"句，郭子章强调的是要使民无欲，因为他认为只有做到不欲，才能"赏之不窃"，国家才能和谐。"不见可欲，使心不乱"句，郭子章认为此"欲"，乃为老子所言的"五音""五色""五味""驰骋畋猎"，民之见则"盲聋爽狂"，一切人为的事物皆能

---

① 郭子章：《老解》，《老子集成》第七卷，第660页。
② 郭子章：《老解》，《老子集成》第七卷，第660页。
③ 郭子章：《老解》，《老子集成》第七卷，第626页。
④ 郭子章：《老解》，《老子集成》第七卷，第626页。
⑤ 郭子章：《老解》，《老子集成》第七卷，第626页。

使民勾起欲望，乱便因此而生。这里郭子章认为只有使民回归本始状态，见素抱朴，社会才能保持安定，叛乱才不会滋生。"常使民无知无欲"，便能成就国家的自实自强。所以他说："不自贤，何弱如之？不好货，不见可欲，何虚如之？不争，不竞于力，而竞于德，何强如之？不盗不乱，不富于财，而富于德，何实如之？"① 由此便得出老子之"为无为，则无不治"的结论。

　　老子不仅讲治国之道，还讲用兵方略，这也是身为兵部尚书的郭子章特别关注的一点。然而郭子章并不赞同后世将《老子》一书看作兵书，不认为老子之言为权诈之术。有人言老子"将欲如彼，必使如此，使人不觉堕其术中"②，郭子章辩驳道，"日中必彗，操刀必割"③ 的见机行为才是阴谋，而老子之言是从事物之反面而观的睿智之举。对此，他还进一步解释道："造化有消息盈虚之运，人事有吉凶倚伏之理。故物之将欲如彼者，必其固尝如此者也。"④ 这并不是老子刻意为之的权诈之术，乃是事物相生相因之理。其又言老子论用兵，仅从恬淡与不用强两方面说起，老子本人是反对征战的。

　　关于恬淡，老子云："兵者不祥之器，非君子之器，不得已而用之，恬淡为上，胜而不美。"⑤ 老子并不赞同用兵之举，如实在不得已而用之，则应遵守恬淡之宗旨。对于"恬淡"二字，郭子章的解释是"不美不乐，是曰恬淡"⑥，并且还认为："道之要处，不出恬淡二字。不乐杀人，则恬之实也。"⑦ 可见，"恬淡"也是一种淡然处之的心境，从用兵而言，就是要不以此为好恶，这主要表现在："不杀老弱，不猎田稼，服者不禽，奔命者不获，虽得胜而无美之之心。"⑧ 正确的用兵之方乃是"以道佐人主者，不以兵强天下而不武；不得

① 郭子章：《老解》，《老子集成》第七卷，第 626—627 页。
② 郭子章：《老解》，《老子集成》第七卷，第 644 页。
③ 郭子章：《老解》，《老子集成》第七卷，第 644 页。
④ 郭子章：《老解》，《老子集成》第七卷，第 643 页。
⑤ 郭子章：《老解》，《老子集成》第七卷，第 641 页。
⑥ 郭子章：《老解》，《老子集成》第七卷，第 641 页。
⑦ 郭子章：《老解》，《老子集成》第七卷，第 641 页。
⑧ 郭子章：《老解》，《老子集成》第七卷，第 641 页。

已而用之，恬淡为上而不怒；战胜，以丧礼处之而不争"①。

老子之无为还在于不强为，其用于战争，则是不以强大凌人，如果"以兵强天下，虽或能胜，其祸必还报之"②。他又举秦始皇、汉武帝等为例："楚灵、齐湣、秦皇、汉武，或杀其身，或祸其子孙。人之所毒，鬼之所疾，未有得免者也。"③ 以此证明老子言之有道。他还解释说："强者反可以壮，草木壮极则枯落，人壮极则衰老，是谓不道。不道早已，谓不能久也。此善用兵者所以当果而勿强也。"④ 如果世主用兵专注于使兵强大，那么就会面临败亡的危险："坚强者乃死之类，柔弱者乃生之类也。是以兵强者则败亡，常为弱小之所乘；木强者，则支柱常为众木之所压。"⑤ 兵强者则往往败于弱小者，对于用兵者来说，强大意味着危险。

郭子章作为王学传人，文治武功大有阳明之风。作为兵部尚书，他也在践履老子之言。他平定播州叛乱之后，内心发生了很大的变化，表示出了对于明廷连年征战的担忧，以及自身对于战争的极度不愿意，其言：

> 疮痍未起，流离未归，帑藏空虚，朝不保夕。以朝不保夕之国而欲锄唐虞以来未歼之寇，人皆言臣不智。佳兵者不祥之器，不得已而用之，朝廷西征东征，征播征皮林，皆万不得已，计费金钱何止千万，而复欲以施之铜苗，即一年可了，亦费四百万金，捐有限之财，兴得已之役，人皆言臣不忠。播州杀生命不下三万，皮林不下万余，近日水苗路苗斩获四千，据士民疏苗贼十万。少杀当如皮林，水苗路苗，多杀之当如播州。大兵之后，必有凶年，伤天地之和气，以酿凶年，人皆言臣不仁，止铜仁人谓臣不武耳。夫权祸莫若轻，权福莫若重，臣以一身

① 郭子章：《老解》，《老子集成》第七卷，第 662 页。
② 郭子章：《老解》，《老子集成》第七卷，第 640 页。
③ 郭子章：《老解》，《老子集成》第七卷，第 640 页。
④ 郭子章：《老解》，《老子集成》第七卷，第 640—641 页。
⑤ 郭子章：《老解》，《老子集成》第七卷，第 665 页。

蒙不武之名，而犹得免不智不忠不仁之议，职亦甘之矣。①

这是郭子章关于自己征战之事的反思，从中可以看出老子思想对他的深刻影响。

第六节 明代官员群体解《老》的评价

一、明代官员群体解《老》的阶段性特点

对明代官员群体注《老》进行分析，可以很明显地发现官员注《老》呈现上升式的发展势头，大约可以划分为三个阶段：正德以前处于沉寂期，正德至隆庆时期老学开始兴旺，万历之后老学迎来了发展的繁荣期。官员群体老学的这种发展趋势是由政治、文化、经济等多方面的原因造成的。

明前期属于官员老学的沉寂期，虽然朱元璋以帝王之尊亲自注解《老子》，对《老子》评价极高，称之为"王者之上师，臣民之极宝"，但朱元璋的三教并立政策毕竟是以儒学为主，释、道为辅，故他仍以四书五经和程朱思想作为官方统治思想。明成祖尊崇程朱思想的力度更甚，他编辑《四书五经大全》《性理大全》，正式确定了程朱的权威地位，并继承程朱以老子为异端的观点，老子以异端形象被收入《性理大全》。明太祖、明成祖截然相反的态度，使得明前期的老学呈现出双面特点，《性理大全》及黄润玉的《老子附注》等正是这一特点的反映。

明中叶是官员群体老学的迅速发展期，这与阳明学的兴起、传播密切相关。大批阳明弟子及其信徒通过科举步入仕途，并有如徐阶、李春芳、聂豹等位居高位者以政治权力推广王学，阳明学在官

---

① 陈子龙编：《明经世文编》卷四二〇，中华书局 1962 年版，第 4566—4567 页。

员中的信徒增多。王学对待佛老的平和态度，使得信奉王学的官员基本认可三教会通思想，明中期官员老学的发展状况可以证明此论断。以有注《老》著作存世的官员为例，明中期有张邦奇、薛蕙、王道、湛若水、杨慎、归有光、万表、田艺蘅、朱得之、徐宗鲁、张之象、沈津，共12人。其中徐宗鲁、张之象只校刊《老子》，未知其学术主张。剩下的10人中，排斥《老子》者有杨慎与湛若水。张邦奇与王阳明有私交，虽然不赞同王阳明学术思想，但他并不排斥《老子》。沈津《老子类纂》大部分引用薛蕙《老子集解》的内容，可见与薛蕙的老学立场相似。归有光吸收王学思想，对佛道亦不排斥，钱谦益称其"少年应举，笔放墨饱，一洗熟烂；人惊其颉颃眉山，不知其汪洋跌荡，得之庄周者为多"，"曾尽读五千四十八卷之经藏，精求第一义谛，至欲尽废其书，而悼亡礼忏，笃信因果，恍然悟珠宫贝阙生天之处，则其识见盖韩、欧所未逮者"。① 薛蕙是明中期倡导王学并注解《老子》的第一人，王道、万表、朱得之都是王门中人，田艺蘅亦倾向王学，可见王学在明中期老学兴起中起到了重要的推动作用。薛蕙、王道、朱得之的注《老》著作后文将有分析，上文选择万表与湛若水作为明中期官员群体老学的代表，展现明中期官员群体老学的概貌。

明后期是明代老学的繁荣期。这一繁荣不仅表现在数量上，更表现为注《老》者的社会覆盖面的扩大。明前期14位注者中，身份为官员者7人，剩下的为学者、道士，还有身份不明者。明中期41人中，官员有37人，非官员者为：黄省曾，举人；邵弁，学者；沈宗沛，身份不明；陆西星，道士。明后期105人中，官员有65人，其他参与者有僧人、道士、刻书家、学者，还出现了一批托名吕祖的解《老》著作。可见，明后期老学的繁荣是社会多阶层参与的结果。僧人、学者、托名吕祖之作，都有明显的身份印记，如释德清注解《老子》是为了将孔、老思想纳入佛教体系；印玄散人作为学

① 归有光著，周本淳校：《震川先生集·钱谦益序》，上海古籍出版社1981年版，第7—8页。

者，他注《老》是为了会通《老子》之旨，故取诸家注解，间述己意，会为一家，名《老子尺木会旨》；道士王一清由儒入道，其注文兼有道教与儒学思想，其曰："五千文不只专言炼养，盖亦兼言治道。"① 此一时期官员注解《老子》亦是以修身治国为主题，但在明后期特殊的社会与政治环境下，官员老学还增加了新的主题。

万历四十四年（1616），秦继宗在为归有光《道德经评注》所写的序文中揭示了《老子》流行的原因：

> 则此二书（《老子》与《庄子》）久为帝王所尊礼，岂徒野修之辈相与肄习之也……晁文元曰：古今名贤好读老庄之书，以其无为无事之中，有至美至乐之理，似矣而未也。学者诚能想其玄机，测其至理，可以出世，可以入世，身心性命，共得游于安养之天。若制举艺，窃其绪余，则参入渊微，不可思议。故二书在盛明之世，即不崇诸黉序，而自学士大夫，以逮咿唔咕哔之士，莫或离也。②

宋代晁迥学贯三教，他认为老学流行是因为其精微之理，这一情况也许符合宋代的实情，但到了明后期，老学流行远非这一个原因所能涵盖，秦继宗言"似矣而未也"。秦继宗生活在明后期，其本人为万历三十八年（1610）进士，正是明老学繁荣期，他对明代老学流行的原因深有体会，习《老子》，可以出世，可以入世，可以科举，故即便《老子》不被纳入学校，士大夫、学子仍离不开《老子》。学子习此为功名，士大夫学此则为会通出世入世。明后期官员面对繁荣的城市经济、黑暗的政治环境及儒家治国平天下的经世理想，陷入了进退维谷的境地，如何在经世和出世之间寻找一个平衡点，他们以《老子》的有、无观念为形上依据，提倡以无为之心行经世之事，这一理论既消解了现实环境对他们的影响，也缓和了他们面对

---

① 王一清：《道德经释辞·总论》，《老子集成》第七卷，第 274 页。
② 归有光著：《老子道德经评注·秦序》，《老子集成》第六卷，第 445—446 页。

现实时的紧张焦虑感，为他们开出了一条既不遗落经世之志亦可享受出世之乐的安身立命之法。但是，"以无为之心行经世之事"，无为和经世之间的分界难以界定，过于强调无为，就容易流入虚无的境地，如洪其道。还有一部分官员，他们以《老子》为救世良药，发掘其修身治国理想，如赵统、沈一贯，他们或偏重治国，或偏重修身，唯有彭好古一人，专以《老子》发挥道教的修身思想。

由上可见，明代官员老学的发展状况与当时的政治、文化变迁密切相关，官员老学既是明代政治、文化变迁的一面镜子，其本身也是政治、文化的一部分。

二、明代官员群体的解《老》主旨

明前期，迫于朝廷的政治态度，官员老学相对沉寂，但朱元璋注《老》对明代官员老学影响很大，特别是他以"王者之上师，臣民之极宝，非金丹之术也"定性《老子》，这一定性为整个明代官员老学确定了诠释基调。其注颁行之后，终明一代，官员老学的主旨就是修身治国，两者可能有所偏重，但并没有出现偏离这一范围的情况。

明中期时，官员老学与王学的发展密切相关，可以从正反两方面把握这一情况：首先，从赞同王学的角度看，王学与老学两者互相融摄。王阳明以枝干与枝叶比喻儒家与释道的关系，王学派官员亦反对以老子为异端，他们对宋儒批评老子的观点一一进行了反驳，进而吸收老学以发明己说。王阳明吸收道家的形上思想，创立"体用一源"的良知学说，以"圣人之心以天地万物为一体"作为其经世理念。王门诸人或赞同王学者吸收王阳明"穷理尽性至命"的心本论及"体用一源"思想，以寂感之理或中和之说与老子之有、无相沟通，以寂、喜怒哀乐之未发与无相对，以此为心之体；以动、喜怒哀乐发而皆中节与有相对，以此为心之用。心之体本静，无善无恶，及其感物而动，可能流于人心，故需要复性之功夫，性体完全，就可实行无为而治，并实现精神对生死的超越。王学派官员的老学在关注心性思想的同时，并没有追求高远的玄理，而是将老子之道落实在治国修身上，并非如后世批评王学末流那样空谈性理。其次，从王学反对者的角度看，他们对王学持批评态度，与王学形似的《老子》亦是他们的批评对象。王学反对派对《老子》的批评集中在"虚无之弊"上。这一时期，王学是老学复兴的主要推动力。

明后期时，老学不再作为一面镜子被动折射政治、文化的变迁，而成为官员探求救世与修身治国之道的自然选择。救世与会通的最终目的都是经世，只是两派侧重点有所不同，救世派着重发挥老子的无为而治思想，而会通派则侧重于会通出世与入世，为他们寻求一条既可以经世又不为现实所累的安身立命之道。

明代老学以官员老学为主体，从中我们可以看出明代老学对《老子》修身治国思想的重视。每个时代有每个时代的老子，对于老学主旨的变迁，王明总结西汉至三国时期，老学凡三变："一、西汉初年，以黄老为政术，主治国经世。二、东汉中叶以下至东汉末年，以黄老为长生之道术，主治身养性。三、三国之时，习老者既不在治国经世，亦不为治身养性，大率为虚无自然之玄论。"① 而自魏晋到宋元，中国老学又经历了三次重要的转变："王弼注释《老子》阐发玄学宗旨，建立了宇宙本体论的哲学新体系，这是对《老子》哲学思想解释的第一次重要发展；唐代成玄英、李荣等人借《老子》以明重玄之趣，丰富和发展了玄学的内涵，这可以看作是对《老子》哲学思想解释的第二次重要突破；而从唐代的重玄本体到宋元时期心性理论的探讨，则可视为对《老子》哲学思想解释的第三次重要转变。"② 从上文老学主旨变迁可以看出，自魏晋之后，义理阐发成为老学的主题，自心性论与老学结合之后，以心性思想解《老》成为老学诠释的重要一面，明代官员老学心性思想仍然占有重要的位置，但是作为官员，他们心性论的最终落脚点在于经世，心性论只是发挥其治国思想的哲学前提，无为治国思想成为老学诠释的主流，即便是僧道也未能例外，如张宇初、危大有、王一清等。班固称道

① 王明：《道家和道教思想研究》，中国社会科学出版社1987年版，第293—294页。
② 刘固盛：《宋元老学研究》，巴蜀书社2001年版，第53页。

家为"君人南面之术",然观后来的老学发展,各代注解者更注重发挥《老子》中的哲理思想,明代官员群体的老学可以看作是对《老子》治国思想的回归,而这一思想一直持续到清代:"清代老学中体现了强烈的经世致用倾向。"①

有学者认为:"明代注《老》者虽多且杂,但深研《老子》书以阐扬其老学思想者并不多……后人所认可的明代著名的思想家中,也很少有去注解《老子》的……以上迹象,从某种程度上反映了明代时期老学的边缘化特征。《老子》书在成为大众化作品的同时,其哲学思想价值似乎也被淹没了。"② 老学的义理经过从魏晋到宋元的发展,本身已经达到了发展的高峰,且明代时老学的主旨为修身治国,故在义理阐发上难以有创新点,这是事实。但老学绝没有被边缘化,后世所认可的著名思想家,如李贽等,在当时是以"异端"的形象出现的,而明代官员才是推动老学发展的主力,因此老学中缺少在后世看来著名思想家的身影,其实官员对《老子》的重视,恰恰代表了主流社会对《老子》的接受,这自然不能说《老子》被边缘化了。李庆对明代老学评价甚高,他认为"明代人,如果说对于'五经',对于其他诸子,用力不多的话,对于《老子》则恐怕是一例外。此外,有明一代,对道家、道教文献也多加整理"。如正统年间编成的《道藏》、焦竑的《老子翼》,由此,李庆得出结论:"无论是从对于道家、道教的研究,还是从对现存的有关《老子》和道家的文献资料来说,明代都是一个不可忽视的时期。可以说是近代以前,《老子》研究的总结性时代。实际上,明代的研究,反映了各种思潮流派对《老子》的认识。直到现代,对《老子》一书的诠释的流派,基本上都可以在那时找到其端绪。这个时代的老子研究,并不具有令人激动的'闪耀性'或'轰动效应',明代也不是什么特别具有独创性的时代,但如果读一下这一时期的解《老》之作,却可以感到其中有着不少学者对问题的认真思考和细腻探讨。而平实

---

① 王闯:《清代老学研究》,华中师范大学出版社 2016 年版,第 337 页。
② 韦东超:《明代老学研究》,华中师范大学博士学位论文,2004 年,第 37—38 页。

冷静的探讨，不正是深入研究的必要条件吗？我以为，正是在这样的角度上，明代的老子研究，有着值得重视的必要。"① 李庆以"总结性时代"评价明代老学，这是很准确的，单以官员群体老学而论，若不从最终目的着眼，单看他们的注释方法，有以程朱理学解《老》者，有以良知解《老》者，有以佛教思想解《老》者，当然还有以道教内丹思想解《老》者，还有关注文字音韵训诂者；且会通思想成为明代解《老》的主流，不仅儒释道思想可以用于老学研究中，其他经史之书亦在其中出现，如《韩非子》《管子》《汉书》等，由此看来，明代官员群体的老学不仅是对前代老学的总结，更是开启了清代老学中的考据学，而以新方法解《老》，则要等待晚清西方思想传入之后了。

---

① （日）李庆：《明代的老子研究》，《金泽大学外语研究中心论丛》1997 年第 1 辑，第 304 页。

第五章　明清思想家的老子研究

重视对经典的阐释，是中国古代思想学术发展的重要特点，如张岂之所指出的："中国思想史重经学形式，许多思想家托圣人而立言，通过注解经书来阐述自己的思想，很少独立地发表自己的见解。"① 儒、道思想的发展都是如此。那么，明清时期一批思想家，如李贽、焦竑、傅山、王夫之等注解《老子》，一方面有对《老子》文本的解释，而另一方面是通过诠释《老子》来表达自己的思想见解，故他们的老子研究尤其具有思想史的价值。

第一节　李贽的老学思想

李贽（1527—1602），原名林载贽，后改回祖姓李，万历皇帝即位后，因避讳，改为李贽，号卓吾、笃吾，后随其经历，又先后号温陵居士、百泉居士、宏甫（宏父）居士、思斋居士、龙湖叟等。② 福建晋江人。嘉靖三十一年（1552）举人，未中进士，为生计所迫，遂于嘉靖三十五年以举人出身出任河南辉县教谕，开始仕宦生涯。万历五年（1577），李贽出任姚安知府。万历八年任期满后，坚决请辞。此后二十余年，李贽读书著作以自娱，其大部分著作都成于此一时期。因为李贽著作批评孔子及儒学经典，揭露理学的虚伪，遭

---

① 张岂之主编：《中国思想史·原序》，西北大学出版社 2016 年版，第 6 页。
② 参见张建业：《李贽评传》，福建人民出版社 1992 年版，第 26 页。

到一大批卫道者的打击迫害，万历三十年，李贽被逮捕，自刎于狱中。

李贽生前因其非议圣贤、经典及种种离经叛道之举被目为"异端"。他看到社会的种种弊端，以当时社会看来非常极端的手段把这些弊端揭露了出来，这种种言行正是李贽救世爱民之心的表现，《老子解》亦是李贽探寻救世之道的结果。

一、李贽老学观的变化

李贽的老学观经历了一个变化历程。李贽研究《老子》，始于一个偶然的经历。据其《子由〈解老〉序》言，早年李贽求学北方，生活贫苦，时遇大雪，绝粮七日，不得不求食于人，屋主以黍稷为饭，李贽本为南方人，习惯于吃稻米，此时却觉黍稷大美，问主人何故，主人告之曰：

> 此黍稷也，与稻粱埒。且今之黍稷也，非有异于向之黍稷者也。惟甚饥，故甚美；惟甚美，故甚饱。子今以往，不作稻粱想，不作黍稷想矣。

李贽闻言始悟，黍稷、稻粱分于南北，犹道之分孔、老，喜吃黍稷者，不可弃稻粱，当其不愁温饱时，自然可以选择，及其饥饿难当时，两者皆为保命之粮食，此为"至饱者各足，而真饥者无择也"。道亦是如此，李贽认为在国家处于危难之时，就犹如人之饥饿之时，当此之时，凡有利于救世者，都不应该抛弃。李贽"自此专治《老子》"[①]。

万历二年（1574），李贽时任职南京刑部员外郎，从焦竑处得苏辙《老子解》，阅后言：

> 解《老子》者众矣，而子由最高。子由之引《中庸》：喜怒

[①] 李贽著，张建业、张岱注：《焚书注》卷三，《子由〈解老〉序》，《李贽全集注》第1册，社会科学文献出版社2010年版，第305页。

哀乐之未发谓之中。夫未发之中，万物之奥，宋自明道以后，递相传授，每令门弟子看其气象为何如者也。子由乃独得微言于残篇断简之中，宜其善发老子之蕴，使五千余言烂然如皎日，学者断断乎不可一日去手也。①

此时，李贽尚对苏辙《老子解》推崇备至，称赞此注乃最得老子微言者，遂刊刻苏辙《老子解》，并为之作序。

万历九年（1581），李贽辞官隐居黄安五云山（天中山）中，此时再观苏辙《老子解》，其看法已发生了巨大的转变："入九以后，雪深数尺，不复亲近册子，偶一阅子由《老子解》，乃知此君非深《老子》者，此老盖真未易知也。呵冻作《解老》一卷，七日而成帙，自谓莫逾……"② 从"解《老子》者众矣，而子由最高"到"此君非深《老子》者"，李贽的老学观发生了巨大的转变，故不顾天寒，亲自为《老子》作注。③

那么他对苏辙《老子解》有何不认同之处呢？日本学者佐藤炼太郎对两本《老子》注进行比较后认为："李贽的《老子解》很多蹈袭了苏辙的解释，但是苏辙的解释往往成为无欲、无心的修养论，而李贽的解释基本上是政治论。在《老子》中李贽看出不干涉主义和放任主义，他根据《老子》否定政治上独善的完全主义。"④ 李贽所不满者在于苏辙的《老子解》偏重身心修养，且要求圣人平等无私地对待万民。而李贽在从政之后发现，这是行不通的。他在姚安任知府时推行无为而治，但并没有按照苏辙所说，平等对待百姓，而是顺民之情。李贽在姚安任上，曾为姚安府属州姚州的知州罗琪

---

① 焦竑：《老子翼》，《老子集成》第六卷，第 688—689 页。

② 李贽著，张建业、张岚注：《续焚书注》卷一，《与焦弱侯》，《李贽全集注》第 3 册，社会科学文献出版社 2010 年版，第 124—125 页。

③ 关于李贽《老子解》的成书时间，参见陈来胜、许建平：《李贽〈老子解〉、〈庄子解〉写作时间考》，《泉州市李贽思想学术研讨会论文集》，2004 年，第 145—160 页。

④ （日）佐藤炼太郎：《苏辙与李贽〈老子解〉的对比研究》，《首都师范大学学报》（社会科学版）2002 年第 6 期。

作《为政论》，阐释了他的"因性庸民"的政治观点：

> 盖余尝闻于有道者而深有感于"因性牖民"之说焉。
>
> 夫道者，路也，不止一途；性者，心所生也，亦非止一种
> 已也。有仕于土者，乃以身之所经历者而欲人之同往，以己之
> 所种艺者而欲人之同灌溉。是以有方之治而驭无方之民也，不
> 亦昧于理欤！且夫君子之治，本诸身者也；至人之治，因乎人
> 者也。本诸身者取必于己，因乎人者恒顺于民，其治效固已异
> 矣。夫人之与己不相若也。有诸己矣，而望人之同有；无诸己
> 矣，而望人之同无。此其心非不恕也，然此乃一身之有无也，
> 而非通于天下之有无也，而欲为一切有无之法以整齐之，惑也。
> 于是有条教之繁，有刑法之施，而民日以多事矣。其智而贤者，
> 相率而归吾之教，而愚不肖则远矣。于是有旌别淑慝之令，而
> 君子小人从此分矣。岂非别白太甚，而导之使争乎？至人则不
> 然：因其政不易其俗，顺其性不拂其能，闻见熟矣，不欲求知
> 新于耳目，恐其未窬而惊也。动止安矣，不欲重之以桎梏，恐
> 其絷而颠且仆也。[1]

儒家希望以仁义礼法整齐万民，但民性各不相同，若以法令强行齐
同风俗，愈齐则法愈繁，民亦不堪其扰，不若因民之性，顺民之俗，
此为事少功多之道。

姚安地处云南，少数民族众多，与汉族杂居，生活习俗不同，
若强行推行汉法，必然会导致民族争端。骆问礼时为云南参政，执
政过严，李贽劝之曰：

> 边方杂夷，法难尽执，日过一日，与军与夷共享太平足矣。
> 仕于此者，无家则难住；携家则万里崎岖而入，狼狈而去。尤

---

[1]　李贽著，张建业、张岱注：《焚书注》卷三，《论政篇》，《李贽全集注》第 1 册，
社会科学文献出版社 2010 年版，第 242 页。

不可不体念之！但有一能，即为贤者，岂容备责？但无人告发，即装聋哑，何须细问？盖清谨勇往，只可责己，不可责人，若尽责人，则我之清能亦不足为美矣，况天下事亦只宜如此耶！①

李贽劝骆问礼不可拘泥于成见，要考虑到云南当地的民情，为政以简，清静为上，不能以治汉民的方法治理少数民族。

苏辙认为申韩之惨刻原于老子，李贽不同意苏辙的这一观点。李贽认为申韩恃勇恃强，而老子则柔弱谦退，两者犹如方圆、冰炭之相对：

> 夫彼以柔弱，而此以坚强。此勇于敢，而彼勇于不敢，固已方圆冰炭若矣，而谓《道德》，申韩宗祖可钦？苏子瞻求而不得，乃强为之说曰：老庄之学重于无为，而轻于治天下国家，是以仁不足爱，而礼不足敬。韩非氏得其所以轻天下之术，遂至残忍刻薄而无疑。呜呼！审若是，则不可以治天下国家者也。老子之学果如是乎？夫老子者，非能治之而不治，乃不治以治之者也。故善爱其身者，不治身。善爱天下者，不治天下。凡古圣王所谓仁义礼乐者，非所以治之也，而况一切刑名法术钦！故其著书专言道德，而不言仁义……孰谓无为不足以治天下乎？世固未知无为之有益也。②

老子之道以虚为常，以因循为纲，以不争居下为百谷王，胜与败，进与退，福与祸，欲与不欲，知与不知，世之所尚者为前者，老子独任后者，逆世人之所尚，顺万物之情，"顺而达，则以不忍之心行不忍之政，是故其效非可以旦夕责也。逆而能忍者，不见可欲是也。是故无政不达，而亦无心可推。无民不安，而亦无贤可尚。如是而已矣"③。

---

① 李贽著，张建业、张岱注：《焚书注》卷四，《豫约·感慨平生》，《李贽全集注》第 2 册，社会科学文献出版社 2010 年版，第 110 页。
② 李贽：《老子解·序》，《老子集成》第六卷，第 615—616 页。
③ 李贽：《老子解·序》，《老子集成》第六卷，第 616 页。

此正是老子无为而无不为之意。老子以无为治国，在上者无所作为，任民自为自化，自然至于大治。若用仁义礼乐之类，则是有为，仁义礼乐尚且不用，何况刑名法术。古来学术甚多，世代相传，难免失其原意，李贽认为，从源头上看，可以说申韩原于道德，但是韩非未得老子无为之意，专任刑名，故不可言韩非之祸原于道德。若言申韩之祸原于道德，亦可曰篡弑之祸原于仁义。

李贽通过政治实践，论证了老子无为之可行，亦证明了苏辙观点的不全面，李贽的为政经验亦化为其老学思想的一部分，可以说《老子解》正是李贽为政经验的总结。

二、无为而治的思想

李贽注《老》是因不满苏辙以心性思想解《老》，故其注解重在发挥老子的无为而治思想。李贽将天下的治理分为几种情况：

> 无为也，而亦无无为也，是谓上德，黄帝是也。其次，虽为之而实无为，是谓上仁，尧之仁如天是也。又其次，不惟为之，而且有必为之心，是上义也，舜禹以下圣人是也。①

在李贽看来，圣人与太上不同，圣人指儒家世俗统治者而言，其体道并不完全，"圣人为万物之宗，而圣人无有也，但见其湛兮而已矣。彼逞能挟才露光骇众者，皆自以其有，而求通于物者也，非万物之宗矣"②。太上之道德高于圣人，乃内圣外王之"王"，是李贽理想中的统治者。太上是万物之宗却不宗之，自隐锋芒，示人以不能，和光同尘，与世混同，人不知其为宗。太上既是道德完人，亦是统治者，但圣人与太上的治国方式是不同的："须知太上无为，与舜之无为不同。"③ 也就是说，儒家的圣人之治强调以仁义礼乐为手段进

---

① 李贽：《老子解》，《老子集成》第六卷，第 625 页。
② 李贽：《老子解》，《老子集成》第六卷，第 618 页。
③ 李贽：《老子解》，《老子集成》第六卷，第 626 页。

行治理，如果说尧舜治理天下尚有无为之意，那也与老子倡导的太上无为存在差别。至于舜禹以下的圣人之治，则与老子的无为而治不可同日而语了。李贽指出：

> 争，盗之原，圣人启之也。故上者争善，其次盗国，皆起于见可欲焉耳。可欲者众，则民志乱矣，乌能治乎？太上于此，岂真有以治之哉？亦曰：不见可欲而已……夫民生有欲，无知则已，圣人者又日引之，使有知也。陈之仁义礼乐，导之法制禁令，设为宫室、衣服、车马、冠婚、丧祭之事，以启其无涯之知，而后节其无穷之欲。是犹泛滥滔天，而徐以一苇障之也，胡可得欤。太上则不然，常使民混混沌沌，无有知也，无有欲也。纵有聪明知识者出，而欲有作为，而自不敢，则天下皆归于无为矣。①

太上无为即老子之无为，是理想的治国方式，远比儒家的圣人之治高明。民本无知无欲，圣人逗其才智，制仁义礼乐、法制禁令开其心智，又以高屋广室、华彩美服等引其无餍之欲，此时若以无为治之，无异于泛滥滔天，而欲以一苇障之。基于以上认识，李贽以很轻蔑的口气评价圣人："彼以多能称，圣以多才艺称。周公者，皆窥牖者之陋。"② 而老子的太上之治则以无欲教化世人，使民混沌无知，无知自然无欲，虽有聪明者欲有为，却不敢为，天下自然无为了。故李贽以上德、上仁之无为为太上之无为，太上以无为治民，上不疑下，下不知有上，上下各不干涉，相安无事："太上无为而不疑其下，故下之于上，但知有之而已，而亦不知上之所为也。"③ 太上虽无为，民却贵之信之。圣人治民则不是这样，以仁义邀誉，民因而亲之誉之，以刑罚威慑下民，民因而畏之："故上不信其下，而以亲

---

① 李贽：《老子解》，《老子集成》第六卷，第 617 页。
② 李贽：《老子解》，《老子集成》第六卷，第 627 页。
③ 李贽：《老子解》，《老子集成》第六卷，第 621 页。

鼓誉，以法起畏。下不信其上，而以誉易上之仁义，以畏易上之政刑。"① 圣人有为，却不能取信于民。从对太上之治和圣人之治的区分，可以看出李贽对儒家的仁义礼乐持否定态度。他认为世之难治，就在于仁义、圣智、巧利之过盛，文胜于质，"不思见素抱朴，少思寡欲，虽有三者无所用之矣"②。

李贽表达了对太上无为的赞赏之情，而落实到现实政治中，他又清楚地认识到："抱一者不欲分心以爱民，务爱民者不免役神以治国，是二之也，安能抱一而无离乎。"③ 也就是说，太上无为并不是什么都不做，而是为而无为，为而不居功，是无心之为。李贽在《老子》注文中指出：

> 西施，人之所美也，鱼见之深入，鸟见之高飞，兽见之决骤，美者果可以为美乎？盗跖暴戾，其徒诵义无穷。夷齐饿死，而文武之王不损。善者果可以为善乎？无他故焉，善恶好丑，两两相形，犹之有无、难易、长短、高下、音声、前后之相待也。有则俱有，谁能去之。是以圣人于此无为而事治，不言而教行，何也？盖圣人之于万物，实未尝为之、生之、作之也。故万物并作，而不知逊让以为美。并生，而不有其所以生我者。竭力以为之，而不恃其所以为我者。若为万物之自成，而非圣人之功也，乌乎居乎？夫惟无功之可居，是以美固弗居，恶亦弗去。善固弗居，不善亦弗去。如斯而已矣。④

世间之善恶美丑本是相对而生，"有则俱有，谁能去之"，故太上之无为本就是一种理想的状态，若运用到现实中，统治者什么都不做，任民自然发展，其后果就是美与善不显，恶与不善不去，其实就是社会处于一种动乱状态。故针对现实情况，李贽提倡必要之为。这

---

① 李贽：《老子解》，《老子集成》第六卷，第 621 页。
② 李贽：《老子解》，《老子集成》第六卷，第 621 页。
③ 李贽：《老子解》，《老子集成》第六卷，第 619 页。
④ 李贽：《老子解》，《老子集成》第六卷，第 617 页。

一意思在李贽的另一著作《藏书》中直接点明：

> 吾以为羲皇以前，未暇论矣，自舜以下，要皆有为之圣人也。太公之富强，周公之礼乐，注措虽异，有为均也。孔子梦寐周公，故相鲁三月而礼教大行，虽非黄、唐以前之无为，独非大圣人之所作为欤？安在乎必于无为而后可耶？但学者不知如何为有为，又如何为无为耳。①

对于太公、周公、孔子的有为，李贽也是肯定的，因为他们的有为都是顺道而为。但后世之为变为胡乱作为，而学者昏昧，更不知何谓有为，何谓无为，老子无为而治的思想也少有人真正理解了。因此，李贽解《老》重点就是要揭示出无为而治的真意："夫老子者，非能治之而不治，乃不治以治之者也。"② 即老子之"不治"非什么都不做，而是欲以"治"达到"不治"的目的。概言之，李贽《老子解》之无为包含以下三点：

第一，无为就是逆世人之所尚。例如世人欲全身远害，往往以全求全，却不得全。世人不见四肢百骸五脏六腑，各有所长，人赖之以生，洼能容故盈，饮酒食肉，不宜过多，多则伤身，故谓少则得，多则惑，"是倒行逆流之理，而圣人之所以为式于天下者"③。需要注意的是，这里的圣人当指体道者，是道家的圣人，与前面李贽批评的儒家的圣人不同。李贽指出，后其身者，乃以退为进；外其身者，是贵其身；无私其身者，是自私之至。而对于势之自然而不可免者，"圣人知其不可逆，是故去甚、去奢、去泰而已，此不为之至也"④。此理既可式于天下，而用之于治民就表现在圣人之不争："夫圣人之所欲者，皆众人之所不欲，不贵难得之货是也。圣人之所

---

① 李贽著，漆绪邦、张凡注：《藏书注》卷三十二，《德业儒臣后论》，《李贽全集注》第 6 册，社会科学文献出版社 2010 年版，第 526 页。

② 李贽：《老子解》，《老子集成》第六卷，第 615 页。

③ 李贽：《老子解》，《老子集成》第六卷，第 622 页。

④ 李贽：《老子解》，《老子集成》第六卷，第 624 页。

学者，皆众人之所不学，辅万物之自然不敢为是也。故众人过于有为，而圣人复之。众人贵之，而圣人不贵，此之谓无为。"①

第二，无为表现在顺百姓之性而为。这是对老子无为思想的确切解读，统治者不能以己心代替天下百姓之心，强迫百姓遵照自己的意志行事，"自谓有法可以救人，是弃人也。圣人无救，是以善救"②。无救，是不强行推行己意，而以百姓心为心，善民之所善，信民之所信，对百姓一视同仁，广德爱民，自然万民归心：

> 百姓有善不善，而圣人皆善之。百姓有信不信，而圣人皆信之。夫圣人曷尝有善信之心哉？一以百姓之心为善信故也。是为同德之善，而非一人之善。同德之信，而非一己之信。故曰：德善德信也。夫天下之人，各一其心也久矣。圣人则合天下之人，而浑为一心。③

第三，李贽希望政府与百姓各安其事，互不干涉。李贽的政治不干涉论建立在其圣人与百姓平等的基础之上。李贽认为，从求道的层面看，圣人与百姓是平等的："致一之理，庶人非下，侯王非高。"④ 圣人与百姓同处世间，各安其分而已。天地若仁爱万物，就无所谓仁，圣人仁爱万民，亦无所谓仁，因为万物收到的"仁"都是一样的。橐钥存于天地间，其实天地万物、圣人百姓皆生活其中，各不干涉，各有所欲，各求其求：

> 故知天地与万物同一中也。万物无所求于天地，天地自不能施于万物。圣人与万民同一中也，圣人无容心于万民，万民亦自无所藉于圣人。各守吾之中，以待其自定而已矣。⑤

① 李贽：《老子解》，《老子集成》第六卷，第 630 页。
② 李贽：《老子解》，《老子集成》第六卷，第 623 页。
③ 李贽：《老子解》，《老子集成》第六卷，第 627 页。
④ 李贽：《老子解》，《老子集成》第六卷，第 625 页。
⑤ 李贽：《老子解》，《老子集成》第六卷，第 618 页。

这种状态是李贽理想的政治状态，对统治者而言，显然是不可能的，故李贽退而要求政府能够谨慎行事："烹小鲜者，挠之则烂。故圣人以无为治天下，虽有神奸，无所用之。"① 故圣人之无为还表现在慎为。

由上可知，李贽虽然一直在说无为，实际上是在讲有为。有鉴于当时社会黑暗，在上者逞无餍之欲，在下者效之，有才者不得其用，李贽感慨曰：

> 贪夫徇利，货多于身。烈士徇名，名亲于身。不知亡之为病也，可怪也哉。②
>
> 骐骥伏枥，贤才丧气，此衰世也，而为有道，怪哉。③

两个"怪"字表达了李贽对现实的不满与愤懑之情。李贽为官二十五年，虽官职不显，命途多舛，却从未失去儒者经世之志。在任姚安知府以前，李贽没有主政的经历，其经世思想难免有书生纸上谈兵之嫌，故万历二年（1574）见苏辙《老子解》时，甚为激赏。任职姚安之后，李贽将老子的无为思想贯彻在了日常行政之中，"一切持简易，任自然，务以德化人，不贾世俗能声"④。三年主政一方的经历和实践，使他的政治观念更加成熟，认识到苏辙《老子解》的不足之处，故其注解《老子》时，推重太上之治，希望能够把老子的无为而无不为的治国思想运用到政治实践中去。

第二节　焦竑的老子研究

焦竑（1540—1620），字弱侯，一字从吾，号澹园、漪园、漪南

---

① 李贽：《老子解》，《老子集成》第六卷，第 629 页。
② 李贽：《老子解》，《老子集成》第六卷，第 626 页。
③ 李贽：《老子解》，《老子集成》第六卷，第 626 页。
④ 李贽著，张建业、张岱注：《焚书注》卷二，《顾冲老送行序》，《李贽全集注》第 1 册，社会科学文献出版社 2010 年版，第 189 页。

生、太史氏等，谥文端。生于江宁（今江苏南京）。焦竑曾七次落榜，直至万历十七年（1589）一鸣惊人，殿试第一，授翰林修撰。在二十余年的备考生涯中，焦竑一边准备科举，一边研究学问。这一时期，在耿定向的引荐下，焦竑先后拜阳明后学史惺堂、罗汝芳为师，并结识了李贽，二人互引为千秋知己。焦竑入仕之后踌躇满志，欲一展其经世之志，然锋芒太露，性格耿直，遭到同僚排挤，万历二十五年被谪为福宁知州。次年，即辞官归家，专心读书著述。焦竑学识广博，于文学、史学、音韵学、考据学、子学等方面都有建树，一生著述颇丰，著有《焦氏澹园集》《澹园续集》《献征录》《老庄翼》《国史经籍志》《焦氏笔乘》《焦氏类林》《玉堂丛语》等。

焦竑《老子翼》著于万历十五年（1587），分为两部分。第一部分为正文之注，采辑历代注《老》著作，加之焦竑自注。焦竑的《采摭书目》列有注《老》之作 64 家，加上焦竑本人，共 65 家，其中明代者有 4 家，分别是薛蕙、王道、李贽及焦竑本人。《老子翼》正文之中并未对此 65 家都有引用，据李庆统计，《采摭书目》中所列诸家用于正文者只有 33 人，其中采用次数最多者为吕吉甫，每章都有引用，其次为苏辙 80 次，李息斋 62 次，对陆希声（8 次）、王雱（13 次）、吴澄（15 次）、王道（5 次）、薛蕙（3 次）、李贽（15次）等人的著作有重点地进行引用。李庆将此 33 本著作分为三类：一，大多为《道藏》所收。二，为王安石一系的解《老》书目，如吕吉甫、王雱、苏辙、陆佃。三，为明代解《老》著作中与焦竑思想相合者。[1]《老子翼》第二部分为附录及《老子考异》。附录部分列各家《老子》传记及历代注解和研究《老子》者的资料，有如一部老学简史。《老子考异》是根据傅奕本、碑刻本、王弼本、河上公本等各版本校刊《老子》原文。

焦竑《老子翼》有明显的"以佛论道"特征，但并不是指专以佛学解释《老子》，而是指以佛教思想解释《老子》的核心概念。综

---

① （日）李庆：《论焦竑的〈老子翼〉——明代的老子研究之三》，《金泽大学外语研究中心论丛》2000 年第四辑，第 259—261 页。

观全篇，焦竑以三教会通的思想解《老》，其核心思想为"即有以证无"。李庆指出，思想和学术的发展，大致有两种情况，一是按照旧的模式，对其中的研究方法加以改进，对旧的概念做出新的解释和阐述，因而为旧的思想体系注入新的内容。二是脱出或改变旧的思维模式，提出新的概念，构筑新的理论框架，因而显出新的发展。[①]他对焦竑《老子翼》评价甚高，认为焦竑在学术史、思想史中应该归为第二类。以其《老子翼》为例，从研究方法看，是明代《老子》研究中的考证集释派之作，开启清代考据学。从内容上来说，对于旧的道、性、有、无等概念做了新的诠释，脱出了以阐述经典为宗旨的理学家的藩篱。[②]

焦竑借鉴佛教"色即是空"解释《老子》中有与无的关系。"色即是空"出自《般若波罗蜜多心经》："色不异空，空不异色，色即是空，空即是色。受、想、行、识，亦复如是。""色即是空"以"真空妙有"理论否定小乘佛教"一切皆空"的理论，"一切皆空"，不仅否定现实世界，甚至否定佛性的真实性与成佛的可能性。"真空妙有"理论认为世界上的一切都是虚幻不实的，故谓之"空"，然空非真空，空而不空，一切众生自有真如法性存在，是为"妙有"，众生若能清净自心，自可见性成佛。

然无论是"一切皆空"还是"真空妙有"，其最终归宿都是脱离现实世界的。焦竑并没有完全照搬佛教理论，他先以《金刚经》中"凡所有相，皆是虚妄，若见诸相非相，即见如来"比附老子之道：

> 道无形容，不可形容即属之德，然知德容，则道亦可从而识，如所谓恍惚窈冥是也……不知惚惚无象即象也，恍惚无物即物也，窈冥无精即精也。如释典云：若见诸相非相，即见如

---

① （日）李庆：《论焦竑的〈老子翼〉——明代的老子研究之三》，《金泽大学外语研究中心论丛》2000 年第四辑，第 272 页。

② （日）李庆：《论焦竑的〈老子翼〉——明代的老子研究之三》，《金泽大学外语研究中心论丛》2000 年第四辑，第 272—273 页。

来也。暂为假，常为真，恍惚窈冥则不以有而存，不以无而亡。①

老子之道即佛教之"真空妙有"，然佛教体会大道的方式是依靠自身的领悟，领悟之后求得个人修行的圆满，脱离于现实世界。焦竑正是在此处改造了佛教的"真空妙有"理论：

> 人执众有为有，而不能玄会于微妙之间者，未尝阅其始耳。阅众有之始，则知未始有始，则众有皆妙，而其为恍惚窈冥也一矣。是所以知众有即真空者，以能阅而知之故也。②

焦竑的修行功夫不是依靠渐悟或者顿悟，而是"以能阅而知之故也"，是即有以求无，焦竑此意在"不灭色以为空，色即空，不捐事以为空，事即空"③的表述中显得更加清楚。从上面的有、无之论，可见焦竑只是吸收了佛教的思辨方式，但在对待现实世界的问题上，焦竑又从没有放弃儒家修齐治平的经世理想。即有以求无，使有和无由相互矛盾的关系转为相辅相成，正如明末多数官员注《老》中所提到的"住世而能出世"，以此解决出世与入世的矛盾。

"即有以求无"思想是焦竑《老子翼》的思想核心，其无为论、复性论皆由此而发。

一、老子明有之无

焦竑"即有以求无"的思想在其《老子翼》自序中表述得更为清楚：

> "夫无之不能不有，犹之柔之不能无刚也，而建之以常无

---

① 焦竑：《老子翼》，《老子集成》第六卷，第 645 页。
② 焦竑：《老子翼》，《老子集成》第六卷，第 645—646 页。
③ 焦竑：《老子翼》，《老子集成》第六卷，第 634 页。

有。夫建之以常无有，则世之仁义圣智，不至绝而弃之不止也。是亦归于举一而废百者耳。"余曰："老子非言无之无也，明有之无也。无之无者，是灭有以趋无者也，其名为轮断。有之无者，是即有以证无者也，其学为归根。夫苟物之各归其根也，虽芸芸并作，而卒不得命之曰有，此致虚守静之极也。盖学者知器而不知道，故《易》明器即道；见色而不见空，故释明色即空；得有而不得无，故《老》言有即无。诚知有之即无也，则为无为，事无事，而为与事举不足以碍之，斯又何弃绝之有？故曰：《老子》，明道之书也。"①

焦竑言"无之不能不有"，无非无之无，而是有之无。无之无者，一切皆空，沦为虚无。有之无者，无为有之体，有为无之用，故即有以证无。无为亦近于无而非真无，故虽行无为之道，仁义圣智不可废也。故"不尚贤"章，焦竑选择了苏辙的注解。苏辙言贤人、宝物、欲望必然会招致祸患，应该摒弃，焦竑认为此不异因噎废食："若举而废之，则是志与骨皆弱也。心与腹皆实则民争，志与骨皆弱则无以立矣。"② 故不若用贤而不尚贤，用宝物而不贵之，有欲望而不示之于人，人虽用之而不慕之，淡然无欲，虽有智者，巧无所用，无为而无不治也。《老子》言"夫礼者，忠信之薄而乱之首"，焦竑指出此为"极言礼智流弊所至耳"③，非是老子要废弃仁义礼智。焦竑又择取《庄子》之言证明道、德、仁、义、礼虽有上下先后之分，然圣人用之皆为道：

今己为物也，欲复归根，不亦难乎？其易也，其惟大人乎？虽然既归其根，孰为物？孰为非物？故又曰：匿而不可不为者，事也。远而不可不居者，义也。亲而不可不广者，仁也。节而

---

① 焦竑：《澹园集》卷十四，《老子翼序》，中华书局1999年版，第136页。
② 焦竑：《老子翼》，《老子集成》第六卷，第635页。
③ 焦竑：《老子翼》，《老子集成》第六卷，第653页。

不可不积者，礼也。中而不可不高者，德也。一而不可不易者，道也。此数者，虽有上下先后之异，而以圣人用之，皆道也。盖圣人百虑同归，二际俱泯，岂复有彼此去取邪。①

圣人之所以能去其分别，皆以道用之，是因为圣人用自然也，无区别对待之心，不执有为有，因势而为之，为而不为，任万物自生自化，自然而然。

道就是自然。焦竑以《楞严经》中"非因缘非自然"解释老子之"自然"。"非因缘非自然"似乎是与老子之宗自然相反，其实两者无异。《楞严经》曰："是故当知，耳入虚妄，本非因缘，非自然性。"② 眼见之性皆为虚妄，乃是虚空中自己产生，没有自性，故曰非因缘而生，亦非无因自生的自然之性。可见佛教亦是赞同自然之性，所反对者是"在有物之上"及"真空"的"出非物之下"产生的物性。比之老子，就是道化生万物，其化生方法就是自然，万物自生自化、自然而然，而非道之外又有一个"无"。焦竑指出：

> 夫所恶夫自然者，有所自而自，有所然而然也。有所自而自，有所然而然，则是自然也。在有物之上，出非物之下，是释氏之所诃也。老聃明自然矣，独不曰无名天地之始乎？知无名则其自也无自。其自也无自，则其然也无然。其自无自，其然无然，而因若缘，曷能围之？③

既然道为自然，其化生万物，非有意为也，万物皆自生自化，自然而然，故从事于道者，即效法道之自然，"无得无失，而随世之得失，故为德为失，皆信其所至而无容心焉，无不同矣"④。"无容心"焉，即无彼此之分，对万事万物皆等同看待，此自然即老子之"即

① 焦竑：《老子翼》，《老子集成》第六卷，第654页。
② 赖永海、杨维中译注：《楞严经》卷三，中华书局2010年版，第85页。
③ 焦竑：《老子翼》，《老子集成》第六卷，第647页。
④ 焦竑：《老子翼》，《老子集成》第六卷，第647页。

有以求无"：

> 夫事涉于形则有大小，系乎数则有多少，此怨所由起也。惟道非形非数，而圣人与之为一，以无为为为，以无事为事，以无味为味，爱恶妄除，圣凡情尽，而泊然栖乎性宅，则大小多少一以视之，而奚怨之可报哉？惟德以容之而已。①

焦竑之"无为论"既不废于"无"，亦包含有万物平等的精神在其中，与王学"万物一体之仁"、李贽之"致一之理，庶人非下，侯王非高"② 意思相近，这一从道的层面要求在上者对百姓一视同仁的思想，自明中期王门弟子引入《老子》中以后，一直被延续下来。

二、复性与经世

焦竑的复性论亦坚持即有以求复性，但其复性之法则不离于有，对比苏辙之注，这一特点更加明显。苏辙曰：

> 致虚不极，则有未亡也。守静不笃，则动未亡也。丘山虽去，而微尘未尽，未为极与笃也。盖致虚存虚，犹未离有，守静存静，犹陷于动，而况其他乎？不极不笃而贵虚静之用，难矣。③

焦竑言：

> 致虚而不知实之即虚，虚未极也。守静而不知动之即静，静未笃也。若此者，观无于无，而未尝于有观无故耳。④

---

① 焦竑：《老子翼》，《老子集成》第六卷，第 663 页。
② 李贽：《老子解》，《老子集成》第六卷，第 625 页。
③ 焦竑：《老子翼》，《老子集成》第六卷，第 641 页。
④ 焦竑：《老子翼》，《老子集成》第六卷，第 642 页。

焦竑此言是对苏辙注解的发展。虚极则至于无，静笃而至于静止，苏辙之复性是于"虚""静"处求之。而焦竑则认为这不过是"观无于无"，与他对现实世界的重视显然不相符，故认为复性应"于有观无"，在现实世界中实现本性的回归，故其致虚乃从实处求虚，静笃则自动处而得，是为以有非有，虚静自得。具体而言，就是要在"爱民治国"之事中复归本性。

焦竑的复性论既出于佛教的"真空妙有"说，其复性之要在于清净自心。但是此清静不是指使心为空，而是"除心不除事"。"除心"，去妄心也。《老子》言"涤除玄览"，指去除心之疵病，使心复归于玄妙之境。焦竑认此净心功夫，对普通人来说很容易，对学者来说却很难，"道以知入，以不知化"[1]。而学者往往固执己见，以道之疵病为己之独见，病而不知，自然难除。"不除事"是防止轾断之蔽。除心至于轾断者，有皆去之，以无为无，不知《老子》之无乃有之无，故焦竑言："然智者除心不除事，昧者除事不除心，苟其误认前言，不至以轾断为学者几希。"[2] 老子为免人流于虚无，故以"载营魄"言之。焦竑解"载营魄"之"营"曰："营如经营怔营之营。《白虎通》曰：营营，不定貌。是也。"[3] 以"营"为"经营"，而非作"魂"解，焦竑认为魂魄是心之精爽者，分而言之，"大氏清虚则魄即为魂，住著则魂即为魄"[4]。人生而有形，有形则有耳目口鼻之欲，若能知有非有，即有以证无，则知此形与欲皆空，用之而不溺之，即为"恬淡寂寞虚无无为者"[5]，虽魄载此四大与七情，亦能化有为无，涤情归性。此时魂魄为一，是为抱一无离：

夫魄之营营，日趋于有，而此云载者，知七情无体，四大

---

① 焦竑：《老子翼》，《老子集成》第六卷，第 666 页。
② 焦竑：《老子翼》，《老子集成》第六卷，第 638 页。
③ 焦竑：《老子翼》，《老子集成》第六卷，第 637 页。
④ 焦竑：《老子翼》，《老子集成》第六卷，第 638 页。
⑤ 焦竑：《老子翼》，《老子集成》第六卷，第 655 页。

本空，如人载于车，舟载于水，乘乘然无所归也。如此则化有为无，涤情归性，众人离之而为二，我独抱之而为一，入道之要，孰切于此？①

若以有为有，不能执有以归无，魂魄离而为二。"载营魄"即涤情归性，涤情归性不能只是注重个人内心修炼，而是要即事而为之，即焦竑言"非拱默之谓也，即爱民治国而能无为也，所谓为无为也"②。以此，复性又与经世相贯通。

可见焦竑的心性论亦归于"即有以求无"，在"有之无"为最终归属的前提下，心性修养也不再只是精神活动，而是与现实世界联系起来。故焦竑批评以老子为虚无的观点："绌老子者犹谓其弃人事之实而独任虚无也，则未考其文而先有意以诬之者耳，岂不妄哉。"③

第三节　傅山的老学思想

傅山（1607—1684），字青主，山西阳曲人，明末清初思想家。他早年有经世之志，深受早期启蒙思想影响。明亡后曾从事反清活动。傅山晚年致力于学术研究，尤其以子学研究称誉于后世，与顾炎武、阎若璩、李因笃等人在学术上有密切交往。

一、傅山注解《老子》的基本情况

傅山学识渊博，并对老子开创的道家思想情有独钟。他不仅自称"老夫学老庄者也"④，而且也告诫子孙："随论如何博学辩才，却

①　焦竑：《老子翼》，《老子集成》第六卷，第 638 页。
②　焦竑：《老子翼》，《老子集成》第六卷，第 638 页。
③　焦竑：《老子翼》，《老子集成》第六卷，第 638 页。
④　傅山著，尹协理主编：《傅山全书》（第二册）卷二十一，《书后》，山西人民出版社 2016 年版，第 53 页。

是没用底，须向《大易》《老子》寻个归根复命处。"① 显然他是以道家思想为精神归宿。其中，《老子》的地位十分重要，他说：

> 三日不读《老子》，不觉舌本软。畴昔但习其语，五十以后细注《老子》，而觉前辈精于此学者，徒费多少舌头。舌头终是软底。何故？正坐猜度，玄牝不著耳。②

> 回复宿留者，当时在目中。《老》《庄》二书，是我生平得力所在。旋旋细字旁注，当精心探索。若醒得一言半句，便有受用，可由之入道。③

傅山素习《老子》，但直到五十岁以后才为之作注，成《老子解》。他对自己的《老子解》十分自信，认为前人的注解大多只是一种猜度，未能阐明《老子》的玄妙之道。傅山的这种自信来源于他对"道"的体认和注解《老子》的方法。他说"觉""宿留""受用"等，都是表达借由《老子》可达到一种"入道"境界。这是其《老子》研究所显示出来的独特性。

傅山的《老子解》以河上公本为底本，现存注文是对《老子》若干章文句的注解，注文长短不一，见解大都新颖而深刻。傅山注解《老子》的具体方法可以通过下面两例来认识：

> 《老子》："涣若冰释"，注："音水贯切。""水"字或差。若不差，则音读如今"洗涮"之"涮"。"水"字或是"冰"字，则从泮矣。《吕览》"涣其群"，竟作"文其群"解。④

---

① 傅山著，尹协理主编：《傅山全书》（第二册）卷三十一，《家训》，山西人民出版社 2016 年版，第 249 页。

② 傅山：《霜红龛集》（下）卷四十，《杂记五》，山西人民出版社 1985 年版，第 1131 页。

③ 傅山著，尹协理主编：《傅山全书》（第三册）卷四十二，《杂记（六）》，山西人民出版社 2016 年版，第 216 页。

④ 傅山著，尹协理主编：《傅山全书》（第三册）卷四十二，《杂记（六）》，山西人民出版社 2016 年版，第 219 页。

"一生二，二生三，三生万物。"此数句反翻不胜计。吾尝
谓"一生二"似一又生一，是二；二又生一，是三。若云"一
生二"是二，"二生三"则五矣。①

对"涣"字的注解可见傅山注意音韵、文字的考证。后一例则表明
傅山十分注意逻辑的严谨性。这比之"前辈"的"猜度"，似乎更具
实证精神。但实际上傅山的这种方法与后世的乾嘉汉学并不同，他
对字义的考证是为了疏通文本的思想。如后一例中，傅山据以反驳
的一生二是二、二生三则五之说，实际上是以孕育生产之意来理解
"生"字招致的误解，但如此解释"生"字，与他理解的道的"一不
化者"之意是相符的。或许不能认为傅山有意以"六经注我"的方
式注解《老子》，而可以用诠释学的"前见"来做出解释：作为一名
卓有见地的思想者，傅山将自己深信不疑的一些理念，带入了作为
他精神寄托的老子思想当中。

　　《老子》之于傅山，还有学术和现实方面的意义。傅山反对理
学，《老子》成为他的有力武器。他说：

　　《老子》八十一章，全无"理"字、"性"字。《庄子》内篇
七篇，亦无"理"字，不知何故？②
　　《老子》八十一章绝不及"理"字。《庄子》，学《老》者
也，而用"理"字皆率而不甚著意。③

《老》《庄》在傅山心中有极高的地位，《老子》之不言"理"和
"性"，自然成为他反对专谈"理""性"的理学的重要根据。不仅如

---

①　傅山著，尹协理主编：《傅山全书》（第三册）卷四十二，《杂记（六）》，山西人
　　民出版社 2016 年版，第 220 页。
②　傅山著，尹协理主编：《傅山全书》（第三册）卷四十二，《杂记（六）》，山西人
　　民出版社 2016 年版，第 217 页。
③　傅山著，尹协理主编：《傅山全书》（第三册）卷四十二，《杂记（六）》，山西人
　　民出版社 2016 年版，第 216 页。

此，傅山更认为《老子》的道才具有本原地位，而非宋明理学推崇的理。他评价《老子》说：

> 《老子》八十一章绝无"理"字，何也？妙哉！无"理"字，所以为《道经》。即道亦强名之矣，况理乎！①

他直赞叹没有"理"字是《老子》的一大妙处，具有究极地位的是道，甚至"道"也不过是勉强命名，理则等而下之了。傅山以老子思想批判理学的学术观点，还体现在他对老子其人的认识上。他引证明人读书笔记论道：

> 张纶《林泉随笔》："《礼记·曾子问》：'吾闻诸老聃。'冯氏曰：'老聃，古寿考者之称。'石梁王氏曰：'此老聃，非作五千言者。'本朝宋太史曰：'老子，周柱下史李耳，字伯阳，一字聃。聃谓耳漫无轮也。寿一百六十余岁。周平王二十四年，以书授关尹喜，再八年入春秋。孔子则生于鲁襄公廿二年，上距老子授书关尹已一百卅年。'"按此说，则孔子适周之时，则聃犹未死也。庄周宗其道，言必称之。《家语》所记，又与《史记》合，岂欺后世哉！朱子虽尝疑有两老聃，而终亦自以为不然。注《礼》者，直述之可也，乃曲为之回护，而其实终有不可得而掩者矣。②

明人中的博学深思者，已经根据儒家经典《礼记》中的相关记载，重新探讨老子其人其书及孔子问学于老子的问题。傅山进一步肯定了《孔子家语》《史记》等文献相关记载的真实性，而对朱熹等儒者为构建道统而回护孔子的做法表示不屑。其中对宋明理学家及其

---

① 傅山著，尹协理主编：《傅山全书》（第二册）卷三十三，《杂文（二）》，山西人民出版社 2016 年版，第 276 页。

② 傅山著，尹协理主编：《傅山全书》（第三册）卷四十二，《杂记（六）》，山西人民出版社 2016 年版，第 219 页。

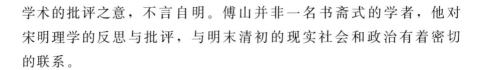

学术的批评之意，不言自明。傅山并非一名书斋式的学者，他对宋明理学的反思与批评，与明末清初的现实社会和政治有着密切的联系。

二、傅山对道的诠释

1. 本原之道

前文已论及，傅山以《老子》的道为本原，贬低宋明理学中理的地位。这种核心概念的更替，是思想性质发生变化的一种外在表现。他解第二十一章说：

> 著矣哉！的之指，而卒不可的。而拟之，而如可因之持之，一不化者也。①

道是确然之物，但又不能用语言系统准确地表达出来，只能比拟地描述它，可以依顺它、持用它。道是恒一不变之物。所谓"一不化者"，是引用《庄子》"与物化者，一不化者也"。傅山诠释第二十一章中的"道"，主要就是按此一思路来论述的。他说：

> 醳"容"以"大德能容"，文之诂于《雅》也，非《老》义也。《老》义，形容而已。分其得于道者，而形以造。形所从者，非魯也，从道来也。道合"首""止"为文，人之顶踵之义也。物也，而有非物者传焉。非物之物，道之为物也，恍惚象物。象，似之矣，而不可得而确之。以窈冥之精非假，而或然或不然者，自初有一人以至于今，传之不息，以至于有我之身者，其何物也耶？此道也。②

---

① 傅山著，尹协理主编：《傅山全书》（第四册）卷五十四，《老子解》，山西人民出版社 2016 年版，第 118 页。

② 傅山著，尹协理主编：《傅山全书》（第四册）卷五十四，《老子解》，山西人民出版社 2016 年版，第 118—119 页。

以"形容"解释"孔德之容"中的"容"字，确立了一个与道相对的有"形容"之物。"穭"是一种自生谷物，这里代指万物自生自化的生成方式。形之所以能产生，源于从道中分得了某物，而非自生独化。万物之间传承着一种"非物之物"，这个"非物之物"就是道，就是"窈冥之精"，也是"分其得于道者"。前文已指出，傅山以孕育生产解释"一生二，二生三，三生万物"中的"生"字。本段中表示道与有形之物关系的"分"，即近于这个"生"的含义。另外，傅山注解《庄子》时也讲到：

> "若有真宰，而特不得其朕。"朱笔旁批："恍惚窈莫，其中有精。"①

这里并没有借助有形之物，而是直接论述了"真宰"与"精"的联系，其意与他在《老子》第二十一章中的诠释相同。因此，傅山的"道"不同于宋明理学中以纯粹抽象原则为内涵的"理"，而包含有能够化生万物的"精"，是宇宙万物的本原。

傅山有一个针对程朱理学的著名观点，即"气在理先"。统观傅山对《老子》本原之道的阐发，不难发现"气在理先"命题与此有着密切关系。

2. 规则之道

傅山也阐发道的规则性的一面。上文所引"而如可因之持之"，即有抽象规则之意。他注解《老子》第五十一章说：

> 生之，蓄之，长之，育之，亭之，毒之，养之，覆之，八字中惟"亭""毒"两字最要紧。"毒"字最好、最有义，其中有禁而不犯之义，又有苦而使坚之义。王辅嗣注："亭，谓品其

---

① 傅山著，尹协理主编：《傅山全书》（第五册）卷六十五，《庄子翼批注（一）》，山西人民出版社 2016 年版，第 164 页。

形；毒，谓成其植。"总是模糊拟度。吕注作"成之""熟之"，非是。①

傅山把前人注解《老子》时不太注意的"毒"字看得极重，并详细分辨了"毒"字的两种含义。其中"禁而不犯之义"是讲道在化生万物的同时，也为之制定了不可干犯的律则。"苦而使坚之义"则是指道对万物之间的一种关系设定。这可以对应道的"可因之"一面。

傅山对《老子》第三十二章前几句的诠释，则可以对应道的"可持之"一面。他说：

> 公之它破句读之曰："道之常无者，名朴也。虽小天下，不敢臣。"谓看得天下虽小，亦不敢有臣之之心。臣之则亢，守朴以待万物之自宾而已。若自大自尊，则天与地不相合矣，故下文即曰"天地相合"云云。如注不敢臣道，亦说得去，但无甚滋味。②

傅山自出机杼，以"道常无，名朴"为句读来理解第一句。朴是源于道的一种原则。"守朴"以待天下，则能令万物自动宾服。傅山并未明确阐释朴的含义，只讲了它的功用，但可以根据"无""不敢臣"等词推测它有无为、谦下等含义。

傅山虽然反感理学家谈心性，但不否认道对于个人素质修养的意义。他注解《老子》第四十一章说：

> 山于此章，恰要以下士为得道之人。何也？"勤行"者，崇有者也。"若存亡"者，参之于有无之间者也。"大笑"者，无

---

① 傅山著，尹协理主编：《傅山全书》（第四册）卷五十四，《老子解》，山西人民出版社 2016 年版，第 123 页。

② 傅山著，尹协理主编：《傅山全书》（第四册）卷五十四，《老子解》，山西人民出版社 2016 年版，第 121 页。

可行矣，何处勤之？有无了矣，又何若？故但大笑，歌歌解颐，原来如此。下十二言，皆下士不"勤"、不"存亡"之用，故"若昧"至于"若偷"，"无隅"至于"无形"。下士之不以上自见自贵者，知之水，处众人之所恶，而不争者也。①

傅山一反过往注解中尊上士贬下士的做法，认为下士才是得道之人。得道者不去勤行，也不参究有无等深刻问题，只是一个不争而已。他没有把得道看得多么玄妙高深，也没有理学中那些精致的心性修炼方法。这个"不争"也可以理解为"静"：

老庄圣人，非以静为胜，故静也。万物不挠于心，故静。此是圣人学问成就后之言。若初学人，还须知静之胜处。不则荒荡无主，转更日见其失耳。②

圣人是可以学得的。初学者要知道静的重要性，它可以令人心中有主。学成之后，由于已经得道，便不会因为外物影响自己的思想情感，因此会不静自静。

不争和静并不是让人彻底无欲无念，游离于世外。喜怒哀乐只要发自人之常情，都不违背不争和静之意。傅山注《老》时谈论恩怨问题说：

此章并不须向深而文说，只就怨上说去。恩怨双忘，是句最混帐话。不则，除是佛许道此。不则，是私恩私怨，遇公道处不得行其私，谓之妄干。此实实说向怨上。怨毒之于人，甚矣，必不能和。和是勉强胡锢之举耳，其心果能服乎？如甘宁、凌统一节言之，甘是两陈不得不然者，而统能忘之乎？仲谋过

---

① 傅山著，尹协理主编：《傅山全书》（第四册）卷五十四，《老子解》，山西人民出版社 2016 年版，第 123 页。

② 傅山著，尹协理主编：《傅山全书》（第四册）卷五十四，《老子解》，山西人民出版社 2016 年版，第 120 页。

于调和，统不能忘也。①

但凡不是修佛之人，或者不是个人恩怨有违公理，那么便不能忘掉恩怨，否则便是混账人。他以三国时期孙权调解凌统与甘宁之间的杀父之仇为例，说明怨恨甚至都不能调解，当事者不可能从心里放下怨恨。圣人也不过是"直是平易，不自异于人也"② 而已。说到究竟，傅山讲的道对于个人素质修养的意义，只是要人依自然之性，行人之常情。

三、《老子解》中的政治思想

明末清初的数十年中，各种政治势力之间争权夺利，许多政权旋起旋灭，这使心怀故国的遗民傅山在痛定思痛之际，深刻反思了政治问题。这些思想大多反映在他的《老子解》中。

1. 论"法制"

傅山注解《老子》所阐发的政治思想，集中在"法制"和"圣人"两个主题，而且都是在道的观照下论述的。他论"法制"说：

> "始制有名"，制即制度之制，谓治天下者初立法制，则一切名从之而起，正是与无名之朴相反。无者有之，朴者散之，而有天下者之名于是始尊。③

根据文意，这里的"法制"既指构成一个政权的法律和制度，也包括社会层面的礼俗规范，与现代意义的"法制"不完全相同。"法

---

① 傅山著，尹协理主编：《傅山全书》（第四册）卷五十四，《老子解》，山西人民出版社 2016 年版，第 125 页。

② 傅山著，尹协理主编：《傅山全书》（第四册）卷五十四，《老子解》，山西人民出版社 2016 年版，第 123 页。

③ 傅山著，尹协理主编：《傅山全书》（第四册）卷五十四，《老子解》，山西人民出版社 2016 年版，第 121 页。

制"设立，一切名位随之而确定，这是一种对"无名之朴"的背离。"无名之朴"代表着一种原初的、理想的人类社会状态，是一种合道的状态。傅山注解"大道废"章言简意赅地说："原说得是浑沦未破时事。"① 其意为老子此章以反说的方式讲了原初理想社会"浑沦未破"的状况。"浑沦"与"无名之朴"相应，"破"对应"制"。"法制"下的名位代表着权利。权利的有无及其职责范围的大小不同，会导致个人的政治和社会地位的高低贵贱差异，其中"有天下者之名"就变成一个尊贵的名位。　"法制"的弊端也因此而生，傅山论道：

> 后世之据崇高者，只知其名之既立，尊而可以常有。天下者，非一人之天下，天下之天下也。知不知，上；不知知，病。夫惟病之，是以不病，不病即不殆也。②

后世的据高位者只知道自己拥有一个名位，而不知名位的来源，以为凭此名位就可以并且永久地享受尊荣。殊不知天下并非一人所有之物，而是天下人的共产。所谓"有天下者"不过是"法制"下的一个虚名，不能改变天下为天下人所有的事实。据高位者不知自己的无知，乃至不以此为弊病，其名位甚至人身便有危殆之虞。"天下者"一句出自《吕氏春秋·贵公》篇，原是在探讨君王如何治理天下的语境中论证"公"的价值。傅山则是在凿透"法制"这道厚壁、论述名位不可据时引用这句话，因此充分发挥了它所蕴含的"公"义，上升到"法制"层面。从内涵上讲，《吕氏春秋》的"贵公"只是君王为巩固其统治而提倡的"公平"治理原则，实质不过是在既定政治秩序下的一种统治手段；傅山引此则是以"公"对包括君王在内的整个"法制"设计进行的反思和批评，涉及天下公有、共同

---

① 傅山著，尹协理主编：《傅山全书》（第四册）卷五十四，《老子解》，山西人民出版社 2016 年版，第 119 页。

② 傅山著，尹协理主编：《傅山全书》（第四册）卷五十四，《老子解》，山西人民出版社 2016 年版，第 122 页。

治理的内涵。傅山解释"去甚、去奢、去泰"说：

> 甚也，奢也，泰也，则去之，去其以为之心也。甚，虞其不如尧舜也；奢，虞其制度之狭小；而泰，惟恐其否也。若夫儒家所谓服御宫室之淫骄盈侈费之甚奢泰也，圣人去之久矣，道者不虑也。[1]

"去奢"就是君王不能因制度"狭小"而随意变更制度。这里的"狭小"应主要是指君位权利的"狭小"，限制了个人欲望的满足，所以圣人才"虞"，说"道者不虑"，儒家担忧的"甚奢泰"也是此意。君王不能因私欲而变更制度，正体现了傅山以"公"为"法制"设计原则之意。因此，侯外庐说傅山的"天下者"一句"有民主主义的思想"[2]，是有道理的。其中，《老子》思想的重要性不可忽视。老子以道对礼乐制度的批判，为傅山提供了一个卓然的视角，因此他才能慧眼独识《贵公》篇的"天下者"一语，从而借以完成以"公"为"法制"设计原则的论述。

2. 论君位

傅山虽有民主主义思想倾向，但具体到"法制"设计又离不开圣人的主题。但在政治思想方面，他并不关注圣人的内涵问题，而是根据《老子》原文提出了一个圣人如何对待君位的问题。他说：

> 圣人果何乐乎上人、先人而欲之？不得已而上，作之君，先作之师。上之者，欲其人之安于下也；先之者，欲其人之从于后也。若处上而人重之，则民难戴；处前而民害之，则民不利，皆非天所以作君、作师之心。下之、后之，为民也，非自

---

① 傅山著，尹协理主编：《傅山全书》（第四册）卷五十四，《老子解》，山西人民出版社 2016 年版，第 118 页。

② 侯外庐：《中国思想通史》（第五卷），人民出版社 1957 年版，第 285 页。

为也。不然，则以虚嘴憩舌，卑躬劬劳，哄着做帝王，几时是下场头！①

圣人并非天生拥有君位，且本不欲处于众人之上，只是治理国家需要一位领导者，"不得已"才膺受此位。圣人处君位是有条件的，要求其"先作之师"，即须为世人的师表。这体现在圣人要遵循"法制"设立君位的本意，服务于民，不谋私利。如果说普通人只注意到君位所代表的无上权利，傅山则在此特别强调圣人处于君位也有应尽的义务。这种义务则是从"天"而来，从"道"而来。他讲圣人面对君位的态度说：

> 圣人念斯名也，非本初所有也，亦既有而已。"既"如"既而"之"既"，与常无名之初远矣。正是"名可名，非常名"之"名"也，不可语于天矣。天，法道者也。此处仍当云"侯王将知之"，不云"侯王"，而但云"天"者，王原法天也。"亦将知之"，谓知名之不可以臣天下而不敢骄亢，如天道之下济，岂复有危殆不安之事！②

圣人知道名位的由来，不敢据君位以君临天下，而是"法天""法道"，持有一种谦恭的态度。《老子》通行本"道常无名"章有"夫亦将知止"一句，而河上公本作"天亦将知之"。傅山借河上公本此句将圣人对君位的态度与"人法地，地法天，天法道"一句联系起来，突出一个"法"字。无论"法"字在此作效法解还是作法则解，都表达了圣人面对君位时要遵从和服从"天""道"的规定。因此，傅山关于圣人、君位、道和义务的思想所蕴藏的四者之间的逻辑关系，大概是君位源自道，并且从产生之初便被赋予权利和义务这两

---

① 傅山著，尹协理主编：《傅山全书》（第四册）卷五十四，《老子解》，山西人民出版社 2016 年版，第 125 页。

② 傅山著，尹协理主编：《傅山全书》（第四册）卷五十四，《老子解》，山西人民出版社 2016 年版，第 121 页。

个不可分割的方面；圣人若取君位须知其从道出，不能只享受君位所带来的尊荣，还要尽其义务。所以，傅山对圣人处君位一事的思考颇具近代法制色彩，只是他偏于具体内容的论述，而缺乏抽象原则的总结。

3. 论"乐推"

圣人处君位后，是否遵从道，是否尽义务，在很大程度上是一种主观事实。缺乏外在约束，完全听凭圣人的自觉性，一切设计终归容易流于空谈。傅山也注意到这个问题，因而发挥《老子》的"乐推"之意说：

> 若不细推乐求不厌之义，则是圣人以乡原之法骗帝王之位耳。民若无乐，推不厌之主，则"时日曷丧"而乱矣。故以乐推验圣人之在宥耳。[1]

根据以往的政治模式，圣人是有机会凭借表里不一、欺世盗名的手段来骗取帝位的。因此发挥《老子》的"乐推不厌"之意非常必要。"乐推"是以广大民众对推举的居高位者是否满意，来验证圣人是否"在宥"的方法。实际是强调民意参与选择帝位继承人的重要性。但傅山并没有找到一种具体的民意参与政治的方法。"乐推"的价值似乎只有在圣人触碰到底线时才得以显现，即反面的"时日曷丧"式的变乱。

实际上，在傅山的政治设计中，只有民众变乱对圣人的人身和地位安全造成的威胁，才是敦促据位圣人尽职尽责的唯一有效的外部因素。傅山解"宠辱若惊"章说：

---

[1] 傅山著，尹协理主编：《傅山全书》（第四册）卷五十四，《老子解》，山西人民出版社 2016 年版，第 125 页。按：《傅山全书》中"若不细推乐求不厌之义"一句恐有误，河上公本和通行本《老子》都作"是以天下乐推而不厌"，注文也讲"以乐推验圣人之在宥"，故此句恐是"求"字与"推"字颠倒，当作"若不细求乐推不厌之义"。

惊宠若惊辱，可以言申之，则申之以得失。身贵若身大患，则不必以言申之，不申贵而但申大患。大患者，有身也。既有身矣，而身复有贵，患之患者也。圣人不得已而贵有天下。天下神器，不可为而不可不为。所谓神而不可不为者，天也。不自贵而此则贵之，重也。不以身轻为之，不屑屑多事也。贵以为重，则爱以为惜也，不撋撋焉劳也。不屑屑多事，则身可以为天下之所寄，而身亦可以寄于天下。不撋撋劳，则身可以为天下之所托，而身亦可以托于天下。寄托，圣人之所不得已也，所以身大患之道也。①

宠辱皆惊的道理，可以直接用语言阐明得失之理来解释明白。身居贵位犹如身处忧患的道理，不必以语言来直接阐释，可以不从贵位讲而只从忧患的角度来解释。人的忧患源于有身。人必然有身，而以一己之身居于天下贵位，这是忧患中的忧患。圣人不得已身居贵位而据有天下，面对的是一个对之不能有为但又不能不有为的天下。天下神器却又对之不能不有为，因为这是天的规定。圣人不故作崇高但居于此位又变得尊贵，是因为君位十分贵重。不因一己之身而轻易有为于天下神器，就不会忙于无用之事。知道己身之尊贵源于君位之贵重，便要爱护君位以珍视自身，就不会疲于有为。圣人不忙于无用之事、不疲于有为，那么天下就可以放心地寄托给他，其身也可以寄托给天下而不必担心有忧患。这种相互寄托的关系，是圣人的不得已之举，是圣人正确地承担大忧大患的办法。

傅山是想要说明据有天下是一件危险的事，以此告诫身处君位的圣人要与天下保持一种相互寄托的关系，不刻意有为，不做无益天下之事。他设想的这种圣人与天下的相互寄托关系，有一种剔除帝王的社会身份内涵，而视之为一种职业的倾向。但这是以圣人重视生命安全甚于政治权利欲望为前提的，与上文讲以民众变乱来威

---

① 傅山著，尹协理主编：《傅山全书》（第四册）卷五十四，《老子解》，山西人民出版社 2016 年版，第 117—118 页。

胁圣人遵道尽责是相同的办法。显然这是傅山见识了明清易代之际众多帝王家破人亡的惨剧后做出的一种政治设计。但他把这种政治设计建立在个人经验和认识的基础上，并没有外化的常规的保障措施，就不能保证圣人一定会遵从这种政治设计。

按照现代国家权力分为立法权、司法权和行政权三类的观点来看，傅山以"公"为"法制"设计的原则，是在讨论立法问题；以"乐推"之法防止圣人骗取帝位，是在讨论司法问题；关于圣人与君位的相互寄托关系、君位的权利和义务两重内涵的讨论，涉及皇帝的行政权问题。这并不是说傅山已具有明确的三权划分意识，但他确实根据自己的经验和理性分析意识到，国家权力不应该囫囵一体地交给皇帝，并且通过讨论立法、司法和君位内涵等问题，对帝位性质做了新的规划，具有一定的近代民主和法制色彩。在这当中，老子思想中的道论、贵公传统和重身轻物思想等，在与《庄子》和《吕氏春秋》等道家著作思想的相互诠释中，发挥了十分重要的作用。也因此，傅山的政治思想具有显著的道家思想特征，尤其表现在以道的视角观照人类的政治活动这一点上。

第四节　王夫之的老子研究

王夫之（1619—1692），字而农，号薑斋，湖南衡阳人。王夫之是明清之际的著名学者，"潜心于恢弘孔门绝学，以续中华道统；伸张《春秋》大义，以正天下人心；严夷夏之防，以励民族精神；明忠奸之辨，以树民族气节；砥柱中流，力障狂澜"[1]。

按学术界普遍的看法，王夫之的学术饱含了对国家灭亡的沉痛反思，而佛道之学则首当其冲，成为其反思的对象。其子王敔总结

---

[1]　萧天石：《中国船山学会缘起》，《船山遗书全集》第一册，自由出版社 1972 年版，第 14 页。

说他"慨明统之坠也，自正、嘉以降，世教早衰，因以发明正学为己事，效设难作折；尤其于二氏之书，入其藏而探之，所著有《老子衍》《相宗》《论赞》，以为如彼之说，而彼之非自见也"①。王敉认为，在王夫之看来，世风之不正、儒家正学之沉沦是明朝灭亡的重要原因，而佛道二教思想的盛行则是世风不正的罪魁祸首。因此，王夫之深入研读二氏之书，希望以彼之矛，攻彼之盾，将二氏思想中不合儒家正学的部分给揭示出来。当代学术界通常认为《老子衍》一书就是在这样的思想背景下写作出来的。其书成于顺治十二年（1655）。② 其实细读《老子衍》文本，不难发现王夫之对老子思想固然有所批评，但也颇为肯定，下面详述这个问题。

一、老学史回顾及对《老子》的肯定

在王夫之看来，历来许多注《老子》者都没有得其真意，他对老学史的发展有一个回顾和评论，言道：

> 昔之注《老子》者，代有殊宗，家传异说。逮王辅嗣、何平叔合之于乾坤易简，鸠摩罗什、梁武帝滥之于事理因果，则支补牵会，其诬久矣。迄陆希声、苏子由、董思靖及近代焦竑、李贽之流，益引禅宗，互为缀合，取彼所谓教外别传者以相糅杂，是犹闽人见霜而疑雪，洛人闻食蟹而剥螃蜞也。③

在老学发展史上，不同时代都有一些有代表性且诠释风格相异的著作，王夫之敏锐地把握到了这一点，不过他对这些影响巨大的《老子》注疏并不满意。在其看来，王弼、何晏等人以易学解《老》，鸠摩罗什、梁武帝则开以佛学解《老》之先河，以致后来陆希声、苏辙、董思靖、焦竑、李贽等人均用禅学比附《老子》。这些注解"舍

---

① 王敉：《大行府君行述》，《船山全书》第十六册，第 73 页。
② 王夫之在《老子衍》的自序落款时间为乙未，即顺治十二年，公元 1655 年。同年完成的书籍还有《周易外传》一书。这两部书是王夫之一生最早完成的著作。
③ 王夫之：《老子衍·自序》，《老子集成》第八卷，第 563 页。

其显释，而强儒以合道，则诬儒；强道以合释，则诬道"①，将儒家和佛教的思想掺杂其中，益失《老子》思想之真旨。王夫之说他"察其悖者久之，乃废诸家，以衍其意"②，于是写成《老子衍》一书。他采取"入其垒，袭其辎，暴其恃，而见其瑕"③的方法，将这些解《老》著作的缺失暴露出来，"见其瑕而后道可使复也"。王夫之所谓的"见其瑕"的"其"，历来学者们多认为指的是《老子》，《老子衍》一书是要批评《老子》之瑕。其实，如果我们通观序文的文意，王夫之一开始就在批评历代解《老》者误读了《老子》的思想，用儒学和佛学解释之，使其愈失其真。因此，他要亲自为《老子》作注，以摆脱历代解《老》著作的失误和瑕疵。这个写作逻辑和行文思路是非常顺畅的。因此，王夫之在序文里所说的"见其瑕"，指的应当是那些误解《老子》的注疏之作，而不是针对《老子》本身。

那么，这些解《老》著作的瑕疵有哪些呢？王夫之说：

> 夫其所谓瑕者何也？天下之言道者，激俗而故反之，则不公；偶见而乐持之，则不经；啙慧而数扬之，则不祥。三者之失，老子兼之矣。故于圣道所谓文之以礼乐以建中和之极者，未足以与其深也。④

这些《老子》注疏的瑕疵有三点，一是故意以反世俗的姿态标榜自己，二是固执那些偶然得之尚未经得住检验的意见，三是刻意宣扬一己之小慧。这里需要特别注意的是，王夫之所言"三者之失，老子兼之矣"究竟该如何理解？学者们多根据这句话进而认为《老子衍》的写作意图是在批评老子思想。可是，如果前文所说的"所谓瑕者"真的是在批评《老子》的话，何必在这里又要多加一句"三

① 王夫之：《老子衍·自序》，《老子集成》第八卷，第563页。
② 王夫之：《老子衍·自序》，《老子集成》第八卷，第563页。
③ 王夫之：《老子衍·自序》，《老子集成》第八卷，第563页。
④ 王夫之：《老子衍·自序》，《老子集成》第八卷，第563—564页。

者之失，老子兼之"呢？从此处的行文，可以进一步证明"所谓瑕者"是在批评解《老》著作，是解《老》的著作有这些瑕疵。那么这里的"老子兼之"，其准确的文意应当是《老子》文本本身也有使后代解《老》者容易产生误会的地方，故曰"老子兼之"。这样去理解整个序文，从文意和逻辑上会更加清晰顺畅。

既然历代解《老》著作有这么多的缺陷，那么《老子》一书的真正意旨在什么地方呢？王夫之接着论述道：

> 世移道丧，覆败接武，守文而流伪窃，昧几而为祸先，治天下者生事扰民以自敝，取天下者力竭智尽而敝其民，使测老子之几，以俟其自复，则有瘳也。文、景踵起而迄升平，张子房、孙仲和异尚而远危殆，用是物也。较之释氏之荒远苛酷，究于离披缠棘，轻物理于一掷，而仅取欢于光怪者，岂不贤乎？司马迁曰：老聃无为自化，清净自正，近之矣。①

在社会动乱、战争连年的时候，如果还死守文治，则会显现统治者的虚伪，如果还不能敏锐地察觉事情发展的趋势，则会大祸临头。治理天下的人常常过分扰民，期望夺取天下的人用尽一切手段，人民则愈加贫困。这以上种种情况经常会发生，如果统治者能够了解《老子》思想的真谛，这些祸事均可避免，从而实现天下大治。汉代的文景之治，就是运用《老子》思想治国而取得巨大成就的典范。因此，在王夫之看来，与佛教一味抛弃世俗相比，《老子》清静无为的思想对国家治理显然是更有益的。

王夫之在具体解释《老子》各章经文的时候，也多次表达对清静无为思想的高度肯定。经文第五十七章有言曰："以正治国，以奇用兵，以无事取天下。"王夫之对这句话的理解与其他人略有不同，人们常将这三句话都当作是老子提倡的治国思想，而王夫之却认为老子事实上是否定前两者而唯独肯定最后一句的。他解释道：

---

① 王夫之：《老子衍·自序》，《老子集成》第八卷，第 564 页。

> 天下有所不治，及其治之，非正不为功。以正正其不正，恶知正者之固将不正邪？故正必至于奇，而治国必至于用兵。夫无事者，正所正而我不治，则虽有欲为奇者，以无猜而自阻，我乃得坐而取之。彼多动多事者则不然，曰"治者物之当然，而用兵者我之不得已也"。方与天下共居其安平之富，而曰不得已，是谁诒之戚哉？故无名无器，无器无利，无利无巧，无巧则法无所试。故欲弭兵者先去治。①

王夫之认为，要想治理好天下，必须用正道。问题在于，统治者所以为的正道，其实未必就是正道。以不正的"正道"去治理天下，结果必然导致"奇"，"奇"则引起战事。所以，采取种种手段想要天下大治，最终只能带来无穷的战祸。这种情况一再发生，统治者以主观愿望良好以及不得已而为之等许多理由为自己开脱。事实上，真正能治理好天下的正道，只是"无事"而已。所谓"无事"，王夫之认为首先要做到不去追求器物的制造与获取，没有器物，就不会有利益的纠葛与冲突，无利益可获，则不会滋生技巧，无奇淫技巧，则人民不会以身试法，那么法律也就不需要了。所以，要想消灭战争，则首先要丢掉那自以为是的"以正治国"，则可"无事取天下"。

二、从"老之自释"入手把握《老子》思想

前文谈到，王夫之对众多解《老》著作不甚满意，认为采取儒释道互释的方式容易偏离《老子》思想。那么究竟该通过何种途径来准确把握《老子》的主旨呢？王夫之认为，《老子》文本中有自己对自己的深刻诠释，"老子之言曰：'载营魄抱一无离'，'大道泛兮其可左右'，'冲气以为和'，是既老之自释矣"②。舍弃这些作者的自我诠释而别求他解，是容易产生谬误的。基于这样的认识，王夫之在理解《老子》的时候，极为重视这三句话，从他对这三句的诠释

---

① 王夫之：《老子衍》，《老子集成》第八卷，第 579 页。
② 王夫之：《老子衍·自序》，《老子集成》第八卷，第 563 页。

中，我们也可把握《老子衍》的思想意图。

首先，我们来看"载营魄抱一无离"。这一句出自《老子》第十章，王夫之解释此章道：

> 载，则与所载者二，而离矣。专之，致之，则不婴儿矣。有所涤，有所除，早有疵矣。爱而治之，斯有为矣。阖伏开启，将失雌之半矣。明白在中，而达在四隅，则有知矣。此不常之道，倚以为名，而两俱无猜，妙德之至也。[①]

老子在此章的经文中，一连提出了六个反问句。王夫之认为，这六个反问句中，其实包含着矛盾。如第一句"载营魄抱一，能无离乎"，既然有发出"载"这个动作的主体，那么一定有被载的东西，则载与被载显然是两种事物，那怎么还能说"抱一无离"呢？其余五句，也有类似的矛盾。能做出专气致柔这个动作的，就一定不是婴儿。有所涤除，则说明早就有了瑕疵。爱民治国，这就是有为而不是无为。头脑清晰、知识丰富，这就是有智慧的表现。老子为什么要在经文中将看似产生矛盾的两种事物放在一起去表达呢？王夫之认为，这就是老子"妙德"之所在。老子希望人们在有为与无为之间保持一定的平衡，以无为之心行有为之事。换句话说，王夫之提醒人们在阅读此章内容的时候，不要只看到后半句让人"无为"的内容，而忽视了前半句"有为"的部分。老子的玄妙之处，不是一味教人无为，而是要做到"无为而无不为"。

其次，我们来看"大道泛兮其可左右"。此句出自《老子》第三十四章，王夫之解释此章道：

> 谁能以生恩天地乎？则谁能以死怨天地？天地者，与物为往来而聊以自寿也。天地且然，而况于道？荒荒乎其未有畔也，脉脉乎其有以通也；故东西无方，功名无系，宾主无适，己生

---

① 王夫之：《老子衍》，《老子集成》第八卷，第566页。

贵而物生不逆。诚然，则不见可欲，非以窒欲也；送与为主，非以辞主也。彼亟欲成其大者，恶足以知之！①

王夫之认为这一章描述了大道"可左可右"的品格，他以天地为喻来说明这个问题。世间万物的生死流转，乃因天地造化的缘故。但是天地不言，世人也没有意识到这一点，故不曾因自己的生而感恩于天地，也不曾以自己的死而怨恨于天地。天地只是默默地履行着造化万物的职责而已，并不因此就夸耀自己的功劳。道也是如此，不纠结于东西方位，不牵挂于功名利禄，不执着于宾主地位。王夫之行文至此，怕别人就此而误会大道的这种品格只是一味无为、无欲而陷入枯寂，他进一步补充说道，没有一己的追求，并不是要压抑自己的欲望，该做主的时候就做主，不是要逃避应该承担的责任。只有把这两方面有机结合在一起，才是大道"可左可右"的宝贵品格。只有具备了这种品格的人，才能够去成就其一番大事业。

再次，我们来看"冲气以为和"。此句出自《老子》第四十二章，王夫之解释此章说：

当其为道也，函三以为一，则生之盛者不可窥，而其极至少。当其为生也，始之以冲气，而终之以阴阳。阴阳立矣，生之事繁，而生之理亦竭矣。又况就阴阳之情才，顺其清以贪于得天，顺其浊以坚于得地，旦吸夕餐，饫酌充闷以炫多，而非是则恶之以为少，方且阴死于浊，阳死于清，而讵得所谓和者而仿佛之乎？又况超于和以生和者乎？有鉴于此，而后知无已而保其少，损少致和，损和得一。夫得一者无一，致和者无致。散其党，游其宫，阴阳在我，而不叛其宗，则益之最盛，何以加哉！②

① 王夫之：《老子衍》，《老子集成》第八卷，第 572 页。
② 王夫之：《老子衍》，《老子集成》第八卷，第 575 页。

此章经文描述了道生万物的宇宙生成过程，王夫之认为老子在这里重点揭示了"阴阳和合"的重要性。道生万物，从"冲气"开始，继而产生阴阳二气，阴阳二气的相互激荡，最终产生天下万物。王夫之指出，对于阴阳二气，我们不能偏于一端去认识，而是要看到二者的对立统一关系，这就是"和"。如果仅有阳气，或者仅有阴气，则不仅不会生成天下万物，反而阴气、阳气本身也会消耗殆尽。所以，不偏不倚，阴阳相交，才会达到"和"的境界。

以上所分析的三句经文，是王夫之所认为的老子对自己思想的最佳诠释。通观王夫之对这三句话的解释，我们可以发现一个共同点，他是从矛盾的对立统一角度来理解老子思想的。在"载营魄抱一无离"的诠释中，他揭示出有为与无为并举的重要性；在"大道泛兮其可左右"的诠释中，他揭示出大道可左可右的品格；在"冲气以为和"的诠释中，他揭示出阴阳和合的重要性。有为和无为、左和右、阴和阳，无不构成对立统一的关系。王夫之认为，理解《老子》文本，不能偏于一面，只看到"无"而忽视了"有"，这样的理解是不准确且会产生许多弊端的。

三、对道物关系的重新揭示

依上文所述，王夫之提醒人们，在理解《老子》思想的时候，要即有即无，不偏于任何一方。然而可惜的是，后世解《老》者往往做不到这一点。老子言"天下万物生于有，有生于无"，人们往往就执着于这个无，将无与有看作对立的双方，进而在道与物的关系上，抬高道而忽视物，甚至将道看作是独立于物的另一种存在。王夫之十分反对这种看法，依他看来，没有什么独立存在的道，道在物中，道既是物的存在依据，同时也需要靠物来显现。在解释这句话时，王夫之说："若夫道，含万物而入万物，方往方来，方来方往，蜿蟺希微，固不穷已。"[1] 道含万物，说的是道生万物的事实。既然道生万物，是不是表明道与万物就是互相独立的存在呢？王夫

---

[1]　王夫之：《老子衍》，《老子集成》第八卷，第 574 页。

之并不这么认为，他还说了"道入万物"。所谓"入万物"，就是道在万物之中，从万物中可以显现出道，并没有一个独立于万物的实体的道。

在对其他经文的解释中，王夫之也表达了类似的观点。

第四十一章经文有曰："夫唯道，善贷且成。"说的是道滋养万物、成就万物的功用。从字面上理解，既然有贷的行为，则一定有贷方和借贷方，那么显然道与万物是互相独立的两方了。王夫之认为这种理解是错误的，他解释道：

> 有善贷者于此，则人将告贷焉，而彼非执物以赐之也。夫道，亦若是而已矣。然我未见物之告贷于道也。何也？物与道为体，而物即道也。物有来有往，有生有反，日饮于道，而究归于未尝或润；日烛于道，而要反于未之有明。无润无明，物之小成；不耀不流，道用自极。故欲勤，而莫致其力；欲行，而不见其功。[1]

善贷之人，并不是要拿出什么东西来贷给你。道也善贷于物，但是我们平时好像并没有看到万物去告贷于一个叫作"道"的东西。这是为什么呢？因为道与万物本来就是一体的，道就存在于万物之中，离开万物，就没有一个叫作"道"的实体存在。所以道对万物的滋养与成就，无时无刻不在发生，但是又看不到具体的滋养或成就的动作。

经文第十一章以车毂、容器、户牖等具体的事物为例，来探讨有与无的关系。王夫之对此章解释云：

> 造有者，求其有也。孰知夫求其有者，所以保其无也？经营以有，而但为其无，岂乐无哉？无者，用之藏也。物立于我前，固非我之所得执矣。象数立于道前，而道不居之以自碍矣。

---

① 王夫之：《老子衍》，《老子集成》第八卷，第574页。

阴凝阳融以为人，而冲气俱其间；不倚于火，不倚于符者遇之。仁义刚柔以为教，而大朴俱其间；不倚于性，不倚于情者遇之。胜负得失以为变，而事会俱其间；不倚于治，不倚于乱者遇之。①

制造出具体事物的人，追求的就是这个事物本身。然而这个具体的事物之所以能够被人们追求，乃是"无"在起作用。没有无，事物也不会产生各种功用从而满足人们使用。这个无又是什么呢？是独立于具体事物的存在吗？王夫之认为非是，无就在有中。他以人为例来进一步解释，人是阴阳二气和合而成，能使人成为万物之灵的则是人身中由阴阳二气和合而来的冲气。在这里，冲气与人构成了无与有的关系，它们并不是互相独立的关系。

第十四章经文以希、夷、微论述了道恍惚不可捉摸的特性，王夫之认为后世解《老》者对此章的经文多有误会，他们据此章得出道在物先，道为本而物为末的错误观点。因此，王夫之对此章的解释，便顺着后世解《老》者这个"道在物先"的思路，看看如此演绎下去，会产生什么样的谬误。其言道：

> 夫有物者，或轻，或重；或光，或尘；或作，或止；是谓无纪。一名为阴，一名为阳，而冲气死。一名为仁，一名为义，而太和死。道也者，生于未阴未阳，而死于仁义者与！故离朱不能察黑白之交，师旷不能审宫商之会，庆忌不能攫空尘之隙，神禹不能晰天地之分。②

既然是具体的某种事物，那么它们就有一定的属性，比如轻、重、光、尘、作、止等。按照后世解《老》者们所理解的"道为本物为末"，可以做如下推论：每一种具体的事物，都有特殊的属性，但无

---

① 王夫之：《老子衍》，《老子集成》第八卷，第566页。
② 王夫之：《老子衍》，《老子集成》第八卷，第567页。

论它们具备什么样的属性，都比不上道。换句话说，具体事物出现以后，道就死掉了。阴阳、仁义，都是让道死掉的罪魁祸首。如此看来，目光锐利的离朱除了会辨别具体的黑白之色外，可能并不懂得具体颜色背后的"道"，因为具体的颜色出现后，道就已经死掉了；师旷除了懂得分辨具体的音阶外，对乐理之道可能也并不了解。王夫之认为，这样的结论是十分荒谬的。离朱、师旷、庆忌、神禹，都是各自领域的大师。他们怎么可能只了解经验的事物而不清楚背后的大道呢？事实上，王夫之想说的是，这些后人景仰的大师，从来不把道与物分别开来看，他们正是在对具体事物的不断研究中认识了道，道与物是不可分的。

第六章　《老子》的儒学诠释（上）

明代中后期，三教会通风气盛行，在老学中，表现之一就是以儒解《老》，即站在儒家本位的立场，以儒家思想解释《老子》思想，并驳斥前人对儒道矛盾处的误解。

第一节　薛蕙的老子研究

薛蕙（1489—1541），字君采，号西原，晚年自称大宁居士，安徽亳州人。正德九年（1514）进士，授刑部主事。嘉靖三年（1524），薛蕙升任吏部考功司郎中，不久因"大礼议"事件，下镇抚司考讯，后被赦免，但很快又被卷入朝廷争端，遂解职归乡。嘉靖二十年，病逝于家中。著有《考功集》《西言集》《五经杂录》《大宁斋日录》《约言》《老子集解》《庄子注》等。

《老子集解》著于嘉靖九年（1530），在嘉靖十五年冬复加删定，第二年定稿。① 《老子集解》得到后世的高度认同，明中后期引用《老子集解》者甚多，如田艺蘅《老子指玄》、沈津《老子类纂》、沈一贯《老子通》等，四库馆臣亦称赞《老子集解》曰："明人注《老

---

① 高叔嗣第二次为《老子集解》所做的序言中说："考功薛先生既屏居亳一纪，致崇于学，庚寅始注《老子》，号曰《集解》，余为序其书，刊之甚著，先生意未罜尽，时复损益，丁酉乃成视。"（高叔嗣：《苏门集》卷五，《再作〈老子集解〉序》，《景印文渊阁四库全书》第1273册，《集部·别集类》，台湾商务印书馆1987年版，第618页）

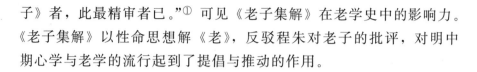

子》者，此最精审者已。"① 可见《老子集解》在老学史中的影响力。《老子集解》以性命思想解《老》，反驳程朱对老子的批评，对明中期心学与老学的流行起到了提倡与推动的作用。

一、薛蕙思想的转变与《老子集解》的创作

《中国老学史》论述《老子集解》的创作背景时指出："明代中晚期，心学盛行，与此同时，三教合流的思潮十分强盛，道家思想也得到了社会的普遍承认。在这种形势下，薛蕙写出了《老子集解》一书，明显带有为道家思想争正统的意识。"② 李庆不同意这一观点，他认为《老子集解》创作于心学的低落期，且并没有为道家争正统的意思。《老子集解》著于嘉靖九年（1530）至十五年间，这一时期，政府对阳明学的态度渐趋严厉，正是阳明学的低落期。"再从薛蕙当时的思想来看，最能反映其态度的他公开上奏给皇帝的奏文。所谓'蕙撰《为人后解》《为人后辨》及辨璁、萼所论七事，合数万言上于朝'。在这些文章中所见的思想，与其说和'心学'相近，还不如说更接近汉儒的经学。所以，很难说《老子集解》是在'心学盛行'的'形势'下，写出的"③。且薛蕙创作《老子集解》，只是从纯粹的思想层面出发，阐发《老子》中的性命思想，揭示人生哲理而已，"他不是在为'道家'争正统的地位。恰恰相反，他是非常坚定地站在儒家的立场上，尤其是站在儒家经学，但不是宋代理学——明代官方正统的意识形态的立场上，来阐述老子的思想。他所想要强调的是'《老子》之书，概皆性命之说，多出于上古圣人之遗言'，阐明的最主要的宗旨意在于：'扬榷本旨，发挥大义，明圣人之微言，究性命之极致'，要从中发现人生哲理的真谛，而不是从功利的角度争什么正统"④。

---

① 《续修四库全书总目提要（稿本）》第 14 册，齐鲁书社 1996 年版，第 23 页。

② 熊铁基、马良怀、刘韶军著：《中国老学史》，福建人民出版社 2005 年版，第 443 页。

③ （日）李庆：《论薛蕙的〈老子集解〉——明代的〈老子〉研究之七》，《阜阳师范学院学报》（社会科学版）2006 年第 1 期。

④ （日）李庆：《论薛蕙的〈老子集解〉——明代的〈老子〉研究之七》，《阜阳师范学院学报》（社会科学版）2006 年第 1 期。

我们同意李庆对薛蕙"为道家思想争正统的意识"这一观点的反驳，但他认为《老子集解》著于心学低落期，且薛蕙思想更接近汉儒经学的论断并不准确。其一，阳明学的低落期，只是指官方对私学的禁止，而"禁止"这一行为正是阳明学兴盛的表现。嘉靖时期，阳明学虽然没有得到官方的认可，但其在民间却通过讲会与私学的形式蓬勃发展："终嘉靖一朝，官方对阳明学的禁令并没有废除，仍维持嘉靖八年申禁的态度，要等到隆庆朝（1567—1572）时，才再度掀起为王阳明翻案、奏请其陪祀孔庙等议论。这种官方对阳明学压抑的态度，本质上正是官学对私学的压抑。然而综观整个明代学术教育史，嘉靖朝却是私学发展最蓬勃的时期。书院作为私学的代表，无论新创或兴修，都是以嘉靖朝时期最兴盛。阳明学派从王阳明主政江西时期被成功建构开始，也是在嘉靖时期进入顶峰。"①其二，李庆前言《老子集解》作于嘉靖九年（1530）至十五年之间，而薛蕙《为人后解》《为人后辨》作于嘉靖三年，李庆以薛蕙嘉靖三年的思想来证明其后来的观点，这是不够准确的。《为人后解》《为人后辨》是薛蕙为反对嘉靖帝以其生父为皇考而作，反对派反驳嘉靖帝尊崇生父的理论依据就是"为人后者为之子"，这条依据出自《公羊传》，故李庆认为薛蕙思想更接近汉儒经学。但薛蕙因"大礼议"而罢官居家后，思想发生了重大转变：

> 先生之学，无所不窥，不名一家。中岁始好养生家言，自是绝去文字，收敛耳目，澄虑默照，如是者若干年，而卒未之有得也，久之乃悟曰：此生死障耳，不足学。然因是读《老子》及瞿昙氏书，得其虚静慧寂之说，不逆于心，已而证之六经及濂洛诸说，至于《中庸》喜怒哀乐未发之谓中，曰：是矣，是矣。故其学一以复性为鹄，以慎独为括，以喜怒哀乐未发为奥，以能知未发而至之为窍，自是收敛耳目，澄虑默照，如是者又

① 吕妙芬：《阳明学士人社群：历史、思想与实践》，新星出版社2006年版，第52页。

若干年，而后信乎其心，其自信之确也，而后著之于书。①

薛蕙在《老子集解》自序中亦言：

> 始予蚤岁嗜神仙长生之术，凡神仙家之说无不观也。晚读
> 《老子》而好之，当是时，予方蕲向圣人之道，致思性命之理，
> 盖久之而若有得，考诸《老子》无异也。乃知昔之所嗜者，第
> 方士之小术，而非性命之学也。复知老子之道，惟导人反其天
> 性，而非异端之流也。夫性命者，道也，天下之一本也，生民
> 同得之，非异物也。②

薛蕙中年摒弃神仙养生之说，开始关注性命之学，于儒佛道三教之
书无所不读，既而会通三教，以《中庸》喜怒哀乐之未发为核心，
以《老子》之"常无欲以观其妙，常有欲以观其徼"为性之边界，
以佛教之澄虑默照为复性功夫，创立了自己的学说。薛蕙虽然吸收
了佛老思想，但并没有沉溺其中，更没有忘记其儒者身份，左东岭
评价这一心态曰："在嘉靖时期，像罗洪先这样因人生的挫折而归
隐，从而抓住自我的生命之源不放手，融合释、道以求精神的解脱，
而又不放弃儒家身份者，可以说大有其人。比如说薛蕙先生，虽并
非王门弟子，但其人生经历与思想特征几乎与念庵如出一辙。"③ 文
征明亦指出薛蕙求诸佛老非沉溺其中，而是为了与儒家性命思想相
印证："盖亦闲居无事，用寄其渊微深寂之趣耳。或以为有所没溺，
而实非也。"④《老子集解》正是薛蕙这一思想的反映。

明正德以前，朝廷以程朱思想作为官方意识形态及取士标准，

---

① 薛蕙：《考功集》附录《吏部郎中薛西原先生墓志铭》，《景印文渊阁四库全书》第
1272 册，《集部·别集类》，台湾商务印书馆 1987 年版，第 125 页。

② 薛蕙：《老子集解序》，《老子集成》第六卷，第 278—279 页。

③ 左东岭：《王学与中晚明士人心态》，商务印书馆 2014 年版，第 305 页。

④ 薛蕙：《考功集》附录《吏部郎中西原先生薛君墓志铭》，《景印文渊阁四库全书》
第 1272 册，《集部·别集类》，台湾商务印书馆 1987 年版，第 129 页。

被朱子批为权诈、虚无的老子自然被视为异端。在高压严控及功利诱惑下，士大夫谨守程朱矩矱，不敢稍有逾越。然而坚冰之下，潜流暗涌，特别是正德嘉靖年间，思想领域对程朱思想的反叛越来越尖锐。董其昌追溯明中期思想、学术之转变，认为其变者有二，一为文学复古派的兴起，一为阳明学的创立："成、弘间，师无异道，士无异学，程朱之书立于掌故，称大一统；而修词之家墨守欧、曾，平平尔。时文之变而师古也，自北地始也。理学之变而师心也，自东越始也。北地犹寡和，而东越挟勋名地望，以重其一家之言，濂洛、考亭几为摇撼。"① 而薛蕙其人，在明中期的文学复古思潮及心学、老学的兴起中，都有一席之地。

薛蕙早年即以诗文闻名。相较于前七子对文学形式的重视，薛蕙更加注重对文学思想的探讨。李庆对薛蕙的文学观进行了分析，他认为薛蕙在文学上对文学本质、才学识的关系、诗文风格、文学功用都有自己的独特观点，"薛蕙的种种论说，反映了当时文人对文学的探求，从文学样式、文学的情感等表层向理论深层的发展"②。成化弘治年间在"台阁体"之外，复古派兴起，但复古派多流于对古文形式、创造方法的模仿，因而缺乏深度，薛蕙对此是不满的，他强调文学对"道"的追求。薛蕙的这一主张，反映了明中期文学思想的转变："综观明代文学思潮的流变，和成化、弘治时代相比，这以后时代有关文学的论说，显然要深刻得多。薛蕙的文学观，在一定程度上反映了当时文学潮流转变的这种倾向。"③

"大礼议"事件的结果，嘉靖帝虽如愿为其父母尊号去掉"本生"二字，但亦使大批士大夫对现实失望，他们认为文章无益于世，对于政府提倡的程朱思想亦不再迷信，开始探讨新的安身立命思想，出现了重道轻文、批评程朱的倾向："由于对现实感到失望，士大夫们不得不先后放弃个人与社会、情与理相统一的理想，转入个人的

① 董其昌：《容台文集》卷一，《合刻罗纹庄公集序》，《四库全书存目丛书·集部》第 171 册，齐鲁书社 1997 年版，第 260 页。
② （日）李庆：《薛蕙的文学观》，《文学前沿》2006 年第 00 期，第 141 页。
③ （日）李庆：《薛蕙的文学观》，《文学前沿》2006 年第 00 期，第 142 页。

内心世界，对自我的价值、地位、生命本身的意义等进行理性思考，追求主体精神的独立和人格的完善。"①

薛蕙在此事件中上万言书《为人后解》《为人后辩》，反对嘉靖帝伯孝宗而考兴献的主张：

> 自古帝王入继者，必明为人后之义，而后可以继统……《礼》无生而贵者。虽天子诸侯之子，苟不受命于君父，亦不敢自成尊也。《春秋》重授受之义，以为为子受之父，为臣受之君。故穀梁子曰"臣子必受君父之命"。斯义也，非直尊君父也，亦所以自尊焉耳。盖尊其君父，亦将使人之尊己也。如此则义礼明，而祸乱亡。②

薛蕙直接指出嘉靖帝的帝王之位非得于兴献帝，而是来自孝宗，若不以孝宗为皇考，其皇位自然就名不正言不顺。薛蕙此言，令嘉靖帝大怒，将其下镇抚司考讯，事后又罚俸三月。后薛蕙又被卷入朝廷政争之中，嘉靖帝怀恨在心，不听薛蕙辩白，将其解职归家。之后虽得昭雪，但薛蕙已对官场失望，此后再未出仕，其思想也发生转变，由辞章转而关注性命。

嘉靖六年（1527），王廷相与薛蕙就"性与天道"问题展开争论，王廷相持气本论思想，反对程朱的理本气末的天理论及性、理为一的人性论，而此时"君采之谈性也，一惟主于伊川"③。此后几年，薛蕙钻研性命之理，越出程朱，求诸《中庸》《易传》等儒家原典，并证之于佛老，"盖久之而若有得，考诸《老子》无异也"，及至嘉靖九年，薛蕙《老子集解》初稿完成，自言其注解《老子》乃是为了阐发性命思想："扬榷本旨，发挥大义，明圣人之微言，究性

---

① 廖可斌：《明代文学复古运动研究》，商务印书馆 2008 年版，第 94 页。
② 《明史》卷一百九十一，《列传第七十九·薛蕙》，中华书局 1974 年版，第 17 册，第 5075—5076 页。
③ 王廷相：《王氏家藏集》卷二十八，《答与薛君采论性书》，《王廷相集》第二册，中华书局 1989 年版，第 517 页。

命之极致。"① 此"圣人"乃是指孔、老而言。薛蕙通过注解《老子》表达的性命思想，可以说是其心性思想的反映。薛蕙在《老子集解》初稿完成之后，曾与好友高叔嗣相互探讨，薛蕙明确表示："三氏之学，皆心学也，夫心一而已矣；彼三氏者，皆圣人也，学至于圣且弗自知其心乎？苟知其心其理有弗一乎？其理苟一，其言岂有二乎？"② 及至嘉靖十四年，薛蕙另一重要哲学著作《约言》完稿，四库馆臣评价曰："即心即理，是姚江良知之宗也，其去濂洛关闽之学，固已远矣。"③ 薛蕙《老子集解》所发明的性命之理实为心性之理。

二、为老子正名

薛蕙通过注解《老子》阐发其性命思想，首先就要反驳程朱对老子的批评，为老子正名，这是其立论的前提。

薛蕙在文中常引用他人观点，李庆对《老子集解》中的引文进行了分析，将引文分为两大类，一类为经史子集中常见的《易》《诗》《书》《礼》《春秋》《列子》《楚辞》等，一类是前人的解《老》观点。对于第二类引文，李庆进一步分析发现："薛蕙对这类文献，实际抱有不同的态度，有的是引用以申述己见，有的是聊备一说，有的则引作批评的对象。"④ 而对于其中引用的程子、朱熹的老学思想是以批评为主："在对'道'或义理的探讨中，薛蕙到了晚期，渐渐表现出对当时流行的宋儒'性理'说批判。在对《老子》作的《集解》中，引程子之说四条，朱子说八条。十二条中，除三条外，其余都有批判的内容。反映了他对明初'天理人欲'两分的反拨。"⑤

① 薛蕙：《老子集解序》，《老子集成》第六卷，第 279 页。
② 薛蕙：《西原先生遗书》卷上，《与高苏门》，《四库全书存目丛书·集部》第 69 册，齐鲁书社 1997 年版，第 382 页。
③ 永瑢等撰：《四库全书总目》卷一百二十四，《约言》，中华书局 1965 年版，第 1069 页。
④ （日）李庆：《论薛蕙的〈老子集解〉——明代的〈老子〉研究之七》，《阜阳师范学院学报》（社会科学版）2006 年第 1 期。
⑤ （日）李庆：《薛蕙的文学观》，《文学前言》2006 年第 00 期，第 141 页。

薛蕙对程朱评价老子的一些观点进行了反驳,主要集中在四个方面:第一,《老子》非窃弄阖辟之术。程子以《老子》为窃弄阖辟之术,特举"是以圣人后其身而身先,外其身而身存,非以其无私邪?故能成其私"句及"将欲歙之,必固张之。将欲弱之,必固强之。将欲废之,必固兴之。将欲夺之,必固与之"句为证。薛蕙不同意这一观点。他认为圣人至公无私,其外其身、后其身乃是效法大道之谦弱居下,而非别有居心:"夫圣人之无私,初非有欲成其私之心也。然而私以之成,此自然之道耳。如欲成其私,即有私也。未有有私而能成私者也。"① 至于后一句,老子不过是就事物盛而衰、柔弱胜刚强的自然之理而言,并非权谋之术。

　　第二,杨朱之学不尽合于老子。朱熹认为孟子只排杨朱,不言老子,因为杨朱之学来之于老子,排杨就是排老子。薛蕙认为杨朱只是学到了老子之学的一部分。杨朱重"为我",老子则言生而不有,为而不恃,常善救人,故无弃人,修德于身、家、乡、邦及天下,绝非"为我"之学。

　　第三,老子之学非独任虚无而已。薛蕙反对程朱对老子独任虚无的批评,认为"老子之学,非不应事也。静其所以御之者,在不悖其虚无之本耳"②。他指出老子之无为,并不是什么都不做,而是顺万物之性而为之,因其势而导之,此即老子无为易简之道,无为与无不为是老子无为思想的一体两面:"因其势而道之者,易简而理自得也。违其性而为之者,烦劳而物愈扰也。"③ 如世人不守此理,强而为之,最终"以有为治生生愈伤,以有为治人人愈扰"④。

　　薛蕙倾心于佛老之学与阳明心学,但对佛教之空、老子之虚无、阳明后学的空虚之蔽,却很警醒。他反对程朱对老子独任虚无的判断,从因循的角度发挥老子的无为思想。对于阳明后学空谈义理、不重实事的弊病,他一再强调于日用常行中探求天道:

---

① 薛蕙:《老子集解》,《老子集成》第六卷,第283页。
② 薛蕙:《老子集解》,《老子集成》第六卷,第286页。
③ 薛蕙:《老子集解》,《老子集成》第六卷,第296页。
④ 薛蕙:《老子集解》,《老子集成》第六卷,第284页。

　　天道无穷，其不越于吉凶已，天道幽微，孰谓其易知乎？顺理者吉，逆理者凶，孰谓其难知乎？是故善知天者求诸人事，不善知天者求诸天道。求诸天道，天道未必合，求诸人事，天道不能违。①

　　六经言天道，必贯之以人事，未有专言天而人不与者，言天而无与于人，非教也。②

在《老子集解》中，薛蕙也贯彻了这一思想。他认为心即理也，理存在于日常人事之中，这和阳明思想是一致的。王阳明曰："理也者，心之条理也。是理也，发之于亲则为孝，发之于君则为忠，发之于朋友则为信。千变万化，至不可穷竭，而莫非发于吾之一心。"③天理内在于人心，于日用常行中自然发出，道德法则与规范出自于己，个体的主体性因此而建立。个体成了天理的主宰，天理的发与不发全由自己掌控，故王阳明警诫学者说："今时同志中，虽皆知得良知无所不在，一涉应酬，便又将人情物理与良知看作两件事，此诚不可以不察也。"④ 若将天理与人事分作两途，就会落入湛若水的"随处体认天理"的弊端，甚至可能流入空谈性理、不关实事的境地。薛蕙同样也看到了这一问题，故他非常强调复性与心体发用相结合：

　　心体不能不发于用，顾用之太过，而不知复反于本，纵其情而害其性，是自遗其身殃也。以感通为斯须之用，以退藏为真常之本，则于内外动静之理得之矣。袭，重也。此日用之常，

① 薛蕙：《约言·天道篇第一》，《四库全书存目丛书·子部》第 84 册，齐鲁书社 1995 年版，第 270 页。
② 薛蕙：《约言·天道篇第一》，《四库全书存目丛书·子部》第 84 册，齐鲁书社 1995 年版，第 271 页。
③ 王守仁撰，吴光、钱明等编校：《王阳明全集》卷八，《书诸阳伯卷》，上海古籍出版社 1992 年版，第 277 页。
④ 王守仁撰，吴光、钱明等编校：《王阳明全集》卷六，《答魏师说》，上海古籍出版社 1992 年版，第 217 页。

而复有常道存焉，故曰袭常。①

世人以老子之无为为虚无，将晋人亡国归咎于《老子》。薛蕙认为晋人之失在于其只见老子"弃仁义""绝礼学"，而不见其"宗道德""返忠信"，且晋人之亡国，清谈不过占很小的一部分，晋实际亡于统治阶层溺于安乐、内斗不止。老子言无为，晋人误解为虚无，老子言大白若辱、少私寡欲，晋人却反其道而为之，晋人处处不合于老子，后人却将晋亡归咎于老子，老子何辜：

> 如晋人者，吾见其弃仁义矣，未见其宗道德也。吾见其绝礼学矣，未见其反忠信也。自太康之后，讫于江左之亡，士大氏务名高，溺宴安，急权利，好声伎，其贪鄙偷薄极矣，若夫尚清谈，嗜放达，犹其小者耳。晋室之乱，凡以此也。彼《老子》之书，初曷尝有是哉。《老子》之言曰：大白若辱，务名高乎？强行有志，溺宴安乎？少私寡欲，急权利乎？不见可欲，好声伎乎？若畏四邻，嗜放达乎？多言数穷，尚清谈乎？以此观之，则晋人之行，其与《老子》之言，不啻若方圆黑白之相反矣，安在其祖述《老子》之道哉。②

第四，申韩少恩非源于道德之意。③ 自司马迁在《史记》中将老子与申不害、韩非同列一传，并言其学皆源于道德之意，后人遂将申韩之惨礉少恩也归因于老子，朱熹亦持此观点。薛蕙认可申韩之学源于老子，但是惨礉少恩则是专言韩非之弊，不能将其也归因于老子："古者刑名之学虽有宗于黄老者，然不过假其一二言之近似，若其大体之驳，岂真出于黄老哉？"④ 观两者行事，申韩杀人以行法，

---

① 薛蕙：《老子集解》，《老子集成》第六卷，第 309 页。
② 薛蕙：《老子集解》，《老子集成》第六卷，第 302 页。
③ 台湾江淑君教授的《薛蕙〈老子集解〉对程、朱老学之评议》（《国文学报》2009 年第 45 期）对此论述甚详。
④ 薛蕙：《老子集解》，《老子集成》第六卷，第 312 页。

老子则言此为代大匠斫；申韩携数以御下，老子则反对以智治国。况且申韩所谓的责名实、循势理虽有道家因应之说的痕迹，但观其实则正是老子所反对的察察之政，故申韩之源于黄老也是不准确的。

此外，薛蕙还为老子之道德仁义观辩护。老子言"绝仁弃义"，这是儒家最不能忍受的。薛蕙认为儒道两家对仁义道德的不同态度源于其思想发端不同。道家崇尚自然无为，此为天之道。儒家崇尚仁义，是为人之道。两家思想的发端不同，道家之道好比太极，仁义就是阴阳，阴阳以道为始，故仁义以道为宗："道者无方无体，无为无名，而无所不为者也。仁义者，有名有迹，各有所宜，而不能相为者也。"① 道和仁义因时制宜，各有擅长，犹如三皇之时，其民无知无欲，故可以无为治之，及五帝之时，其民慈良而正直，民有善与不善之分，故以仁义治之。老子先道德而后仁义，乃是因为世道愈发展离道愈远，故老子因时制宜，开出不同治世之方，并没有厚此薄彼之意。

三、以复性为核心的性命论

薛蕙认为性命就是指道，道是天地万物之本，生民所同具。《老子》之书正是先圣所传下来的性命之说，可惜世人不解其意，使《老子》性命之学不显，末流者更是以《老子》为神仙长生之术，凡此者皆是不明《老子》性命之学："老子之道，惟导人返其天性，而非异端之流也。"② 这一论断反映出薛蕙解《老》的旨趣是以复性为核心的性命论。

性命乃是儒家所强调的概念，宋儒尤其重视性与命，然而"通观《老子》全书，并无一性字出现，心字亦仅见数处。主要原因在于老子对于心性主体的自觉性关注明显较少，其着墨较多的是形上思想与政治社会问题的提出与解决"③。"命"字在《老子》中也仅在

---

① 薛蕙：《老子集解》，《老子集成》第六卷，第 289 页。
② 薛蕙：《老子集解序》，《老子集成》第六卷，第 278 页。
③ 江淑君：《薛蕙〈老子集解〉性命思想探析》，《国文学报》2009 年第 46 期。

"归根曰静，静曰复命，复命曰常"句和"道之尊，德之贵，夫莫之命而常自然"句中出现。薛蕙以性命思想解《老》，首先就要沟通性命与《老子》之道，这一沟通过程是通过《易传》实现的。《易传·系辞上》言："《易》无思也，无为也，寂然不动，感而遂通天下之故。非天下之至神，其孰能与于此。"① 薛蕙对于寂感之理非常重视：

> 寂然不动，圣人所以复性也，感而遂通天下之故，圣人所以应事也，事不能不异，故圣人之迹有不同，性未始不同，故圣人之德一也。②

而薛蕙本人思想中的心学因素亦使其自然地沟通了心与性：

> 理即此心，此心即理，时寂而藏，其藏若渊而不测其所存，时感而应，其应若响而不知其所由来，善观夫寂感之际者，可以知天，可以知神，可以知无我矣。③

心即理也，寂然不动之时，乃是虚静之本体，没有形象，不可捉摸。当理与物接，感物而动，人就可以即物而体察天道。故薛蕙的性命思想也可以说是其心性思想，在《老子集解》中，薛蕙从《老子》之"常道"出发，很自然地开出了其复性思想：

> 天地之间，惟性命之理为常，自余皆变而不能常者也。④

---

① 周振甫：《周易译注》，中华书局 2013 年版，第 259 页。
② 薛蕙：《约言·性情篇第二》，《四库全书存目丛书·子部》第 84 册，齐鲁书社 1995 年版，第 271 页。
③ 薛蕙：《约言·性情篇第二》，《四库全书存目丛书·子部》第 84 册，齐鲁书社 1995 年版，第 271 页。
④ 薛蕙：《老子集解》，《老子集成》第六卷，第 288 页。

常乃恒久不变之意，天地之间，唯道为常，《老子》曰"常道""常名"者，正是此意："盖常与妄相反，常则不妄矣，妄则非常矣。一动一静，循天之理，乃其常也。"① 道有"常"与"妄"之分，常则为道，妄则非道，薛蕙在注解"常无欲以观其妙，常有欲以观其徼"时，以"有欲""无欲"断句。他认为性之欲有常与妄之别，常者是指动静符合天理，静则无思无为，动则顺应天道，静为道之体，动乃道之用，静、动都可体察天道。而若人与物接，生出妄念，沉溺于声色耳目之欲，丧失本性，流于人欲，是为性之妄：

> 常无欲之时，以观察其微妙，盖无思无为，复反无名，是即天地之始也。常有欲之时，以观察其孔窍，盖宇宙在乎手，万化生乎身，是即万物之母也。老子于此，不徒曰无欲、有欲，而曰常无欲、常有欲者，乃其致意之深也。盖常与妄相反，常则不妄矣，妄则非常矣。一动一静，循天之理，乃其常也。若一涉于私意，是则有我之妄心，而非真常之谓矣。故无为而顺其常者，至人所以全其天也，有为而益以妄者，众人所以流于人也。②

人性本静，老子之所以在"有欲""无欲"前加一"常"字，正是教人不妄为、守虚静。妄生于私，一涉私心，便生妄念，复性之要在于去除私欲，消除妄念，复归于静：

> 虚静者，性命之本然也。有生之后，迁于物而背其本，其不虚不静亦甚矣，故为道者必损有以之虚，损动以之静，损之又损，以至于虚静之极，则私欲尽而性可复矣。③

---

① 薛蕙：《老子集解》，《老子集成》第六卷，第 280 页。
② 薛蕙：《老子集解》，《老子集成》第六卷，第 280 页。
③ 薛蕙：《老子集解》，《老子集成》第六卷，第 287 页。

摒弃外欲，虚其心也，心虚自然静，复性就是复归于静："静者，性之本，主静者，复性之学也。人心有欲则妄动，妄动则不能主静，惟圣人而能主静者，无欲故也。"① 但是此损之功夫并非要人们完全摒弃欲望，而是要有所取舍，薛蕙引《吕氏春秋》中的观点以证其说："圣人之于声色滋味也，利于性则取之，害于性则舍之。此全性之道也。"② 凡扰乱性情者，皆要摒弃之：

> 除情止念，则垢浊去而天光发，收视返听，则精神定而真气生。③

复性是薛蕙心性思想的核心，他说："学问之术多矣，其归于复性乎。明善明此也，穷理穷此也，敬者敬此也，诚者诚此也，知复性之学者，天下之理举一以蔽之矣。"④ 唯有恢复心性之本体，达到德可配天的境界，生命方可超越生死之限，薛蕙以性命之道为安身立命的依据。他说：

> 帝王之功，圣人之余事也，有道者功被万物，其神明虚静而不变，虽没身不殆可也。此章之言，盖庄子所称内圣外王之道也。夫语王者之道，其极至于王乃天，天乃道，其道可谓甚大矣。自非闻道之君子，鲜不惊怖其言，或欲为之，莫知所由也。乃若知反其本，固不越虚静而已矣。虚静之学成，则帝王之道备于己，非虚静之外别有余事也。其道复，不亦甚约乎?⑤

---

① 薛蕙：《约言·性情篇第二》，《四库全书存目丛书·子部》第 84 册，齐鲁书社 1995 年版，第 271 页。

② 薛蕙：《老子集解》，《老子集成》第六卷，第 285 页。

③ 薛蕙：《老子集解》，《老子集成》第六卷，第 287 页。

④ 薛蕙：《约言·学问篇第六》，《四库全书存目丛书·子部》第 84 册，齐鲁书社 1995 年版，第 285—286 页。

⑤ 薛蕙：《老子集解》，《老子集成》第六卷，第 288 页。

在薛蕙看来，只要恢复心性之本体，自然可以成就王者之业，真正重要的是"复性"之本身。天地之间，唯性为常，一切外物都要经历生死，而性则能超越生死："得道者，抱神以静，虽死生之大，而不得与之变。以能复其性命之理，是以常也。不能复命，迁化流转，岂有常也？"① 薛蕙对心性思想的重视，正是沿着王阳明开出的内在超越之路，追求精神的长生。文征明在为薛蕙写的墓志铭中说道，薛蕙晚年转而喜好释道，原因之一就是佛道哲学能够让他堪破生死：

> 晚岁自谓有得于老聃玄默之旨，因注《老子》以自见，词约理明，多前人所未发。又喜观释氏诸书，谓能一死生，外形骸，将掇其腴，以求会于吾儒性命之理。②

薛蕙认为生死乃是"性命精微之理，学者宜致思焉"③。如何看待生死？薛蕙在解释"死而不亡者寿"时引用了杨时和朱熹的观点。因为薛蕙没有按照原文引用，只取其大意，故此引《中庸或问》原文，以便于理解：

> 龟山杨氏曰："颜跖之夭寿不齐，何也？老子曰：'死而不亡曰寿。'颜虽夭而不亡者，犹在也，非夫知性知天者，其孰能识之？"④

对杨时的解释，朱熹表示反对：

> 寿夭之不齐，则亦不得其常而已。杨氏乃忘其所以论孔子之意，而更援老聃之言，以为颜子虽夭而不亡者存，则反为衍

① 薛蕙：《老子集解》，《老子集成》第六卷，第288页。
② 薛蕙：《考功集》附录《吏部郎中西原先生薛君墓志铭》，《景印文渊阁四库全书》第1272册，《集部·别集类》，台湾商务印书馆1987年版，第128—129页。
③ 薛蕙：《老子集解》，《老子集成》第六卷，第307页。
④ 陈文新主编：《四书大全校注》（上），武汉大学出版社2009年版，第282页。

说，而非吾儒之所宜言矣。且其所谓不亡者，果何物哉？若曰天命之性，则是古今圣愚公共之物，而非颜子所能专；若曰气散而其精神魂魄犹有存者，则是物而不化之意，犹有滞于冥漠之间，尤非所以语颜子也。①

颜渊作为圣人却英年早逝，盗跖身为强盗却长寿，杨时认为不能单从肉体生命上看，以天道言之，颜渊虽死，他身为圣人所代表的大道却长久存在，这就是《老子》所言的"死而不亡曰寿"。朱熹不赞同这一观点，他认为颜、跖寿夭之不齐，乃是颜渊生不逢时的违反常理之事，杨时言其"死而不亡"，不亡者若是性，性乃古今圣愚共有之物，为何只能独属于颜渊呢？若是不亡者为气，那是说颜渊死后精神魂魄犹在，这又不符合物化之理。薛蕙此处没有直接说赞同谁的观点，只言："二先生之说，学者之所当辩也。"②

在"出生入死"章中，薛蕙再次表明了他的生死观。薛蕙认为生死乃是相对之事，有生必有死，人一出生即开始迈向死亡，可惜"凡人惟欲断死，不知断生，亦犹老子之言是也"③。《韩非子·初见秦》曰："夫断死与断生者不同。"高亨解释"断生""断死"曰："断，犹必也。趋难而誓必死谓之断死，临难而求必生谓之断生。"④死亡不可避免之事，故曰"凡人惟欲断死"，世人皆好生而恶死，故皆向往长生，却往往自蹈死地：

> 人之贪生者，本欲适生，然辄适于死地者，是何？趣福而反得祸也。盖以其自私自利，过于求生其生，而不知更近于死也。⑤

① 陈文新主编：《四书大全校注》（上），武汉大学出版社 2009 年版，第 282 页。
② 薛蕙：《老子集解》，《老子集成》第六卷，第 299 页。
③ 薛蕙：《老子集解》，《老子集成》第六卷，第 307 页。
④ 高亨：《韩非子新笺》，《诸子新笺》，齐鲁书社 1980 年版，第 192 页。
⑤ 薛蕙：《老子集解》，《老子集成》第六卷，第 308 页。

正确的益生之法在于齐生死，不以生死为念，则不知生，不知死，既无生地，亦无死地，达于无我之境地：

> 无死地者，由无生也，由无生，斯无死地矣，由无死地，斯物莫之能伤矣。夫至人者，明乎无我，反乎无朕，忘其肝胆，遗其耳目，上与造物者游，下与外死生无终始者友，人但知其无死，不知其本无生也。①

薛蕙这里引用《庄子》中"至人"的形象作为其思想的代表，庄子言："至人无己。"② 何谓"无己"？徐复观解释曰："庄子的无己，只是去掉形骸之己，让自己的精神，从形骸中突破出来，而上升到自己与万物相通的根源之地，即是立脚于道的内在化的德、内在化的性；立脚于德与性在人身上发窍处的心。"③ "即是为天地之主，万物之归；这是对自己生命的扩大，对自己生命主体性的坚强地建立。"④ 可见薛蕙实际是赞同杨时的生死观的。

薛蕙以性命之学解《老》，更多地反映出他本人的思想特点，"俾使得老子学说转化成为一种性命哲理的抒发"⑤。明前期，老子被视为异端，注《老》者寥寥，特别是明永乐至正德年间，目前可查批注《老子》者，唯有黄润玉、黄懋、郑瑾、黎尧卿四人而已。明中期，阳明学兴起，但王阳明去世之后，政府对阳明学的态度愈益严厉，嘉靖八年（1529），朝廷判定王学为邪说："都察院仍榜谕天下，敢有踵袭邪说，果于非圣者，重治不饶。"⑥ 薛蕙《老子集解》著于嘉靖九年。王学刚刚被禁，他即开始着手注解《老子》，并多次修订，历经七年方完成，这一举动对明中后期阳明学及老学思想的

---

① 薛蕙：《老子集解》，《老子集成》第六卷，第 308 页。
② 陈鼓应注译：《庄子今注今译》（上），中华书局 2013 年版，第 18 页。
③ 徐复观：《中国人性论史》（先秦篇），上海三联书店 2001 年版，第 352 页。
④ 徐复观：《中国人性论史》（先秦篇），上海三联书店 2001 年版，第 387 页。
⑤ 江淑君：《薛蕙〈老子集解〉性命思想探析》，《国文学报》，2009 年第 46 期。
⑥ 《明世宗实录》卷九八，嘉靖八年"甲戌"条，上海书店 1982 年版，第 2300 页。

流行起到了推动作用。《老子集解》之后至万历之前，明中期的注《老》著作达到了四十本，[①] 且薛蕙还是明中期倡导王学并以之注解《老子》的第一人。唐顺之论述薛蕙的学术地位曰：

> 呜呼，心学之亡久矣，有一人焉倡为本心之说，众且哗然老佛而诋之矣，学者避老佛之形而畏其景，虽精微之论出于古圣贤者，且惑而不敢信矣，先生直援世儒之所最诋者，以自信而不惑，其特立者欤！[②]

日本学者亦评价薛蕙说："取佛老之说并开始承认王阳明之学，且又最早提出此类学说的是薛蕙。薛蕙作为其中的一家不曾被提到名字，因而在历史的大潮流中便也被湮没了。"[③] 薛蕙在心学发展中的作用可以说被淹没了，但其在老学史上的作用并没有被埋没，后世对《老子集解》的反复引用，表明了《老子集解》流传之广及后人对其学术思想的认同与肯定。

第二节　王道《老子亿》

王道（1487—1547），字纯甫，号顺渠，谥文定，山东武城人。正德六年（1511）进士，选庶吉士。王道对仕途并不热衷，嘉靖十三年（1534）辞去南京国子监祭酒之职，居家十三年，读书灌园以自适。嘉靖二十五年再次被起用，官至北京国子监祭酒、吏部右侍郎。嘉靖二十六年病逝。主要著作有《大学亿》《老子亿》《诸史论

---

① 参见涂立贤：《明代官员群体老学研究》，华中师范大学博士学位论文，2017年。
② 薛蕙：《考功集》附录《吏部郎中薛西原先生墓志铭》，《景印文渊阁四库全书》第1272册，《集部·别集类》，台湾商务印书馆1987年版，第125页。
③ （日）鸳野正明：《薛蕙的生平、思想及诗歌创造》；《日本学者论中国古典文学——村山吉广教授古稀纪念集》，李寅生译，巴蜀书社2005年版，第345页。

断》《大学衍义论断》等。

王道进入仕途之时，与王阳明、湛若水同朝为官，他先师王阳明，王阳明称其"自以为是，无求益之心"①。后改师湛若水，但其思想亦未尽合于湛。王道其人，思想开阔，儒释道三家都有涉猎，对于世人因学问观点不同而各立门户的现象引以为耻，由此与坚持江门正统地位的湛若水越行越远。《老子亿》完成于王道居家的十三年间，书成之后，流传甚广，因其书中儒道相通的观点，湛若水唯恐别人误会此为王道得之于己者，著《非老子》以驳斥王道的观点，不过并没有收到预期的效果。《老子亿》为明代解《老》的代表作之一，深受各派学者重视。如当时南中王门学者朱得之称赞说："此书古注，虽多至千余家注本而止，予所企及而能信者，元儒林鬳斋《口义》、吴草庐《注》、近时薛西原《集解》、王顺渠《亿》而已。"②朱得之将《老子亿》与林希逸、吴澄、薛蕙之注并举，颇为推重。焦竑在其《老子翼》中，明代注《老》之作除自己外，只收了薛蕙、王道、李贽三家而已。稍后道教学者陆西星以王道注本为主要参考，著《老子道德经玄览》，发挥其性命双修之学，成为自己构建东派丹法理论的重要组成部分。陆西星朋友赵宋在为《老子道德经玄览》作序时也将王道与林希逸、苏子由、薛蕙并举。三一教主林兆恩在其《道德经释略》中亦对《老子亿》多加征引。可见王道注书在当时传播之广，影响之大。

《老子亿》乃王道中年读《老子》的心得汇编，并非一时之作，正如王道自言："余自中岁，颇好读老子书，遇会心处，辄诠数语于其简端。积久成帙，不忍弃掷，命童子录而藏之。"③ 书名之"亿"字出自《论语·先进》："子曰：'回也其庶乎，屡空。赐不受命，而货殖焉，亿则屡中。'"④ 朱熹注云："亿，意度也。言子贡不如颜子

① 黄宗羲：《明儒学案》卷二十九，《北方王门学案》，中华书局 2008 年版，第 635 页。

② 朱得之：《老子通义》，《老子集成》第六卷，第 378 页。另林鬳斋即林希逸，南宋理学家，1271 年去世，朱得之称其为元儒，欠妥。

③ 王道：《老子亿》，《老子集成》第六卷，第 224 页。

④ 杨伯峻译注：《论语译注·先进篇第十一》，中华书局 2009 年版，第 114 页。

之安贫乐道，然其才识之明，亦能料事而多中也。"① 王道截取此章而引为："孔子谓：赐也，亿则屡中。"② 《老子亿》意为对《老子》原意的揣度，又接着引《老子》之言："老子曰：多言数穷，不如守中。又曰：知者不言，言者不知也。"③ 可见王道认为自己注解《老子》乃是犯了多言之过，即使偶尔解释得好像与圣人之道一致，也不过是表面如此而已，并非圣人之道果真如此，"皆窥见其仿佛，而非实有诸已也"④，但心有所悟，不得不发，故有《老子亿》。

一、以心学解《老》

《老子亿》站在儒家本位的立场，以儒家思想解释《老子》，并间或引用佛教之说。王道崇尚的儒学指阳明心学，而对于朱熹之学，《老子亿》中则多有批评。

王道对朱熹的批评，不仅有具体的思想方面，甚至还扩大到对整个宋代理学的批评。具体层面涉及多处，如王道对朱熹对"载营魄抱一，能无离乎"的注解不认同。朱熹在《楚辞集注》中曰："其所为营者，字与荧同，而为晶明光炯之意。"⑤ 《朱子语类》又说："魄是一，魂是二；一是水，二是火。二抱一，火守水；魂载魄，动守静也。"⑥ 对于朱熹的注解，王道逐条进行了反驳。其一，以车载人之"载"与以人登车之"载"意思本相同，而朱熹强分为两义。其二，朱熹旧注以"营"为"荧"，乃晶明光炯之意，后来又以魂魄解营魄，互相矛盾。其三，老子之本意若为魂载魄，自会直言，但老子所言乃是"载营魄"，可见魂载魄乃是后人之臆会。其四，若依朱熹魂魄水火之意解，则一身之内，魂魄交争，水炎火沸，气散精

① 朱熹：《四书章句集注·论语集注》，中华书局1983年版，第127页。
② 王道：《老子亿》，《老子集成》第六卷，第224页。
③ 王道：《老子亿》，《老子集成》第六卷，第224页。
④ 王道：《老子亿》，《老子集成》第六卷，第263页。
⑤ 朱熹：《楚辞集注·楚辞辨证下·远游》，朱杰人等主编：《朱子全书》第19册，上海古籍出版社、安徽教育出版社2002版，第209页。
⑥ 黎靖德编，王星贤点校：《朱子语类》卷一百二十五，中华书局1986年版，第2995页。

流，溘然尽矣，何求长生！王道这些反驳虽然是以疑问的语气写出，并摆出请教的态度："夫朱子《精义》之功，世儒之所取信者也。而愚蒙不领，乃复云尔，盖有所疑于心，而不敢苟焉以自欺也。深造君子，尚幸有以教之。"① 观其语气与措辞，"世儒""自欺""深造君子"，明显是一种反语，表明了王道对人云亦云、不敢思考的读书人的蔑视，王道的独立之精神于此益现。再如他不认同朱熹对《论语·学而》中"孝弟也者，其为仁之本与"的解释。对于这句话的解释关键在于"为"与"仁"。仁是孔子思想的核心，是其最高的道德理想，故"为"在孔子这里是做介词解，即孝弟是仁的基础。而至于程、朱，赋予仁以形而上的意义，处于众德之本的地位，孝弟相对于仁而言处于形而下的仁之用的地位，故"为"在程、朱这里是做动词解，即孝弟是实践仁的基础。因此，伊川言："盖仁是性也，孝弟是用也，性中只有个仁、义、礼、智四者而已，曷尝有孝弟来。"② 朱熹认为"仁便是本，仁更无本了。若说孝悌是仁之本，则是头上安头，以脚为头"③。王道抓住伊川之言，批评宋儒不重视孝弟："其异于孔孟也如此。而乃以老子为异端，过矣。"④

对于宋代理学的历史功绩，王道是持怀疑态度的。王道在对《老子》第三十七章注解中引用了薛蕙的观点。薛蕙曾论世曰：

> 自生民以来，讫于唐虞，说者推其年数，阔三四万岁，云民之初生，其俗固为草昧，要不过万余岁耳。其后二三万岁之间，生民之道固当久备，而容有饬亨尽之患矣。今验之《诗》《书》而唐虞之质可考也。由唐虞而上，风俗之厚又可次第而推矣。盖由在昔圣贤世出，其为治之迹，信有如老子之所云者，故淳素之风传数万岁而不绝，如古之无圣人，则上古之泽势，

① 王道：《老子亿》，《老子集成》第六卷，第 232 页。
② 朱熹：《四书章句集注·论语集注》，中华书局 1983 年版，第 48 页。
③ 黎靖德编，王星贤点校：《朱子语类》卷一百一十九，中华书局 1986 年版，第 2870 页。
④ 王道：《老子亿》，《老子集成》第六卷，第 238 页。

岂能如是之悠久，而文巧之俗，岂俟周之衰而始病乎。自周之衰至于近代，其间仅二千余岁，而风俗之弊极矣。乌乎！古者越二三万岁而民风之美，曾不止息，后世越二千余岁而风俗辄已大败，其故可知也。然后之为治者，乘历代文胜之弊，曾不能改，顾益甚之，《诗》云：譬彼舟流，不知所届，心之忧矣，不遑假寐。此之谓也。①

王道所引并非字字相同，但是大意不差，唯一一点不同就是，王道将薛蕙的"然后之为治者，乘历代文胜之弊，曾不能改，顾益甚之"改为"然宋之为治者承历代文胜之弊曾不能改，又益甚之"②。薛蕙的意思中自然有批评宋儒理学的意思，但还没有明说，而王道则直接点出程朱之学并不能治世安民，可见王道对程朱思想确实是不赞同的。故王道又言：

自南宋崇尚道学之后，其学术未尝不行于上也，而卒不能收善治之效。未尝不传于下也，而卒不见成命世之才。由今观之，想望庆历、嘉祐之盛，韩、范、富、欧之风，邈乎不可觌矣。况等而上之乎？③

王道不仅对程朱之学质疑，且对于宋儒自命接续孔孟道统，以"真儒"自居亦是十分不屑的：

"孟子后，千载无真儒"。宋儒有是言，余每读之戚然。姑就汉一代言之，董、贾兼文学政事之科，萧、曹、丙、魏，皆有政事之才，远在季路、冉有之上，而丙又入德行而不优。至于孔明，则兼四科而有之矣。黄叔度不言而化，如愚之流辈也。

① 薛蕙：《老子集解》，《老子集成》第六卷，第300—301页。
② 王道：《老子亿》，《老子集成》第六卷，第250页。
③ 黄宗羲：《明儒学案》卷四十二，《甘泉学案六》，中华书局2008年版，第1037页。

管幼安龙德而隐居于辽东，一年成邑。陈太丘、荀令君、郭有道、徐孺子皆德行科人，冉、闵之次也。其诸表表，难以悉数。三国人才尤盛，至晋及唐，代不乏人。今一举而空之曰"无真儒"，呜呼！悠悠千载，向谁晤语。①

对于后人极力抬高程朱的地位，王道甚至发出如李贽一般的异端之言：

> 宋自庆历以前，英贤汇出，当时治体，风俗人才，皆淳庞浑厚。于时程、朱未生也，亦曷尝如长夜，直待程、朱出而后明哉？②

明中后期对程朱之学质疑的风气渐兴，但王道敢于发出这样的质疑，其对程朱之学的不满于此可见。对于阳明心学，王道则多有引用，《老子亿》的主要观点就来自阳明心学。

王道心性论，基本是按照王阳明的思路来发挥的。如对于"故常无欲以观其妙，常有欲以观其徼"句，王道以"有欲""无欲"断句，进而以"寂然不动，感而遂通天下之故"解释"有欲""无欲"：

> 道之在人心，犹其在天地也。方其无欲也，一真自如，万境俱寂，湛然如太清之无云，莹然如明镜之无尘。此心之本体也，故谓之妙。及其有欲也，随感而通，因物而应，灿然如星躔之不紊，沛然如川流之不息，此心之大用也，故谓之窍。妙即喜怒哀乐未发之中，天下之大本也；窍即发而中节之和，天下之达道也。③

① 黄宗羲：《明儒学案》卷四十二，《甘泉学案六》，中华书局 2008 年版，第 1038—1039 页。
② 黄宗羲：《明儒学案》卷四十二，《甘泉学案六》，中华书局 2008 年版，第 1039 页。
③ 王道：《老子亿》，《老子集成》第六卷，第 225 页。

"道之在人心，犹其在天地也"，是为心即道，道即心也。心之本体寂然不动，此即老子之无欲，无欲以观其妙，妙就是心体处于未发动之状态，即《中庸》所言"喜怒哀乐未发之中"。及心体感物而动，万事万物皆能尽其性，此即老子之有欲也，有欲以观其窍，窍就是心体感悟而动之状态，即《中庸》之"发而皆中节谓之和"。"有欲""无欲"不过是道的不同状态，"无欲"为道之体，"有欲"为道之用：

> 感而寂然之体未尝往也，故曰常无欲；寂而应用之妙未尝息也，故曰常有欲。即此常之一字，已寓同出同玄之义矣。欲人之易晓也，故又别而言之，曰无曰有，曰妙曰徼。其名异矣。然体用一原，显微无间，其出同也。其出既同，则无而妙者，固谓之玄；而有而徼者，亦不得不谓之玄也。①

王道进而将"有欲""无欲"与"人心惟危，道心惟微，惟精惟一，允执厥中"联系起来，有者为人心，无者为道心，有、无皆是道，道心、人心无有不善，万物之生成皆赖于此：

> 盖其所以成、所以有、所以生且为者，皆出于人心之危，有欲之徼。而其所以则天、所以不与、不有、不持、不居者，则皆原于道心之微，无欲之妙，为之主也。②

万物之生，出于自然，故生而不有，为而不持。万物之成，则需要人力，这和王道的无为论是一致的。但王道认为道心、人心皆出于道，他与王阳明一样，赞同心之本体为"至善"：

> 盖心之本体原无善恶，所谓一而未形者，德之谓也。苟因

---

① 王道：《老子亿》，《老子集成》第六卷，第225—226页。
② 王道：《老子亿》，《老子集成》第六卷，第226页。

人之善恶诚伪而有差别相焉，则是离道以善，险德以行，非复心之本体，而亦不足为谓之德善德信矣。①

在王道看来，道心、人心都为至善，这是他和王阳明的分别，但这并不影响他去除私欲的复性思想。道心、人心为至善，不善者乃是私心。至善者无善、恶、诚、伪之分，所谓善、恶、诚、伪者，不过是人出于私心而立之名："常人之心，物我相形，爱恶相攻，无同异中炽然成异，而天下始多故矣。此私心之为害也。"②

私心产生于物我相形，物我相形故有分别之心，有分别心则生利害之念，以美、善为利，反之则为害，却不知凡此皆为名迹，非大道之浑全：

> 人之于物有简别心，故或利或害，天则包含遍覆，无所简别也，兼利而已，何害之有？人之于人，有人我相，故有为有争。圣人则人己两忘，无为而无不为也，何争之有？③

道远于人，人愈沉迷分别之中，争竞不止，如此何如人己两忘，复归心之本体：

> 人之刻意尚行者，自以为修身矣，然不知道，而矜饬于名迹之间，终亦伪耳。惟能从事于绝学日损之道，至于诸幻灭已非幻不灭，而后其德乃为纯一而无伪也。④

"人己两忘"者，外无分别之心，内无贵身之患。无分别之心，故能和光同尘："人惟好恶太明，刻核太过，不能随顺方便，以处斯

---

① 王道：《老子亿》，《老子集成》第六卷，259 页。
② 王道：《老子亿》，《老子集成》第六卷，第 259 页。
③ 王道：《老子亿》，《老子集成》第六卷，第 276 页。
④ 王道：《老子亿》，《老子集成》第六卷，第 262 页。

世，故不免人我对立，而有争端。"① 不贵其身者即无我，"无我则无人。无我无人则无对，无对则无争，又何患之有耶？"②

人己两忘既是王道的复性功夫，同时也是复性的目标，能达到人己两忘的境界，就能消除分别之心，体会万物一源，大道平等：

> 天下本一家，万物本一体也……性分一源，原无物我，大道平等，惟嫌简择小黠大愚，其迷孰甚焉？③

王道人己两忘状态正如王阳明之"以天地万物为一体"，王道之修身治国论正是在人己两忘的前提下展开的。

二、人己两忘的修身治国论

王道注重发挥《老子》的修身治国思想，表面看来王道尤重修身，他赞同《庄子·让王》中的"道之真以治身，其绪余以为国家，其土苴以治天下"的观点，但是观其文，王道更重《老子》治国理论的发挥。修身治国在王道的思想中虽是不可分割的统一整体，治国以修身为本，修身以治国为目的，但修身只是手段，治国才是最终目标。从王道将《老子》中做主语的"人""民"多做国君或上位者解就可窥见一斑，如"大道甚夷，而民好径"之"民"指"为民上者"④，"人多利器，国家滋昏"之"人"指"有国家者"⑤，"民之谜，其日固久"之"民"指"人也，实指在上而为政者"⑥。王道为君主指出的为君之道就是法于自然，无为而治：

> 天地之间，止有四大，而王者乃居其一焉，则其位亦不易

① 王道：《老子亿》，《老子集成》第六卷，第 230 页。
② 王道：《老子亿》，《老子集成》第六卷，第 234 页。
③ 王道：《老子亿》，《老子集成》第六卷，第 244 页。
④ 王道：《老子亿》，《老子集成》第六卷，第 261 页。
⑤ 王道：《老子亿》，《老子集成》第六卷，第 263 页。
⑥ 王道：《老子亿》，《老子集成》第六卷，第 264 页。

当，而其道亦不易尽矣。然王者之人欲尽其道也，无他，法天与地而已矣。欲法天地也，无他，法道之自然而已矣。①

王道对老子无为之道极尽推崇：

> 明此以南向，尧之为君也；明此以北面，舜之为臣也。以此处上帝王，天子之德也；以此处下玄圣，素王之道也。以此退居而闲游，江海山林之士服；以此进为而抚世，则功大名显而天下一也。无为而无不为之妙如此。②

王道无为论的哲学基础是道之有、无，他认为有、无同出于道，不可分而为二：

> 有之中即藏乎无，非外有而有所谓无也。无之妙，即御乎有，非舍无而能用乎有也。有无合一之妙如此，大而天地，细而万物。约而反之人心，莫不皆然。③

无藏于有，不可灭有以寻无，灭有者是为泥空："泥空而著于空，居有而弃乎有，卒之灭弃礼法，幽沉仁义。既败其身，而因以乱亡人之国家，如晋人者。"④ 有因无而有用，不可执有而忘无，执有者"见器而不冥道，徇物而不能化"⑤。故无为者，不可偏于有，发露太过，不知收敛，是滞相也；亦不可偏于无，弃万事而流于虚无，圣人之无为，当无为之心行有为之事：

> 世之言治者多，眩露其聪明，驰骋于事功，而不知无为之

---

① 王道：《老子亿》，《老子集成》第六卷，第 242 页。
② 王道：《老子亿》，《老子集成》第六卷，第 258 页。
③ 王道：《老子亿》，《老子集成》第六卷，第 232 页。
④ 王道：《老子亿》，《老子集成》第六卷，第 232 页。
⑤ 王道：《老子亿》，《老子集成》第六卷，第 232 页。

为妙也。及知矣，则又不免于弃万事以趋之。斯二者，皆惑也。圣人则异于是。虽爱民治国，而心常无为。虽常无为，而爱民治国之事未尝或废。所谓允执厥中，有天下而不与焉者也。①

王道之无为是合无为、有为而言之，无为是手段，有为是目的，两者构成王道无为论之一体两面，不可截然分开。无为之手段是指辅万物之自然而为，不可妄为：

其所谓人，乃以佐天也。皆不可缺者，但不可过于有为，而以人灭天、以故灭命耳。若直任万物之自然，而无以辅之，是有春夏而无耕耘，有秋冬而无收获。②

将无为论用于具体的治国实践，表现为以下几个方面：首先，以平等之心对待百姓。老子言天地不仁，圣人不仁，不仁方为大仁，圣人持此无分别之心方能平等地对待百姓，不因智愚贤不肖而有所区别拣择：

天下之人，有道与德者常少，而失道与德者常多。若于此有差别相，则不惟道之本体不当如是，而天下之不与者□□至人不如是也。心地平等，普然大同，同声相应，同气相求。有道与德者固同之矣，和其光，同其尘。失道与德者亦无不同也。我既不自异于人，则人亦不自异于我。③

其次，导民于朴。民之本性无知无虑，混沌未凿。统治者以智治国，倡仁义，立礼法，民之混沌凿破，遂生分别争竞之心，争竞日趋，奸伪日生，民是以难治：

---

① 王道：《老子亿》，《老子集成》第六卷，第231页。
② 王道：《老子亿》，《老子集成》第六卷，第246页。
③ 王道：《老子亿》，《老子集成》第六卷，第241页。

生民之初，混沌未凿，智慧未出，本不难治也。惟上之人以智倡，而下始以智应之，积习之久，奸伪日滋，窃术以自便，巧文以避诛，而上之人始无如之何矣。民之不可明也以此。①

故以智治国，不如绝圣弃智，民虽愚，却能保持其淳朴之本性，无分别争竞之心，自然可以全身远害：

以智治国，明之也。然而其民缺缺矣，害孰甚焉？不以智治国，愚之也。然而其民醇醇矣，福孰大焉？②

可见，王道之愚民并非让百姓愚蠢、不开化，而是要保持其本性之淳朴，不轻易变革政令。政令出于上而施于民，天子一言而天下扰动，故政令之增益废除不可不慎，是以圣人贵其言：

苟不至于穷，未尝轻制一法，轻变一事也。与民相安而已矣。不得已而当制矣，必先甲三日后甲三日，而后有制之言也；革而当变矣，必先庚三日后庚三日，而后有变之言也。③

因为王道这样趋于保守的政治态度，他在注解中多次批评王安石的无为论及其变法运动。王道在注解中引用了王安石的无为论：

王荆公乃又为之说曰：无者万物之所以生也，有者万物之所以成也，圣人惟务其成物者，不言其生物者。而老子反之，是不察于理而务高之过。④

（王安石）又曰：治车者知治其毂辐，而未尝及于无者，以

① 王道：《老子亿》，《老子集成》第六卷，第268页。
② 王道：《老子亿》，《老子集成》第六卷，第268页。
③ 王道：《老子亿》，《老子集成》第六卷，第237页。
④ 王道：《老子亿》，《老子集成》第六卷，第233页。

无出于自然，可以无与也。毂辐具，则无必为用矣。如其知无为用，而不治毂辐，则为车之术固已疏矣。①

王道批评说："则有与无也，不惟判为彼此二事，抑且断为前后两截，其于圣人体用一原、有无俱妙之道，既不同矣。"② 王安石改革心切，突出了有为的重要性，并对老子有所批评。由于王安石的变法实际上违背了老子的无为之旨，因此，王道不认可王安石对老子无为思想的解读，更不认可王安石变法。

王道的无为论和他保守型政治态度是一致的。对于历史上积极有为或发起过改革的人物，王道一概持批评态度："汉武帝有轮台之悔，宋神宗肇靖康之变。"③ "若刘歆、王安石之徒，祖述周礼，浊乱天下，愚不可言。"④ 而对汉文帝大加赞扬："文帝躬修玄默，以德化民，卒致黎民醇厚之效。"⑤ 不同的政治态度使他们对礼乐刑政的看法大相径庭。王安石认为礼乐刑政乃是道在社会政治层面的显现，是圣人治国必不可少的手段。而王道则认为若仁义为实而礼为表，尚可谓之仁义；若舍仁义而专任礼，不过只是一些外在的仪轨，"若夫礼，既失仁义，则无复中心之实，而浮伪亦已甚矣"⑥。徒有其华贵的外表而没有仁义之实，自然不能打动人心，人们自然不会自愿遵守，是为乱之端也："苟舍夫二者而徒恃夫礼焉，则仪轨虽详，文物虽盛，而人亦莫之应也，至此尚不知反，因仍其事，而益攘臂以相加焉，则悖慢之极而争端起矣。"⑦ 持此态度，王道批评王安石的改革也就容易理解了。

---

① 王道：《老子亿》，《老子集成》第六卷，第 233 页。
② 王道：《老子亿》，《老子集成》第六卷，第 233 页。
③ 王道：《老子亿》，《老子集成》第六卷，第 248 页。
④ 王道：《老子亿》，《老子集成》第六卷，第 252 页。
⑤ 王道：《老子亿》，《老子集成》第六卷，第 249 页。
⑥ 王道：《老子亿》，《老子集成》第六卷，第 252 页。
⑦ 王道：《老子亿》，《老子集成》第六卷，第 251 页。

第三节　朱得之《老子通义》

朱得之（1485—?），字本思，号近斋，自号参元子、虚生子，江苏靖江人，一说乌程人。嘉靖二十九年（1550），以贡生授江西新城县丞，后又任桐庐县丞。朱得之以经术名于后世，是南中王门的代表。他为学注重自得，不盲从权威，《常州府志》记载："（朱得之）幼学时能于传注外时出意见，好说《中庸》，疑晦庵先生格致之学，而未知所从入。人有传阳明先生《传习录》至者，披阅连昼夜，走越执贽焉，益究良知之旨。"[1] 朱得之从学于王阳明是在嘉靖四年。当时王阳明讲学于绍兴稽山书院，朱得之赴绍兴拜师学习，跟随其学习了近两年，王阳明称赞曰"入道最勇可与任重致远"[2]。朱得之亦没有辜负其师的称许，以学术闻名于江南，讲学之时，从者云集，时人称之曰："桐庐公以经术鸣于江南，江南学者从之如云，若子夏在西河时也。"[3] 朱得之平生著作颇多，有《庄子通义》《老子通义》《列子通义》《靖江县志》《霄练匦》等著作传世，在老子与道家研究上取得了较高的学术成就。

一、以自然为宗

朱得之学宗自然，认为"世有外于自然而可以为道者乎？世有外于自然而可以为事为物者乎？"[4] 朱得之不仅思想上推崇自然，而

---

[1]　陈玉琪等纂：康熙《常州府志》卷二十三，《人物·朱得之》，《中国地方志集成·江苏府县志辑》（36），江苏古籍出版社1991年版，第512页。

[2]　褚翔等纂：光绪《靖江县志》卷十四，《儒学·朱得之》，《中国地方志丛书·华中地方》（464），台湾成文出版社1983年版，第269页。

[3]　王穉登：《王百谷集十九种·燕市集》卷下，《朱氏殇女圹志》，《四库禁毁书丛刊·集部》第175册，北京出版社1997年版，第73页。

[4]　朱得之：《老子通义·自序》，《老子集成》第六卷，第378页。

且在日常生活中切实践行这一哲学主张："大抵得之之学，体虚静，宗自然，最得力处在立志之真，自起居食息一言一动皆以真心检点其间，虽幽独，无少懈，教人亦以立志为先。"① 黄宗羲评价朱得之的学问曰："其学颇近于老氏。盖学焉而得其性之所近者也。"② 近于老氏者，是指朱得之学以自然为宗，老子以自然为道，亦属于性近其学者，其《老子通义》亦以明自然之道："《通义》之作，由自然而通其心之所安也。"③ 甚至断言："孔孟之学不外于自然也。"④

在《老子通义》中，朱得之将自然与王阳明万物一体之仁的思想联系起来，故其自然即为无分别拣择，平等对待万物之意：

> 圣人于人物，但无弃之之心，自成无不救之德。无弃人，是其救人之善，不见有救人之迹，故曰袭明。在世情观之，善者可为不善者之表正，不善者可为善人之驱助。若曰仁暴殊途，非暴无以为仁之启，即桀纣为汤武驱民是也。彼有贵有爱，则分别拣择，未免行私用智其间，取师取资，卒成己劳人离，虽欲救物而不给也。若圣人之无弃人也，由其心无所贵，无所爱，得失同乐，善不善同情，混世而无忤，虽无不知，而常无知，此大道之蕴，无物不体之机括也……圣人之善世也如此。此无为自然之道，不烦不泛，而为万事之纲领，是其要也。无思无议，而为万物之根源，是其妙也。非达天德者，不足以语此。⑤

"无物不体"是为体用一原。朱得之以寂感之理融合良知与老子之道，无即良知本体寂然不动，有即心体感物而应，寂感同时无先后，二者为道之体用，无、寂为体，有、动为用，是以万物皆出于道：

---

① 褚翔等纂：光绪《靖江县志》卷十四，《儒学·朱得之》，《中国地方志丛书·华中地方》（464），台湾成文出版社 1983 年版，第 269 页。
② 黄宗羲：《明儒学案》卷二十五，《南中王门学案一》，中华书局 2008 年版，第 585 页。
③ 朱得之：《老子通义·自序》，《老子集成》第六卷，第 377 页。
④ 朱得之：《老子通义·自序》，《老子集成》第六卷，第 378 页。
⑤ 朱得之：《老子通义》，《老子集成》第六卷，第 398—399 页。

　　无言寂，有言感。寂感同时，有体用，无先后。二欲字，言志欲如此。二观字，言良知。妙字，言体之蕴心也。窍字，言用之行意也。两者，指有无。有无非二，谓同出异名，正谓体用一原也。①

　　无、有为道之体用，无中观有，有中体无，有无不可离，其具体发用处，"寂然不动之时，无而未尝无也。感而遂通之时，有而未尝有也"②。心体寂然不动之时，万物皆备于我，故曰无而未尝无。心体感物而动之时，自然化育万物，故曰有而未尝有。无者出于自然，有者亦复归于自然，即不滞有而不知返，亦不滞无而流于虚。落实到人事，就是"顺物之情，因物之形，各成其材，而不参以己之能也"③。故指修道者心体空洞，即可于有中体无之妙，修道者应物而不有，即可见有之所从出：

　　　　故人之有志者，虚灵之地常如空洞，正欲见此无名者，万有莫不体具，即观其所恒，而天地万物之情可见也。神明之区常应不辞，正欲见此无名者，万法所从出，观其所感，而天地万物之情可见也。④

　　而此体用一原之道落实到现实世界，是为物之生，人之性：

　　　　万物并作于吾前，吾因以观吾之性天，绳绳绵绵，无象有精之体，于以见万物之作，莫不各归其根，是动而复静也。静则复其天命之本然，所谓适得吾体，不失其常也。人苟知此常道乃天之命、人之性、物之生，则其方寸灵昭，前知如神矣。⑤

① 朱得之：《老子通义》，《老子集成》第六卷，第385页。
② 朱得之：《老子通义》，《老子集成》第六卷，第385页。
③ 朱得之：《老子通义》，《老子集成》第六卷，第415—416页。
④ 朱得之：《老子通义》，《老子集成》第六卷，第385页。
⑤ 朱得之：《老子通义》，《老子集成》第六卷，第393页。

心、性、命是道的不同称呼，其落于人为心、为性，心性本静，静而虚，故能容纳万物，无中存有也。虽容纳天下之物，却不以为有，有中体无也。人之行道要效法大道之无为自然，圣人终日应天下之物，动静皆出于自然：

> 圣人于设施处，无时不知，而中之存存者，惟静而受，所以为天下归。虽为天下归，实则无知，如婴儿也。于显明处，无事不检点，而于独知之地，则尤戒慎，所以为天下之模范也。虽为天下之模范，而己德则复还其太虚。①

圣人"惟静而受"，天下自然归之，圣人却得不自知，复归于无，这就是"无不滞有，有不离无之实"②之意也，亦是朱得之内圣外王之道。

以自然之道修身，养性寡欲而已。道内化于人心是为性，"盖吾身者道之躯壳，吾心者道之精神"③，人能行道，则形神不离，若沉溺于欲望，心不静而神动摇，是滞于有。滞于有者，溺于外物而不知返，"此皆不知有之非真，无之不变，遂至于不察内外之重轻，不明理欲之消息故也"④。人欲长则天理消，故圣人不求美于外，为腹不为目，养性寡欲。"修心养性莫如啬"⑤，啬者，神气内收不轻出，神气外放不多耗，人若放纵性情，知放而不知敛，气散则形灭：

> 无放即无收，无敛即无出。天地之间，屈伸消息，无顷刻之停，无一物不同。但吾人形生神发之后，只是飞扬驰逐处多，虽天机不能无收敛，要亦不能胜其放出者，是以昏迷醉梦，鲜

---

① 朱得之：《老子通义》，《老子集成》第六卷，第399页。
② 朱得之：《老子通义》，《老子集成》第六卷，第386页。
③ 朱得之：《老子通义》，《老子集成》第六卷，第387页。
④ 朱得之：《老子通义》，《老子集成》第六卷，第392页。
⑤ 朱得之：《老子通义》，《老子集成》第六卷，第416页。

克终其天年。①

终其天年，已经难得，更有甚者，厚自奉养，以求长生。但朱得之认为生死乃是天命，若妄自干涉，强求长生，是自蹈死地。因为求长生者，心有所系，心不静而趋驱气之动。而万物之生乃气之聚，死乃气之散，气动则趋于老，这是不能长生久视的，故朱得之指出：

> 生本自然，委之以无为可也。益生者，以天为不足，以人助之，是谓妖孽，而祸生矣。气本冲和，惟守之以柔弱可也。心使气者，以心而动气，是乃刚强，而暴其气矣。凡此恃壮以趋于老，与知常曰明者相反，是谓不道。不道者，以气则耗散而日消，以神则昏扰而日微，岂能久于世哉？②

朱得之认为，天地间能长生不灭者，只有道。道之为大，无始无终，无古无今，其为寿也才可谓久。因此，朱得之的长生思想不是指肉体的长生，而是指精神的长生，养生就是养性：

> 道者，人之所。不失其所者，成性存存，须臾不离，即无摇尔精，无劳尔神也。失其所，则不能安。不安，则不能久。③

朱得之进而指出，圣人之体道在于去除人己之分，这就需要"为道日损"之功夫。学习世俗的知识，贵多贵博，而学道则贵少贵约，这亦是老子所言"绝学无忧"之意："盖所绝者，世俗之学，而所贵者，食母之学也。世俗之学，以多为尚，务在日益，长智识，生矜高，其用归于辩同异、争是非。"④ 亦如庄子所言去健羡，黜聪明，损之又损，以至于无。其实就是复性之功夫。所损者乃世俗之

---

① 朱得之：《老子通义》，《老子集成》第六卷，第 417 页。
② 朱得之：《老子通义》，《老子集成》第六卷，第 414 页。
③ 朱得之：《老子通义》，《老子集成》第六卷，第 401—402 页。
④ 朱得之：《老子通义》，《老子集成》第六卷，第 394—395 页。

"辩同异、争是非"之知识，复归于人己不二之大道，不以己见忖度事物：

> 圣人于此，未尝执己见，惟以百姓心为心，善不善，信不信，在人不同，而吾之尽性以孚人心者，则不二，是以谓之德善、德信。①

圣人通过无我与为道日损之功夫，达到与道合体之境界，将此自然无为之道推之于家国天下，则可收到无为而无不为之效果：

> 此圣人虽无所不为，实惟行其所无事，是以随其所至，万物莫不安和条理，而得其所也。治者非止治世，盖尽自治之方，而感者自应，无适而不然耳。②

这其实就是朱得之所推崇的过化存神的圣人之治，圣人行无为自然之道，所过之处，无须言语、作为，不过顺其自然而为之，世人自然受其感化。圣人的无为自然之道，朱得之将其具化为以下内容：

> 故复原圣人无为之本，在见素抱朴，众人所不欲，圣人欲之。难得之货，圣人所不贵，众人贵之。是以圣人欲在无欲，不贵难得之货，以起天下之争心。绝学无忧，为道日损。众人之所不学，圣人学之。前识日益，圣人之所不学，众人学之。是以圣人学在无学，凡众人之所迷误者，圣人皆将使之复归于无过，以辅其自然之道，使万物各得其所，而不敢有所作为以害之。此无为之益也。③

---

① 朱得之：《老子通义》，《老子集成》第六卷，第 410 页。
② 朱得之：《老子通义》，《老子集成》第六卷，第 387 页。
③ 朱得之：《老子通义》，《老子集成》第六卷，第 420 页。

朱得之以"见素抱朴""绝学无忧"概括无为之道。圣人见素抱朴，逆众人之所尚，则纷争不起；绝学无忧，逆众人之所学，以纠正世人之过，以此众人各遂其性，各得其所，复归于淳朴之性。"民性复，而天下治矣"①。老子的经世之功亦以此体现：

> 天机只是过化凝神，作圣之功只是所过者化，所存者神，故圣人之言，只摩写过化存神之方。过化则机械不生，存神则淳朴可复。学者于此默识而请事焉，然后见老子经世之志。②

从以上分析可以看出，朱得之修身治国都落实在"复性"上，这是穷理尽性至命的思路，同时，朱得之强调复性，得之于王阳明良知人人具足的思想：

> 盖吾之心，即千万人之心；千万人之理，即一人之理也。观者，取法也，犹云治也。以吾身而观吾身，则可以观众人之身。可以观众人之身者，以其心之同也。吾又何以知此道可以修之于天下，而天下皆不能拔、不能脱乎？实以此良心之不二也。③

王阳明认为良知先天存在于每个人心中，只要通过后天的觉悟唤醒心中的良知，按照良知立身处世，人人都可以成为圣人："自己良知原与圣人一般，若体认得自己良知明白，即圣人气象不在圣人而在我矣。"④ 这就是王阳明人人都可成为圣人的思想。人人皆具良知，愚夫愚妇亦可为圣人，众人取法圣人，直至众人亦觉醒其良知本体，其与圣人无二也。朱得之接受这一思想，其《老子通义》中不断强

---

① 朱得之：《老子通义》，《老子集成》第六卷，第 420 页。
② 朱得之：《老子通义·读〈老〉评》，《老子集成》第六卷，第 380 页。
③ 朱得之：《老子通义》，《老子集成》第六卷，第 413 页。
④ 王守仁撰，吴光、钱明等编校：《王阳明全集》卷二，《传习录中》，上海古籍出版社 1992 年版，第 59 页。

调人己不二、无弃人，这亦成为他衡量圣人的标准之一。

二、教三道一

在会通三教的进路上，朱得之比薛蕙、王道走得更远。朱得之摒弃了儒家思想的正统地位，而以"道"为最高标准，故儒释道三教，在他看来都是大道分裂的后果，故不当以儒学作为衡量佛、道二家价值的标准：

> 或谓二氏之书不当以儒者之学为训，窃惟道在天地间，一而已矣，初无三教之异，犹夫方言异而意不殊，针砭异而还元同。[1]

这一态度在弥合儒道仁义观的差异上表现得尤为明显。朱得之对现实的礼法制度进行反思，欲以"无"审视现实社会中的仁、义、礼等制度。无即是道，道是万物之宗，道包于仁义。所谓仁义者道之文也，虽根源于道，却不一定能尽合于道：

> 道者无为而自然，天道也。仁义者有为而后然，人道也。道者太极，仁义其阴阳乎？阴阳虽大，必有始也；仁义虽美，必有宗也。道者无方无体，无为无名，而无所不为者也。仁义者有名有迹，各有所宜，而不能相为者也……儒者言仁义即道者，以道不越于仁义也。老子别仁义于道者，以道包于仁义也。其所从言者，各有谓焉尔。[2]

因为对儒家仁义的反思，朱得之在解释"绝仁弃义""绝巧弃利""绝圣弃智"时，没有为儒家仁义辩护，并未将老子所弃之仁义、巧

---

① 朱得之：《庄子通义·读庄评》，《续修四库全书·子部·道家类》第 955 册，上海古籍出版社 2002 年版，第 605 页。

② 朱得之：《老子通义》，《老子集成》第六卷，第 395 页。

利、圣智解释为名实不符之仁、文胜质之义：

> 欲任道纪，以复太上之世，在清其源。夫圣智作法以治天
> 下，而巧伪者窃其迹以成其私，民失利矣。仁义本因人性而立
> 教，教立而盗名者务掩饰，有心作善矣。巧利本以资民生，贪
> 残者肆诈力而无厌，盗贼之源起矣。此知美之为美，斯恶之征
> 也。故必绝之而不为，弃之而不用，太上可复也。①

圣智者立法以治天下，法立则治有迹，投机取巧者寻迹而成其私。
仁义本为导人向善，然而仁义治名出，世人竞其名而忘其实，仁义
遂失其实。巧利本为生活提供便利，却成为贪残者祸乱天下的工具，
故此三者应当弃绝之，复归于质朴无文之太古之治。可见朱得之对
儒家礼法的批评比薛蕙、王道更进一步，薛、王只是要求质胜文而
已，朱得之则批评儒家异化的仁义，要求去文而返质。朱得之认为：
"道者无方之仁，仁者有象之道。仁而不道者有矣，未有道而不仁者
也。"② 这就明确表明了儒家所崇尚的仁不过是有象之道，而非道之
本身。朱得之所崇尚的道乃是自然：

> 此机流行于宇宙间，莫非自然，无所劳者，此天道也。在
> 人道又当知以不勤为用，所谓无劳尔神，无淫尔精，惟施是畏，
> 乃得存于绵绵，而天地之根于我乎把握矣。③

自然为道。万物之生，乃气之聚，死，则气之散也。道化生万物，
不着于情，生死随其自然。圣人治理百姓，以赤子之心看待世人，
未尝有所偏私，天地、圣人情顺万物而无情，是为不仁，不仁即无
私心为仁。去文返质就是要复归赤子之心，赤子之心是无私的。由

---

① 朱得之：《老子通义》，《老子集成》第六卷，第 394 页。
② 朱得之：《老子通义·凡例》，《老子集成》第六卷，第 378—379 页。
③ 朱得之：《老子通义》，《老子集成》第六卷，第 388 页。

此，朱得之认为良知本心具足，无须外求，返归赤子之心，求之于己便可：

> 司世道者，有能惩文胜之弊，不徒因之，而思改之，不图益之，而思涤之，庶几真淳可复，赤子之心不失也。不然，譬彼舟流，不知所届，诚可忧哉。孔子曰：礼，与其奢也，宁俭。丧，与其易也，宁戚。又曰：人而不仁，如礼何？曰仁曰俭曰戚，此人心之固有者。反而循之，在我而已，又何必老云孔云，而费辞说之辩乎？①

正是对儒家的仁义观念抱着反思的态度，朱得之大胆地表达了对先圣思想的怀疑：

> 今之诵法古训者，必心古德之心，体古德之道乎？抑徒袭其说，以夸论辩之高也？如将心其心也，日用饮食，观妙观徼，复吾婴儿而已矣，又何暇于辩人己之得失哉？②

朱得之为道家经典《老子》《庄子》《列子》分别作注，既有现实的考量，也有为世人寻求立命之方的道德责任感。嘉靖中后期，功利之风日炽，朱得之对此现象深感痛心："余悲康成之徒而思反朴还淳也。"③ 而《老》《庄》《列》等道家学说正是朱得之寻求的返朴之方："《诗》《书》固经世之准，而三子则立命之方，立命达于人，人经世存乎一遇，安得守此而弃彼乎？"④ 从中可看出朱得之对道家学说的肯定以及他救世解弊之思想意图。

---

① 朱得之：《老子通义》，《老子集成》第六卷，第 403 页。
② 朱得之：《老子通义》，《老子集成》第六卷，第 391 页。
③ 朱得之：《庄子通义·读庄评》，《续修四库全书·子部·道家类》第 955 册，上海古籍出版社 2002 年版，第 605 页。
④ 朱得之：《庄子通义·朱得之序》，《续修四库全书·子部·道家类》第 955 册，上海古籍出版社 2002 年版，第 603 页。

第四节　王樵《老子解》

　　王樵（1521—1599），字明逸，号方麓，江苏金坛（今属江苏常州）人。嘉靖二十六年（1547）进士，官至南京都察院右都御史。万历二十三年（1595）致仕。王樵虽入仕，但并不热衷于仕途，焦竑称其"平生仕者什三，处者什七"[①]，所好者读书学问而已，即便出仕期间，亦手不释卷，其在刑部浙江司期间，"日以三时治事，而以其余挟策读书"[②]。闲暇、居家之时，著述不辍，故王樵平生著作丰富，仅收录于焦竑《国史经籍志》者就达十九种。王樵尤擅经学，造诣颇深，焦竑称赞曰："明兴，雍熙庞硕之化垂三百年，士大夫通经学古者项背望于朝。"[③] 所著《尚书日记》乃明代《尚书》研究代表作之一，后世称其"是在朱学思想下独立思考的用力之作"，堪称"有明一代著闻之作"。[④] 王樵《老子解》只选取了《老子》中的十章进行注解，并没有形成完整的老学理论，但亦可从中看出其思想倾向。

一、王樵的学术宗旨

　　王樵生活于嘉万年间，其时正是心学盛行之际，但王樵学宗程朱，如汤显祖言："盖予未仕时，即知东南江海之上，明经术守先王之道者，方麓王先生一人而已。"[⑤] 这一学术旨趣在其著作中表现很

---

①　焦竑：《澹园集》卷三十三，《行状·南京都察院右都御史方麓王公行状》，中华书局 1999 年版，第 547 页。

②　焦竑：《澹园集》卷三十三，《行状·南京都察院右都御史方麓王公行状》，中华书局 1999 年版，第 542 页。

③　焦竑：《澹园集》卷三十三，《行状·南京都察院右都御史方麓王公行状》，中华书局 1999 年版，第 541 页。

④　刘起釪：《尚书学史》，中华书局 1989 年版，第 307 页。

⑤　汤显祖：《玉茗堂全集》卷一，《寿方麓王老先生七十序》，《四库全书存目丛书·集部》第 181 册，齐鲁书社 1997 年版，第 4 页。

明显。如《周易私录》"酌取程子之《传》、朱子之《本义》录于前，兼采诸家之说录于后，亦间以己意折衷之"①。他在《春秋私录序》中言："以愚见之，谓善发明《春秋》，莫如朱子可也。"② 在《绍闻编序》中，王樵此种学术倾向表现得更为清楚：

> 圣人之学，遗书具存，《论语》《大学》《中庸》，皆出孔氏亲传，而孟子得之。孟子之后，其学不传，阅千有余年，而二程子得之……圣人之教，欲人以其所固有，而由人所共由而已然。而有至，有不至，惟躬行而心得之，则所谓得之者也，去圣既远，士鲜有志于为己之学，间有其志者，又易堕于好高喜径之偏，而异端之说得以入焉，虽亲受业程门者，盖犹不免，非朱子继起，圣学其复湮乎！朱子之学，得之程子，居敬以立其本，穷理以致其知，反躬以践其实，是以卓然不缪于圣人之门户，而能升其堂入其室，不得已而后著书，其《大学》《中庸》章句、《论语》《孟子》集注，发圣人之精蕴，可谓无余，羽翼圣传，其功于是为大善，学者惟当潜心体玩，笃志力行而已，何暇于多言。自陆子静与朱子论学不合，诋朱子为支离，自此喜异之士为陆氏左袒者纷然而起，其实皆阳儒阴佛，而自托于德性之知，不缘闻见近，则又显然惟佛之为归，不复讳其名矣。窃谓躬行而不至，不失为圣人之徒，若惑于异端，肆为异论，诋毁程朱，坏人心术，将来之忧必有大焉！③

由上可知王樵维护程朱正统地位的决心，但王樵并未因维护程朱思想而对其他思想一概摒弃，或以异端视之，他虽然尊崇程朱，但并不盲从，仍然保持了独立思考的学术精神，焦竑在其《行状》中曾

---

① 永瑢等撰：《四库全书总目》卷七，《周易私录》，中华书局1965年版，第55页。
② 王樵：《方麓集》卷二，《春秋私录序》，《景印文渊阁四库全书》第1285册，《集部·别集类》，台湾商务印书馆1987年版，第137页。
③ 王樵：《方麓集》卷二，《绍闻编序》，《景印文渊阁四库全书》第1285册，《集部·别集类》，台湾商务印书馆1987年版，第138页。

称赞王樵学贵自得：

> 学以程朱为矩矱，而实求以自得之，不名一家，如朱门末
> 流推衍汗漫，未尝不厌薄之也。精思实践，有所契悟者，未尝
> 不心折也。盱江罗先生（罗汝芳）与公为寮，尝忻然有会于其
> 言，录其往复语，载之集中，则公之意见矣。①

王樵作为一名程朱学者，其学问却受到王学名士罗汝芳的欣赏，可
见其学说并不完全拘泥于程朱。这一点从其对待心学与佛老之学的
态度中可以明显看出。上文所引《绍闻编序》收录于《方麓集》，据
杭义梅研究，《方麓集》刊刻于万历二十一年（1593）或之前。②《续
修四库全书》所收的《绍闻编序》作于万历二十四年③，与上文稍有
不同，删去了末尾“其实皆阳儒阴佛，而自托于德性之知，不缘闻
见近，则又显然惟佛之为归，不复讳其名矣”。可见他此时对心学的
态度有所改变。对于佛老之学，王樵出于维护儒家正统地位的目的，
对其弊端有所批评，如他在为柯尚迁《周礼全经释原》所作序中，
就批评了佛老的空虚之弊：

> 周公之道，尧舜之道也，其遗典之存者，有《仪礼》《周
> 礼》。他经言其理，二礼见诸用，此固古圣人所以修身齐家治国
> 平天下之实事也。佛老见其大而不见其实，则骛而为虚，礼学
> 专门之家见其细而无见其大，则拘而为陋，二礼之不明也
> 久矣。④

---

① 焦竑：《澹园集》卷三十三，《行状·南京都察院右都御史方麓王公行状》，中华书
局 1999 年版，第 546 页。
② 杭义梅：《王樵及其〈方麓集〉研究》，扬州大学硕士学位论文，2015 年，第 30 页。
③ 王樵：《绍闻编》，《续修四库全书·子部·儒家类》第 940 册，上海古籍出版社
2002 年版，第 223—224 页。
④ 王樵：《方麓集》卷二，《周礼全经序》，《景印文渊阁四库全书》第 1285 册，《集
部·别集类》，台湾商务印书馆 1987 年版，第 147 页。

不过，王樵并没有完全否定佛老之学："吾近读佛书，亦知好之，然一读便知不同处。夫天下岂有二道哉？既不同，即彼非矣，尚何惑焉？"① 王樵承认佛老之学自有其长处，但仍站在儒家本位的立场，视儒家为正统，如果其他学说与孔孟之理不合，必然是他家之错。当然，对于佛老之学与儒家之学相合的地方，他也并不排斥，正如研究者所指出的："王樵是在站稳了正统的理学家立场之上，于佛与道皆有沾概。大体是他在正经说理议论时，对佛老并不赞成，或时有批评，但用语相对平和，并非抵斥，而是力求将佛老纳入儒学体系。如王樵《老子解》，多引《朱子语录》解《老》，欲将老子纳入儒学范畴。"②

二、《老子解》的思想特点

王樵的治学特点与思想倾向，在其《老子解》中亦表现明显。他既重视程朱之说，也能提出自己的看法。如对《老子》第一章的"故常无欲以观其妙，常有欲以观其徼"句，朱熹认为应断为"故常无欲，以观其妙；常有欲，以观其徼"。王樵不赞同这一观点，主张从"无""有"处断句，即"故常无，欲以观其妙；常有，欲以观其徼"。王樵的理由有三：其一，《庄子》有言："建之以常无有，主之以太一。"③ 庄子乃古之博大真人，深得老氏之旨，王樵以其言为证，"使读者知老子之所谓道者，道其所道，而非吾之所谓道，然后可以得其说矣"④儒者所言仁义之道非老子之常道，仁义之名非老子之常名，常道、常名者，不可道，不可名，是无也，是天地之始。天地生而为有，有天地，有万物，皆以无为主。无者，无偏私，故以观其妙，有者，具形体，故以观其徼，所以王樵认为应以"无""有"断句。其二，证之《老子》本文。《老子》后章有"有之以为

---

① 王樵：《方麓集》卷十五，《戊申笔记》，《景印文渊阁四库全书》第 1285 册，《集部·别集类》，台湾商务印书馆 1987 年版，第 391 页。

② 杭义梅：《王樵及其〈方麓集〉研究》，扬州大学硕士学位论文，2015 年，第 27 页。

③ 陈鼓应译注：《庄子今注今译》（下），中华书局 2013 年版，第 935 页。

④ 王樵：《老子解》，《老子集成》第六卷，第 331 页。

利，无之以为用""天下万物生于有，有生于无"，这正是承接第一章之意。其三，老子与儒家皆言无欲，未言有欲。因人之性生而静，与物相接而应，此为性之欲。如《中庸》所言喜怒哀乐之未发，发而皆中节，这才是《老子》所言之有欲，而不能单言人之有欲。主张从"无""有"断句是由北宋王安石首倡，司马光、苏辙等继之的新解，王樵加以采纳并进一步申说，其间可见他以儒家学说融合道家思想的意图。

再如对于《老子》第十三章，朱熹的解释为：

> 言宠辱细故而得之，犹若惊焉，若世之大患，则尤当贵圣之而不可犯。如爱其身也。宠为下者，宠人者上于人者也，宠于人者下于人者也。是辱固不待言，而宠亦不足尚。今乃得之而犹若惊，而况大患与身为一，而可以不贵乎。若使人于大患，皆若其将及于身而贵重之，则必不敢轻以其身深预天下之事矣。得如是之人，而以天下能之。则其于天下必能谨守，如爱其身，而岂有祸敬之及哉。①

王樵认为"朱子此解极发越，可谓深得老子之意"②。在赞同朱熹的主要观点之后，王樵又提出了自己的见解。他认为此章后四句尚有可议处。首先是版本问题。王樵认为朱熹所据之本并不准确，此版本错误有二，一为"贵以身为天下者，可以寄天下；爱以身为天下者，可以托天下"句中，"贵""爱"与"寄""托"字意重复。其二，文中"失之若惊"下"是为宠辱若惊"六字多余，故王樵《老子解》中去除了此六字。其次，文本之外，王樵认为朱熹的注解并没有完全阐释清楚《老子》此章"无身"之意，遂注解之。何谓无身？即不以己身为念。人过于爱惜己身，以名利、物质厚自奉养，名利、物质皆得于人，得之忧其去，去之又欲得，身心时刻处于焦

---

① 王樵：《老子解》，《老子集成》第六卷，第334页。
② 王樵：《老子解》，《老子集成》第六卷，第334页。

虑之中，欲爱其身反害之。若不有其身，以天下为念，忧患自去：

> 善贵其身者，不自贵，而贵以身为天下之身；善爱其身者，不自爱，而爱以身为天下之身。身为天下之身，则身非我有，而直寄托之于天下耳，此所谓无身也。无身则有何患？①

王樵此解甚确。他认为："生死两途也而一机。出生入死，言中间无去处。"② 真正地重视生命，不是以物质奉养身体，不是希求虚无缥缈的长生，而是明了生死乃是自然之理，故"善摄生者，非谓其能违死生之常理，而独不死也。谓其能无死地，乃所以了出入之机，而善保其生也……善摄生者，知生非贵之所能存，身非爱之所能厚，惟无以生为，而能无死地"③。

对于老子学说，王樵不仅如上文所论有欲、无欲一般调和儒道矛盾处，而且积极吸取老子思想，为儒家所用。王樵虽醉心经学，但并非不通世务，相反，他"由经术以通于世务"④，反对士大夫所谓的诗酒风雅之学。他曾感叹曰："士大夫以留心案牍为俗吏，文墨诗酒为风雅。夫饱食官禄，受成吏胥，谓之风雅可乎？"⑤ 因其长期任职于刑部等司法系统，对律法深有研究，著有《读律私笺》二十四卷，并自言："予在刑部治律令，如士人治本经。"⑥ 四库馆臣亦称赞其诗文冲和恬淡、言之有物，在复古文学思潮中，能够坚持文章当有益于世务的社会功能，不失先贤之意："故其文章颇切实际，非模山范水、嘲风弄月之词。其诗虽不能自辟门径，而冲和恬淡，要

---

① 王樵：《老子解》，《老子集成》第六卷，第 334 页。

② 王樵：《老子解》，《老子集成》第六卷，第 334 页。

③ 王樵：《老子解》，《老子集成》第六卷，第 334—335 页。

④ 焦竑：《澹园集》卷三十三，《行状·南京都察院右都御史方麓王公行状》，中华书局 1999 年版，第 541 页。

⑤ 王樵：《方麓集·提要》，《景印文渊阁四库全书》第 1285 册，《集部·别集类》，台湾商务印书馆 1987 年版，第 97 页。

⑥ 王樵：《方麓集》卷六，《西曹记》，《景印文渊阁四库全书》第 1285 册，《集部·别集类》，台湾商务印书馆 1987 年版，第 225 页。

亦不失雅音。盖当争驰之日，尤为能恪守先正之典型焉。"①

在《老子解》中，王樵亦持务实的态度，赞同王安石有无相依、不可分离的思想。有生于无，无因有而显，故有之以为利，无之以为用，以身体喻之，"则耳之聪，目之明，心之精爽，又皆有也。而其所以灵，所以聪明者，则无也"②。治国理政亦不外于此理。礼乐刑政乃是道之体现，若舍之空谈道理，希求国治，不过是愚人之见，王樵引王安石的观点以证明己意："王介甫曰：无之所以为用者，以有辐毂也。无之所以为天下用者，以有礼乐刑政也。如其废辐毂于车，废礼乐刑政于天下，而坐求无之为用也，则亦近于愚矣。"③

王樵《老子解》注解于心学盛行之时，而其思想能在学有所宗的情况下保持自己的独立思考，亦不因门户之见而故意贬损其他学派，能正视其他思想的优点，这是非常难能可贵的。

---

① 王樵：《方麓集·提要》，《景印文渊阁四库全书》第 1285 册，《集部·别集类》，台湾商务印书馆 1987 年版，第 97 页。
② 王樵：《老子解》，《老子集成》第六卷，第 332 页。
③ 王樵：《老子解》，《老子集成》第六卷，第 332 页。

第七章 《老子》的儒学诠释（下）

以儒解《老》同样是清代老学的重要内容。清统治者对儒家文化非常重视，与明代一样，视程朱理学为官方哲学。清代老学受其影响，出现了不少援儒证《老》、主张儒道会通的著作，对许多问题形成了新的认识与理解。

第一节 花尚《道德眼》

按《明清进士题名碑录索引》的记载，花尚是满洲镶蓝旗人，康熙十二年（1673）癸丑科进士，名列三甲第八十一名。① 这位满族旗人留下的历史资料并不是很多，不过从其著作《道德眼》的数篇序言中，我们还是可以得知其一生的大概经历。

花尚的儿子杨安、索达色在为《道德眼》所写的序言中，详细介绍了其父的一生。花尚自幼丧父，全赖母亲一人照顾。康熙十二年（1673），花尚高中进士，恰好此时三藩之乱爆发，作为满洲八旗

---

① 朱保炯、谢沛霖：《明清进士题名碑录索引》，上海古籍出版社 1980 年版，第 2658 页。另，《清代人物生卒年表》一书说花尚，字彭若，籍贯满洲镶蓝旗，出生于万历二十年（1592），注明的出处是《康熙十二年癸丑科会试进士履历便览》（江庆柏：《清代人物生卒年表》，人民文学出版社 2005 年版，第 231 页）。此处记载的出生时间比较可疑，如果花尚真是生于万历二十年，那么他考中进士的时候已经 82 岁了。而根据现有的资料，花尚在考中进士后还打过仗，做了很多年官，因此这个出生时间很有可能是错误的。

子弟的他，理所当然地参加了平定三藩的战斗。按其子的说法，花尚主要参与了清军在洞庭湖一带的战斗，所谓"居湖八月"，"死而复生者数"，[①] 可见战斗相当惨烈。归朝之后，因战功被提升至国子监司业一职。西北准噶尔叛乱爆发后，花尚又随军远赴新疆。花尚在参与了这两次重大军事行动后，虽然性命无虞，但是身体可能也受到了极大的消耗，腿脚行动极为不便。在这种情况下，他告老还乡，潜心于文化事业。

一、注解《老子》的原因

花尚认为，他生活的那个年代四海一家、中外一统，中国历史进入了一个少有的多民族共存的统一局面。这个局面的取得是康熙皇帝文治武功的结果，而他自己恰恰就是皇帝的同族，为此亦感到十分骄傲和自豪。同时，作为一个文化官员，在其看来，这种安定繁荣的环境正是文化事业发展的巨大契机，可是他一直抱病在身，无法切实投身于文教之振兴，为此感到相当遗憾，只能将希望寄托在诸弟子身上。其徒弟蒙翻图说：

> 至壬午岁（按：康熙四十一年，1702 年），得侍花老夫子函丈，朝□□共特蒙提诲尤谆。尝指吾侪门人小子谓曰：孔子删定六经，门人会记二论，曾子、思、孟各有著作。以既有宋，诸儒之《太极》《通书》《西铭》与《易传启蒙》《皇极》诸集，种种圣贤血脉，岂徒令人口耳之哉，实欲读者体诸身，见诸行，充之为天德，达之为王道，以黼黻世运于休和也。况恭遇我朝，治化翔洽，讲道崇儒，惟恨余之衰病缠绵，有负清平，贻罪无奈。汝辈英龄，幸生明备之后，正有不容诿其责者。[②]

花尚虽然是满人，但是他学习的、认同的、想要振兴弘扬的却是汉

---

① 杨安、索达色：《道德眼序》，《老子集成》第九卷，第 292 页。
② 蒙翻图：《道德眼序》，《老子集成》第九卷，第 290—291 页。

民族的儒家文化。由此我们也可以看到，在康熙年间满人在文化上的汉化程度其实已经非常深了。在这个统一的多民族国家里，由于统治者的提倡，儒家文化尤其是程朱理学再次成为指导思想，它直接影响了众多少数民族精英的思想世界。花尚就是其中典型的代表，他在思想上认同程朱理学，外在安定的政治环境也刺激着他一心想要将其所学应用于世。他认为不但要有身心之修养，还要"达之为王道"，他要为"万世开太平"。然而多年的征战已经使花尚的身体状况不容乐观了，他便将这修齐治平的抱负寄托在教书育人中，希望他的弟子们能够不辜负这大好的时代环境。

花尚一些弟子认为《老子》与儒家学说有着本质的不同，从而对其存有相当大的偏见和误解。史岱就是如此，其说道：

> 史谓老子著书，辞称微妙难识。盖其术以无为为本，自然为宗。宜无诡于圣人之道，而立论不经，至后仁义、薄礼智，为世道人心病，是以道家奉为教父，而儒者难言之。夫儒者生载籍极博之后，一经同异，不啻数十百家，往往皓首不能究其业。故岱以为诸不在六艺之科，孔子之术者，可置勿深道。虽老庄诸子，脍炙人间，亦以不求甚解读之，以到于今。一日者，侍长白花师函丈，辄举《道德经》数条难问，岱唯唯不敢赞一辞，退而不自以为耻者。诚以儒者口不诵非圣之书，岱素所讲求，盖在此而不在彼也。既阅月，师以所注《道德》相示，颜其编曰《道德眼》。①

史岱站在儒家的立场上，持一种比较狭隘的学术观点，认为凡是"不在六艺之科，孔子之术者"，都可以"置勿深道"。对《老子》《庄子》这样脍炙人口且有重大影响力的道家经典，也是以一种不求甚解的态度去阅读。花尚曾经以《老子》中的问题考问他，他虽然答不上来，但是也不觉得有什么羞耻。

---

① 史岱：《道德眼序》，《老子集成》第九卷，第288页。

蒙翾图也有类似的看法，他过去认为老、庄之学毁弃名教，与儒家思想相抵触，是魏晋清谈的重要思想资源，而清谈使晋有亡国之祸，因此老、庄不可学。其言道："余固酷嗜老、庄，乘暇便问二子同异，复证晋人乱于老、庄，拂尘清谈，负咎名教者，果何如为。若是乎，老、庄之不可学也耶？"① 花尚并不同意这个看法，并解释道：

> 否否，乱晋人者，其周乎，聃何与焉？《南华》一经，命意固高，修辞亦妙，但太不近人情，为圣人之所不许。试观晋人之游戏新丧，泥涂轩冕，以至纵酒耽歌，放荡于礼法之外，全无忌惮者，非鼓骷髅等论，有以酿之耶？且专事虚寂，以形生为无有，实作俑佛氏矣。至于老子，即观其答孔子良贾深藏数语，固已与吾儒之有若无，实若虚，有同美也。若其五千余言，则伤周末文胜，其忧之也深，故其言之也矫。学之者，内则成己，外则成物，大则伊、吕，小则管、乐。使晋人少惩于数穷之戒，何至汩没于风云月露之辞。略见其早服之豫，又何至坐失事机而无所救止耶。如此老庄而同之，且非止为伯阳之罪人，顾于遁天倍情，寓秦佚之讥，抑岂蒙庄之所乐受哉！②

花尚力辨其非，他认为使晋灭亡的是《庄子》而不是《老子》。《庄子》一书"太不近人情"，毁弃理法，与儒家思想相悖。而《老子》则饱含对周末现实政治状况的深切忧虑，与儒家有着很多相通之处，老、庄之间是有很大差别的。得到花尚的指点后，蒙翾图等众弟子开始舍弃《庄子》而精读《老子》，但因苦于没有较好的注解，因此便请求其老师花尚为之注解：

> 于是同学辈俱舍漆园而读柱下，颇览读名家讲解，总如隔

---

① 蒙翾图：《道德眼序》，《老子集成》第九卷，第 291 页。
② 蒙翾图：《道德眼序》，《老子集成》第九卷，第 291 页。

靴爬痒，无与肌肤，举眼茫茫，适增障蔽。耳闻王龙溪注较他家为详，乃遍处搜求，又未获披阅。遂请命注释，此经承夫子不惮烦劳，乘间即抉摘幽隐，校计毫厘，其同于吾儒者是之，其异于吾儒者非之，其虽不同于吾儒，而实不害于自异者，亦存而表白之。从中指示，总无容心，不数月而竣业。复以老子之机深不可测，立言实有从来，并注《阴符》，使学者知其所自而同，颜之曰《眼》。①

二、《道德眼》对儒道异同的阐述

花尚的弟子蒙翻图在读完《道德眼》后对这部著作有一个总体的评价，他认为该书最大的特色就是对儒道异同问题给予了深入分析，所谓"其同于吾儒者是之，其异于吾儒者非之，其虽不同于吾儒，而实不害于自异者，亦存而表白之"。

1. 儒道之同：下学而上达

正是因为太多人都注意到儒道之间的差异，所以花尚对儒道互通之处给予了相当大的关注，他说：

> 伏羲画卦，尊阳为旨。黄帝作经，契阴为事。是以六十四卦，爻爻寓扶阳抑阴之意。三百余言，字字露不生而杀之机。然不杀则其生不盛，故杀之者，正所以生之。不抑则其阴不惩，抑之者，亦所以全之。用虽不同，意实通也。是以孔子继伏羲而系十翼之辞，集圣道之大成。老子继黄帝而作五千余言，为仙道之大宗，改附眼《阴符》以明道德之所自然。既曰意相通矣，又曰所用不同者。盖道虚而德实，一而二，虚实易位，迭为宾主，故所用不同也。抑神父而气母，二而一，神气不离，互相依附，故其意相通也。②

---

① 蒙翻图：《道德眼序》，《老子集成》第九卷，第291页。
② 花尚：《道德眼》，《老子集成》第九卷，第289页。

花尚将老子、孔子的思想分别追溯到黄帝和伏羲，他认为，伏羲作卦，孔子继之而有《易》之十翼，以此发展出系统的儒家思想；黄帝作《阴符经》，老子则继之而有《道德经》，以此发展出仙道学说。卦的每一根爻，都蕴含着"扶阳抑阴"的用意，而《阴符经》则与之相反，主阴而抑阳。花尚认为，两者看似不同，其实有相通之处，所谓"意相通"，但"用不同"。

儒道"意相通"表现在什么方面呢？在第一章的注文中，花尚有较为详细的阐述：

> 无名，无极，为天地之始。有名，太极，为万物之母。妙者，万物共一太极也。观谓静存。徼者，万物各一太极也。观谓动察。两者，谓上之有欲、无欲也。同出者，谓同为太极，虽有妙、徼之名，而同谓之玄。又玄者，谓始、母之间，乃为众妙之门，而天地人物，皆自此间而生焉。然而体此至立至妙之道，又非在于神奇怪诞之处。实在于庸常日用之中。故常于有欲之时，以观其徼，归于无欲之妙。固已玄矣，又归于无名之始，岂不玄之又玄乎？即吾夫子所谓穷理尽性以至于命，物格知至，以至于止，至善者也。而众妙于之门，已自我开矣。真非常道，非常名也。①

《老子》第一章提出了几个重要的哲学范畴，如无名、有名、妙、徼等，花尚认为这些哲学范畴其实和儒家有相通之处，完全可以互相诠释。无名，即无极；有名，即太极。妙，表示万物都以太极为根本依据，其立足点在太极上，观妙需要以静存之，故为无欲；徼，则表示万物都能体现太极，其立足点在万物上，观徼则可洞察之，故为有欲。他认为《老子》第一章借天道而阐明了一个由观徼而观妙、自有欲而无欲的体道方法，而这个体道方法与儒家"穷理尽性以至于命""格物致知""止于至善"是一致的。

---

① 花尚：《道德眼》，《老子集成》第九卷，第 292—293 页。

儒道的这种相通性，花尚进一步总结为"下学而上达"。《老子》第六章言"谷神不死，是谓玄牝。玄牝之门，是谓天地根。绵绵若存，用之不勤"。花尚认为此章就是在阐述下学而上达的道理，他注解道：

> 玄牝，犹言浑而明也。死则不明，勤则不浑，浑明之间，是谓天地根。上四句言命之中，下二句言性情之中。然上达之无为，必自下学之有作。是以惟能于性情之德，缉缉兮无已不断者，始能于天命之道，绳绳兮无间相通。故曰：苟不至德，至道不凝焉。①

在他看来，上四句讲的是天命之道，是世间万物的根本依据。而下两句讲的是性情之德，乃是具体事物的不同品性。"绵绵若存，用之不勤"，就是要人注重性情的修养，只有如此，才能复归于宇宙的本原大道，所谓上达于"天命之道"。这就是下学而上达，自有为至无为。花尚认为《老子》第十四章的文字，也是在讲述这个道理：

> 自其天之及人者言之，夷、希、微，无而有，命之中也。不皦不昧，状不状而象不象，惚恍两在，浑而明，性之中也。以道御有，以虚御实，天道立而人事正。先之不觉其过，后之不觉其不及，动而定，情之中也。故曰：执古之道，以御今之有。
>
> 自其人之至于天者言之，绳绳然，相续于无过不及，无状不状之物我之间。惚恍乎，于或夷或微，不皦不昧之天人之际，以能纪道，以实纪虚，下学尽而上达符……②

他将第十四章的文字分成两个部分来看，"视之不见"至"其下不

---

① 花尚：《道德眼》，《老子集成》第九卷，第294页。
② 花尚：《道德眼》，《老子集成》第九卷，第295—296页。

昧"这几句，他认为是从天及人的角度来讲述。他借用了理学中的命、性、情的概念来做进一步的解释，他觉得，夷、希、微这三者，是对天道、对宇宙本原的一种描述，可以借用理学中的术语概括为"天命之中"。不曒和不昧，已经由天道而及人道了，是在描述人天性浑全的状态，可以借用理学的术语概括为"性情之中"。而"绳绳不可名"至"是谓惚恍"这几句，他认为是在讲述人类如何由后天的修习，最后复归于宇宙本原的大道。这一切，如果借用理学的术语，也就是由"情之中"进入"性之中"，最后体验到"命之中"这个最高级的状态。这个过程在花尚看来，就是下学而上达，由性情之中，上达天命之中。

2. 道、德与命、性、情的互相诠释

正因花尚认为儒道两家思想有相通之处，所以才将理学中命与性、性与情等哲学范畴和《老子》中的道、德进行互相阐释，他说：

> 是故道德之名，有以无与有言者，有以命与性言者，有以性与情言者。其以无与有言之者，自天之所由始以观之也。自天观之，则无名为虚，有名为实，故以无名之神为道，而以有名之气为德也。其以命与性言之者，自己之所由成以观之也。自成己观之，则在天者虚，在己者实，故又以气化推迁之命为道，而以维皇降衷之性为德矣。其以性与情言之者，自物之所由成以观之也。自成物观之，则物未交属虚事，已接属实，故又以未发之性为道，而以中节之情为德矣。其位屡迁，其名数易，其不可拘而不可执。[1]

他重点阐述儒道两家核心观念之间的关系，在他看来，"道德"一词当是儒道共同的思想，只是两家用以阐明"道德"的概念不尽相同，在不同的表述下，道与德、虚与实的实际所指并不一样。具体来说，

---

[1]　花尚：《道德眼》，《老子集成》第九卷，第 289 页。

对于道德，有用有无来进行阐释，有用性命来进行阐释，还有用性情来进行阐释。用有无来阐释者，无是道，有是德；用性命来阐释者，命即道，性是德；用性情来阐释者，性是道，情是德，这里的性指的是"未发之性"。在不同的阐释下，他们之间的对应会有差异。尽管如此，道德、虚实之间的关系并不会因名词的改变而改变，不同的名词所要表述的核心思想是一致的，无论是自有至无，还是自性至命，抑或是自情至性，其思维的方式都可以用"下学而上达"来概括，就是《老子》所言的由观徼而观妙，自有欲至无欲，也即理学所谓"穷理尽性以至于命"，"格物致知，止于至善"。

类似的例子还有很多，如第五十二章的注文说：

> 天下有始，以为天下母。谓有名，生于无名也。即母隐子胎之谓，言命中也。既得其母，复知其子，则下不昧。既知其子，复守其母，则上不皦。子母之间，有无之际，相知相守，则没身不殆矣。此言性之中也。塞其欲宝，使内不出。闭其私关，使外不入。不入不出，断绝应酬，则终身不勤，指孤修独证者。开其兑，以纵其欲，济其事，以遂其私，逐物丧己，则终身不救，指沉湎世味者。然闭之既不及，开之则又过，皆不得中，必如之何而后可哉？是在见小与守柔矣。故玄览为明白四达之本，能雌为天门开阖之机。用其神，而复浑其识。物过不留，无遗身殃，何庸救也？虽动亦定，是谓习常，仍不勤焉。此言情之得中也。①

花尚用命、性、情分别对应《老子》文中的母、子、守柔。母者，宇宙本原之大道，知其母，则得天命之中。子者，人类得之大道的天性，由知其母而知其子，则得性之中。情者，人类具体的喜怒哀乐之情。如何才能做到得性命之中呢？他认为要先得情之中。情之中如何得？需要见小与守柔等具体的修养手段。得情之中，即从具

---

① 花尚：《道德眼》，《老子集成》第九卷，第310—311页。

体的人类品性修养入手，节制欲望，也即前文所说的"下学"。得命、性之中，即是前文所说的"上达"，最终还是由下学而上达。

花尚对老子思想的理解显然受理学的影响甚大，这一点黄丽频也予以指明。① 花尚紧紧抓住理学中"穷理尽性以至于命"的思考方式，并将其与《老子》中观徼与观妙、有欲与无欲的思想紧密联系起来，他认为两者在思维模式上具有相通之处，即都强调下学而上达。

3. 儒道之异

正如蒙翻图所言，《道德眼》是"其同于吾儒者是之，其异于吾儒者非之"，黄丽频也注意到了花尚对儒道之异的论述，认为花尚以"厚于修身，薄于应世"评论老子思想。② 事实上，花尚对儒道之异的阐述远不止于此。如他在第十五章的注文说：

> 古之有道之士，微妙玄通，其体用幽深，不可得而测识，故强为形容而已……细观其体用两段，与吾儒大中之道，自然之行，何以异乎？所不同者，唯不欲盈隐衷，为敝不新成耳。说者曰：其不欲盈，亦欲其不亢而已，而反欲亢乎？曰：否也。吾儒之不至亢者，无欲故也。无欲斯无我，无我，则知进退存亡，顺之而不失其正也。老氏之不欲盈者，有欲故也。有欲斯有我，有我，则知进而不知退，知存而不知亡，矫之而不得其中矣。故其言曰：将欲夺之，必姑与之。惟无私也，以成其私。则其所谓无私者，正其大私也。私即害道，况其大乎？③

花尚认为老子所描述的古之有道之士，符合儒家所言"大中之道"

---

① 参见黄丽频：《清代老子注义理的继承与开新》，台湾成功大学 2009 年博士学位论文。

② 参见黄丽频：《清代老子注义理的继承与开新》第四章第二节，台湾成功大学 2009 年博士学位论文。

③ 花尚：《道德眼》，《老子集成》第九卷，第 296 页。

"自然之行"的标准。但是两者还有显著的差别，对于老子而言，所呈现出的不欲盈的状态并不是最后之目的，其不欲盈只是手段，它最终目的还是为了盈。在花尚眼里，儒者所讲的"无欲"是真正的"无欲""无我"。而老子讲"不欲盈"，背后是有目的、有诉求的，有目的就是"有欲""有我"。老子经常说无私以成其私，无私只是手段，并不是最后的目的，其目的是要成其私。花尚就此而感慨道，老子的此种思想就是大私，怎么能说是无私呢？就是有欲，怎么能说是无欲呢？

花尚还在其他章节的注文中随时举出这类差别，如在解释"有之以为利，无之以为用"时说：

> 合内外为道，间有无谓中，不可偏废也。如以灯言之，其盛油，用灯之空无；其燃火，则用草之实有矣。故凡阳物以阴为用，阴物以阳为用者，此天行也，自然也，不可矫也。其有之以为利，言以车、器、室为利，而为之也。无之以为用，言用之则在其空处也。夫子之犹龙之叹，盖叹其潜见飞跃，变化不测，固为天下之利见。抑叹其知进而不知退，知存而不知亡，未免有欲，终至于亢而有悔也，然而老子正以此为不失其所者。呜呼，道不同，不相为谋，久矣。[1]

老子认为，车、器、室三者之所以能够发挥作用，在于其虚实、有无之结合。老子从具体器物的使用价值入手，阐发出"有无"这样重要且深刻的哲学命题。然而，这在花尚看来，就是有欲的表现，因为老子虽然是在谈"有无"，确是从实际之利的角度来谈的。因此，他对孔子的"犹龙之叹"有新解释，他认为，按司马迁的《史记》记载，孔子赞叹老子犹龙，不仅仅是感慨老子思想的深远莫测，同时也是在感慨老子只知进，不知退，只谈有利，过于有欲而不能真正无欲。不过，花尚的这一新解，似乎把儒道的特点弄反了。

---

① 花尚：《道德眼》，《老子集成》第九卷，第 295 页。

正是因为花尚认为老子无欲背后隐藏着有欲之最终目的，他觉得必须要将儒家与佛、老之间的差异说清楚，为此，他似乎还在专门撰写的《折中解》①中进行阐述。而在《道德眼》中，他是这样说明的。首先，他阐明了儒家圣人的标准：

> 至中之谓天心，自然之谓天行。无倚无息焉，而万物生于其间。其间之善于继述者，法其行于自然，正其心于至中而已。盖阴阳对而有无生，是以善继者，中其心于若有若无之间。二而一，浑然无内外之可言，所谓至中者得矣。一气运而往来见，是以善述者，任其行于或往或来之际。一而二，不嫌其变化之异名，所谓自然者肖矣。至中得而自然肖，人也而天矣，此圣人之与天地所以同也。同于此者，谓之同德。异于此者，谓之异端。②

花尚认为圣人"法其行于自然"，自然者，阴阳变化而生万物，自无而生有，万物又会自有而复归于无，圣人需要体会这气运往来之变化，让自己的心处于"若有若无之间"，从而达到"至中"的状态。这种状态就是圣人与天地合一的结果，凡是不与此相同的，统统都是异端，他认为佛、老就是如此。

其次，他对儒、释、道的差别进行了分析：

> 圣人与天地合其德，日月合其明，四时合其序，鬼神合其吉凶，若夫异于此者则不然矣。盖天地万物以其性情而言，固至隐至微。以其形体而观，则至费至确。彼释氏者，则以至费者谓泡影，以至确者为幻象，是必于无者也。必于无，则不中而偏于无矣。抑五官四肢，其所以然之故，固常存无穷。其所

---

① 花尚在《道德眼》第十五章的注文中说："详言于《折中解》。"从文义上看，"折中解"似乎是著作或文章的名称。
② 花尚：《道德眼》，《老子集成》第九卷，第296—297页。

已然之质，则暂寄有限。彼老氏者，则以其暂寄求其常存，以其有限异其无穷，是固于有者也。固于有，则不中而偏于有矣。偏于无，则无物。无物不变，遗外而失有，故不得已而矫其辞曰：真空不空。偏于有则有物，有物不化，遗内而失无，故不得已而矫其辞曰：妙有真空。果不变不化焉，则无以易矣。无以易，则乾坤或几乎息矣。①

儒家的圣人，合有无为一，既不偏向于有，也不偏向于无，所谓"正其心于至中"，而佛、老则无法做到这点。佛教徒将世间万物看作是幻象泡影，这是不中而偏于无。老子则恰恰相反，正如前文所说，老子过于有欲，这是不中而偏于有。老子无欲背后隐藏着有欲，后世的道教徒同样也是如此，他们想要使有限生命变得无限，这不就是有欲吗？儒家的圣人是不偏于有，也不偏于无的：

> 故矫与不中，圣人所以不由也。因其见有而为之，不矫谓为无，其外实而下学尽，是故范围天地而不过，曲成万物而不遗。不必矫不空于真空，而已不空于范围曲成不过不遗已。因其有限即听之，不矫求无穷，其内虚而上达符。所谓肫肫其仁，渊渊其渊，浩浩其天焉。有所倚，不必矫真空于妙有，而已真空于其仁其渊其天无倚已。此释老之与圣人所以异也。谓为异端，不亦宜乎？故曰：成己仁也，成物智也。性之德也，合外内之道也。故时措之宜也。故至诚无息。②

矫有为无，这是佛教，矫求无穷，这是老氏之徒。圣人能不偏于无，不将世间万物看作是梦幻泡影，这样才能正确地对待外在实际存在的事物。同样，圣人也不会偏于有，不会追求将有限生命变得无限。两者相结合，则可以"正其心于至中"。

---

① 花尚：《道德眼》，《老子集成》第九卷，第297页。
② 花尚：《道德眼》，《老子集成》第九卷，第297页。

论述至此，我们就可以知道花尚注《老子》的真正用意之所在了。如前文所述，在统一的多民族国家形成的过程中，康熙皇帝选择了程朱理学作为官方的指导思想。生活在这个历史进程中的花尚，有一种强烈的文化使命感。只是他要弘扬的始终还是儒家尤其是得到康熙皇帝认可的程朱理学。他注解《老子》当然一方面是为了解答其弟子的困惑，更为重要的，他是想要借助这份注解，来"释二氏之书而会归于正学"①。他之所以要处处强调儒道思想的相通点，并以理学的核心概念来解释"道德"，无非就是想要将异端之学纳入正学的范围内，使阅读此书的人不至于产生思想偏差。同时，他还指出儒道之间的差异，其实也是为了提醒人们注意异端和正学之间的差异，他的最终目的，是要弘扬正学，这个正学，在花尚那里，就是程朱理学。

第二节　吴世尚《老子宗指》

吴世尚为清中期学者，著有《老子宗指》一书，该著以易学诠释《老子》。

据光绪《贵池县志》记载，吴世尚乃安徽贵池人，"字六书，少肆力于六经子史，手自钞览至腕脱，以左手写字。名其居曰易老庄山房，当路交重其博雅而刚介不阿于时，食饩郡庠，未贡而卒"②。他的著作有《易经注解》《老子宗指》《春秋义疏》《庄子解》《楚辞疏》等。③ 从以上的材料可以看出吴世尚读书勤奋，并且对《易经》《老子》《庄子》有着浓厚的兴趣，乃至于将自己的书房命名为"易

---

① 花尚：《道德眼》，《老子集成》第九卷，第 288 页。
② 陆延龄等纂修：《光绪贵池县志》，《中国地方志集成·安徽府县志辑》，江苏古籍出版社 1998 年版，第 394 页。
③ 陆延龄等纂修：《光绪贵池县志》，《中国地方志集成·安徽府县志辑》，江苏古籍出版社 1998 年版，第 581 页。

老庄山房"。在吴世尚的学术思想中，此三家占有十分重要的地位。《老子宗指》一书，大约成于康熙年间，以所谓伏羲先天图诠释《老子》，将易学与《老子》进行互释和沟通，体现了他一贯的学术宗旨，在老学史上有其独特性。

古人治学，力求"辨章学术，考镜源流"，老子学问从何而来，亦是吴世尚所关注的主要问题。在《老子宗指》的序言里，他开宗明义，自问自答："夫老氏之言何宗乎？宗我伏羲先天之图，文王六十四卦之象者也。"[1] 所谓"伏羲先天之图"，吴世尚在书中亦有图画予以表明。

在正文前，吴世尚特意写了一个《上下篇大意》，概括老子学术之大概。其中一则名为"老子学本先天"，认为"圣人之蕴，因卦以发。《易》何止五经之源，其天地鬼神之奥乎？"[2] 在这里，吴世尚不仅将《易》看作儒家五经之源头，还将其理解为天下诸多道理之所在，其中自然包括《老子》，而《易》中所涵括的道理，伏羲所绘之先天图就已经完全囊括了，所以他说"愚以为羲皇手图太极，仪象卦爻，一盘托出"[3]。也就是说，伏羲的先天图就是老子学问之源，《老子》的诸多章节，"或备举全图，或独阐一极，语语透宗，丝丝毕现，虽孔子之《十翼》微言、周子之《太极图说》，亦似乎未有以过之也"[4]。在吴世尚的眼里，《老子》一书，跟《易》之《十翼》《太极图说》等文献一样，都是对先天图的一种阐释，并且他觉得这种可能性是十分大的，因为"老聃为周之守藏史，掌三皇五帝之书，则兹图固其所亲见也"[5]。据此，他发出"述而不作"的感慨："夫子言述而不作，此一语真包尽千经万典矣。何也？开辟以来，唯伏羲之图乃是作，自羲之后，则无非述已。"[6] 可见伏羲的先天图在他整

---

① 吴世尚：《老子宗指》，《老子集成》第九卷，第 366 页。
② 吴世尚：《老子宗指》，《老子集成》第九卷，第 368 页。
③ 吴世尚：《老子宗指》，《老子集成》第九卷，第 368 页。
④ 吴世尚：《老子宗指》，《老子集成》第九卷，第 368—369 页。
⑤ 吴世尚：《老子宗指》，《老子集成》第九卷，第 373 页。
⑥ 吴世尚：《老子宗指》，《老子集成》第九卷，第 373 页。

个思想中所占的地位是何等之高，其曾言：

> 余读《易》数十余年，不意而得先天之图，遂于《易》大有所会。今以此读老，则见老之言言字字，一一皆从此图流出，遂恍然大悟。天地间止此一理，而古人立言明道，决无有私心妄作者。①

在吴世尚看来，这天地间只有一个理，就是先天图所昭示的，《老子》所言也只是从此图流出而已，《老子》是在阐发先天图的思想，故《易》《老》确是相通的。

一、以先天图解释道之体

历代解《老》著作对老子之"道"都给予了极高的关注，他们试图从各个角度对这个道做出解释。正如刘固盛所言，"由于老子之道具有高度的普遍性、多义性和模糊性，这就为诠释者留下了广阔的发挥空间，因此，不同的时代，不同的学者，都可以对《老子》进行主旨不同的解释"②。吴世尚即从伏羲先天图出发，对老子之道有自己独特的理解。

1. "道即太极"

吴世尚认为，"道即太极"，"道即先天图中太极圈也"。③ 他在解释《老子》"视之不见名曰夷，听之不闻名曰希，抟之不得名曰微。此三者不可致诘，故混而为一"时说道：

> 天下之物有有色者，有有声者，有有形者，有有色而无声者，有有声而无形者，玄之为玄，则三者皆无从何致诘哉。唯

---

① 吴世尚：《老子宗指》，《老子集成》第九卷，第 405 页。
② 刘固盛：《从学术史到思想史：以老庄学研究为视角的考察》，《浙江社会科学》2010 年第 5 期。
③ 吴世尚：《老子宗指》，《老子集成》第九卷，第 392 页。

混而为一而已矣，一即太极也。①

色、声、形乃天下之物的三个基本属性，但是道或者说玄，则并不能从这三个方面去把握，它无色、声、形这种一般物的属性，而只能混而为一，这个"一"，他认为就是太极。同样，在解释"昔之得一者"时，他说："一即太极，即道也。"② 在他看来，"一""道""玄"等等，都是先天图中的太极。

　　吴世尚这个看法的根据，大概就在于太极与道这两者在某些特征上的相似性。我们先看他是怎么描述道之特性的：

　　　凡有貌象声色者皆物也，道则无貌象声色之可言。故唯见其一理浑然，无穷尽，无方体，非有非无，无终无始，而为造化之枢纽，品汇之根柢焉。③

　　　凡物有始而道无始，无始则无断续，无罅隙，无终穷，无内外，无虚实，而实天地之所由生也。凡物有形而道无形，无则无声色，无对偶，无变迁，无遮滞，无险侧，而实天下万有之所从出也。④

吴世尚认为道跟物的差别就在于道没有"貌象声色"，也就是无对待，而道的这种特性，恰恰正符合先天图"太极一圈，奇偶未立，不可名阴，不可名阳"的状况。太极是先天图最中间的部分，它只是一个圈，此时尚未有阴阳卦画（就是阴爻阳爻）的产生，即所谓"奇偶未立"。他认为这就是老子所说的"无名，天地之始"。除此之外，道有生化天地万物的作用，是"天地之所由生""万有之所从出"，而在太极一圈的外围，围绕着阴阳卦画、四象、八卦、六十四卦等等，这些卦象都是由太极分化出的阴阳两种卦画所组成，所以

---

①　吴世尚：《老子宗指》，《老子集成》第九卷，第 378 页。

②　吴世尚：《老子宗指》，《老子集成》第九卷，第 390 页。

③　吴世尚：《老子宗指》，《老子集成》第九卷，第 378—379 页。

④　吴世尚：《老子宗指》，《老子集成》第九卷，第 383—384 页。

太极也同样具有生化万物之功能。

2. 理即气、道即器、心即理

吴世尚对体用关系的理解同样受到先天易学的影响。我们看他是怎么说的：

> 庖羲氏先天图其中一圈，其外自一画二画三画，以至四画五画六画，而为一大圈，层次虽有许多，其实中之一圈即其外之一圈也，外之一圈即其中之一圈也。盖体用一源，显微无间，道之为道，本是如此。[①]

"体用一源，显微无间"是理学的一个基本观点，吴世尚对此的理解十分形象化，他以先天图为例，认为图中太极一圈，和由太极分化出来的阴阳卦画所组成之六十四卦，其实是一回事。他还说道，"天下之道，一本散为万殊，其实万殊源于一本"，"道之在天下，语其体则出而不穷，语其用则流而不息，分之则万而不同，合之则一而不异，诚犹川谷之于江海也"。[②] 一本和万殊的关系，在他看来，就好比江海与川谷的关系。虽然他接受了体用一源的观点，但是，在此基础上他论述道器关系、理气关系时，却有更大的突破。他认为天地万物的产生发展，就是一个"气化"的过程，所谓"有此母（天下之母）则自然生天生地，生人生物，理运而气行，往过而来续，必无一息之停"[③]。"天地间莫非气也，即莫非理也"[④]，"阴阳五行，化生万物，气以成形，而理亦赋焉"[⑤]。理与气的关系如何呢？他认为道之为物，"形不落于实，而理不堕于虚。气载理，理乘气"[⑥]，

---

① 吴世尚：《老子宗指》，《老子集成》第九卷，第 373 页。
② 吴世尚：《老子宗指》，《老子集成》第九卷，第 387—388 页。
③ 吴世尚：《老子宗指》，《老子集成》第九卷，第 397 页。
④ 吴世尚：《老子宗指》，《老子集成》第九卷，第 393 页。
⑤ 吴世尚：《老子宗指》，《老子集成》第九卷，第 396 页。
⑥ 吴世尚：《老子宗指》，《老子集成》第九卷，第 382 页。

"理在气中，如人之乘车然"①，"理气浑合，本不相离"②。他的这个理解基本上是承袭了理学的看法。如朱熹认为"天下未有无理之气，亦未有无气之理。气以成形，而理亦赋焉"，"气，则能酝酿、凝聚生物也。但有此气，则理便在其中"。③ 吴世尚亦持此种看法。但是在朱熹看来，理气即使浑论不可分，但是理与气还"决是二物"，理在气先，理才是最根本的。关于这一点，吴世尚却并不这么看，他有自己的理解：

> （道）其体至无，其用至有，其大无外，其小无内，其前无始，其后无终。一本万殊，一本即理即气，即器即道。④
>
> 有人焉果能涣知理之所以然，则知此形而上者即在形而下者之中，而道即器，而非沦于虚，知此形而下者即属形而上者之托体，而器即道，而不滞于有。得其母，知其子，知其子，守其母，所谓一本万殊，万殊一本，心即理，理即心，泛应曲当，乌有殆乎？⑤

在这里，他将一本万殊中的一本，也就是本体，解释为理、气、道、器。理与气、道与器这两对概念，讲的都是体用关系，每一对的前者是体，后者是用，他将体用二者混而为一，认为体即用、用即体，也就是理即气、道即器，他们都是这"一本"的内容。所以在他看来，理气、道器其实只是同一个东西。这显然和朱熹认为理才是根本的观点是不一致的。

除此之外，吴世尚还认为"心即理""理即心"，从而将理、气、心这三个概念统一起来。他说：

---

① 吴世尚：《老子宗指》，《老子集成》第九卷，第 377 页。
② 吴世尚：《老子宗指》，《老子集成》第九卷，第 393 页。
③ 黎靖德编，王星贤点校：《朱子语类》卷一，中华书局 1986 年版，第 2 页。
④ 吴世尚：《老子宗指》，《老子集成》第九卷，第 405 页。
⑤ 吴世尚：《老子宗指》，《老子集成》第九卷，第 397 页。

> 道为太极，心为太极……人与天地皆与道为体，故法象莫
> 大乎天地，而不知我身自有天地之象也……人心虚灵不昧，斯
> 乃至静之体，而天下之道千变万化皆由此出……是故人身一小
> 天地也……①

> 人为万物之灵，人实为天地之心，道之自然而然者，实体
> 备于我而无所遗也……所谓人法地，地法天，天法道，道法自
> 然，分之则各有条而不紊，合之则浑为一而无间者也。②

"道"虽是万物之本，但是它并不是独立于万物之外而存在，而就在
人心之中，所谓"心即理，理即心"，"人为万物之灵"，"道不在心
外，欲仁至由己而不由人，便莫便于此。虽有不善，一念改悔，全
体呈露，复归于无过，捷莫捷于此"③，人的主体性得到了极大的阐
扬。所以在吴世尚的思想体系中，道、理、器、气、心这几个概念
得到了统一，他们都是"一本"的内容，都是天地万物之根本。当
然，这个看法并不是他的首创，明代大儒湛若水就持同样的观点。
湛若水言：

> 《易》一阴一阳之谓道，即气即道，气之中正者即道，道气
> 非二也。④

> 甘泉子五十年学圣人之道，于支离之余而得合一之要……
> 合一有三要……曰心、曰事、曰理，所谓合一也。⑤

《宋明理学史》认为湛若水"由'宇宙一气'，推演出'宇宙一理'

---

① 吴世尚：《老子宗指》，《老子集成》第九卷，第 375 页。
② 吴世尚：《老子宗指》，《老子集成》第九卷，第 383 页。
③ 吴世尚：《老子宗指》，《老子集成》第九卷，第 402 页。
④ 湛若水：《湛甘泉先生文集》，《四库全书存目丛书·集部》第 56 册，齐鲁书社
1997 年版，第 632 页。
⑤ 湛若水：《湛甘泉先生文集》，《四库全书存目丛书·集部》第 56 册，齐鲁书社
1997 年版，第 725—726 页。

'宇宙一性'的结论",且"并没有停止在'理气一体'上,而是进一步发展,提出心、事、理三者'合一'"①。总而言之,吴世尚将老子之道与太极等同起来,并在所谓"体用一源,显微无间"的基础上,对理、气、心三者之关系有新的看法,认为理即气,理即心,三者同是万物之"本",这是他在本体论上的观点。

二、以先天图解释道之用

道之用既表现在道生天地万物的作用上,也表现在道对人君治理国家的指导作用上。吴世尚认为道的这两个方面的作用,都跟先天图有关,或者说,都是从先天图得来的。

1. 道之生化作用

《老子宗指》在各章开头采用河上公本所题的标题。《老子》第四十三章标题名曰"道化",吴世尚认为此章就是对先天图中从太极一圈到两仪、四象、八卦以至六十四卦之演化过程的解释。

朱熹曾经在《易学启蒙》中对邵雍所传伏羲氏先天之易学有一个说明:

> "易有太极,是生两仪"者,一理之判,始生一奇一偶,而为一画者二也。"两仪生四象"者,两仪之上,各生一奇一偶,而为二画者四也。"四象生八卦"者,四象之上,各生一奇一偶,而为三画者八也。②

这个演化方法是这样的:太极一圈,分成只有一画的阴阳两爻,也就是文中所说的一奇一偶,这奇偶一画之上再各加一奇一偶,就会生成四个只有两画的四象,四象之上再各加一奇一偶,会得到八个

---

① 侯外庐、邱汉生、张岂之主编:《宋明理学史》(下),人民出版社1997年版,第175页。

② 朱熹:《答虞士朋》,《朱熹集》卷四十五,四川教育出版社1996年版,第2137页。

各有三画的八卦，八卦之上还可以如此反复增加卦画以至生成六十四卦，乃至于无穷。

朱熹说的这种演化办法，就是所谓"加一倍法"，他认为"此乃易学纲领，开卷第一义，然古今未见有识之者。至康节（邵雍）先生，始传先天之学而得其说，且以此为伏羲氏之易也"①。吴世尚即依据此来解释《老子》第四十三章，当然，在他看来，这是老子在阐释先天图。他首先训解此章之标题"道化"："道即太极，化即易之所谓生也。"② 这里"易之所谓生"，讲的就是太极如何产生天地万物。他认为太极图中所昭示的是由太极到两仪、四象、八卦、六十四卦乃至天地万物的化生过程，"老子此章，正是此意"。此章云："道生一，一生二，二生三，三生万物。"他说，"道即先天图中太极圈也，一即太极圈外左右各书之奇偶之两仪也"，"二即两仪外左右各二画之太阳少阴少阳太阴之四象也"，"三即四象外左右各三画之乾兑离震巽坎艮坤之八卦也"，更进一步，"自四画五画六画之六十四卦，以推至四千九十六卦，而列衍之以至无数之可计，皆可以万物二字包之"。③ 他在这里将《老子》所言的"一""二""三"具体化为卦画的数量，"一"就是只有一个卦画，也就是图中的阴爻和阳爻，这是两仪；"二"是有两个卦画，即图中太阳、少阴、少阳、太阴，是为四象；"三"是有三个卦画，即图中的八卦。之后还会有四画、五画、六画乃至"无数之可计"，为了行文的方便，就只好用"万物"二字来概括了。而《老子》第一章"道可道，非常道。名可名，非常名。无名，天地之始；有名，万物之母"同样也是在说这个问题：

> 一阴一阳谓道，此道字即图之奇偶阴阳之画也……有奇画，则自然生太阳少阴，而乾兑离震三十二阳卦由之以出。有偶画，

---

① 朱熹：《答虞士朋》，《朱熹集》卷四十五，四川教育出版社1996年版，第2137页。
② 吴世尚：《老子宗指》，《老子集成》第九卷，第392页。
③ 吴世尚：《老子宗指》，《老子集成》第九卷，第392页。

则自然生少阳太阴，而巽坎艮坤三十二阴卦由之以成，故曰可道也。[①]

常者，一而不杂，久而不变之意。两仪生四象，四象生八卦，脉络分明而往不息，所谓道可道也。然既谓之阴，则非阳，既谓之阳，则非阴，既已静矣，则非动，既已动矣，则非静，偏而不全，变而不一，故曰非常道也。[②]

（名）即图之两仪、四象、八卦、六十四卦也……观象查理，确有指实，故曰可名也……仪有两象，有四卦，有八与、六十四，虽迭相推荡，互相变动，而各有体质，实有能所，故曰非常名也。[③]

太极一圈，奇偶未立，不可名阴，不可名阳，故曰无名。此则动静之所以互根，阴阳之所由以分立者也。天地之始，始于此耳……有阴阳老少则自然生生而不穷矣……[④]

他以"太极一圈"解释"无名"，这是因为太极一圈尚未有奇偶阴阳的分别，跟老子所说的无名状态很吻合，且它们都是天地之始，阴阳、动静的依据。太极分化出两仪，也即阴阳卦画，二者排列组合形成三十二阴卦、三十二阳卦的过程，就是所谓"道可道"，在这个过程中，卦有阴阳、动静，并不是一成不变而是处在不断变动中的，这个变，便是所谓"非常道"。

这些卦象虽处于变动之中，但是并不虚妄，而有实际的内容，这就是所谓"非常名"。由太极分化出的阴阳卦画乃至不断变动的更多卦象，就表示着天地万物生生不息的过程。

在吴世尚看来，老子是深刻领悟了伏羲先天图之精义的，如此才能以简单明了之话语将其道理和盘托出，他总结道：

---

① 吴世尚：《老子宗指》，《老子集成》第九卷，第 372 页。
② 吴世尚：《老子宗指》，《老子集成》第九卷，第 372 页。
③ 吴世尚：《老子宗指》，《老子集成》第九卷，第 372 页。
④ 吴世尚：《老子宗指》，《老子集成》第九卷，第 372 页。

道之生生而不已，乃道之自然之化也。溯厥大原，则庖牺
手画之图，其中之混成而寂寥者即道之全体大用所由出也。由
是而始为一画以分阴阳，则两仪于此立矣，是道生一也。次为
二画以分太少，则四象于此成矣，是一生二也。又次为三而三
才之象始备，则八卦于此全矣，是二生三也。至于有八卦而神
明之德皆于此通，万物之情皆于此类，精入无形，粗及有象，
尚有出乎其外漏乎其内者乎？此所谓三生万物也。①

老子所述道生万物的作用就是伏羲先天图中太极衍生两仪、四象、
八卦、六十四卦的生化作用，只是老子"脱离文周之易而悬空，止
说此图之理，又不提出先天图画字面来"，所以才"令人无处入思
议，而后之解者不得其解，愈说入玄空渺茫去"。② 他觉得后人无法
洞悉老子之学本于先天易学的原因就在于《老子》一书脱离了易学
传统中的卦象和先天图的具体图像，而只是在阐述先天图的道理，
后人不能理解，也就在所难免了。

2. 道之虚静作用

《老子》一书屡讲虚静，如第十六章"致虚极，守静笃"，第四
十五章"清静为天下正"等等，"静"是人君治国或者个人修身的一
个基本要求，吴世尚甚至认为"老子自言其所宗，故包罗统会，而
大要以主静为先"，"静"是老子学说之"大要"。然而老子静的思想
从何而来呢，他认为也是来自先天图，"老言清静为天下正，皆是从
先天图上来也"③。"老子深悟图之仪象卦画皆有对待、变化、断续、
起止，不能知太极之常而不已，一而不杂也，故教人返朴归元，致
虚守静"④。先天图中的仪象卦画总是处于不断变动之中的，老子深
恐世人只看到了这个变化，而忽视了中间太极一圈是奇偶未分、阴

---

① 吴世尚：《老子宗指》，《老子集成》第九卷，第 392—393 页。
② 吴世尚：《老子宗指》，《老子集成》第九卷，第 373 页。
③ 吴世尚：《老子宗指》，《老子集成》第九卷，第 394 页。
④ 吴世尚：《老子宗指》，《老子集成》第九卷，第 366 页。

阳未立、一而不杂的状态，因此极力呼吁世人要致虚守静。

另外，清静正是易学的重要思想，"静者，文王所以用易之道也。何也？蓍之得卦，六爻不变，则占象辞，象之不全吉不过数卦，其余则皆吉者。是《连山》《归藏》以及文王，其用易皆以静为常"①。这里他从蓍法的角度，认为不仅文王之《易》，连《连山》《归藏》等也都是强调静的，《老子》一书中的"柔弱慈俭正所谓静之意也"。

虽然老子静的思想来源于先天易学，但是世人并不十分清楚这一点，以至于在理解老子的静的时候，出现了种种偏差："世之人或以为政柄，或以为丹祖，或以为兵机，或以为禅悦。"② 后世从治国、炼丹、用兵、禅修等方面去理解老子静的思想，都是不免于偏且陋，所以老子才要发出"知我者希"的感慨了。

三、会通孔老

吴世尚从先天图的角度，以图解老，从而试图融汇孔老之学，将老子、孔子都排到伏羲氏这一共同的学术源流中去，并得出"老子未尝贵无贱有"以及"老子思用世"的观点。

1. 孔、老同宗先天图

如前文所述，吴世尚认为老子之学，学本先天，不仅如此，他还认为文王、孔子之学亦是在阐释伏羲先天图，从而构建了一个以伏羲先天图为本源的学术传承脉络，他说：

> 伏羲画图，不立文字。文周取其图之六十四卦而一一系之辞，孔子乃将此图之全者以示人，使知有六十四卦三百八十四爻之源头，故曰：易有太极，是生两仪，两仪生四象，四象生八卦，八卦定吉凶，吉凶生大业。老子则脱离文周之易而悬空，

---

① 吴世尚：《老子宗指》，《老子集成》第九卷，第366页。
② 吴世尚：《老子宗指》，《老子集成》第九卷，第367页。

止说此图之理，又不提出先天图画字面来，而劈头突脑曰：道可道，非常道。有物混成，先天地生。道生一，一生二云云。所以令人无处入思议，而后之解者不得其解，愈说入悬空渺茫去。故至今读之，鹘鹘突突，而无有可通也。殊不知篇内所言，字目与《易》别，而其理则未尝有殊也。[1]

在吴世尚看来，文王、孔子、老子都分别从不同方面在诠释伏羲所绘之先天图。文王对图中六十四卦一一以文字解释之，孔子则将全图由太极到六十四卦的演化过程揭示了出来，老子则并没有采取文王、孔子那个易学系统的解释话语，而是只阐明这个图的道理，虽然表面上看与文王、孔子的话语不同，但是其中的道理是一样的，因为他们都是在解释这个先天图。如：

> 羲皇手图仪象卦画，四周于外，数及于九百六十有三。而太极则混而为一，而处乎中，是固所谓体用一源，显微无间者也。尧舜自其外而内者言之，故曰执中。孔子自其内而外者言之，故曰一贯。老子则以内对外而言之，故以本为精，以物为粗。虽其歧本末为二致，校体用之重轻，立言未免未莹，然不谓之勘验分明不可也。[2]

儒家的一些重要概念，如执中、一贯等等，吴世尚认为都是对先天图的解释，执中讲的是从图外六十四卦向图中央太极一圈而观察，一贯讲的是从图中央向图周围观察，这二者的不同在于观察先天图的方法有异。而老子则是"以内对外"，内外相对，内是本，外是末，虽然析本末为二致，立论未必完善，但对图的理解也确实"勘验分明"。儒家道家的重要概念在这里就被统一了起来，"先天图其

---

① 吴世尚：《老子宗指》，《老子集成》第九卷，第 373 页。
② 吴世尚：《老子宗指》，《老子集成》第九卷，第 366 页。

中圈，儒曰太极，老曰元。其外画，儒曰阴阳，老曰象"①。

基于此，他还批判了陆希声的一些观点。在吴世尚眼里，"古今名人多爱读《老子》，然实见得大头颅者，嗣宗、康节而已……此外陆希声依稀近之"。但是陆希声认为老子和伏羲"同其原"："伏羲氏画八卦，象万物，穷性命之理，顺道德之和。老氏先天地，本阴阳，推性命之极，原道德之奥，此与伏羲同其原也。"他批评了这一看法，"夫《老子》一书，正是发明羲画，而以为同其原则，是二者并立而更有一源为其所出也，岂理也哉"？② 陆希声以为老子和伏羲之上还有一个共同的源头，吴世尚认为此一观点大谬，因为老子就是在解释伏羲先天图，这是老子学术之源头，怎么能将源与流并列起来而再立一源头呢？

据以上的分析，一个文王、孔子、老子同宗伏羲先天图的学术脉络就清晰可见了。吴世尚通过为孔子、老子找到一个相同学术源头——伏羲先天图的办法来会通孔老，在他看来，二者的一些说法，虽然字面上看起来不同，但是，其道理都是一样的，都是对先天图的阐释。

2. "老子思用世"

吴世尚会通孔老之目的，大概就在于他想要以此来廓清历代对老子之学的误解，尤其是以儒学中积极入世的一面去化解过去将《老子》理解为贵无、忘世等的"错误"观点。

以往对老子的误会，主要表现在"晋人尚清谈，以为老子贵无贱有"，后人遵循这个看法，从而容易得出老子"忘世"的结论。针对这个问题，吴世尚主要是从有无关系的角度来批驳的。

《老子》一书中的有无关系是不是如王弼所言的"以无为本"呢？吴世尚认为不是，他说，"有之与无，元相为表里，互为经纬，欲除一个而不得者"，因为：

① 吴世尚：《老子宗指》，《老子集成》第九卷，第383页。
② 吴世尚：《老子宗指》，《老子集成》第九卷，第368页。

夫《老子》首章即曰：无名，天地之始；有名，万物之母。故常无欲以观其妙，常有欲以观其徼。又曰：有之以为利，无之以为用。又曰，天下万物生于有，有生于无。①

老子是有无并重，并没有在二者之中找出一个最根本的来。此外，他的这个看法还有其哲学本体论的支撑。吴世尚主张体用一源，显微无间，并且体就是用，用就是体，即所谓"理即气""器即道"也。那么在有无关系中，无是体，有是用，这一对体用关系同样也遵循上述原则，其中并没有一个更根本的本体存在。老子虽然说无，但这并不代表就一定"以无为本"，他举例说：

圣贤不伐善，非无善也。不施劳，非恶劳也。王侯自谓孤、寡、不谷，王侯也而讵无父、无夫、无一善状者乎？孔子称舜曰无为，舜自言则曰耄期倦于勤。勤者，有为之谓也。②

事情总是具有多面性的，不能仅仅根据一面之词而断定其性质。既然老子并没有贵无而贱有，那么也就不会有什么"以无为本"的问题，世人通常所理解的老子无为而治以致"荡佚姑息"是不正确的，因为"老子曰：豫兮若冬涉川，犹兮若畏四邻。此何如之兢业也者，而以为放旷宕佚、贵无而贱有哉？"老子同样兢兢业业，况且讲无为者不止老子一人，"夫无为而治，孔子言之，《中庸》言之，若无为果酿乱罪，将不独在老子矣"。③ 在他看来，儒家同样也是讲无为而治的，如果认为无为会带来祸乱，那么儒家也要承担责任。

既然如此，那么老子乃"千古有心人，非忘世者比也"，"其篇中所陈治道，一切备具，至兵刑之惨，则尤其所丁宁致戒者"。④ 吴世尚通过对《老子》本体论的重新阐释，认为理即气、器即道，不

---

① 吴世尚：《老子宗指》，《老子集成》第九卷，第370—371页。
② 吴世尚：《老子宗指》，《老子集成》第九卷，第371页。
③ 吴世尚：《老子宗指》，《老子集成》第九卷，第371页。
④ 吴世尚：《老子宗指》，《老子集成》第九卷，第371页。

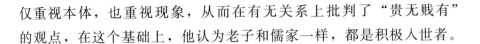

仅重视本体，也重视现象，从而在有无关系上批判了"贵无贱有"的观点，在这个基础上，他认为老子和儒家一样，都是积极入世者。

第三节　纪大奎《老子约说》

纪大奎①，字慎斋，江西临川（今属抚州）人。《国朝耆献类征初编》《续碑传》《清史稿》《清史列传》等清代人物传中都收有他的传记。②纪大奎的父亲深于易学，纪大奎从小便在乃父的影响下，对易学产生兴趣。他于乾隆四十三年（1778）充任四库全书馆誊录，四十四年考中举人，此后在山东、四川等地为官，著有《双桂堂稿》

---

① 关于纪大奎的出生时间目前有两种说法，如杨忠明等主编《抚州人物》认为纪大奎生于1756年（方志出版社2002年版，第93页），这个说法在网络流传甚广，而《江西省人物志》则认为其出生于1746年（方志出版社2007年版，第271页），孰是孰非？笔者查阅秦国经主编《清代官员履历档案全编》，其中第24册收录有纪大奎本人写于嘉庆十年（1805）的履历折子，上面写道："臣纪大奎，江西抚州府临川县举人，年六十岁，原任山东博平县知县，起复赴补，今签掣四川成都什邡县知县缺，敬缮履历，恭呈御览，谨奏，嘉庆十年十一月二十八日。"（华东师范大学出版社1997年版，第207页）由此可知，纪大奎嘉庆十年时为六十岁，上推其生年当为乾隆十一年（1746）。此外，《清史稿》第四百七十七卷纪大奎本传中记载其"道光二年，引疾归。年八十，卒"，八十岁去世，故其卒年当为道光五年，即1825年，其生活的年代大致与乾隆嘉庆时期重合。

② 《国朝耆献类征初编》所收乃是纪大奎同乡且同时代的李祖陶所作，主要阐述纪大奎在理学上的地位。其他如《续碑传》《清史稿》《清史列传》的传记则大同小异，叙述的风格和思路基本一样，他们应当有着共同的史源。笔者查阅清同治九年（1870）《临川县志》，其中《人物志·儒林》篇收有纪大奎的传记，而光绪二年（1876）《抚州府志》的《人物传·理学》篇中的纪大奎传原封不动照抄《临川县志》。从内容上看，前述诸篇传记的文字与同治九年《临川县志》的纪大奎传雷同甚多，只是县志的传在细节上更加丰富，涉及的方面也更多。从时间上看，《临川县志》成书时间最早，在同治九年，而《续碑传》《清史稿》《清史列传》等书则是清末甚至民国初年才成书。因此，这三部书所收纪大奎的传记很有可能就是从同治九年《临川县志》或光绪二年《抚州府志》中辗转摘录而来，只是在文字上做了相应的删节。

《易问》《观易外编》《周易参同契集韵》《老子约说》《仕学备余》《地理末学》《古律经传附考》与《笔算便览》等诸种。

纪大奎生活在乾嘉考据学鼎盛时期，考据学不能不对他的学术产生影响，光绪《临川县志》说他"于学无所不窥，至天文、地理、音律、历算、勾股、星命、壬遁诸书，皆抉其精微，正其讹谬，而古律一书，尤非秦汉以下所见及，时人亦无有知之者"①。他所涉及的这些领域，大多都是考据学关注的重点，其在考据学上成就应当是有目共睹的。然而，纪大奎的同时代人对其学术有着不同的看法，李祖陶为他所作的传记中说道：

> 临川纪慎斋先生之学，粹然程朱而旁通象数之原，于邵子亦深诣其奥。世俗所传占验前知等事，几于疑鬼疑神，要之皆先生之粗也……吾江为理学渊薮，自宋而元而明，见于史者，指不胜屈，至近代落落如晨星矣。国初有谢秋水先生讲学于程山，康熙朝有张篑山先生求道于玉山，雍正朝有陶存轩先生息心于庐山，至乾隆朝而先生出，磅礴郁积，暗然自修，卓然于澜倒波翻之中，独延正学之一脉，而世俗知其人者仅仅取其地理末学而钞之读之，而不知其大本大原之所在，予能不为之三叹也哉！②

李祖陶认为纪大奎"粹然程朱"，是程朱理学在江西一地的杰出代表，然而世人却不知此点，而仅注意他的所谓"占验前知"等事，是不识其学术之大端。李祖陶与纪大奎同时代且同乡，他对纪氏学术的评价是比较客观的。他之所以要表彰纪大奎于程朱理学传承上的作用，恐怕与当时的学风有关，在考据学盛行的乾嘉时期，深研理学，多少有些知音难觅，难怪乎李祖陶要赞赏他"卓然于澜倒波

① 同治《临川县志》卷四十二下，《人物志·儒林》，《中国方志丛书》，台湾成文出版社1989年版，第2547页。
② 《国朝耆献类征初编》第二百四十二卷，《守令第二十八》，周骏富编：《清代传记丛刊》第162册，台湾明文书局1985年版，第599—600页。

349

翻之中，独延正学之一脉"了。光绪二年（1876）的《抚州府志》也将纪大奎收入"理学传"中。

于考据学和理学都有涉猎且造诣颇深的纪大奎，为什么会对《老子》感兴趣？纪大奎的弟弟纪大娄为《老子约说》所作的序言为我们提供了一定的线索：

> 昔人谓名士多喜读《老子》，顾老子之书，或强为之说，愈衍而愈离其宗。余兄慎斋尝为余言《老子》不可读，然兄暇时亦尝读之。非《老子》不可读，读《老子》自难也。《老子》厄于后世最深，其流祸最烈。《老子》谓：天地不仁，以万物为刍狗，圣人不仁，以百姓为刍狗。仁言肺切，情见乎辞。旧说直谓天地不仁，圣人不仁，遂以刍狗民物，流祸申韩，此一大厄也。《老子》谓：失道而后德，失德而后仁，失仁而后义，失义而后礼。此宋襄、桓文、鲁昭之辈假玉帛为礼者，老子慨然忧乱之亟，故本道德以明礼。旧说直谓重道德而轻仁义礼，遂以清言放诞流祸王、何，此又一大厄也。余善病，尝问老子摄生之说于兄，兄谓后世修养术，非《老子》摄生之旨。因言《老子》谓：善摄生者，陆行不遇兕虎，入军不避甲兵。后世言摄生甚浅，其言不遇兕虎、甲兵，又甚幻，浅以迷其本，幻以囿其识，盖于是流祸于丹术，此又一大厄也。①

纪大娄说《老子》被后人误解而流祸颇为严重，这种因误解而带来的祸患主要有三个方面，一是申韩刑名法术之学，二是清谈误国的魏晋玄风，三是眼花缭乱的内丹之术。这三者在历代儒者眼中，都是十足的异端，因此，《老子》一书被目为异端就是很自然的事了。但是纪大奎却并不这么看：

> 或曰：老子，昔人所谓异端也。著书数千言，尚虚无，非

---

① 纪大娄：《老子约说序》，《老子集成》第十卷，第208页。

仁义，薄礼智。呜呼！老氏则何为其然也。①

后世有人曲解了《老子》而使自身的种种行为不合正道，但是《老子》本身并不是异端，这是应当分辨清楚的。于是纪大奎必须要为《老子》作注，以廓清后世对《老子》的误读：

> 余尝取其书与后世之说是书者比而观之，盖文之足以害辞，辞之足以害意，而遂至于率天下之人而祸仁义礼智者，至老子之书极矣。顾吾于是书则诚有所未暇，仲弟曾庚好问疑义，姑即其尤诬者略为之说如左，俾知所去取焉。②

纪大奎曾经不让纪大娄读《老子》，可是现在他又亲自为《老子》作注，原因不仅仅是因为《老子》被误读，更重要的是他认为那些因误读《老子》而来的异端思想会"率天下之人而祸仁义礼智"，也就是所谓的"流祸最烈"，这才是作为儒者或理学家的纪大奎所不能忍受的地方。而他为《老子》做注，一来可以澄清历代对其的误解，最重要的是，那些因误解《老子》而产生的异端思想，也得到了辟除，因为他们的理论基础已经不复存在。这恐怕才是他写作《老子约说》真正用意所在。下面我们来看纪大奎是如何通过《老子约说》一书，来达到辟异端之目标的。

纪大奎是从他所擅长的易学入手的，当然，他的易学思想主要是宋代以来理学家们所阐发的义理易学。他认为《老子》和《易》的思维方式是相同的，都是以天道推及人道，"盖于是知老子之善于言天之道，圣人之道也。天以道生万物，圣人以道成万物，皆不外于元德。是故圣人之作《易》也，将以顺性命之理，老子之言道德，亦欲示人以性命之理。元德者，所以顺性命之理也……故读《老子》者，必其反求于天之道而后可，不然，宁无读焉可也；必其反求于

---

① 纪大奎：《老子约说》，《老子集成》第十卷，第 209 页。
② 纪大奎：《老子约说》，《老子集成》第十卷，第 209 页。

圣人之道而后可，不然，宁无读焉可也"①。纪大奎的整个思路也正是围绕着《易》《老》所共同阐述的天道和人道，以性命之理为切入点，尤其注重阐发《老子》中入世的一面，也就是所谓"圣人之道"的部分，以此来证明《老子》并不是后世那样解读的主张虚无寂灭和绝仁弃义。

一、天道

纪大奎将《老子》书中所阐述的道生万物之理与《易》学中的生生之理进行了对比，首先，他系统阐述了《老子》中极为重要的哲学范畴"一"，其言道：

> 是故一也者，非一之谓一也。一而二，二而一之谓一。一之为一，一物之一也。一而二，二而一之为一，物物之一也。物物之谓神，物物之神之谓道。物则不通，神妙万物，神之妙，道之妙也。《礼》曰：天地之道，可一言而尽。其为物不贰，则其生物不测。不贰者，一而二，二而一之谓也。是故不贰之谓一，言一而天地万物之理备焉矣。天地万物之理备焉之谓道。老子曰：道生一，一生二，二生三，三生万物。万物负阴而抱阳，冲气以为和。《老子》之言一，可谓至矣。夫知道而后知一，道之外无一也。知道之一而后知一中之二，一之外无二也。知道之一之二，而后知二中之三，一之二之外无三也。知道之一之二之三，而万物之所以生生而不穷者在是矣。是故道生一，而阴阳之气浑然其在中也，浑然在中而一生二矣。阴阳动静，细缊而无间也。动静无间而二生三矣。动耶？静耶？一动一静之间耶？阴耶？阳耶？阴阳之冲气耶？冲气者，五行之气融萃于中，所谓和也。和而后天地之精毓，万物之形具。②

---

① 纪大奎：《老子约说》，《老子集成》第十卷，第 228—229 页。
② 纪大奎：《老子约说》，《老子集成》第十卷，第 217 页。

在纪大奎看来，老子所言的"一"并不是通常数字意义上的一，而是有着深刻的哲学意涵。他从两个方面来予以揭示：第一，从本体论上而言，这个一是万物之本原和依据，二则是具体的宇宙万物万象，因其各各有别，故称其为"二"，一与二正好构成了本体与现象的关系。第二，从生成论来看，一又是生成天地万物的源头。他特别对第四十二章"道生一，一生二，二生三，三生万物，万物负阴而抱阳，冲气以为和"这几句话，做了宇宙生成论的解释。道就是一，一之中蕴含了阴阳二气，二气经过动静而生三。所谓三，从行文来看，纪大奎似乎理解为"冲气"。冲气中又包含了构成事物的物质基础，即"五行之气"。五行之气俱足，则万物可生成。

以上所言老子道生万物的宇宙生成论，在纪大奎看来，它与易理是相通的，其言道：

> 周子之作太极图得之矣。其始之一圈，阴阳之理，浑然在中，道生一之象也。其二圈阳动而阴静，一生二矣。其三圈五行和合，二生三矣。次之以乾道成男，坤道成女，万物化生之圈，而三生万物矣。乾道坤道之成男成女，万物之化生，皆示之以一圈，以见五行和合之圈之即在阳动阴静之中，阳动阴静之圈之即在浑然一圈之中。三即二也，二即一也。三即二，二即一者，道也。故曰五行阴阳，阴阳太极，此河图之缊也……大哉！河图之一而二！二而三，三而不离乎一也。是故物物一河图也，物物一太极也。[1]

纪大奎认为，周敦颐所作之太极图就蕴含了老子"道生一，一生二，二生三，三生万物"之理。太极图开始的一圈，就是老子所谓"道生一"，虽仅简单的一圈，但阴阳之理已蕴含其中。第二圈阴阳动静就是老子所谓"道生二"，依上段引文来看，他认为老子所说的"二"，是指阴阳二气。第三圈五行和合，就是老子所谓"二生三"，

---

① 纪大奎：《老子约说》，《老子集成》第十卷，第217—218页。

也即上文所言"五行之气"。而"乾道成男，坤道成女"则是老子所谓"三生万物"。前面说过，纪大奎分别从本体论和生成论的角度来揭示老子道的意涵，此处纪氏对太极图的论述，先是从生成论的角度将其与老子宇宙论进行比拟，随后，他又做了本体论的比较。纪大奎认为老子以一和二揭示了本体和现象的关系，在太极图里，这种关系又可以描述为太极与物的关系。"道""一""太极"，是儒道两家对宇宙本体的不同描述。

除了上述从本体论、生成论的角度来比照《老子》与《易》之外，纪大奎还试图从体用动静的角度继续分析：

> 是故一也者，乾道之所以变化耶。天下之物，莫不有所以始，其未始有始也，莫不有所以藏。乾始能以美利利天下，始之也。不言所利，藏之也。乾之一何以始？一之始，其始于复乎？乾之一何以藏？一之藏，其藏于坤乎？老子曰：反者道之动。盖言复也。曰：弱者道之用。盖言坤也。今夫坤复之际，生物之大始也，有无之间也，动静之根也。老子曰：天下之物生于有，有生于无。老子之言有无，阴阳生生之理，天地人之至妙至妙者耶。故曰老氏得易之体。且夫静者体也，动者用也，天下无无用之体，体得而用利。故体之静，不以静为静，而以动之根为静。用之动，不以动为动，而以根诸静为动。静之中无不动也，而后常静。动之中无不静也，而后常动。动静有常，则刚柔断，体用一焉。反者道之动，动生于静，刚之所以基于柔也，乾道也。弱者道之用，用藏于体，柔之所以缊乎刚也，坤道也。乾坤其易之缊耶。乾坤之道不息，而生生之易无穷。故凡有非有也，有生于无而后为真有，凡无非无也，无以生有而后为真无，万物变于有而化于无。一有者，众有之基也。一无者，众无之归也。归而藏焉斯静，静而动焉斯反。静极则动，弱极则反，动而反，天下之物通矣。[①]

---

① 纪大奎：《老子约说》，《老子集成》第十卷，第216页。

纪大奎认为，易理中所昭示的乾坤、动静之变化乃至生生无穷之理，《老子》书中就有体现，所以"老子得归藏之易者也，故其言皆合坤乾之义焉。坤乾者，乾归于坤，坤藏乎乾之谓也"①。乾道为动，坤道为静，老子所言"反者道之动"，讲的是静极则动，动生于静，此乃乾道，老子所言"弱者道之用"，讲的是动则反，动归于静，此乃坤道。所以动静关系并不是孤立而是互相转化的，其中静为体而动为用。体之静，并不是单纯的以静为静，而是要认识到此静为动之根，同样，用之动，并不是以动为动，而要看到此动须以根诸静。在纪大奎看来，这不就是老子所谓的"天下之物生于有，有生于无"吗？无是体而有为用，老子所谓的无，并不是一无所有，而是蕴含了有的可能性，它是有的根本和依据。老子所谓的有，并不能仅仅认为它是有，还应当体认到有的依据是无。在这里，纪大奎从体用论的角度，将易理中的乾坤、动静等概念与《老子》中的有无等哲学范畴进行了沟通。

二、人道

天道既如此生生不息，那么人道该如何呢？纪大奎认为圣人要以天道来促成万物，帮助万物将其得自于天道的"性命之理"全部展现出来，即所谓"顺万物性命之理"。关于这一点，儒道两家都有类似的主张，他说："圣人之作《易》也，将以顺性命之理，老子之言道德，亦欲示人以性命之理。元德者，所以顺性命之理也。"② 老子与作《易》的圣人一样，最终都是通过对天道的展现，来达到顺万物性命之理的目的。而能够顺性命之理者，在《老子》一书中，就是"元德"。纪大奎认为《老子》一书中第十章、第二章等都是在讲述圣人应当如何顺万物性命之理的，他对这两章的解释，也和易学结合在一起，我们且看他是如何说的。

---

① 纪大奎：《老子约说》，《老子集成》第十卷，第 222 页。

② 纪大奎：《老子约说》，《老子集成》第十卷，第 228 页。

1. 守中抱一

纪大奎认为《老子》第十章是在"总结圣人法天地以成万物之道之本于元德也"①，圣人法天道以成万物的根本在于元德的修养上，元德该如何养成？他说：

> 夫身退天之道者，非徒退焉以自下之可以言天之道也。圣人之身，以道为体，清明在躬，气志如神，神能载营魄以抱一而无离。人但见其身之退然不居，而不知其抱一之所以不去。一也者，天地之根也，性命之原也，身心之本也。然有心以抱之而不得也。专气以致柔焉，尔其抱之也，勿忘勿助，绵绵若存，如婴儿之至纯，此抱一之由于守中也。然非守其虚空寂灭之谓中也，涤除其元览，而无溺志于虚空放达之病，此守中之由于知常也。常无欲以观其妙，常有欲以观其徼，非涤除元览而能若是观乎。故观天之道，执天之行，以抱一之至常者爱民，而其行不言之教也神。以抱一之至常者治国，而其处无为之事也神。此知常之所以无为也，然后知圣人之无为。②

在这段解释中，纪大奎一口气提出了抱一、守中、知常、爱民、治国等一系列重要的概念。在其看来，爱民和治国就是所谓"顺万物性命之理"，而"所以顺万物性命之理"者，则是抱一、守中和知常，前者是目的，后两者是手段。此处的一，是前文所提万物之根本依据。所谓抱一，就是对宇宙本原的深刻体会。要达到抱一，则需要守中。所谓守中，纪大奎认为并不是守其空虚寂灭，守中的实现需要知常这个必不可少之条件，何谓常？常就是前文所述道生万物、生生不已的过程。只有体会到这个生生不已的道理，体会到这个宇宙本体，才会知常，进而做到守中、抱一。三者的结合，就是

---

① 纪大奎：《老子约说》，《老子集成》第十卷，第 227 页。
② 纪大奎：《老子约说》，《老子集成》第十卷，第 227 页。

有与无的高度统一。经过这些步骤，元德的修养会达到新高度，以此元德为根基，进而去爱民、治国，就可以做到"观天之道，执天之行"。由天道而行的人道，一定会是"不言之教""无为之事"。

上述的知常、守中、抱一以至爱民治国等一系列概念和思路，纪大奎认为与《易》的谦卦很相似，他说，"谦也者，元德也"，并阐释道：

> 是故谦之一，其天地之根乎？故在天为乾元之真，在人为性命之理。夫子之作《说卦》也，首言穷理尽性以至于命。于是喟然曰：昔者圣人之作《易》也，将以顺性命之理。是以立天之道，曰阴与阳。立地之道，曰柔与刚。立人之道，曰仁与义。谦之一阳，天之道也。一阳立于中，而纯坤抱之，阴之所以与阳也。柔者地道也，得乾之一阳于中而后可以立。是故静而后能动，翕而后能辟。柔之所以与刚也，坤道其顺乎谦以纯坤抱乾元之一，此阴之与阳，柔之与刚，所以顺性命之理也。非阴无以畜其阳，非柔无以行其刚，非仁无以精其义。故穷理者，穷之于一也。尽性者，尽之于一也。至命者，至之于一也。元莫元于一，常莫常于一。阴与阳，柔与刚，元之妙也，与于一者也。立天之道，立地之道，立人之道，元而谓之常也，立于一者也，大哉一乎！非谦其孰与当元德之称乎？夫子之赞谦也，极之于天之道，地之道，人之道，鬼神之道。然则求道者，求之于谦而可矣，求之于谦之一而可矣。[1]

谦卦六爻中只有九三为阳爻，其他五爻皆阴，此唯一的阳爻上下皆阴爻，纪大奎认为九三的这根阳爻就是老子所言的一，为天地之根，在人则为性命之理。谦卦的这种卦象可以解释乾坤、阴阳、动静的变化，穷理、尽性、至命都要立足于此根本性的一。此一统一了天地之道和人之道，求道者，法天地之道，求之谦卦中这个一就可以

---

[1] 纪大奎：《老子约说》，《老子集成》第十卷，第228页。

了。在他看来，这不就是老子所谓的抱一吗？于是乎老学和易学在此得到了沟通。

2. 复天下之性

纪大奎将《老子》第二章也理解为"圣人法天地以成万物之道也"，万物之根本在至美、至善的"至元"："万物之生，莫不妙于有无之至元，极天下之至美，而无美之可言也，极天下之至善，而无善之可言也。乾始能以美利利天下，不言所利，大矣哉！"[1] 此处至元的美与善，不是凡俗意义上所言之美善，而是美、善之极致。人因根于此至美至善之至元，故能成己至善之性，但是，由于人不能保住此至善之性，而以物为美，不以道为美；以智计为善，不以性为善：

> 人得其美利之原，以成其至善之性。浑浑焉，沦沦焉，葆其元，守其常，而美与善之内含者，贞之而愈固。失其美利之原，以亡其至善之性，昭昭焉，察察焉，窒其元，迷其常，而美与善之外属者，淆之而日纷。故曰天下皆知美之为美，斯恶已；皆知善之为善，斯不善已。有所知而为之，私意日起，天真日漓。其所美者，物情之美也，非道之美也。所善者，智计之善也，非性之善也。识论精焉，争竞出焉，见有之美，而以饰其无，为善而愈无矣。见易之美，而以避其难，为善而愈难矣。见长之美，而以匿其短，为善而愈短矣。见高之美，而以去其下，为善而愈下矣。故有无相生，难易相成，长短相形，高下相倾。纷纷焉，滔滔焉，一人唱之，众人和之，一人先之，众人随之，荒兮其未央哉，而众妙之理亡矣。[2]

凡俗之人，并不能体会到万物自身秉之于天的至美、至善之性，反

---

① 纪大奎：《老子约说》，《老子集成》第十卷，第 224 页。
② 纪大奎：《老子约说》，《老子集成》第十卷，第 224 页。

而纷纷向外寻求所谓美、善之物。要么以事物之貌为美，要么以小智小慧为善。有了这些所谓美、善的价值判断，天下事物便被人为分别成两个阵营，人们则纷纷"趋利避害"，以所谓美善为追求，对被判断为非美善之物，则避之唯恐不及。于是乎，人们离其自身固有之至美、至善之性越来越远。

有鉴于此，圣人爱民、治国的目的，就是要帮助天下人恢复其固有的至善之性：

> 圣人欲复天下之性，则必本其不可道之道，不可名之名，以潜孚而默化之，是以处无为之事，行不言之教。不以有为为，而以无为为，天下皆恬然以相安，而争竞之情泯矣。不以多言教，而以不言教，天下皆翕然以相忘，而议论之端绝矣。无为之事，天之所以为事也。不言之教，天之所以为教也。圣人法天道以成万物，是故万物作焉而不辞。天何言哉？四时行焉，百物生焉，显诸仁，藏诸用，鼓万物而不与圣人同忧，此天之所以作万物而不辞也。万物并作，吾以观其复。圣人知其归根复命于常道，以常道治之教之，莫不遂其生，复其性，所以作焉而不辞，同于天之道也。①

圣人该如何帮助天下之人恢复其固有的至善之性？纪大奎认为，老子的答案就是"无为之事"和"不言之教"，因为无为和不言是天道的法则。圣人要效法天道以成万物，就必须按照天道的法则行事。

纪大奎觉得老子的这个思路与易理是相通的，他接着说：

> 夫子作《易系传》，明天地圣人之道，《上传》首言易简，而终之以化裁推行之神而明之，默而成之，《下传》首末皆言易简，而终之以设位成能之，吉人辞寡，躁人辞多。夫处无为之事，行不言之教者易简之道也，默成之德也……是故处无为之

① 纪大奎：《老子约说》，《老子集成》第十卷，第224页。

事，行不言之教者，易简之能事，道德之要旨，五千余言之大纲也。①

在纪大奎看来，无为之事、不言之教，不就是简便易行吗？而易简之道，正是《易》所极力主张的，老学和易学就在无为、不言和易简中实现了沟通。

三、对误解《老子》的回应

纪大奎借助由天道而推及人道的思维模式，重新阐扬了《老子》书中有关治民治国的重要理论，由此对那些把《老子》一书理解为虚无寂灭、绝仁弃义之类的观点进行了回击。

主张虚无寂灭者，其主要的理论依据就是《老子》第十六章"致虚极，守静笃"，纪大奎认为老子所讲的虚和静，并不是一无所有、无所作为的虚、静，他说：

> 老子曰：致虚极，守静笃。为老子之说者，亦莫不曰致虚极，守静笃也。夫虚而无用，则乌乎致矣？寂而无本，则乌乎守矣？②

虚而无用、寂而无本，这是异端思想对《老子》的理解，纪大奎认为如果这样，那还怎么"致"？怎么"守"？他分析《老子》的原意道：

> 老子则曰：万物并作，吾以观其复。夫物芸芸，各归其根。归根曰静，静曰复命，复命曰常。此守静笃之说也。知常曰明，不知常，妄作凶。知常容，容乃公，公乃王，王乃天，天乃道，道乃久，没身不殆。此致虚极之说也。是故致虚极，本于守静

① 纪大奎：《老子约说》，《老子集成》第十卷，第225页。
② 纪大奎：《老子约说》，《老子集成》第十卷，第211页。

笃。今夫万物芸芸，得天地之生理，动而作焉，静而复焉。是故天地万物同一根。乾户之辟，根之发也，显诸仁矣。坤户之阖，根之归也，藏诸用矣。然而芸芸者不知也。吾以吾之复，观其大复焉。归仁曰复，见天地之心曰复，故一阳之主，谓之根。天地之心，元牝之门，动静之基，刚柔之本，而万化之所敦。故归根曰静，非寂而无所之谓静也。动归于静，静含乎动，天地之心得性命之原正，故曰复命。命复而天地万物之理备于我。是故立天之道，立地之道，立人之道。道立之谓命立，立而不易曰常。故道曰常道，常道之名曰常名。守静而至于常，则笃矣……是故守静者，守其中也，守其一也。归于一，复于一。归而后可以守，复而后可以守。故曰寂而无本，则乌乎守矣？①

纪大奎认为守静笃才能致虚极，守静笃就是老子所言"万物并作，吾以观其复。夫物芸芸，各归其根，归根曰静，静曰复命，复命曰常"。具体来讲，守静的前提是要归根。何谓归根？就是体会到宇宙大化的本体，进而体会到人得自于天的性命之理，以及这两者之间的统一性。所以守静笃并不是"寂而无所"，真的在那一动不动或者说无所作为，而是体会到天地万物之本体与人的性命之理具有统一性之后的一种状态。守静笃是有所本的，守静就是守中。致虚极不是"空而无所"，同样也有所本：

> 虚者，心之体也，心之本体，真实无妄。知其常而守之笃，则诚，诚至而虚焉则明，诚不立而以为虚则妄。虚可致也，妄不可致也。以妄为虚，作而致之，凶莫殆焉。故知常则天地万物同一体，而廓然其能容，无不容，然后谓之虚。虚而致之，而无私之谓公，公而致之，而大之谓王。大而化之，峻极于天，洋洋发育，而道之体用全矣。博厚所以载物也，高明所以覆物

---

① 纪大奎：《老子约说》，《老子集成》第十卷，第211页。

也，悠久所以成物也……是故吾心之虚，非空而无所之谓虚也。
致其中而后天地位，致其和而后万物育，故曰虚而无用则乌乎
致矣？是故肫肫其仁，渊渊其渊，守静笃也；浩浩其天，致虚
极也。《易》曰：崇效天，卑法地。静笃以法地，虚极以效天。
故老子之言，有本有用，是故合于《易》。丧其本而言静，遗其
用而言虚，凶且殆焉，而以为老氏之教也，是自殆者也。①

他将"虚"提高到人心之本体的高度，在上文所述体会到宇宙本体
和性命之理的统一性之后，进而体会到天地万物的统一性，只有如
此才能无所不容，胸怀得到极大扩充。这种极大的胸怀就是虚，虚
到极致则不会有任何的自私之念，不自私而利人，这不就是道生万
物的特征，这不就是圣人化育万民的特点吗？所以虚并不是一无所
有，也不是什么都不关注，恰恰相反，致虚极的最终导向就是以不
自私而利人的"诚"心实现"天地位"和"万物育"。

综合起来看，守静笃是本，致虚极是用。在体会到宇宙本体和
性命之理的统一性以及天地万物的统一性之后，才会以一种毫无私
意的"诚"心去化育万民，这就是前文所述纪大奎津津乐道的"由
天道而人道"。既以无私之诚化育万民，又怎么能说《老子》提倡不
仁呢，所以他继续申述道：

如是而生生之易，富有而日新。圣人法之，而守之中，非
犹夫言之穷也，与天而长矣，与地而久矣。夫天地所以长久而
不穷者，以其不自生，故能生生。不自生而生生，元牝之妙也。
天地之仁，不私其生而以其生生万物，不私其虚而以其虚虚万
物，此天地之与万物一体，而未尝刍狗其性灵也。故圣人亦不
以百姓为刍狗也，而以其虚感万物之虚，汲汲焉若后其身也，
而功盖于天下而其身先矣。以其虚通万物之虚，肫肫焉若外其

---

① 纪大奎：《老子约说》，《老子集成》第十卷，第 211 页。

身也，而道著于万世而其身存矣。此以其无私之至仁，故能成其私。①

天地并没有将万物视为刍狗，与之相反，天地之仁就表现在对万物的生育之功上。圣人同样如此，圣人不自私其身，而是以无私之至仁化育百姓。天地之仁和圣人之仁都表现在其生生之功上，只是天地生万物，而圣人育万民，这就是大仁。所以，因天地不仁和圣人不仁而来的刑名法术之思想，则可以休矣。

至此，我们已经完整了解了纪大奎解读《老子》的思路。在由天道推及人道的过程中，他十分重视对《老子》治世思想、圣人之道，也就是老学之用的阐发，并以此来回应和批评对《老子》的误读，他为世人不识老子之用而深深惋惜：

> 余因有感焉，夫老子之用，诚不得而见之矣，后世为老氏之学者，极其有无窈渺之言以通之于易，非不近且似也，而究不能信其必可达于用，则其所谓虚无恍惚者，果邵子所谓易之体者乎？吾闻圣人之道，所以合于易者，以其易简而天下之理得，体无不备，用无不周，穷则可以善其身，达则可以善天下也，然则不达其体之用，而空守其虚无恍惚之言以为吾庶几得其体焉者，岂理也哉？或曰：老子之用，不幸不见于世，而后世刑名法术清谈放诞诡曲悠谬之徒，皆得附会其说而依托之，使有志于道者，与杨墨同其距焉。然则意以辞害，道以文晦，亦可慨矣。②

《老子》与儒家经典《周易》的关系历来为学者所注意，这些学者普遍认为《老子》一书阐发的万物生化之理与生生之易具有相似性，

---

① 纪大奎：《老子约说》，《老子集成》第十卷，第 210 页。
② 纪大奎：《老子得易之体论》，《双桂堂稿》，《清代诗文集汇编》第 416 册，上海古籍出版社 2010 年版，第 59 页。

因此，他们认为《老子》得《易》之体。但是纪大奎对这种看法表示担忧，他觉得如果仅仅看到《老子》得《易》之体而忽视其入世的一面，很容易流于空虚寂灭、虚无恍惚。而老子用世的一面一直不为后世所知，也难怪乎刑名、清谈等异端思想会附会《老子》，而使其本义愈加不明。纪大奎希望自己的注释能使人们注意到《老子》入世的思想，这样一来，那些异端思想也就会成为无源之水了。

第四节　邓暄《道德经辑注》

纪大奎要批判的异端思想主要是错解《老子》而来的刑名法术以及放诞清谈，他认为这些异端思想会妨碍到社会大众对仁义礼智等儒家基本价值的树立，进而危害到社会的正常运行，因此他要给予《老子》一个正确的解释。乾嘉时期还有另外一些儒家学者，他们与纪大奎一样对异端思想表示担忧和排斥，但是他们批判的焦点则集中在神仙方术之上。如邓暄和倪元坦，就着重批评了道教徒以种种修命术解《老》的做法，层层递进，重新阐发了老子的修养理论，并将其和儒家的养性学说建立关联。

邓暄其人之生平很少见于史载，同治十二年（1873）之《南城县志》第八卷《人物志·宦业》中有邓暄生平之记载：

> 邓暄，字光隅，号葵乡，性孝，课徒以供甘旨。由进士授户部主事，历升郎中监督禄米仓，改大通桥监督，后转工部郎中。俸满，授江苏镇江知府。奉檄勘扬州水灾，时兴化灾民请县发仓，县以未禀报为词，暄曰：必得报可是立视其死矣。令从其言，抚宪汪优奖之，任守五载，清名籍甚，后罢归。

从这里的记载来看，邓暄进士出身，早年一直在京为官，后出任江苏镇江知府，颇有清名。同书第七卷《选举志》还记载了邓暄考中进士的年份："乾隆四十三年（1778）戊戌科戴衢亨榜，邓旸，户部主事，工部郎中，江苏镇江知府，有传。"由此可知，邓旸为乾隆四十三年进士，查《明清进士题名碑录索引》，乾隆四十三年戊戌科，邓旸名列二甲，该科状元乃是为邓书《道德经辑注》作序的戴衢亨。

此外，《清代官员履历档案全编》中还收录有两份与邓旸相关的履历文件，其中一件为邓旸所自呈之履历折，上言：

> 臣邓旸，江西建昌府南城县进士，年四十七岁，现任户部江南司员外郎，乾隆五十九年十二月分论俸拟升，因京察停升，未经掣签。今于本年二月分签升工部虞衡司郎中缺，敬缮履历，恭呈御览，谨奏，乾隆六十年二月二十七日。①

这份履历折从语气来看，是邓旸自己所呈，当为其亲作。乾隆六十年（1795）的时候，邓旸四十七岁，上推邓旸之出生当在乾隆十四年，由前文可知，其考中进士时年仅三十岁，可谓年少即有高才。此后他一直在户部、工部为官，其转任镇江知府的时间也可考知，另一份履历文件写道：

> 嘉庆八年十一月内用江苏镇江府知府，降调。
>
> 邓旸，江西人，年五十七岁，由进士以主事用签，分户部学习行走。乾隆五十三年十月内补授户部主事。五十五年八月内题升本部员外郎。六十年三月内推升工部郎中，因病告假回籍，病痊，赴部候补。嘉庆六年九月内补，授户部郎中，七年二月内俸满截取保送繁缺知府记名，八年十一月内用江苏镇江府知府。②

---

① 秦国经主编：《清代官员履历档案全编》第 23 册，华东师范大学出版社 1997 年版，第 209 页。

② 秦国经主编：《清代官员履历档案全编》第 2 册，华东师范大学出版社 1997 年版，第 430 页。

这份文件对邓晅迁职的前后过程记载得更为详细，乾隆六十年他升任工部郎中时因病并未到任，一直到嘉庆六年，又转任户部郎中，嘉庆八年（1803）任江苏镇江知府。这份文件是留在内府的履历单，从行文语气来看，作者应不是邓晅本人。值得注意的是，据此履历单的记载，嘉庆八年时，邓晅五十七岁。可是根据前文邓晅自述之年岁，嘉庆八年他应当只有五十五岁，两份文件的年龄相差两岁，孰是孰非？笔者以为，应该以邓晅自述并上呈的那份履历折子为准，因为本人一般不太会记错自己的年龄。而此处的履历单，当为有关部门所作以存档，有所失误也是正常的。

邓晅《道德经辑注》的写作年份，根据该书两篇作于嘉庆八年（1803）的序言来看，至迟在该年就已完成。戴衢亨为其所作的序言写于"嘉庆癸亥孟冬"，此序言应当是在邓晅离京转任镇江知府前后不久所作，该书的刊刻也在此前后。我们且看他是如何注解《老子》的。

一、对方术解老的批评

邓晅之所以要注解《老子》，是因为他觉得该书一直受到种种错解，而巫觋和方士的错解最深，他们将《老子》当成了神仙方术的鼻祖，他们对神仙方术的鼓吹甚至达到了"欺世罔民"的程度：

> 儒者之诬老氏，犹其浅焉者也。老子之书，一诬于《史记》列传，谓申韩原于道德；再诬于晋世清谈，致为亡国口实，然亦其浅焉者也。至于巫觋宗之，而诬深矣！宫观巍峨，肖像而祀之，乞灵符水者，莫非诬之者也。至于方士宗之，而诬更深矣。谓此书言国，喻人身也；言治国，喻导引吐纳服气辟谷之术也；言用兵，御女采战之术也。欺世罔民，悔圣人之言，莫此为甚。①

---

① 邓晅：《道德经辑注》，《老子集成》第十卷，第285页。

历代对《老子》一书的错解和误会实在太多了，司马迁《史记》有《老子韩非列传》，将法家刑名法术之学推原于《老子》。后世学者又将魏晋清谈归因于《老子》，批评其成为晋亡的罪魁祸首。以上这两种误解还只是误会较浅的，最严重的误解是道士们将老子当作神仙，建立宫观以崇奉之。而江湖方士将《老子》书中言治国、用兵的文字统统解释为导引、吐纳、服气、辟谷、御女采战之术，想要以此来达到长生不死的目的，这对《老子》来说简直就是侮辱。邓晅对此十分反感，戴衢亨读《道德经辑注》最大的感受就是邓晅对神仙方术不遗余力地批判：

> 余与南城邓君葵乡同年，为心性交，相与讲求儒学及佛老异同，邓君每有特识。癸亥夏，出所著《道德经辑注》示余，其中独抒己见，不沿袭旧说者十之六七。大约尊老氏之言跻于圣人之列，而甚疾乎世之所称元门以服气导引为事者，谓其窃老氏之绪余，附会于神仙方技之术，辞而辟之，惟恐其弗至也。非笃信圣道，有得于心，乌能毅然为是论哉？①

戴衢亨说他时常与邓晅讨论儒学与佛老之学的异同，他认为邓晅所作的《道德经辑注》严厉批判了后世道士、方士之徒以神仙修炼术解老的做法，从而恢复老子圣人的本来面目。戴氏对邓晅此著的解读无疑是准确的，邓在书中时时不忘批判以长生不死术注解《老子》的做法。例如，《老子》第五十九章，许多注家喜从修炼的角度理解此章中所言的"治人"与"事天"，邓晅认为这是不对的：

> 莫知其极，可以有国，谓君德广远如此，乃真能抚其国而有之。其有国也，盖由有道也，道为万物母，有其母矣，天祚明德，其国焉有不长久者哉？是则啬之为道，可谓深根固柢之道矣。古帝享国永年，所以能长生久视者，亦不外乎此。此章

① 戴衢亨：《道德经辑注序》，《老子集成》第十卷，第232页。

尚非甚难解者，而注家或以国喻形骸，以践形为君有国，自起葛藤。章首明言治人事天矣，非实指有国而何？若以国为喻，则治人事天何喻也？长生久视，犹孔子言必得其寿耳，岂神仙之谓乎？总由方士伪尊老氏，致读此书者，先有神仙之见存，遂处处往修养一路解去。夫《诗》不云乎：尔受命长矣。又曰：犹来无死。何不谓诗人有长生不死之术，乃独于老氏书则必作此解也。①

邓晅认为《老子》书中所言的"长生久视"，指的是帝王因德行深厚，从而可以使国家长治久安，自身也能英名永传。他觉得此章在理解上并不困难，明明白白讲的就是治国的道理，经文中所言的国，就是实实在在的国家。而方士们偏要将其理解为修炼之道，将长生久视理解为肉体的长生不死，根本就在于他们心中先存了一个神仙修炼、长生不死的成见，依此成见阅读《老子》，则所见皆是修炼。类似的批评还有很多。

二、老子与儒家的修养思想

邓晅虽然批评方士以金丹修炼之术注解《老子》，但是，同时他也承认《老子》书中蕴含有丰富的修养思想，只是老子所言的修身，与方士的理解大相径庭，方士们追求的是肉体生命的长生不死，而《老子》并不如此。邓晅借对《老子》第六章谷神与玄牝的注解阐发了他对老子修养思想的理解：

此章旧注颇缪辕。又有玄门金丹诸书，于人身实指谷神玄牝之所在。人自为说，如涂涂附。愚按：是谓玄牝，与后之是谓玄德，是谓玄同，皆假名也。若谷神玄牝，实有其物，实有其处，则玄德玄同，又是何物？又在何处？玄窍内丹，乃侥幸不死之秘术耳，非人人共由之道也。亦必其人生禀异气，斯得

---

① 邓晅：《道德经辑注》，《老子集成》第十卷，第 274 页。

异传。嵇康所谓非积学能致者，然即或能致矣，于世何神。①

道教徒为了追求长生不死，发展出种种炼养秘术，并将此章所言玄牝与谷神一一在人身上坐实。邓峄严厉批评了这个做法，他认为谷神与玄牝仅仅是个抽象名词，无法具体落实为某物，人的肉体生命也不可能通过种种秘术而长生不死。谷神与玄牝到底是什么呢？邓峄认为其对于人的作用，就如同人的精神与气血之运行一般：

> 且即以人身论，人身一小天地也，气血流行，无毫发不到，亦无一息偶停。盖有神运于其间，是亦谷神也。谷神运而生气生血，是亦玄牝也。神不运则气血不行，不行则不生，而人死矣。常人死，有气未尽而神先散者，有神气同时并散者，散则归于无而已。圣人死，则气虽散，其神不散。释曰涅槃，道曰尸解，其理可信也。夫至于气散矣，而神能不散，则未死以前，其用功岂浅鲜哉！佛氏教人凝神以心，故曰心即是佛。老氏教人凝神以气，故曰专气致柔。孟子曰：持其志，无暴其气。兼言养心养气，则三教之合也。②

邓峄认为人的肉体生命肯定是会消亡的，即气散，但是圣人气散而神不散，此处的“神”，就是《老子》所谓的“谷神”，在谷神的运作下人才有气血之运行，才有肉体生命之存在。但是气血总有一天要消散，而神则可以通过种种途径而不散，他认为形散而神不散的观点儒释道三家都有，而这种种途径，在老子这里是专气致柔、凝神以气，在儒家孟子那里则是无暴其气，在佛教那里就是凝神以心。

邓峄反对长生不死，但也认为三教都有养心养气的修养方法，他具体论述了老子专气致柔的修养工夫：

---

① 邓峄：《道德经辑注》，《老子集成》第十卷，第248页。
② 邓峄：《道德经辑注》，《老子集成》第十卷，第248页。

人自有生以来，所禀造化之真气，本自纯全。然惟襁褓之中，真气未漓。稍长，则谷食之所生化，水土之所转移，气不能不杂。继而知识之所斫丧，气不能不亏。此专气之功，为修道之至要也。致柔者，专气之验也。人物稚时，其气纯全，故其质柔软，老则气驳竭，而质强硬。人能专气，仍复纯全之旧，自不觉挫锐解纷，和光同尘。气质俱柔，至于致柔之极，天真浑穆，不异婴儿之甫离母腹矣。此二条，自修之能事已尽。①

专气和致柔是人自修的重要手段，人之所以需要专气，是因为人出生之后所禀于造化的真气，会因为食物、水土等因素而慢慢变得杂乱、亏损，修道的关键就是要通过专气的工夫将气变得纯全，而致柔才是专气是否成功的有效标准。

邓埼进一步认为，老子讲专气，孟子讲养气，两者是有相通之处的：

老子专气之功，与孟子养气之功，是二是一。专者，专一无间杂也。养者，直养无牧害也。专者，全吾所禀之真气，功在循乎自然，故比之婴儿。其致柔之极，得坤之象曰：安贞之吉，应地无疆。故后世言长生者托焉。养者，保吾所禀之正气，功在循乎当然。故配义与道，其至大至刚。得乾之象曰：天行健，君子以自强不息。故后世儒者托焉。此儒与道之所以分也。虽然，气之真者无不正，气之正者无不真，及其成功，则莫逆于心矣。《孟子》曰：无暴其气。盖致柔寓焉。《老子》曰：强行者有志。盖行健寓焉。其戒益生，戒心使气，与戒助长，更为吻合。此儒与道之所以合也。②

老子专气之功，需要致柔，孟子养气之功，需要至大至刚，一柔一

---

① 邓埼：《道德经辑注》，《老子集成》第十卷，第250页。
② 邓埼：《道德经辑注》，《老子集成》第十卷，第272页。

刚，表面上看两者是有所区别的。但是，孟子又说无暴其气，无暴就是柔，老子也言强行者有志，强行就是刚健。专气和养气，都是刚柔相济之道，两者从本质上讲是相通的。

既如此，那么究竟应当如何专气呢？邓埼又论述道：

> 专气即抱一，抱一即守中，但中字属理一边居多，一字属气一边居多。人身气本相抱，修道者复有抱之之功，则抱者愈不离也。其功何在？在守中也。中何以守？在专气也。盖专者统理与气以为功者也。且神依于气，专气即所以存神，能专气，则守中、存神、抱一皆豁然贯通，无疑义矣。老子教人专气，恶人心使气，与玄门之术大异。与孟子之养气，异而同。①

专气并不是有为，也不是方士们的那一套金丹炼养之术。老子所谓的专气就是抱一，抱一就是守中。中多偏重于理这个层面去理解，而一则可以从气的角度去理解。关于一与中究竟为何物，邓埼有进一步的论述：

> 此所谓中，介乎有无，不偏有无，即太极也。空洞之中，一无所有，却包含万有。此中字，惟《中庸》喜怒哀乐未发之中近之。但彼虽在虚处指点，尚贴人身上说，此则推原天地万物之前。先有此中字，是彼中字乃由此中字生出。朱子分中和为一体一用，若统论太极之理，则中亦自具体用。万物一太极，体也。一物一太极，用也。此中字在道上说，自是中之体，《中庸》在人身上说，得不谓中之用耶？守者，护持之谓。尧舜孔子，教人务实，工夫不许一毫涉虚，由中之用，得中之体，汇万为一。故言执中，惟实斯可执也。老子教人致虚，工夫不许一毫犯实，得中之体，括中之用。即一即万，故言守中，惟虚

---

① 邓埼：《道德经辑注》，《老子集成》第十卷，第251页。

但须守也。①

老子和儒家都有守中的工夫，老子所言守中之中，乃万物的本质和依据，或者说是万物之本体，即太极。此中与《中庸》喜怒哀乐未发之中相近，但是他认为老子的中更多是从体的角度上讲的，而《中庸》之中则从用上而言。老子之守中，是要人从万物之本体入手，即所谓"得中之体，括中之用"，这就是老子所讲的致虚守静、归根复命，也就是儒家所谓"穷理尽性以至于命"：

> 《易》曰：穷理尽性，以至于命。观复穷理也。归根曰静，尽性也。复命，即至命也。复命则恒久不变，与道为一，而曰常矣。又反复赞叹，而言此恒久不变之常道，惟微妙玄通之士，乃能知之。知常则本体湛然，可谓明矣。庸愚不知常，则妄动而凶。知常则人我浑忘，万物一体，无所不容。容则高下平等而公，公则民悦无疆，王道备矣。即王道，即天德。王乃天也。无名，天之始，天乃道也。道常无常有，道乃久也。修身至此，寿考且宁，岂或有凶殆之可虑哉？②

依前文所言，老子所言守中是要"得中之体"，"得中之体"就是此文所言"与道为一"，也就是所谓"本体湛然"。老子所言的归根复命就是与道为一的过程，守中与归根复命在本质上是一致的，复命就是守中，都是要以恒久不变之道为一，也就是要恢复人得之于道的固有本性。他同时认为，此复命，就是儒家"穷理尽性以至于命"的命，此命并不是肉体之生命：

> 《左传》曰：民受天地之中以生，所谓命也。此言复命者，复其所受之中也。观朱子注《易》各正性命，曰：物所受为性，

① 邓晅：《道德经辑注》，《老子集成》第十卷，第247页。
② 邓晅：《道德经辑注》，《老子集成》第十卷，第254页。

天所赋为命。可知性命非有二义，特因所赋所受，乃异其称耳。儒云天命之谓性，释氏之言见性，老氏之言复命，俱非有二义。惟玄门有性功、命功之分，或云性命双修者，所谓命，异于老氏之言命矣。①

道教内丹修炼术有性功、命功之分，邓晅认为，老子所言之复命，就是守中，就是人得之于道的本性，命与性是一致的，命不是肉体之生命。

至此，邓晅由批判方士以种种修命之术注解《老子》入手，层层递进，阐明了自己对老子修养思想的理解，在他看来，老子不是不讲修养，只是老子之修养，和儒家一样，最终都是要恢复人得之于天的固有本性，而不是追求肉体生命的长生不死，其理论旨趣最终回到儒道相通上面来。

第五节　倪元坦《老子参注》

倪元坦的解《老》思路和邓晅十分相近。

倪元坦，华亭（今属上海）人，著述颇丰，主要有《易准》《老子参注》《庄子诠》《志乐辑略》《二曲集录要》《畲香草存》及《续刻》。② 光绪九年（1883）《松江府续志》中有他的小传：

> 倪元坦，字畲香，娄县人，华亭籍，恩贡生，思宽子。学宗李二曲，独有心得，闭户著述，至老不倦。萧山相国汤文端深敬之，晚主上海敬业书院讲席，年八十余卒，门人私

---

① 邓晅：《道德经辑注》，《老子集成》第十卷，第253页。
② 见王元吉《性理探微》跋语（《藏外道书》第25册，巴蜀书社1992年版，第499页）以及《清史稿·艺文志》的记载。

谥贞简。①

另，笔者查阅《清代朱卷集成》，发现其中收有倪元坦的朱卷，他参加过嘉庆十四年（1809）恩贡的考试，取得第一名。他的朱卷上写道：

> （倪元坦）字省吾，号畬香、行一，乾隆丙子年七月二十六日生，江苏松江府学廪膳生，华亭县民籍。②

朱卷乃考试人在乡试、会试高中后，将自己的家世信息以及试卷印刷成册，以分发亲友所用，其记载的信息一般不会有假。从记载来看，畬香是倪元坦的号，不是字。倪元坦出生于乾隆二十一年（1756），《松江府续志》上说他年八十余卒，则他去世的年份大致在1836年左右。

倪元坦虽生活于乾嘉时期，且他的家乡距离考据学重镇江苏、安徽两省颇近，但是他并没有对乾嘉学术的主流考据学表现出兴趣，与之相反，他对清初理学大儒李二曲推崇备至，他说：

> 嘉庆戊辰六月，予在亭林族弟处得二曲先生遗集，归而读焉，知先生以新建致良知见本体，以紫阳主敬穷理为工夫，一洗支离锢蔽之陋，言言血脉，字字骨髓，令人如梦方觉，有跃然不能自己者。③

他在读李二曲文集产生了极大的思想震动后，又将其刊刻出来，使二曲之学广泛传播：

---

① 光绪《松江府续志》卷二十四，《中国方志丛书》，台湾成文出版社 1989 年版，第 2338 页。

② 顾廷龙主编：《清代朱卷集成》，第 416 册，台湾成文出版社 1992 年版，第 101 页。

③ 倪元坦：《二曲集录要·序》，《畬香草存》卷二，《清文海》第 58 册，国家图书馆出版社 2010 年版，第 567 页。

岁戊辰，得关中李二曲先生集读之，有省，爰节录付梓。丁丑，江苏学宪汤公以拙刻《二曲集录要》广播士林，并刊李先生所著《四书反身录》行世，而关学薪传，藉垂不朽。①

可以说，倪元坦是以继承和弘扬李二曲思想为己任的。

一、注《老》原因

这样的一位以理学为自己安身立命之所的儒家学者，为什么要去注解《老子》和《庄子》呢？最根本的原因是倪元坦认为《老子》一书历来被异端曲解甚深，从而影响到了儒家正道的弘扬，他在一次长途旅行途中所作的散文中说道：

嘉庆己卯，元坦年六十有四，将附粮艘抵通，践仓场莫侍郎之约……余陈一榻一几，先儒语录数册，虚室生白，绝似禅林，闭关读书之暇，惟焚香静坐，回忆家居时，从未有若此之清旷者。洵足乐也！每当晨烟暮霭，明月清风，登小梯，临舰外凭眺移时，则又感慨系之矣。且夫人居里巷间，智者争名，愚者趋利，虽有差等，然而经营憔悴，得失若惊，为身家计，何郑重也？设旷观宇宙之大，民物之多，盈虚消息，倏忽推移，鲜不嗒然若丧。盖向者重所轻，一旦扩见闻，然后知井蛙不可语于海，夏虫不可语于冰。俯视渺躬，得失不犹稊米之在太仓乎？乃或冥情世外，放浪形骸，以生死为无常，名教为网罗，不解老氏先天之奥，徒言绝圣弃智，绝仁弃义，是轻所当重，贻祸于风俗人心，曷其有极？噫！后之人虽欲闻圣智仁义之说，其孰从而求之，异端之不息，由于正教之不兴，是儒者之耻也。孔子曰：不义而富且贵，于我如浮云。《易》曰：大人者，与天地合其德，与日月合其明，与四时合其序，与鬼神合其吉凶。

① 倪元坦：《儒门语要·序》，《奢香草存》卷二，《清文海》第58册，国家图书馆出版社2010年版，第572页。

其轻也，若彼，其重也，如此。苟权衡于轻重之数，而勿忤道而行，则何忧乎德不进、业不精乎？①

这次旅行中，倪元坦在船上静坐读书，从而获得了一种非常高远的生命体验，他从宇宙之大的角度批评了世俗之人的两种不良倾向：其一是争名夺利，经营憔悴；其二是冥情世外，放浪形骸。而关于后者，我们可以看出，他的批评很大程度上是针对游于方外的道教徒的。他认为这些人之所以会"以生死为无常，名教为网罗"，是因为他们曲解了《老子》的思想，尤其是曲解了《老子》中"绝圣弃智""绝仁弃义"等文字，从而使其行为有"贻祸于风俗人心"的危害。而儒者的使命就是要息异端、兴正教，倪元坦将此提到"儒者之耻"的高度。因此，息异端的最好办法就是争夺《老子》思想的解释权。

这篇表露心迹的散文作于嘉庆己卯年（1819），是年他六十四岁，需要注意的是，倪元坦兴正学、息异端的思想早已有之，他在写作《老子参注》的时候，就已经很明显地体现了此点。李威阅读此书之后就感觉到倪元坦在注中批评了以神仙修炼之术解《老》的做法，他在为该书所作的跋中写道：

威素喜读老子《道德经》，所见注释无多，其间往往未能启发吾意。大抵杂长生久视之术，缪以此经为修炼家鼻祖，遂使本指不明，以异端为诟病，不独五千余言之奥义无能窥其端倪，自上古以来帝王继天立极之大原，修己治人之切务，皆汩没于文字糟粕之中，所关于学术治法者非鲜浅也……威自嘉庆甲戌养疴都门，无事罕通士大夫，见闻固陋。己卯七月得畲香倪先生《老子参注》一书，读之，凡所发明，皆维天之命，于穆不已；溥溥渊泉，而时出之义，其及于精气神者，亦无非动静

---

① 倪元坦：《附舟私述》，《畲香草存续刻》，《清文海》第 58 册，国家图书馆出版社 2010 年版，第 581—584 页。

交养，主一无适工夫。于有涉乎修炼家言者，辞而辟之，廓如也。辞义精深朗澈，直与蒙庄相出入……而老子书大指，至是如日月之经天。使夫旁门依草附木之□不容借口，岂非斯道一大幸哉？[①]

李威认为《老子》一书讲述的是上古以来帝王们修己治人的根本道理，可惜的是这样一部伟大的著作却历来被人目为异端。他分析各种缘由，乃是因为注解这部书的人将长生修炼之术杂糅其中，视《老子》为修炼家之鼻祖，致使其本旨不明。而倪元坦《老子参注》则是将这些"修炼家言"统统"辞而辟之"，使老子真正的修养工夫得以显现。倪元坦所阐发的《老子》修养思想，与儒家动静交养、主一无适的心性修养工夫具有一致性，如此一来，既批判了异端，也弘扬了正学。

李威读懂了倪元坦的用意，《老子参注》确实是这么做的。

历来以丹术注解《老子》者都将该书视为万古不传之绝密丹经，他们注解的任务则是要将这些绝密天机一一解码，《老子》书中"守中""谷神""玄牝"等词语被他们理解为内丹修炼的关键法门，倪元坦对此极力予以批评，第五章的注文曰：

此章言橐籥，橐者，虚也。言守中，中者，虚也。言谷神，谷者，虚也。言元牝，元者，虚也。惟象罔可以求元珠于虚无中，自得之则心性自现，精气神自复，不知不觉，通于一而万事毕。此不言之言，言而不言。盖大道本无可言，一落言诠，即失大道。乃后世谈元者，名曰金丹，曰龙虎，曰铅汞，曰烹炼。虽上根利器，得道者代有其人，而中下根器，识神未除，为所误者不少。甚至以守中、谷神、元牝，于身中各指一处，是以虚为实，以无为有，而太上薪传罕有知者……大道不可求

---

① 李威：《老子参注跋》，《老子集成》第十卷，第 347 页。

之于有，所谓惟道集虚也。①

倪元坦认为，守中、谷神、元牝并不是后世丹家们所谓的修炼法门，而且也无法一一在人身体上找到对应，老子谷神、元牝的本义是指虚无，而不是种种可以具体操作的丹道修炼手段。

二、修身者，不失其真性

既然不能通过内丹家们所提倡的种种手段来修道，那修道究竟该如何做呢？倪元坦认为，"修身者，不失其真性也"。修身的最终目的是要"复其性"：

> 视之而见者色也，所以见色者，不可见也，故曰夷。听之而闻者声也，所以闻声者，不可闻也，故曰希。搏之而得者触也，所以得触者，不可得也，故曰微。此三者，虽智者莫能究诘，要必混而归于一。一者，性也，三者性之用也。人之性一而已，及与物构，然后分而为视、为听、为触，能反其本，混而为一，则复其性矣。②

人有眼睛、耳朵、身体，这几种感官会不断向外界获取信息，这就形成我们的视觉、听觉和触觉。倪元坦提出，视觉、听觉、触觉只是表象，究竟是什么东西使人具有了这些感觉呢？他认为是性，性才是这些感觉形成的最终依据和根本动力。人们要将目视、耳闻、体触混而为一，则可复其性。这里所谓的混而为一究竟应当如何理解？人之本性，本来是寂然不动的状态，但是因为眼睛、耳朵、身体等感觉器官的作用，在摄取外界大量信息后，会扰动这本应寂然不动的本性。所以，复其性，就应该从扰乱其性的因素上入手。

所谓性，与心、神等又是紧密相关的：

---

① 倪元坦：《老子参注》，《老子集成》第十卷，第 350—351 页。
② 倪元坦：《老子参注》，《老子集成》第十卷，第 354 页。

　　人之有心，先天地而独存，历事变而不朽，先际无始，后
际无终，廓彻圆通，灵明虚湛。性具于心，性即心也。神明之
官，神即心也。故言心不必言性，言性不必言神，言神不必言
心性，其实一也。圣人心为真心，性为天性，神为元神，由其
无所欲也。常人心为嗜欲之心，性为气质之性，神为思虑之神，
由其有所欲也。心本光明，为欲所累，故失其本体，而性失其
为性，神失其为神。能不见可欲则心体渐露，至于虚其心，而
道乃见。故曰：为道日损，损之又损，以至于无为，无为而无
不为。养心、养性、养神，千古不传之秘，老氏尽之矣。①

　　倪元坦是从本体论的高度来理解心，他认为心是本体，而性、神等
与本体的心其实是一回事。圣人与常人的区别就在于一为真心，一
为嗜欲之心；一为天性，一为气质之性；一为元神，一为思虑之神。
人之心体，本来是处于光明的"真心"状态，因为物欲所累，才会
变为嗜欲之心，性与神也是如此，因此修道，最终要"养心""养
性""养神"②，他认为这才是《老子》一书所昭示的千古不传之秘。
　　既然如此，那么怎样才能做到"养心""养性""养神"呢？倪
元坦借用道教精气神的概念来阐明这个问题：

　　盖虚无者，精气神之所由生。精为元精，气为元气，神为
元神，是谓先天得之者，真人也。若非入于虚无，则精气神之
所生，皆属后天，而非元精元气元神，是为众人所共有。③

他区分了先天和后天的精气神，修道是要保养、恢复先天的"元精"
"元气"和"元神"，其手段则是"摄其心"：

①　倪元坦：《老子参注》，《老子集成》第十卷，第 349 页。
②　黄丽频博士学位论文《清代老子注义理的继承与开新》（台湾成功大学 2009 年）
　　一文对此也有较为详细的论述，参见该文第五章第一节。
③　倪元坦：《老子参注》，《老子集成》第十卷，第 353 页。

  人以神为主，以精为卫，而必以气为守。故养生者，先养其气，能知冲和之气，即知常德矣。人能知常，则专气致柔，神全精复，而明自生焉……不能守其冲和之气，而或以养其幻身为益生，非气之正也。或以动于欲心而使气，是气之强也。凡人气随心转，故心妄动则气扰，气扰则神驰而精溢。善养气者，先摄其心，则心不使气。故《庄子》言槁木死灰，盖必死其心而后精气神来复。昔人谓若不大死一番，必不能大悟大澈，信然。①

养静、养气、养神的关节点在养气，气能得其养，则"神全精复"，而养气则需摄心，只要心不妄动，则元精、元气、元神自会恢复。所谓摄其心，其实就是"致虚守静"：

  虚，谓外物本来不有。静，谓心体本来不动。人不知外物本来不有，而认妄为真，故憧憧往来，不虚不静。若能观有而知其无，则妄念不生，渐入虚静。致之守之之法，即下文观复是也。人之精气神为内三宝，养精养气养神不外致虚守静四字。虚极静笃，一无所为，能使精自然化气，气自然化神，神自然还虚，此举上兼下也。后世养生家，不能无为，炼精成气，炼气成神，炼神还虚，此自下向上也。自下向上者，差若毫厘，谬以千里。举上兼下者，顺其自然，有得无失，故为真常之道，众妙之门。②

内丹家同样也谈精气神，而且内丹修炼的一般程序无外乎"炼精化气，炼气化神，炼神还虚"，倪元坦认为他的养精、养气、养神与内丹家们所言并不是一回事。内丹家有种种"炼"的手段，而他则是养，如何养？致虚守静而已，"一无所为"，并没有过多的炼养手段，

---

① 倪元坦：《老子参注》，《老子集成》第十卷，第373—374页。
② 倪元坦：《老子参注》，《老子集成》第十卷，第355页。

这是一种自然而然的过程，其关键在于心不生妄念，从而进入一种虚静的状态。可以说，他所阐述的《老子》修养思想中，虚静占据了根本性的位置，是养心、养气、养神乃至复性的基础。

三、为何重视虚静

倪元坦对《老子》修养思想的解读，其最终落脚点是在虚静上，由虚静才可"复其性"，需要我们再加分析的是，他为什么会重视发掘《老子》书中的虚静思想，并以此来批判内丹家种种炼养手段？笔者认为，一方面倪元坦确实抓住了《老子》思想的一个核心，另一方面，这也跟他的儒学思想分不开。前文我们已经讲到，倪元坦之所以要为《老子》作注，是因为他要借此兴正学、息异端。《老子》思想中哪些因素可以用来达到此一目的呢？倪元坦站在理学的立场上，选择了"虚静"，在他眼里，虚静为儒道两家所共同提倡的修养工夫。他极为重视理学家们所谈到的虚静，在刊刻《二曲集录要》时，有人对此集中所谈的静坐颇有疑惑：

> 或曰：集中言静坐，得毋近于禅耶？予曰：此学髓也，盍证诸濂洛关闽之说。昔周子作《太极图说》，曰："主静立人极。"周子之学，传于二程，明道谓谢显道曰："尔辈在此相从，只是学某言语，故其学心口不相应，盍若行之？请问焉。"曰："且静坐。"伊川每见人静坐，便叹其善学。程子之学，传于横渠，又传于龟山。尝曰："中立最会得容易，指喜怒哀乐未发之中，令静坐反求，涣然有觉也。"豫章初见龟山，三日即惊汗浃背，曰："不至是，几虚过一生矣。"侍席二十余载，既而筑室山中，绝意仕进，终日端坐。延平从豫章游，相对静坐累年，尽得所传之奥。退而屏居山田，结茅水竹之间，谢绝世故，故四十余年，食饮或不充，而怡然自得。讲诵之余，危坐终日。尝答朱子书曰："某曩时从罗先生学问，终日相对静坐，只说文字，未尝及一杂语。先生极好静坐，某时未有知，退入室中，亦只静坐而已。先生令静中看喜怒哀乐未发时作何气象，不惟

于进学有力，亦是养心之要。"朱子从延平游，时时静坐，尝曰："静坐则收拾得精神定，道理方有凑泊处。"以是知学从静坐入手，乃濂洛关闽相传指诀。①

有人认为静坐是禅宗的专利，倪元坦认为并非如此，他列举了从周敦颐、二程、张载一直到朱熹等理学名家所讲关于静坐的话，据此认为静坐是这些理学大儒们一直提倡并身体力行的修养工夫，学就应当从静坐入手，这是濂洛关闽递相传授的不二法门。他不仅在思想上认同静坐，而且还在实际生活中时时实践之，他的学生王元吉曾这样描述乃师：

> 先生始居通波门外，元吉居城中，朝夕往学，如坐春风。嗣先生谢却生徒，杜门养静，移居谷水之旁，元吉卜与为邻。见先生造诣益深，晦明风雨，独坐小楼，昕夕一编，怡然自得也。②

在王元吉看来，其师的修养工夫颇深，经常闭门静坐。可以说，倪元坦不仅将静坐视为历代理学大儒口耳相传的修养工夫，还将静坐融入自身的身心修养中去，静坐在其整个思想中占据了重要的地位。

倪元坦对静坐的执着，显然影响到了他对《老子》修养思想的解读，这就是他为什么重视《老子》虚静思想的原因。当然，正因《老子》和儒家在修养论上的相通性，他才可以通过注解《老子》来达到息异端、兴正学的目的，因为在他眼里，由静坐入手，才是正学。

---

① 倪元坦：《二曲集录要·序》，《畲香草存》卷二，《清文海》第 58 册，国家图书馆出版社 2010 年版，第 567—570 页。
② 王元吉：《性理探微·跋语》，《藏外道书》第 25 册，巴蜀书社 1992 年版，第 499 页。

第八章　道教老学的发展

明清时期的道教老学表现出了自己的生命力，在某些方面颇具特色，如以丹道解《老》获得了新的突破，对社会现实的关怀显得更加强烈，等等。此外，该时期全真道老学取得了重要成就，出现了不少有代表性的著作，这是需要加以总结的。

第一节　全真道老学新诠

相对于传统道教而言，全真道的教义教理自有独特之处，其中重要的一点是充分吸收了老庄思想的基本精神，如陈垣所言："全真不尚符箓烧炼，而以忍耻含垢、苦己利人为宗，此遗民态度也，谓其合于老庄，殆循而之老庄耳。"① 陈教友更明确指出："重阳之学，奉老子为依归者也。"② 而王重阳本人也明确肯定《老子》是他传道创教的思想源泉："理透《阴符》三百字，搜通《道德》五千言，害风一任害风虔。"③ 又说："遵隆太上五千言，大道无名妙不传。"④ 由于王重阳的提倡与重视，《老子》这部道教的最高经典真正发挥了它应有的作用。同时，从"全真七子"之一的刘处玄开始，元、明、清各代都有不少全真道徒为《老子》作注，由此形成了全真道老学。

---

① 　陈垣：《南宋初河北新道教考》，河北教育出版社 2000 年版，第 577 页。
② 　《长春道教源流》卷三。
③ 　《重阳全真集》卷十三。
④ 　《重阳全真集》卷一。

由于全真道学者诠释《老子》时不仅仅是对《老子》一书简单的字句疏解，而是在诠释过程中发挥己意，往往有着自己的理论创建，所以他们的注解具有思想史的意义，是研究全真道教义与思想的重要材料。明清时期，全真道老学有了进一步发展，特别是清代龙门派有多位高道注《老》，其思想成就达到了一个新的高度。

一、明清全真道老学文献及其作者

1. 何道全《太上老子道德经》

何道全（1319—1399），号无垢子，浙江四明（今宁波）人，明代全真道士。著作除《老子》注外，有《随机应化录》二卷、《般若心经注》等。"其学实元代全真道之余势"①，"主张内炼成仙，超脱生死，其修炼以明心见性为核心，倡以性兼命的内丹，重坐环内修与在境物上磨炼心地结合，真功与真行结合，与初期全真道之说十分相近，而且更带有禅的气息"②。

何道全的《太上老子道德经》署名"无垢子何道全述注"，前有《太极左仙公葛玄序》《老氏圣纪图》，全书四卷。该书既广集诸家之说，亦加以自己的注解，颇有见地。每章之首，都以八个字概括章旨，章末以诗句作结。如第一章章首："体道自然，入众妙门。"章末："一念才兴相便分，由如太极泮乾坤。若能体道浑无碍，再入玄玄众妙门。"③ 全书不仅阐述修身治国之道，亦揭示金丹内炼之术，所谓"太上明开九九章，言言提挈达真常。学人向此留心意，渐入玄元大道场"④。

2. 陆西星《老子道德经玄览》

陆西星（1520—1606），字长庚，号潜虚子，江苏兴化人，明代

---

① 卿希泰主编：《中国道教史》第三卷，四川人民出版社 1996 年版，第 483 页。
② 卿希泰主编：《中国道教史》第三卷，四川人民出版社 1996 年版，第 487 页。
③ 何道全：《太上老子道德经》，《老子集成》第六卷，第 132—133 页。
④ 何道全：《太上老子道德经》，《老子集成》第六卷，第 209 页。

著名道教理论家。陆西星的主要著作都被收入《方壶外史》，包括多种道经的注疏和《玄肤论》《金丹就正篇》《金丹大旨图》《七破论》等著作，除此之外，尚有《南华真经副墨》《三藏真诠》《楞严述旨》《楞严经说约》等重要论著。

陆西星并不属于全真道的嫡系，师承也不清楚，虽然被后世奉为内丹东派的祖师，但实际上并未形成派别，也无传代字号和法脉延续，故东派祖师之称只是显示出陆西星在道教内丹学史上的重要地位而已。① 不过，陆西星受全真道的影响很大，直接吸收了全真道的性命双修理论，又屡称吕祖传法于他，说明他认可全真道的这位祖师。重要的是，他对《老子》的注解显示出全真道学者解《老》的一贯传统，即用"真常"之说阐发老子之道，以显性命之理。因此，我们可以把陆西星归为全真道的旁系或者支流。

陆西星的《老子道德经玄览》集中体现了他对《老子》的主要见解，同时也可以看出其道教理论成就。

3. 程以宁《太上道德宝章翼》

程以宁号复圭子，生平事迹不详，其老学著作为《太上道德宝章翼》。据刘仲宇先生考证，程以宁为婺源（今属江西）人，生于嘉靖初甚至更早至正德年间，本为儒生，中年开始学道，大约在五十岁后正式加入道教。其《太上道德宝章翼》常引李清庵之说，且称为"清庵李祖"。李清庵，即李道纯，原系白玉蟾弟子王金蟾门下，入元后自称全真弟子，为南宗并入全真的代表人物之一。程以宁既称李清庵为祖，则应属于全真之传，可能已经正式皈依为全真弟子。② 程以宁的著作，除了《太上道德宝章翼》外，尚有《南华真经注疏》等。此两种老庄学著作，自问世以后即得到很高的评价，如邹忠允为《南华真经注疏》作序："昔朱紫阳注经书，为千古之的

---

① 参见卿希泰主编：《中国道教史》第四卷，四川人民出版社 1996 年版，第 28 页。
② 参见刘仲宇：《内丹家眼中的庄子——复圭子程以宁〈庄子注疏〉简论》，《全真道与老庄学国际学术研讨会论文集》，华中师范大学出版社 2009 年版。

解，今复圭子注疏《道德》《南华》，亦为千古之玄解。两者皆新安人，故予序之为并不朽云。"程以宁与朱熹为同乡，故有此一比。当然，程注的价值是否真的能与朱熹著作媲美，这个问题可以讨论，但客观地说，程以宁的老庄学研究是有特色和成就的。

《太上道德宝章翼》从书名上看似乎是专门阐发白玉蟾《道德宝章》的著作，其实不然，该著只有少部分地方对白玉蟾的注释进行了疏解，其主要内容还是程以宁对《老子》的直接注解和发挥，同时还征引了其他许多解《老》者的注文，所以也可以认为这是一部集注。从征引的学者如严遵、陈景元、苏辙、李道纯、薛蕙、释德清、焦竑等来看，该著是儒、释、道兼采，并且很注重发挥《老子》一书的义理。当然，该著又是一部用内丹功法解《老》的代表作，可以说是一部道、术结合得较好的老学著作。而该著引录了《道德宝章》全文，并且于开篇全文摘引李道纯《道德会元》中的《道》《德》《经》三论，又征引《道德会元》第八十一章全部注文作为该书的结尾，由此可见程以宁对道教南宗一系老学思想的推崇。

4. 潘静观《道德经妙门约》

潘静观，全真道龙门派第五代弟子，江苏晋陵（今常州）人，清康熙年间道士。关于潘静观的生平事迹，本书第一章已简述。另据《二曲集》记载，康熙十年（1671），李二曲应邀前往常州讲学，当地学者名流纷纷与其交游，一时盛况空前。李二曲返程时，郡人极力挽留，潘静观亦出山固留，并致书曰："窃闻大道之兴废，全赖唱导之一人。此一人者，固造物笃生，以为天地立心，生民立命，为一切人起死回生者也。先生崛起关中，昌明正学……道驾甫到敝邑，春风一披，勾萌毕达，上至达官贵人，下逮儿童走卒，无不倾心归命，自非一点真机鼓舞，何以致此！此山野观所竭蹶而未逮，望尘而恐后者也。夫斯人皆吾与，宇宙总一家，亦何必终日戚戚，思恋故乡，弃从游于中道耶？"① 除此书外，潘静观还有诗相赠："忽

---

① 《二曲集》，中华书局 1996 年版，第 84 页。

枉名贤共订盟，离群此日怅遄征。皋比江左初谈道，夫子关西旧有声。长夜发蒙双眼豁，千年希望寸心明。春深无恙归帆稳，绿树青山赠远行。"① 从上述诗文可以看出，潘静观是一位有宽广胸怀和高远气象的道士，在常州很有名望，与李二曲也颇为投缘。

《藏外道书》的《邱祖全书》内收录有《邱祖语录》，后面附有潘静观序一篇，署名"皇明永乐十三年龙门弟子潘静观拜序"，其言曰：

> 长春《遗录》一篇，所说皆无上妙道。大约令人不历阶级，直下见性，不但绝无从上龙虎铅汞诸家丹经伎俩，亦绝近来葛藤公案诸家语录习气，确是我祖最后微言，不可思议者也。其徒珍藏之，但传高足，勿落人间，是以世人罕闻罕见。今所传者，乃龙门嫡嗣碧虚张祖得诸其师，而手授我云阳老师者也。我师自得此篇后，默默行持，不轻示众，即不肖观，从之二十余载，未尝寓目，其秘可知也。岁在丁未，上邱祖法相，阁上光明焕发，因而法会云集。一日，我师忽出是篇，示二三同志曰：此无上法宝也，子辈珍藏勿泄。观一见不胜惊喜，顶礼拜受而卒业焉……盖祖书传世者，向来有丹经语录两种。丹经半为旁门附会，颇失其真。其不杂者，仅得《青天歌》一篇。语录虽与马、谭诸真并存《道藏》中，今世所传者，寥寥数则而已，未若是篇之洞明宗要，字字金针，得者可以印心，未得者可以悟入，为能当机而破惑也……惺庵庄子因读此录，忽有所悟，遂发愿付梓流通，公其海内，云阳师笑而诺之。岂非因时赴感，迎机启化，有不知其然而然者耶？观遵师命，董校正之役，谨述缘起，用告同人。②

此序内容，大体可信。对于《邱祖语录》的来历，日本学者森由利亚认为非丘处机及其弟子所著，而是明代以后龙门派弟子所造。而

---

① 《二曲集》，中华书局 1996 年版，第 90 页。
② 潘静观：《语录后序》，《藏外道书》第 11 册，巴蜀书社 1992 年版，第 289 页。

赵卫东则指出，《邱祖语录》虽然因史料缺乏而不能直接断定为丘处机所作，但至少可以断定其反映了丘处机的内丹思想，极有可能是在口口相传中经过了很长时间，最后才在明末清初形成文字。[①] 其实，两人的观点并不矛盾。据潘静观之后序，《邱祖语录》由其师朱云阳所传授，并由其同门庄惺庵付梓流通，此点应该可信，但朱云阳是否直接得之于龙门嫡嗣张碧虚呢？从时间上看，康熙年间的朱云阳应该是没有可能的，所以森由利亚认为此《语录》为明代以后龙门派弟子所造，有一定的道理，当然，纵使是明清之际的龙门弟子所造，仍然可能反映丘处机的某些思想。由此看来，潘静观之后序署其时间为永乐十三年（1415），显然是假托，而这一时间上的矛盾，恰可看出《邱祖语录》晚出的痕迹。

至于潘静观所撰《道德经妙门约》，乃经过了其弟子顾日融的删削整理。据顾日融于康熙己卯（1699）所作序言，他在整理此注时，"采先生者十之七八，而间入愚意者十之一二"。全书分上、下两卷，前有"道德经源流"，简述《道德经》的流传情况；接为"道德经提纲"，论述道、德之关系。注解即以"道""德"二字为纲领，认为"道以德而圆成，无终不成其为始；德从道而建立，无始不成其为终"，全注顺畅可读，颇具见地。

5. 宋常星《道德经讲义》

宋常星，号龙渊子，山西人，为全真道龙门派第七代弟子。宋氏历顺治、康熙两朝，在朝廷供职三十余年，先后担任国史馆总裁、都察院都御史、兼经筵讲官、侍读学士，于康熙十八年（1679）告老还乡，专修清静无为之道二十余年，内功圆满，特著《道德经讲义》，大约在康熙四十二年由其子宋家廉进呈康熙皇帝。[②] 从上面的

① 参见赵卫东：《由丘处机到〈太乙金华宗旨〉——全真道龙门派内丹思想的形成与发展》，《道学研究》2008 年第 2 期。

② 以上事迹均见康熙《御制道德经讲义序》。据康熙御序，宋常星于顺治六年（1649）参加科举，被钦选为探花。但查顺治六年己丑科进士名录，状元、榜眼、探花分别为刘子壮、熊伯龙、张天植，其中未见宋常星的名字。故此康熙御序的来历尚需进一步考证。

经历可以看出，宋常星是在致仕还乡后的晚年加入了全真道，成为龙门派弟子。康熙皇帝见到《道德经讲义》，十分赞赏，遂令雕版印刷此书，并亲自为之作序，其序云："朕久欲效黄帝故事，访道崆峒。今得此项讲义，崆峒之言，悉在是矣。爰《道德经》，自历朝以来，注释是经者无虑数十百家，虽众说悉加于剖析，而群言莫克于折衷。朕素钦前国史馆总裁……元老故臣宋龙渊所注《道德经讲义》，其言洞彻，秘义昭融，见之者如仰日月于中天，悟之者如探宝珠于沧海，因此特命锓梓，用广流传。凡宗室皇胄，暨文武臣工均皆敕读。果能勤诚修习，获最胜福田，永臻快乐。敕书为序，以示将来。"① 康熙敕令皇亲国戚、文武大臣均须阅读《道德经讲义》，足见他对此书的重视。又据九门军都杨桐所撰《考证经注序》："山西名士宋龙渊先生，沉潜于道，念有余年，专心致志，开示后学。分章逐句，无不诠解，可谓致详且尽。"② 由此看来，《道德经讲义》在当时的影响是较大的。

由于宋常星具备较高的文化素养，晚年皈依玄门，潜心学道，又获得了具体的修炼经验，因此，他对《老子》的诠释具有自己的特色，并达到了较高的理论水平。

6. 刘一明《道德经会义》与《道德经要义》

刘一明（1734—1821），号悟元子，别号素朴散人，山西平阳曲沃人，全真道龙门派第十一代弟子，是一位著名的道教理论家和内丹家，也是继王常月后在乾隆嘉庆年间全真龙门派最有影响的人物之一。其著述甚富，主要有《周易阐真》《孔易阐真》《阴符经注》《修真九要》《参同直指》《悟真直指》《会心内集》《会心外集》等。刘一明还兼通医术，是当时著名的医学家，著有《眼科启蒙》《经验杂方》《经验奇方》《杂疫症治》等医书。其主要著作在嘉庆年间汇刻成《道书十二种》。

---

① 康熙：《御制道德经讲义序》，《老子集成》第九卷，第 128—129 页。
② 杨桐：《考证经注序》，《老子集成》第九卷，第 129 页。

《道德经会义》成书于嘉庆六年（1801）。此书分章作注，先校版本异同，再述经义。同时书中认为《道德经》通行本分为八十一章，未必完全符合老子之义，且分章解之，上下文意有不连贯之处，至于分为《道经》《德经》，亦为不妥。然而，八十一章之分法，由来已久，故仍然遵循，而二经的分法则不取，其书卷二至四十一章止，卷三从四十二章始。从思想内容来看，刘一明认为，《道德经》一书无所不包，或言天道，或言圣道，或言王道，或言用兵道，故不可执一事而注释。但他作为方外人士，则主要从修身之道而言之。所以其解《老》大旨，则在于阐发性命之道。

刘一明于嘉庆六年（1801）完成《道德经会义》后，恐读者无从下手理解该书主旨，故就《道德经》每章以数语指其大要，并附七言绝句一首，言简意赅，"使初学者一见了然，不犯思索，可于要义而得其解义矣"，是为《道德经要义》。

7. 李西月《道德经注释》

李西月（1806—1856），字涵虚，号"长乙山人""紫霞洞主人"等，清代内丹西派的创始者。李西月自称于道光年间初遇张三丰，接着又遇吕洞宾，两位祖师授其内丹法诀，他据此创立了新的内丹派别。由于张三丰属全真教派，吕洞宾为全真祖师，因此，尽管李西月并不拘于全真教规，但仍然可以视其为全真一系。

其《道德经注释》，全书不分卷数，逐句作注，加以眉批，以内丹性命解《老》，并认为老子之道"内以治身，外以治世"，是研究李西月道教思想尤其是内丹功法的重要资料。

二、明清全真道老学之道论

全真道老学以真常立宗，元代李道纯、邓锜都以真常范畴释老子之道。明清全真派道士解《老》，同样如此。如明代陆西星注《老》时，亦将真常这一范畴援引了过来。如《老子》首章之注：

> 道者，先天太朴，溟滓无光，不落方体，不属指拟，何可

言说？故不可道。不可道即佛语所谓不可说，不可说也，若其可道，则非真常之道矣。何谓真常？纯一不二曰真，恒久不已曰常。佛言不二法门，又云：唯此一乘法，余二则非真。盖言此也。然又须知非真则不可常，何者？凡所有相，皆是虚妄，终有变灭，而不能久。故惟真常之道，主张于未始有物之先，而自古及今，以阅众甫，故生天生地生人生物。既有生矣，于始落于后天名相之中，而为朴散之器，故经曰：始制有名。始即道也，天地人物即名也，名为道之所生，道既不可道矣，名又何可名耶？执而有之，名相起而真常隐矣。佛告大慧，相句非相句，所有句非所有句，以至四相俱忘，百八皆非，意盖如此。故曰：名可名，非常名。何谓真常之名？如执天地之形而名天地，则天地虽曰至大，会有劫坏而不可常。惟曰上天之载，无声无臭，以是而名天地，则道不变，天地亦不变，斯得名真常之天地矣。执万物之形而名万物，则万物虽曰无穷，终有生灭，而不可常。惟曰真如之性，无所从来，亦无所去，以是而名万物，则道不变，万物亦不变，斯得名真常之万物矣。是知名立乎有，道之委也；道妙于无，有之根也。若是乎有无之相生，而道与器之不相离也，于是乎圣人于有为名相之中，而教人以归复真常之道焉。①

此段注文，陆西星引入不二法门、真如之性等佛教概念，对真常的两个主要特点进行了阐述：其一是真。真指纯一不二，与真相对者为虚妄。真也是朴，陆西星称之为太朴。朴散为器物，遂有了名相，真常也就隐去了，所以名相也是与真常相对的。真在人身上的体现为真常之德，亦即真性。这一点可与《老子道德经玄览》第二十七章注互相参证：

　　夫自道朴既分之后，阴阳名相，互起对立，于是始有雄雌、

———————
① 陆西星：《老子道德经玄览》，《老子集成》第六卷，第571—572页。

> 黑白、荣辱之称，胜负屈伸，感遇不常。常人执而有之，迷失真性，去道远矣。故惟真常之德，远离名相，绝去对待……故圣人之道，常处于虚静不争之地，以待天下，而天下之情状，任尔变态反复，千绪万端，而吾真常可久之德，常在于此而不离。如此，则其复归也，宁不与婴儿同其纯一无极，同其静虚太朴，同其浑沦乎？曰复归云云，则与道为之合真矣。①

注文论述了真常之德纯一虚静的特点，并间接地提示出，修道的关键就是去掉外在虚妄不实之名相的束缚，回归本来真性。其二是常。常即永恒不变之意，所谓"道不变，天地亦不变"，这就是常。基于此，真常便具有先于天地、没有始终、恒久不已等特性，因而能够成为天地万物之本体。当然，真与常两者又相辅相成地结合在一起，不可分割。

对于真常恒久不变的特点，《老子道德经玄览》还有多处提及，例如：

> 言圣人虽不居其功，而功在万世，终不可去。盖以真常不变者在我故耳。②
>
> 盖真常之道不受变灭，保之以修身，则长生久视之术也；保之以治国，即久安长治之策也。③
>
> 圣人洞明古始，深达造化，故于阴阳互藏之宅，而求其所谓象、所谓物、所谓精、所谓信者，以为立命之基，则宇宙在手，万化生身，而长生久视之道端在是矣。是道也，真常不变，虽若寓于后天名物之中，而自古及今，其名不去，《列子》所谓"生之所生者死矣，而生生者未尝终；形之所形者实矣，而形形者未尝有"……④

---

① 陆西星：《老子道德经玄览》，《老子集成》第六卷，第587页。
② 陆西星：《老子道德经玄览》，《老子集成》第六卷，第573页。
③ 陆西星：《老子道德经玄览》，《老子集成》第六卷，第580页。
④ 陆西星：《老子道德经玄览》，《老子集成》第六卷，第583页。

这几段注文都是从用的层面揭示真常不变的本体特质。正因为大道是真常永恒的，所以于宇宙，它具有创造一切的能力；于社会，它蕴含治国安邦之良策；于个人，它又是修身立命的根本。

另外，作为本体的真常之道，不仅是纯一不变的，而且具有虚无的性质，如《老子》第四章注："道本冲虚，而其用之也，恒不盈。不盈者，生而不有，为而不恃，不自满足也。然静深不测之中，而万物于是乎出焉。所谓虚而不屈，动而愈出者，故渊乎似万物之宗。"① 又如《老子》第二十五章之注："此言道也。混成者，一而不分之意。混沌未分之先，一气而已。其分清分浊也，天地生焉。而此混成之气，常寓于有名之中，而为天地万物之主。寂兮寥兮，自先天而言也。寂，静而无声也。寥，空而无侣也，言道虚无空寂，独立于未始有物之先，而万古不变；周行于既始有物之后，而其出不穷。如此则信乎无名天地之始，而可以为天下母矣。"② 实际上，虚无也就是真常之真的体现，因为真常必须摒弃一切名相，杜绝所有思虑，那么其结果只可能是虚无了。

真常之道能够产生天地万物，这也是道的根本性作用的体现。《老子》首章注称：

> 道为生天生地之根，故曰：无名，天地之始。经曰：道生一，一生二。一与二皆名也。一即太极也，二即两仪也。《悟真篇》云：道自虚无生一气，便从一气产阴阳，阴阳再合生三体，三体重生万物张。故两仪再合，三体重生，万物出焉。《易》曰：天地绸缊，万物化醇；男女媾精，万物化生。故有名为万物之母。经曰：天地万物生于有，有生于无。盖言此也。③

关于道的本体意义，陆西星在《老子》第四十二章的注文中还有全

---

① 陆西星：《老子道德经玄览》，《老子集成》第六卷，第 574 页。
② 陆西星：《老子道德经玄览》，《老子集成》第六卷，第 585 页。
③ 陆西星：《老子道德经玄览》，《老子集成》第六卷，第 572 页。

面的阐述：

> 道者，无名无相，根于太极之先，始生一气，为生天生地生人生物之根，是谓元始祖气，至虚至静，静极而动，遂分阴阳。阴阳二气。缊缊交通，复合为一，故二而生三。三体重生，万物乃出。《易》曰：易有太极，是生两仪。又曰：天地缊缊，万物化醇。周子曰：无极而太极。世儒不知此理，遂以无极太极合而为一，而曰：非太极之上复有无极。是徒知一之生二，而不知道之生一，得其宗而忘其祖也。且夫一二与三，皆落名数，谓之一者，但浑沦而未判，体具而未分耳。不知未始有一之先，必有所以主张纲维之者。庄生所谓太初有无，无有无名，是谓无极，故周子曰：太极本无极也。太极本于无极，而谓之合一，可乎？①

道体真常，浑沦虚静，具有至高无上的地位。道通过气的作用而产生天地万物，天地万物赖道而存在。陆西星指出，周敦颐"无极而太极"的命题，正是对道的最高价值的肯定，一些儒家学者例如朱熹认为太极之上不应该再有无极，无极与太极本来合一，这样的观点是不正确的，无极应该是高于太极的范畴，两者并非处于同一层面。陆西星又说：

> 万物负阴而抱阳，冲气以为和，言万物之生，负阴以肖地，抱阳以肖天，而冲虚之气，流行于中，以肖天地之和。即此冲和之气，是为性命之根。《易》曰：各正性命，保合太和。圣人致中和，而天地位焉，万物育焉。以和召和，理固然也。奈何世人牵于物欲，执于人我，胜负兢起，失此和气，去道远矣。是以圣人教人与道为体，常使虚心弱志，保之以不盈，尚之以不争。且如人之所恶，惟孤寡不谷，而王公之知道者，或以是

---

① 陆西星：《老子道德经玄览》，《老子集成》第六卷，第595页。

称之，岂其漫无所见，而顾贬损于言语称谓之间哉？盖道本冲和，吾既得此为性命之根，而使自高自亢，与道相违，则不道早已。是欲益之而反损者也。能反是道，则虽深自贬抑，而谦光之德终不可逾，非损之而反益者乎？故物或损之而益，或益之而损，损益无常，惟其自召。圣人者，究损益之理，而知此和者，人之所与也；彻性命之原，而知此和者，天之所命也。①

此注继续阐发真常之道的本体意义，但重点由天地万物转向了个人，并侧重于从和的角度分析。道自虚无之中产生冲和之气，此即"性命之根"。也就是说，道是以冲和的形态呈现于性命之中的，因为有道的存在，所以性命的状态是圆融无碍的。由于道永恒不变的特性，修道者一旦与道合真，则性命亦归于永恒，从而实现生死的超越。但怎样才能实现与道合真的理想呢？方法很多，其中重要的一点是从和入手，以究性命之原。

　　与陆西星类似，清代宋常星《道德经讲义》亦是以真常解《老》的代表。他在解释《老子》首章"道可道，非常道"时就直接指出：

　　　　道之一字，先天先地之先不为先，在后天后地之后不为后，最极最大，最细最微，无方圆，无形象，大无不包，细无不入。极大，尚有可量，极细，尚有可指。惟道极大不可量，极细不可指。乃是至妙至玄，无极太极之大道也。可道二字，凡落于言句，便是可道。真静悠久谓之常，可道之道，即非真常之道也。②

道可以分为两种，即可道与常道，凡落于言句者为可道，而不可言说、无所不在、至玄至妙者为常道，即真常之道。对于真常之道的特点，宋常星从多方面进行了描述：

---

① 陆西星：《老子道德经玄览》，《老子集成》第六卷，第 595—596 页。
② 宋常星：《道德经讲义》，《老子集成》第九卷，第 130 页。

细想鸿濛未判之始，道之本体，无方所，无形状，耳目不可及，言问不能到，如云出岫，拿捉不住，似月印潭，摸索不得。是故放之则弥满六合，敛之又全无朕兆也。①

　　切思道之实际，本无名象，本无朕兆，不变不易，能常且久，莫可见闻，莫可名状。虽然不可名状，无而不无之真无，索存极妙，有而不有之实理，浑然全具，是以谓之道，是以谓之常，是以谓之无名，是以谓之朴。谓之常者，大道攸久之妙也。谓之无名者，大道微妙之机也。谓之朴者，大道浑全之理也。②

宋常星认为，道本不可名，但为了把握道之要义，又不得不使用一些概念如无、朴、理之类来称谓之，而在各种与道相关的名称中，"真常"二字应该是最切近道之本意的，所以他说：

　　所以真常之道，得之于天地，天地可以常久；得之于人物，人物可以常久。知常之人，果能至此，可与大道同体，可与造物同游矣。③

　　大道本是不变不易，真常妙理。不有不无，不色不空，是谓性命之元，是谓万化之本。④

　　真常之道，即天地之心，造化之本。人能知此复命真常之妙，可通天地之微，可了生死之事。⑤

老子之道既是宇宙之本体，又是性命之本原，而道的根本性含义，全在"真常"二字之中。真常之义，涵盖天人，一切众生，均有真常之性，而修道之人，当以真常为本："倘若不悟真常，不穷归根之

①　宋常星：《道德经讲义》，《老子集成》第九卷，第 150 页。
②　宋常星：《道德经讲义》，《老子集成》第九卷，第 185 页。
③　宋常星：《道德经讲义》，《老子集成》第九卷，第 156 页。
④　宋常星：《道德经讲义》，《老子集成》第九卷，第 197 页。
⑤　宋常星：《道德经讲义》，《老子集成》第九卷，第 155 页。

理，不究复命之要，纵欲败度，不当动而妄动，失正求邪，不可作而妄作，祸之来也。"① 因此，"修道之人，若能取身中之金玉，养性命之真常，身外之金玉，视若尘器，此心自然清净，知止知足，不贪不妄，用之不穷，守之不去矣"②。

宋常星进而论述了真常之道的三个特点。真常之道的特点之一是"真"。在宋常星看来，真为老子思想中最重要的元素之一，所以老子之"玄"是"至真至常，浑化无端"，"又玄"是"真之更真，确之更确"，修道者应该"观于无而识玄之妙，观于有而识玄之真"③，追求"真知""真智""真识""真味""真心""真性""真体"。为了说明真的重要性，宋常星又引古道经云："天得其真故长，地得其真故久，人得其真故寿。"④ 对修道者来说，真是一种摆脱了世俗欲念干扰、不为外物所累、纯粹自然的境界，如果体会到了大道之真，不仅寿命可以延长，而且可以超越生死，正如三十三章注文所言：

> 妄心既死，法性自然真常，是以自古圣人，不以死为死，而以不明道为死；不以生为生，而以明道为生。大道既明，身虽死而真性不死，形虽亡而真我不亡，所以我之法性不死不生，不坏不灭，无古无今，得大常住，虽不计其寿，而寿算无穷矣。⑤

这里提到，尽管人的肉体生命是有限的，但人的真性、真我是永恒的，所以只要把握住了大道之真，便可以"不死不生，与天地为一"⑥。

---

① 宋常星：《道德经讲义》，《老子集成》第九卷，第 155 页。
② 宋常星：《道德经讲义》，《老子集成》第九卷，第 142 页。
③ 宋常星：《道德经讲义》，《老子集成》第九卷，第 131 页。
④ 宋常星：《道德经讲义》，《老子集成》第九卷，第 190 页。
⑤ 宋常星：《道德经讲义》，《老子集成》第九卷，第 190 页。
⑥ 宋常星：《道德经讲义》，《老子集成》第九卷，第 190 页。

真常之道的特点之二是"虚"。宋常星指出："大道之体，以虚为体。"①道是宇宙万物之本原，万物非道而不生，非道而不成，非道而不有，非道而不立。道如此神奇的创造力，乃来源于其虚的特性："语大天下莫能载，语小天下莫能破。荡荡无边，无声臭之可闻，空空无际，无朕兆之可见。"②正因为道体虚无，故有生生之妙用，对此，宋常星反复加以强调：

> 无者，虚也。虚能容物，虚能生物，天地万物，俱从虚无中生将出来，所以为大道之本元，天地万物之根本。③

> 其本体之妙，不塞不碍，虚灵而不可象；不有不无，神妙而不可穷；至神至灵，至虚至妙，是以谓之若冲。因有大盈若冲之妙，所以用之于天，天之道不穷；用之于地，地之道不穷；用之于人，人之道不穷；用之于物，物之道不穷。④

> 致虚者，天之道也。守静者，地之道也。天之道若不致虚，至于至极之际，则万物之气质不实。地之道若不守静，至于至笃之妙，则万物之生机不有。是故虚者乃造物之枢纽，静者乃品汇之根柢也。天地有此虚静，故日月星辰成象于天，水火土石成体于地。象动于上，故万物生焉。体交于下，故万物成焉。所以虚静之妙，无物不禀，无物不受，出入阴阳，升降造化，与万物并作者，皆是此虚静之妙。⑤

以上对虚的阐释，可以说抓住了老子之道的关键所在，而虚又往往与静联系在一起，无论天道、地道还是人道，都是"以虚静为本"的。

真常之道的特点之三是"和"。"大道之用，以和为用"⑥。道生

---

① 宋常星：《道德经讲义》，《老子集成》第九卷，第135页。
② 宋常星：《道德经讲义》，《老子集成》第九卷，第135页。
③ 宋常星：《道德经讲义》，《老子集成》第九卷，第146页。
④ 宋常星：《道德经讲义》，《老子集成》第九卷，第217页。
⑤ 宋常星：《道德经讲义》，《老子集成》第九卷，第154页。
⑥ 宋常星：《道德经讲义》，《老子集成》第九卷，第135页。

天生地，涵育万物，总是体现出和的特性，和也可以理解为和气，宋常星指出："和者，天地之元气也。得此元气，天地自位，万物自育，大道可入矣。"① 和又常与冲联系在一起，所谓"冲气以为和"，对老子的这一著名命题，宋常星解释说：

> 冲者，冲之于和也，不冲则不和。是故阴阳内外，若无冲气以和之，则阳气不能变，阴气不能合，虽有负抱之理，终亦不能生成矣。譬如苗而不秀，秀而不实，即是不得冲气以和之也。故曰万物负阴而抱阳，冲气以为和。冲者，虚也，冲气者，虚中谷神之气也。得其虚气，则阴阳变合之妙，自然和而为一，万物造化之机，自然入于无间。以天地之谷神合万物之谷神，以天地之冲和合万物之冲和，此所以有生生之妙也。②

冲即虚，虚与和即道之体与用，在道生万物的过程中，两者是缺一不可的。对于修炼者来说，其理相同，修道之人若能得此冲和之气，"天根自见，月窟自明，五气自然朝元，阴阳自然反复。久久行之，何患道之不成，丹之不就乎？"③ 所谓"修丹与天地造化同途"，宋常星正是抓住一个"和"字，以此沟通天人，阐发内丹之理。对于和的意义，他在第五十五章之注中进一步阐发："和者，太和之气也。在天地为阴阳之正气，在人身即是谷神之元气。身中之造化由此气而生，性命之根基由此气而立。纯纯全全，至柔至顺，谓之和。"④ 注文表明，太和之气贯通天、地、人，天得之则清，地得之则宁，人得之则性命双修，金丹可成。

　　用真常解释老子之道，既符合全真道的立教精神，也较为确切地把握住了道的特性与内涵。从陆西星、宋常星等人的诠释来看，"真常"二字本身及其包含的虚、和等特点，也是老子之道的基本特

①　宋常星：《道德经讲义》，《老子集成》第九卷，第 210 页。
②　宋常星：《道德经讲义》，《老子集成》第九卷，第 211 页。
③　宋常星：《道德经讲义》，《老子集成》第九卷，第 211 页。
④　宋常星：《道德经讲义》，《老子集成》第九卷，第 230 页。

征。如《老子》第二十一章："其精甚真，其中有信。"第五十四章："修之身，其德乃真。"是老子以真论道与德。第十六章："复命曰常，知常曰明。"第三十二章："道常无名。"第三十七章："道常无为。"常即为常道也。第五章："虚而不屈。"第十六章："致虚极，守静笃。"老子之道以虚为体。第四十二章："万物负阴而抱阳，冲气以为和。"第五十五章："知和曰常。"老子之道以和为用。由此看来，全真道学者解《老》，确实紧扣老子思想的基本精神。

不过，从《老子》的文本来考察，其中既有"真"，也有"常"，但并没有"真常"一词。结合文本与思想，老子之道的最大特点或者说根本属性应该是自然。那么，真常与自然是什么关系呢？对此，全真道老学有自己的看法。如龙门派道士刘一明在《道德经要义》中指出：

> 自然之道，即太上大包罗之道。因其自然之道太上，不可见，不可闻，不可抟，故人信不足而知者希。是以圣人不得已而贵言以显道，期其功必成，名必遂，使人人皆自知其我有自然之道而后已也。
>
> 太上真常信者希，若还信足得天机。因人不信言为贵，提出自然莫可违。①

在注文中，刘一明将真常与自然联系起来。他指出，道即真常，但能够体会到真常内涵的人不多，故老子提出了更容易被理解和接受的"自然"范畴。显然，自然与真常是基本对等的概念，只是真常比自然更加微妙难识而已，两者是一种隐和显的关系。而从全真道老学对真常的阐释，便能看出其对自然涵义的具体理解。自然是真，即真实无妄，本来如此；自然是常，即宇宙万物包括人类社会发展的规律具有永恒性。对于自然的意义，刘一明在第二十五章注又指出：

---

① 刘一明：《道德经要义》，《老子集成》第十卷，第198页。

道即自然，自然即道，因其人皆不知道是自然的，故以道法自然示之，使其知道必自然，方是道也。道为先天先地混成之物，为万物母，天地根，无可得而名。故曰道大，天大，地大，王亦大。人法地，地法天，天法道，道法自然。自然之名，而道之为道可知矣。

有物混成天地先，寂寥独立大无边。成仙作佛圣贤母，强字称名号自然。①

除了"真常"，"自然"是说明道的内涵与特点的最合适的词了，但世人并不了解道的这一特性，故老子用"道法自然"的命题加以说明和教导。值得注意的是，注中"成仙作佛圣贤母，强字称名号自然"一句，意谓儒、释、道三教的终极目标都是自然，自然成为儒、释、道共同的价值属性。在此，自然观念在三教融合的背景下得到了拓展。

宋常星《道德经讲义》也阐述了真常与自然的关联。他说：

恭闻大道之实际，祖万物而不祖，宗万物而不宗。五太之先，不古不今，三才之后，非先非后。其实际之妙，若言无，却又无而不无，无物不有，无时不然，虽视之不见，听之不闻，妙有自然之机实未尝无也。若言有，又未尝见其有，空空洞洞，不有朕兆之可观，浑浑沦沦，未见象状之可指。辅万物之自然，其自然之隐妙，可以神会，实不可以言传也。立天地之大本，其大本之实理，可知其有，不可见其有也。是故乾坤内外，大主宰，大体用，造物化物者，道也。大千法界，大圆满，大本根，无欠无余者，道也。②

上述注文，对道的抽象、玄妙、圆满进行了全面的描述。而道的全

① 刘一明：《道德经要义》，《老子集成》第十卷，第199页。
② 宋常星：《道德经讲义》，《老子集成》第九卷，第170—171页。

部特性，可以用"真常"二字概括，所以他说："大道本是不变不易，真常妙理。"① "真常之道，即天地之心，造化之本。"② 老子之道既是宇宙之本体，又是性命之本原，而道的根本性含义，全在"真常"二字之中。至于真常的具体含义，则可以用"自然之妙"来表述。如第二十五章"道法自然"之注：

> 自然者，无假运用，无假作为，无一法可增，无一法可减。道生男女，男女有人伦自然之妙。道生万物，万物有群分自然之妙。道生五行，五行有曲直从革自然之妙。月有自然之明，日有自然之照。故曰道法自然。③

无假即真，不增不减即常，因此，自然即真常。真常之道产生天地人物，天地人物便都包含了自然之妙。在宋常星看来，老子"道法自然"的意思，就是天地万物包括人从道而生，便都具备了自然妙理。如第五十一章之注言：

> 道虽尊，未尝自尊，德虽贵，未尝自贵，不尊而尊，不贵而贵，所以为自然之妙。万物尊道而贵德者，亦非有心而尊之贵之也，亦是自然而然之妙也。④

正是因为有了自然之妙，所以天地万物能够各遂其性，各居其位，这就是"道尊德贵，皆是自然之妙"⑤。所以"生而不有"的意思就是"可生便生，有生物之功，而不自知其有，有而不有，正是自然之有"。"为而不恃"则是"无为而无不为，有为物之力，而不自恃其为，为而不恃，正是自然之为"。"长而不宰"即"至道之妙，不

---

① 宋常星：《道德经讲义》，《老子集成》第九卷，第 197 页。
② 宋常星：《道德经讲义》，《老子集成》第九卷，第 155 页。
③ 宋常星：《道德经讲义》，《老子集成》第九卷，第 173 页。
④ 宋常星：《道德经讲义》，《老子集成》第九卷，第 232 页。
⑤ 宋常星：《道德经讲义》，《老子集成》第九卷，第 232 页。

有小大，至德之理，不较尊卑，生物而不见其迹，化物而不有其功，有长物之尊，而不自知其为宰，长而不宰，正是自然之长"①。注中提到的"自然之有""自然之为""自然之长"，彰显了从天地万物到人类社会的自然性和非主宰性。宋常星进一步指出：

> 天下之万事，其自然之理，一理以贯之。天下之万物，其自然之性，一性以成之。事得自然之理，其事无不美。人全自然之性，其性无不善。自然之性如太虚一般，无时不圆明，无时不清静，不容造作，不受污坏。少有一毫造作，则私欲即生，少有一毫污坏，则天理即灭……是故修道之人，欲求自然之性，当于私欲未萌之先，求其不睹不闻之妙，则自然之性见矣。其不睹不闻之妙，即是无欲无为之实际也，在心为性，在事为理。②

总体上说，人和事都不离"自然之妙"，但宋常星又对"自然之妙"进行了细致的分疏：于事为"自然之理"，于人或物为"自然之性"。宋常星特别强调了人保持自然之性的重要意义，此乃修道之本。而人性中的自然清静境界亦即真常、真性。在宋常星的诠释中，真常与自然具有一致性。这里还要注意他把人性中的自然清静境界称为天理，从中可看到自然与理学的关联。

全真道老学所论真常与自然的关系，体现出了较多的新意，具体表现在：其一，把自然与真常等同起来阐述道的内涵，强调自然不仅指本来如此，还包含自然之理，由此更加突出了人的主体性。也就是说，自然并不全指原始的实在状态，更重要的是必须合理有道，因此，自然并不排斥人的积极作用。或者说，充分发挥人的主导作用，使事物朝有益于人和人类社会的方向发展，亦不违自然之义。其二，用自然的理念贯通三教。如刘一明认为，自然实际上是

---

① 宋常星：《道德经讲义》，《老子集成》第九卷，第 232 页。
② 宋常星：《道德经讲义》，《老子集成》第九卷，第 259 页。

儒、道、释共同追求的最高境界，所以他有"成仙作佛圣贤母，强字称名号自然"的提法。这固然体现了全真道"全三教之真"的立教宗旨，但也应该看到，自然的理念，在三教思想特别是在宋代以后的三教思想中都是存在的，甚至可以认为，它就是三教相通的联结点。其三，把自然作为全真道性命兼修思想的最终归宿。从宋常星的"自然之性"到刘一明的"自然神运"，可以看出全真道老学在修炼方面对自然的重视。这种阐发，既是全真道对老学的运用和发挥，同时又可视为其在教义上对老子思想的回归。

总之，从陆西星、宋常星、刘一明等全真道学者对《老子》的诠释来看，他们对真常之道的阐发，不仅揭示了老子之道在宇宙万物中的根本性意义，而且从哲学的高度为社会存在以及个人的性命修炼确立了一个本体依据。他们的诠释，既体现了全真道学者解《老》的一贯传统，同时又赋予了"真常"范畴更加丰富的含义，从而为全真道教义的发展奠定了丰富的思想基础。

三、明清全真道老学之无为论

无为是老子之道的具体落实，是老子思想中的核心内容。王重阳阐述全真教义，十分重视对无为的运用。他说："通道德遵公注，意无为只自知。"① 并赠其弟子马钰诗句"无思无虑觅无为"②，指出无为是求道成仙的关键："子知学道之要乎？要在远离乡而已。远离乡则无所系，无所系则心不乱，心不乱则欲不生。无欲欲之是无为也，无为为之是清净也。以是而求道，何道之不达？以是而望仙，何仙之不为？"③ 马钰在传承全真教义时也认为其师"赐我无为玄妙诀"。可见，全真道自创立之始，对老子无为思想的吸收和发挥都是自觉进行的。

就全真道老学而言，对无为的诠释主要从两个方面展开，一是

---

① 《重阳全真集》卷二。
② 《重阳教化集》卷之二。
③ 《重阳教化集》刘愚之序引。

修炼的层面，一是治国的层面。在具体解释时，虽然不同的学者往往有各自的侧重点，但也有一致的地方，即他们的发挥总是和全真教义结合在一起。

龙门派第五代传人潘静观指出："道出自然，德贵反本。所以经中发挥道字，多在自然上说，如恍惚杳冥希彝寂寥等句是也，而要以谷神不死为提纲。经中发挥德字，多在反本上说，如守中抱一归根复命等句是也，而要以为而无为为究竟。"① 从《道德经妙门约》来看，潘静观所主张的无为之德主要针对修炼而言。如第十章之注：

> 夫身犹国也，一身总持六根，即皆民也。抱一之功，元不离六根门头，当其收视返听，似涉有为功动，而功本无功，依然不动着一毫头，故曰爱民治国，能无为，且此不动之体，即心天也。一分为两，是为天门，元气有动有静，天门便有开有合。至柔之功，近乎守雌，究竟从一合一辟中，化尽阴滓，复归纯阳，虽两而未尝不一，故曰天门开合，能无雌。阳德既纯，光明透露，表里洞彻，正如空中楼阁，四通八达。然使尚有一毫能知所知底境界，便通身为此知见所碍，而不得大自在矣。学人到此，不特涤尽知见，并其涤尽者而亦忘之，无知而知，知而无知，方是万劫不坏之元神，故曰明白四达，能无知。此六句，将明体达用之学，一齐拈出，然彻始彻终，无过自生自畜，随时任运，长养圣胎而已。②

潘静观认为《老子》第十章"爱民治国，能无为；天门开合，能无雌；明白四达，能无知"六句话道出了老子的"明体达用之学"，即内丹学之"长养圣胎"，显然，他对无为的解释是从个人内丹修炼的角度着眼的。既然修身犹如治国，所谓"圣人即心君，万民即意识。

---

① 潘静观：《道德经妙门约·道德经提纲》，《老子集成》第九卷，第 326 页。
② 潘静观：《道德经妙门约》，《老子集成》第九卷，第 332 页。

心君寂然则根尘齐泯，意识不行"①，所以在潘静观看来，老子的治国之道就是深根固蒂长生久视之道，是修心养性之道。如他在第二十九章注中说："治天下之道，即治心之道也。天下神器不可为，人心虚灵活泼，其可执而为之乎？世儒不以把捉为存养，即以克治为工夫。夫以把捉为存养者，即此章所谓为者败之，执者失之也。克治之功，虽圣贤不废。然当习气之发，而偶一用之，如治天下者，不得已而用兵，非有大故，不敢用也。此章既言天下之不可为，下二章又极言兵之不可轻用，太上盖以治天下寓治心之道乎？"② 基于治天下即治心的认识，潘静观认为从修心养性的角度更能把握老子无为之主旨，如第三十七章之注："到此则人法两忘，圣凡俱泯，无欲之至，方为大静，海宇之内有不各安于性命之正者乎？故曰不欲以静，天下将自正，此盖清静无为而万物自化也。太上心印，实在此中。"③ 对于这一解《老》主题，潘静观在对《老子》第五十七章的注文中有进一步的阐述：

> 此章言无为之化也。无为妙道，不贵纷扰而贵清静，一切治心治世，无不皆然。太上多从世谛中，隐寓性命精微之旨。其曰治国用兵，即是摄伏身心之法象。当其心君正位，六根寂然，便坐享太平之福，是为以正治国。及乎心君失位，六贼纷扰，必须假廓清之功，是为以奇用兵。虽然，有正有奇，尚是对治法门，功勋边事，不若一切消归无事，不动声色，恭己无为，才是无功之功，而奇与正俱泯然无迹矣，是为以无事取天下。须知天下二字，乃当人现量境界，自度度人，到此已一口吸尽。④

潘静观提醒大家，《老子》书从字面上看，多为治世之言，而实际上

---

① 潘静观：《道德经妙门约》，《老子集成》第九卷，第 356 页。
② 潘静观：《道德经妙门约》，《老子集成》第九卷，第 343 页。
③ 潘静观：《道德经妙门约》，《老子集成》第九卷，第 346 页。
④ 潘静观：《道德经妙门约》，《老子集成》第九卷，第 355 页。

却隐寓性命微旨。所以老子的无为妙道也就是性命之道，故其所言治国用兵的道理，乃是"摄伏身心之法象"，无为是通向自度度人的正途。

以国喻身、身国同构是道教的普遍认识，如《河上公章句》已提出"国身同也"、修身为先的思想，而《老子节解》则不仅继承了《河上注》身国同治的思想，而且有了进一步的强化，完全把《老子》中的治国思想解释成了修身之术，《老子》成了一本纯粹只讲炼养之道的经典。这样的诠释也就成为道教老学的一大特色，诚如《道枢·虚白问》所云："《老子内丹经》曰：一身之设，一国之象也。圣人以身为国，以心为君，以精气为民。民安则国斯泰矣，民散则国斯虚也。夫能惜精爱气，则所以长生者也。"显然，潘静观沿袭了道教老学的这一传统。以后类似的解释还时有出现，如龙门派第十一代传人刘一明的《道德经会义》。

全真老学对无为的阐发，除了上述从个人修炼的角度进行解读以外，还有另外一条诠释的路线，即从社会政治层面加以发挥。

郭武曾就《道藏》所收诸家《老子》注疏对无为的诠释进行分析，发现诠释者"多未将'无为'视为'无事'，而是透露出一种积极有为的精神，甚至以'大有为'作为其主要的内容，以'无不为'作为其最终的目的"①，这一看法是符合事实的。笔者对道教老学进行研究后也发现，道教老学表现出鲜明的入世态度。由于老子思想本来就包含"君人南面之术"的内容，历史上许多道士又曾为帝王师，因此，道教学者解《老》时大都注意从应世的层面加以发挥，将理身与理国有机地结合起来。道士们虽然借《老子》而大谈丹道，但同样没有忽视《老子》中的治世思想，认为老子之道决非"寂灭无为"，老子思想是大有可为的。② 显然，全真道老学同样具有这一惯有的特点。例如李西月对无为的理解，虽然自始至终注意与内丹

① 郭武：《"无为"与现代道教的发展》，载《道教教义与现代社会国际学术研讨会论文集》，上海古籍出版社2003年版，第67页。
② 刘固盛：《道教老学史》，华中师范大学出版社2008年版，第351页。

学联系起来，但其主旨又不局限于治身，而是治身与治国并重，如他在《道德经注释》自序中所指出的："先辈云：老子之书，内可理身，外可理国。其实以理国喻理身也。然以理国喻理身，即可以理身喻理国。"① 身国同构本是道教的思维特色，李西月正是抓住了这一点并加以发挥。

李西月《道德经注释》首章即强调："道也者，内以治身，外以治世，日用常行之道也。"② 道之所以能够贯通内外，主要是因为治身与治国本来就存在一致性，"善保身者，乃善治身，善治身者，乃善治世"③。治身与治国不可分，所以李西月在注解《老子》的过程中常常将两者联系在一起：

> 故当贵重其身，以身为天下所寄命，而不敢自轻其千金之躯者，则可以寄身于天下，黄石公之所以教子房也。④
>
> 此章言治世隆污之道，然亦可悟治身之理，兹两举之。失无为之事，遂有慈惠之政，犹之失浑沦之体，遂有返还之功也。用明用术以察求，民情益深掩蔽，犹之用巧用机以探取，药物愈善互藏也。⑤
>
> 曲则全，以减为增也；枉则直，以柔制刚也；洼则盈，谦则受益也；弊则新，剥则有复也；少则得，知足不辱也；多则惑，贪欲自迷也。此太上以前之古语，所说治身之要道也……或问：古之句复引曲则全者，何故？余曰：此太上引古人治身之语，以起治天下之理，故曰岂虚语哉，人能敬守一诚，则天下亦必全归其式也已。⑥

---

① 李西月：《道德经注释·自序》，《老子集成》第十卷，第 440 页。
② 李西月：《道德经注释》，《老子集成》第十卷，第 442 页。
③ 李西月：《道德经注释》，《老子集成》第十卷，第 447 页。
④ 李西月：《道德经注释》，《老子集成》第十卷，第 447 页。
⑤ 李西月：《道德经注释》，《老子集成》第十卷，第 449 页。
⑥ 李西月：《道德经注释》，《老子集成》第十卷，第 451 页。

李西月认为，《老子》书有一个特点，即多引古人的治身之语，这固然是为了阐明长生久视之道，但同时又希望能够从治身之道中悟出治国之理。

李西月进一步指出，真正将治身与治国之道结合起来，只有圣人才能做到：

> 圣人治世，功成弗居，反求治身之道，然即以圣人之治世言之，其为治道也……治世之善，皆缘治身之善也。是以圣人之治身，虽无为而无不治焉。①
>
> 圣人治身之事，无为之事也；治身之教，不言之教也……治身可以治世，成己可以成物者，如此。②

从上述注文可以看出，无论是治身还是治世，都离不开无为二字。又如以下注文：

> 天下，比身中也。神器，言至重也。先天大道，以自然无为而成。③
>
> 惟圣人欲而不欲，欲则好道，不欲则贱货贵德；且学而不学，学则有术，不学则淡然无为。盖所以反众人过用之心，辅万物自然之理，而不敢有为者也。④
>
> 修德行道，均皆自然，乃能与道德为一。失，即无为也。无为而为，自得无为之事。道也，德也，失也，俱乐此自然无为也。信行不足，必有不信自然者在其先也。⑤
>
> 希言，无声也，又无为也。入道者，无为自然为宗。无为

---

① 李西月：《道德经注释》，《老子集成》第十卷，第 443 页。
② 李西月：《道德经注释》，《老子集成》第十卷，第 442—443 页。
③ 李西月：《道德经注释》，《老子集成》第十卷，第 454 页。
④ 李西月：《道德经注释》，《老子集成》第十卷，第 469 页。
⑤ 李西月：《道德经注释》，《老子集成》第十卷，第 451 页。

则泰定，自然则恒渐。①

与自然无为联系在一起的是虚静不争，这在李西月的《道德经注释》中同样有体现，如：

> 道以默运为生成，故有利而无害。圣人之道以无心为造化，不与人争，积善行，故其大与天同。②
>
> 人能以清虚静养之心，察燥湿冷暖之气，而天下之正道得矣。③

与自然虚静相对的是好利多欲，这是应该反对的，所以李西月指出："人生在世，成我名者损我神，入悖货者亦悖出，即所谓甚爱大费，多藏厚亡者也。爱至于大费，是辱也；藏至于厚亡，是殆也，皆非长久之计也。"④

此外，在谈到治国之道时，李西月指出老子的无为之旨与儒学也是相通的："八十一章，其合五经、四书者，在在皆是。"⑤ 又云："《易传》曰：易，无思也，无为也。无思即清静，无为即自然也。先儒谓老子之学合《易经》阴阳变化之理，故世间《老》《易》并称，又言老子之书，多引古语，有述而不作、信而好古之风。"⑥ 由于孔、老、易相通，故又有注文：

> 孔子曰：躬自厚而薄责于人，则远怨矣。是以圣人治世，必修自厚之德，取信于百姓，不责人而人自孚。⑦

---

① 李西月：《道德经注释》，《老子集成》第十卷，第 451 页。
② 李西月：《道德经注释》，《老子集成》第十卷，第 474 页。
③ 李西月：《道德经注释》，《老子集成》第十卷，第 460 页。
④ 李西月：《道德经注释》，《老子集成》第十卷，第 460 页。
⑤ 李西月：《道德经注释·自序》，《老子集成》第十卷，第 440 页。
⑥ 李西月：《道德经注释·自序》，《老子集成》第十卷，第 440 页。
⑦ 李西月：《道德经注释》，《老子集成》第十卷，第 474 页。

儒家主张圣人自修其德，不责于人，这也是道家治国要旨。

对于老子的无为思想，全真道龙门派第七代传人宋常星所撰《道德经讲义》也有自己的发挥。宋常星认为，老子之道落实到社会与人生的层面，即是德，德为道之用，体现出道的特点。如果从治道的角度来看，德的主要内涵乃是无为，可以谓之"无为之德"。由于宋常星长期在清廷做官，所以其在晚年加入全真道以后，并不能完全作方外之游，而对如何治国安民，仍然是有所思考的，这一点在《道德经讲义》中也得到了证明。

宋常星首先强调了圣人在无为政治中的关键作用。关于圣人的标准，儒、道各有自己的看法，宋常星则认为：

> 恭闻圣人者，秉天地之元气而生也，所以万善皆备，万德周身，无私无我，无余无欠，无亲无疏，无分无别……①

> 圣人之道，一贯之道也。圣人之心，无为之心也。以一贯之道用之于天下，则万物之数不计而自知。以无为之心，用于天下，则万事之理不较而自得。所以圣人之大机大用，有自然之理，有无为之妙……②

> 圣人之德性，本是一诚而已。诚则无私，所以无人无我，无先无后。惟知后其身，外其身，一如天地之不自生，光明正大，普泽无遗，所以能随方施德……观天地则知圣人，观圣人则知天地，圣人天地一而已。③

> 恭闻圣人进退顺自然之理，得失守当然之道。事至而不凝，事过而无迹。以大同之道，同于上下，以无私之德，及于朝野，不以夷险而少变，不以好恶而生心，惟在道德之行于天下，不在功名富贵之得失宠辱矣。④

---

① 宋常星：《道德经讲义》，《老子集成》第九卷，第 133 页。
② 宋常星：《道德经讲义》，《老子集成》第九卷，第 175 页。
③ 宋常星：《道德经讲义》，《老子集成》第九卷，第 140 页。
④ 宋常星：《道德经讲义》，《老子集成》第九卷，第 148 页。

在宋常星看来，圣人即体道之人，道的各种特点在圣人身上都有表现。圣人用老子之道治理天下，当以无为为宗旨，而无为的实质则是遵循"自然之理"。前面提到，宋常星将"自然之妙"分为自然之性和自然之理，分别指人和事，即修身与应世。"自然之理"，一方面是本来如此，另一方面还要有理，即符合道的法则。宋常星论及如何把"自然之理"落实于民生关怀：

> 可比圣人养育万民之生，成就万民之性，令一切天理完全，无余无欠，其功亦莫大焉。若以此功求之于圣人，圣人忘己无私，亦不自居其功矣。①
>
> 济物之心无穷，忧世之心切切。天地虽大，圣人之德与天地并行而不悖；万民虽多，圣人之心与万民同心而不异。是故不以聪明才智用于世，不以能所非常惑于人也。②
>
> 圣人心同天地，物我两忘，与天下之民相忘于道德之中，共入于无为之化，以人治人，又安有为而自恃者？圣人仪表万民，首出庶物，可谓天下之长矣。然道同天地，恩如父母，与天下相忘于自然，相处于无事，无彼此之分，无上下之异，有何主宰之心乎？故曰为而不恃，长而不宰，盖是此义。③

由于道生万物，自然而然，并不自恃其功，圣人法道，其教养万民，亦自然而然，不求人知，不求人见，功劳至大而不自居其功，这就是"至治之泽，民不能见，不言之教，民不能知"④。宋常星强调，只要是无为而治，一定是合乎自然之理的，违背自然的有为则必将导致社会的不治。

其次，宋常星对无为而治的内涵进行了自己的阐发。他注《老子》第十八章云："大道之用，用之于无为而治，用之于有为，则不

---

① 宋常星：《道德经讲义》，《老子集成》第九卷，第133页。
② 宋常星：《道德经讲义》，《老子集成》第九卷，第133页。
③ 宋常星：《道德经讲义》，《老子集成》第九卷，第144页。
④ 宋常星：《道德经讲义》，《老子集成》第九卷，第158页。

治也。无为而治者，各循自然，行其当行，而不自知也。是为至诚之实理，故己私不立，天理纯然，上下相安于无事之中，朝野共乐于雍熙之化，不见其为之之迹。"[1] 强调无为即治，有为则不治，无为而治的关键乃在于"各循自然"。而在诠释"无为"的过程中，宋常星又特别强调了以下几方面的内容：

其一，在无为的政治实践中，统治者应该加强自身的修养。为什么圣人能够实现无为而治，于民同化？那是因为圣人的修养已与道合一，达到了最高的境界。宋常星在诠释《老子》第三章指出，"虚心、实腹、弱志、强骨，皆是无为之道也。"虚心，即"虚灵明妙，荡荡空空，不曾有一物所系，少有纤毫尘垢"；实腹，即"包藏天地，涵养万物，其道也养之极深，其德也积之极厚"；弱志，即"知雄守雌，知白守黑，知荣守辱"；强骨，即"以道德求胜于己，不以道德求胜于人"。[2] 由此可见，虽然无为之道的目的是使民返朴还淳，"同入无为之化，共乐熙皞之风"，但施政的主体即统治者本身是否体会到了无为之真义，是否具备了与道相契的至善之德，才是至关重要的。在《道德经讲义》中，宋常星对无为的阐释，大都是针对圣人或统治者而言的，试看《老子》第十九章之注：

> 睿通渊微曰圣，知周万物曰智。圣与智，任天下者必不可少矣。既不可少，岂可绝之弃之乎？设使圣智可绝，道亦不能行于天下，德亦不能被于古今。经中言绝圣弃智者，意欲天下后世以圣智自修，不以圣智施之于民，不以圣智用之于国。在上者无为，在下者无事，无为而民自富，无事而国自安。细详圣人在上，原为行道于天下，非欲沽圣智之名也。所以夫子不以圣自居，尧之稽众舍己，舜之与人为善，禹之闻善则拜，皆是绝圣弃智之妙处。[3]

---

① 宋常星：《道德经讲义》，《老子集成》第九卷，第 158 页。
② 宋常星：《道德经讲义》，《老子集成》第九卷，第 134—135 页。
③ 宋常星：《道德经讲义》，《老子集成》第九卷，第 159 页。

这是"绝圣弃智，民利百倍"之注。针对老子此语，长期以来有相当一部分解《老》者认为老子是反智、甚至反文化的，这实在是一种误解。宋常星明确指出，治理天下，圣与智都是必不可少的，统治者在自身的修养中，应该具备圣与智，而所谓的"绝圣弃智"，并不是不要圣智，而是不要以圣智去扰民，去干预国政。谁能说尧、舜、禹不是圣智之人呢？他们都是凭圣智而实现了无为之治。宋常星此解，应该说是很有道理的。而对统治者自身素养的强调，同样反映出宋常星政治上的远见。

其二，无为而无不为。宋常星指出，老子的无为，并非消极避世，实际上是积极有为的。他注《老子》第四十八章曰：

> 此无为之妙，非土石可比，块然而终于无为也。此等无为，乃是动中有静，静中有动之无为；乃是虚中有实，实中有虚之无为；乃是色中有空，空中损色之无为；乃是有中有无，无中有有之无为。其无为也，不言而信，不行而至，不疾而速，不为而成，即是清静自然之道也。此清静自然之道虽云无为，自然发见昭著，神乎其神，妙乎其妙，则又无为而无不为矣。①

按照一般的理解，老子的无为可以理解成不妄为、不干预、无心而为、君上无为臣下有为等，宋常星则突出了无为所蕴含的"自然之理"，无为是自然，更是"自然之妙"，需要在动静、虚实、有无之间动态把握，灵活发挥，其结果则必然是"无为而无不为"。宋常星还结合天道、地道、人道进一步分析说，天不言而四季变化，这是"天之无为而无不为"，地不言而生长万物，这是"地之无为而无不为"，人应该效法天地之无为而无不为，"求之于性，性理完全。问之于心，心德了明。修之于身，身无不修。齐之于家，家无不齐。治之于国，国无不治。平之于天下，天下无不平矣"②。能法天地之

---

① 宋常星：《道德经讲义》，《老子集成》第九卷，第225页。
② 宋常星：《道德经讲义》，《老子集成》第九卷，第225页。

无为者，当然是圣人了，圣人与平常之人的区别亦在于此：

> 为无为者，圣人之为，为之于道，为之于理。常人之为，为之于名，为之于利。为之于名利者，乃是有欲之为也。无私之为，不用安排，无为而自然成就，未尝勉力，无为而自然入妙。是故圣人之心体虚静，圣人之德性浑极，不生逆料之心，不起将来之意，以无为而为，人不能知其为，人不能见其为。因不能知其为，所以广大悉备，无为而无不为也。因不能见其为，所以自然合道，无不为而无所为也。①

关于无为与有为关系的认识，即反映出圣人与平常之人的区别。圣人比常人的高明之处在于，圣人之为，以大道为法则，不自矜其名，不自居其功，故虽为而顺自然，虽为而人不知，也就是"无不为而无所为"了。

其三，无为与儒家思想并不矛盾。宋常星受理学之影响颇深，这从《道德经讲义》中屡引"理""天理"解《老》可以看出。同时，宋常星强调，老子的无为之德，与儒家的主张并不矛盾。他注《老子》第三十八章说：

> 恭闻未有天人之先，其至诚无妄者谓之道。受命于天，全之于性，得之于心，谓之德。至公无私，生理常存者，谓之仁。有分别，有果决，当行则行者，谓之义。天秩之品节，人事之仪则，有文有质，恭谨谦让者，谓之礼。此五者，乃是治国齐家之达道，修身立命之本始也。②

注文指出，无论治国齐家，还是修身立命，儒家的道、德、仁、义、礼都是必不可少的，儒道可以相通。宋常星进而认为，儒家的等级

---

① 宋常星：《道德经讲义》，《老子集成》第九卷，第257页。
② 宋常星：《道德经讲义》，《老子集成》第九卷，第198页。

制度，与老子之道亦不矛盾，他注第二十八章说：

> 圣人既为天下式，为君者守其君之式，为臣者守其臣之式，为父者守其父之式，为子者守其子之式。黑白当然，不起好恶之情，知守一致，忘乎去就之想，则君臣父子之天理成全，上下尊卑之天德完具，真常之德，人人同知，人人同守，民无异俗，国无异政，未有差殊而不齐者也。①

把儒家的纲常名教视为"天理"，反映出宋常星受儒学影响之深。这一点，在以下注文中更清楚："天下之道，有国必有君，有君必有臣，君之尊，臣之卑，此名分不易之道也。"② 宋常星肯定了儒家伦理道德存在的合理性，同时又指出：

> 侯王虽然贵极九五，但不自有其贵，当以谦下自处。譬如天之道能容于物，地之道能养于物，圣人之道能爱于物。容于物者，虚其体也。养于物者，虚其气也。爱其物者，虚其心也。侯王之德配天地，侯王之道合圣人。不自尊，不自贵者，亦是虚心之妙也。能虚其心，天必与之，人必归之。③

侯王位高权重，是最大的有为了，又怎能做到无为呢？问题的关键在于侯王不以为贵，"虽功高于天下，心中不自有其高"。也就是说，君臣之间的尊卑秩序是客观存在的，但如果君王能够谦下自处，虚心待物，则同样可以法道之自然，无为而治。

全真道学者从政治实践层面对老子无为的阐发，是对老子固有思想的继承，从中也可以看出全真道浓厚的现实关怀。而从个人修炼角度的诠释，则反映出全真道教义上的一些变化。柳存仁曾说：

---

① 宋常星：《道德经讲义》，《老子集成》第九卷，第178页。
② 宋常星：《道德经讲义》，《老子集成》第九卷，第204页。
③ 宋常星：《道德经讲义》，《老子集成》第九卷，第204页。

"王嚞（重阳）教旨的伦理性比宗教性来得强，它强调老子传统中的纯净及缄默，另外再加上忠孝的观念，反映了中国人的民族意识。"①全真道的伦理性强，与儒家兼容，这可以认为是它的一个优点，体现了中国文化的特色，在传播的过程中更有利于被社会接受，获得更多发展的机会，但同时也是一个缺点，因为伦理性强，世俗性也强，从而容易削弱其宗教性。明清时期全真道士将无为解释为修炼方法，将治国等同于治身，又重新回到了《老子河上公章句》《老子节解》的诠释理路上，显然加强了全真道的宗教性。当然，这一诠释路向并非简单的回复，而是用"修道即修心"解释身国同治，体现出全真道的立教精神。

道教从一产生便充满了浓厚的世俗色彩，方外之士常作方内之游，但过分的世俗化并不利于宗教的发展，也许王重阳创立全真道已经注意到这点，所以他借鉴了佛教的一些做法，如实行出家制度等，以解决道教宗教性不强的问题。不过，如柳存仁所指出的，全真道初创时期，其宗教性仍然有所不足。而到明清时期，全真道的宗教性在逐渐加强，一个典型的例子是被誉为全真道中兴之祖的龙门派第七代传人王常月，于顺治十二年（1655）秋北上京师，任白云观住持以后，开始弘宗阐教。其主要措施为清整戒律，即针对全真道初创时戒律不严的情况，大力加强了戒律的建制，"奉旨主讲白云观，赐紫衣凡三次，登坛说戒，度弟子千余人"②。王常月的传戒活动影响很大，南北道士纷纷前来求戒，皈依者众多，全真道由此出现了中兴的局面。由此可见，加强道教的宗教性建设，对道教本身的发展是有积极作用的，全真道老学关于"无为"宗教性诠释的意义，也正在于此。

四、明清全真道老学之性命论

全真道以"独全其真""明心见性""性命双修"为立教宗旨，

---

① 柳存仁：《道教史探源》，北京大学出版社 2000 年版，第 274 页。
② 《昆阳王真人道行碑》。

因此，性命之学自然是全真教义的核心。这一点，在全真道的老学著作中有充分的反映。全真道学者在解《老》时，不仅揭示老子之道在宇宙万物与社会存在中的本体意义，而且将道落实在具体的个人修养中，即性命双修，而尤重心性之学。

明代道教学者陆西星虽然师承不明，但对《老子》思想主旨的理解与全真道学者是一致的。他说："汉兴以来，笺疏《老子》，代不乏人，略记百有余家，得其旨者，庄子《南华》之外，指不可以多屈。盖自河上之说，已属可疑，其散焉者，则狃于儒说之支离，而于所谓妙徼重玄之秘，则概乎其未有得也。星启款寡闻，晚遭圣师诲谕，命读《阴符》《参》《悟》之书，沉潜反复，溯源穷委，观其递相祖述，言近指远，迥出思议之表，乃知是经根极性命，八十一章的非即事曼衍之谈。"① 陆西星认为，除庄子外，历代解《老》者得其旨者屈指可数，究其原因，大都是囿于儒家之说，不知《老子》思想之真义。他从《悟真篇》《参同契》《阴符经》往上追溯，才发现《老子》的大旨乃"根极性命"，因此，发《老子》性命之微自然成为他老学思想中的重要内容。他在《老子道德经玄览》的序言中说：

《老子》者，圣人道德之微言，而性命之极致也。世儒谓老氏为见小，而以阴谋捭阖之术尽出其书，奚然哉，奚然哉。大道既隐，儒者各以所见为学，是此非彼，不得于言，而不肯求之于心，老氏之不白于天下，兹已久矣。且夫圣人治世之书，六经尚矣，必欲治世，则取足于六经，《老子》奚贵焉。若夫溯大道之宗，穷性命之隐，完混沌之朴，复真常之道，则孰先《老子》? 昔者虞廷精一，爰开道统，孔门一贯，杳绝名言，非以所阐者微，所操者要乎? 得一之贞，老圣盖屡言之。人生而静，天之性也；感物而动，性之欲也。经曰：常无欲以观其妙，常有欲以观其徼。无欲则静也，以观其妙，则无极也；欲则感

---

① 陆西星：《老子道德经玄览》，《老子集成》第六卷，第 571 页。

而动也，以观其徼，则阴阳也。是故从无而入有，则造化生焉；推情而合性，则圣功出焉。斯之谓性，斯之谓命，斯之谓一，斯之谓道德也。无为之治也，不争之善也，居下之利也，静正之胜也。言言一旨，皆作是观，是谓妙徼同玄，圣修之极耳。①

陆西星指出，《老子》思想之重点并非在于治世方面，那是儒学所特别关注的，《老子》言道德，其要在于"性命"二字。遗憾的是，《老子》思想的奥义长期以来没有得到重视和正确的理解，因而常常受到来自儒家的攻击。事实上，《老子》并不是一本讲阴谋权术的书，它所阐发的真常之道、性命之学，是比儒家的治国安民思想更加精微的内容。而且，对《老子》所言的虚静守柔、无为而治之类的思想，也要从性命本元的高度去理解。因此，《老子道德经玄览》的宗旨就是要探究性命之学的奥妙，如陆西星自己所言："是疏也，虽未能尽发老圣之蕴，然于性命之微，思过半矣。"②

《老子道德经玄览》首章之注在论述了"道为生天生地之根"后，便把所论转向了修道者：

> 其在人也，若何而体之？故常自其无欲者而言之，即无极之真，道之妙于其无者也，是故可以观其妙焉。常自其有欲者言之，即阴阳二五，妙合而凝，道之所以立乎其有者也，是故可以观其徼焉……惟此二语，所谓性命双修，圣凡同证。万世之下，不得师旨，孰敢妄言？吾今略而言之，破诸说之支离，立圣修之断案。何谓观妙？曰：复归混沌潜天地。何谓观徼？曰：劈破鸿蒙运坎离。如此，则圣师之旨岂复有余蕴哉？……夫观妙则既玄矣，而观徼则又玄也。玄之又玄，则性在是而命亦在是。顺修而生人生物也，逆修而成圣成真也。所谓圣功生焉，神明出焉。故曰众妙之门云。八十一章，老圣之言道德，

---

① 陆西星：《老子道德经玄览·序》，《老子集成》第六卷，第 568—569 页。
② 陆西星：《老子道德经玄览·序》，《老子集成》第六卷，第 569 页。

其肯綮实在于此。学者苟能得其宗旨，则其后所言治国用兵，与取天下，皆属寓言，吾可以曲畅旁通，而得意于文辞之外矣。①

陆西星解《老》，虽有对道的本体意义的充分阐发，但都是为其性命之学做铺垫的。根据道教的教义，道生万物是一个顺生的过程，如《悟真篇》云："道自虚无生一气，便从一气产阴阳，阴阳再合成三体，三体重生万物昌。"而内丹修炼则是逆修，即炼精化气，炼气化神，炼神还虚，由虚归道，与道合真。由此陆西星认为，老子的观妙观徼，就是在提醒学道者顺修逆修之理，彻悟性命之源。推而广之，《老子》八十一章之言，都是围绕性命问题立论的，至于其治国用兵与取天下的内容，也要用"得意忘言"的方法对待。

陆西星用性命之学解《老》与他所坚持的道教理论宗旨有关，并具有其必然性。作为道教内丹东派的创始人，陆西星是不赞成外丹之说的，而主张内修，如他在《玄肤论·内药外药》中所说："夫人元之学，创鼎于外，而炼药于内，于是始有内药外药之分。而世之言外药者，率多之得其旨，以盲引盲，殊可悼痛。夫道在我身，内炼诚是矣，而何以创鼎于外。创鼎者，圣人不得已焉而为之之事也，老圣比之用兵，其言曰：夫佳兵者，不祥之器。圣人不得已而用之。且夫上药三品，神与气、精，凡吾所具于先天者，浑沦未凿，何假修炼？故童初之子，皆圣胎也。"② 内丹修养本不需要在身外立鼎烧炼，而是将身体当作鼎炉，内炼精气神。至于外丹，仅在不得已的情况下才会用到。为此，陆西星进一步引老子的用兵之道加以申述，强调性命之学才是内丹的本质。

性命之学分为性与命两个方面，先看陆西星对命学的阐述。如《老子道德经玄览》第十章之注说：

① 陆西星：《老子道德经玄览》，《老子集成》第六卷，第 572 页。
② 陆西星：《玄肤论·内药外药》，《藏外道书》第 5 册，巴蜀书社 1992 年版，第 361 页。

　　此言圣人治身之道也。载营魄抱一，五字成义。载，承载也。营魄，即魂魄也。予闻之师曰：人之生也，精气为物，魂者，气之所化也，魄者，精之所化也。精魄属阴，气魄属阳。以其寓于后天形质之中，皆属阴也，而不能久。圣人知其如此，故迎其所谓先天真乙之气者，以为一身之主。而真乙之气，即所谓一也，道也，无名天地之始也。于是一身之中，精气魂魄翕然归之，如子母之相抱而不忍离，日铄月化，剥尽群阴，体化纯阳，后天不老，而雕三光。圣人之所以长生而久视者，其道如此。①

圣人的治身之道在这里被解释成为修命之学，也就是对精气的修炼。具体来说，就是将后天的精气复返为"先天真乙之气"，从而长生久视。这样的方法陆西星又谓之"守母之学"，他说：

　　人皆知有名为万物之母，而不知无名实天地之始。故老圣推原以示人，曰：天下有始，以为天下母。如是，则知母之复有母也。盖天地万物皆从道生。经曰：朴散为器。凡有名相之类，皆道之子也。然道器、子母本不相离，既得其母，以知其子，则知天下无道外之器；既知其子，复守其母，则能复归于朴，而可以无逐末忘本之患矣。守母之学，亦曰食母，其义最深，三教圣人同此命脉。吾儒得之而衍精一之传，释氏得之而开不二法门，老圣得之而修抱一之学。盖是道也，何谓守母？塞其兑，闭其门，是守母也。见小守柔，是守母也。用其光，复归于明，是守母也……守母之学，复命之道也。能复其命，则可以继袭常道，而与道为之合真矣。②

在这段注文里可以看出陆西星对"命"是非常重视的，这当然也是

---

① 陆西星：《老子道德经玄览》，《老子集成》第六卷，第 577 页。
② 陆西星：《老子道德经玄览》，《老子集成》第六卷，第 600—601 页。

道教人士固有的特色。

但陆西星的性命之学，最终还是以心性之学为归宿，或者说是性命双修，先性后命。这一点他在《玄肤论·性命论》中有明确的表述："故修道之要莫先于炼性，性定而气质者不足以累之，则本体见矣。吾师之诗曰：'不迷性自住，性住气自回。气回丹自结，壶中配坎离。'是后天得先天而妙其用也，是之谓了命关于性也。"① 此论与《老子道德经玄览》中的性命思想是一致的，所以全书对修性之学论述很多，例如第四十七章注谈到了具体的"性定"工夫：

> 此言圣人定性之妙也。圣人之心常清常静，寂然不动之中，而万象森罗已具，故能不出户，而知天下；不窥牖，而见天道。盖天地万物，莫非吾性之固有。性既清静，则所谓无名天地之始者，我握其柄矣。是以宇宙在手，万化生身，不行而能知也，不见而能名也，无为而能成也。彼出之弥远，而知弥少者，则以其外吾性，而别求博洽以为知，是以虚静之体，反为闻见所梏，故不能以周知而无蔽耳。②

注文所言之性乃指本来真性，也即真常之道，所以具有十分玄妙的功能，能够感知宇宙，运斡万物，至于个人的生死之道亦在其中了。怎么才能定性呢？方法并不复杂，那就是保持心灵的虚静。对此，第十六章之注文继续进行了阐述：

> 此言圣人观妙之学也。夫道本虚无静一，静极而动，游气纷扰，生人物之万殊，而道始落于后天名相之中。故体道者原本返始，以致虚守静为本焉。常观清净之中，一物不着，何其虚而静也。少有物焉，虚者实而静者挠矣……体道君子时时打叠此心，内者不出，外者不入，使其胸次洒洒，一尘不挂，有

---

① 陆西星：《玄肤论·性命论》，《藏外道书》第 5 册，巴蜀书社 1992 年版，第 363 页。
② 陆西星：《老子道德经玄览》，《老子集成》第六卷，第 598 页。

以复其天空渊湛之本体，是则可谓致虚之极矣。①

本体之道是至虚至静的，而由于后天名相的干扰，离道远矣。对于修道之士来说，重要的是返本还元，从各种欲念之中挣脱出来，回归内心的虚静，这样即可与道合真，也就是复归本来真性。注文中用到了"清净"一词，是为了强调心灵的干净透彻，远离欲望。至于世俗之人则多欲好争，真性被遮蔽：

> 世人妄认四大六根为自身相，往往认贼为子，迩声色，殖货利，恣贪喜杀，为境所瞒，迷失本性，轮转无已。圣人则虚其心，实其腹，弱其志，强其骨，常使无知无欲，故贵腹而贱目，重内而轻外，去彼之华荣，而取此之恬淡，然后能归于朴，而与道为之合真也。②

通过对比，更加显示出修道的必要性。而去掉多余的欲望，恬淡朴素，虚静自然，当为修道的正确方法，了性了命都在其中。

从《老子道德经玄览》的整个情况来看，陆西星确实对性学的论述比较周全，而对命功的阐发，尽管在理论上加以了重视，但其实际的操作层面则较为简略。这一点他的道友姚更生也指出来了："是疏也，所言性，则或者悟之；言命，未喻也。"③ 当然，这仅是就《老子道德经玄览》的特点而言，修命之法，陆西星在他的其他内丹学著作中是有充分阐发的。

清代刘一明同样是以性命之学解《老》的代表，他说："余方外人也，于天下国家之事不敢妄言，而于修身之道专言之。"④ 他认为："国非身外之国，乃身内至善之地。修道至于有为事毕，还丹有象，

---

① 陆西星：《老子道德经玄览》，《老子集成》第六卷，第 580 页。
② 陆西星：《老子道德经玄览》，《老子集成》第六卷，第 578 页。
③ 姚更生：《老子道德经玄览·读〈老子〉宗眼》，《老子集成》第六卷，第 570 页。
④ 刘一明：《道德经要义·序》，《老子集成》第十卷，第 195 页。

已是止于至善之地而不迁矣。"① 由于国即是身，所以"以道修心，即是以道佐人主。以强纵心，即是以兵强天下"②。再看他对《老子》第八十章的解释：

> 或言治大国，或言为天下，或言用甲兵，或言为士者……乃还元返本之学，立命之功。此章独言小国，而不及刚强者，是了性之道……小国者，柔弱之国。用柔弱以保圣胎，一心一意，无思无为，故曰小国寡民。虽有什伯之器而不用，采取药物水火烹炼，皆器也。圣胎已结，抱元守一，一切药物水火之器，无所用矣。使民重死而不远徙者，心清意静，守死善道，须臾不离也。须臾不离，为无为，虽有舟舆行道之脚力，无所乘之；事无事，虽有甲兵敌魔之神将，无所陈之。舟舆所以行有为之道，甲兵所以用有事之时，圣胎凝结，无为无事，舟舆甲兵无所用。既无所用，但使意念安于自然。常应常静，过而不留，应而不受，犹如古始结绳之用，不可有一点宿滞也……虽邻国相望，而有色在前，不过望之而已，见色不色也。虽鸡犬之音相闻，而有声相近，不过闻之而已，闻声不声也。此意念已忘于物矣。忘我忘物，老死不相往来，万缘俱寂，一粒黍米，现于太虚之中，圆陀陀，光灼灼，净裸裸，赤洒洒的，在释则谓真空妙相，在儒则谓至诚如神，在道则谓金液大丹。此宝一成，形神俱妙，与道合真，虽天地神明，不可得而测度。③

《老子》"小国寡民"一章，一般被视为老子的社会政治理想，而刘一明则进行了宗教性的诠释。在他看来，《老子》一书本可以从多方面进行解读，"或言天道，或言圣道，或言侯王道，或言用兵道，或言善为道者，或言善为士者，包括最富，不可执一事而注释。若以

---

① 刘一明：《道德经会义》，《老子集成》第十卷，第 179 页。
② 刘一明：《道德经会义》，《老子集成》第十卷，第 159 页。
③ 刘一明：《道德经会义》，《老子集成》第十卷，第 191—192 页。

一事注释之，则小视经而昧于经矣。然经意多言治人本于治己，盖自天子以至于庶人一是皆以修身为本也"①。作为道门人士的刘一明，专门从修身的角度解《老》，正反映了道教老学固有的特点。因此他认为，老子所言治国、治天下、用兵之类，实际上就是指道教的性命双修，而"小国寡民"，乃为了性之道，是修炼金丹的诀窍。

相对于《老子节解》以一般的道教修炼方术诠释《老子》，刘一明的《道德经会义》显然有所不同，这种差别不仅表现为他的解释更加圆融，更重要的是，他的解释是紧紧围绕全真道的教义展开的。就老子无为的思想来说，刘一明同样将其诠解为性命双修、心性为主的全真教旨。

首先，刘一明反复阐述了道即心，心即道，修道即修心，修心即修道的修炼旨趣。如曰：

天即理也，顺理而行，无思无为，寂然不动，感而遂通，故曰天乃道。道者，自然神运，绝无勉强之谓。修道至于自然神运，气质悉化，根尘尽消，心即道，道即心，与道合真，道不朽而吾亦不朽，为金刚坚固之物，故曰道乃久。久则脱去凡胎，露出法相，虽没幻身，而有真身。真身聚则成形，散则成气，虎兕不能伤，刀兵不能加，方且超出乎造化之外，有何危殆之忧乎？道至没身不殆，不仅虚极静笃，而并虚静亦化为乌有，所谓打破虚空，方谓了当也。②

抱一而至有元德，由观徼而归观妙，后天悉化，复于先天，即阴魄亦变而为阳神，何营营之有？载魄抱一之功妙矣哉……内外合道，只有一心，并无二心，心即道，道即心。放之则弥六合，卷之则退藏于密，观徼而入妙，抱一之功毕矣。③

①　刘一明：《道德经要义·序》，《老子集成》第十卷，第195页。
②　刘一明：《道德经会义》，《老子集成》第十卷，第151页。
③　刘一明：《道德经会义》，《老子集成》第十卷，第146—147页。

将修道解释为修心，在《太上老君内观经》中就已出现，如言："道者，有而无形，无而有情，变化不测，通神群生。在人之身，则为神明，所谓心也。所以教人修道，则修心也。教人修心，则修道也。道不可见，因生而明之。生不可常，用道以守之。若生亡则道废，道废则生亡。生道合一，则长生不死，羽化神仙。人不能长保者，以其不能内观于心故也。内观不遗，生道长存。"唐末著名高道杜光庭在其老学著作《道德真经广圣义》里引用《内观经》文句并做了进一步的阐发："人之难伏，惟在于心，所以教人修道，即修心也，教人修心，即修道也。心不可息，念道以息之；心不可见，因道以明之。善恶二趣，一切世法，因心而灭，因心而生。习道之士，灭心则契道。世俗之士，纵心而危身。心生则乱，心灭则理。所以天子制官僚，明法度，置刑赏，悬吉凶，以劝人者，皆为心之难理也。无心者令不有也，定心者令不惑也，息心者令不为也，制心者令不乱也，正心者令不邪也，净心者令不染也，虚心者令不著也。明此七者，可与言道，可与言修其心矣。"① 王重阳创制全真道教义，亦提倡心道合一，如《授丹阳二十四诀》曰："诸贤先求明心，心本是道，道即是心，心外无道，道外无心也。"由此可见，上述刘一明修道即修心的解释，既是对唐宋以来道教老学的继承，同时也是全真道教义在其老学思想中的具体落实。

其次，刘一明指出，修心就是去掉分别好恶之人心、彰显虚空自然之道心。人心、道心本是理学家惯用的概念，刘一明援用过来说明修心的次第，倒也恰到好处。如《道德经会义》第十章注：

> 舜曰：人心惟危，道心惟微。盖人心多险故危，道心多静故微。人心者二心，道心者一心。存道心则人心去，用人心则道心昧。是非不并行，邪正不两立也。人之本来，只有道心之一心，并无人心之二心，不识不知，顺帝之则而已。顺帝之则，即元德也。因其有此血气形质之幻身，阴气之灵，结而成魄，

---

① 杜光庭：《道德真经广圣义》，《老子集成》第二卷，第48—49页。

居于肉团顽心之中，日谋夜算，多思多虑，营营不定，伤我天真，昧我本性，于是道心不彰，伉徵之德隐埋矣。①

人心即世俗机巧之顽心，它伤害人的天真本性，道心则是虚静之真心，是道的体现，人心道心总是处于相对立的位置。修道实际上就是去掉人心、彰显道心的过程。同时，刘一明指出，修道即修心的要旨在于"自然神运"，没有任何勉强的地方，如果存在勉强，就是不自然，效果适得其反。他说：

大道希言，本无多说。若能不争而安于自然，即可了其性命大事。盖自然之道，大同无我之道。无我则无争，无争则虚心即能实腹，居卑终能升高，可以希贤，可以希圣，此长久不坏之事。倘不安于自然，则争心起，争心起，则予圣自雄，好刚好强，刚极必摧，强极必败，招灾引祸，自诒伊戚。②

修道至于自然，无为无执，寂然不动，感而遂通。感而遂通，寂然不动，何心几之有乎？③

如果不自然，便会产生争夺之心，招来灾祸。只有通过修道，才能达到自然无为的状态。对此，刘一明进一步解释：

知美之为美，是有分别之心，真性有昧，斯恶矣。知善之为善，是有好恶之心，道心不彰，斯不善矣。恶而不善，非真知，乃假知。何贵于知美知善？一落有知，自然之道废矣。因其道废，故有无之心相生矣，难易之心相成矣，长短之心相形矣，高低之心相倾矣，音声之心相和矣，前后之心相随矣。一有美恶善不善之心，而有无、难易、长短、高下、音声、前后

① 刘一明：《道德经会义》，《老子集成》第十卷，第146页。
② 刘一明：《道德经会义》，《老子集成》第十卷，第155页。
③ 刘一明：《道德经会义》，《老子集成》第十卷，第182页。

之心无不起之，以一心而引诸心，以诸心而攻一真，损精丧神，情乱性迷，未有不伤其生者。是以抱道圣人，其持身也，处无为之事，不为其美，亦不为恶，不为善，亦不为不善，事无事，美恶善不善，俱归于无为。其接人也，行不言之教，不言谁美，亦不言谁恶，不言谁善，亦不言谁不善，教无教，美恶善不善，皆付于无言。无为之事，事无心，不言之教，教无迹。无心无迹，心法两忘，清静恬淡，黑中有白，虚室生光，万般至美至善之物，皆自然作兴而不能辞矣。①

这是《老子》第二章的注文，将美丑善恶解释为道心人心的对立，将有无相生、难易相成、长短相形、高下相倾、音声相和、前后相随等关于对立统一规律的辩证思考解释为有无、难易、长短、高下、音声、前后的分别之心，仍然显示出刘一明解《老》的宗教立场。于是也就有了后面的理解：处无为之事，行不言之教，乃是为了去掉分别好恶之心，心法两忘而道心彰明。

再次，刘一明强调，无为是修心修道的关键。对于一般人而言，总是人心遮掩道心，以至性命难立，但如果能够效法无为之道，可使修道者妄念不起，精神不驰，正气常存，精气不耗，百骸俱理，复还本来先天之真。所以他说："果能为无为，则欲不生，心不乱，而吾之民安国富，一举一止，皆是道气运之，未有身不治者也。"②类似的意思可见于《道德经会义》第四十八章注：

　　益者即益其道心之功力也，损者即损其人心之私欲也。益道心之功力，方是为学。损人心之私欲，方是为道。道者自然无为，绝无一点滓质。若方寸之中，稍有丝毫人心形迹，则道心不固，纵大道在望，未许我有，故必损之又损，其功不休，以至损无可损，益无可益，则道心常存，人心永灭，可以归于

①　刘一明：《道德经会义》，《老子集成》第十卷，第 142 页。
②　刘一明：《道德经会义》，《老子集成》第十卷，第 143 页。

无为矣。夫所谓无为，非灰心死念，顽空寂灭之说，乃无人心私欲之为。无人心私欲之为，自有道心天真之为，是以谓无为而无不为也。为道至于无为而无不为，是不思而得，不勉而中，即中士亦与天纵之圣同登一途。①

此注有两点值得注意：其一，无为作为修道的方法，其要点就是保持内心的虚静自然，具体来说就是灭除私欲，彰明道心。其二，无为并非消极的灰心死念，顽空寂灭，而是无为与有为的结合，是无为而无不为。关于此点，刘一明又有如下阐述：

> 至柔者，无为也。至坚者，有为也。修道者能以柔为用，外物不纳，内念不生，是无为矣。无为则不与天下争，是谓无心。无心则阴阳不能陶铸，万物不能移动，是至柔之中而有至坚者在，至无之中而有至有者存。无有相入而为一，无有间隔矣。无有入于无间，无即是有，有即是无，有无俱不立，天地悉归空，出乎一切有无之外，可知无为之有益，无为而无不为也。②

> 善建者有为之事，善抱者无为之事，先建而有为，后抱而无为，有无一致，性命双修，形神俱妙，与道合真，身外有身，子又生孙，孙又生子，千百亿化，子孙祭祀不辍。方到大解大脱之地，而建抱之功无所用矣。是道也，非有别事，乃修吾身之真德也。③

从道教内丹学的角度看，有为乃是修命，无为则是修性，有为是工夫，无为是境界，两者缺一不可。所以有为必至于无为，无为不废有为，有无一致，性命双修，从而实现形神俱妙、与道合真的理想。

---

① 刘一明：《道德经会义》，《老子集成》第十卷，第 171 页。
② 刘一明：《道德经会义》，《老子集成》第十卷，第 168 页。
③ 刘一明：《道德经会义》，《老子集成》第十卷，第 175 页。

最后，刘一明指出，虽然修道的方法是用无为的方式彰显道心，但又不能够执着于无为、执着于道心。《道德经会义》第四十九章注云："所谓无心者，非同泥塑木雕之无心，乃是无方无所，无形无象，无偏无倚，无常之道心也。道心大同无我，至公至正，量同天地，万物等视，绝无执着。"① 无心，或谓无心之心，也就是道心，它不是毫无生机的寂灭之心，而是虚明无执着之心，不可见，不可闻，无形无迹，无我无物，安于自然，直至了达性命大事。再看第二十八章之注：

> 复归于婴儿，无人心也。复归于无极，有道心也。复归于朴，人心道心俱化，有无皆不立，天地悉归空。到此地位，微中有妙，妙不离微，微妙混一，我命由我不由天，处于造化之中，而不为造化所拘矣。后之群真，以此三复，分为三乘，又分为三丹。复归于婴儿，即还丹初乘也。复归于无极，即金丹中乘也。复归于朴，即神丹上乘也。三乘之功完，而道成矣。因其道成，故为天下谷，与虚空同一无为矣。然虽无为，犹有虚无在，算不得大成。更有最上一乘之道，必至虚无所虚，无无所无，乃至虚虚并无，无无亦无，虚虚尽，无无尽，方是道至于大成……此章统修道始终工程而言，后世诸家丹经子书，大旨皆不出此。②

刘一明认为《老子》此章是内丹学的总纲，所言"三复"即复归于婴儿、复归于无极、复归于朴，代表了内丹修炼的三个层次：还丹初乘，金丹中乘，神丹上乘。要完成此三乘之修炼，必须遵循无为之法则。注文还指出，虽无为而又不要执于无为，没有执着的无为，才能够神契始母，真空妙有，两而合一，复于本来圆明真性，这方是真正修道大成的境界。

---

① 刘一明：《道德经会义》，《老子集成》第十卷，第175页。
② 刘一明：《道德经会义》，《老子集成》第十卷，第158页。

本节以明清时期有代表性的全真道老学文献为基础，从道论、无为论、性命论三个层面对全真道老学的诠释路向与特点进行了阐析。由于全真道教义的一个重点是"全老庄之真"，所以从全真道老学即可看出全真道的教义与思想精神。如对真常之道的解读，对无为思想的新诠，对性命之学的阐发，都反映出了全真道的立教宗旨及其教义教理的发展与变化。

第二节　以丹道解《老》

道教发展至明清时期，性命双修思想早已成为其基本的教义，而借《老子》宣扬内丹性命之学，自然成为该时期道教老学的主旨。值得注意的是，明清道教老学在阐发性命之理时，还表现出了一种倾向，即对修命的具体丹法比较重视，因而以丹术解《老》的现象很常见，这与宋元道教老学重道轻术的特点有所不同。如程以宁、汪光绪、李西月等道教人物解《老》，都将老子思想与内丹联系起来，其功法阐述得相当详细完备。这一现象的出现，固然是道教老学的本来特色，但与内丹学在明清时期发展到了一个新的阶段也有关系。一般认为，晚唐五代钟吕金丹道的出现，标志着内丹道正式形成，而自张伯端对内丹理论与方法进行了系统阐发后，内丹学渐臻繁荣，但内丹学的真正成熟则在明代中叶至清代，这一时期的内丹学在概念的明晰性、体系的完整性诸方面较之前人有长足的进步。[①] 明清道教老学中以丹法解《老》的现象明显增多，正是该时期内丹学发展走向成熟的反映。由于内丹学的根本原理大抵不出《老子》之外，所以道教人士特别是内丹家解释《老子》时，便常常借《老子》而言内丹功法，内丹之药物、火候、具体操作程序等等，都在老学著作中有细致的体现。因此，像程以宁《太上道德宝章翼》、

---

① 参见卿希泰主编：《中国道教史》第四卷，四川人民出版社 1996 年版，第 23 页。

汪光绪《道德经纂述》、李西月《道德经注释》等，完全可以视为丹术之著作。

一、程以宁《太上道德宝章翼》

程以宁属于全真一系的道士，推崇白玉蟾，并以李道纯为祖师。其《太上道德宝章翼》以性命兼修为主旨，与道教南宗老学接近。如他在《老子》第三十九章注论及修道的门径："大修行人以身为国，心为君，精为民。然初入门，必先从积精起，是贵以贱为本。性者天也，常潜于顶；命者海也，常潜于脐。先性则水中捉月，先命譬之万里远途，有路可通，故曰高以下为基。"① 自宋代以后，性命兼修成为道教修炼的基本宗旨，只是在修性与修命的先后次序上，不同的道派之间存在一些差别。程以宁认为，如果先修性，则如水中捉月，水中本无月亮，何从捉起？此喻实际上是说明，如果先修性功，便会缺乏根基，性功应该在命功的基础上才能修好。因为先修命，虽然艰苦，仿佛是万里之途，但毕竟有路可走，也有到达目的地的希望。由此可见，程以宁是主张性命兼修，先命后性的，这一点恰与道教南宗的教义一致。《太上道德宝章翼》的书名实际上就显示出他对南宗实际创始人白玉蟾的推崇，全书首尾征引白玉蟾二传弟子李道纯《道德会元》的注文，也可认为是对李道纯之学有承继之意。因此，程以宁虽然加入的是全真道，但从他的老学中可以看出道教南宗之余绪。

当然，南宗老学自张伯端以来，虽然主张先命后性，但最后仍然是落实在"修道即修心"的主旨上。这一点程以宁也是一样的，如第三章注：

> 是以圣人之治以下，虚心、实腹、弱志、强骨八个字，分明是指点金丹大道，教人下手处。盖人之不能入道者，缘心上不净，一团名利牵扯，心不虚也。方寸几何，莫非嗜欲所填塞，

---

① 程以宁：《太上道德宝章翼》，《老子集成》第八卷，第 262 页。

则元精元气元神不存，为一空壳，而腹不实矣。虚心二字，谈何容易，心必如太空任浮云之往来，而太虚之体自若如是，则元精元气元神固，而腹始实矣。心犹体也，所以宅神、君气、统精，而志则心之发窍处也。志强则心未免外驰，骨力必受其损，故弱其志而后能强其骨。①

《老子》第三章言"是以圣人之治，虚其心，实其腹，弱其志，强其骨"，程以宁则从修炼金丹大道的角度立论，强调心的虚静是修道的窍门与基础。如果修炼者心不虚静，欲念杂生，那么精、气、神也将消失，这样一来，内丹修炼也就成了一句空话。

但总体说来，程以宁解《老》，对具体修炼的命功多有注意，可操作性明显增强。如他在《老子》第二十六章注对内丹修炼的基本原理进行了阐述：

> 铅性沉重而喜坠，汞性轻飞而喜升，以铅制汞，是以沉重而制轻飞，内丹结矣。故曰重为轻根。身静则气定，气定则了命，心静则神全，神全则了性，而一了百了矣。故曰静为躁君。是以得道之圣人终日行者，行火候也。锱重即河车，北方正气号曰河车。载金上升，度我还家。不离锱重者，时时河车运转，以铅制汞，是重为轻根也……铅重为君，汞轻为臣，此身轻摇其精，则汞飞而臣失矣。静为躁君，而躁不能君静，汞既躁而飞，铅必走而坠矣。此章语语皆金丹，细味惟在学者，炼己立基，以体贴之耳。②

内丹的基本原理就是运转河车，以铅制汞。由于汞铅对应人身之心肾、神气以及五行之火水，故程以宁又有下面的论述：

---

① 程以宁：《太上道德宝章翼》，《老子集成》第八卷，第 235 页。
② 程以宁：《太上道德宝章翼》，《老子集成》第八卷，第 251 页。

上善若水，五行以水为本，水能沉金漂木，克火荡土，此天地之水也。其攻坚强，信莫能胜也。若人身之水，肾也。肾水足，则五脏皆不受侵，肾水竭，则心火炽克肺金，金克肝木，木克脾土，死矣。故大修行人宝此肾水如宝金，河车转运，昼夜不敢暂留停。所谓因烧丹药火炎下，故使黄河水逆流。水能上行，则火自下降，是柔胜刚，弱胜强也。人人皆能知，人人不能行，何也？好坚强之故也。①

此注论及在内丹修炼中如何处理好肾水与心火的关系。关于肾水与心火，内丹著作常常论之，如《道养初乘忠书》卷一曰："人之先生肾也，为北方壬癸水，即五金中之铅。心为南方丙丁火，即八石中之砂。于肾气之中取真一之水，即铅中取银。于心液之上取正阳之气，即砂中之汞。心肾二物合和而成丹，即铅砂二物合和而成宝也。"程以宁把这种心肾相合的内丹原理与老子思想联系起来，由此更加显示出了内丹的可靠性。心火容易上升，以致妄念迭起，肾水容易下流，以致真元丧失。内丹修炼则要运转河车，使心火向下，肾水上流，此所谓以铅制汞也。

程以宁还进一步论述了内丹修炼的步骤。《太上道德宝章翼》第七十三章之注云：

此章是太上教人学道工夫。始入门时，护生须是杀，杀尽始安居。祖师云：斩魑灭魅多长生。故勇于敢则杀，杀是杀妄念也。及其有所得后，专气至柔，能如婴儿，用力于知雄守雌，所谓魄灭魂昌，故勇于不敢则活。活是神活也。此两者，一以刚为刚，一以柔为刚。或毫发不差，则无往而不利；或对境着境，未免有伤而损害矣。虽曰天道福善而忌盈，然天之所恶，孰知其故？道之成与不成，不敢必也。惟有积功累行而已……欲明人道，先须识天道。不争而善胜，是不胜以人而胜以天，

---

① 程以宁：《太上道德宝章翼》，《老子集成》第八卷，第289页。

吾法之而气化也。不言而善应，是不应以口而应以事，吾法之而念化也。不召而自来，是寂然不动，感而遂通，吾法之而神存也。坦然善谋，任用自然，无所不克，吾法之而神化也。何物大于天？虚空是也。何物容乎虚空？圣心是也。故天网恢恢，大也。造化虽宏，能包有形，不能包圣人之无形。疏而不失，密也。阴阳虽妙，能役有气，不能役圣人之无气。人生至此，纵横自在，升玉京朝帝阙，方为大丈夫功成名遂之日也。学道如是，宁不快哉？[①]

在此注中，程以宁大致介绍了内丹修炼的几个步骤。第一步是入门准备。进入道门，先要去掉各种欲念，保持内心的清静。前面已提到，如果心不虚静，精气神将无存，也谈不上修丹了。第二步是精气神的具体修炼。注文所谓的气化、念化、神存、神化等，即指内丹修炼中炼精化气、炼气化神、炼神还虚等不同的阶段。第三步，与道合真。这是神仙的境界了，此时修道者的人生空间得以极大提升，摆脱了客观世界的约束而获得了无限自由，可以上天入地，纵横四海，这是学道之人梦寐以求的理想。程以宁又指出，内丹修炼并非人人能够成功，所以对于学道者来说，虽有成仙的理想在召唤，也未必可以一步登天，而只能一步一步地坚持修炼，过程同样是重要的。

此外，程以宁十分重视结友修炼。第六十二章注文曰：

学仙须是学天仙，惟有金丹最的端，遍访仙师，倘得其人立为天子，以主持丹道，惟其命而莫之为也。古云：真仙易得，伴侣难求。又要广觅云朋，选上根利器三人为伴侣，是置三公也。三公谓太尉、司徒、司空，主佐天子，理阴阳，亲万民，广教化者也。资之以调和鼎鼐，燮理阴阳，以辅佐主持丹道者，

---

① 程以宁：《太上道德宝章翼》，《老子集成》第八卷，第285—286页。

同登彼岸，如天子之三公也。①

修炼内丹，理想的状况是能够找到上根利器的三人结为道友，程以宁喻之为"天子之三公"，可见他对道友的重视。他在《南华真经注疏》也提到此事，如《自序》云："既闻大道之人，当访外护，觅云朋，寻福地，三者缺一，必为群魔作障缘。"又云："倘太上与南华仙翁嘉予注疏之劳，早为予作外护侣伴之合，则赴龙沙之会为有期，异日召予以供呼鸾驾鹤之役，未可知也。然而未可必也。"据序文，刘仲宇先生认为程以宁本人大致上走的是隐修路数，十分向往结友修炼。②

至于修炼的具体方法，《太上道德宝章翼》全书随处可见。如关于《老子》第十章之义，程以宁指出："太上明明发泄金丹大道，世儒不读丹书，未闻秘诀，而欲以吾儒经史诸子百家解《道德经》，是以凡见而窥仙，俗骨而测佛，地下人而谈天上事，此必不行之数。"③他认为大多数人尤其是儒家解《老》，视《老子》书中所蕴含的金丹大道而不见，在方向上就发生了偏差，因而不能得到《老子》之真义。那么，应该怎样理解《老子》第十章呢？程以宁解释说：

> 载如车之载物也。营，营卫也。载营魄，躯壳载之也。此凡人之所同，至抱一能与营魄而不离，则神人之所独。吕祖云：精神气血归三要，南北东西共一家。一即丹也，抱一则精化为气，气化为神，神化为虚矣。此不二法门，长生久视之道。然必自调息始。见鼻中气出入如烟，烟象微消成白，久之而息微，是专气致柔也。先天祖气，惟婴儿完全。学人养气，能从后天以复先天，如婴儿乎？此是炼精化气工夫……玄览者，见解也，稍著见解，即为大道之疵颣矣，故必涤除玄览，浑然粹白，能

---

① 程以宁：《太上道德宝章翼》，《老子集成》第八卷，第 278 页。
② 参见刘仲宇：《内丹家眼中的庄子——复圭子程以宁〈庄子注疏〉简论》，《全真道与老庄学国际学术研讨会论文集》，华中师范大学出版社 2009 年版。
③ 程以宁：《太上道德宝章翼》，《老子集成》第八卷，第 240 页。

无疵乎？此为炼气还神工夫。身为国，心为君，精为民，爱民者爱此精气也。精气不亏分毫，已满一升六合之数，乃得药之时，有作有为之事，后来工夫纯熟，民不期安而自安，国不求治而自治，能无为乎？及至无为，众始知也，此为炼神返虚工夫。天门即泥丸宫也，神人之所栖，又谓之天谷。至于天门开阖，能无雌乎？则纯阳而无阴矣。然自然有一点如雾如电之阳，入玄门，透长谷，而竟上泥丸。有开无阖不是道，有阖无开亦不是道，霎时霹雳一声，忽尔天门顶破，真人出见大神通，如是则四大虚空，皆我光明所烛而已。不有其知，敛身韬光，复归于虚空，非能无知乎？此为炼神合道工夫。①

此注可与前面提到的第七十三章注相互参证。在这里，精气神的修炼被具体化了，炼精化气，炼气化神，炼神还虚，与道合真各个阶段的修炼工夫都是可以操作的。如对专气致柔的修炼操作就描述得很细致，又如对炼神合道的神通工夫的介绍，恐怕只有亲身修炼者才有可能体会到其中的玄妙。

二、汪光绪《道德经纂述》

汪光绪，安徽新安人，曾任四库全书馆誊录、湖北枣阳知县等职。汪光绪于老学用功很深，其《道德经纂述》"几经脱稿，寝食于斯者，阅十数寒暑而始成"②。至于其解《老》宗旨，他认为"老子《道德》一书包括先后天之指，穷性命根源，为千古道法之宗者"，"夫道者，长生久视之方，不外乎身心性命之地也"。③ 全书所言丹法非常细致，是一部以丹道解《老》的代表作。

值得注意的是汪光绪在《道德经纂述·叙》中的一段记载：

① 程以宁：《太上道德宝章翼》，《老子集成》第八卷，第240页。
② 汪光绪：《道德经纂述》，《老子集成》第十卷，第79页。
③ 汪光绪：《道德经纂述》，《老子集成》第十卷，第78页。

纯阳吕真人觉寤指迷，为之逐句诠释，削其支离，归于至当，使数千百年不传之秘昭如日星。即世之雌黄其说者，亦可恍然自释也。其绍前圣、开来学，厥功非浅矣！唯其言不尽意者，限于字句之隔截，难以直达其辞，恐学者观其一面，未能识其全体。余于远戍之暇，不揣固陋，复为解注，约其大旨，而会合之于释义所未备者，择取前贤之言而增补之。或回顾前文，引起后义，参互考证，脉络贯通。分之为万殊，合之为一辙……是书旧本有宋人赵友钦解注，其徒陈致虚为叙。所载吕真人释义，多伪舛脱落之句，此陈氏原本也，已证其伪，为之考订矣。近世所行俗本，袭赵氏之注而择之不精，其补注荒谬尤多。兹存旧注十分之二，于鄙见所及者，补其未备，证之《金碧》《参同》诸家之说，以释义为折衷……其每章经文各句下双行小注为原本所载者，皆释义之文，每章经文后低格单行小注则纂注也。①

汪光绪所采用的本子是一个托名吕洞宾释义的注本，此类注本大都是鸾笔解《老》的产物。汪光绪称这个本子是一个旧本，在当时颇为流行，这应是事实。查《老子集成》收录有一个纯阳帝君释义、云门鲁史纂述的注本《道德经解》，前有署名陈致虚的《道德叙》，经文各句下亦有小注，小注文字与汪光绪本完全一致。汪光绪对这个吕祖释义的注本的重视，反映了清代文人士大夫参与扶乩、喜好道教内丹术的风气。既然是鸾笔所作仙解《老子》，赵友钦的注、陈致虚的叙也自然是托名。汪光绪认为旧注不精，故进行了删削，仅保留了十分之二，并在此基础上进行了增补。从所增内容来看，该书具有以下几个特点。

其一，把老子之道论视为丹法的理论基石。试看第一章注：

道者，太极未分，未有天地万物，已有此道。所谓无极也。

---

① 汪光绪：《道德经纂述》，《老子集成》第十卷，第79页。

自无而之有，则所谓太极分阴分阳而有天地万物矣……两仪既立，道生天地，天地生万物，是有也、母也。盖天地始者，无始之先；万物母者，生生之本。人之灵明知觉，即无也、神也、性也。缊缊感动即有也、气也、命也……两者，无与有、神与气、性与命也。两者同出于一气，而名乃分矣。玄，谓两者同出异名，不可测识。玄之又玄者，以神气、性命、有无相生，愈不可测识也。门者，虚无之处，物所出入者也。言道之虚无玄妙，莫不由此而出入，故曰众妙之门。学道者于无声无臭时节用惟精惟一工夫，使慧悟既开，性命通达，则天地万物之情可见矣。①

注文首先阐明道为天地万物之本源，也是性命之根蒂。从修炼的角度来看，道含有无，有指气、命，无指神、性，有无一体，构成了人的形体与精神。《老子》首章全面揭示了修道的步骤、工夫、境界：

前段推明道之本源，统天地万物、先天后天而言之。常无欲以观其妙，常有欲以观其徼，入道之门也。两者同出异名以下，体道之方也。章内有无玄妙总挈要领，两者同出异名、同谓之玄，见尽性至命，体用一源，通篇大指不外是焉。②

开篇阐述道之本体意义，"常无欲""常有欲"两句为入道之门径，"此两者"以后为修道的方法。从体用的层面看，道为体，丹为用，体用一源，性命兼修。通过这样的阐述，内丹便不仅仅是一种具体修炼的养生方术，而且蕴含性命之道、天人之理于其中。

其二，以丹解《老》具有整体性与系统性。

汪光绪对《老子》的注解，八十一章均言丹道，而且注意各章

① 汪光绪：《道德经纂述》，《老子集成》第十卷，第80页。
② 汪光绪：《道德经纂述》，《老子集成》第十卷，第80页。

之间互相参证，显示出整体性与系统性的特点。例如第十六章注：

> 此章直指金丹大道。唯虚极静笃，采先天祖气，归根复命以全其真，盖统先后天而言。章法逐节相承，一层深一层，须层层通透，方是澈上澈下工夫。与有物混成、天下有始、治人事天等章互相发明。①

老子此章讲归根复命之道，正是丹道的理论基础。注中提到的"有物混成"章，即《老子》第二十五章，其注云：

> 王者，心也。人能此心如地之静定，则久视长存，故人法地；地承天之施化，生生之德广博而周遍，故地法天；天以气之清虚无心而合道，故天法道；道本于虚无清静之体，无为之用，故道法自然。此承孔德之容章而申言之，以明道法自然，统先后天而言也。与虚极静笃、绝学无忧、道生一、天下有始、治人事天等章互相发明。②

注文把老子域中四大之一的王解释为心，并把"人法地，地法天，天法道，道法自然"解释为修炼的理论，认为本章与第十六章一样是统先后天而言，在丹道实践中具有指导意义。注中提到的"道生一"章，即《老子》第四十二章，该注言：

> 章首四句，推明大道生生之本，已握一章之要，下乃详言之。万物负阴抱阳二句，炼精化气也。人之所恶二句，炼气化神也。故物或损之二句，炼神还虚也。人之所教二句，炼虚合道也。强梁者不得其死二句，则以生死异辙之故，垂教后世也。与虚极静笃、绝学无忧、孔德之容、有物混成、天下有始、治

---

① 汪光绪：《道德经纂述》，《老子集成》第十卷，第87—88页。
② 汪光绪：《道德经纂述》，《老子集成》第十卷，第91页。

人事天等章互相发明。①

注文把老子的宇宙论解释为内丹修炼的次第，即炼精化气、炼气化神、炼神还虚、炼虚合道，意在说明，道教的内丹修炼实际上是以老子的哲理作为理论依据的。与之相关的"治人事天"章即《老子》第五十九章，该章注云：

> 修丹之诀，唯积精累气以成真，故尽人合天，还元返本，固蒂深根，即为长生久视之道。与绝学无忧、孔德之容、有物混成、道生一、天下有始等章互相发明。此章自莫知其极以下，即为谷神不死，是谓玄牝之义。盖阴阳不测而莫知其极，是谓玄也；莫知其极至于生生不已而有母，是谓牝也。玄牝既立，如草木之有根蒂，从此深根固蒂，可以常久，是即谷神不死之谓也。②

此章注重讲修丹的结果，即返本还元，与道合真，长生久视。从上述各章之注可以看出，从第十六章开始，所论丹法确实是一层深一层，具有系统性，并且始终围绕《老子》的思想展开论证。由此也可见汪光绪以丹解《老》在理论上具有较大的突破。

其三，广引丹经，内容全面，具有可操作性。

汪光绪在注解中，对内丹之理的阐述以及修炼方法的介绍，除了陈述自己的见解外，还大量征引丹道著作或者丹家言论加以佐证，内容丰富全面。涉及的丹经有《周易参同契》《金碧经》《黄庭经》《入药镜》《悟真篇》《胎息经》等，其中引用《周易参同契》《金碧经》尤多，内丹家以张伯端、白玉蟾为主。例如第三章注："以治法明丹法，承上章而言之。自章首不尚贤以至弱志强骨，皆言清心寡欲，保守精气神，为炼己筑基、安炉立鼎之事。炉鼎即身之神气穴，

---

① 汪光绪：《道德经纂述》，《老子集成》第十卷，第102页。
② 汪光绪：《道德经纂述》，《老子集成》第十卷，第111页。

又为神室。上下釜乃真阴真阳，乾上坤下，先天之本体。《参同契》所谓此两孔穴法，金气亦相须。《金碧经》所谓神室者，丹之枢纽。神室先施行，金丹然后成是也。"①《周易参同契》被誉为丹经之祖，《金碧经》即《金丹金碧潜通诀》，亦称《金碧古文龙虎上经》《古文龙虎经》，是一部重要的道教丹经，这些是汪光绪常引的著作。再举第五章注为例：

> 橐象阴，籥象阳。言天地阴阳之气，呼吸往来，犹橐籥然。人身之呼吸似之，皆以鼓荡炉中之火是为阴阳造化炉也。虚而不屈，言籥也；动而愈出，言橐也。以此橐籥喻呼吸之意，盖云调息也。多言数穷，不如守中，即闭门塞兑、抱一无离之意。《参同契》所谓浮游守规中是也。此言得药行火以烹炼。盖采药归鼎之后，必用武火以烹煎。丹材始熟，故虚而不屈，动而愈出。其以橐籥行火者，《金碧经》所谓武以讨叛。白紫清所谓开阖乾坤造化机，锻炼一炉真日月者，此也。至于药熟结丹，则易武火而用文火温养，待其成丹。故下章云：绵绵若存，用之不勤。《金碧经》所谓文以怀柔，张紫阳所谓谩守药炉看火候，但安神息任天然者，此也。金丹之道，必知药取火，始可行烹炼之功。《金碧经》：丹术著明，莫大乎金火。盖坎中有金，离中有火，后天坎离即先天之乾坤，故守于坤而采药，守于乾而运火。白紫清谓：神为火，气为药，以神御气，犹以火炼药。其说与《金碧》同。陈虚白言：采时则为药，炼时则为火，火中有药，药中有火。盖以精气神为药，神气内行为火。②

此注对内丹的原理以及修炼要点都阐述得十分清楚。不但引用《周易参同契》《金碧经》等丹经，还引述了内丹家张伯端、白玉蟾、陈冲素等人关于火药关系、炼丹火候等方面的论述，具有可操作性。

---

① 汪光绪：《道德经纂述》，《老子集成》第十卷，第81页。
② 汪光绪：《道德经纂述》，《老子集成》第十卷，第82页。

需要注意的是，汪光绪在注中经常提到其解是合内外丹而言之，如第十章注："此言丹道之始末皆本于无为，合内外丹而言之矣，起下章之义。抱一、无离二句，入手工夫在此，结胎脱体亦在此也。"①又如第四十二章注："此从天道说入人道，虚无柔弱为进道之基，承上章以起下章，合内外丹而言之也。"② 汪光绪虽称合内外丹而言之，并不是说他主张外丹之术，而是他认为内外丹之理具有同一性，即修丹与天地造化同途，故他在注中有时虽用外丹之术语，实际上还是言内丹之事。如他在第五十章注指出："此章本为摄生而发，合内外丹而言之。其以月为比象者，盖阴阳、水火、消息、盈虚，即人世死生、聚散、性命、得失、离合。人与月，其道一也。前段即知雄守雌，知白守黑之意，善摄生以下，即知荣守辱之意，皆比喻设象如此。若泥此而执法象、行卦气，按图索骥，去道远矣。"③ 注文提醒，丹道的术语，都是比喻之言，切不可拘泥理解。

总之，汪光绪的注解，通篇全言丹道，并且强调丹道之正途须以《老子》思想为旨归，这样便能够有效地避免将内丹修炼仅仅视为一种方术的误解。

三、李西月《道德经注释》

清代李西月是道教内丹西派的开创者，他对《老子》的诠释，与该派教义教理密切相关，其中的一个重要特点，便是注意将老子思想与丹道结合起来。

内丹西派的丹道非常注重清静虚空，这一点也在李西月的《道德经注释》中体现出来。如第二十八章之注指出："虚心养气，有如天下之空谷，能为天下之空谷，则致虚守静之常德乃能足也。常德既足，乃复归证于浑朴，而返本还元矣。"④ 再如以下两注：

---

① 汪光绪：《道德经纂述》，《老子集成》第十卷，第 84 页。
② 汪光绪：《道德经纂述》，《老子集成》第十卷，第 102 页。
③ 汪光绪：《道德经纂述》，《老子集成》第十卷，第 106 页。
④ 李西月：《道德经注释》，《老子集成》第十卷，第 453—454 页。

八月十五日，魂尽注于月魄，月乃满而为纯乾，圣人当此，即运河车以载之，乾金遂为我有，《经》所谓得一而万事毕者矣。既得其一，则必不失其一。圣人载魄而返，抱一而居，则地魄擒朱汞矣，故能无离也乎。十月温养，内火天然，暖气常存，婴胎自长。圣人专气致柔，即内火也，故能如涵育婴儿乎。玄览者，内观也。涤除玄览，清净内观也。清净内观，心无疵累。所谓观空亦空，空无所空。所空既无，无无亦无。无无亦无，湛然常寂也。①

重者，水也；轻者，火也。水中生火，故以重为轻之根。静者，定也；躁者，慧也。定中使慧，故以静为躁之君。尝观才德出众之君子，终日游行不离辎重，欲使施用轻快也。虽有荣观，燕处超然，不以纷华扰静也。奈何绛宫主人，尊若万乘者，遽以身轻天下而忘之，全不持重养轻，全不守静制躁。吾恐一派轻则失肾中之真水，而火无根矣。火生于水，水为火之用，故曰臣。一派躁则失心中之真定，而慧无君矣。慧发乎定，定为慧之主，故曰君。②

上述注文强调，修丹的各种具体功法固然重要，但都必须以清静为基。只有持重养轻，守静制躁，内心湛然常寂，金丹才有炼成的可能。

李西月指出："顺成人，荣事也，逆成仙，辱事也。然人当知成人之荣，而守成仙之辱。守辱之学，绝学也。"③ 既然仙学号称绝学，那就说明并非人人适宜，人人可学。所谓逆以成仙，就是要扭转乾坤，逆施造化，超越生死。道教所言还丹之术、还丹之道，都含有反向、逆转之意。不过，在李西月看来，金丹大道也并不神秘，如他在《老子》第四十二章之注中说：

---

① 李西月：《道德经注释》，《老子集成》第十卷，第445—446页。
② 李西月：《道德经注释》，《老子集成》第十卷，第452页。
③ 李西月：《道德经注释》，《老子集成》第十卷，第453页。

　　道立三才之上，五行之先，太上论造化，故必以道为始。大道无形，浑然无极，迫其静中生动，而一乃见焉。一者，水也，在卦为坎。坎居北方，劳卦也。万物之所以成始而成终者，皆在乎是。成终，则庶汇归根；成始，则一阳来复。阳即火也，故言水而火在其中。一生二也。水火调匀，阴阳交泰，木情萌动，物类蕃昌，是故二生三，三生万物也。此统言造化，而丹道亦在其中。愚按：后天五行，其数乱而繁，五数举而行乃备。金生水，四生一也；水生木，一生三也；木生火，三生二也；火生土，二生五也；土生金，五生四也。先天五行，其数治而简，三数举而五可包。水中火发，一生二也；木以火旺，二生三也。木生之时，即万物甫生之时，三可以统万也。又按：修丹之法，五行皆包于一、二，水火双修，三、四、五皆助之。可不必言三也，太上举三，盖以三而穷极万物，故带出三之数耳，且不必言二也。一气为丹，二、三、四、五皆助之，五行皆包于一也。水中产阳火，一包二也；水中藏木汞，一包三也；水中现金铅，一包四也；水中怀真土，一包五也。且不必言一也，窈冥之物，胚胎虚无，又可包之于道也，还丹之术，岂不至简而至易哉？

　　《老子》此章的著名命题"道生一，一生二，二生三，三生万物"历来被视为道家宇宙论的经典表达，但李西月却将其解释成了一套内丹之术。在先天五行与后天五行的论述中，李西月将内丹的功法隐含其中。在一、二、三、四、五几个数字的生成转换之间，神秘的还丹之术居然变得至简至易。于是，在《老子》第五十二章之注中，李西月对丹道进行了更加详细全面的介绍：

　　天下之道，有终必有始，然其始非一端也。金丹有始出之地，始行之事，始复之物。始出者何？坤炉与阴炉是也。阴中藏阳，故名阴阳炉。月现兑方，故名偃月炉。兑为少女，故名先天妙鼎。《悟真》谓"产药川源皆始地"也。始行者何？致虚极，守静笃，吾以观其复。浊以澄静之徐清，安以久候之徐生，皆始事也。始复者何？混混成成，窈窈冥冥，其中有信，其中有精，无名之朴，无形之金，皆始物也。还丹以此金为始，故曰有始。然金非坤家故有之物，乃乾家之火精也。丹法以砂为主，入坤炉而成坎，禀和于玉池之水银，以成戊土，戊土即阳丹也。阳丹乃外丹，外丹乃丹本，金花是他，真种是他，黄芽是他，白雪是他，以外身为内药之娘亲，故有始以为天下母也。母有圣号，称为阳铅。夫有阳铅为母，即有阴汞为子。阴汞是后天子气，阳铅是先天母气。以外边阳铅伏内边阴汞，母与子见，故曰知其子焉。但此阳铅之来，须得火功妙用。盖铅生坎宫，沉而不起，欲其擒制离宫之真汞，当用武火猛烹，然后飞腾而上，及与真汞相见之后，则宜守城沐浴，不可加以武火也。始则母恋子而来，继则子恋母而住，故曰既知其子，复守其母也。子母相恋，终身不殆，则大丹成矣。大丹名内药，圣胎是此，婴儿是此，真人是此。养内丹者，要有天然真火，绵绵于土釜之中，亦须假外炉阴阳符火，勤功增减，运用抽添，然后形化为气，气化为神。形神俱妙，与道合真，故当塞其兑，闭其门，终其身事也。温养两般，内文火而外符火；保全十月，去有为而证无为，故不敢勤于外事，扰室中静功也。《参同》云：固塞其际会，务令致完坚。候视加谨慎，审察调寒温。周旋十二节，节尽更须亲。此即温养功夫也。内境不出，外境不入，塞兑闭门，是为要诀。若使不塞其兑，将日与外事应酬。道家常谈时务，是欲有济于外图，先已有伤于内养，口开神气散，意乱火必寒，长生大道，窃恐不成。故曰济其事，终身不救也。见小者，丹之金光，形如黍米，故曰小。能见此小，则曰明。守柔者，身之壬水，气本平和，故曰柔。能守此柔乃曰强。光者，神也，即金光也。明者，气也，即金精也。以金光罩金精，则光明藏里，神气相依，胎养功成，一身脱厄。[①]

---

① 李西月：《道德经注释》，《老子集成》第十卷，第463页。

对于上述注文，当时就有人评价："此章句句解得清，字字抉得出，还丹之道，尽见于此。"①确实，此段文字内容丰富，涉及李西月内丹功法的多个方面：其一，炼丹的下手之处。注文提到的阴阳炉、偃月炉、先天妙鼎，均指玄关一窍。如陈显微注《周易参同契》云："偃月炉者，谓玄关一窍之体用也。其窍半黑半白，如半弦月，故曰偃月炉。"玄关一窍乃为金丹的始出之地，所以内丹修炼应该从玄观一窍下手。至于入道时的虚静工夫，前面已有所论述，在李西月的其他著作里也多有提及，如《三车秘旨》云"从虚空中涵养真息为胎"，又云"我劝人先在虚空中团炼，静之又静，定之又定"，等等。其二，药物的选择。炼丹的药物主要为铅汞，铅汞汇合于坤炉而成坎，真铅生矣。真铅为阳铅，乃为先天母气，又称金花、真种、黄芽、白雪等。与阳铅相对的阴汞则为后天子气，内丹修炼的要点即在于以铅制汞，如母之抱子。其三，火候的掌握。以铅制汞之法，开始时用气当急与重，所谓武火也。只有用武火，才能让坎宫之真铅擒获离宫之真汞。而真铅与真汞一旦相遇，便不宜再用武火，而要调为舒缓之文火慢慢温养，如此内丹结矣。其四，内丹的性状与作用。内丹练成后，形如黍米，并伴有金光出现。此时修炼者顿觉肾中之元阳被金光罩住，神气相依，心身俱得以超越。

卿希泰先生主编的《中国道教史》曾这样评价李西月的内丹学："虽然在丹法中个别最为隐秘的环节上仍然保持着传统的、固有的语言表达方面的晦涩，但对于全部过程的描述比以前的所有论述都更加具体化了，细节更加清晰、层次更加分明、体系更加完整，这反映出内丹学发展的一种根本性趋势。"②李西月内丹学的上述特点在《道德经注释》里有充分的反映。学术界以往研究李西月的内丹学，主要以他的《三车秘旨》《道窍谈》等著作为依据，而对《道德经注释》关注甚少。实际上，《道德经注释》蕴含着李西月丰富的内丹学思想，值得认真加以总结。

---

① 李西月：《道德经注释》第五十二章，"吾山评语"，《老子集成》第十卷，第463页。
② 卿希泰：《中国道教史》第四卷，四川人民出版社1996年版，第361页。

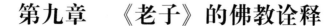

第九章 《老子》的佛教诠释

明清时期，儒释道三教合流的思潮进一步发展，其在老学上有十分明显之表现，众多高僧大德纷纷为《道德经》作注疏。在这些著作中，佛教与老子的思想是可以互相弥补乃至互相诠释的关系。其中的代表作有释德清《老子道德经解》、释镇澄《道德经集解》、释德玉《道德经顺硃》以及王定柱《老子臆注》等。其中，前三位都是佛门高僧，如释德清，乃是晚明佛教四大高僧之一，引领了晚明佛教改革的潮流，而释镇澄也是五台山非常著名的学问僧。王定柱则是清中期的一位官员，同时也是佛教的居士，其信佛的经历颇具传奇色彩，从其著作中我们可以获知佛教居士对《老子》的独特理解。明清时期出现这么多有分量的高僧或居士的《老子》注疏，这在历史上是不多见的。

第一节 释德清《老子道德经解》

释德清（1546—1623），安徽全椒人，世称"憨山大师"，乃明末著名高僧。他与同时代的云栖袾宏、紫柏达观、蕅益智旭等高僧一起推动了佛教在晚明的复兴。[①] 释德清不仅精通佛法，还对道家老庄之学深有研究，并撰《观老庄影响论》一文以及《老子道

---

① 释德清的生平可参见《憨山老人自序年谱实录》，该文收入《憨山老人梦游集》（下册），北京图书馆出版社 2005 年版。

德经解》① 和《庄子内篇注》两书。学术界一贯重视对释德清思想的研究，但对他的老庄学思想，着眼点主要集中在他的"三教一理"思想和《庄子》研究上，对他的解老著作《老子道德经解》关注还不够。② 释德清的老学研究在其整个思想体系中占有重要的位置，本节试图通过对《观老庄影响论》和《老子道德经解》的分析来总结其老学思想，及其在老学史和思想史上的意义。

据《观老庄影响论》的后记所述，此文创意于万历十六年（1588），撰于万历十八年夏日，但是"藏之既久，向未拈出"。一直到万历二十六年，其门人弟子才将该文付梓流传。"创意于十年之前，而克成于十年之后，作之于东海之东，而行之于南海之南"③。《老子道德经解》一书，差不多和《观老庄影响论》作于同时，他说该书之写作"始于东海，以至南粤，自壬辰以至丙午，周十五年乃能卒业"④。两者都是他在山东崂山弘法期间开始写作，前后历时十余年，一直到他晚年于广东弘法时才行于世，也就是他自己所说的"作之于东海之东，而行之于南海之南"。由此可知，释德清对老学的思考和研究并不是一蹴而就的，"或经句而得一语，或经年而得一章"，前后历时长达十几年之久，可见老学在他整个思想体系中占据了重要的位置，下面我们来看他老学思想的主要内容。

一、老子在三教中的位置

释德清之所以重视老庄学说并亲自为之注疏，是因为他觉得学佛并不能仅仅局限在佛学内部，"西域诸祖，造论以破外道之执，须

---

① 《老子道德经解》一书，按其自序的说法，"初刻于岭南，重刻于五云南岳与金陵，再刻于吴门"，在明代就有"初刻""重刻"和"再刻"等三个本子，现在已难得一见，其最常见的是光绪十二年（1886）金陵刻经处本，该本在文前还收录了《观老庄影响论》一文。

② 对释德清《老子道德经解》的研究并不多，主要有李曦《释德清〈道德经解〉评述》（《五台山研究》1988 年第 3 期）、张学智《憨山德清的以佛解老庄》（《道家文化研究》1995 年第八辑）等。

③ 释德清：《憨山老人梦游集》（下册），北京图书馆出版社 2005 年版，第 342 页。

④ 释德清：《老子道德经解》，《老子集成》第七卷，第 391 页。

善自他宗。此方从古经论诸师，未有不善自他宗者"①。而当时的佛教界风气似乎并不太好，主要有两类"不通达"之人。一类是不愿意涉及佛学之外的学问，他说："吾宗末学，安于孤陋，昧于同体，视为异物，不能融通教观，难于利俗。"② 当时佛教内部一些人自甘于寡陋，将佛学之外的其他学说统统视为异物，弃之不观。"余每见学者披阅经疏，忽撞引及子史之言者，如拦路虎，必惊怖不前。及教之亲习，则曰：'彼外家言耳！'掉头弗顾"③。这是他自己的亲身经历，一些佛教徒偏见颇深，视子史之言如学佛道上的拦路虎，根本不愿意去仔细学习研究。还有一类人与此恰恰相反，他们对佛学之外的学问又太过推崇，佛学倒成了从属。他说："其有初信之士，不能深穷教典，苦于名相支离难于理会，至于酷嗜老庄为文章渊薮，及其言论指归，莫不望洋兴叹也。迨观诸家注释，各徇所见，难以折衷。及见口义副墨，深引佛经，每一言有当，且谓'一大藏经皆从此出'，而惑者以为必当，深有慨焉。"④ 一些初学佛者，因佛学根基还不深，随意附会，见有佛学思想契合老庄之处，就认为整个大藏经都是从老庄书中得来。这两类人对待佛教以外的学问，一者过于贬低，一者过于抬高，释德清认为都是不对的。因此他感慨道："嗟乎，是岂通达之谓耶？质斯二者，学佛而不通百氏，不但不知世法，而亦不知佛法；解庄而谓尽佛经，不但不知佛意，而亦不知庄意。"⑤ 要想能学佛有所成，就必须"善自他宗"，"融通教观"，我们且看他究竟是如何"融通教观"的。

1. 三界唯心，万法唯识

释德清试图融通儒释道，其理论基础就是禅宗的真心一元论，他说：

---

① 释德清：《憨山老人梦游集》（下册），北京图书馆出版社 2005 年版，第 329 页。
② 释德清：《憨山老人梦游集》（下册），北京图书馆出版社 2005 年版，第 329 页。
③ 释德清：《憨山老人梦游集》（下册），北京图书馆出版社 2005 年版，第 332 页。
④ 释德清：《憨山老人梦游集》（下册），北京图书馆出版社 2005 年版，第 329 页。
⑤ 释德清：《憨山老人梦游集》（下册），北京图书馆出版社 2005 年版，第 332—333 页。

  ……三界唯心，万法唯识。既唯心识观，则一切形，心之影也；一切声，心之响也。是则一切圣人，乃影之端者；一切言教，乃响之顺者。①

他认为世间万物都是由人之"心"所变现，并用形影、声响来说明。心是万物之源，心产生形，则心是本，而形，也就是万物，就像是影子，在万物之中的圣人，就像是影子最顶层的地方。这里的圣人，不仅仅是佛教之圣人，更包括所有世间各种学派之圣人。圣人的所谓学问，就是"声"，此声也是由心所变现，因此就像心之响者。故世间各种学派以及他们的学问，都是由心所变现，他们享有一个共同的来源。要是以这样的观点来看待三教，会得到怎样的看法呢？他接着说：

  若以三界唯心、万法唯识而观，不独三教本来一理，无有一事一法，不从此心之所建立；若以平等法界而观，不独三圣本来一体，无有一人一物，不是毗卢遮那海印三昧威神所现。②

这就是说，世间任何的事物，包括三教之圣人及其学理，都是同一个来源，都是"一体""一理"，在这个基础上，他们是平等的，是可以沟通的。他总结说，"大道之妙"，"盖在心悟之妙耳"，"一切言教，皆从妙悟心中流出"，"世谛语言资生业等，皆顺正法"。③

  释德清以禅宗的真心一元论为理论基础，将世间一切事物包括三教，统统都纳入心之"影"和"响"，在这个基础上，他得出"三教本来一理""三圣本来一体"的观点，既然如此，那么那些视儒道为拦路虎的就没有必要了，这类人之所以如此，是因为还没有悟得大道之妙，也就是没有领悟三界唯心、万法唯识之妙。他说：

---

① 释德清：《憨山老人梦游集》（下册），北京图书馆出版社 2005 年版，第 330 页。
② 释德清：《憨山老人梦游集》（下册），北京图书馆出版社 2005 年版，第 333 页。
③ 释德清：《憨山老人梦游集》（下册），北京图书馆出版社 2005 年版，第 329—332 页。

由人不悟大道之妙，而自画于内外之差耳。道岂然乎？

窃观古今卫道藩篱者，在此，则曰："彼外道耳！"在彼，则曰："此异端也！"大而观之，其犹贵贱偶人，经界太虚，是非日月之光也。是皆不悟自心之妙，而增益其戏论耳。

盖古之圣人无他，特悟心之妙者。一切言教，皆从妙悟心中流出，应机而示浅深者也。故曰："无不从此法界流，无不还归此法界。"[1]

三教学者彼此之间经常互相视为"异端""外道"，其实都是不悟大道之妙，不悟自心之妙，如果能认识到三界唯心、万法唯识的道理，就不会有这些彼此攻击的言论。他在这里是想呼吁佛教徒不要做"卫道藩篱者"，而要认识到三教本来就是一理。

2. 老子，天乘之圣

由唯心而观之，三教固然是一理，但是在现实中三教毕竟还是有很多不同甚至看起来相悖的地方，应该如何在三教一理、三圣一体的基础上进一步去解释现实中三教之差别呢？释德清借用佛教中"圆融""行布"的理论，以佛教为本位，将孔、老都拉入佛教的体系中，来解答这个三教差别的问题。他认为，"若以三界唯心，万法唯识而观，不独三教本来一理，无有一事一法，不从此心之所建立；若以平等法界而观，不独三圣本来一体，无有一人一物，不是毗卢遮那海印三昧威神所现"。但是，"但所施设，有圆融行布，人法权实之异耳"。[2]

何为圆融与行布？他说："圆融者，一切诸法，但是一心，染净融通，无障无碍；行布者，十界五乘五教，理事因果浅深不同。所言十界，谓四圣六凡也；所言五教，谓小始终顿圆也；所言五乘，谓人、天、声闻、缘觉、菩萨也。佛则最上一乘矣。然此五乘，各

---

① 释德清：《憨山老人梦游集》（下册），北京图书馆出版社 2005 年版，第 330 页。
② 释德清：《憨山老人梦游集》（下册），北京图书馆出版社 2005 年版，第 333 页。

有修进，因果阶差，条然不紊。"① 圆融者就是上文所言以三教为一理、三圣为一体，而行布则是因为"众生根器大小不同，故圣人设教浅深不一"，圣人因为众生的根器并不一样，故针对不同种群的人，其施教的方式也不一样，因此才有了三教的差别。尽管如此，但"圆融不碍行布，十界森然。行布不碍圆融，一际平等。又何彼此之分，是非之辩哉"②。圆融也好，行布也好，并不彼此阻碍，它们只是圣人针对不同对象而设教方式有所不同罢了，其本质都是佛行，都是导人向佛的。三教之差别，就在于它们处在行布的不同阶段。

三教圣人，尤其是孔子、老子，他们究竟处在圆融行布这个理论体系中的什么位置呢？释德清重点以行布中的五乘来说明这个问题。所谓五乘，乃人、天、声闻、缘觉、菩萨这五种教化众生的不同法门：

> 所言人者，即盖载两间，四海之内，君长所统者是已，原其所修，以五戒为本。所言天者，即欲界诸天，帝释所统，原其所修，以上品十善为本；色界诸天，梵王所统；无色界诸天，空定所持，原其所修，上品十善，以有漏禅，九次第定为本。此二乃界内之因果也。所言声闻，所修以四谛为本。缘觉所修，以十二因缘为本；菩萨所修，以六度为本。此三乃界外之因果也。③

"五乘之法，皆是佛法，五乘之行，皆是佛行"，在这五乘之中，释德清认为，"孔子，人乘之圣也，故奉天以治人。老子，天乘之圣也，故清静无欲，离人而入天"。④ 他说：

---

① 释德清：《憨山老人梦游集》（下册），北京图书馆出版社 2005 年版，第 333 页。
② 释德清：《憨山老人梦游集》（下册），北京图书馆出版社 2005 年版，第 334 页。
③ 释德清：《憨山老人梦游集》（下册），北京图书馆出版社 2005 年版，第 333 页。
④ 释德清：《憨山老人梦游集》（下册），北京图书馆出版社 2005 年版，第 334 页。

　　三教之学，皆防学者之心，缘浅以及深，由近以至远。是以孔子欲人不为虎狼禽兽之行也，故以仁、义、礼、智援之，姑使舍恶以从善，由物而入人，修先王之教，明赏罚之权，作《春秋》以明治乱之迹。正人心，定上下，以立君臣父子之分，以定人伦之节。其法严，其教切，近人情而易行。但当人欲横流之际，故在彼汲汲犹难之。

　　吾意中国，非孔氏，而人不为夷狄禽兽者几希矣！虽然，孔氏之迹固然耳，其心岂尽然耶？况彼明言之曰："毋意、毋必、毋固、毋我。"观其济世之心，岂非据菩萨乘，而说治世之法者耶？经称"儒童"，良有以也。而学者不见圣人之心，将谓"其道如此而已矣"。故执先王之迹以挂功名，坚固我执，肆贪欲而为生累，至操仁义而为盗贼之资，启攻斗之祸者，有之矣。故老氏愍之曰："斯尊圣用智之过也。"若绝圣弃智，则民利百倍，剖斗折衡，则民不争矣。

　　甚矣，贪欲之害也！故曰："不见可欲，使心不乱。"故其为教也。离欲清净以静定持心，不事于物，澹泊无为，此天之行也。使人学此，离人而入于天。[①]

释德清认为这五乘法门，是一个由浅而深、由近至远的递进关系。孔子属于"人乘"，其目的是使人为善去恶，成为一个"人"，而不是禽兽。其方法主要就是"修先王之教，明赏罚之权，作《春秋》以明治乱之迹。正人心，定上下，以立君臣父子之分，以定人伦之节"，也就是以伦理道德来约束人。所以儒家的学问是从"人禽之别"入手，重视人道，重视社会的伦理规范和道德秩序。但这只是孔子所表现出来的"迹"而已，孔子之心是讲求"毋意、毋必、毋固、毋我"的，而那些学孔子之人，并没有看到孔子对自身心性的修养，而只以为儒家就是要汲汲于功名利禄，以至于"肆贪欲而为生累"，"操仁义而为盗贼之资，启攻斗之祸"。而老子恰恰于此看出

[①]　释德清：《憨山老人梦游集》（下册），北京图书馆出版社 2005 年版，第 334—335 页。

了世人欲壑难填，这都是过于尊圣用智的结果。因此，老子要使人"离人而入于天"，其方法就是要人"离欲清净以静定持心，不事于物，澹泊无为"，故老子乃五乘中的"天乘"。人乘者，重视伦理道德，以仁义礼智来使人区别于禽兽；而天乘者，则是要清楚人心中的欲望，使人清静无为，去贪欲，破我执。由此我们可以看出，释德清对孔、老二家学术思想的把握是很准确的。

释德清将老子安排进了佛教所谓五乘体系中，并认为老子学说乃其中的天乘，而"佛则最上一乘矣"，佛比这五乘更高。所以那些稍微见到佛学与老庄学说有相通之处便认为佛教从其而出的言论可以休矣。在释德清看来，虽然三教一理、三圣一体，但是，他们所处的位置并不一样，老子才是五乘中的第二乘，而佛则是超越于这五乘的。怎么能说佛法是从老庄学说流转而出呢？他觉得，"原彼二圣，岂非吾佛密遣二人，而为佛法前导者耶"①，孔、老恐怕是佛祖密遣前来渡化此土众生的前导吧。

综上所述，释德清对老庄学说的整体看法，是和他对三教关系的理解分不开的。释德清以禅宗真心一元论为基础，认为三教本来一理，三圣本来一体，再将孔老纳入佛教的五乘之中，以圆融和行布来解释三教在现实中教化之不同。尽管有此不同，但是，它们都是佛法，只是应机施设罢了。他试图以这样的"判教"，来回应和批评当时佛教界的种种不良学风，呼吁佛教徒回到正确的学佛道路上，"融通教观"而不要有偏见，这是释德清专门为《老》《庄》注疏的用意所在。

二、以心性为主的工夫论

上文所述乃是释德清从整体的角度去把握老子在三教中所处的位置以及与佛教的关系，而对于老子思想，他同样也有细致入微的分析并著有《老子道德经解》一书，我们先来看他对老子工夫论的发挥。

---

① 释德清：《憨山老人梦游集》（下册），北京图书馆出版社 2005 年版，第 334 页。

释德清认为《老子》一书，十分重视对入道工夫的阐发，他说，"盖老子凡言道妙，全是述自己胸中受用境界"，"欲学者知此，可以体认做工夫，方见老子妙处，字字皆有指归，庶不为虚无孟浪之谈也"。① 在他看来，《老子》一书并不是有些人所理解的谈论虚无，而是有真真切切、平平实实的工夫，是需要人踏踏实实去做的，"此老子言言皆真实工夫切于人事，故云甚易知易行，学人视之太高，类以虚玄谈之，不能身体而力行，故不得受其用耳"②，仅仅靠口头上的谈玄说无，根本不得老子之妙旨。当然，释德清是禅门高僧，他也是重视顿悟的，在对《老子》个别章节的疏释中，也会谈到顿悟的问题，如"若能当下顿悟此心，则立地便是圣人"③。而顿悟过后并不是就一了百了，悟后之守，也是需要工夫的："学道悟之为难，既悟守之为难"④，即便如此，他讲顿悟的次数仍是屈指可数，基本一带而过，在大部分篇章中，他都不谈顿悟，而谈老子入道之工夫。

1. 工夫论的总纲领

在对《老子》第十章的解释中，释德清从体、用两个方面系统阐述了老子的工夫论，他认为"此章教人以造道之方，必至忘知绝迹，然后方契玄妙之德也"⑤。此章之论述，也可说是其工夫论的总纲领。

（1）从道之体的角度。

就"体"的方面，他认为：

> 然魂动而魄静，人乘此魂魄而有思虑妄想之心者，故动则乘魂，营营而乱想。静则乘魄，昧昧而昏沉。是皆不能抱一也。故《楞严》曰：精神魂魄，递相离合，是也。今抱一者，谓魂

① 释德清：《老子道德经解》，《老子集成》第七卷，第399页。
② 释德清：《老子道德经解》，《老子集成》第七卷，第434页。
③ 释德清：《老子道德经解》，《老子集成》第七卷，第436页。
④ 释德清：《老子道德经解》，《老子集成》第七卷，第412页。
⑤ 释德清：《老子道德经解》，《老子集成》第七卷，第400—401页。

魄两载，使合而不离也。魂与魄合，则动而常静，虽惺惺而不乱想。魄与魂合，则静而常动，虽寂寂而不昏沉。道若如此，常常抱一而不离，则动静不异，寤寐一如。老子审问学者做工夫能如此乎？乎者，责问之辞。专气致柔。专，如专城之专，谓制也。然人赖气而有生，以妄有缘气于中积聚。假名为心，气随心行。故心妄动则气益刚，气刚而心益动，所谓气一则动志。学道工夫，先制其气，不使妄动以熏心。制其心，不使妄动以鼓气。心静而气自调柔。工夫到此，则怒出于不怒矣。如婴儿号而不嗄也。故老子审问其人之工夫能如此乎。涤除玄览。玄览者，谓前抱一专气工夫，做到纯熟，自得玄妙之境也。若将此境览在胸中，执之而不化，则返为至道之病。只须将此亦须洗涤净尽无余，以至于忘心绝迹，方为造道之极。老子审问能如此乎。此三句，乃入道工夫，得道之体也。[①]

在这里他从三个方面来阐述：

首先，"抱一"。他认为人如果魂动则会"营营而乱想"，魄静就会"昧昧而昏沉"，无论是乱想还是昏沉，都不是得道之表现，要想入道，就必须在动静两个方面做工夫，具体的方法就是"抱一"。要做到"魂魄两载""魂与魄合"，也即动静之合一，"动而常静"，"静而常动"，这样就会"虽惺惺而不乱想"，"虽寂寂而不昏沉"。所以抱一之工夫，讲的就是如何使动静相协调的问题，不能过于动，但是也不能过于静。要真做到动静不异，恐怕也不是件容易事，故释德清虽然在此处给出了一个"动静不异"的大方向，但是究竟如何做到，在《老子道德经解》中，他也没有进一步地说明。

其次，"专气致柔"。他认为心与气之间是相互影响的，"心妄动则气益刚，气刚而心益动"，心影响气，气也影响心，两者互相影响下就离道越来越远了。所以，入道就是要在心、气上做工夫，"制其气，不使妄动以熏心。制其心，不使妄动以鼓气"，两者同样互相促

① 释德清：《老子道德经解》，《老子集成》第七卷，第 401 页。

进。等到心气都已被制服之时，则"心静而气自调柔"。在这里，释德清强调的是"制心"与"制气"的工夫，通过二者的互相促进，从而使心静、气柔。在这所有的工夫中，"制心"是重中之重，也是释德清阐述最多、着墨最多的一个，可以说，释德清所理解的老子之工夫论，最主要的就是"制心"，是如何从心性上入手去入道。

再次，"涤除玄览"。"玄览"就是之前抱一、专气等入道工夫，这些工夫做到实处，确实会带来不一样的玄妙之境，但是如果人们过分沉溺于这个玄妙之境而不能自拔，执而不化，那么它就会成为入道的障碍了。所以，在前面这些工夫做足之后，还要将已经体会到的玄妙之境一并清除出心，做到"忘心绝迹"，如此才能"造道之极"。这一步涤除玄览的工夫，他认为就是老子开篇所谓"玄之又玄"："老子又恐学人工夫到此，不能涤除玄览，故又遣之曰：玄之又玄。意谓虽是有无同观，若不忘心忘迹，虽妙不妙。殊不知大道体中，不但绝有无之名，抑且离玄妙之迹，故曰：玄之又玄。工夫到此，忘怀泯物，无往而不妙，故曰：众妙之门。斯乃造道之极也。"[1]

（2）从道之用的角度。

以上这三个方面，他认为是从道之体的角度来阐述入道工夫，接着他还从道之用的角度进一步阐述：

> 老子意谓道体虽是精明，不知用上何如。若在用上无迹，方为道妙。故向下审问其用。然爱民治国，乃道之绪余也。所谓道之真以治身，其绪余土苴以为天下国家，故圣人有天下而不与。爱民治国，可无为而治。老子审问能无为乎，若不能无为，还是不能忘迹，虽妙而不妙也。天门，指天机而言，开阖，犹言出入应用之意。雌，物之阴者，盖阳施而阴受，乃留藏之意。盖门有虚通出入之意，而人心之虚灵，所以应事接物，莫不由此天机发动。盖常人应物，由心不虚，凡事有所留藏，故

---

[1] 释德清：《老子道德经解》，《老子集成》第七卷，第396页。

心日茆塞。庄子谓：室无空虚，则妇姑勃蹊。心无天游，则六凿相攘。此言心不虚也。然圣人用心如镜，不将不迎，来无所粘，去无踪迹。所谓应而不藏，此所谓天门开阖而无雌也，老子审问做工夫者能如此乎。明白四达，谓智无不烛也，然常人有智，则用智于外，炫耀见闻。圣人智包天地，而不自有其知，谓含光内照，故曰：明白四达而无知。老子问人能如此乎。然而学道工夫做到如此，体用两全，形神俱妙，可谓造道之极。其德至妙，可以合乎天地之德矣。[①]

释德清认为道体"虽是精明"，前面那三个工夫已经可以使人在个体的心性修养上做得很好了，但是，如果仅仅停留在"治身"的层面，还不能真正"造道之极"，还应当"在用上无迹"，学道工夫必须要做到体用两全，"方为道妙"。他依然还是从三个方面说明"用"这个角度的工夫论：第一，在治国方面，要做到无为而治，因为有为还不是真的"忘迹"。第二，在应事接物上，要做到"用心如镜，不将不迎，来无所粘，去无踪迹"，"应而不藏"，修道并不是要逃离这个世界，人在这个世界中就必须得应事接物，如果人能虚其"心"，则可做到万事万物过而不留，不沉溺于眼前的事物，这样心也可以常虚而不塞。第三，无知。这里的无知，并不是如木石一样毫无知觉，而是拥有更大的、不同于常人的智慧，这种大智慧是从入道中得来的，人在拥有大智慧之后，却"不自有其知"，不像常人那样地炫耀智慧、用智于外，而是"含光内照"。以上三点都是从人的实际生活这个角度来讨论入道工夫，释德清认为老子一直是在用反问的语气，审问人们能不能这样去做工夫。人类是群体生活的，人不可能脱离这个社会而存在，因此，他在工夫论中特别强调了道之用，强调了应世的一面。只有在治身和应世两个方面都做足工夫，才能"造道之极"。

释德清的工夫论是兼顾体用的，所谓"体"，就是"治身"，是

---

① 释德清：《老子道德经解》，《老子集成》第七卷，第 401 页。

从个体的心性修养入手，而所谓"用"，就是"应世"，即从社会生活、国家治理入手，这就是他所常讲的"真以治身，绪余以为天下国家"①。不仅有心性修养，还要有天下国家，两者结合在一起，即其所谓"内圣外王"，他说"老氏之学，以内圣外王为主"②，且内圣和外王都统一于他极力强调的"入道工夫"，心性修养是工夫，天下国家亦是工夫，两者兼顾，则可入道之妙矣。

2. 制心之工夫

如前文所述，释德清的工夫论兼顾心性修养与天下国家，但是他毕竟是个禅门高僧，所以在他的工夫论中，心性方面还是要占据主要的地位。他认为"道既在万物，足知人性皆同"③，万物所有的道就是人之性，"性乃真常之道也"④，但是由于物欲、俗习等的干扰，真常之性会有所遮蔽，即所谓"戕生伤性"，故人修道的目的就是要使此真常之性得到恢复，而复性则需要在心上下功夫，我们且看他是怎么论述的：

（1）心与精、气、神的关系。

他认为人心会影响到精、气、神，进而影响到真常之性：

> 然人之所以有生者，赖其神与精气耳。此三者苟得其养如赤子，则自不被外物所伤矣，故曰：含德之厚，比于赤子。且毒虫猛兽攫鸟，皆能伤人之物，至于赤子，则毒虫虽毒而不螫，猛兽虽恶而亦不据，攫鸟虽枭而亦不搏。何也？以其赤子不知不识，神全而机忘也。所谓忘于物者，物亦忘之，入兽不乱群，入鸟不乱行，彼虽恶而不伤，以其无可伤之地。此言圣人神之王也。且如赤子之骨最弱，筋极柔，手无执，而屈握极固不可擘。且又不知阴阳之合而朘亦作者，乃精满之至。圣人筋骨亦

①　释德清：《老子道德经解》，《老子集成》第七卷，第392页。
②　释德清：《老子道德经解》，《老子集成》第七卷，第405页。
③　释德清：《老子道德经解》，《老子集成》第七卷，第430页。
④　释德清：《老子道德经解》，《老子集成》第七卷，第405页。

柔弱，而所握亦坚固者，以其精纯之至也。故草木之有精液者，则柔弱而连固，精竭者，则枯槁而萎散。是知圣人如婴儿者，以精得其养故也。然赤子终日号啼而咽嗌不嗄哑者，以其心本不动，而无哀伤怨慕之情，乃气和之至，圣人之心和亦然。斯三者，皆得其所养之厚，故所以比赤子之德也。且此三者，以神为主，以精为卫，以气为守。故老子教人养之之方，当先养其气，故曰：知和曰常。何也？盖精随气转，气逐心生，故心妄动则气散，气散则精溢，所谓心著行淫，男女二根自然流液。故善养者，当先持其心，勿使妄动。心不妄动则平定，心平则气和，气和则精自固，而神自安，真常之性自复矣。①

人的生命是由精、气、神三个方面构成，且三者之间，"以神为主，以精为卫，以气为守"，"精随气转"，"气散则精溢"，气影响到精，精再会影响到神，而神如果不安的话，真常之性不能复，也就无法得道，可见气在三者中的重要性，故老子教人养此三者的方法就是从养气入手。但是气又受到心的影响，"气逐心生"，所以总起来看，心才是处于根本的位置，因为"心妄动则气散，气散则精溢"，气散的原因是心妄动，故心是影响精气神的关键。所以要想恢复真常之性，就得养此精气神，而要想养此精气神，就必须"先持其心，勿使妄动"，"心不妄动则平定，心平则气和，气和则精自固，而神自安，真常之性自复矣"。释德清为心、气、精、神安排了一个层层影响的关系，在这组关系中，心是否妄动是关键，所以，入道的关键也就是在制心上了。他描述了一个由制心，再到气、精、神直至复性的修道图景，这个思路在《老子道德经解》中仅此处出现，更多时候他仅是在讲制心，但此思路又和道教内丹修炼术如此相近。道教内丹术讲"炼精化气、炼气化神"，由炼精入手，次而炼气，进而炼神，只是释德清对精气神三者关系的安排与道教很不一样，他不讲"炼"而说"养"，且由养气入手，气和之后精纯，进而达到神

---

① 释德清：《老子道德经解》，《老子集成》第七卷，第 426 页。

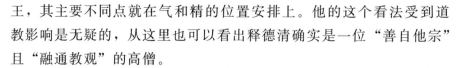

王，其主要不同点就在气和精的位置安排上。他的这个看法受到道教影响是无疑的，从这里也可以看出释德清确实是一位"善自他宗"且"融通教观"的高僧。

（2）致虚守静。

如上文所述，心是入道工夫的关键，要使"心不妄动"，就得致虚守静，他说：

> 致虚极，守静笃者，致，谓推致推穷之意。虚，谓外物本来不有。静，谓心体本来不动……今学道工夫，先要推穷目前万物，本来不有，则一切声色货利，当体全是虚假不实之事，如此推穷，纵有亦无。一切既是虚假，则全不见有可欲之相，既不见可欲，则心自然不乱，而永绝贪求，心闲无事，如此守静，可谓笃矣。故致虚要极，守静要笃也。老子既勉人如此做工夫，恐人不信，乃自出己意，曰：我之工夫，亦无他术，唯只是万物并作，吾以观其复，如此而已。并作，犹言并列于前也。然此目前万物本来不有，盖从无以生有，虽千态万状，并列于前，我只观得当体全无，故曰：万物并作，吾以观其复，复，谓心不妄动也。向下又自解之曰：夫物芸芸，各归其根。意谓目前万物虽是暂有，毕竟归无，故云：各归其根。根，谓根本元无也。物既本无，则心亦不有，是则物我两忘，寂然不动，故曰归根曰静，静曰复命。①

致虚守静是使心不乱的工夫，由致虚达到守静，也即老子所谓"万物并作，吾以观其复"。具体来讲，致虚就是要在万物并作之时，体认到眼前的一切事物都是虚假不实的，"虽是暂有，毕竟归无"，"虽有亦无"，如果能够认识到这一点，则一切声色货利都不能使自己有所动，自然就能守静，也就达到"观其复"的目标。致虚的对象是"目前万物"，其中也包括人的身体，他说，"故以性观身，则性真而

---

① 释德清：《老子道德经解》，《老子集成》第七卷，第 404—405 页。

身假。若以我身而观天下之身，则性同而形忘"①，从真常之性的角度看，人的肉体生命同样也是虚假不实的。守静的对象是心，他将"复"字解释为"心不妄动"，他对"静"字的理解也是"心体本来不动"。所以，致虚守静之工夫，其目的是要使人心不妄动，其最终落脚点，是在人心上，需要由体认"外物本来不有"，而达到"心体本来不动"。同样，他在解释第十五章"孰能浊以静之徐清"时也讲到类似的问题：

> 世俗之人，以功名利禄交错于前，故形气秽浊而不可观。老子因而愍之曰：孰能于此浊乱之中，恬退自养，静定持心，久久而徐清之耶。盖心水汩昏，以静定治之，则清。所谓如澄浊水，沙土自沈，清水现前，名为初伏客尘烦恼。不能顿了，故曰：徐清。②

世俗之人，沉溺于功名利禄之中无法自拔，真常之性早被遮蔽，因而"形气秽浊"，这些人因为浊乱太深而不能顿了大道，所以只能以静定之工夫来治其浊乱之心，一步一步地才能入道，就像浑浊之水慢慢澄清一样。

（3）为之于未有，治之于未乱。

制心除了要致虚、守静之外，还应该在"一念未生"以及"一念始萌"时做工夫，他在解释第六十四章经文"其安易持，其未兆易谋，其脆易破，其微易散。为之于未有，治之于未乱"时对此有详尽的发挥，他说：

> 安与未兆，盖一念不生，喜怒未形，寂然不动之时，吉凶未见之地，乃祸福之先，所谓几先也。持字，全是用心力量，谓圣人寻常心心念念，朗然照于一念未生之前，持之不失。此

---

① 释德清：《老子道德经解》，《老子集成》第七卷，第426页。
② 释德清：《老子道德经解》，《老子集成》第七卷，第404页。

中但有一念动作，当下就见就知，是善则容，是恶则止，所谓早复，孔子所谓知几其神乎。此中下手甚易，用力少而收功多，故曰：其安易持。兆，是念之初起。未兆，即未起，此中喜怒未形，而言谋者，此谋非机谋之谋，乃戒慎恐惧之意，于此着力，图其早复，盖第一念为之于未有也。若脆与微，乃是一念始萌，乃第二念耳。然一念虽动，善恶未著，甚脆且微，于此着力，所谓治之于未乱也。合抱之木已下三句，皆譬喻。毫末，喻最初一念，累土、足下喻最初一步工夫也。上言用心于内，下言作事于外。为、执二句，言常人不知着力于未然之前，却在既发之后用心，为之则反败，执之则反失矣。①

他认为治心应当"为之于未有，治之于未乱"，如此才会用力少而收效多。所谓"为之于未有"，就是要在"一念未生"时下手。一念还未生之时，人心处于一种寂然不动的状态，也没有喜怒之形，这种状态下心还未妄动，是需要去体会和保持的。但是人心不太可能永远不动，等到一念初起之时，当下就应当仔细观察这才起的念头究竟是善是恶，"是善则容，是恶则止"。此时念头虽起，但是善恶还并不是很显著，"甚脆且微"，若在此"未乱"之时用力，去恶存善，则用力少而功多。无论是在一念不生还是在一念始萌之时，都应当要"戒慎恐惧"。所以，治心工夫应当在心"未有"和"未乱"时入手，这是"入道之真切工夫也"②。常人不懂这个道理，等到心"既发之后"才开始用力，此时就困难得多。释德清将人心分为"一念不生"和"一念始萌"两个阶段，这与宋代以来理学家所热衷讨论的《中庸》"已发""未发"问题极为相似，二者的理解也基本差不多，他在此处的表述，应当是受到了理学的影响。

三、内圣外王的治世论

释德清不仅仅关注心性修养的领域，他还关注治国平天下的领

---

① 释德清：《老子道德经解》，《老子集成》第七卷，第431—432页。
② 释德清：《老子道德经解》，《老子集成》第七卷，第431页。

域。他对世间法的关注是和他的佛学思想分不开的。他从"三界唯心，万法唯识"这个理论基础出发，从而认为"治世语言资生业等，皆顺正法"。所谓"治世语言资生业等"就是"世间之学"，是关涉具体的生活实践的，他认为"华严五地圣人，善能通达世间之学，至于阴阳术数、图书印玺、医方辞赋，靡不该练，然后可以涉俗利生"①。要想普度众生，就必须要通达众生所习之学问。因此，他发出"佛法岂绝无世谛，而世谛岂尽非佛法"的感慨。他对佛法和世谛关系的看法也影响到他对三教的理解，他认为不单单佛教如此，三教皆以无我为体，利生为用。三教的体用都是相同的，都是为了涉俗利生，只是浅深不同罢了。如此看来，《老子》"一书所言为而不宰，功成不居等语，皆以无为为经世之大用，又何尝忘世哉"②。其《老子道德经解》中的经世思想具体有哪些内容呢？

1. 内圣外王之道

释德清对《老子》思想的理解可以用一句话来概括，那就是"真以治身，绪余以为天下国家"。老子之学，在他看来固然有极大的修身成分，然而修身却是有目的的，那就是为了治理天下国家，他还认为老子之所谓修身，也并不是针对所有人而言，而更多的是针对统治者。他认为统治者要想治理好国家，必须先修其身，修身是内圣，治国是外王，老子之道，总而言之，就是内圣外王之道。

在解释第三十九章时，他首先认为，"一者，道之体也"，"凡诸有为，莫不以之为本"，既如此，那么天、地、人、海、万物、侯王都必须保住这个"一"不失，方能遂其生。之后，他话锋一转，说道："此老子主意，只重在侯王无以正，而贵高将恐蹶这一句，必欲人君当体道无为而治耳。"③ 在他看来，此章固然讲述了诸多事物均当以道为本，然而，老子最想要强调的，只是侯王即统治者能否体

---

① 释德清：《观老庄影响论》，《憨山老人梦游集》（下册），北京图书馆出版社 2005 年版，第 330 页。
② 释德清：《老子道德经解》，《老子集成》第七卷，第 395 页。
③ 释德清：《老子道德经解》，《老子集成》第七卷，第 418—419 页。

道而行。之所以如此，是因为老子之道就是"内圣外王"之道。"盖老氏之学，以内圣外王为主，故其言多责为君人者，不能清净自正，启民盗贼之心，苟能体而行之，真可复太古之治也"①。君人者"内圣之德既全，虽无心于天下，乃可以托于天下"②。

以此看来，老子的诸多心性修养功夫，并不是无的放矢，而是有着明确的对象，那就是君人者，即统治者，且更多是指君主。张舜徽在《周秦道论发微》一书中也提出了类似的观点，即老子之道，是针对君主而言的，是"君人南面之术"。内圣外王之学在中国历史上源远流长，战国时期的稷下黄老之学，宋明理学等讲的都是这个道理，即治国当先修身，身修才能国治。思路固然相似，然而大家对内圣外王内涵的理解是不一样的。如修身应当达到怎样的境界，治国应当达到怎样的效果等等，不同之人就会有不同的学派立场了。如释德清的内圣之学，就与佛道的修养功夫联系紧密。他想通过致虚、专气、抱一等一系列途径，最终恢复人心本来的"虚明"状态，而理学虽也讲心性修养，然其目的却带有浓厚的伦理道德色彩，这是释德清的心性修养论所不具备的。因此，我们应当看到思路的相似性，还应该看到其内涵的不同之处。

2. 道之沦丧

释德清认为，在老子眼中，整个社会的发展就是一个道之不断沦丧的过程。他在《老子道德经解》中详细描述了这一过程：

……上古洪荒之世，其民浑然无伪，与道为一，全不知有。既而混沌日凿，与道为二，故知有之。是时虽知有，犹未离道，故知而不亲。其世再下，民去道渐疏，始有亲之之意。是时虽知道之可亲，但亲于道，而人欲未流，尚无是非毁誉之事。其世再下，而人欲横流，盗贼之行日生，故有桀跖之非毁，尧舜

---

① 释德清：《老子道德经解》，《老子集成》第七卷，第406页。
② 释德清：《老子道德经解》，《老子集成》第七卷，第429页。

之是誉。是时虽誉，尤且自信而不畏。其世再下，而人欲固蔽，去道益远，而人皆畏道之难亲……而人多畏难而苟安也，是时虽畏，犹知道之不敢轻侮。其世再下，则人皆畔道而行，但以功名利禄为重，全然不信有此道矣。①

从上古到如今，道不断地为人欲所遮蔽，以至于人欲横流。释德清的历史观是退步的，认为随着历史的推进，社会是在不断退步，离道日远。这种人欲之横流是怎么造成的呢？他认为其中一个原因就是君人者自身所导致的，他们自身对道的体悟程度影响了他们的统治方式和社会治理手段。这种历史的退步反映在社会治理的层面上，就是由德而仁而义而礼的这么一个过程，具体来说：

> 上古圣人，与道冥一，与物同体，虽使物各遂生，而不自有其德。以无心于德，故德被群生，终古不忘……谓中古以下，不知有道，但知有德，故德出于有心，自不能忘，且有责报之心，物难感而易忘……德又下衰，上德不称，而下德为尊，于是始有仁义之名……此又下衰，仁义之下，则礼为上矣……故其德下衰，至此已极，圣人亦无可为天下之具也。②

在他看来，上古之圣人，也就是上古的君主，是和道为一的，因此虽然泽被群生但并不私有其德。然而中古之君主，虽然还知道德，但是却是有心之德，有责报之心。这离道已经远了一步了。再往下，君主开始提倡仁义，再次仁义也不可行而只能用礼治了。

社会历史的退步表现出来就是人欲之横流，而人欲之横流很大程度上是统治者采取了不符合道的统治方式，统治者之所以如此，是因为他们的内圣功夫没做好，如果他们真的体道且复性之真了，那么自然就"天下正"了。释德清的思路环环相扣，其立论之主旨

---

① 释德清：《老子道德经解》，《老子集成》第七卷，第 405—406 页。
② 释德清：《老子道德经解》，《老子集成》第七卷，第 417—418 页。

就在于人君的内圣和外王，且由内圣而外王。

3. 人君之经世

前已论及，人君若能做好内圣的功夫，则外王之功庶几可期，而上古之治可得以恢复。那些已经内圣的人君，也就是文中反复所称的圣人，在为人处世、治理国家等方面会有怎样的表现呢？

（1）为人处世。

人在这个世界上，总是需要与人交往的，这就是人的社会性。交往的方式方法往往也影响着其做事的效果。就君主来说，他的为人处世会影响治国的成效，因此不得不重视这个问题，而有道之君究竟如何作为呢？

第一，释德清认为圣人当以"无心"的态度来应世，"迫不得已而后应，曾无得失之心"①。这种无得失之心就是施恩不求报，他说：

> 世人有心施恩，要以结属人心，殊不知有可属，亦有可解。然有心之德，使人虽感而易忘……圣人大仁不仁，利泽施乎一世，而不为己功，且无忘报之心，故使人终古怀之而不忘。②

圣人与人交往，施恩而不求报，得失都不在其考虑之内，只有这种无心之德才能使人民永远记住他，人心自然可结属之。

第二，他认为圣人当"屈己从人"。他说：

> 圣人委曲以御世，无一事不尽其诚，无一人不得其所……圣人之于人，无所不至，苟不曲尽其诚，则其德不全矣……圣人道高德盛，则大有径庭，不近人情。若不屈己从人，俯循万物，混世同波，则人不信。人不信，则道不伸……圣人之心至

---

① 释德清：《老子道德经解》，《老子集成》第七卷，第411页。
② 释德清：《老子道德经解》，《老子集成》第七卷，第412页。

虚至下，故众德交归，德无不备。①

这里主要讲了两个意思：其一，圣人对待他人，应该以诚为主，不遗漏任何一个人。对待任人都尽其诚，则德自全。其二，圣人因为与道为一，故其行为方式可能和一般之人有所不同，因为这种特立独行，一般人会觉得你与他们有所对立，因而对你产生不了信任，如果人民不信任你，治国也无从谈起了。因此，他认为，圣人固然道高德盛，但是，在行为处世上，不要把这种与众不同之处表现出来，不要处处显现出与人之不同，而应该"屈己从人"，具体来说，即："至于世俗庸人，亦同于俗。即所谓呼我以牛，以牛应之。呼我以马，以马应之。无可不可。且同于道德，固乐得之，即同于世俗，亦乐而自得。"② 这种不标新立异、同于世俗的精神，有着怎样的效用呢？他说，"圣人游浊世以化民，贵在同尘和光，浑然无迹。故虽方而不伤其割"，"虽廉而不伤于刿"，"虽直而不伤于肆"，"虽光而不伤于耀"。③

第三，"无弃人"。凡其治下之人民，都应当被其照顾到，不能因为人的善恶而有所偏颇，要做到有教无类，"无不可化之人"。他在解释"圣人无常心"时说道：

> 圣人复乎性善，而见人性皆善，故善者固已善之，即不善者亦以善遇之。彼虽不善，因我以善遇之，彼将因我之德所感，亦化之为善矣……以圣人至诚待物，而见人性皆诚，故信者固已信之，即不信者亦以信待之。彼虽不信，因我以信遇之，彼将因我之德所感，亦化之而为信矣……④

圣人之性和真常之道是一致的，而真常之道人皆有之，因此，圣人

---

① 释德清：《老子道德经解》，《老子集成》第七卷，第409页。
② 释德清：《老子道德经解》，《老子集成》第七卷，第409—410页。
③ 释德清：《老子道德经解》，《老子集成》第七卷，第428页。
④ 释德清：《老子道德经解》，《老子集成》第七卷，第423页。

所看到的是众人固有的真常之性。值得注意的是，文中所谓"圣人复乎性善""人性皆善"以及"人性皆诚"中的"性""善""诚"都是在本体论意义上而言的。此"善"和"诚"不是实践中的"善""诚"，而是本体之性所具有的特征。而下文"我以善遇之"之"善"则是具体的"善"。善人依据此真常之性而行善，圣人也待之以善。不善之人，由于其固有之性被物欲等所遮蔽，因而行恶，圣人于此，也待之以善。因为真常之性人所固有，此真常之性即人去恶行善的根本依据，即便是恶人，也有成善之可能性。如果我以善待之，则其为我所感，继而行善也是可能的。正因如此，则人君对其治下之人民，不能因为其善恶之不同而有所取弃，天下之人都有复性、成善的可能性，人人皆可化。

释德清的这种"无弃人"的思想，有着十分强烈的慈悲精神。佛教谓"众生皆有佛性"，"一阐提皆可成佛"，此正是大乘佛教慈悲救世精神的理论基础。他将佛教的这种精神渗透到老学研究中去，从而为老学注入了新活力。

（2）治国。

有道之君在治国的具体实践中又会有怎样的作为呢？圣人会如何以道治国，使社会恢复上古之治？主要有以下一些方面。

第一，治民之多欲。前已论及，社会的不断退步，其主要表现就是人欲对道的遮蔽，以至人欲横流的地步，而人欲又是和外物对人心的引诱有关。面对如此状况，释德清认为：

> 财色名食，本无可欲，而人欲之者，盖由人心妄想思虑之过也。是以圣人之治，教人先断妄想思虑之心，此则拔本塞源……然后使民安饱自足，心无外慕……然民既安饱自足，而在上者则以清净自正，不可以声色货利外诱民心，则民自绝贪求，不起奔竞之志……民既无求，则使之以凿井而饮，耕田而食，自食其力……如此，则常使民不识不知，而全不知声色货利之可欲，而自然无欲矣……纵然间有一二黠滑之徒，虽知功

利之可欲，亦不敢有妄为攘夺之心矣⋯⋯①

圣人面对横流之人欲，首先应该从根本源头上下功夫，斩断人民的
"妄想思虑之心"，然后再努力发展生产，使人民安居乐业，让人民
能有饭吃，有房住，常常有一种满足感。不仅如此，人君还应当自
身保持清净，给人民立好榜样，而不以物欲引诱人民，如此一来，
人民之欲求则自可慢慢消除。做到这一步后，再不断巩固其成果，
让人民安于生产劳动，自食其力，除此之外，再无过多之知识，也
没有其他声色货利之引诱，则人欲自可消灭。即使还有一些人依然
贪欲不绝，但是，看到周围人都是无欲无求，自己只是少数，也不
敢妄生攘夺之心了。释德清十分重视经济在消除人欲过程中的作用，
也就是说，要想人欲消除，仅仅从思想上斩断其"妄想思虑之心"
是不够的，还应该要发展生产，让人民吃饱饭，从而有一种满足感。
这种在经济生活上的满足，正是消除人们过多欲求的一个物质基础。
人有欲望在于人的不满足，既如此，那么就先在物质生活上给予你
满足。当然，这种给予的满足并不是以人的需求为准绳，而是有其
限度的。基本的物质需求得到满足也就可以了，过多的欲望也是不
需要的，其最终之目的还是要达到一种自足的无欲状态。

　　以上所言仅仅是一般之状态，释德清还考虑到欲心复作之后的
情况，他说：

　　　　守道之效，神速如此。然理极则弊生，且而物之始化也皆
　　　无欲，化久而信衰情凿，其流必至于欲心复作。当其欲作，是
　　　在人君善救其弊者，必将镇之以无名之朴，而后物欲之源可
　　　塞也。②

人民虽安于生产，自给自足，然久而久之就有可能会欲心复作。这

---

① 释德清：《老子道德经解》，《老子集成》第七卷，第 397—398 页。
② 释德清：《老子道德经解》，《老子集成》第七卷，第 417 页。

并不表示释德清对其治民之欲的方法不自信，而是说他实事求是地看到了可能会发生的结果，并设法解决之。面对复作的欲心，他认为，人君应当用"无名之朴"来消灭之。然而这个无名之朴虽然好用，却不可执之而不化，因为"欲朴之心，亦是欲机未绝"，就像"以药治病，病去而药不忘，则执药成病"，因此"须以静制之，其机自息"。①

第二，无为而治。无为而治是老子思想的一个核心，释德清在此书极力发挥之，使之成为圣人经世的一个重要方面，并且，释德清将其纳入内圣外王的整体架构中。内圣之学是无为而治的一个思想理论基础。

为什么需要无为而治呢？他认为人固有其真常之性，若依真常之性而生存，而纯然太古之治。而"中古圣人，将谓百姓不利，乃以斗斛、权衡、符玺、仁义之事，将利于民，此所谓圣人之智巧矣。殊不知民情日凿，因法作奸，就以斗斛、权衡、符玺、仁义之事，窃以为乱"。圣人本为方便所制作的斗斛、权衡、符玺、仁义等等，使得人们离固有的真常之性越来越远，而要恢复这真常之性，就必须"一切尽去，端拱无为，而天下自治矣"。②

无为而治具有哪些内涵呢？释德清着重阐述了去智巧、以静治国等方面。

关于智巧之不可用，他在解释第六十五章时说道："圣人治国之要，当以朴实为本，不可以智夸民也。"为什么如此呢？"夫民之所趋，皆观望于上也"，"凡民之欲蔽，皆上有以启之"。③老百姓的行为受统治者的影响十分大，所谓上行下效就是这个意思，因此人君的所作所为会直接影响人民的作为。人民之所以难治，就是因为统治者"用智之过"，统治者好智巧，老百姓必然效仿之，智巧愈多，民愈难治。因此，他总结道："圣人在上，善能以斯道觉斯民，当先

---

① 释德清：《老子道德经解》，《老子集成》第七卷，第 417 页。
② 释德清：《老子道德经解》，《老子集成》第七卷，第 406 页。
③ 释德清：《老子道德经解》，《老子集成》第七卷，第 432 页。

身以教之。上先不用智巧，离欲清净，一无所好，若无所知者，则民自各安其日用之常，绝无一念好尚之心，而黠滑之智自消，奸盗之形自绝矣。"① 得道之君应当带头不用智巧，这就是一种无为，既如此，则国庶几可治，所谓"不用智而民自安，则为国之福矣"②。

关于安静不可为，他在解释第六十章时对此有所阐明。他说："凡治大国，以安静无扰为主。行其所无事，则民自安居乐业，而蒙其福利也。"治大国就像烹小鲜一样，"挠则糜烂而不全矣"。那些不知治道的君主，喜欢滋事扰民，如此一来，人民经常会受其害。面对这些灾害，人君"乃以鬼神为厉而伤人，反以祭祀以要其福"，其实这灾害并不是鬼神所为，而是"君人者不道所致也"。不道之君认识不到是由自己多事而产生灾害，反将其归于鬼神，并要人民祭祀之以求福。释德清认为人君"若以道德君临天下，则和气致祥，虽有鬼而亦不神矣"，鬼之不伤人，"实由圣人含哺百姓"而致。他将世间的灾害与鬼神脱钩，而直接与人君之行为联系起来，戳穿了历代统治者借鬼神之事来麻痹人民、开脱自己的行为，这在思想史上具有重要的地位，也是其对老子思想的重要发挥。③

（3）用兵。

兵乃国之大事，军队是保障国家安全的重要力量。然而人君当"不可以兵强天下也"，原因有二。其一，用兵有伤和气，损害年成。释德清说："凡以兵强者，过甚之事也。势极则反，故其事好还。师之所处，必蹂践民物，无不残掠，故荆棘生。大军之后，杀伤和气，故五谷疲疠而年岁凶，此必然之势也。"用兵过甚就是掠夺残杀，势必影响到农业生产和经济发展，进而影响到整个国家的发展。其二，用兵者多不得其死。他说："凡善用兵者，必甘心于杀人，兵益佳而祸益深，故为不祥之器。历观古今善用兵者，不但不得其死，而多无后，此盖杀机自绝。而造物或恶之者，以其诈变不正，好杀不仁，

① 释德清：《老子道德经解》，《老子集成》第七卷，第 432—433 页。
② 释德清：《老子道德经解》，《老子集成》第七卷，第 433 页。
③ 释德清：《老子道德经解》，《老子集成》第七卷，第 429 页。

故有道者不处。"① 这里他是从因果报应的角度来说明用兵之危害，用兵过甚者因为杀人太多，会遭到上天的惩罚，不但不得其死，甚至还无后。

释德清从用兵对社会经济以及对自身的后果两个方面阐述了其危害之处，既然用兵有如此危害，但是军队又确确实实是保障国家安全的重要工具，那么该如何用兵呢？释德清认为"惟在善用"：

> 善用者，果而已……俗云：了事便休，谓但可了事，令其平服便休，不敢以此常取强焉。纵能了事，而亦不可自矜其能，亦不可自伐其功，亦不可骄恃其气，到底若出不得已。②

因此，"善用"就是不得已而用兵之意，如别国入侵，我不得不起兵应战。但是这种用兵也仅仅是了事即可，一旦事情结束，则立即撤兵，千万不可再用兵逞强。

这种"不得已而用兵"，需要的是一种"恬淡"的态度，"恬淡者，言其心和平，不以功利为美，而厌饱之意。既无贪功欲利之心，则虽胜而不以为美"③。如果人君时常有恬淡的态度，不追求建立十全武功，也不贪求别国的财力，那么就可以做到不得已而用兵。值得注意的是，释德清并不反对用兵，他反对的是在贪欲的驱使下去用兵。

四、释德清老学研究的思想史意义

前文已经讲到，释德清花费了十多年时间才得以完成《老子道德经解》一书，他之所以如此重视对老庄学的研究，与他的佛学思想是分不开的。他认为，自古以来的佛教大师，都是善于从其他宗派中汲取营养而没有门户之见，而自己所处的时代，佛教已经处在

---

① 释德清：《老子道德经解》，《老子集成》第七卷，第413—414页。
② 释德清：《老子道德经解》，《老子集成》第七卷，第413页。
③ 释德清：《老子道德经解》，《老子集成》第七卷，第414页。

一个比较衰弱的阶段，佛门内部学风不振，宗派意识较强，不仅对非佛教的学说有所排斥，就是佛门内部各派别之间也互不融通。他想要改变这个状况以振兴佛教，所以深入研究道家学说，将老子也纳入佛教的体系中，从而在理论上消解门户之见，这是他研究老庄的根本动机所在。不光如此，他对《老子》的具体解读，也体现了强烈的佛教问题意识，例如他对老子工夫论的阐发，就与其对当时佛教禅宗现状的不满有关。他说：

> 嗟乎！吾人为佛弟子，不知吾佛之心；处人间世，不知人伦之事。与之论佛法，则笼统真如，颟顸佛性；与之论世法，则触事面墙，几如梼昧；与之论教乘，则曰"枝叶耳，不足尚也"；与之言六度，则曰"菩萨之行，非吾所敢为也"；与之言四谛，则曰"彼小乘耳，不足为也"；与之言四禅八定，则曰"彼外道所习耳，何足齿也"；与之言人道，则茫不知君臣父子之分，仁义礼智之行也。
>
> 嗟乎！吾人不知何物也，然而好高慕远，动以口耳为借资，竟不知吾佛救人出世，以离欲之行为第一也。①

这里他主要批评了当时佛教内部的三种不良风气：其一，禅门弟子只知道口头上谈真如、佛性，而忽视了实际的修行。其二，佛门弟子不知世法，不通人道，太脱离社会。其三，佛门内部各宗派之间缺乏交流，禅宗弟子宗派意识太强。这三点也确实影响了佛教的进一步发展，尤其是第一点。禅宗历来主张"不立文字""明心见性""顿悟成佛"，顿悟是禅宗引以为傲的"教外别传"，照这样发展下去，势必会出现释德清所说的那样，过于关注顿悟本身，而忽视甚至鄙视实际的修行工夫。所以他说"吾佛救人出世，以离欲之行为第一也"，所谓"离欲之行"，就是实际的修行工夫。他对禅宗在当时的发展状况是不太满意的，认为很多弟子太"好高慕远"，以致成

① 释德清：《憨山老人梦游集》（下册），北京图书馆出版社 2005 年版，第 338 页。

了"口耳之学",所以他十分强调"工夫",强调实修。其实这不仅仅是释德清一个人的思想,而是晚明佛教界很多高僧的共同主张,他们都在呼吁"由虚返实""禅教合一",不仅要打破佛教内部各宗派的界限,也打破佛教和儒家、道家的界限,从而使晚明佛教表现出一个较强的融通趋势。①

这个思想也深深影响了释德清对《老子》的解读。他说"《老子》一书,向来解者例以虚无为宗,及至求其入道工夫,茫然不知下手处"②,历代以来,很多人都以虚无解《老》,认为老子所宗者乃虚无,但是他们都忽视了老子的"入道工夫",以至于只能口头上谈玄说无,一提到如何入道,则茫然不知所措。因此他对《老子》做出了"工夫论"的解读,时时不忘提醒读者,此处所讲乃入道之真真切切的工夫。此外,他还认为,不仅老子讲工夫,三教之间,"孔子专于经世,老子专于忘世,佛专于出世。然究竟虽不同,其实最初一步,皆以破我执为主,工夫皆由止观而入"。三教虽然最终目的或许有异,但是,它们都是重视工夫的,且第一步工夫都以破我执为主,三教工夫的具体法门都是佛教所言的"止观"。止观是佛教禅定和智慧的修行法门,释德清认为三教的工夫都要从止观入手,"有三乘止观,人天止观,浅深之不同,若孔子,乃人乘止观也,老子,乃天乘止观也",三教之止观纵有深浅之别,但是,"要其所治之病,俱以先破我执为第一步工夫"。③

此外,释德清的老子研究,在整个中国老学史和思想史的发展上也有其重要的意义。由于佛教的影响,自宋代以后,心性论成为儒释道三教共同关注的时代主题。就老学的发展来看,此时,以心性论解《老》成为一个潮流,正如刘固盛所言,它是"《老子》哲学思想解释的第三次重要转变"④。以心性论解《老》的学术风气一直持续到明清,释德清的《老子道德经解》无疑受到了这个学术潮流

---

① 张学智:《明代哲学史》,北京大学出版社 2000 年版,第 629 页。
② 释德清:《老子道德经解》,《老子集成》第七卷,第 393 页。
③ 释德清:《老子道德经解》,《老子集成》第七卷,第 393—394 页。
④ 刘固盛:《宋元老学研究》,巴蜀书社 2001 年版,第 53 页。

的影响，他对《老子》中诸多章节予以心性论的解读，这在前文的论述中显而易见。更重要的是，释德清不仅继承了宋元以来的这个学术传统，而且还有所发展，其表现就在于，他在心性论的基础上去融合三教，将孔、老都纳入佛教的思想体系中，从而使他的老学思想别具一格，与众不同。值得注意的是，释德清的三教合一思想，并不是孤立之个案，而是当时普遍流行的思想潮流。自明中期以后，三教合一的思潮在社会上广泛流行，甚至还出现了林兆恩的三一教。三教合一论其实是宋代以来儒释道三教思想发展的必然产物，很多学者都在心性论的基础上开始主张三教合一，因为在这些学者眼里，心性论是三教之共同主题，既然如此，三教为何不能合一呢？至于怎么合一，不同背景的学者的理解自然也有所不同，释德清是佛门高僧，他的三教合一论，是以佛教为本位的。从以上的分析我们可以看到，以三教合一来解读《老子》，是宋元以来心性论解《老》发展的一个高峰，两者之间有着十分显著的逻辑必然性，而释德清的老学思想，就是这座高峰的一个重要组成部分。

第二节　释镇澄《道德经集解》

在明末佛教复兴和三教融合的思想浪潮下，除了憨山德清对《老子》有深入研究以外，还有其他一些高僧，也对其表现出浓厚兴趣，并为之注解，如憨山大师的好友五台山空印镇澄便是其中代表。

镇澄大师（1547—1617）[①] 是万历年间五台山的著名高僧，与憨山大师友谊深厚，"称法门知己"。按憨山所述："先是予游京师，法

---

① 根据憨山德清《敕赐清凉山竹林寺空印澄法师塔铭》所载，释镇澄生于嘉靖丁未（1547），卒于万历丁巳（1617），世寿七十一岁。见《憨山老人梦游集》（上册），北京图书馆出版社 2005 年版，第 505—507 页。

会众中，独目师当为法匠。既而同妙峰禅师结隐五台，将建无遮法会。集海内耆硕，嘱妙峰力招，师果至。予大喜，为台山得人。时万历壬午岁也。”万历十年（1582），憨山大师在五台山建无遮大会，镇澄应邀前往，并受憨山嘱托“慎勿住人闲，当留心此山，深畜利器”，既而留在五台山弘法兴教，终成一代高僧。憨山对其评价极高，所谓“一时义学推为上首”，“北方法席之盛，稽之前辈，无有出其右者”。因佛学修养深厚，镇澄深得皇室器重，“二百年来，未有福德深厚，上致眷顾隆恩之若此者”。[①] 镇澄大师一生著述丰厚，不仅于佛学上造诣非凡，也对道家经典情有独钟。然而学术界多关注其主持修纂之《清凉山志》以及《物不迁正量论》等佛教著作，对其所作《道德经集解》则缺乏研究，这不能不说是一个遗憾。

镇澄大师的《道德经集解》一书，之所以较少引起学界关注，与其流传不广有密切关系。该书自问世以来，各类公私书目，包括《明史·艺文志》《四库全书总目》《周秦汉魏诸子知见书目》等，均未予以收录。熊铁基和刘固盛等在主持点校《老子集成》时，于南京图书馆发现该书，并收录《老子集成》之中公之于众。作为一代高僧的镇澄之所以要为道家经典《道德经》作注解，与憨山大师的影响有关。憨山所著《观老庄影响论》和《老子道德经解》，镇澄都曾读过。其《道德经集解》序言中明确提到了《观老庄影响论》，而《老子道德经解》一书刻成之后，憨山便将其寄给了镇澄，“近刻三种，寄请印正。但《老子》一书，古无善解，苦心十五年，似可为后学发蒙”[②]。憨山对自己的著作颇为自信，镇澄在读毕后，亦对其见解深感契心。于是他便“不揣痼陋，采摘先儒，窃附己意，效为斯解”[③]，于万历三十四年（1606）成书。

镇澄《道德经集解》亦体现出较为明显的三教圆融思想。镇澄

① 憨山德清：《敕赐清凉山竹林寺空印澄法师塔铭》，《憨山老人梦游集》（上册），北京图书馆出版社2005年版，第505—507页。

② 憨山德清：《与五台空印法师》，《憨山老人梦游集》（上册），北京图书馆出版社2005年版，第215页。

③ 镇澄：《老子道德经集解序》，《老子集成》第七卷，第442页。

一方面认为，儒道两家思想并不相违："孔子尝适周问礼于老子，其言斑斑，见于《礼记》，且有犹龙之叹。则孔子之与老氏，师友之间矣。"① 另一方面，他进一步认为，儒道与佛教之间也有相通之处："孔子尚仁义，助吾戒；老子尚至虚，助吾定；庄子尚玄辩，助吾慧。譬如不□众流，则不足以成大海；不□诸子，则何以见吾佛广大悉备哉？"② 孔、老、庄的思想，都是有利于佛教修行的。基于这样的思想主张，他在注解《道德经》的过程中，能对三教思想资源运用自如，融会贯通，下面详述之。

一、对老子之道的多重诠释

1. 生生不息之道

老子之道，虚昧难知，镇澄对此深有感触。在解释第十四章经文时，他论述道："其在上也不曒，不可以日月星辰名之；其在下也不昧，不可以山川陵谷名之。贯古通今，绳绳不绝，不可以有物名之……不曒不昧，绳绳不绝者，言之也若无若有，不可定名，故为谓惚恍。其来无始，其往无终，处处得相逢。"③ 道难以通过世俗的语言、事物予以描述，但其却毫不间断地发挥作用，世间万物都从道中流转而出，故谓"处处得相逢"。即所谓"天地所以独能长久者，必有道焉……天地职在生物，故不自生。物既不容有不生之年，则天地之所以施生成育者，岂有休歇之时耶"④。

在解释第六章经文时，镇澄进一步论述道生生不息的作用：

辟如山谷，空虚无物，而应响无竭，若有神焉。以况至道，无名无相之中，生化不尽，若有至精至神者，万古常存焉。谷神若有死，则有呼而不应之时。今既无不应时，乃知谷神常不

---

① 镇澄：《老子道德经集解序》，《老子集成》第七卷，第 442 页。
② 镇澄：《老子道德经集解序》，《老子集成》第七卷，第 442 页。
③ 镇澄：《道德经集解》，《老子集成》第七卷，第 447 页。
④ 镇澄：《道德经集解》，《老子集成》第七卷，第 445 页。

死矣。至道之精亦若是，无有不生化时，故知其神常存而不死矣。即此至精至神者，便是天地万化之母，故谓玄牝。出乎此，返乎此，故谓之门。天地之本，故为其根，绵绵常存，独立不改也。用之不勤，周行而不殆也。盖勤则劳而殆也。①

山谷虽然空虚，但是一旦有声音出现，其回声就会随之不绝。镇澄认为，老子用山谷的这种特性来形容道的"生化不尽"。道虽然虚昧难知，但是其生化作用却从未停歇，天地万物都从此中流转而来，就像"玄牝之门"一般。对此，镇澄还有其他类似的论述，如在解释第二十五章经文时，其言道："寂兮无声，寥兮无形，独立不改，卓乎其不可复也。周行不殆，充乎万类，行乎四时，曾无休废也。出生万类，故可以为天下母矣……物莫先之，故谓之大。即其大也，弥纶古今，生化不息，若河汉之逝矣，求其逝者之端，而莫知其极，故谓之远。"② 道生生不息之作用，于此显露无遗。

2. 道与理、气

上文所述乃是一般意义上道生万物的作用，然而虚昧之道体，究竟如何产生出了世间万物，镇澄对这个具体的过程也有详尽之分析。镇澄本人虽是佛教高僧，但对儒学也十分了解。他借用理学中非常重要的"理""气"等哲学范畴，来描述《道德经》中的宇宙生成过程。

镇澄在诠释《道德经》第一章时，认为"道即理也"，"无名，理也。有物混成，先天地生，未有天地，自古以固存，故为天地始也。有名，气也，能温酿生物，故为之母"。③《道德经》中描述的"道生一，一生二，二生三，三生万物"的宇宙生成过程，他亦以理、气关系进行诠释，其说道：

---

① 镇澄：《道德经集解》，《老子集成》第七卷，第444—445页。
② 镇澄：《道德经集解》，《老子集成》第七卷，第451页。
③ 镇澄：《道德经集解》，《老子集成》第七卷，第443页。

> 道，无名之始也。一，万物之母，即冲气也。气依理有，
> 道生一也。冲气动而为阳，积冲气之一为二，一生二也。动极
> 而静，静而为阴，二生三也。阴阳相背，冲气调和而生万物，
> 故万物莫不负阴抱阳，而冲气为和焉。①

道，也即理，是万物存在的根本依据，而万物生成的物质原因则是
气，气动静变化从而生成宇宙万物。这与理学中描述宇宙生成的思
路，几乎如出一辙。对此，他还有其他类似论述，如："道，无名之
始也。万物自无而有，曰道生之始。生而为冲气，冲气为和，温酿
造物，曰德畜之气。凝而成物，体而有形焉，曰物形之。"② 宇宙的
这个生化过程是生生不息、没有停歇的。"道之为物，体虚而用费，
生生不已，终无盈满休息之时"③。

需要说明的是，无论是《道德经》也好，还是理学也好，他们
都认为宇宙万物的生成，乃是真实不虚的。镇澄虽然用理学中的
"理""气"等哲学范畴去描述《道德经》的宇宙生成过程，但并不
能据此认为他就赞同这个思想，或者说这就是镇澄心中的宇宙图景。
因为镇澄毕竟是佛教高僧，"缘起性空"是佛教思想的基石，在大乘
佛教看来，人法两空，镇澄不一定赞同儒道两家认为宇宙真实不虚
的这种思想。镇澄的这种诠释思路，只能表明他对理学思想的熟悉，
以及他认为儒道两家宇宙论具有某种一致性，可以互相诠释。

二、虚静与虚无为本的心性论

作为宇宙根本依据的"理"，有怎样的属性呢？镇澄认为，"虚
静，理也，即无名之始，万物之根也"④，虚静是理的状态和属性。
同时，他又说："天下始，虚无之理也。"⑤ "虚无"也被用来描述理

---

① 镇澄：《道德经集解》，《老子集成》第七卷，第 457 页。
② 镇澄：《道德经集解》，《老子集成》第七卷，第 460 页。
③ 镇澄：《道德经集解》，《老子集成》第七卷，第 444 页。
④ 镇澄：《道德经集解》，《老子集成》第七卷，第 448 页。
⑤ 镇澄：《道德经集解》，《老子集成》第七卷，第 460 页。

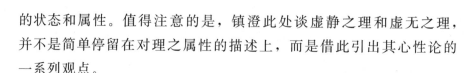

的状态和属性。值得注意的是，镇澄此处谈虚静之理和虚无之理，并不是简单停留在对理之属性的描述上，而是借此引出其心性论的一系列观点。

1. 虚静之理

依前文所言，理是宇宙万物的存在依据，其属性为虚静。那么，作为宇宙一份子的人类本身，其应分有理的虚静属性。"人生而静，天之性也，若明镜焉"①。人之所以不能虚静，乃是因为后天因素产生的欲望蒙蔽了这本如明镜的本性。"凡习而成，学而有者，皆性之欲，若镜上之尘焉"②。这种影响人类虚静天性的种种因素，无外乎情和欲。患生于情，情生于为。而情和欲则是由于外物的影响而使人生心动念的结果，"见外物可欲，则生心动念，百计求之，心如鼎沸，则不胜其乱"③。

体道之人应当如何恢复人所固有的虚静本性呢？镇澄认为应当在心性上下一番功夫，在解释"载营魄抱一"时，他说道：

> 载，运致之意。营，为神虚而动者也。魄，为物实而凝者也。常人不知运致之功，故动者益动，至于流散；凝者益凝，至于刚脆，故不能一之也。圣人运致，使动者常凝，实者常虚，动静恒一，形神俱妙，故能立万仞而神不动，入金石而形不碍，持之不失，是谓抱一而不离矣。④

镇澄认为人的精神时常运动不已，易于流散，从而产生种种欲望，使其离本性越来越远。体道之人，应当针对人的精神有一番运致之功，使动者常静、实者常虚，即恢复固有的虚静本性。在解释"致虚极，守静笃"等文句时，他进一步论述道：

---

① 镇澄：《道德经集解》，《老子集成》第七卷，第 449 页。
② 镇澄：《道德经集解》，《老子集成》第七卷，第 449 页。
③ 镇澄：《道德经集解》，《老子集成》第七卷，第 443 页。
④ 镇澄：《道德经集解》，《老子集成》第七卷，第 446 页。

致，推而穷之也。未至理，则推穷以至之；既得理，则专注而守之。若致之不极，守之不笃，则坐中虽静，涉事即动矣。若致之极，守之笃，虽与万物并作，吾常观其虚而静也。复者，复其本也。万物生于虚，而以虚为根。圣人致虚极，则会万物以归根。既归根已，湛然冲虚，万机无足以扰其神，名之曰静。①

体道之人要使自己的精神达到虚静状态，必须要有致和守的工夫，且这两种工夫都要达到极致，不然则容易为外物所干扰，失去虚静的状态。这种致、守工夫纯熟的理想状态，镇澄也有相应之描述："圣人致虚极、守静笃，造之至于无相无名之地。而后据本以适末，不为末所留；居无以观有，不为有所碍。故虽终日观有，未始乖无；终日适末，未尝离本。故虽终身涉世，而不致危殆矣。"② 这就是说，如果体道之人虚静工夫达于极致，则即使终日涉事，自己的精神也可依然保持虚静的状态而不被扰乱。

2. 虚无之理

如果说虚静之理的重心是在"静"字上，那么虚无之理的重心则在"无"上。镇澄认为老子所宗，无非一个"无"字。第十一章经文谈到车、器、室三个具体事物，镇澄论述道："无，三者之空处也……非有则不得依凭之利，非无则不得受入之用。老子宗无，凡皆贵无。三者虽异形异利，皆以无为主，非无则俱为无用之物矣。"③车、器、室之所以能被人利用，在于其并不是浑然一体，而是有实有空，以无显实。据此，镇澄特别指出，老子宗无、贵无。他并将第三十九章经文"昔之得一者"中的"一"解释为"无"，"一者，无之谓也"④。

---

① 镇澄：《道德经集解》，《老子集成》第七卷，第 448 页。
② 镇澄：《道德经集解》，《老子集成》第七卷，第 460 页。
③ 镇澄：《道德经集解》，《老子集成》第七卷，第 446 页。
④ 镇澄：《道德经集解》，《老子集成》第七卷，第 456 页。

虚无是道或者理的属性，那么作为体道之士，究竟该如何恢复其虚无之本性呢，镇澄认为应当做到"有若无，实若虚"①，"盖君子之道，虽有若无矣"②。显然在这里"虽有若无"可以当作一种心性修养的工夫来看待，镇澄也举出实例来论述如何做到"虽有若无"。

在解释第二章经文"天下皆知美之为美，斯恶已；皆知善之为善，斯不善已"时，镇澄论述道："以美为美，以善为善，□一于此，则矜己骋能之心生焉，则物必得而短之也，何善美之有哉？若不以美为美，不以善为善，则虽有若无，物不得而短之，可谓常善常美矣。"③ 通常人们都有美、善等价值判断，有此价值判断之后，则必然使人生心动念，美善之物影响了人的虚静天性，反而体现不出美与善了。镇澄认为，不如抛弃美、善等价值判断，虽然事物是美、善的，但人并不以此自矜自夸，虽有若无，如此一来，则美善可常存。

这种"虽有若无"的心性修养论，还有多处体现。《道德经》第五章有"天地不仁，以万物为刍狗；圣人不仁，以百姓为刍狗"一句，究竟该如何理解此处的"不仁"，镇澄论述道：

> 天地之德，仁莫大焉。仁而不仁者，不有其仁也。不有其仁，其仁至矣。故虽覆载生成，一任其自然，非有意于可爱而生成之也。故生已便休，曾不加意于其间。犹祭者缚刍狗加美饰以奉之，非有意于可爱重而饰之，盖适然而用之耳，用已便休，曾无加意于其间也。圣人亦然，虽泽及天下，一任其自然，曾无为仁之心。故虽泽被天下，过已便休，曾不加意于其间也。不加意于民，而民无所撄心，则全其性命之情。虽曰不仁，天下之仁岂有加于此哉？④

---

① 镇澄：《道德经集解》，《老子集成》第七卷，第 444 页。
② 镇澄：《道德经集解》，《老子集成》第七卷，第 450 页。
③ 镇澄：《道德经集解》，《老子集成》第七卷，第 443 页。
④ 镇澄：《道德经集解》，《老子集成》第七卷，第 444 页。

镇澄认为"不仁"并不是真的毫无仁爱之心，恰恰相反，天地有大仁才会生养万物。此处的"不仁"，乃是天地虽有大仁，但并不以此自夸自矜，也即所谓"圣人不有其仁，旨在虚心无我，有若无，实若虚，不欲宣德于外也"[①]。

在解释"善抱者不脱"等句时，他论述道：

> 凡建功立业于大名之下者，必有所怀抱倚恃。虽则峥嵘于一时，后之忌其盛者，拔而脱焉。此不善建、抱者也。若建之于无何有之乡，抱之以虚静恬淡，则物莫得而拔，而亦无所脱焉，可谓善建、善抱者。而言善者，虚己不矜之谓。若虚己不矜，在人上，人不以为重；在人前，人不以为碍，故不可拔脱矣。施及后世，故子孙祭祀不辍。以此虚己之道，修之一身一家乃至天下，无施不可。真，处己无妄也。余，至普推以及人也。修是道先当自虚，自虚而后虚物。以身观身者，以吾一身之虚，观他人之身亦若是，乃至以天下之身，观天下之物，莫不皆然。夫天下大矣，何以知其虚哉？故曰以此而已矣。[②]

世俗之人都梦想着建功立业，以达不朽。镇澄认为这种手段建立的功名并不能长久保持，虽能兴盛于一时，终将难逃覆败之命运。要想建立长久不衰之功名，必须保以虚无的态度。如何做到呢？镇澄在这里指出了一个"自虚而后虚物"之道，虚己虚物，推己及人，物我两虚，最终达于虚的极致。以此虚无的态度修身、齐家、治国、平天下，则是真正的"善建""善抱"者。

三、历史观及无为的政治思想

镇澄在《道德经集解》中不仅有对道的形上学解释，同时也表达了自己的历史观念及政治思想。

---

① 镇澄：《道德经集解》，《老子集成》第七卷，第 444 页。
② 镇澄：《道德经集解》，《老子集成》第七卷，第 461 页。

人类文明自古及今，不过数千年时间，如何理解这数千年的历史变迁，是不断进步，还是一直退步，抑或循环往复。不同的思想家对此有不一样的解答。镇澄依据《道德经》，认为人类文明的发展是一个不断远离最佳理想状态的倒退过程。第十七章经文通常作"太上，下知有之；其次，亲之誉之；其次，畏之；其次，侮之"，讲述了人类历史三个不同的发展阶段，然而镇澄有不同的句读。他认为第一句应当读为"太上下，知有之"，其解释道：

> 太上下，知有之，则显太上不知有之矣。太上，上古淳元至德之世，即无怀氏之时也。太上下，即太上次下之世，羲农之时也。君无为而民自化，故下民但知有上而已，曰帝力于我何有哉。其次，则尧舜以仁义治天下，民被其仁，故亲之；怀其义，故誉之。其次，则仁义不足以治其心，则用刑政，故下民畏之。次则刑法不足以治其意，则以权诈为事，故众庶侮之矣。①

镇澄将人类历史的发展阶段划分为四个层次，太上是最美好的时代，所谓"淳元至德"；其次是太上下，比太上稍差，人君以无为而治天下；再次是以仁义治天下；最后是以刑法治天下。他还有进一步的解释："淳元至德之世，天下皆仁，不闻不仁不义之名。不闻不仁不义之名，又安知仁义之名哉？大道既废，则或有不仁不义者出，形彼不仁不义，则仁义之名卓然而出矣。"② 在镇澄看来，人类历史最美好的时代，即淳元至德之世，天下之人虽无标榜仁义之名，但皆行仁义之实。随着时代的倒退，不仁不义之事出现，则需要标榜仁义以治天下。仁义是人的天性，无须外求。"父慈而子孝，天性也。自圣人彰其仁义之教，曰学仁义，然后为圣贤，而人有弃其所亲，而求仁于外者，则天性者亡矣。苟不外求，安于天性，父谁不慈其

---

① 镇澄：《道德经集解》，《老子集成》第七卷，第 448 页。
② 镇澄：《道德经集解》，《老子集成》第七卷，第 448 页。

子，子谁不孝其父"①。

现实的社会已然远离人类最美好的时代，如何恢复人类仁义之天性，回归淳元至德之世？镇澄告诫统治者要做到无为而治，"得天下者，唯无为无事，以静民心，天下可得矣"②。他从阐述有为之害的角度来论述无为之有益，其言道："观有为之害，可知无为之利也。彼为之者，禁令繁出，使民不便生活之计，故弥贫。因国之利器，既已示民，民亦为之，以乱其国，国滋昏乱矣。技巧生而奇物起，法令彰而盗贼多，凡此皆有为之罪耳。"③ 法令、技巧等，皆属有为，可使民贫而国乱。"为人主者，不能浑心包荒其下，必欲精察以尽其法，恐极则事变而祸生矣"④。知晓有为之害后，则无为之益自然显现。其言道："圣人以道莅天下，静漠无为，使民机巧之心无自而生，岂唯民无智巧，其鬼亦不神矣。"⑤ "圣人之治，无为而已。不以智巧撄民之心，唯使如愚若鲁，则达道不远矣……上不用智，民亦安恬，国之福矣。"⑥

四、《老子》诠释中的佛学思想

按前文所述来看，镇澄在《道德经集解》中时常以理学的思想进行文句诠释，但他毕竟是一个佛法精湛的高僧，因此以佛学思想诠释的现象也偶尔会出现，但并不成系统。

如在解释第九章"非以其无私邪？故能成其私"一句时，他说："夫唯不自私者，故能成其私耳，其他孰与焉？犹菩萨一向利人，而化功自然归也。"⑦ 镇澄认为老子所提倡的"无私"的圣人形象，与佛教中普度众生的菩萨相似。

① 镇澄：《道德经集解》，《老子集成》第七卷，第 448—449 页。
② 镇澄：《道德经集解》，《老子集成》第七卷，第 462 页。
③ 镇澄：《道德经集解》，《老子集成》第七卷，第 462 页。
④ 镇澄：《道德经集解》，《老子集成》第七卷，第 462 页。
⑤ 镇澄：《道德经集解》，《老子集成》第七卷，第 463 页。
⑥ 镇澄：《道德经集解》，《老子集成》第七卷，第 464 页。
⑦ 镇澄：《道德经集解》，《老子集成》第七卷，第 445 页。

在解释第三十七章"道常无为而无不为"时，镇澄说："道常无为而无不为，非顽空断灭也。"① 所谓"顽空断灭"，指的是佛教修行者过于执着于空性，这为大乘中观学派所反对。他认为《道德经》中既重视无为，也呼吁"无不为"，不偏执于一端，较为契合佛教的中观义。

在解释第四十八章"为学日益，为道日损"至"不足以取天下"时，他认为："愚谓此章，直以佛学解之可也。为学解也，故日益；为道行也，故日损。行由解成，行起则解绝。故经云：未有不毁文字语言而得道者。既能损妄，又能损损，故曰损之又损，药病俱亡，方证无为。既证无为，然后繁兴大用，觉悟有情，故无不为矣。夫唯无为，乃能摄取天下，以复性情之正。若有所为，则撄挠民心，不足以摄化矣。如经云：见有众生相，则不能度众生。"② 禅宗主张不立文字，明心见性，镇澄认为这与老子所说为道日损有异曲同工之妙。

第三节 释德玉《道德经顺硃》

前面所述德清、镇澄都是明末万历年间的高僧，他们纷纷为《道德经》作注，体现了三教圆融的时代思潮。这股思想潮流不因明代的灭亡而消减，直到清初，依然有佛教僧人在为《道德经》作注解，清初四川僧人德玉便是其中代表。

释德玉（1628—1701），号圣可，四川营山人。德玉早年有过一段学习儒家典籍的经历，后来在时局纷乱中出家为僧，在为僧期间又给道家经典《道德经》作注解。由此看来，他遍习三教经典，在其知识结构中，儒释道三教都有重要的位置，这也是明末以来中国

① 镇澄：《道德经集解》，《老子集成》第七卷，第 454 页。
② 镇澄：《道德经集解》，《老子集成》第七卷，第 458 页。

思想界、宗教界的潮流和趋势。

德玉在出家之后，游历了众多佛教圣地，参禅问师，他"偕法兄雪臂等南游，时夔门关梗阻，和尚本意欲礼沼祖二祖并济祖塔，乃绕道潼关，历潭州之江南渡钱塘江，参天华而洞旨于是彻焉，复至天童礼密祖塔归，出武昌参密行，过江陵参莲月，遇蜀僧半偈敦请返川"。康熙七年（1668），"僧松石、半偈、立玄、居士李生番、杨继芳等，迎和尚住华岩洞，洞在待老山麓"。德玉的到来使得华岩寺道场信众云集，"僧俗皈依者如水趋壑"，"众信毕集达三千人"。德玉的《道德经顺硃》正是其在华岩寺弘法期间所作，"和尚拈白棒，警群迷，度世界之心仍未有已也，厥后禁足季而关，注《宝训》《道德》《梵纲》诸经"。①

《道德经顺硃》是应其信众的邀请而作，德玉说：

> 盖由学者请笺《禅林宝训顺硃》讫，复请曰：《道德经》讲解者累数百家，咸各出己意，读者更是难晓，乞师顺文浅显开论。季而许之，遂就正文顺硃填墨，略增意义，虽薄而无味，不过使读之者不离言，不即言，易于领会焉耳。②

《道德经顺硃》，顾名思义，即依顺原文略做解释，不做过度的发挥，按德玉自己所言是"薄而无味"，这确实是该著的一大特色。不过，尽管如此，作者在行文间还是不可避免地带有一些自己的思想或者是有感而发的文字。一方面，德玉身处明末以来三教融合的思想潮流中，深受影响，其著作中有明显的三教融合倾向，以理学和佛教思想诠释《道德经》要义。另一方面，德玉生活在改朝换代的时代，社会动乱，天崩地解，他在著作中也寄托了期望社会安定的生活理想。

---

① 本段引文俱见张冷僧：《圣可和尚传》，《华岩寺志》，重庆华岩寺本 1939 年版。
② 释德玉：《道德经顺硃》，《老子集成》第八卷，第 742 页。

一、道论

老子之道，玄之又玄，《道德经》短短五千文，彰显了道的至上性。然而毕竟经文太过短小精悍，无形中给后人理解老子之道设置了不少障碍。究竟应当如何来形容和描述道的至上性呢，德玉在《道德经顺硃》中对其多有阐发，如他在解释第十四章经文"夷""希""微"时，有过详尽之论述，其言道：

> 视之不见耶，有不当于眼者，视的不见，不可以黑白名也，但曰夷而已。听之不闻耶，有不当于耳者，听的不闻，不可以音声名也，但曰希而已。搏之不得耶，有不当于手者，搏的不得，不可以形□者也，但曰微而已。凡人间事，世智辩听或可以诘问而得之，唯此夷、希、微三者，始不可诘，非隳肢体，黜聪明，离形去知，同于大通者，不可得混合消融而为一也。况视的、听的、搏的，拟将何物以形容之哉？[1]

凡俗事物可以通过视觉、听觉、触觉等感觉器官去把握和了解，但是道无法由此去感知和认识，故称其为"夷""希""微"。对此，德玉还有进一步的论述，其言道：

> 其在上也，非三光可比其明，故不皦。其在下也，非云翳可掩其质，故不昧。但审审绵绵，了无缝罅，从何名之？仍复归于无何有焉耳。夫是之谓无状之状，状何有？无物之象，象何有？夫是之谓恍兮不有，恍兮不无。迎之于始，莫可诘其端倪。随之于末，不可穷其终极。莫可穷诘，则无终始。既无终始，何有古今？惟持守古天地之始，以运用今万物之母，则今母即古始也。能知此者，是谓通天彻地，道之纪极也。其深玄

---

[1]　释德玉：《道德经顺硃》，《老子集成》第八卷，第 748—749 页。

妙道，讵易以言赞及之耶？①

在德玉看来，道不仅无法通过感官去感知，也无法从空间或时间的角度来进行描述。因此，说来说去，道仍然是无法用言语予以说明的，正因如此，方才凸显了其至上性。

道虽然难以把握，但是道的作用却能够被人们所认知，道能生成世间万物，德玉说："形而上者谓之道，形而下者谓之器。冲虚则形而上者也。形上虚无，无物不受，尽古今遐迩，事物在其间，不似一粟之在太仓乎？"② 道冲虚无形，但是在虚无中却蕴含了生成万物的动力和潜能，而且道的这种生成作用是持续而不断绝的："要知此幽玄牝母，众妙之门户，即是生天、生地、生人之根本也。自古自今，绵绵不绝，若存若亡，而不可以眼见。不用则已，若一用之，虚而不屈，动而愈出，总不见有勤劳之象焉。"③ 德玉还进一步用母与子的关系来描述道生成万物的作用以及道与物的关系，其言道："凡天下事物，未有形名之始，不可状，不可名。及其有状有名，则凡天下事物无不藉斯以资生也，故曰始曰母。母者，道也。子者，物也。道为物母，物为道子。古之得道者，能使子母不离而道物为一。盖物从道出，物不异道。子从母出，子不异母。"④

二、《道德经顺硃》中的理学影响

宋代理学在阐释人与宇宙关系的时候，有一些基本的哲学范畴，如"心""性""情"等。人类得之于天的所谓"天命之性"，在现实世界中，会因为种种因素的干扰，而逐渐散失或被遮蔽。因此，人类需要一个"复性"的过程，以恢复人性的固有面貌。德玉在解读《道德经》时便时时刻刻受理学这一思路的影响，大量借用理学中常用的"理""心""性""情"等哲学范畴。他在解释第四十七章"不

---

① 释德玉：《道德经顺硃》，《老子集成》第八卷，第 749 页。
② 释德玉：《道德经顺硃》，《老子集成》第八卷，第 744—745 页。
③ 释德玉：《道德经顺硃》，《老子集成》第八卷，第 745 页。
④ 释德玉：《道德经顺硃》，《老子集成》第八卷，第 765 页。

出户，知天下。不窥牖，见天道。其出弥远，其知弥少。是以圣人不行而知，不见而明，不为而成"时，认为"此一章言性镜本明，不假作为而自鉴照的意思"，将这种"不行而知，不见而明，不为而成"理解为性体的自足：

> 性之为体，充遍宇宙，无远近古今之异。至德之人，其所以不出户，不窥牖而无所不知者，特其性全故耳。世之人为物所蔽，性分于耳目，内为身心之所纷乱，外为山河之所障塞。见不出视，闻不出听，户牖之彻，能蔽而绝之，不知圣人复性而足，乃欲出户而求之，是以弥远。欲窥牖而察之，是以弥少也。性分所及，不必行出户庭，而知天下之事，宛然在目。不必窥看窗牖，而见天道之理。历忝知名，不必有所作为而自然成功。讵是有作有为而始鉴照如斯也耶？[①]

人天赋之本性原是处于"全"的固有状态，但是在耳目五官的作用下，内被身心所乱，外为山河所障，慢慢偏离了固有的状态。人们需要通过种种手段，"复性而足"，恢复原本的状态。这一章注文里所表达的这个思路，在《道德经顺硃》中随处可见。如德玉认为第四十六章"罪莫大于可欲，祸莫大于不知足，咎莫大于欲得。故知足之足，常足矣"中的"知足"指的是人之本性的充足圆满，他说"一性之内，无欠无余，人能安之，无往不足"[②]，以此劝导人们要安于本性的固有状态。

前文讲到，人天赋的本性并不能时刻保持固有的状态，所以需要复性。如何复性？释德玉在解释第十章"载营魄抱一，能无离乎"时提出了"涤情归性"的手段：

> 焦《笔乘》谓清虚则魄即魂，住着则魂即魄。如水凝为冰，

---

① 释德玉：《道德经顺硃》，《老子集成》第八卷，第763页。
② 释德玉：《道德经顺硃》，《老子集成》第八卷，第763页。

冰泮为水，其实一耳。季而谓即人之情也，反之为性，又即人之意也。收之为心，营营不敛，是谓坐驰。载营魄，复性之谓也……凡人之魄，时时营为，目趋于有，若能载之，则乘乘然有归也。化有为无，涤情归性，人分二而我抱一，其孰使离乎？①

在德玉看来，《老子》所谓的"载营魄抱一"，就是复性的意思，具体来说，是"即人之情也，反之为性"，涤情归性。德玉认为，天赋之本性发生偏离之后，产生了情，若要恢复本性，则必须从情上下功夫，涤情以归性。他在《道德经顺硃》中多次提到这个问题，在解释第十五章"孰能浊以静之？徐清"时说："谁能以浊乱之情，复还定静之性，徐使湛湛焉而清彻？"② 性与情在德玉眼里是一对相反的概念，情浊乱而性定静。由情复归于性，需要的是"致虚守静"之工夫：

> 诚能虚极静笃，凭他万象森罗，并生于目前，不吾惑也。吾但观其复，以及于初耳。物虽芸芸，丛杂各有其恨，随他妄想，纷纭当下寂灭，不静而自静也，静则复还于天命矣。既复于命，则谓之不迁不变之真常，真常则又非明白四达者不知也。若不知常而任情妄动，则凶祸随之矣。③

涤情归性的最好办法就是致虚守静，只有虚极静笃，虚静到了极致，则任何外物都无法撼动人得之于天赋的本性。

总的来说，德玉在《道德经顺硃》中并未如憨山大师那样，大量引用佛理以解释《老子》，而只是在少数文句的疏释中，偶尔引用佛学以相互参证。

---

① 释德玉：《道德经顺硃》，《老子集成》第八卷，第746—747页。
② 释德玉：《道德经顺硃》，《老子集成》第八卷，第749页。
③ 释德玉：《道德经顺硃》，《老子集成》第八卷，第750页。

三、《道德经顺硃》中的社会理想

德玉生活在明末清初的战乱年代，社会动荡不安，他自己早年也是颠沛流离，九死一生。《道德经》一书中讲述了大量减少军备、无为而治的政治思想，德玉对此深有感触，他在注解这些文字时，也是在抒发自己渴望社会安定的理想。

1. 修身为本

德玉认为，统治者要想治理好天下，必须要先从修身入手。他认为《老子》第五十四章"言治天下要以修身为本的意思"，其解释道："世之所谓□□者，或修之于天下国家，而不知其本真乃在吾身也。故曰：修之于身，其德乃真。或既善修其身，能自建自抱，又当推己及人，而家，而乡，而国，而天下，则其德宁不有余裕，有广长，有丰溢，有普布哉？庄周以为道之真以治身，其绪余以为国家。其上□以治天下，其说本此。《大学》谓治国平天下，以修身为本，亦不谋而合。"① 德玉认为老子主张治天下的根本在于修己身，这与庄子以及《大学》的说法是不谋而合的。既然修身如此重要，那么应当如何修身呢？其又言道："然则何观而修身哉？以身观身而已矣。云何观，吾观吾眼云何有见，吾观吾耳云何有闻，吾观吾身云何有觉，吾观吾意云何有知。如是观察见闻，觉知之所自，而又观大观者，则眼、耳、身、意、四肢、百骸，不待锻炼而自无何有，谁当拔且脱耶？"② 德玉在这里提出了一个"以身观身"的说法，即从省察自己的感觉器官入手，进而一步步降服欲望，达到修身之目的。德玉对人感官的重视，可能与他是佛教僧人的身份背景有关系，因为佛学正是从人的六根（六种感觉器官）入手，一步步分析人的欲望、烦恼及其解脱之道。有了修己身的工夫，则不愁天下得不到治理："一身既尔，则一家人之身，一国人之身，一天下人之身，无

---

① 释德玉：《道德经顺硃》，《老子集成》第八卷，第 766—767 页。
② 释德玉：《道德经顺硃》，《老子集成》第八卷，第 767 页。

不浑其心不治而自治。人人善建善抱，亦不拔不脱也。吾何以知其天下不治而治，所以然哉？因观身修德而知，其所以然耳。凡临莅天下者，可不知所本乎？"①

2. 无为而治

德玉生活在明末清初的动乱年代，其对于社会安定的渴望应当比其他时代的人来得更为强烈。无为是《道德经》政治思想的重要内容，老子描述了一个由统治者无为而天下大治的理想社会蓝图，德玉对此颇为欣赏并多有阐发。

德玉论述了一个人类不断退步的历史进程。其言道："太初以前，上古无为之世，小民淳朴，日出而作，日入而息，纵知有君而不知有君之德也。及其下降也，德可见而生亲爱之心，恩可称而生赞美之语。又其下降也，时迁世改，智多难治，乃设刑法以防之，使有畏怕之意。又下降也，一法出，一奸生，禁多令繁，于是而有欺侮之念起。"② 在德玉看来，人类最美好的时代，恰恰是上古君主行无为而治的时代。随着历史的推移，后世君主不能再行无为之治，各种道德、刑法手段纷纷出现，目的是社会大治，但结果却事与愿违。"天下者，神道设教之大器也。无思无为，寂然自感，不可勉强有作也。若勉强有作，尽心力而为之，一定有灾，亡无日也。不可屈强求得也。若屈强求得，与物相□相□，一定有妨，失不旋踵也"③。有为的后果，必定会带来种种灾难。

既然上古无为而治的黄金时代一去不复返，那么后世统治者如果想天下大治，则必须效法上古，在政治上行复古之风。他认为第八十章谈论的"小国寡民"，是在表明"为民上者，宜复古风以为政的意思"。其论述道："□国□政不烦，寡民则俗尚贤。使有十人，所共什器。百人，所共伯器，而无所可用。使民乐生遂性，能重死

---

① 释德玉：《道德经顺硃》，《老子集成》第八卷，第767页。
② 释德玉：《道德经顺硃》，《老子集成》第八卷，第750页。
③ 释德玉：《道德经顺硃》，《老子集成》第八卷，第755页。

而安，上无求，不远徙焉。上既无为不扰，下既安上尚食，虽有舟舆、什伯之器，不相往来，亦无因□□。虽有甲兵，民各重死，不相防害，亦无因可敌。能如此，庶几可复古也。"①

在德玉看来，所谓复古风，就是无为而治的意思。如何做到无为而治，德玉有一系列的论述和阐发。

首先，他认为统治者应当不以仁义扰民。在解释第五章时，他说："譬如结刍为狗，设之予祭祀之间，饰以彩，虔而奉，岂爱之耶？特时之当用，适然而用耳。祀讫而弃之，行者践，樵者焚，岂恶之耶？特时之当弃，适然而弃耳，安有爱恶之心于其间哉？圣人之于民亦如是也，特无以爱恶相扰，而民性自全。生死得丧，吾何与焉？虽未尝仁，而仁亦大矣。"② 统治者对待百姓，应当像祭祀时所用之刍狗一般，顺其自然之法则，当用则用，当弃则弃，而不当因过于偏爱而施行种种之"仁政"。这些所谓"仁政"，在统治者自身看来，固然是为了百姓更好地生活，但在百姓看来，可能是以仁义害之而已。

其次，统治者不要以刑法、利益、技巧扰民。德玉认为："圣人能以天下为一身，中国为一人者，其治自心出也。我多忌讳，则禁防必设。禁防既设，则民安得而不贫？我以利示民，则民多趋利。民既趋利，则国安得而不昏？我以巧示民，则民多伎巧。伎巧既盛，则奇物安得而不滋？我以法示民，则民亦窃法以自便，上下相冒，则盗贼安得而不多？其弊实在我而不在民也。上有好者，下必有甚焉者矣。"③ 以刑法、利益、技巧等手段治理天下，则必然会将百姓导入歧途，最终会落得国家昏乱、盗贼多有的局面。百姓之本性本来是正直善良的，其作奸犯科，皆因在上位者不恰当之引诱。"夫人心本正，因诱故邪"。因此，统治者需要抛弃刑法、利益、技巧等所谓治国之手段，专以无为而治，"我示之以无为，民亦无为。我示之

① 释德玉：《道德经顺硃》，《老子集成》第八卷，第 777—778 页。
② 释德玉：《道德经顺硃》，《老子集成》第八卷，第 745 页。
③ 释德玉：《道德经顺硃》，《老子集成》第八卷，第 768 页。

以好静，民亦好静。我示之以无事，民亦无事。我示之以无欲，民亦无欲"①。

再次，统治者应该顺应民情。德玉认为第四十九章"表圣人随机应感，不逆民情的意思"。他论说道："圣人也者，无思也，无为也，寂然不动，感而遂通天下之故，曷尝有一定之常心哉？唯以百姓之心，有善有信，则圣人亦以善心信心应之耳。倘百姓既善，吾亦与之偕善，俾乐善不倦焉。其或不善，吾亦自善以感之，俾民自新，迁徙为善，斯乃德化于善也。讵有常善心耶？倘百姓既信，吾亦与之俱信，俾其崇信不已焉。其或不信，吾亦自信以动之，俾民自惭更改尚信，此乃德化于信也。岂有常信心耶？"② 统治者治理天下不应当抱有自己过多的心思和想法，而是要顺应民情。如果百姓本身就具有善良、诚信的品质，那么统治者应该善于利用之并将这种优良的品质不断予以养护和扩充。如果百姓本身不具备善良、诚信的品质，统治者也不应该感到失望，而是要尽量以善良、诚信去感化之。所以，这里的顺应民情，并不是一味满足百姓的各种需求，而是善于观察百姓之所思所想，并积极引导。做到这一点，则"民咸注望仰瞻圣人，容止可亲，作事可法，则因圣人之视听，而民亦从而视听之也……则不善不信者，亦皆善信，况善善信信者乎？"③

3. 反对战争

《道德经》第三十、三十一两章集中体现了老子反对穷兵黩武的思想，德玉将这两章分别重新定名为"俭武""偃武"。他在注解中首先点明了以武力纵横天下的坏处："军旅所处之地，使民不得耕耨而荆榛棘刺丛生也……大军经过之后，家无粮，人乏食，而凶荒立至。治身者救死且不暇，奚暇收耗散，复正气，而保其无凶乎？""夫兵乃戎器，戈、矛、剑、戟之类，所以杀人者，而嗜爱之，岂吉

① 释德玉：《道德经顺硃》，《老子集成》第八卷，第 768 页。
② 释德玉：《道德经顺硃》，《老子集成》第八卷，第 764 页。
③ 释德玉：《道德经顺硃》，《老子集成》第八卷，第 764 页。

道哉？或师之所处，或大军之后，荆棘丛生，凶荒立至，动植飞潜咸不得所，而况于人乎？"① 这种对战争之后社会萧条境况的描述，既是在疏释《道德经》的相关文字，同时也是德玉对自己所处明清易代之际社会现实问题的反思和控诉。在指出一味依赖武力的不良后果后，德玉进一步提出对统治者的期望。他说："故有道者，知其兵强，决不可用而遂止，非果断不能也。有道者尚不敢，其他孰敢以兵强取天下耶？有道者果断于谦，而不自大；果断于让，而不自夸；果断于退，而不自骄；果断于不得已而后动；果断于弱，而不以兵强天下。非达天下者，决定不能也。""恬淡为上，不得已而战，胜而不佳美。若战胜而佳美之，是嗜爱杀人，以要求功名也。夫嗜爱杀人者，岂能放心肆志而安天下哉？"② 统治者需要知晓武力会给社会带来严重的后果，因此应该控制自己的欲望，果断减少使用武力。不得已必须发动战争时，也不应过于夸耀胜利的成果。因为战争毕竟是残酷无情而死伤无数的，即使侥幸战胜，也应以悲悯之心处之。"煞死者众，宜乎以悲伤哀痛，无德自惭而涕泣之也"。最后，他总结道："或持衰世乱，救民水火，不得已而用兵以自防护，亦宜以德为兵，以慈为卫，以无为为城郭，以不嗜杀人为甲胄。"③ 德玉此处对战争的控诉和对统治者的期许，如果我们联系明末清初兵荒马乱的实际情形，就不难理解他在注释中寄托的期望社会安定的理想了。

四、《道德经顺硃》中的佛教思想

德玉是禅门高僧，他的著作虽是解读道教经典，但正如黄丽频所言，其注释还是体现了一些佛教色彩。④ 按德玉自己所言："余阅玄圣言，质而不文，朴而非器，与素王言、西方圣人言合，故取而

---

① 释德玉：《道德经顺硃》，《老子集成》第八卷，第 756—757 页。
② 释德玉：《道德经顺硃》，《老子集成》第八卷，第 756—757 页。
③ 释德玉：《道德经顺硃》，《老子集成》第八卷，第 757 页。
④ 黄丽频：《清代老子注义理的继承与开新》，台湾成功大学 2009 年博士论文。

释之。"① 也就是说，德玉认为《道德经》与儒家、佛教思想是一致的。因此，他在《道德经顺硃》中亦偶尔以佛经文句印证、疏释老子思想，虽未成系统，但从中亦可见其三教融合的思想主张。下面举例说明之。

在解释第十八章"大道废，有仁义"等句时，他认为，"大道废弛，仁义义方显矣"，"有仁义不如不废大道"。大道是高于仁义的，行文至此，他进一步以佛教中的思想来阐释大道的重要性，他说："正趣菩萨放身光明，映蔽一切，日月星电，天龙八部，释梵护世，所有光明皆如□墨。用是而知大道一出，则仁义纵有向，何处安著耶？"② 在他看来，佛教中的菩萨大放光明，会使其他东西黯然失色。大道如果不废，其他诸如仁义、智能、孝慈、忠臣等，都不会被刻意彰显。两者的过程和效果是相似的。

《道德经》第七十五章抨击了统治者食税过多，以致民饥贫的状况。德玉将此章定名为"贪损"，他疏解道："此一章言为上者，当损己益民，勿贪生以损民的意思。吾教言贪、嗔、痴为三毒，而贪居首。儒教三戒，戒之在得，一也。"③ 德玉认为佛教将贪作为人生三毒之首，反对贪欲乃是儒释道三教共同的主张。

第四节 王定柱《老子臆注》

前面所述释德清、释镇澄、释德玉等都是佛门高僧，本节所要叙述的对象王定柱，则是清中期一位佛教居士。

王定柱（1761—1830），河北正定人。"庚戌科进士，选授云南师宗县知县，调丽江，擢普洱府他郎通判，思茅同知，历署黑盐井

---

① 释德玉：《道德经顺硃》，《老子集成》第八卷，第 742 页。
② 释德玉：《道德经顺硃》，《老子集成》第八卷，第 750 页。
③ 释德玉：《道德经顺硃》，《老子集成》第八卷，第 775 页。

提举，镇沅州知州，普洱永昌开化府知府。特授四川成都府知府，迁川东兵备道，山东盐运使，调两淮盐运使，未赴任，再迁浙江按察使，终于任"①。

按其曾孙王耕心所言，此段引文是江苏阜宁县知县曹明志以及儒学训导周传诒为国史馆所撰写的立传材料，因此可信度是很高的。②

一、从辟佛老到成为佛教居士

据王定柱自述：

> 余家世业儒，笃奉六籍，自五祀以外无杂祭。塾之左洁室一楹，妥先圣四配主，列祀神武关汉寿帝，司命文昌帝，配以斗魁。以礼官祭日虔祀无怠，近百年矣，室中未尝有二氏书及像设。③

他们家世代以读书科举为业，家塾中未曾有佛教、道教书籍以及神像的陈列。十岁那年，王定柱偶然听到乡间学校的塾师在讲解《孟子》的时候，将孟子批判的杨、墨理解为今日的佛、道之学，于是

---

① 曹明志、周传诒：《故浙江按察使王名定柱事实册》，《椒园居士集》卷六，《清代诗文集汇编》第 468 册，上海古籍出版社 2010 年版，第 57 页。

② 在《清代官员履历档案全编》中我们还可以看到两个王定柱的履历文件。其一为履历折，曰："臣王定柱，直隶正定府正定县人，年三十九岁。乾隆五十五年进士，候选知县。今签掣云南广西州师宗县知县缺，敬缮履历，恭呈御览，谨奏。嘉庆六年二月二十八日。"（秦国经主编：《清代官员履历档案全编》第 23 册，华东师范大学出版社 1997 年版，第 663 页）其二为履历单，曰："道光九年七月内用浙江按察使。王定柱，直隶人，年六十五岁，由进士嘉庆六年选授云南师宗县知县，大计卓异。升补普洱府他郎通判。三年俸满，升补思茅同知。道光元年四月内升，授四川成都府知府。二年闰三月内升，授川东道。七年九月内用山东盐运使。"（秦国经主编：《清代官员履历档案全编》第 2 册，华东师范大学出版社 1997 年版，第 613 页）曹、周二人对王定柱为官历史的记载与履历档案吻合。

③ 王定柱：《讼过记》，《椒园居士集》卷一，《清代诗文集汇编》第 468 册，上海古籍出版社 2010 年版，第 2 页。

欣然有悟，此后他日日以批判佛道为己任。此时的他认为能辟佛道之学才是圣人之徒，才能成为圣贤。

王定柱辟异端的举动影响估计不小，十七岁那年他乡试中举后拜谒阿雨斋先生，就受到了先生的好言相劝。这个叫阿雨斋的先生告诉他辟异端并不是圣人之徒，只不过是一部分儒者自张门户的需要，甚至是因对佛教地狱轮回之说感到恐怖而故意攻击之，以缓解恐怖感的需要。王定柱在听了这番言论之后，对自己往日的行为有所省察，他似乎也意识到了辟异端的行为与圣贤之道并不是一回事。但在回到乡间之后，因为怕被讥笑而继续跟随大众，并没有改变辟异端的行为，反而还推波助澜。

乾隆五十一年（1786），王定柱二十六岁，这一年他的家乡发生了大瘟疫，死的人很多，他也不幸染病。在昏昏沉沉中，王定柱梦见自己在去寺庙的路上遇到了关帝，于是跪地求关帝活命。没想到的是，关帝却历数他的缺点，尤其批评了其诋毁佛道的行为，并且告诉他，如今这一切都是其应得的报应。王定柱在梦中听闻此言后"震栗丧魄"，十分恐惧，求生的欲望让他在关帝面前发誓要一改前非。或许是关帝被其感动，便派人救活了他。这是王定柱在大病之时所做的一个梦，梦境真假无从考证，不过他确实从病中好了过来。此后他开始彻底反省自己以往辟异端的行为，其言道：

> 翼日扶杖起，诣神武像前匍伏谢，自是始稍知悔惧。窃意圣贤之言，积庆余殃，迪吉逆凶，皆以诱掖中下之人，使不为不善而已。二氏之说，亦以发明善庆恶殃之理而已。其言之明罪福怵愚悍者，士可得见而知，闻而悟。其言之绝思议通于穆者，士见而未必遂知，闻而未必遂悟，又况无闻无见乎。①

在经历了一番生死之后，王定柱彻底反思了自己过往的行为，开始

---

① 王定柱：《讼过记》，《椒园居士集》卷一，《清代诗文集汇编》第 468 册，上海古籍出版社 2010 年版，第 3 页。

心平气和地思考佛道之学。他认为，佛道二教对善恶报应的提倡，其实与儒家圣贤之学一样，都是教人去恶向善。可以看到，王定柱这时候的反思以及对佛道之学的认识，还停留在善恶报应等比较感性的阶段。自后他开始阅读起佛教典籍，其思想的转变也真正完成：

> 病稍瘥，假一榻养疴禅寺，稍稍涉猎藏典。初览小乘，虽不敢如昔诟谤，顾于胸中颇亦时有扞迕，意杂疑信。次及中乘，帖然意适，窃臆谓率是净修，高当不失冉闵，下亦不减乐正克也。后历大乘，渊乎妙哉，人性本善，天道融通。以智仁勇造生安学利，以孝弟慈利天下国家，范围万事而无心，陶冶万物而无情。视听言动，操本运末，中规中矩而不勉。生死人鬼，原始要终，有物有则而能贞，执一可以贯万，朝闻可以夕死。洙泗邹峄之传，蕴其妙未及言，引其绪未及详。凡以世多中下，欲使由贤入圣。而佛氏则兼以世不绝大智，超诣非难，欲并使由凡跻圣，若乃及其成功，则一也。何惑乎天地灵祇倾向翊赞之乎。余初从呰诼十年，日谓佛言害于吾师孔孟之道，至是乃知释流附益害道之说，嗟诚有之，顾万万非佛意。若佛之道，与孔孟并立，万万不相害。微特不相害，又无不足以发明孔孟之言。凡所谓蕴妙不及言，与言之不能详者。忆向来读书廿年，帖括千首，但以华饰诳妄，弋猎科名，其于圣贤墙庑，不啻马牛其风。乃由遍观佛书，而后志气稍稍通，障翳稍稍尽，愧厉稍稍生，趋向稍稍坚，心痗背汗，不敢不求勉为善人。然后回念向时貌圣贤实悖圣贤，其获罪宫墙，良不可逭也。①

病好之后，王定柱开始阅读佛教三藏典籍，并对佛教有了全新的认识。他认为大乘佛教与儒学一样以利济天下国家为己任，佛教与孔孟之道是并立而不相害的。不仅如此，佛教还能够发明、补充孔孟

---

① 王定柱：《讼过记》，《椒园居士集》卷一，《清代诗文集汇编》第468册，上海古籍出版社2010年版，第3—4页。

之道。

在遍读佛教典籍之后，王定柱经受了一次巨大的思想洗礼和人生转向。他不仅改变了辟异端的做法，还树立起佛教的信仰，这个改变对一个儒家读书人而言是惊人的。王定柱的行为也一定会招致其他儒者的非议，他需要为自己的转变辩护，并试图在佛老之学中寻找和儒家思想一致的地方：

> 顾辟仙佛者，罪其废绝伦理，专务虚空，此甚不然也。仙佛所谓空，即儒者所谓虚。仙佛所谓慧，即儒者所谓灵。惟空故慧，惟虚故灵。所谓虚者，即人欲净尽之名也，所谓灵者，即天理澄而物来自照也。仙佛非一旦而可致其成之也，必有渐，必使喜怒哀乐之发不乖于和而后喜怒哀乐之未发不乖于中，必使喜怒哀乐不乖于中和而后其气能定，其神能凝，其心能泰然坦然而后呼吸足以应天地本始之气，未有心不正，意不诚，气不浩然而能寻虚叩寂，明心见性，不为千魔万怪之所挠毁者也。是故人必能为圣贤而后可以为仙佛，亦惟能为圣贤而后可以不必为仙佛……仙佛所谓魔怪，即吾心之私欲所感召也。自古圣贤无不扫魔去障，故使本性现而天君尊，而历劫仙佛无不循理应物，故使恩怨化而轮回绝。[1]

他找到了儒释道三教的共同点，那就是心性的修养。通常儒家批判佛教和道教是"废绝伦理，专务虚空"，在他看来并不是如此，佛教、道教的种种修炼手段和儒家正心诚意等心性修养工夫是一致的。具体来说，他将理学中心之已发和未发等概念与佛教道教的修养手段进行对比，并认为佛教道教的修养手段同样是从心之已发和未发处着手，既而达到致中和的目标。儒释道三教的修养工夫其实就是一个人欲净尽而天理呈现的过程。他站在理学的立场，以理学思想

---

① 王定柱：《原佛》，《椒园居士集》卷一，《清代诗文集汇编》第 468 册，上海古籍出版社 2010 年版，第 10 页。

为基础来解读佛教和道教，从而在其思想深处促成了三者理论的统一。

此外，王定柱还认为儒释道三教都是以利济天下为根本目标，这是他所理解的三教共同点之二。他深叹自古帝王未有能以佛理知天下者：

> 故古以黄老治天下者，莫若汉文，可谓三代以下之极盛。若求能以佛之理治天下者，由古昔以至胜国，盖未之见。后人曾未深求其理，而以耳附耳，以口附口，此甚可惜也。学者不遍观三藏则无由知释典有厚人伦明教化之实用。①

正是因为帝王们看不到佛教道教有"厚人伦明教化"的作用，才会转而迷信其求福免祸的功能，并因此招来儒家对其做出"异端"的评价，王定柱接着说：

> 或问曰：古先大儒为其君陈善纳诲，未尝不排二氏之说，而诋佛尤力，诚过欤？否欤？曰：非过也，所遇之时然也。盖使其君诚能清心寡欲，聪明睿智，则不虑蛊于伪仙伪佛之害，不蛊于伪仙伪佛之害，乃能真见佛老所以牖民立教之旨，以裨益于政。若唐宋中主所以尊崇二氏，非能明其义理本原，但欲以觊福免祸求自利而已。此于佛老之本意固未有当也。夫二氏所以教人布施为善者，特以愚下之人私心胶扰，万私万过，由贪而起，是故导以慈悲喜舍，使其悭吝鄙陋之愚，攻取倾轧之巧，渐捐渐淡，而后可以导之于正。②

历代帝王尊奉佛教和道教，都没有能够明白二教的理论对国家治理

---

① 王定柱：《原佛》，《椒园居士集》卷一，《清代诗文集汇编》第468册，上海古籍出版社2010年版，第10页。
② 王定柱：《原佛》，《椒园居士集》卷一，《清代诗文集汇编》第468册，上海古籍出版社2010年版，第9页。

的益处，反而沉迷于消灾祈福，这与佛教和道教的本意距离十分遥远，所以才会有大儒纷纷起来辟佛老。倘若帝王真的能够知晓佛道二教对治理国家的巨大作用，并能将其理论运用到治国之中，国家则不愁治不好：

> 今为治者，果能涤荡聪明，捐除烦恼，使知革囊之喻，嚼蜡之况，则不致有便辟曼媚声伎之蛊。使知蜎蠕皆有生，草木皆有性，则不至有穷兵轻狱残贼之事。使知财禄有额，暴珍有愆，则不至有诛求无艺、贪冒无度之咎。使知不以法遮制恶人，善神不佑，灾疠并兴，则亦知姑息长奸，赦恶毒善之不可为，而谓其政不足进于淳古之盛，然乎？不然乎？①

佛道二教对生命的尊重、对人欲的遏制等，无一不是国家长治久安的重要思想资源和治理手段，从这个意义上说，佛教和道教不仅心怀天下，而且对国家的治理意义重大。

在此思想的影响下，王定柱开始遍注儒释道经典，儒家有《周易琐笺》《大学臆古》《中庸臆测》，佛教有《金刚般若波罗蜜经溯原》《金刚般若波罗蜜多心经浅说》，道家有《老子臆注》。下面我们以《老子臆注》为例，来说明王定柱究竟是如何在理论上调适儒释道思想，来为自己的人生转变寻找合理性的。

二、老子之道，不离伦常日用

王定柱《老子臆注》② 一书的自序落款为嘉庆戊辰，则该书至少在嘉庆十三年（1808）即已完成，此时王定柱尚在云南为官。他对《老子》一书的理解与此前所论他对儒释道三教的整体认识是密不可分的，认为老子与孔子一样，以天下之治乱兴衰为己任：

---

① 王定柱：《原佛》，《椒园居士集》卷一，《清代诗文集汇编》第 468 册，上海古籍出版社 2010 年版，第 11 页。

② 《老子臆注》有国家图书馆藏嘉庆十五年（1810）金泉山刊本。

> 尼山栖栖皇皇，日蒿目家国天下；柱下淳淳闷闷，亦日蒿
> 目家国天下。其意至隐，其术至尊，利济万物而物莫之知。
> 《易》谓圣人以此洗心，退藏于密，吉凶与民同患，神以知来，
> 智以藏往，聪明睿知，神武而不杀。盖由黄帝以溯羲昊，孰不
> 由此道者乎？三代以降，惟汉文小得黄老之毫发，宇宙清谧，
> 灾札不兴，治称近古。唐宋诸主，莫与比隆。而儒者弃五千言
> 若土苴然，或且以为杨朱之所由出蓝，斯岂不足深悼惜耶？①

在他看来，《老子》一书对治国的重大作用，在历史上，只有汉文帝
能知其一二，唐宋以来的帝王虽然崇奉道教，但是都没有看到这一
点。而儒家人士对此也是黯然不知，他们将《老子》看作是不愿拔
一毛以利天下的杨朱的思想来源，这是十分可惜的事情。所以，王
定柱对《老子》的注解，务必要阐明《老子》书中有益于治国治民
的思想，所谓"要期有裨益于天下国家之隆治鸿化而已"②。

王定柱认为老子之学，不离伦常日用，在解释第一章的时候，
其言道：

> 未分天地，有尊有卑，天地之始也；既立君臣，为仁为忠，
> 万物之母也。老子之道纯乎易事，不离伦常日用，但以听之盈
> 虚消息而已，不与焉，行无所胶，心无所系，与道委蛇而已。③

他对《老子》第一章"无名，天地之始；有名，万物之母"的阐释
较有特色，他以尊卑、君臣等思想来解释老子所谓的天地万物的展
开过程，天地未分之时尊卑就已存在，万物既生之后，君臣自然而
立。从这个角度看，老子之道的展开就与规范人伦日用的尊卑、君
臣等思想紧密联系起来，所以他得出老子之道不离伦常日用的看法。

---

① 王定柱：《老子臆注》，《老子集成》第十卷，第321页。
② 王定柱：《老子臆注》，《老子集成》第十卷，第321页。
③ 王定柱：《老子臆注》，《老子集成》第十卷，第322页。

既然如此，那么成仙成佛与儒家的纲常伦理是不矛盾的：

> 世无日用疏略之圣贤，又岂有伦常缺憾之仙佛？故自私者，尊生之秘修；不自私者，立命之大本。天地所重于圣贤仙佛，藉其利济众生。若徒自私，是逆天道，安得长久乎？老子之学，迥异杨朱，于此可见。①

儒家一直批判佛教和道教自私，因为他们仅关注自身的修炼。王定柱不同意这个看法，他认为无论是儒家的圣贤也好，还是佛道二教的仙佛也好，都是积极入世，以利济天下众生为己任的，这也是它们被世人看重的主要原因。杨朱在王定柱看来是一个自私之人，他不愿拔一毛以利天下，而老子显然不是这样。正是基于这样的理解，王定柱在《老子臆注》中十分注重阐发老子的治国思想，如第十章"爱民治国，能无为乎"一句，历来有注解者认为这是老子以治国比喻治身，王定柱认为非是：

> 爱民治国，或以为以国喻身，非也。三代以上之学问，未有离事功而言心性者。老子之学出于黄帝，凡区画家国天下之事，皆所以积累心性之功。必心知其义，乃能积义以成浩然参天地之气，不致流弊为江左清谈也。②

他认为老子论述治国的文字就只是在论述治国而已，并没有借治国比喻治身。在他看来，三代以上的学问，心性的修养也就是治身，是不脱离于实际事务的，治身之目标需要在治国等具体实务中实现。也就是说，治理国家是心性修养的重要手段。如果不能理解这一点，则很容易将老子之学理解偏了，从而如魏晋清谈那样，废弃纲常伦理，以致家国崩坏。

---

① 王定柱：《老子臆注》，《老子集成》第十卷，第 323 页。
② 王定柱：《老子臆注》，《老子集成》第十卷，第 324 页。

基于此，王定柱对道教所言的长生不死也有了新的认识，在他看来，凡是为天下国家鞠躬尽瘁之人，即可永垂不朽：

> 老子之道，谷神不死。历周以来，得其道者，拔舍翀举，不绝于世，信而有征。然而言曰：大患为吾有身。又曰：死而不亡者寿。同与？异与？大抵道之为物，浑成于天，近天则消，顺天则长。出世之士，屏居幽遐，盗窃元气，天假之以葆命之暇，使之慧灵，发神用妙，其后乃足利济于世。是其呼吸陶铸，以求不死者，以顺天也，化血气而为神明者也，元亨之道也。入世之人，担荷伦物，翕张宇宙，天畀之以尽性之责，使其道德光天宇泰，其身足以利济于世，其体乃以欣合于天，是其原始要终，而不求为不死者，以顺天也，委血气而存神明者也，利贞之妙也。尧舜禹汤陟降犹存，秦皇汉武长生安在？宋有宣和，明则嘉靖，犹龙再三致意，所以垂教深矣。①

王定柱认为，出世之人和入世之人，其所承担的责任和需要完成的事务是不一样的。出世之人，顺天而行，盗天地之元气，实现生命的延续，然后则可以利济于世，为天下做贡献。而入世之人则要担负起治理天下国家的重任，而不是求长生不死。尧、舜、禹、汤等上古帝王，以天下生民为己任，不求长生不死，但是其道德文章足以让后人景仰，这也是一种长生。而那些求长生不死的帝王，能有人成功吗？

从上文的叙述我们可以知道，在王定柱的思想中，老子之道是不离伦常日用的，是有益于天下国家的。那么《老子》一书究竟阐发了哪些治国之道呢？在他看来，就是"无为"。第七十五章的注文中说：

> 治政经邦，化民成俗之要，莫尊于无为。所以能臻无为，

---

① 王定柱：《老子臆注》，《老子集成》第十卷，第331页。

由于不自私其身，能不自私其身，乃能为而无作，利济万物，参配天地，悠久无疆。注家多以譬喻释之，所谓仁者见仁，知者见知，要之圣言剀质，义本易明也。①

无为是治国安邦的重要手段，如何才能做到无为呢？王定柱认为，首先要能够不自私，不自私则能无为。所以，王定柱眼里的无为，不是什么都不作为，也不是废弃纲常伦理，而是捐弃那些以自私自利为目的的行为。他说："……自然无私无欲，故名曰无为。"② 在解释第四十八章"为道日损"句时，他说："无私故无为，初为道者，岂能遽臻无为？必先抑损其私，日纯日净，然后可至于无为。"③ 所谓的无私，就是要超出个人荣辱的范围，以天下为己任，勇于承担其治国安民的责任：

> 天生圣贤，非以逸其身，荣其遇，将欲使之道济天下。圣人知其与己无与，故顺于事而不敢拂，欲于己而不敢骄，任造化之自然，致万物之得所而已，无所容心焉，此则为无事而已矣。是故放勋重华无事也，阪泉涿鹿亦无事也，负扆居摄亦无事也。下至分茅锡土，纤组析圭，亦无事也。自王、何以降，罔知体要，哆讲玄虚，遂使礼乐沦亡，纲维陨荡，政俗痹废，陆陷神州，是谁之过欤？④

王定柱将魏晋的社会动乱归罪于王弼、何晏等人开创的魏晋玄学，他认为王弼、何晏等人错误地理解了老子的无为，以为无为就是废弃礼乐、纲常，这种做法导致了中原沦丧于五胡之手。王定柱认为，老子无为的本意，是让人抛弃自私自利的念头和行为，勇于承担社会责任，只要是有益于天下国家的行为，都是无为。

---

① 王定柱：《老子臆注》，《老子集成》第十卷，第 343 页。
② 王定柱：《老子臆注》，《老子集成》第十卷，第 337 页。
③ 王定柱：《老子臆注》，《老子集成》第十卷，第 335 页。
④ 王定柱：《老子臆注》，《老子集成》第十卷，第 335 页。

需要注意的是，王定柱虽然自二十六岁之后转变了自己的思想，不再辟异端而转信佛教，但是他并没有放弃儒家的立场。换句话说，他是站在儒家的角度去理解佛教和道教，得出佛老并不是异端的结论。虽然王定柱希望在理论上阐明三教之相通，来为自己的人生转向做辩护，可是周围的人并没有理解到这一个层次，只知道他由一个儒者转信佛教了，因此非议颇多，其曾孙王耕心说：

> 道光中，公最以治绩名世，而学术之渊源无知者。所著《讼过记》诸文，觉世之意至切，而见者蓍如也。咸丰间，上元萧先生文霍为公传，精切博赡，深达本原。然后公之学术、治术，同条共贯，炳然大著于世，而谤亦随之。盖公之所以为政在学术，而公之所以为学在释氏。释氏之学适为世所不及知，故虽有高世之行、兼善之美，亦一切抑之，若惟恐其说之明、道之行焉。及夷考其所以为谤，则与公少时之覆辙无以异。乌呼！流俗相嬗，大惑难解，亦可哀矣。①

王定柱苦心孤诣，已经在理论上为自己的转向找到了支撑，可是一般人并不理解，依然视佛教为异端，且对王定柱多有谤语。王耕心对此也感到十分无奈，他认为这是世人没有真正理解其先祖的学术主张，而崔澍田的《椒园学案》则是真正读懂了王定柱的思想。崔氏《椒园学案叙》说：

> 正定王先生靖擎，兼通儒佛，践履笃实……上元萧文霍氏为先生传，谓其学湛浸于释氏，深达天人之故，而于禅宗净土未尝致力。今考所著《鸿泥续录》与大慈寺僧论万法归一，一归何处语及《金刚般若经注》论净土语，知萧氏之说实有所见，

---

① 王耕心：《浙江按察使本生曾王父椒园公家传》，《椒园居士集》卷六，《清代诗文集汇编》第 468 册，上海古籍出版社 2010 年版，第 63 页。该文也收录王耕心著《正定王氏家传》一书，见《近代中国史料丛刊》续编第 84 辑，台湾文海出版社。

非出臆度。然先生之学，由释氏入，不必由释氏出，故其论学宗旨惟在阐明心性，归重儒术。今萧氏乃以释氏专门之学求之，谬矣。①

崔氏觉得将王定柱的学术归为佛学是错误的，他认为王定柱学术的最终归宿还是在儒学。王耕心对此十分赞同：

> 考公所学，虽博设三藏，仍以埤益儒术为宗，故于出世之学，未暇详论，而发挥心性，切实践履，已无遗议。②

王定柱的学术虽然博涉儒释道三教，但是其最终落脚点是在儒学上。他所积极阐明的是儒释道三教的心性修养理论以及利国利民的作用，而对佛教和道教的出世之学，也就是成仙成佛的部分，并没有深论。从本文的论述来看，王耕心的评价是公允的。

---

① 崔澍田：《椒园学案叙》，《椒园居士集》卷六，《清代诗文集汇编》第 468 册，上海古籍出版社 2010 年版，第 64 页。
② 王耕心：《上元萧先生文霍椒园公家传后论》，《椒园居士集》卷六，《清代诗文集汇编》第 468 册，上海古籍出版社 2010 年版，第 65 页。

第十章　明代老学以文解《老》

所谓以文解《老》，主要指文人学者对《老子》进行点评。明代《老子》点评本著作出现于中后期，归有光是明代最早对《老子》进行点评的学者，但因为其点评零散、短小，流传不广。万历十九年（1591），陈深《诸子品节》刊刻并产生很大影响，此后大量点评本面世，且大都引用《老子品节》的观点。点评体老学著作的大量出现，是明代老学发展的特点之一。

第一节　对《老子》的点评

一、归有光《道德经评注》《老子汇函》

归有光（1506—1571），字熙甫、开甫，号震川，江苏昆山人。嘉靖十九年（1540）举于乡，直至嘉靖四十四年始中进士，授长兴县令。隆庆四年（1570），因大学士高拱举荐，任南京太仆寺丞，留内阁制敕房，第二年病逝。著有《震川先生文集》。

归有光虽然科举不顺，但文名很高，尤其在散文方面，被目为"明文第一"。明代中后期，出版市场混乱，出现了大量打着名人旗号出版的著作，或者对名人著作进行增删篡改，使得很多文献真假难辨，归有光的《老子》评点著作即属于后者。目前可查的归有光的《老子》点评本有两种，一种为《道德经评注》本，一种为《诸子汇函》本。

　　《道德经评注》本对《河上公章句》八十一章全本进行点评，这一版本有天启四年（1624）文氏竺坞刊《道德南华二经评注》本之《道德经评注》、清王子兴辑嘉庆九年（1804）姑苏聚文堂刊《九子全书》及《十子全书》①。文氏本、《九子全书》、《十子全书》中所收录的归有光《道德经评注》正文内容相同，不同者在于正文之前的内容，文氏本正文之前的内容依次为《高皇帝御制道德真经序》、《高皇帝御制老子赞》、秦继宗《老庄评注序》、《老子总论》、《老子列传》、《老子志略》、《道德经评注目录》、河上公《道德经评注序》、《老子谱略》、《老子庙碑》。《九子全书》本正文前的内容依次为河上公《道德经评注序》、《老子谱略》、《道德经评注目录》、《高皇帝御制道德真经序》、《高皇帝御制老子赞》、《老子志略》、《老子列传》、《老子庙碑》、《老子总论》。《十子全书》本与《九子全书》本相比，前面又加上了洪亮吉《合刻河上公老子章句郭象庄子注序》、黄丕烈序，其余内容则相同。

　　《诸子汇函》本并没有对《河上公章句》全本进行点评，只选取了"体道""养身""能为""宠辱""为士""绝学""象玄""巧用""反朴""佳兵""论德""闻道""正治""守微"十四章进行评点。王勇在《明刻〈诸子汇函〉版本小识》②一文中，对《诸子汇函》的诸版本进行考订，他认为《诸子汇函》的原刻本为天启六年（1626）刻本，而立达堂天启六年刻本、天启五年刻本皆为翻刻本。天启六

---

① 《九子全书》《十子全书》皆为姑苏聚文堂王子兴辑，刊刻于嘉庆九年（1804）。九子指老子、庄子、列子、管子、淮南子、杨雄、文中子、鹖冠子、淮南子，十子是在九子的基础上加上韩非子，且《十子全书》前有洪亮吉、黄丕烈的序言，洪亮吉序言："今王君性嗜古，尤留意周秦诸子，因先求《河上公老子章句》、郭象《庄子注》善本合刊之书，成乞为之叙。"（方勇主编：《子藏·道家类·老子卷》，第 46 册，国家图书馆出版社，2018 年版，第 46 页）黄丕烈序云："今得王君子兴有九子之刻，其本所由来，非取向日之旧梓，即收近日之佳刻。介友人求序于余，余嘉其志之足以有成也，因举其目列之如前。"（方勇主编：《子藏·道家类·老子卷》，第 46 册，国家图书馆出版社，2018 年版，第 50 页）两序皆成于嘉庆丁卯（1807），推测可能此书刊刻时间较长，且内容逐渐增加，由刊刻老、庄，又增加到九子、十子，或者是书商将《十子全书》部分内容单独刊行。

② 王承略主编：《汉籍与汉学》第 1 期，山东人民出版社，2017 年版，第 94—101 页。

年原刻本与其他版本的区分主要在于正文之前的部分，原刻本卷首依次为文震孟《诸子汇函序》、姚希孟《诸子汇函序》，其后依次为《诸子总目》《诸子汇函凡例》《诸子汇函谈薮》《诸子汇函目次》《诸子评林姓氏》。而天启五年本与天启六年本相比，正文部分相同，所不同者也在于正文之前的部分，"天启六年（1626 年）本正文前的部分，版心下刻工皆刻字数，与正文版心样式保持一致，为同时所刻甚明。然此本样式则异，则知此本正文之前内容为后刻"①。正文之前的内容不同，不仅表现在篇目顺序、版心内容，最重要的是序不同，原刻本有文震孟与姚希孟的序，而天启五年刻本只有文震孟的序，且内容与原刻本完全不同。王勇在对署名文震孟的两序进行比较后认为天启五年序为伪作。其理由有三个，第一，天启五年序与天启六年序不同，一般不会为一书作两序。第二，天启五年序较之天启六年序内容浅显，只叙述了编纂梗概。第三，天启五年序中提及《老庄合刻》，但此书并非归有光所作。《穆堂类稿》中记载"《老庄合刻》一部，四本"，徐乾学《傅是楼书目》"老庄合刻"下记载"《老子》二卷，《庄子》三卷，晋王弼注，明孙鑛评，四本"，因为二者都记四本，王勇推断两部著作中所记载的应是同一种书，徐乾学将作者记为孙鑛，则此书中应该大部分或全部是孙鑛的评语。但是《诸子汇函》本中对收录《老子》《庄子》的评语只有一条，明显和《老庄合刻》不同。② 仔细推敲，上述三点并不足以证明文震孟天启五年序为伪作。第一，古人虽反对一书两序或者多序，但并非没有这种情况，正是因为这种情况不少，才会出现反对的声音，如顾炎武在《书不当两序》中言："《会试录》《乡试录》，主考试官序其首，副主考序其后，职也。凡书亦尤是矣……故其序止一篇，或别有发明，则为后序。亦有但纪岁月而无序者。今则有两序矣，有累三四序而不止矣。两序非体也，不当其人，非职也，世之君子不

① 王勇：《明刻〈诸子汇函〉版本小识》，王承略主编：《汉籍与汉学》第 1 期，山东人民出版社，2017 年版，第 98 页。
② 王勇：《明刻〈诸子汇函〉版本小识》，王承略主编：《汉籍与汉学》第 1 期，山东人民出版社，2017 年版，第 98 页。

学而好多言也。"①

第二，通读两序，天启五年（1625）序与天启六年序主旨相似。天启五年序言诸子与六经互为表里之关系，并叙述此书缘起：

> 自汉史迁为六家指要之说，而刘歆则有《七略》，班孟坚作《艺文志》，又有名十家者，后分四部之书，而诸子百家皆列于子部。隋唐以降，凡儒、道、法家、名、墨、纵横之类，与六经并陈，盖其精神意识，上下千百，祀翊文运，而行虽升沈代谢，而单词只字能妆豪杰之魄，破英雄之胆，六经诸子实相表里，若模棱而求辙，目子为异端，则孤村酸腐，诚不知天之高，地之下，而何足与之论六经哉！震川归先生慨慕荆州，志起八代之衰，自许一生得力尽在诸子，其读子故有心法，气听神视，意色俱忘，居平披览子集亡虑百家，朱绿玄黄，终始互易见者，莫测其津涯，有渊博家竞觅刻本，对简摹临，而书种不周，徒兴浩叹，昨岁贾人先行《老庄合刻》，举世争嗜，如饮醍醐，则诸子之散见者，何可弗合？喜先生于老庄全帙辉煌，而诸子专以篇法赏其奇，就先生所玩味者汇录成函，奚囊簇锦，不亦快乎！此余夙愿，而贾人领之，遍购先生所评阅诸子，托诸副墨，俾余得纵观焉。②

天启六年序开篇即表明诸子羽翼六经之关系，后分述诸子之宗旨，申明此意，最后论述辑书缘起：

> 子之兴也，其所以翼经乎？……凡所著术总属儒家，斯则诸子之大凡也。其粹者鼓吹圣谟，而其悍者戈矛正学，翼经叛经，统系是焉。读者善择之尔。林居多暇，欲稍置力于七略四

---

① 顾炎武著，黄汝成集释：《日知录集释》（中）卷十九，上海古籍出版社，2006 年版，第 1104—1105 页。
② 归有光：《诸子汇函·序》，《四库全书存目丛书·子部》第 126 册，齐鲁书社 1995 年版，第 1—3 页。

部，表里经术，为有用之文章，而骨懒质昏，未遑删定。架头得归太仆《汇函》，聊为标显。就其叙次，因其选择，或略或庞，非予本怀。然亦足称人文钜丽伟观矣。迟予三年，更出所纂辑者，与学士大夫共之。盖太仆先生文家宗匠，志在博古，而予乃欲通经于子，羽翼微言，迂拙可笑，尚谓有丹铅而无褒弹，庶得密迩自娱之意，亦检乐和陶之旨。①

第三，《老庄合刻》的作者问题。明代中后期，士大夫注释点评《老》《庄》者甚多，如薛蕙、杨慎、孙矿、钟惺、沈一贯等。归有光熟悉《老》《庄》等道家经典，他在与友人的信中评点历代《庄子》注疏："《庄子》书自郭象后，无人深究。近欲略看此书。钦甫有暇，可同看，好商量也。"② 数十年的科举不成功，他常以《老》《庄》之言宽慰自己，如与诸公生交往时，他有些不自信，遂安慰自己曰："予与诸公生同时，间亦颇相闻，顾平日不知所以自信。尝诵《易》曰：'神而明之，存乎其人。默而成之，不言而信，存乎德行。'《老子》言：'多言数穷，不如守中。'故黯黯以居，未敢列于当世儒者之林，以亲就而求正之。"③ 及至暮年，终于科举登第，但年已花甲，又受到众人嘲笑与排斥，他宽慰自己曰："士之不得志，当有此意念耳。然须放胸襟宽大。'死生亦大亦'，此是庄子不觉失语，圣人无此语也。"④ 归有光如此熟悉《老》《庄》，品评二书自然也是有可能的。且天启四年（1624）的归有光《道德经评注》前有秦继宗的序言。秦氏序言分为两部分，上半部分记载秦继宗自言少时即钦佩归有光学问，视其为一代宗匠，听客言归有光评点《老》《庄》甚精，受而读之，读后感慨曰："自昔阅《老》《庄》者夥矣，尽沿其肤泽耳。千年灵腕，得太仆之指，钩、点、画皆臻化境。虽曰：《老》《庄》之微妙，然非太仆，而二子之面目终为百家之词障，

①　归有光评，文震孟订：《诸子汇函》，《文震孟序》，天启六年版。
②　归有光著，周本淳校点：《震川先生集》，上海古籍出版社 2007 年版，第 863 页。
③　归有光著，周本淳校点：《震川先生集》，上海古籍出版社 2007 年版，第 29 页。
④　归有光著，周本淳校点：《震川先生集》，上海古籍出版社 2007 年版，第 911 页。

隔一尘也。亟命侍史录写成帙，并识是语于首。"① 时为万历四十四年（1616），他因钦佩归有光的学问，故为之作序一篇。后一半部分序写于天启四年，时秦继宗从书商那里得到消息，"知《老庄评注》业已授梓，文太史公特为订正。夫太史公，间世人豪也，即点缀字语，每有超世之识。兹其藏本，几经批阅，是太仆公之苦心，若待太史公而后传也。余喜不自禁，遂械寄序言，以问书贾，倘谓余为知言，或并刻之，以窃附太史公之文末。"② 可见归有光亦有《老庄评注》出版，且在《诸子汇函》成书之前，那么文震孟在天启五年的序言中提及《老庄合刻》自然是可能的。因归有光《老庄合刻》大受欢迎，文震孟遂辑归有光诸子评本，汇为《诸子汇函》，也是有可能的。

由上可知，归有光《道德经评注》本先行出版，因此书大受欢迎，才有了《诸子汇函》的出版，至于《诸子汇函》天启五年（1625）本与天启六年本究竟哪个是原刻本，还需要进一步的研究。但归有光的两版评注《老子》的著作，其中都夹杂有大量张冠李戴、改窜增删的书目或评语，以至于《四库全书总目提要》将《诸子汇函》认定为伪书：

> 是编以自周至明子书每人采录数条，多有非本子书而摘录他书数语称以子书者。且改易名目，诡怪不经。如屈原谓之玉虚子，宋玉谓之鹿溪子，江乙谓之嚚嚚子……皆荒唐鄙诞，莫可究诘，有光亦何至于是也。③

改易书名，或者冒托名人之名点评，是明后期书籍出版的常用推销手法，凭此并不能断定此书为伪书，况且文震孟本人亦是名人，无须假冒归有光之名，而上述种种张冠李戴现象，或是校雠不精，或

---

① 归有光：《道德经评注》，《老子集成》第六卷，第 446 页。
② 归有光：《道德经评注》，《老子集成》第六卷，第 446 页。
③ 永瑢等撰：《四库全书总目》卷一百三十一，《杂纂》，中华书局 1965 年版，第 1121 页。

是有意为之，这是明中后期图书出版的常态。

《道德经评注》本与《诸子汇函》本都存在明代刻书的通病，即校雠不精或将他人注解内容冠以名人之名等问题，如《道德经评注》第八章评语曰：

> 苏东坡曰：避高趋下，未尝有所逆，善地也。空虚静默，深不可测，善渊也。利泽万物，施而不求报，善仁也。圆必旋，方必折，塞必止，决必流，善信也。洗涤群秽，平准高下，善治也。遇物赋形，而不流于一，善能也。冬凝春泮，盈涸不失节，善时也。①

其实此注解出自苏辙《道德真经注》，而非苏东坡之言。又如第三十三章后的评语曰："陆农师曰：观听之臣不明于下，则闭塞之识归于君。闭塞之识归于君，则忠良之士弃于野。"② 此话非陆佃所言，而是陆贾《新语》中的语句："观听之臣不明于下，则闭塞之讥归于君；闭塞之讥归于君，则忠贤之士弃于野。"③ 第七十一章后评语曰："韩退之曰：内刚不可屈，而外能处之以和者，所济多矣。"④ 此句非为韩愈之言，而是韩琦之言："公尝曰：内刚不可屈，而外能处之以和者，所济多矣。"⑤ 第七十九章后的评语曰："薛君采曰：夫解杂乱纠纷者不控拳，救斗者不搏撠，批亢捣虚，形格势禁，则自为解耳。"⑥ 此句非为薛蕙之言，而出自《史记·孙子吴起列传》，孙膑对田忌说："夫解杂乱纷纠者不控卷，救斗者不搏戟，批亢捣虚，形格势禁，则自为解耳。"⑦

---

① 归有光：《道德经评注》，《老子集成》第六卷，第 456 页。
② 归有光：《道德经评注》，《老子集成》第六卷，第 465 页。
③ 陆贾著，姜爱林编译：《新语今译》，国家行政学院出版社 2015 年版，第 174 页。
④ 归有光：《道德经评注》，《老子集成》第六卷，第 478 页。
⑤ 郭旭东主编：《韩琦传略》附录《韩魏公别录》，新华出版社 2003 年版，第 340 页。
⑥ 归有光：《道德经评注》，《老子集成》第六卷，第 480 页。
⑦ 司马迁：《史记》卷六十五，《孙子吴起列传第五》，中华书局 1959 年版，第 2163 页。

再看《诸子汇函》本《老子》评语。第七"象玄"章眉评曰："王凤洲曰：人居天地之间，但知有王之为大，而不知王之上，其大者又有三焉。"① 此句实为林希逸《道德真经口义》中的注解。② 第四"宠辱"章尾评曰："罗近溪曰此篇首先提两句，下面却解何谓者，不足言也。以得失为惊，动即是患得患失也，末寄托二字，有天下不与之意，此章两何谓，自有两意，乃古文之妙处。"③ 其实此注乃是摘抄自林希逸《道德真经口义》：

> 先提起两句，下面却解。何谓者，不足言也。宠辱一也，本不足言，而人以辱为下，自萌好恶之心，故得之失之皆能惊动其心，此即患得患失之意……寄托二字，便有天下不与之意。此章两何谓，自有两意，乃古文之妙处。④

此外，第五"为士"章、第六"绝学"章、第九"反朴"章、第十一"论德"章、第十二"问道"章、第十三"正治"章都是同上文一样，以林注冠以他人姓名。这种问题在《诸子汇函》中非常多。

如果两本书都存在这样的问题，怎么证明其中标明归有光的评语确实是归有光本人所评的呢？将《道德经评注》与《诸子汇函》中《老子》部分进行对比，《道德经评注》中标明归有光的评语有十一条，而《诸子汇函》本只有四条。《诸子汇函》本中归有光的第一条评语为：

> 归震川曰：《清静经》云：大道无形，运行日月，大道无

---

① 归有光：《诸子汇函》卷二，《老子》，《四库全书存目丛书·子部》第126册，齐鲁书社1995年版，第77页。

② 林希逸：《道德真经口义》，《老子集成》第四卷，第506页。

③ 归有光：《诸子汇函》卷二，《老子》，《四库全书存目丛书·子部》第126册，齐鲁书社1995年版，第75页。

④ 林希逸：《道德真经口义》，《老子集成》第四卷，第501页。

名，长养万物，吾不知其名，强名曰道，即此道也。①

《道德经评注》中此条前并无"归震川曰"。《诸子汇函》本其余三条则与《道德经评注》相同。这三条分别为第二章评语："归震川曰：每用结句，一发千钧。弗居，诸家作不居。"② 第二十八章评语："归震川曰：复归于朴，损之又损，以至于无。无名，天地之始也。朴散为器者，自无为有。有名，万物之母也。"③ 第三十八章评语："归震川曰：以衰世论之，则斯言未过。"④

再看《诸子汇函》本无而《道德经评注》中出现的归有光评语。第四章曰："归震川曰：心之至微至妙。惟无始之始，可以名。"⑤ 第六章曰："归震川曰：伊川深服此章，称不置口。"⑥ 第八章曰："归震川曰：老氏教此章，发露已尽。"⑦ 第九章曰："归震川曰：此章损之又损。"⑧ 第十一章曰："归震川曰：老氏以无为宗，总发无字之妙。"⑨ 第十九章曰："归震川曰：圣知、仁义、巧利，正指末世烦文而言。"⑩ 第二十九章曰："归震川曰：取，如左氏取我田畴而伍之。《史记》取高帝约束纷更之取。"⑪ 第三十六章曰："归震川曰：消息盈虚，相因之理。"⑫

两本中归有光的评语都是简短有力的，风格一致。试与两书中非归有光评语的例子进行比较，如两书都曾引用过晚出的陈深《老

① 归有光：《诸子汇函》卷二，《老子》，《四库全书存目丛书·子部》第 126 册，齐鲁书社 1995 年版，第 72 页。
② 归有光：《道德经评注》，《老子集成》第六卷，第 454 页。
③ 归有光：《道德经评注》，《老子集成》第六卷，第 463 页。
④ 归有光：《道德经评注》，《老子集成》第六卷，第 468 页。
⑤ 归有光：《道德经评注》，《老子集成》第六卷，第 454 页。
⑥ 归有光：《道德经评注》，《老子集成》第六卷，第 455 页。
⑦ 归有光：《道德经评注》，《老子集成》第六卷，第 456 页。
⑧ 归有光：《道德经评注》，《老子集成》第六卷，第 456 页。
⑨ 归有光：《道德经评注》，《老子集成》第六卷，第 457 页。
⑩ 归有光：《道德经评注》，《老子集成》第六卷，第 459 页。
⑪ 归有光：《道德经评注》，《老子集成》第六卷，第 464 页。
⑫ 归有光：《道德经评注》，《老子集成》第六卷，第 466 页。

子品节》的内容，《道德经评注》第十五章尾评曰：

> 陈子渊曰：与兮，为之难也。犹兮，敬慎也。俨兮，矜庄
> 也。涣兮，通解也。敦兮，内美也。旷兮，宽深也。浑兮，和
> 光也。浊而能清，安而能生。清其体，浊其用也。若此者，中
> 常虚而不溢，不变不易，百年如一日矣。①

《诸子汇函》本《老子评注》将此评语从"浑兮和光也"处断
开，分为两条。陈深《老子品节》此章注解原文曰：

> 与兮若冬涉川，为之难也。犹兮若畏四邻，敬慎也。俨若
> 客，矜庄也。涣若冰将释，通解也。敦兮其若朴，内美也。旷
> 兮其谷，宽深也。浑兮其若浊，和光也。浊而能清，安而能生。
> 清其体，浊其用也。若此者，其中常虚而不溢，是以常敝而不
> 新。能敝不新成者，不变不易，百年如一日矣。②

陈深的《诸子品节》在万历十九年（1591）才刊印，而归有光卒于
隆庆五年（1571），显然不可能引用陈深的注解。观察两本注解中归
有光的评语，皆是简短之语，点明题旨，并没有长篇论述或对一章
的完整论述，这和陈深《老子品节》的注解手法完全不同。由此可
知，两本署名归有光的评注，上述十一条评语确实可能出自归有光
本人，只是书商在出版时，又增加了其他内容，包括改造过的陈深
的注解，由此导致了真伪混杂的状况。

二、陈深《老子品节》

陈深，生卒年不详，原名昌言，后改名深，字子渊，号潜斋，
浙江长兴人。嘉靖二十八年（1549）举人，隆庆五年（1571）任归

---

① 归有光：《道德经评注》，《老子集成》第六卷，第 458 页。
② 陈深：《老子品节》，《老子集成》第七卷，第 130 页。

州知县，后又任雷州府推官。性嗜古书，致仕后纂辑忘倦，"尤遂于经学，折衷条贯，粹然大儒"①。经史著作有《周易然疑》《周礼训注》《春秋然疑》《十三经解诂》等。陈深亦为明代的点评名家，有《诸史品节》《诸子品节》等。

《四库全书》对《诸子品节》评价不高，其提要曰：

> 是书杂抄诸子，分内品、外品、小品。内品为《老子》、《庄子》、《荀子》、《商子》、《鬼谷子》、《管子》、《韩子》、《墨子》，外品为《晏子》、《子华子》、《孔丛子》、《尹文子》、《文子》、《桓子》、《关尹子》、《列子》、屈原、司马相如、杨子、《吕览》、《孙子》、《尉缭子》、陆贾《新语》、贾谊《新书》、《淮南子》，小品为《说苑》、《论衡》、《中论》，又以桓谭《陈时政疏》、崔实《政论》、班彪《王命论》、窦融《奉光武》及《责隗嚣》二书、贾谊《吊屈原赋》、司马相如、扬雄诸赋及《谕巴蜀檄》、《难蜀父老》、《剧秦美新》诸文，错列其中，尤为庞杂，盖书肆陋本也。②

四库馆臣的评价未免武断，陈深的《诸子品节》还是有特色的。《老子品节》是《诸子品节》中的一部分，此书刊于万历十九年（1591）。《老子品节》文后有注解，注解后又附以点评。注解内容有部分章节直接或间接引用林希逸《道德真经口义》，表明其对林希逸注的重视。如《老子品节》第二章注文：

> 谷神，虚中之神也。神自虚中而出，故常应而不灭也。玄，幽也，深也。牝，虚而不实者也。玄牝，形容一虚字。天地由虚中而生，故玄牝为天地根也。绵绵若存，用之不勤，存养此

---

① 邵同珩、孙德祖增补：《长兴县志》。

② 永瑢等撰：《四库全书总目》卷一百三十一，《诸子品节》，中华书局1965年版，第1119—1120页。

虚，而勿助勿忘也。此章似说养生工夫。①

林注则曰：

> 此章乃修养一项功夫之所自出，老子之初意却不专为修养也。精则实，神则虚。谷者，虚也。谷神者，虚中之神者也。言人之神自虚中而出，故常存而不死，玄远而无极者也。牝，虚而不实者也。此二字只形容一个虚字。天地亦自此而出，故曰根。绵绵，不已不绝之意。若存者，若有若无也，用于虚无之中，故不劳而常存，即所谓虚而不屈，动而愈出是也。晦翁曰：至妙之理，有生生之意存焉。此语亦好，但其意亦近于养生之论。此章虽可以为养生之用，而初意实不专主是也。②

《老子品节》有部分内容直接引用他注，这是明后期面向大众市场的老学著作的普遍做法。总体而言，陈深的注解简明通畅，评语亦有可观处，故《老子品节》出版之后，传播很广，引用者甚多，如署名为焦竑的《太上老子道德经注释评林》、陈懿典《道德经精解》、凌稚隆《批点老子道德经》、归有光《道德经评注》、钟惺《老子嫏嬛》，由此可看出陈深的注解在当时很受欢迎。

陈深的注解没有采用以儒解《老》的方式。对于《老子》中的儒道抵牾处，陈深没有以儒家的立场直接反驳或以儒家思想相比附，而是从老子的立场出发，解释其思想。如认为老子不尚贤、不贵难得之货、不见可欲，使民无知无欲之类的话，并非老子鄙弃道德、财货，而是有鉴于道德、财货带来的纷争，希望平息纷争，认为此为老子救世之意："此老子愤世之词，欲跻天下于太古之无事也。"③老子言"大道废，有仁义"云云，陈深曰："此老子处衰周之时，伤

---

① 陈深：《老子品节》，《老子集成》第七卷，第 128 页。
② 林希逸：《道德真经口义》，《老子集成》第四卷，第 499 页。
③ 陈深：《老子品节》，《老子集成》第七卷，第 128 页。

今思古愤世之词。"① 在"上德不德"章，陈深曰："老子以太古之纯朴无为为道德，以中世之制度品节为仁义，以末世之繁文虚饰为礼。故以道德为至，以仁义为伪，以礼为强世。"② 可见，陈深不以儒解《老》，而是以《老》解《老》，间或引《庄子》以证其说。

陈深认为《老子》思想的核心在于虚静自然："老子之学，本在虚静。致虚之极，守静之笃，此天地之心，万物之根，故于此可以观其复。"③ 故陈深的修身治国思想正是围绕无为展开的："治民治身，皆当付之自然。"④

在治身方面，陈深言："道本虚而用之，常不盈，求道者亦以虚而入之也。"⑤ 以自然之道修身，内固精气神，外不可沉溺于物欲。陈深注意以道教内丹养身思想解释《老子》，在"谷神不死"章，他还含蓄地说："此章似说养生工夫。"⑥ 而"载营魄"章就直接表明："此章言存神守气之妙。"⑦ 故"爱民治国"者，不是指百姓国家，而是以身为国，以神为民，养生者即养精气神。万物自无而有，其始之者为母，精气神皆从此出，是为得其母而知其子。既知子之所从出，当固精守气存神，绵绵若存，子母相抱不相离，是为塞兑闭门，终身不勤。绵绵若存正是重啬、重复、重积之意，啬为有余不尽用之意，复者，返本还元也，复之又复，是为积也，能啬方能复、能积，故曰："人之身犹国也，元气犹母。能啬，则不但可以有国，而又得其母。是谓深根固柢，长生久视之道。"⑧ 对于声色货物之欲，陈深并没有主张绝弃欲望，而是以庄子"物物而不物于物"沟通修身与欲望："圣人物物而不物于物，日游于纷华波荡之中，而心不为

---

① 陈深：《老子品节》，《老子集成》第七卷，第131页。
② 陈深：《老子品节》，《老子集成》第七卷，第135页。
③ 陈深：《老子品节》，《老子集成》第七卷，第130页。
④ 陈深：《老子品节》，《老子集成》第七卷，第143页。
⑤ 陈深：《老子品节》，《老子集成》第七卷，第128页。
⑥ 陈深：《老子品节》，《老子集成》第七卷，第128页。
⑦ 陈深：《老子品节》，《老子集成》第七卷，第129页。
⑧ 陈深：《老子品节》，《老子集成》第七卷，第140页。

之动，故去分别而取容纳也。"①

以自然无为治国，就是要去道之文而归于道之实，"圣智仁义巧利，三者皆世道日趋于文，故有此名。以道观之，是文也，反不足以治天下。不若属民而使之见素抱朴，少私寡欲，而天下自无事矣"②。圣智仁义巧利是道之文而非道之实，以此治天下，世愈趋于争扰不休，不若以朴治之，上下相安于无事。故老子所曰"非以明民，将以愚之"，不是让统治者愚弄百姓，此处之愚与智相对，在上者不以智治民，民之淳朴本性无损："将以愚之，不可使知之也。浑沦质朴，与之同归于无事耳。不以智治国，清净无为，将以愚之也，足上愚字，与物反矣。"③

陈深崇尚老子之自然无为，不是要复归于结绳而治的太古之世，而是欲化后世之文为太古之淳朴，淳朴之实才是陈深取于老子者，故陈深批评了王安石的观点。王安石曰：

> 太古之人，不与禽兽朋也几何。圣人恶之也，制作焉以别之，下而戾于后世，侈裳衣，壮宫室，隆耳目之观，以嚣天下。君臣、父子、兄弟、夫妇，皆不得其所当然，仁义不足泽其性，礼乐不足锢其情，刑政不足网其恶，荡然复与禽兽朋矣。圣人不作，昧者不识，所以化之之术，顾引而归之太古。太古之道，果可行之万世，圣人恶用制作于其间。必制作于其间，以太古之不可行也，顾欲引而归之，是去禽兽而之禽兽，奚补于化哉？吾以为识治乱者，当言所以化之之术。曰归之太古，非愚则诬。④

此文出自王安石《太古》，王安石推崇有为政治，故不赞同圣人无所

---

① 陈深：《老子品节》，《老子集成》第七卷，第 129 页。
② 陈深：《老子品节》，《老子集成》第七卷，第 131 页。
③ 陈深：《老子品节》，《老子集成》第七卷，第 141 页。
④ 陈深：《老子品节》，《老子集成》第七卷，第 144 页。

作为的思想。他从历史进化论的角度出发，认为太古之世，人与禽兽杂居无别，圣人作礼乐以别之，建宫室以居之，制衣服以蔽之，人方与禽兽分别开来。然世道愈趋愈下，仁义礼乐已不能完全制约人们的言行，当此之时，若圣人不作为，而导民归之太古之世，岂不是又导民归于禽兽，所以王安石认为："归之太古，非愚则诬。"陈深则认为淳朴之治不是指一定要结绳而治，而是有德者以淳朴化民："清静之治，纯朴之化，盛德者亦能为之，非真结绳也，使民不作伪耳。汉文帝汲黯辈皆能用之，况老子身亲为之，其作用当何如。老子之言不诬，王氏之说未善。"①

三、孙鑛《评王弼注老子》

孙鑛（1543—1613），字文融，初号越峰，后改号月峰，浙江余姚人。万历二年（1574）进士，授兵部职方主事，历官至南京兵部尚书。万历三十六年职官归乡，专意于读书评点。《孙月峰先生批评礼记》卷首列有《孙月峰先生评书》，列其所评书目四十三种，②涉及经史子集各个领域，时人评价曰："孙月峰鑛，余姚人，精于举业，博学多闻，其所评骘经史子集，俱首尾详评，工书媚点，仿司马光写《资治通鉴》，无一字潦草。"③

孙鑛《评王弼注老子》中的评语有一部分是直接引用他人注解。他引用范围很广，如第二章后的评语："蓼虫之食苦也，蛣蜣之转丸也，而天下之甘与芳臭可废矣。"④此评语出自陆树声《清暑笔谈》。第三章评语曰："致虚虽是养生家修命之术，圣学亦不外此。"⑤此话出自《王龙溪全集》卷七《新安斗山书院会语》。第四章评语曰：

---

① 陈深：《老子品节》，《老子集成》第七卷，第 144 页。
② 孙鑛：《孙月峰先生批评礼记》，《四库全书存目丛书·经部》第 150 册，齐鲁书社 1995 年版，第 213—214 页。
③ 张岱：《有明越人三不朽图赞》，《明代传记丛刊》第 149 册，台湾明文书局 1991 年版，第 728 页。
④ 孙鑛：《评王弼注老子》，《老子集成》第七卷，第 472 页。
⑤ 孙鑛：《评王弼注老子》，《老子集成》第七卷，第 473 页。

"如是则湛乎如止水之平，而存存不息。此其心之至微至妙，惟无始之始，可以名之。"① 此句出自陈深《老子品节》。第五章评语："优优群品，遑遑众人。虽凿其穷，未知其身。"② 出自卢照邻《悲人生》。

《评王弼注老子》另一部分则为孙鑛自评，按内容可以分为以下几种：

第一，点评《老子》文本。如第三十一"夫佳兵者"章，孙鑛评："此段甚清夷，如陟危峰，忽就平衍。"③ 第三十二"道常无名"章又评曰："前后文字俱奇险，此章悠游闲适，令人泠然而鲜。"④

第二，解释《老子》文本文法之妙。如第十三"宠辱若惊"章中，有不少如"故贵以身为天下者，则可寄于天下；爱以身为天下者，乃可以托于天下"这类相同句式重复出现的情况，孙鑛评阅："叠语足重醒人。"⑤ 言简意赅，揭示老子重身之旨。《庄子》曰："夔怜蚿，蚿怜蛇，蛇怜风，风怜目，目怜心。"⑥《老子》曰："大曰逝，逝曰远，远曰反。"孙鑛曰："豪庄夔怜蚿，蛇怜风句似出此。"⑦

第三，注解《老子》，并发明己意。这一部分是点评中最重要的部分，孙鑛的老学思想主要由此部分显现。孙鑛持三教会通思想，其评语中多为老子辩解，并以儒释道思想互相比附。孙鑛对老子评价甚高，他一再赞扬老子高于其他诸子，如在第二十六"重为轻根"章中，孙鑛点评曰："理幽语胜，他子书无此妙。"⑧ 甚至还多次表明，老子之道较之儒、释，多有独到之处，如："道德仁义，总涉名

---

① 孙鑛：《评王弼注老子》，《老子集成》第七卷，第 473 页。
② 孙鑛：《评王弼注老子》，《老子集成》第七卷，第 473 页。
③ 孙鑛：《评王弼注老子》，《老子集成》第七卷，第 483 页。
④ 孙鑛：《评王弼注老子》，《老子集成》第七卷，第 484 页。
⑤ 孙鑛：《评王弼注老子》，《老子集成》第七卷，第 475—476 页。
⑥ 陈鼓应译注：《庄子今注今译》（中），中华书局 2013 年版，第 462 页。
⑦ 孙鑛：《评王弼注老子》，《老子集成》第七卷，第 481 页。
⑧ 孙鑛：《评王弼注老子》，《老子集成》第七卷，第 481 页。

言，名言既除，常治之道，非此老莫剖。"①

孙鑛欣赏老子之道，同样欣赏儒释之道，他直接表明态度曰："谁谓玄宗不同儒释？"② 他会通三教的方法与前人相比并无特别之处，主要从三个方面论述：其一，会通儒道之抵牾处。对于老子指斥道德仁义之言，孙鑛曰："此章开千圣不敢开之口。尼山闻之当亦吐舌，后儒则有一骂而已。"③ 孙鑛虽然没有直接为老子辩解，但他认为老子说出了千百年来圣人想说而不敢说的话，其支持之意明显。孙鑛认为世俗之道德仁义失道之实，去其华而取其实，方为大道："道德仁义，总涉名言，名言既除，常治之道。"④ 其二，三教思想互相比附。孙鑛认为《老子》言爱以身为天下，贵以身为天下，与儒家言万物皆备于我，意思一致："儒云万物备我，合天下为一大身，大都得之此老，否则胡以有同礼之举也。"⑤《老子》言"天下万物生于有，有生于无"。孙鑛认为："此即《楞伽经》以无故成有，以有故成无。"⑥ 其三，消除世人对老子的误解。孙鑛认为老子之言看似与世俗之见相反，其实正相谐也，世俗之见才是与世相悖者："人知此老与世反。不知世自与世反也，此老之反世正谐世者也。"⑦ 对于后人指责申韩之惨刻原于老子，孙鑛曰："史迁以申韩本之老子，而老子之意深远，颇亦具眼。"⑧ 世人又言老子不关世事，专尚空谈，孙鑛认为老子正是有见于社会中各种伤身伤性之事，故讲摄情归性，反对背觉合尘，这正是老子经世之意："却走马以粪，摄情归性也；戎马生于郊，背觉合尘也。谓此老止于谈世，非知言者。"⑨

---

① 孙鑛：《评王弼注老子》，《老子集成》第七卷，第 487 页。
② 孙鑛：《评王弼注老子》，《老子集成》第七卷，第 477 页。
③ 孙鑛：《评王弼注老子》，《老子集成》第七卷，第 478 页。
④ 孙鑛：《评王弼注老子》，《老子集成》第七卷，第 487 页。
⑤ 孙鑛：《评王弼注老子》，《老子集成》第七卷，第 476 页。
⑥ 孙鑛：《评王弼注老子》，《老子集成》第七卷，第 487 页。
⑦ 孙鑛：《评王弼注老子》，《老子集成》第七卷，第 479—480 页。
⑧ 孙鑛：《评王弼注老子》，《老子集成》第七卷，第 478 页。
⑨ 孙鑛：《评王弼注老子》，《老子集成》第七卷，第 489 页。

孙鑛赞赏老子的无为之道："有为之为，有废无功；无为之为，成遂无穷。"① 欲实现无为，当以复性为前提："致柔玄览，人爱治之根。"② 致虚守静，清静自心，达于虚静之境，则爱民治国自然以无为为之，"复性必无功可用，乃为至焉"③。孙鑛多次引用王畿之言："静者，心之本体。濂溪主静，以无欲为要。"④ 又引用二程之言曰："一人之心，即天地之心；一物之理，即万物之理……"⑤ 可见孙鑛融合了心学与理学解《老》，以心即理，性本于理，言心即是言性，人性本静，静方能无欲，无欲才能无为，复性就是使心体复归于静。复性完备，方能体会无为之妙。无为不是什么都不做，无为之道乃是即有以求无之道。孙鑛的道论与焦竑相近，孙鑛虽没有直接点明"真空妙有之意"，但他言"无实无虚，可与道俱"⑥，"不欲以静，并无静也。若有静焉，天下各以其静争，焉得定乎？此论超过列子"⑦。无实无虚，有而无，无而有，空不自空，不执于有，亦不执于无，而是即有以求无，故孙鑛认为求道不能远人，即人而求道，而非自证自悟，自学自修："不离人心，而证道心。此善人之取不善人也。六经中未显是义，老独得之。"⑧

四、陈继儒《老子辩》

陈继儒（1558—1639），字仲醇，号眉公，又号麋公，自称清懒居士，松江华亭（今上海松江）人。自幼聪颖，能文章，"长为诸生，与董其昌齐名"⑨。二十九岁时，陈继儒由于两次科举不第，放

---

① 孙鑛：《评王弼注老子》，《老子集成》第七卷，第 489 页。
② 孙鑛：《评王弼注老子》，《老子集成》第七卷，第 475 页。
③ 孙鑛：《评王弼注老子》，《老子集成》第七卷，第 483 页。
④ 孙鑛：《评王弼注老子》，《老子集成》第七卷，第 477 页。
⑤ 孙鑛：《评王弼注老子》，《老子集成》第七卷，第 490 页。
⑥ 孙鑛：《评王弼注老子》，《老子集成》第七卷，第 480 页。
⑦ 孙鑛：《评王弼注老子》，《老子集成》第七卷，第 485 页。
⑧ 孙鑛：《评王弼注老子》，《老子集成》第七卷，第 482 页。
⑨ 《明史》卷二百九十八，《列传第一百八十六·隐逸传》，中华书局 1974 年版，第 7631 页。

弃仕途，取儒衣冠焚之，隐居小昆山，后移居东佘山。以坐馆、笔润之费养家，闲则与黄冠老衲交流忘返，年八十二而终。陈继儒一生著述甚丰，有《见闻录》《邵康节先生外记》《妮古录》《太平清话》《小窗幽记》《岩栖幽事》《读书十六观》等。

陈继儒出身贫寒，又放弃入仕，唯以学问、品行名重当时，钱谦益称："眉公之名，倾动寰宇。远而夷酋土司，咸丐其词章，近而酒楼茶馆，悉悬其画像，甚至穷乡小邑，鬻粗粝市盐豉者，胥被以眉公之名，无得免焉。直指使者行部，荐举无虚牍，天子亦闻其名，屡奉诏征用。"① 陈继儒自叙其处世之法曰："安详是处事第一法，谦退是保身第一法，涵容是处人第一法，洒脱是养心第一法。"② 陈继儒持三教会通观点，不仅以此治学，而且身体力行践行这一观点，故虽焚儒衣冠，但其济世之心未消。其门生卢洪澜曰："我先生解青衫后绝不与户外事，但有关旱潦转输事，或大不便于民，究竟大不便于国者，乡衮或虑拂上意，嗫嚅不遽出，先生慷慨弗顾，缕缕数千言，委屈辨析，洞中肯款，往往当事动色，默夺其意而潜寝之，则先生之任也。"③ 陈继儒退隐之后，常与政客高官往来，并接受部分资助，但始终未曾出仕。他自言性喜自由，不愿被世俗富贵束缚，在《读书镜》中曾言："故君子宁为独立鹤，毋为两端鼠，宁昂昂若千里之驹，毋泛泛若水中之凫。"④ 正是这样亦出亦隐的人生态度，成就了陈继儒"山中宰相"的美名。

陈继儒评注《老子》收录于明末刊本《五子隽》《老庄合隽》中。日本平安书林刊本改名为《老子辩》，书前有日本金龙道人释敬雄的《读〈老子辩〉》，他对陈继儒的著作评价极高：

① 钱谦益：《列朝诗集小传》（下），上海古籍出版社 2008 年版，第 637 页。
② 陈继儒：《小窗幽记》，万卷出版公司 2015 年版，第 10 页。
③ 卢洪澜《陈眉翁先生行迹识略》，《北京图书馆藏珍本年谱丛刊》第 53 册，《眉公府君年谱》附，北京图书馆出版社 1999 年版，第 393 页。
④ 陈继儒：《读书镜》卷二，周博琪主编：《古今图书集成》第 4 册，中国戏剧出版社 2008 年版，第 1517 页。

古今注疏家多眩其奇，得之要领者几希。故其言无宗栝，句无脉，解字无据。或其肤浅也，如蚊咬铁牛。或其刻凿也，如穿孔种须。或其不透彻也，如隔靴搔痒。或其纷纷从事异说也，如涂涂附焉。余每读之，辄意似匪浣衣。虽乃诸家聚讼，欲其说之售吾，谁适从哉？今读陈眉公《老子辩》，言有宗，句有脉，解有据，三美备矣。于是斯书玄旨，涣然冰释，怡然理顺……故余于诸注疏家，独尤祖于陈眉公焉。①

陈继儒《老子辩》以陈深《老子品节》为底本，章节注沿用《老子品节》，个别章节有少许改动，如第一章对"玄"的解释，陈深曰："玄，赤黑色，深也，幽也，不可见闻，不容思议之谓。"② 陈继儒曰："玄，深幽也，不可见闻，不容思议之谓。"③ 但《老子辩》眉评基本出自陈继儒，从中可见其对《老子》的主要评价。

钱谦益称陈继儒曰："仲醇为人，重然诺，饶智略，精心深衷，妙得《老子》《阴符》之学。"④ 陈继儒妙得《老子》之学，其得可通过《老子辩》窥见一二。在《老子辩》中，陈继儒尤为重视发挥《老子》的修身治国之道。

陈继儒重视以道修身，修身之本在于"虚静"，他批注"致虚极"章曰："此是归根复命之学，不知常，故凶。知常，则不殆。乃知复之时义大矣哉。"⑤ 复性之法，既然终极在于"虚静"，故须节制欲望。在"五色令人目盲"章，陈继儒批曰："此言声色臭味之物，皆能种种为害，惟圣人方能涉而不羁。"⑥ 这和他的修道观是一致的，他认为人要修道，需要"绝色""绝世"，因为"道自与世俗见解不同"⑦，

---

① 陈继儒：《老子辩》，《老子集成》第八卷，第417页。
② 陈深：《老子品节》，《老子集成》第七卷，第127页。
③ 陈继儒：《老子辩》，《老子集成》第八卷，第418页。
④ 钱谦益撰：《列朝诗集小传》（下），上海古籍出版社2008年版，第637页。
⑤ 陈继儒：《老子辩》，《老子集成》第八卷，第420页。
⑥ 陈继儒：《老子辩》，《老子集成》第八卷，第420页。
⑦ 陈继儒：《老子辩》，《老子集成》第八卷，第421页。

惟有"绝色""绝世",方能使性与道合:"人有喜谈道者,余止之曰:道不易谈也!不能绝色不必谈道,不能绝世不必谈道,何也?道,所以全吾真也,而不绝色,则为渗漏之躯,真何能全?道,所以完吾性也,而不绝世,则为合尘之徒,性何能全?"①

至于治国思想,陈继儒对老子的无为而治思想尤为推崇。陈继儒坚持儒家的内圣外王思想,"世间有多少不平处,惟圣人能平其不平"②。陈继儒眼中的圣人,最重要的品德之一就是"公",公平无所偏私。在"天地不仁"章,陈继儒认为真正的"仁"就是"不仁",无所偏私:"此即至仁不仁之说。刍狗,一说缚刍以为狗,祭则用之,已而弃之,不着意而相忘之谓。"③ 在"天长地久"章,陈继儒为了表明自己的圣人观,对陈深的注文进行了少许改动。陈深曰:

> 圣人委身如天地,超然于不死不生,故曰:身非我有,是天地之委形。生非我有,是天地之委气。朝闻夕死,圣人亦无恨矣。今日成其私,语似不平。④

陈继儒曰:

> 圣人委身如天地,超然于不死不生,故曰:身非我有,是天地之委形。生非我有,是天地之委气也。天地不自生,故能长生,圣人不自私,故能成其私。天地圣人其化均也。⑤

陈继儒强调天地能长久,圣人能成其功业,全在"均",而非有意求长生,此章眉评进一步点明此意:"老子之旨如此,而人未之思者,

① 陈继儒:《养生肤语》卷一,《四库全书存目丛书·子部》第 260 册,齐鲁书社 1997 年版,第 715 页。
② 陈继儒:《老子辩》,《老子集成》第八卷,第 421 页。
③ 陈继儒:《老子辩》,《老子集成》第八卷,第 419 页。
④ 陈深:《老子品节》,《老子集成》第七卷,第 129 页。
⑤ 陈继儒:《老子辩》,《老子集成》第八卷,第 419 页。

以为黄老之徒率畏死而求长生，岂不惑哉。"① 陈继儒年轻时也曾沉迷于长生之术，其子称："府君三十岁时嗜长生之术，设馆委巷，一时负笈者皆知。"② 但后来陈继儒将长生之道转移到爱养精神方面，对《老子》"载营魄"章批注曰："此是老氏练养精神之术，最宜潜玩。"③ 肉体会消亡，但人体会大道，实践大道，自然可以身死而道存，这就是老子所言"死而不亡"，"如尧舜禹汤文武周孔虽死，至今知之，是得死而不亡之道"。④

无为而治还需藏明尚朴。陈继儒认为"不尚贤""不贵难得之货""不见可欲"是专对上位者而言，"上为清净无不之治，下皆德化淳厚之民也，故无不治"⑤。故老子言绝圣弃智、绝仁弃义、绝巧弃利者，是为去文返朴，"乃老氏清净之教也"⑥。圣人之不自见、不自是、不自伐、不自矜正是体道功夫，陈继儒多次申明此意："其实抱一功夫，只在不自见等语尽之。"⑦ "至诚能动物，在圣人只自藏其明，而提要妙之道耳。"⑧

虽然陈继儒对《老子》多有称赞，但仍有部分老学思想与程朱保持一致。程朱多以《老子》中知雄守雌、将与必固作为权诈之术的证据，陈继儒对此亦持肯定态度，在"知其雄"章，他在眉批中引用周南池的话："知雄守雌等句，学友为伪道学者开一方便门。"⑨对于将与必固之意，陈继儒曰："老氏一生专用此术，后人顺之者昌，逆之者亡，诚千古术宗不民矣。"⑩

---

① 陈继儒：《老子辩》，《老子集成》第八卷，第 419 页。
② 陈梦莲：《眉公府君年谱》，《北京图书馆藏珍本年谱丛刊》第 53 册，北京图书馆出版社 1999 年版，第 416 页。
③ 陈继儒：《老子辩》，《老子集成》第八卷，第 419 页。
④ 陈继儒：《老子辩》，《老子集成》第八卷，第 423—424 页。
⑤ 陈继儒：《老子辩》，《老子集成》第八卷，第 418 页。
⑥ 陈继儒：《老子辩》，《老子集成》第八卷，第 421 页。
⑦ 陈继儒：《老子辩》，《老子集成》第八卷，第 421 页。
⑧ 陈继儒：《老子辩》，《老子集成》第八卷，第 422 页。
⑨ 陈继儒：《老子辩》，《老子集成》第八卷，第 423 页。
⑩ 陈继儒：《老子辩》，《老子集成》第八卷，第 424 页。

第二节 明代点评《老子》的特点

一、明代老学的世俗化倾向

"世俗化"是宗教社会学的概念，它起源于西方文艺复兴运动，是与"宗教化"相反的概念，反映了人们摆脱宗教教条的控制，开始关注现实生活的取向，它包括以下两个方面的内涵："其一是随着科学的发展，普遍主义和理性原则取代神学教条；其二是指一种消费主义和享乐主义，注重现世的善的生活，而不是来世的生活方式，世俗化表明信仰力量的消解和宗教禁忌的瓦解。从社会学意义上看，世俗化完全是一个值得肯定的积极趋向，甚至被当成现代化的一个重要标志，是传统社会向现代社会转变的尺度。"① 将世俗化的概念引入老学中，可以看出，明代中后期《老子》诠释中出现了一个明显的特点，即老学研究不再是文人的专项，其传播开始面向普通大众。

有学者认为 14 世纪以来，中国思想文化领域出现了一种世俗化倾向，在道教领域表现为全真道等新道教的兴起，在佛教领域表现为临济与曹洞、净土思想的扩展，在文化领域表现为通俗话本、小说、戏曲等流行，在老学领域则表现为"评点派"的兴盛。明中后期出现了大量点评《老子》的著作，如祝世禄编、苏濬注的《三子奇评》，陈深的《诸子品节》，杨起元的《诸经品节》，归有光辑、文震孟参订的《诸子汇函》，焦竑校正、翁正春评林的《新锲二太史汇选注释九子全书评林》，焦竑校正、翁正春参阅、朱之藩圈点的《新锲翰林三状元会选二十九子品汇释评》，陈仁锡的《诸子奇赏前集》，陆可教选、李廷机订的《新锲诸子玄言评苑》，钟惺的《诸子嬲嬛》

---

① 吴忠民、刘祖云主编：《发展社会学》，高等教育出版社 2002 年版，第 157 页。

和《诸子文归》等，都收录有对《老子》的评点，专门评点《老子》之作有凌稚隆的《批点老子道德经》、孙鑛《评王弼注老子》、彭好古《道德经注》、董懋策《〈老子翼〉评点》等。

评点本是文学批评的一种方式，主要针对诗文、小说、戏曲，其形式为"点"与"评"结合。点为圈、点，以圈、点或线条作标示，引人思考；"评"是文字评述，其文字或详细或简要，有总评、眉评、尾评或夹注等形式。评点起源于训诂与史学，[①] 直到宋代，点与评方合二为一："评点之意，包括'评'和'点'两端，又与所评的文本联系在一起，宋人合而为一，遂成为一种文学批评的样式。自南宋以降，评点流行于世，甚至无书不施评点。"[②]

孙琴安在《中国评点文学史》中指出："在弘治以前一百多年的整个明代的评点文学，都是比较冷清的，只有到了弘治年间，随着明代文坛的渐渐活跃，流派增多，人们才开始有了对文学作品的评点，明代的评点文学才开始逐渐地兴盛起来，到了嘉靖、万历以后，更是出现了一个前所未有的高峰，产生了中国评点文学的全盛期。"[③]在评点文学中，小说评点尤其兴盛，"就现存的资料而言，刊于万历十九年（1591）的万卷楼刊本《三国志通俗演义》是小说评点的最早读本"[④]。陈深的《诸子品节》亦刊刻于同一年，此后老学中的点评本开始兴盛，杨起元、凌稚隆、归有光、焦竑、陈仁锡、孙鑛等点评名家的注本相继面世，评点体兴盛于明中后期，是思想、经济共同作用的结果。

明中后期，阳明学兴起，程朱理学的权威地位动摇，士大夫从程朱理学庄严、整肃的"天理"阴影中走出，开始关注个体价值与情感。晚明士大夫极力追求享乐，与泰州王学有很大的关系。王艮《乐学歌》曰："人心本自乐，自将私欲缚。私欲一萌时，良知还自觉。一觉便消除，人心依旧乐。乐是乐此学，学是学此乐。不乐不

---

① 孙琴安：《中国评点文学史》，上海社会科学院出版社 1999 年版，第 1 页。
② 张伯伟：《中国古代文学批评方法研究》，中华书局 2002 年版，第 544 页。
③ 孙琴安：《中国评点文学史》，上海社会科学院出版社 1999 年版，第 88 页。
④ 吴子林著：《中西文论思想识略》，福建人民出版社 2015 年版，第 4 页。

是学，不学不是乐。乐便然后学，学便然后乐。乐是学，学是乐。呜呼！天下之乐，何如此学？天下之学，何如此乐？"① 王艮公开宣扬"乐"是人的本性，只是因为私欲束缚了人的快乐，只要人人学得良知，自然可以重获快乐，而王艮觉道的方式是重视百姓日用，他提倡"百姓日用即道"。以前儒家也讲百姓日用与道，但百姓日用是作为道的发用处而存在，如王阳明说："日用间何莫非天理流行，但此心常存不放，则义理自熟。"② 王艮直接将百姓日用等同于道，王艮的学说为正德嘉靖时期急于寻求新的安身立命思想的士大夫所接受，并推而广之。正如有学者所指出的："正处在生存烦闷和壅塞之中的士阶级文人，很快从王艮学说的民间性里面，看到了他们所迫切需要的东西，那就是无所束缚的个人主体精神和尊崇自身、笃于自信的自由意志。如果说王艮因为站在民间的立场上，发现这两样东西在平民身上是本有的可以自觉的，那么它们恰恰是士阶级文人身上丧失了因而十分缺乏的。他们欲想为自己找到一线生机，就要自我反思和自我启蒙，于是王艮的学说便为这些亟于夺路而走的文人们，打开了一条道路。不仅'民间圣人'，成为他们渴慕的精神形象，而且'民间'作为'道'之所在，更为他们自我反思和自我启蒙提供了具体的观照。'民间'对他们的启示是巨大的，他们从中重新找到了表达自己的个人话语，这对长期失去了言说能力的明代文人来说，似乎没有比这更重要的了。而一旦道路打通，这部分文人便立刻成为那个时代里最张扬、最激进的人。他们的言说，不仅'复非名教之所能笼络'，而且除个人之外，一切都不在眼下，一切都可以大放厥词，即使他们奉为家法的孔子孟子，也不惮以个人的意见来代替。他们追求的'只是个快活'，个人内心'生意活泼，了无滞碍'，这就是入了'道'，最自然的生存之道。"③ 这样的追求反

---

① 黄宗羲：《明儒学案》卷三十二，《泰州学案一》，中华书局 2008 年版，第 718 页。
② 王守仁撰，吴光、钱明等编校：《王阳明全集》卷四，《答徐成之》，上海古籍出版社 1992 年版，第 145 页。
③ 费振钟：《堕落时代》，段勇编：《思想的锐利：名家杂文》，华中科技大学出版社 2014 年版，第 192—193 页。

映在学问创作上，就是"文以载道"的主题被放置一边，转向对个体个性、情感的表达。这样的诉求反映在文体上，就是士大夫不再倾心于严肃的长篇大论，转而欣赏简短的、抒发个人情感表达个人意愿的文体，而简短的文体同时也迎合了平民对文化的需求。明后期受到商品经济的冲击，大量人口从土地的束缚中解放出来，他们流向城市，成为市民文化的消费主体，而士大夫作为市民文化的生产主体，他们的创作也要一定程度上考虑市民的接受能力，评点体兴盛于此时，既满足了士大夫的表达个体情感的创作需要，又迎合了市民的接受能力："书尚评点，以能通作者之意，开览者之心也，得则如着毛点睛，毕露神采；失则如批额涂面，污辱本来，非可苟而已也。"①

二、点评本老学著作的问题及其原因

明代点评本老学著作，其点评内容并非一人思想，而是集众家之长，即便是标明某人点评本，亦是如此，这是明代尤其是明中后期老学文献中普遍存在的一个现象。但这些《老子》点评本，存在随意改动他家注文或者引文不标出处的情况。这种现象有其特殊的社会、思想背景。

明后期城市经济发达，对图书的市场需求大，文人亦乐于刊书以彰己见，这一切促成了明后期图书出版业的发达，大量图书涌现。

从市场利益而言，明后期私人书坊大量涌现，书坊之间为了争夺市场，竞争十分激烈，盗版现象严重。如署名叶向高的《百子类涵》，严灵峰考证后认为其书乃是书商盗版沈津《百家类纂》所为。②

书坊要在图书市场立于不败之地，必须要注重名人效应，以此来吸引读者。如万历十九年（1591）万卷楼刊刻《三国志通俗演义》的评点本，直接在封面标明："是书也刻已数种，悉皆伪舛，辄购求

---

① 袁无涯：《出像评点忠义水浒全传发凡》，转引自吴作奎：《古代文学批评文体研究》，武汉大学出版社 2014 年版，第 214 页。

② 严灵峰：《周秦汉魏诸子知见书目》第 1 卷，台湾中正书局 1975 年版，第 174 页。

古本，敦请名士，按鉴参考再三雠校，俾句读有圈点，难字有音注，地理有释义，典故有考证，缺略有增补，节目有全像。"① 这一广告语中最重要的就是"敦请名士"："名家的评点对于作品的解读和销售意义重大，正因为评点具备市场价值和市场利益，故而消费文化也刺激评点的繁荣，明清时期几乎所有的作家甚至书商都与'评点'有关，其繁盛程度与消费利润关系重大。"② 有些书商为达到销售目的，或假名人之名招揽顾客，焦竑、钟惺等当世名流尤为书商所喜，冒充其名的著作不知凡几；或者直接在评点本中采用张冠李戴的方法，将他人注解冠以名人之名，这些现象在《老子》评点文献中都有表现。如署名为焦竑的《太上老子道德经注释评林》，此书以何道全注书为底本，附以眉评，因所采诸家注疏颇为驳杂，严灵峰怀疑此书乃书贾冒名为之。③ 研究其评注内容，第一章有两条眉评，一为："唐荆川评：诸家皆于无名有名读，又于有欲无欲读，又以徼为窍，误矣，误矣。"一为："《庄子》称之曰：建之以常无有，主之以太一。"④ 此两条评语与陈深《老子品节》第一章后的眉评相同，只是在评语前加上了"唐荆川评"四字。第二章眉评曰："茅鹿门评：天下有美则有恶，有善则有不善，如有无、难易、长短、高下、音声、前后，相寻而不离也。若但知美之为美，便有不美者在。但知善之为善，便有不善者在。是以圣人处无为之事，行不言之教，功成而不居。如天地之作成万物，生而不有，为而不恃，然后为至美至善也。夫惟不居其其功，则天下莫与争功，是以不去。结句妙奇有味。"⑤ 此评语内容乃是与陈深《老子品节》第二章注释内容一样。其后面各章评注亦是来自陈深《老子品节》，其中评论者多托名唐顺

① 转引自吴作奎：《古代文学批评文体研究》，武汉大学出版社 2014 年版，第 214 页。
② 邱江宁：《明清江南消费文化与文体演变研究》，上海三联书店 2009 年版，第 20—21 页。
③ 严灵峰：《周秦汉魏诸子知见书目》第 1 卷，台湾中正书局 1975 年版，第 185 页。
④ 焦竑：《新刊太上老子道德经注释评林》第一章，龚鹏程、陈廖安主编：《中华续道藏》（初辑）第 8 册，台湾新文丰公司 1999 年版。
⑤ 焦竑：《新刊太上老子道德经注释评林》第二章，龚鹏程、陈廖安主编：《中华续道藏》（初辑）第 8 册，台湾新文丰公司 1999 年版。

之（号荆川）、袁黄（号了凡）、钱岱（号秀峰）、郭子章（号青螺）、袁宗道（号玉蟠）等人，全书无一句焦竑评语。焦竑本人著有《老子翼》，对《老子》用力甚多，若其评注《老子》，何至于全无己见，可见此书确为书商牟利之作。万历年间，钟惺与同乡好友谭元春合编《诗归》，刊刻之后，流传甚广，"承学之士，家置一编，奉之如尼丘之删定"①。可见当时影响之大。书商射利，托名钟惺所刻之书，不在少数。早在清朝时，已有人指出这一现象：

> 周婴方叔极称辨博，然有不必辨者，如诠钟辨文明太后青台雀歌、杜兰香赠张硕诗数条，不知《名媛诗归》，乃吴下人伪托钟、谭名字，非真出二公之手，何足深辨？又向来坊间有《明诗归》，更俚鄙可笑，亦托名竟陵，又足辨耶？
>
> 坊刻又有《皇明通纪》，亦托名钟惺，内载左都御史曹思诚为魏忠贤建祠事。曹近刊冤揭云："与惺素无仇怨，惺何不自惺？"等语，不知惺殁于天启乙丑，而坊贾伪托之也。曹氏遍诉京师，与钟为难，可发一笑。此康熙二十年事，去钟之殁已五十七年矣。②

古人在引用他人著作时，一般标注很简略，或标书名，或人名，人名有时还以某某氏代替，更有甚者，书名、人名都不标，以现代人思维理解，这种现象确存在不当之处，但是，我们不能以现代人的眼光来看待古人，尤其对于思想史研究，更是要抱着同情之了解的态度。那么那时候的人究竟是怎么看待版权的呢？

虽然目前为止关于中国古代是否有版权还存在争论，但是如果抛开版权的严格定义，只从人们对自己著作的保护意识而言，那么可以说自春秋战国时期人们开始在自己的著作上署名起就产生了著

---

① 钱谦益：《列朝诗集小传》（下），上海古籍出版社 2008 年版，第 570 页。
② 王士禛著，文益人校点：《池北偶谈》卷十八，《名媛诗》，齐鲁书社 2007 年版，第 355—356 页。

作权意识。明朝时期,特别是明朝中后期,私人出版业发达,在书中开始出现"版权所有,不得翻印"的声明,但这并不能说明当时人们对版权已经十分看重了。据《四友斋丛说》记载,文征明善书画,尤善鉴别,然而如果别人请他鉴别真假,他则无论真假都说真,因为他觉得买书画的必是有钱人,而卖假画的一定是经济困难,何苦为了自己的名声而让卖者难受呢?即使别人拿着仿冒他的画来请他题名,他也欣然同意。① 不唯文征明,另一位大画家董其昌亦是如此。为什么在已经出现著作权意识的情况下还会出现这种与之矛盾的现象呢?这只能从中国社会的特点及当时人对待知识、学术的思想观念方面寻求答案。

中国古代专制主义中央集权社会一直以儒家思想作为官方意识形态,而儒家思想中有一种向后看的历史传统,"儒家的保守性培育了一种乐于复古的文化传统,因此作者对于他人的模仿不会反感,也不会产生禁止他人模仿的权利要求"②。因为"这种在我们看来是盗用的借用,在传统取向的社会里是一种表达尊敬杰出先人的方式。这种社会更可能向后寻找一个黄金时代、而不是向前寻找一个因为进步而变得光明的未来,所以更可能想同过去保持连续性、而不是为了未来而同过去决裂"③。如朱得之在《老子通义》中解释其引用原则时曰:

> 凡注采诸家之善者,直标姓氏,见其造诣之所及也。其与鄙见同者,参错成章,不复识别。其或稍落意见者,不录。亦区区尚论尚友之意。④

---

① 何良俊撰:《四友斋丛说》卷十五,中华书局 1997 年版,第 130—131 页。

② 李琛:《关于"中国古代因何无版权"研究的几点反思》,《法学家》2010 年第 1 期。

③ (美)波斯纳著:《法律与文学》,李国庆译,中国政法大学出版社 2002 年版,第 532 页。

④ 朱得之:《老子通义·凡例》,《老子集成》第六卷,第 378 页。

朱得之采诸家之注，对于他认为注解特别好的，就标注姓名，以彰显其造诣；对于与他见解相同者，就不再标注著者姓名，直接融入其注解中。这样的引用方式在老学中很常见，如陆西星对王道《老子亿》的引用。

再以杨起元《道德经品节》为例。此书采用随文注释、文后附以简评的注解方式。其注释与评注都引用了多家著作，主要有陆希声《道德真经传》、吕惠卿《道德真经传》、李嘉谋《道德真经义解》、林希逸《道德真经口义》、陈深《老子品节》、陆西星《老子道德经玄览》、焦竑《老子翼》等。

杨起元很少直接引用原注，而是精简或转述注文，经常在一章注解中引用多家注解，如第一章引用了李嘉谋《道德真经义解》、陈深《老子品节》、吕惠卿《道德真经传》三种注解。第二章评语曰："前章既说常无常有，恐人执有无之见，堕名相断灭中，又言此，破人之执。"[1] 此评语与陆西星《老子道德经玄览》此章之解意义相近："大朴既散，私智日开，天下之人滞于名相之中，各以意见，自为好恶，而不知清净之中，本来无有……圣人于是镇之以常无有焉。"[2]

杨起元有时会在引文中加入一些内容，我们可以从这些内容中窥见杨起元的思想倾向。如第二章的注文乃是引林希逸《道德真经口义》及吕惠卿《道德真经传》，但杨起元在注文中增添了两句话，使得注文具有了其本人的思想特色。杨注曰：

> 美恶皆生于情，以适情为美为善，逆情为恶为不善。有美则有恶，有善则有不善，美而不知其美，善而不知其善，则无恶无不善矣。言物生于有，有生于无也。难作于易，易由于难，是相成也。以长临之则为短，以短临之则为长，是相形也。以高为是，而百谷为 □□□□□ 下；以下属是，而川渎为谷下 □□□□ 是相倾也。黄钟为君，余律和之。余律为君，黄钟和

---

① 杨起元：《道德经品节》，《老子集成》第七卷，第 324 页。
② 陆西星：《老子道德经玄览》，《老子集成》第六卷，第 573 页。

之。自秋冬而望春夏，则春夏前而秋冬后；自春夏而望秋冬，则秋冬前而春夏后，是相随也。六者当其时，适其情，谓之美也，善也；不当其时，不适其情，谓之恶也，不善也。二者迭相往来，□□□□□。以常道处事，而事出乎无为，为而未尝为也。以常名行教，而教出乎不言，言而未尝言也。万物各遂其性，不见其作与作之者，不见其生与生之者，不见其为与为之者，吾何辞何有何恃哉？所以功成而不居，不与天下争功也。居则去之矣。不居，则有其有者不能有，无其有者能有之。即此离此，去小常而得大常也。①

林注曰：

> 有美则有恶，有善则有不善。美而不知其美，善而不知其善，则无恶无不善矣。②

吕注曰：

> 故天下之物生于有，有生于无，是之谓有无之相生。难事作于易，而易亦由难之，故无难，是之谓难易之相成。有鹤胫之长，而后知有凫胫之短，有凫胫之短，而后有鹤胫之长，是之谓长短之相形。以高为是，则百谷为川渎之源，则高有以倾乎下，以下为是，则川渎为百谷之归，则下有以倾乎高，是之谓高下之相倾。黄钟为君则余律和之，余律为君则黄钟和之，是之谓音声之相和。自秋冬而望春夏，则春夏前而秋冬后，自春夏而望秋冬，则秋冬前而春夏后，是之谓前后之相随。凡此六者，当其时，适其情，天下谓之美，谓之善；不当其时，不适其情，天下谓之恶，谓之不善。夫岂知所谓至美至善哉？则

---

① 杨起元：《道德经品节》，《老子集成》第七卷，第 323—324 页。
② 林希逸：《道德真经口义》，《老子集成》第四卷，第 497 页。

美与恶，善与不善，亦迭相为往来兴废而已，岂常也哉。是故圣人知其如此也，以常道处事而事出于无为，以常名行教而教出于不言。事出于无为，则终日为而未尝为；教出于不言，则终日言而未尝言。则美与恶，善与不善，吾何容心哉？若然者，无往不妙。无往不妙，则万物之作，吾不见其作与作之者，不见其生与生之者，不见其为与为之者，则虽作不作，虽生不生，虽为不为，吾何辞、何有、何恃哉？此所以功成而不居也。夫有居则有去，在己无居，夫将安去哉？[1]

从上文比较可知，杨起元在注文开头阐释己意："美恶皆生于情，以适情为美为善，逆情为恶为不善。"在解释"万物做焉而不辞，生而不有，为而不恃，功成不居"句时，以"万物各遂其性"替代了吕注中的无为之意，杨起元以"遂性"为无为，反映了他对性命思想的关注。

第五章评论曰："此自无恩而大恩生，发众说者不察其旨，至谓土芥斯民，且曰申韩之惨刻原于刍狗百姓之意，可发一大笑。"[2] 林希逸《道德真经口义》曰："此章大旨不过曰天地无容心于生物，圣人无容心于养民。却如此下语，涉于奇怪，而读者不精，遂有深弊。故曰申韩之惨刻，原于刍狗百姓之意，虽老子亦不容辞其责矣。"[3] 林希逸认为老子被世人误会，是因其言语奇怪，虽有后人理解不精之过，但老子也要负一定的责任。杨起元则直接嘲讽误解者，可见杨起元对"申韩之惨刻原于老子"的观点持坚决的反对态度。

明人著作中的这种引用方式是出于当时的著述习惯，而其深层原因则在于中国古代知识分子对学问的态度。对于学术、知识，中国的知识分子的一贯态度是"学术乃天下公器"，无人可得而私，且后人对自己著作的增损，只要是与道有增，就是对的。王阳明直

---

[1] 吕惠卿《道德真经传》，《老子集成》第二卷，第 655—656 页。

[2] 杨起元：《道德经品节》，《老子集成》第七卷，第 324 页。

[3] 林希逸：《道德真经口义》，《老子集成》第四卷，第 499 页。

接说：

> 夫道，天下之公道也；学，天下之公学也，非朱子可得而私也，非孔子可得而私也。天下之公也，公言之而已矣。故言之而是，虽异于己，乃益于己也；言之而非，虽同于己，适损于己也。益于己者，己必喜之；损于己者，己必恶之。①

清朝之李渔亦是抱着相同的态度：

> 以我论之：文章者，天下之公器，非我之所能私；是非者，千古之定评，岂人之所能倒？不若出我所有，公之于人，收天下后世之名贤悉为同调。胜我者我师之，仍不失为起予之高足；类我者我友之，亦不愧为攻玉之他山。持此为心，遂不觉以生平底里，和盘托出，并前人已传之书，亦为取长弃短，别出瑕瑜，使人知所从违，而不为诵读所误。知我，罪我，怜我，杀我，悉听世人，不复能顾其后矣。但恐我所言者，自以为是而未必果是；人所趋者，我以为非而未必尽非。但矢一字之公，可谢千秋之罚。噫！元人可作，当必赏予。②

秉着学术为天下公器的态度，古人并没有现代人那么强的著作权意识，所以引述他人的观点也不会要求一一注明出处。曹之指出：引文之标明出处其实可以追溯到先秦，如《论语》《左传》对《诗经》的引用，但是西汉之前，引文之例还非常少，直到西汉后期之后才慢慢多起来。至唐代就更为频繁了，但是唐人标注有两大缺点：其一，标注并非完全忠实于原文，多撮其大意而引之。其二，引文出处标注格式没有统一的标准，书名及其作者名前后不一，或者干脆

---

① 王守仁撰，吴光、钱明等编校：《王阳明全集》卷二，《答罗整庵少宰书》，上海古籍出版社 1992 年版，第 78 页。
② 李渔：《闲情偶寄》卷一，《结构第一》，《李渔全集》第三卷，浙江古籍出版社 1991 年版，第 3—4 页。

只标其一，甚至会弄错作者或书名。宋人不同于唐人，对引文非常重视，多会标明出处，但唐人出现的问题，宋人并非就没有了。元人著作引书则遵循从简原则，引文出处只标著者或书名，而且还是简称，如晁公武标为"晁氏"，《隋书·经籍志》则标为《隋志》。明人引书最为混乱，表现在两个方面，一是引文大多不标明出处，二是为我所用，窜改引文。① 显然，不重视引文标注是我国古人注述的一个特点，是习以为常的现象，明代则更加突出，虽然现在我们也许可称之为缺陷，但如果以今律古，必将有诬古人。②

---

① 曹之：《中国古籍编撰史》，武汉大学出版社 2006 年版，第 510 页。

② 参见刘固盛、涂立贤：《陆西星〈老子玄览〉剽窃了王道〈老子亿〉吗？——与山浦秀一先生商榷》，《学术界》2014 年第 5 期。

第十一章　清代老学的考证性研究

考据学是清代学术区别于其他朝代的最显著特点，在考据学最为兴盛的乾嘉时期，学者们对古代典籍进行了大规模的整理校勘，众多先秦子书自然也在整理之列，其中就包括了《老子》。清代中期出现了一些考证性质的老学著作，学者们或对老子其人进行考证辨析，或对传世文献进行整理校勘，或对石刻碑铭进行释读研究，从而在老子其人其书的研究和整理上取得了不小的成绩。虽然历代的《老子》研究者在其注疏中也有对文本字句的考订，但是像清人这样专门的整理校勘还是不曾有过的，尤其是清代学者十分擅长的版本校勘方法，对《老子》文本的考订起到了重要作用，这是老学研究在清代发展出的新特点。

第一节　对老子其人其书的辨析与考证

一、对老子其人的辨析

史籍中对老子生平之记载较为详尽且可靠者，当为司马迁《史记·老子韩非列传》，清代学者利用司马迁的记载，对老子其人进行了研究，其焦点集中在老子的姓氏字号问题上。

如著名学者毕沅就对《史记》所载老聃、周太史儋以及老莱子这三人有所辨析。司马迁《史记》为老子立传，说老子姓李，名耳，字伯阳，谥曰聃，为周守藏室史。西出关，为关令尹喜著书上下篇而去，莫知其所终。与此同时，司马迁还记载了另外两个可能跟老子相关的人，一个是周太史儋，一个是亦为楚人且著书十五篇的老莱子，司马迁说有人认为这两个人可能跟老子是同一个人。毕沅则对这三个人名进行了一番辨析，首先他认为老聃跟周太史儋是同一个人，因为"古聃、儋字通"。他考证道："《说文解字》有聃字，云耳曼也，又有瞻字，云垂耳也。南方瞻耳之国。《大荒北经》《吕览》瞻耳字并作儋。又《吕览》老聃字，《淮南王书》瞻耳字，皆作耽。《说文解字》又有耽字，云耳大垂也。盖三字声义相同，故并借用之。"① 毕沅从文字学的角度对聃、儋二字进行了考证，指出二字通用，既然如此，那么老聃跟周太史儋可能就是同一个人。而老莱子则是另外一个人，他先引用郑玄的说法，"郑康成云：老聃，古寿考者之号。斯为通论矣。老子与老莱子是二人，老子苦县人，老莱子楚人。《史记》老莱子著书十五篇，《艺文志》作十六篇，亦为道家之言，且与孔子同时，故或与老子混而莫辨"②。针对郑玄老子和老莱子是不同的两个人的结论，毕沅还有自己的补充，他说："古有莱氏，故《左传》有莱驹，老莱子应是莱子，而称老，如列御寇师老商氏，以商氏而称老义同。当时人能久生不死，皆以老推之矣，亦无异说焉。"③

姚鼐跟毕沅一样，对《史记·老子传》中所记载的老子的姓、氏、字有一番考证。

首先，姚鼐认为《史记》所言老子姓李，名耳，字伯阳，谥曰聃的说法并不是司马迁原文，而是后人妄改的结果。他说：

> 夫老子，老其氏也，聃其字也。太史公文盖曰：老子者，楚苦县厉乡曲仁里人也。姓李氏，名耳，字聃。周守藏室之史也。汉末妄以老子为仙人不死，故唐固注《国语》，以为即伯阳

---

① 毕沅：《老子道德经考异》，《老子集成》第九卷，第 731 页。
② 毕沅：《老子道德经考异》，《老子集成》第九卷，第 731—732 页。
③ 毕沅：《老子道德经考异》，《老子集成》第九卷，第 732 页。

父。流俗妄书乃谓老子字伯阳，此君子所不宜道。当唐之兴，自谓老子之裔，于是移《史记列传》，以老子为首，而媚者遂因俗说以改司马之旧文，乃有字伯阳，谥曰聃之语，吾决知其妄也。老子匹夫耳，固无谥，苟弟子欲以谥尊之，则必举其令德，乌得曰聃？孔子举所严事之贤，士大夫皆举氏字，晏平、仲蘧、伯玉、老聃、子产，其称一也。陆德明《音义》注老子，两处皆引《史记》曰字聃，河上公曰字伯阳，不谓为《史记》之语，陆氏书最在唐初，所言《史记》真本盖如此，则后传本之非明矣。①

姚鼐的证据主要有三点：其一，老子只是普通百姓，不可能有谥号；其二，孔子所举之人，都是先氏后字，故老为氏而聃为字；其三，陆德明《经典释文》中引《史记》皆为"字聃"。综合起来，他认为《史记》原文应当就是"姓李氏，名耳，字聃"。后人之所以要改为"字伯阳，谥曰聃"，一来后世道教徒以老子为教祖，故以神仙伯阳父之名字之，二来李唐王室称自己是老子后裔，十分推崇老子，逢迎者则给《史记》的老子传记添油加醋，加上了谥号。

其次，姚鼐对老子的姓也有简单的考证。他说："老子所生，太史公曰楚苦县，或曰陈国相人。《庄子》载孔子、阳子朱皆南之沛见老子。夫宋国有老氏，而沛者宋地。言老子所生，三者说异，而《庄子》尤古，宜得其真。"②《史记》记载老子的生地有两种，一为楚国苦县，一为陈国相，而《庄子》则说老子在沛地，姚鼐认为《庄子》成书较《史记》早，其记载也更为可信。如此说来，则老子是宋国人，姚鼐据此进一步推断老子可能是宋人子姓，他说："然则老子其宋人子姓耶，子之为李，语转而然，犹姒姓之或以为弋也。"子与李，一声之转。不仅如此，他还对"老彭"的称号有所解释："彭城近沛，意聃尝居之，故曰老彭，犹展禽称柳下也，皆时人尊有

<hr>

① 姚鼐：《老子章义》，《老子集成》第九卷，第780页。
② 姚鼐：《老子章义》，《老子集成》第九卷，第780页。

道而氏之。晋穆帝名聃字彭子，汉晋旧儒必有知老彭为聃之氏之说者矣，后世失之乃不能明也。"①

当然，老子与孔子的关系，老子与太上老君的关系等，也为清代学者所论及。

毕沅认为孔子问礼之老子就是著《道德经》的那个老子。他引用《庄子》的记载来说明这个问题，他说："《庄子》云：孔子西藏书于周室，往见老聃。又云：孔子南之沛，见老聃。又云：阳子居南之沛，老聃西游于秦，邀于郊，至于梁而遇老子。是孔子问礼之老子即著《道德》书之老子，不得以其或在沛或在周而疑之。"② 按《庄子》所言，老聃既居于沛，又西游于秦，孔子南之沛见老子，或者在周见老子，都是可能的。

毕沅还对老子被道教神化进行了辨析。毕沅认为，老子是人不是神，是道教将其神化成了神。他从历代文献中找到了老子是人且会死的记载：

> 《史记》老子之子名宗，宗子注，注子官，官元孙假，仕于汉孝文帝，假之子解，为胶西王太傅，家于齐。《魏书·释老志》有收圭师李谱文，云是老子之元孙。《隋书》作李谱，合之唐宗室世系表所载，是老子亦犹夫人耳。《庄子》称老聃死，秦失吊之，三号而出。明老子亦死。《水经注》：蒙屋有大陵，世谓之老子陵。明老子有葬地。生而为圣，殁而为神，不足为异，必如葛洪《神仙传》及崔元山《濑乡记》老子为十三圣师云云，未免好奇行怪，盖后世虚造之词，不足征矣。③

如此看来，老子是神只是后人的虚造罢了。

---

① 姚鼐：《老子章义》，《老子集成》第九卷，第780页。
② 毕沅：《老子道德经考异》，《老子集成》第九卷，第732页。
③ 毕沅：《老子道德经考异》，《老子集成》第九卷，第732页。

二、对《老子》文本的考证

清代众多精于考据的学者，对《老子》文本有较为详尽的考证，比较著名的有纪昀《老子道德经校订》、卢文弨《老子音义考证》、黄文莲《道德经订注》、毕沅《老子道德经考异》、王念孙《老子杂志》，等等。这些考证性质的学术作品大量集中出现，反映了清代学术的特点，同时也表明清人在《老子》文本考证上取得了超越前人的突出学术成就。下文就这些著作的特点做简单之介绍。

1. 纪昀《老子道德经校订》

《老子》王弼注在老学史上地位突出，在唐代差一点就成了官方认可的注疏，"《唐书·刘知幾传》称《易》无子夏传，《老子》无河上公注，请用王弼，为宋璟所格，仅废子夏《易》而弼注《老子》终不用"①。尽管如此，王弼注在唐代依然深受学者的重视，"陆德明《经典释文》所著音训，即弼此注"，只是"后诸家之解日众，弼书遂微，仅有传本亦多讹谬"。② 而纪昀则对王弼注进行了一番校勘整理。他在四库馆工作期间，得见《永乐大典》所录王弼注，并以此参校明张之象本王弼注。他说，"此本乃从明华亭张之象本录出，亦不免于讹脱，而大致尚可辨别"，"今谨据《永乐大典》所载本详加参校，考订同异，阙其所疑，而仍依弼原本，不题道经、德经字以存其旧云"。③ 无论是张之象本还是《永乐大典》本，都十分珍贵，两者互校，其学术意义自然不言而喻。

纪昀的校勘主要有以下几个方面：

第一，对《道德经》是否分《道经》《德经》的问题，持否定态度。后世通常将《道德经》前三十七章称为《道经》，后四十四章称为《德经》。纪昀对此习惯做法表示怀疑，认为这可能不是王弼原本

---

① 纪昀：《老子道德经校订》，《老子集成》第九卷，第696页。
② 纪昀：《老子道德经校订》，《老子集成》第九卷，第696页。
③ 纪昀：《老子道德经校订》，《老子集成》第九卷，第696—697页。

之貌。他的理由有两点：首先，宋本中并无《道经》《德经》之分。纪昀所依据的底本明张之象本，有宋代的跋文，这表明张之象本源自宋本。在这两篇跋文中，都没有这么分。"后有政和乙未晁以道跋，称文字多谬误。又有乾道庚寅熊克重刊跋，称近世希有。盖久而后得之，则自宋已然矣。然二跋皆称不分道经、德经"①。这表明更早的宋本中，并没有《道经》《德经》之分。其次，唐陆德明《经典释文》也没有《道经》《德经》之分。纪昀考证道："今本《经典释文》上卷虽不题道经，下卷乃题曰老子德经，音义与此本及跋皆不合，殆传刻《释文》者反据俗本增入。"② 今本《经典释文》下卷所题"德经"，他认为是后人根据俗本乱入的，不是原本之貌。基于唐宋旧本，纪昀认为，《老子》一书并没有分《道经》《德经》，这是后人增加的。

第二，依据《永乐大典》本修改张之象本。如纪昀依据《永乐大典》本，给《老子》第三章各句加上一"民"字，他说："原本及各本俱无民字，惟《永乐大典》有之。据弼注，故可欲不见上承没命而盗，则经文本有民字。今校补。"③ 第五章"天地不仁以万物为刍狗"的注文中，张之象本注文作"仁者必造立施化，有恩有为。则物失其真。有恩有为，则物不具存"。纪昀在"则物失其真"一句之前加上"造立施化"四字，并在案语中说："原本脱此四字，今据《永乐大典》校补。"④ 再如，张之象本第十五章注文有"冬之涉川，豫然者欲度"一句，纪昀依据《永乐大典》本将"者"改为"若"，他这一句的案语中说："若，原本讹作者，今据《永乐大典》校改。"⑤ 第十六章"知常曰明"的注文，张之象本作"常之为物，不偏不彰，无敝昧之状，温凉之象，故曰知常曰明"，纪昀将"敝"改

---

① 纪昀：《老子道德经校订》，《老子集成》第九卷，第 696—697 页。
② 纪昀：《老子道德经校订》，《老子集成》第九卷，第 696 页。
③ 纪昀：《老子道德经校订》，《老子集成》第九卷，第 698 页。
④ 纪昀：《老子道德经校订》，《老子集成》第九卷，第 698 页。
⑤ 纪昀：《老子道德经校订》，《老子集成》第九卷，第 701 页。

为"曒"，说道："曒，原本讹作皦，今据《永乐大典》校改。"① 类似的例子还有不少。

第三，列出《永乐大典》本与张之象本相异之处，并不进行校改。《永乐大典》本毕竟只是参校本，纪昀在很多地方只是列出两本之间的差异，并不对张之象本原文进行改动。如第五章，《永乐大典》本的正文比张之象本要多，但是纪昀仍然保留了张本原貌，没做改动，他在案语中说："河上公注本此为虚用章。《永乐大典》连后章至用之不勤也为第五章，自天长地久至故能成其私为第六章。以下章次俱异，今悉依张之象所录王注原本。"②

第四，指出《永乐大典》本错讹之处。纪昀虽时常依据《永乐大典》校改张之象本，但他不全以《永乐大典》本为是，而是互相参校，时时也指出该本的错讹之处。如第一章经文"此两者，同出而异名"，张之象本王弼注曰："两者，始与母也。"纪昀案语道："《永乐大典》母作无，误。"③ 再如第十六章经文"道乃久"，张之象本王弼注曰："穷极虚无，得道之常。"纪昀案语道："道，《永乐大典》本作物，误。"④ 第十七章经文"信不足焉，有不信焉"的注文，在《永乐大典》本中，误移到"其次亲而誉之"下，纪昀道："《永乐大典》又误以此注移置'其次亲而誉之'三节注前，仍以此本为长。"⑤

第五，利用《韩非子》所引《老子》经文进行校勘。韩非子的《解老》《喻老》二篇是现存最早的《老子》诠释著作，其中对《老子》经文多有引用，纪昀便时常利用《韩非子》来进行校勘。如，第四十七章经文"不出户，知天下；不窥牖，见天道"一句，纪昀道："《韩非子》出、窥下有于字，户、牖下有可以字。"⑥ 同章经文

---

① 纪昀：《老子道德经校订》，《老子集成》第九卷，第 702 页。
② 纪昀：《老子道德经校订》，《老子集成》第九卷，第 698—699 页。
③ 纪昀：《老子道德经校订》，《老子集成》第九卷，第 697 页。
④ 纪昀：《老子道德经校订》，《老子集成》第九卷，第 702 页。
⑤ 纪昀：《老子道德经校订》，《老子集成》第九卷，第 703 页。
⑥ 纪昀：《老子道德经校订》，《老子集成》第九卷，第 715 页。

"其出弥远"句，纪昀道："《韩非子》远下有者字。"① 再如，第五十三章经文"是谓盗夸"句，纪昀校曰："夸，《韩非子》作竽。"② 第七十一章经文"圣人不病，以其病病，是以不病"句，纪昀校曰："《韩非子》作圣人之不病也，以其病病，是以无病也。"③ 诸如此类，尚有不少。

2. 毕沅《老子道德经考异》

毕沅对《老子》文本也有自己的研究。

首先，毕沅认为《老子》一书，大多述而不作，本之黄帝之言。他说："汉时，以黄老为道家言，故《艺文志》道家中有《黄帝四经》等篇，《列子》以谷神不死，是谓元牝，为《黄帝书》，而《庄子》有焱氏颂，有听之不闻其声，视之不见其形云云，正与视之不见名曰夷，听之不闻名曰希说合。黄帝号有熊氏，古者熊焱声相转，疑有焱氏郎有熊氏，然则老子本黄帝之言，大率多述而不作焉。"④

其次，毕沅为史志所载河上公注的情况做了一个介绍。"《艺文志》有《老子邻氏经传》四篇，《传氏经说》三十七篇，《徐氏经说》六篇，《刘向说》四篇，却无河上公注"。而《隋书·经籍志》关于《河上公注》的记载有两种，一是"汉文帝时河上公注"，一是"梁有战国时河上丈人注二卷"。毕沅对《隋书·经籍志》的这两种说法各有解释，并没有轻易否定哪一个，他说："考《高士传》河上丈人，不知何国人。明老子之术，自匿姓名，居河之湄，著《老子章句》。当战国之末，诸侯交争，驰说之士，咸以权势相倾，唯丈人隐身修道，老而不亏。是谓战国时人也。《神仙传》：河上公者，莫知其姓字，汉文帝时结草为庵于河之滨。是谓文帝时人也。"⑤

再次，毕沅自己对《老子》文本也有所整理。他的《老子道德

---

① 纪昀：《老子道德经校订》，《老子集成》第九卷，第 715 页。
② 纪昀：《老子道德经校订》，《老子集成》第九卷，第 717 页。
③ 纪昀：《老子道德经校订》，《老子集成》第九卷，第 723 页。
④ 毕沅：《老子道德经考异》，《老子集成》第九卷，第 732 页。
⑤ 毕沅：《老子道德经考异》，《老子集成》第九卷，第 732 页。

经考异》主要以唐傅奕本为底本，因为他"所见老子注家不下百余本，其佳者有数十本，唯唐傅奕多古字古言，且为世所希传"。他又参校河上公、王弼、顾欢、陆德明《经典释文》、《永乐大典》、焦竑《老子考异》等本，其整理遵循"间有不合于古者，则折众说以定所是。字不从《说文解字》出，不审信也"的原则。他之所以如此信古，是因有感于当世学者在考证古书上好求异说，动辄更改古人文字："近世多读书君子，然浅近者有因陋而无专辨，或好求异说以讨别绪，则动更前人陈迹，在若信若不信之间，沅不敢为之也。"①

下面仅举数例，以说明毕沅对《老子》一书的校勘方法与成就。

毕沅的校勘，非常重视对各种不同本子的综合运用。如对第二章经文"故有无之相生"等句的校勘，便综合了王弼、顾欢以及李道纯等不同版本和意见，并有自己的论断。他写道："顾欢无故字，王弼、顾欢六之字皆无，李道纯曰：此间有之字，非也。"同章"万物作而不为始"句，毕沅首先列举了其他各本的异文："河上公、王弼并作万物作焉而不辞，陆希声及《太平御览》引皆无焉字。"对此，毕沅也有自己的判断，他认为："古始、辞声同，以此致异。"这一章"功成不处"句，通行本时常作"功成而弗居"，毕沅校曰："《永乐大典》无而字，弗作不。《淮南子》引两弗字皆作不，不字为是。"② 从以上引文我们可以看到，仅仅在第二章经文的校勘中，毕沅便参校了《淮南子》、王弼、河上公、顾欢、陆希声、《太平御览》、李道纯、《永乐大典》等众多版本，其校勘功夫之深厚，由此可见一斑。

毕沅的校勘，除了参校诸本以外，对于各种不同的意见，他往往以《说文解字》作为最后判断的依据。如经文第十六章，通行本有"夫物芸芸"一句，毕沅所依据的底本唐傅奕本作"夫物蕓蕓"。毕沅校曰："河上公本作夫物芸芸，各复归其根，王弼夫亦作凡，余与河上同。庄子作万物云云，各复其根。《说文解字》有物数纷蕓之

① 毕沅：《老子道德经考异》，《老子集成》第九卷，第 732 页。
② 毕沅：《老子道德经考异》，《老子集成》第九卷，第 733 页。

言，是奕用正字。"① 毕沅以《说文解字》的记载为依据，肯定了唐傅奕本的用字是正确的。再如，第五十三章经文有"财货有余，是为盗夸"句，《韩非子》中引用此句作"盗竽"。毕沅注意到了这个问题，但他并不认为《韩非子》所引是正确的，而是有自己的看法。其校释道："夸，河上公作誇，王弼同奕。《韩非子》财货作资货，盗夸作盗竽。古从于字皆训大，故《尔雅》：訏，宇大也。又《诗》：君子攸芋。《毛传》：芋，大也。《说文解字》：大叶实根骇人谓之芋。隶文艸、竹不分，疑《韩非》等应作芋矣。"② 毕沅综合《说文解字》等文献的说法，认为此处经文应作"盗芋"，其考证有力，足备一说。

3. 黄文莲《道德经订注》

清中期另一位以诗文著称、号称"吴中七子"之一的黄文莲也对《老子》文本有过精细研究。黄氏的《老子》文本研究，与纪昀、毕沅等人不同，他不从事于各种版本间的校勘，而是着眼于删定经文文句。他认为传世的《老子》文本，有太多文句是后世人增添进去的，并不是原貌。其说道：

> 书亡于秦火而乱于注家，注家之言各以所见训释原文，或发明一句之旨，或疏通只字之义。按简讨寻，经传自别。迨秦火后方策散佚，诸家纲罗旧闻笔而存之，嗣经传写之误，读者惑于疑似更强为附会，而经传乱矣。③

黄文莲认为先秦典籍自秦始皇焚书以后，大多散乱，后世重新整理的本子，掺杂了整理者的附会，并不是先秦旧貌。基于这样的整体认识，他进一步认为《老子》一书也非先秦旧貌：

---

① 毕沅：《老子道德经考异》，《老子集成》第九卷，第 736 页。
② 毕沅：《老子道德经考异》，《老子集成》第九卷，第 746 页。
③ 黄文莲：《道德经订注》，《老子集成》第九卷，第 754 页。

> 昔老子去周，度函谷关，从令尹喜请，著书上下篇，言道德之意……五千余言之说，见于《史记》，第就今世所留传者而论，恐非复关尹之旧藏，而出于汉人之采撷也。度秦火以前，本有五千余言之文，学者习知其数，网求之而不足，乃杂取近似者以附益之。不然，每章之文多者百余字，少者二三十字，何以彼此重复前后淆杂？又其间支离浅薄之词不一而足欤。①

黄文莲认为传世的《老子》文本，每章文字字数差异极大，有的百余字，有的才二三十字。之所以会出现这种情况，肯定是掺杂了太多后世学者的附会之文。在所有的《老子》传世本中，王弼注影响较大，流传甚广。黄文莲认为王弼注本，就有以上所说的毛病，其言道：

> 八十一章之目，出于河上公注本，而唐刘氏知幾谓《老子》无河上公注，是以世鲜传者，吾无从考其优劣矣。邻氏传、傅氏、徐氏说虽载《汉书》，今皆不可得见，惟晋王氏弼注尚存。王氏之注以上下篇互相引证，乍阅之颇似贯串，及寻绎《老子》之文，言道言德各有宗主，则亦未免紊乱其旨。安知周秦之末，不先有如王氏者，牵合上下篇以为注，暨乎网求遗失，采取失真，传写滋误，因以有彼此重复，前后淆杂，与夫浅薄支离之病耶？②

既然王弼注的经文已非先秦原貌，黄文莲的工作就要剔除经文中后人掺杂附会进去的文句。"谨就臆见，略为删节，虽不足五千言之文，要使老子之言道德者，湛然秩然不离其宗，兼取王氏以来注家之言驳而不醇者，加以商定。"③ 因此就有了《道德经订注》这本书

---

① 黄文莲：《道德经订注》，《老子集成》第九卷，第754页。
② 黄文莲：《道德经订注》，《老子集成》第九卷，第754页。
③ 黄文莲：《道德经订注》，《老子集成》第九卷，第754页。

的问世。黄氏此书最大的特点是对《老子》文本改动较大，于每一章都给出作者认为符合先秦原貌的经文，删除了在其看来属于后世误增的文字。下面举数例以说明。

《老子》第一章经文有"此两者，同出而异名，同谓之玄，玄之又玄，众妙之门"句，黄文莲认为"此两者，同出而异名"属于后世注家注释前两句的，不该是正文。他说道："老子之文最深厚洁净，传写者或杂以注家之言，故时有浅薄支离重复之病，亦间有错简焉，读之不能无疑。即如此两者同出而异名八字，乃是注释《老子》者于观其徼之下作承上落下之文，其实无所谓两者，亦不得谓之异名也。王氏谓同出者，同出于元，则又非同谓之旨矣。原文似不当如是。"① 基于这样的认识，他在第一章后面给出自己认为的《老子》原文，将这一句话给删除了。

第二章经文有"故有无相生，难易相成，长短相形，高下相倾，音声相和，前后相随"等句，黄文莲认为这六句疑似是后世注家的注释文字，予以删除。其说道："故有无相生六句，交情极妙，但意义甚薄，亦于上下无关，王氏泥此六句，是以有不可偏举之说，疑注家语也。"②

第八章经文有"上善若水，水善利万物而不争，处众人之所恶，故几于道矣"等句，黄文莲认为此句后世注家乱入之文甚多，他说："水善二字，似注家添设。又因无尤二字，故于争字下有处众人之所恶六字，盖言争之见尤也，解者乃谓就卑就湿，不以人之所恶为恶，说益支离矣。"于是，其最终删定的文句为："上善若水，利万物而不争，故几于道矣。"③

4. 姚鼐《老子章义》

姚鼐对《老子》文本的考订，也是直接根据自己的意见对传世

---

① 黄文莲：《道德经订注》，《老子集成》第九卷，第 755 页。
② 黄文莲：《道德经订注》，《老子集成》第九卷，第 756 页。
③ 黄文莲：《道德经订注》，《老子集成》第九卷，第 757 页。

《老子》文本章节进行大规模调整。他之所以要这样调整，是因为其不满意河上公注本的缘故，他说：

> 《老子》书六朝以前多为之注者，而其本不传，有所谓河上公《章句》者，盖流俗妄人作之，而托于神仙之说，唐时人君以老子为祖，以其书为经，而信神仙之术，是以最贵。所谓河上公本者，其于《老子》书宜合而分，宜分而合者，谬故易见，而唐之君子莫敢议也。行之既久，洎宋苏子由之伦，博学深思，《老子》书尤其所用意，乃守其分章之失，于文义甚不可通者，乃穿凿附会，缴绕其词以就之。初不悟，是乃为一妄人所愚，是亦异矣！①

在姚鼐看来，传世且影响颇大的河上公注本是流俗妄人托于神仙之说而作，唐朝因为尊崇老子，信奉道教，所以没有人敢对河上公注提出异议。之后的学者沿袭唐人旧习，对河上公注也不敢置一词。姚鼐则要对河上公注本的分章结构进行大规模调整，"余试取更之，或断数字为章，或数百字为章"②。

姚鼐在《老子章义》中将经文分为上篇、下篇，不题为"道经""德经"。其对通行本经文八十一章的结构做了较大调整，或将多章合并成一章，或将一章分析出若干章。值得注意的是，姚鼐对《老子》章句结构的改动，往往与出土的帛书本和楚简本暗合，这确实显示出姚鼐独到的学术眼光。如，姚鼐将传世本《老子》第四十五章中"躁胜寒，静胜热，清静为天下正"等句析出，单独成章。考郭店楚简本《老子》此章文字，"'大直若屈'一句在'大巧'、'大成（盛）'两句之后，后有分章符号，显然这一部分自成一体"③。姚鼐还将第四十六章中"天下有道，却走马以粪；天下无道，戎马

---

① 姚鼐：《老子章义》，《老子集成》第九卷，第778页。
② 姚鼐：《老子章义》，《老子集成》第九卷，第778页。
③ 刘笑敢：《老子古今》（上卷），中国社会科学出版社2006年版，第460页。

生于郊"等句析出，单独成章。考帛书甲本《老子》，"在'天下有道'和'罪莫大于可欲'之前都有分章的圆点，可见这本来就是两个意群"①。郭店楚简本《老子》此章只有"罪莫大于可欲"后面的文字，抄在甲本第六十六章与第三十章之间。再如，姚鼐将传世本第七十二章"民不畏威，则大威至矣"这句话，单独列出成为一章。考帛书甲本《老子》，此章"'毋狎其所居'前有分章的圆点，章末也有一圆点"②，与姚鼐的分章不谋而合。诸如此类，不一而足。由此可见，姚鼐对传世本《老子》的分章，多与古本暗合，其学术价值需要学界的进一步关注。

5. 王念孙《老子杂志》和卢文弨《老子音义考证》

清中期著名考据学者王念孙著有《读书杂志》一书，以札记的形式，汇集其多年来校勘古籍的成果。其中"读书杂志余编"中收录有其校勘《老子》的札记数则，对《老子》经文"信不足焉有不信焉""夫佳兵者不祥之器""为天下正""唯施是畏"等四句进行了一系列的校勘工作。王念孙的校勘比较重视对字词的训诂，由训诂进而确定句读及释义。如，"信不足焉有不信焉"是《老子》第十七章经文，历来在第一个"焉"字下句读，读为"信不足焉，有不信焉"。王念孙校曰："河上公本无下焉字……无下焉字者，是也。信不足为句，焉有不信为句。焉，于是也。言信不足，于是有不信也。"③ 在表达自己的意见后，王念孙进一步举出众多古书中焉字的用法，以证明其观点。他引用了《吕氏春秋》《月令》《晋语》《三年问》《大荒南经》《管子》《墨子》《楚辞》《左传》《史记》《春秋公羊传》《祭法》《荀子》《淮南子》等诸多古书。最后，他总结道："此皆由不晓焉字之义，而读信不足焉为一句。故训诂失而句读亦舛，既于下句末加焉字，遂不得不改注文以就之矣。"④ 又如，《老子》第

---

① 刘笑敢：《老子古今》（上卷），中国社会科学出版社 2006 年版，第 466 页。
② 刘笑敢：《老子古今》（上卷），中国社会科学出版社 2006 年版，第 685 页。
③ 王念孙：《老子杂志》，《老子集成》第十卷，第 422 页。
④ 王念孙：《老子杂志》，《老子集成》第十卷，第 423 页。

三十一章经文"夫佳兵者，不祥之器"，历来释"佳"为"善""饰"之意。王念孙认为非是，其解释道："善、饰二训，皆于义未安……佳，当作佳字之误也。佳，古唯字也。唯兵为不祥之器，故有道者不处。"他进一步引《老子》其他类似句式的经文以说明之："上言夫唯，下言故，文义正相承也。八章云：夫唯不争，故无尤。十五章云：夫唯不可识，故强为之容。又云：夫唯不盈，故能敝不新成。二十二章云：夫唯不争，故天下莫能与之争。皆其证也。"① 王念孙这种由训诂以校勘文句的方法，是相当具有说服力的，值得学界的重视。

唐人陆德明在其名著《经典释文》中，对《老子》一书的读音、字义有过注释，成《老子音义》一书。清中期著名考据学者卢文弨则对陆氏该书进行了校勘工作，名为《老子音义考证》。卢氏该书较为简略，未说明校勘所用之底本以及参校本的相关情况。其部分校勘文字常引河上公注及王弼注，但也未说明所依据为何版本，这给今人利用此书带来了不少困难。

第二节　对石刻资料的释读

清代学者除了利用传世文献对老子其人其书进行相关考证之外，还充分利用古代遗存的石刻资料，来校勘传世文本，比较著名的有：严可均对唐景龙二年（708）易州龙兴观《道德经》碑、王昶对开元二十六年（738）玄宗御注《道德经》碑以及吴云对唐广明元年（880）《道德经》石幢残石的研究。

一、严可均《老子唐本考异》

严可均《老子唐本考异》，收入其《铁桥漫稿》中。他以唐景龙

---

① 王念孙：《老子杂志》，《老子集成》第十卷，第423页。

二年（708）易州龙兴观《道德经》碑为底本，参校苏灵芝书御注本、河上公注本、王弼注本、傅奕本以及陆德明《经典释文》等不同版本，校出异文349处，以此证明此碑之善。

严可均主要从两个方面来研究易州龙兴观碑。首先，他阐明了这块石碑的学术价值：

>……碑在易州，景龙二年正月立。前代金石家未著于录，欧、赵所收皆明皇御注，怀州本今不传，邢州龙兴观石台本《归震川集》有跋，今亦未见所传拓。惟易州八面石柱为苏灵芝书之御注本，刻于开元廿六年，而景龙旧碑同在易州，世人贵耳贱目，无过问者。盖《道德经》自御注后颁列学官，久相传习，故余所见道藏七十余本略同。虽以河上、王弼二家校者亦颇改就御注，而傅奕古本字句较繁，亦难尽从。则世间真旧本，必以景龙碑为最。其异同数百事，文谊简古，远胜今本者甚多。今合苏灵芝书御注本及河上、王弼与《释文》所载，参互校勘，条举得失，足证此刻之善。[①]

在他看来，易州唐景龙二年（708）所立的这块碑，未曾引起前代金石学家的注意，而其学术价值却是巨大的，原因在于《道藏》所收诸本《道德经》，受玄宗御注本的影响十分大，而该石碑在玄宗御注之前问世，乃"世间真旧本"，"文谊简古，远胜今本者甚多"。

其次，在阐明其学术价值之后，严可均便利用此石碑与玄宗御注本、河上本、王弼本、《经典释文》本以及《永乐大典》本《道德经》对勘，逐条记录其异文。如石刻中"我魄未兆"一句，严可均在其下详细注明了各本之异同："御注作我独怕其未兆，河上作我独怕兮其未兆，《释文》作廓，引河上作泊，傅奕作我独魄兮其未兆，《大典》作我泊兮其未兆，王氏引邢州本与此同。"[②] 严氏的校勘大抵如此。

---

① 严可均：《老子唐本考异》，《老子集成》第十卷，第425页。
② 严可均：《老子唐本考异》，《老子集成》第十卷，第428页。

二、王昶《校老子》

王昶对严可均所提及的同在易州、刻于开元二十六年（738）的玄宗御注《道德经》碑进行了研究。原著题作《元宗御注道德经》，收入其《金石萃编》中，《校老子》乃是严灵峰《无求备斋老子集成》所定之名。王昶的研究十分细致，首先，他详细记录了该石碑的尺寸状貌："石约高一丈八尺，八面面广一尺七八寸不等，前三面分三截，上截额题太上玄元皇帝道德经，及大唐开元神武皇帝注共十八字。六行，行三字，正书。次截敕文三十行，行七字。下截经文各十一行，行九十九字。四、五、六、七三面皆十一行，行一百十九字。其注每经文一字皆双行写作四字。后一面上截行六十字，下截列各官姓名，皆正书。在易州。"①

其次，王昶对该石碑刊刻的历史背景进行了研究，他说：

> 按《史记·老子列传》，老子，姓李名耳，字伯阳，谥曰聃，为周守藏室史。西出关，为关令尹喜著书上下篇而去，莫知其所终。所谓上下篇，即世所传《道德经》二篇。唐以老子为祖，故尊崇之典特盛，至元宗笃好元学，而老子之书尤行于世。此碑首列敕文，题开元廿年，后列诸臣姓名，题开元廿六年奉敕建。考《旧唐书·本纪》：开元二十一年正月，制令士庶家藏《老子》一本。每年贡举人，量减《尚书》《论语》两条策加《老子》策。封演《闻见记》亦云：开元二十一年，明皇亲注老子《道德经》，令学者习之。则是时御注初成，颁诸天下，遍令士子传习也。《唐六典》载国学教授之法，《孝经》《论语》《老子》皆为大经，注云：《老子》用开元御注，旧令用河上公注。盖当时选举应制，自开元以后无不用御注矣。②

---

① 王昶：《校老子》，《老子集成》第十卷，第 309 页。
② 王昶：《校老子》，《老子集成》第十卷，第 311 页。

唐朝皇室认为自己是老子后代，故信奉道教，尊崇老子。尤其是唐玄宗时期，下令全国每家都要收藏一部《老子》，并将其作为科举考试的内容。此外，唐玄宗还亲自为《老子》作注疏，颁行天下，影响巨大。这块玄宗御注碑就是在唐玄宗尊崇老子的历史背景下行世的，且刊刻颇多，"当开元时，此碑传刻颇多，《集古》《金石》二录所载，皆怀州本，久已无传。归有光跋邢州龙兴观本，称开元二十七年所刻，则立石已在易州之后，今亦未见。然焦竑《老子考异》尝引龙兴碑，疑即邢州本也。虽无全文可考，而单辞只字尚可概见全碑面目"①。

再次，王昶认为该石碑有较高的学术价值，"元宗之注，《道藏》尚存其书，刊于前明正统十年，而传刻讹误，文句或多增减。独石刻千古不易，最为可据"②。于是他"合各本及《释文》所载，详勘异同，略举其概"。比如，碑文第二章的文字校语写道："第二章原碑不标第一第二字样，今摘其文，从各本所分载入，便捡核也。故有无相生，难易相成，长短相形，高下相倾，音声相和，前后相随六句，河上公、傅奕、至元本，相字上皆有之字。"③ 其他各处的校勘大抵如此。

三、吴云《老子道德经幢残石校记》

唐广明元年（880）《道德经》石幢残石由吴云于咸丰乙卯（1855）春日在海陵故家获得，"石质脆裂，似经火劫者"。吴云"恐日益残缺，因手榻其文，付诸剞劂，冀垂久远"④。

据吴云所述，该残石"经文所存九百三十四字，合款及年月共九百五十字，无书人姓氏"。吴云"以今世传《道藏》葛长庚、吴澄、焦竑本校之，颇有异同"，他认为"是石虽残，亦足以资考

---

① 王昶：《校老子》，《老子集成》第十卷，第 311 页。
② 王昶：《校老子》，《老子集成》第十卷，第 311 页。
③ 王昶：《校老子》，《老子集成》第十卷，第 311 页。
④ 吴云：《老子道德经幢残石校记》，《老子集成》第十卷，第 486 页。

证"。① 吴云对该残石之考证，最大的创见就是以之证明《老子》分《道经》《德经》由来甚久，他说：

> 弟四面弟五行题"《老子德经》河上公章三"，想是当时次弟，惜石不完具。《隋书·经籍志》载《老子道德经》二卷，王弼注，政和乙未晁说之跋、乾道庚寅熊克重跋，皆称不分《道》《德》经，而今本《释文》实分上下卷，或疑为刻者增入。然邢昺《论语疏》引《老子德经》"天网恢恢"二句，颜师古《汉书注》多引《老子道经》《德经》，分之者当不自陆德明始，此石亦书《德经》，殆有据也。②

按前文所述，纪昀在其《老子道德经校订》一书中，根据宋政和乙未晁说之跋、乾道庚寅熊克重跋《老子》不分《道经》《德经》的记载，断定今本陆德明《经典释文》所称"德经"等句，乃是后世误增，认为实际上《老子》并不分《道经》《德经》。吴云对纪昀的这种说法表示怀疑，因为其所得到的这块石幢残石，就明白记载了"老子德经"等字样，说明在唐代《老子》是分《道》《德》二经的。此外，他还进一步引用唐人作品，如邢昺《论语疏》、颜师古《汉书注》等的记载，证明其观点。吴云对《老子》是否分《道经》《德经》的考证，比纪昀要更加精密，值得重视。

---

① 吴云：《老子道德经幢残石校记》，《老子集成》第十卷，第486页。
② 吴云：《老子道德经幢残石校记》，《老子集成》第十卷，第486页。

第十二章　明清其他学者的老子研究

明清老学所取得的成就是多方面的，除了前面各章所述以外，明代三一教创始人林兆恩注《老》以宣教义，张尔岐、顾如华对老子政治思想的新阐发，明清医家群体解《老》等，都值得重视。

第一节　林兆恩《道德经释略》

林兆恩（1517—1598），字愁勋，号龙江，道号子谷子，福建莆田人。林兆恩青年时曾醉心于功名，接连三次乡试失利后，决意弃举子业，专心性命之学，终于"得遇明师，授以真诀，复得孔子仲尼氏梦中授以《鲁论微旨》，曰此不可使知之道也，我则罕言之。嗣是而老子清，尼氏通之以玄，释迦牟尼氏悟之以空，而教主始言三教矣"①。《林子行实》亦记载此事："梦中得儒仲尼氏授以《鲁论微旨》……先生始明三教奥旨，遂倡为合一之说，挩二氏以归儒。"②后来林兆恩学有所成，创立了三教合一之说，组织学术社团，并逐渐从学术领袖演化为宗教教主，成立三一教。③

---

① 陈衷瑜：《林子本行实录》，《北京图书馆藏珍本年谱丛刊》第 49 册，北京图书馆出版社 1999 年版，第 557 页。

② 张洪都：《林子全集》贞部《林子行实》，《北京图书馆古籍珍本丛刊》第 63 册，书目文献出版社 1998 年版，第 1205 页。

③ 参见马西沙、韩秉方：《中国民间宗教史》，中国社会科学出版社，2004 年版，第 548 页。

　　林兆恩《道德经释略》成书于万历年间，书前有万历十六年
(1588) 的序言，则此书当刊刻于这一年前后，此时林兆恩已经七十
二岁，其创教活动已经完成，故《道德经释略》可以说是他思想成
熟期的作品。

一、"三氏圣人，亦惟以见性为先"

　　明代注《老》者身份多样，李庆根据对《老子》思想认知的不
同，将作者分为了三类。一为将《老子》视为治国之器的当权者或
统治阶层，如朱元璋、沈一贯等。一为研究《老子》的学术思想，
并借注解《老子》以阐发己见的文人阶层，如薛蕙、王道等。一为
借注解《老子》发明其宗教思想的民间学者，如陆长庚。而林兆恩
却介于二三者之间。因其《道德经释略》虽然与道教关系密切，吸
收了道教养气、养神的思想，但对于道教中的某些神仙思想，林兆
恩是持反对意见的，[①] 这一特点与林兆恩的注解旨趣有关。有学者对
《道德经释略》中引用的著作进行了统计，并加以分析："林兆恩所
采用《道德经》注疏本，以当时明人的作品为主，如薛蕙嘉靖九年
所完成的《老子集解》，共引用了三十一次，王道的《老子亿》共引
用了二十五次，这两本书可以说是其主要参考书，另吕虚白的《老
子讲义》引用了七次，吴澄的《道德真经注》引用了四次，又引用
了宋程俱的《老子论》、宋程文简的《易老通言》、宋苏辙的《老子
解》、汉严君平的《道德指归论》、宋司马光的《潜虚》、《明太祖御
注道德真经》等书。就其引用书目来看，对于六朝玄学、王弼等人
的著作未曾引用，不太重视老子内部无、一、自然、玄、远、深、
微诸形式特性的义理系统，亦即在老子原著的诠释上，过于松散而
缺乏反省，偏重在道教性命双修之养神气的诠释系统，以为《道德
经》是一套'聚气为宝''集神为灵'的道法，故曾引用《天宝金镜
灵枢神景内经》《西升经》等书，强调证悟妙法的重要性。故林兆恩

---

① （日）李庆：《论林兆恩及其〈老子释略〉——明代的老子研究之五》，《金泽大学
　　外语研究中心论丛》2002 年第 6 辑，第 90 页。

的《道德经释略》偏重在成道证果的宗教性目的上，但又因其三教归儒宗孔的主旨，也注意到宋代理学家的看法，故屡引用程子、朱子、周敦颐、张载、杨龟山等人的言论来折中调和，企图将性命双修的道法纳入到儒家的义理系统里……"①

林兆恩门人陈大道在跋中言，《道德经释略》主旨在于见性，不明此，不足以窥其师注文之旨："三氏圣人，亦惟以见性为先，尔不先见性，岂识真经。真经之不识，而曰可以窥老子之经，与我先生之注也，必不然矣。"② 此论至当，林兆恩非常重视发挥《老子》的性命思想，其注以复性思想为中心，阐述性命双修之道。

林兆恩多次引用南宋高道吕知常（虚白）的《道德经讲义》，从道教内丹思想方面解读《老子》。如对"玄之又玄，众妙之门"的解释，他直接引用《道德经讲义》内容：

> 玄之又玄，天中之天，郁罗萧台，玉山上京。在人乃天谷神宫也，为脑血之琼房，魂精之玉室，百灵之命宅，津液之山源。自己性真长生大君居之，故曰上游上清，出入华房。下镇人身，泥丸绛宫。人能以神光内观于天中之天，则胎仙自成，天门自开，万神从兹而出入，故曰众妙之门。③

此处解释将《老子》与道教的修炼导引吐纳之术相结合，描述气在人体中运行的神秘体验过程。天地是一大宇宙，人体如一小宇宙，大脑为人身之主，道教称之为"上丹田""泥丸宫"，大脑中"圆虚以灌真，万穴直立，千孔生烟，德备天地，混同大方，故曰泥丸"④。脑中"万穴直立"的景象犹如一层层小天地，故曰"天中之天"，即老子言"玄之又玄"。根据道教内丹"炼精化气、炼气化神"的修炼

---

① 郑志明：《明代三一教主研究》，台湾学生书局 1988 年版，第 156 页。
② 林兆恩：《道德经释略》，《老子集成》第七卷，第 105 页。
③ 林兆恩：《道德经释略》，《老子集成》第七卷，第 60 页。
④ 董沛文主编：《金丹阐秘》（上）《道枢卷·平都篇》，宗教文化出版社 2015 年版，第 79 页。

程序，"炼气而息定，化神而胎圆，阳神升迁于天门而出现，神仙之事得矣"①。炼气化神，直至天门自开，阳神出窍，在这一阶段，内视上丹田，即可"万神从兹而出入，故曰众妙之门"。

欲达此境界，关键在于"守中抱一，深根固蒂"②。吕知常《道德经讲义》云："人之一身，鼻为天门，口为地户，天地之间，人中是也。"③ 中者，中宫也，即脐下三寸，亦谓之黄庭，于男子为气海，于女子为子宫，守中之法在于"勤守中，莫放逸。外不入，内不出"④。"勤守中，莫放逸"者，固守气海，不可须臾离。"外不入，内不出"者，往来之息，终归于气海。这亦是抱一之功夫。抱一者，抱神也，"抱之以一，而其神自不离矣"⑤。抱一则神不外驰，形以载魄，魂以营之，魂魄抱一无离，自然可以体会大道："体道者的静定功夫进入较深的层次时，抱元守一，神不外驰，元气在体内自由周遍运行，身体由于得到元气的温煦、濡养而变得非常柔软协调，如同婴儿一般。此时的心变得明亮澄彻，如同擦过的镜子，毫无尘染。达到以上的身心状态时，对'道'的体验可谓登堂入室，后世道家丹鼎门'内丹术'中的'炼气化神'一节与此相仿……"⑥

林兆恩认为善摄生者，不是厚养肉身，亦不是单单善养其精气神，而是善养其元精、元气、元神："余惟以善摄生者，非以摄其身而生也，乃以摄精气神而生也。非以摄精气神而生也，乃以摄未始精未始气未始神，而曰元精、元气、元神者生也，夫曰元精元气元神而生也，则是生无其生矣，故曰：以其无死地。"⑦ 养形骸之身者，沦于养生家之流，是自狭其所居，唯养大身之身者，才能体悟"本体虚空，本无限量"⑧，方为求道希圣者："若或以形骸之身为身也，

---

① 伍冲虚、柳华阳著：《伍柳仙宗》，九州出版社 2013 年版，第 118 页。
② 林兆恩：《道德经释略》，《老子集成》第七卷，第 64 页。
③ 林兆恩：《道德经释略》，《老子集成》第七卷，第 64 页。
④ 林兆恩：《道德经释略》，《老子集成》第七卷，第 64 页。
⑤ 林兆恩：《道德经释略》，《老子集成》第七卷，第 66 页。
⑥ 韩永和：《老子传统生命学解析》，中国医药科技出版社 2007 年版，第 44—45 页。
⑦ 林兆恩：《道德经释略》，《老子集成》第七卷，第 90 页。
⑧ 林兆恩：《道德经释略》，《老子集成》第七卷，第 101 页。

则便落于养生之家矣。非身大身，无我真我。而虚空本体者，是我真常之一大身也。"① 林兆恩在《道德经释略》中多次强调此意，他认为不仅老子如此，儒释所求之长生，亦是如此："没身不殆，老子之常道，老子之长生也。夕死可矣，孔子之常道，孔子之长生也。心不生灭，释氏之常道，释氏之长生也。"②

抱一既是神秘的内在修炼过程，同时也是外在修身的一部分，故林兆恩对"一"的解释根据修炼目的的不同是多样化的。一者可为道、为神，在复性论中，一者为真性，为礼、为敬、为心。他引用吕知常《道德经讲义》曰："一者，人之真性也。"③ 虽然道教对一有多种解释，如神之一，真一之一，一气之一，然老子言"抱一为天下式"之"一"是指神之一，真一之一，这就是"尧曰钦，孔子曰敬，所谓心在腔子里者是也"④。礼以制心，礼者，敬也，敬者，钦也，故抱一者，礼、敬、钦皆备也。林兆恩认为礼不能只有外在的仪式，更重要的是内在的真性，故所谓"抱一"者，亦可指复性而言。道之本性亦虚亦静，先天地而存在，亘古通今，不受变灭，人若能得此虚静之道，自然可以长生久视：

> 我既得虚静真常之性矣，身虽没焉，而虚静真常之性其可得而坏乎，故曰不殆，夫曰久、曰不殆者，是乃老子所谓深根固蒂，长生久视之道也。⑤

林兆恩由此引出复性之说："岂非虚空中一点性灵，炯炯长存，而与道相悠久而不殆邪。"⑥ 如何恢复这一点性灵，林兆恩引用薛蕙、王道的观点予以说明，薛蕙认为人性本虚静，与物相接，迁于物而背

---

① 林兆恩：《道德经释略》，《老子集成》第七卷，第91页。
② 林兆恩：《道德经释略》，《老子集成》第七卷，第96页。
③ 林兆恩：《道德经释略》，《老子集成》第七卷，第75页。
④ 林兆恩：《道德经释略》，《老子集成》第七卷，第75页。
⑤ 林兆恩：《道德经释略》，《老子集成》第七卷，第71页。
⑥ 林兆恩：《道德经释略》，《老子集成》第七卷，第71页。

其本，故复性须采用损之又损之法，损以至于虚，损以归于静，"以至于虚静之极。则私欲尽而性可复矣"①。王道观点与此类似。如何去私欲而归本性？老子言圣人"为腹不为目"，就是"守中抱一"之法。林兆恩认为"真常之性，本无欲也"②。故"饮食之人则人贱之"③。腹唯知饥饱，而不知五色之悦目、五音之悦耳、五味之悦口、田猎之悦心。人为悦口，如易牙百般调味以适于口，若百味杂糅，自然不会为人所喜，可见"口之于味者，性也，气质之性也。若腹则惟知有饥饱已尔，而其味之美恶也，恶得而知之"④。口如此，耳、目、心亦如是，凡沉溺于声色田猎者，皆是目盲心盲弊于道者。

摒除物欲干扰外，还要摒弃俗学的干扰。林兆恩在此处站在心学立场，批评程朱之格物为支离：

> 昔者宋儒之释格物也，今日格一物，明日格一物，至于即凡天下之物，亦且求之以至乎其极。夫天下之物何其众也，殆不可以千万计，岂其能求之以至其极邪。⑤

显然，林兆恩认为程朱的格物没有抓住要点，而老子言"绝学无忧"，其所绝者，即为支离的俗世之学。俗学徒使精神外逸而失其本，只有日损此学，方能为道日益，以至于抱一知常，性灵自复。林兆恩引用《淮南子》证明其说：

> 圣人之学也，将以反性于初，而游心于虚也。俗世之学则不然，擢德扰性，内愁五脏，外劳耳目，暴智越行，以招号声名于世，此我所羞而不为也。又曰：精神已越于外而事复反之，是失之于本，而求之于末也。蔽其玄光，而求知于耳目，是释

---

① 林兆恩：《道德经释略》，《老子集成》第七卷，第 71 页。
② 林兆恩：《道德经释略》，《老子集成》第七卷，第 81 页。
③ 林兆恩：《道德经释略》，《老子集成》第七卷，第 68 页。
④ 林兆恩：《道德经释略》，《老子集成》第七卷，第 68 页。
⑤ 林兆恩：《道德经释略》，《老子集成》第七卷，第 74 页。

其昭昭，而道其冥冥也。①

绝弃俗世之学，闷闷似鄙，外若有遗，但内心之道德完满，这才是老子绝学之意。绝此世俗之学，致力于圣贤性命之学，林兆恩的性命思想有别于程朱复性思想，程朱以外在之道作为复性的目标，而林兆恩则从心学出发，将复性的终极目标归入自身，他言："人人自有常道，人人自有玄。"② 又言："天之所与我者不薄也，若孔子之所以圣，老子之所以玄，释迦之所以禅，而皆备于我矣。""知性分之有余裕，而无求于外也。知至道之在我，而必尽其功也。"③ 故林兆恩沿着阳明心学的求圣路径，"夫真常之性，本自足而足矣"④，无须外求。沉溺于口耳俗学者，恰与成圣背道而驰，林兆恩引用王道《老子亿》的观点说明此意：

> 若夫世儒懵于性命之原，而狃乎口耳之习，缮性于俗学，汩欲于俗思，其心之驰骛也愈远，而其蒙蔽也愈深，其去圣学也远矣。圣人则不然，故不待出户之有所行也，而能尽知天下之情者，以人之情即己之情也。不待窥牖之有所见也，而能指名天地之道者，以天之道即己之道也。皆以其把柄在我也，此所以宇宙在乎手，万物生乎身，不待有所作为而庶务自成也欤。⑤

林兆恩的复性思想虽然没有跳出理学的范畴，但从中亦可以看出明中后期心学兴起、程朱理学的权威地位受到了挑战这一思想变迁的痕迹。

---

① 林兆恩：《道德经释略》，《老子集成》第七卷，第 74 页。
② 林兆恩：《道德经释略》，《老子集成》第七卷，第 67 页。
③ 林兆恩：《道德经释略》，《老子集成》第七卷，第 81 页。
④ 林兆恩：《道德经释略》，《老子集成》第七卷，第 89 页。
⑤ 林兆恩：《道德经释略》，《老子集成》第七卷，第 89 页。

二、三教合一论

对于林兆恩放弃举业的原因，有学者言直接原因是科举竞争的巨大压力，而深层原因则在于阳明学："王学为解决明后期士人因政治斗争激烈、命运坎坷而产生的困惑与失落，提倡'内省'自悟，偏重'内圣'路线，在儒家'三不朽'中，较为偏重'立德''立言'，提倡稍离政治、以自保避祸，从而受到士人的广泛欢迎。王阳明告诫弟子们听其讲学时，要以'成圣'自我期许，专心道学。"①其实林兆恩受阳明学的影响，可以追溯到孩童时期。林兆恩的祖父林富与王阳明交情匪浅。林富曾任广西参政、广西右布政。嘉靖六年（1527），广西思田之乱起，王阳明受命兼都察院左都御史，总督两广及江西、湖广军务，"新建伯王守仁复委重于富，论事颇合"②。两人配合默契，以招抚为主，兵不血刃，平定了思田之乱。林富升都察院右副都御史抚治郧阳。战事方平，王守仁病重，举林富代替自己。林兆恩幼时跟随祖父，及长，与王门中人也来往甚多。

不过泰州学派代表何心隐并非完全赞同林兆恩的思想主张，如他曾在信中言其南游福建时，拜访林兆恩，"于林宅五十四日，即知林之所学非元所学也"③。因林兆恩思想虽有吸收阳明心学的成分，但亦杂糅有道家佛教的思想，故何心隐对其并不完全认同。黄宗羲在评价林兆恩时亦是如此：

> 论曰：观兆恩行事，亦非苟矣。夫周、程以后，必欲自立一说，未有不为邪者。兆恩本二氏之学，恐人之议其邪也，而

---

① 赵献海：《明后期士人在野经世研究——以林兆恩为个案》，赵毅、秦海滢主编：《第十二届明史国际学术研讨会论文集》，辽宁师范大学出版社 2009 年版，第247 页。

② 焦竑编：《国朝献征录》（三）卷五十八，《兵部右侍郎林公富传》，《明代传记丛刊》第 111 册，台湾明文书局 1991 年版，第 758 页。

③ 何心隐著，容肇祖整理：《何心隐集》卷四，《上祁门姚大尹书》，中华书局，1960年版，第 77 页。

合之于儒。卒之驴非驴，马非马，龟兹王所谓骡也。哀哉。①

黄宗羲也还是站在儒家的立场评价林兆恩。而林兆恩受道、佛的影响十分明显，所以只有了解了林兆恩思想中的道、佛因素，才能对其思想做出恰如其分的评价。

明代是三教合一思想发展的高峰，尤其阳明学兴起之后，为三教合一思想提供了理论依据，三教合一思想更为兴盛。受其影响，林兆恩也认为三教合一，乃合于心：

> 心宗者，以心为宗也。而黄帝、释迦、老子、孔子非外也，特在我之心尔。夫黄帝、释迦、老子、孔子既在我之心矣，而我之所以宗心者，乃我之所以宗黄帝、释迦、老子、孔子也。由是观之，我之心，以与黄帝、释迦、老子、孔子之心一而已矣。心一道一，而教则有三，譬支流之水固殊，而初泉之出于山下者一也。②

三教合于一心，道一教三，这是林兆恩创立三一教的理论基础。由于沟通三教思想是其宗教理论中的重要部分，故《道德经释略》对此部分多有论述。林兆恩门徒陈标在跋中言，林兆恩注解《道德经》的目的之一就是为了疏导儒释道思想之抵牾处：

> 吾师三教先生，倡道度世，大都以心为宗，以自性真经为教，而非他也……兹又有《道德经释略》，一皆发之以自性真经，俾天下后世，得以探其微辞，会其奥义，而不为剖窃前言，亿□而注疏者之所晦蚀，以文害辞，以辞害意。而先生之释略，诚皆有以廓清之也。③

---

① 黄宗羲：《黄梨洲文集》，中华书局 2009 年版，第 47 页。
② 林兆恩：《林子三教正宗统论》第一册，《三教以心为宗》，《四库禁毁书丛刊·子部》第 17 册，北京出版社 1997 年版，第 676—677 页。
③ 林兆恩：《道德经释略》，《老子集成》第七卷，第 104 页。

林兆恩此书主要针对儒道的明显矛盾处进行解释，而儒道首要矛盾就是对仁义礼智的态度。首先针对老子所言"天地不仁，以万物为刍狗"，林兆恩认为儒道皆以不仁为至仁。观万物的生长，道生万物，德畜万物，天地不自以为道、不自以为德，不以万物之父母自居，自然无煦煦焉以仁万物：

> 盖天地本无心也，本无知也。盈天地间之物何其多也，安得尽物而知之，尽物而仁之，尽物而生之也。余于是而知天地之不仁，天地之至仁也。然天地必物物而仁之，则天地不其劳乎。天地不为也。岂曰天地不为邪，而天地亦且不能为之矣。①

天地不仁，即天地不自以为仁，"惟其不得而知之，故其不得而仁之，此天地之所以不仁，而天地之所以为大也"②。圣人之于百姓亦是如此："盖圣人之心，直与天地而同其大，固不煦煦然常善救人以为仁也，亦不孑孑然刍狗百姓以为义也，亦惟付之自然无为而已矣。"③ 故老子言"天地不仁"，正如孔子言："四时行焉，百物生焉。"程子言："天地化工，付与万物，而己不劳焉。"如《中庸》所言："舟车所至，人力所通。天之所覆，地之所载，日月所照，霜露所坠。凡有血气，莫不尊亲。"亦如佛教所言："若卵生、胎生、湿生、化生，我皆令入无余涅槃而灭度之。"④

其次，针对老子言"大道废有仁义""绝圣弃智"者，林兆恩认为老子并非轻视道德仁义，而是更加重视道德本体，以道德为本，而非为圣智、仁义之美名："圣智之名非不美也，而圣人之所以圣，智人之所以智者，都从道德虚无中来尔，而曰绝圣弃智者，岂非其先道德而后圣智之意邪。"⑤ 故老子言"绝仁弃义"并非针对仁义而

---

① 林兆恩：《道德经释略》，《老子集成》第七卷，第63页。
② 林兆恩：《道德经释略》，《老子集成》第七卷，第62页。
③ 林兆恩：《道德经释略》，《老子集成》第七卷，第93页。
④ 林兆恩：《道德经释略》，《老子集成》第七卷，第62—63页。
⑤ 林兆恩：《道德经释略》，《老子集成》第七卷，第72页。

言，而是后世行仁义者不根于心，为仁义之美名而行仁义："圣人之教，本大道而行仁义，而后世之学，为仁义而废大道。孟子曰：由仁义行，非行仁义也。《集注》有之：仁义已根于心，而所行皆从此出，非以仁义为美，而后勉强行之。"① 老子言"绝圣弃智"者亦是此理："智而不本于圣，而非所以为智也。圣而不本于善信美大，而非所以为圣也。……《老子》曰：绝圣弃智，非以绝圣也，绝其非圣而圣，而入于怪也。非以弃智也，弃其非智而智，而失之凿也。"② 老子言"夫礼者忠信之薄而乱之首"，并非老子不重视礼，老子所反对的是徒有外在仪节而无忠信之实的"礼"，为表示"然礼之文，亦皆老子之所未尝废也"③，林兆恩不厌其烦，将《礼记》中孔子问礼于老子的四段记载都附之于后，又引王道、薛蕙的《老子》注以申明其意。

针对程朱批评老子存私心，卖弄权诈之术的观点，林兆恩为老子进行了辩护。程朱批评老子为窃弄阖辟者，乃因"后其身而身先，外其身而身存，非以其无私邪，故能成其私"句及"将欲歙之，必固张之"章。林兆恩认为老子之"无私"，是无世俗之私心，而所成之私，是欲复归于虚空之本体也，不是为了世俗的利益。至于将欲必固，林兆恩认为这是世人将"固"误解为"故"，老子言"将欲歙之，必固张之"是言天道运行之理，而非欲得此而故意执彼，对于这种误解，林兆恩嘲讽道："则世之非老子者，非惟心不达老子之意，亦且目不涉老子之文。以固作故，不亦重可笑乎。"④ 针对程朱批评老子弃人事，任虚无，林兆恩认为老子之无为，并非什么都不做，而是体会大道，顺万物之理而为。世人将晋室清谈误国的罪名归之于老子，林兆恩引用程大昌《易老通言》曰："至于西晋，则闻其言常以无为为治本，而不知无为者如何其无为也，意谓解纵法度，

---

① 林兆恩：《道德经释略》，《老子集成》第七卷，第71页。
② 林兆恩：《道德经释略》，《老子集成》第七卷，第72页。
③ 林兆恩：《道德经释略》，《老子集成》第七卷，第83页。
④ 林兆恩：《道德经释略》，《老子集成》第七卷，第82页。

拱手无营，可以坐治。无何纪纲大坏，而天下因以大乱。"① 又引王通之言与薛蕙《老子集解》重申此意，王通曰："清虚长而晋室乱，非老子之真也。"薛蕙曰："老子曰：执古之道，以御今之有。是皆任虚无以应事，曷尝弃事而独守其虚无哉。"②

三、对无为的阐释

林兆恩认为《道德经》的主旨就是无为："大抵《老子》五千言，盖以言道德之无所于为也。"③ 所谓无为，并非什么都不做，而是要顺万物物理之自然而为："而圣人者，处无为之事，行不言之教，亦惟顺其物理之自然尔。"④ 因此万物之生、万物之为、万物之成，谓之自生、自为、自成不可，谓之非自生、非自为、非自成亦不可，这就是圣人无为之功，这就是上古击壤之民歌颂的"帝力于我何有哉！"

林兆恩推崇无为的哲学依据在于道之虚无本体："盖道本虚也，而用之其可得而既乎？"⑤ 道以虚无为本，用之无穷，道散之于万物，故天覆地载者道也，日月照临者道也，四时运行、百物化生者道也，而"至道之极，乃道之道，真常之道也"⑥，真常之道，是为道纪。行无为之治者，执此道纪，自然可应无穷。林兆恩引用宋程大昌《易老通言》的解释说明此理：

> 夫老子之可重者何也？秉执枢要，而能以道御物。故师老子而得者为汉文帝，大抵清心寡欲，而渊默朴厚以涵养天下，其非不事事之谓也。⑦

---

① 林兆恩：《道德经释略》，《老子集成》第七卷，第 70 页。
② 林兆恩：《道德经释略》，《老子集成》第七卷，第 70 页。
③ 林兆恩：《道德经释略》，《老子集成》第七卷，第 60 页。
④ 林兆恩：《道德经释略》，《老子集成》第七卷，第 60 页。
⑤ 林兆恩：《道德经释略》，《老子集成》第七卷，第 61 页。
⑥ 林兆恩：《道德经释略》，《老子集成》第七卷，第 70 页。
⑦ 林兆恩：《道德经释略》，《老子集成》第七卷，第 70 页。

将无为运用于国家治理，君主需虚心实腹、无知无欲。虚心弱志方能无知，实腹强骨方能无欲，"圣人之所以使民无知无欲者，亦惟在我而已矣"①。具体实施在于恭己南面："恭己南面，非所以处无为之事乎？无隐乎尔，非所以行不言之教乎？"② 故林兆恩认为君王治国之关键在于"因先王之旧政"，正如舜因尧政，萧规曹随，"是乃皇帝老子无为之遗意也"。③ 林兆恩在注中多次重申圣人无为而治重在因循，可见其对无为的理解是偏向黄老道家的，林兆恩在书中引用白居易之言说明此意："夫欲使人情俭朴，时俗清和，莫先于体黄老之道也。"④

圣人之无为还体现在圣人之无私。圣人之无私，并不是圣人没有私心，但圣人的私心与常人不同："圣人不以其身为身，而圣人之所以为身者，大身非身，虚空之本体也。"⑤ 常人执着于形体之身，此身有时有尽，有时间限制，而天地则外形气以为生，气虽有时而散，然天地以气生气，自然可得长久。圣人之德同于天地，后其身而身先，外其身而身存，然"圣人之所后而外者非身乎？圣人之所先而存者非大身之身乎？余于是而知圣人无私也，而欲以复还其虚空之本体者"⑥。圣人后而外者，乃一己之身，先而存者，乃大身之身。大身之身者，以天下为身也："故我既已贵矣，而能以其身为天下矣，是盖知有天下而不知有身也。然而斯人也，其不可以寄天下乎，寄也者，寄之也，寄百里之命之寄也。"⑦ 圣人体道，不仅身能长久，天下亦可寄托。

在处世论方面，林兆恩生活在内忧外患矛盾尖锐的明中后期，如何在混乱的时局中生存，并实现自己的济世理想，林兆恩奉行

---

① 林兆恩：《道德经释略》，《老子集成》第七卷，第 61 页。
② 林兆恩：《道德经释略》，《老子集成》第七卷，第 60 页。
③ 林兆恩：《道德经释略》，《老子集成》第七卷，第 61 页。
④ 林兆恩：《道德经释略》，《老子集成》第七卷，第 88 页。
⑤ 林兆恩：《道德经释略》，《老子集成》第七卷，第 65 页。
⑥ 林兆恩：《道德经释略》，《老子集成》第七卷，第 65 页。
⑦ 林兆恩：《道德经释略》，《老子集成》第七卷，第 69 页。

"同其尘而不违仁"的处世之道，这也可以说是老子无为原则的具体落实。

林兆恩认为道本虚无，并无清浊动静的区别，道之于万物，亦无所区别：

> 若为道者而有所别于清、于浊，于动、于静、于道、于德、于失道失德，则亦不可谓之道矣。惟其无所区别于清、于浊、于动、于静、于道、于德、于失道、失德，则是人与道而为一，方可谓之尽道，而为有道之士也。①

道是虚无之体，本无分别，但是一个人体道以后，则必须发挥自身的主体性。王道认为大道至公，圣人亦如是，"心地平等，普然大同"，"既不自异于人，人亦不自异于我"。②持此态度，林兆恩在处世方法上坚持"同其尘"，有所不为，有所为，顺其自然而为。当年公山弗扰据费叛、佛肸据中牟，两人都曾邀请孔子出仕，而孔子亦有意前往。或如伊尹五就桀，狄仁杰仕武周，柳下惠待上不恭，林兆恩认为以上诸人虽仕不道，但坚持行道。如果秉持"邦有道则仕，无道则隐"的处世原则，虽能保持自身的高洁，却于乱世无益，若能一直坚持立身正直，即使"同其尘"也无害己身，反而能够有所作为，这就是"尔为尔，我为我，尔焉能免我哉，是亦同尘之义也"③。

人之处世，难免有怨德私情，无论是以德报怨、以怨报德，以德报德，以怨报怨，或以直报怨，凡此种种，皆是不明于大道，"若老子则与道为一焉者也，则亦何怨何德？"④故老子虽处人世之中，却浑浑闷闷，忘怨德于大顺大化之中，不知有怨，不知有德。人能行此，方为知老子者。正是抱持这样的处世态度，林兆恩在放弃科

---

① 林兆恩：《道德经释略》，《老子集成》第七卷，第 76 页。
② 林兆恩：《道德经释略》，《老子集成》第七卷，第 76 页。
③ 林兆恩：《道德经释略》《老子集成》第七卷，第 62 页。
④ 林兆恩：《道德经释略》，《老子集成》第七卷，第 97 页。

举之后，其济世之心不弃，嘉靖三十四年（1555）至嘉靖四十二年，倭寇先后九次侵犯莆田，民众面临战乱、瘟疫的双重磨难，尸横遍野，朝廷派驻的官员不敢上任，林兆恩先后六次毁家纾难，带领信徒为死者善后，救济灾民。

第二节　张尔岐《老子说略》

张尔岐（1612—1677），字稷若，号蒿庵，山东济阳人。明清易代之后，一直隐居乡里，不复出仕，埋头著述，终成一代著名学者。作为儒者的张尔岐对《老子》兴趣很浓，《老子》一书几乎贯穿了他的整个人生。他对《老子》的看法和理解随着年龄的增长、世事的巨变，以及随之而来人生选择的改变而发生了很大的变化。①

一、早年对《老子》的理解

张尔岐最初对《老子》发生兴趣是与他的体弱多病有关，他在中年以后回顾自己早年的学习生涯时说道：

> 忆十五授《诗》矣，父师董之，有司岁时进退之。顾以多病，日学《黄帝内经》《神农本草》，下迨《脉诀》《甲乙》《难经》。又以其说近老氏，学老氏，而《诗》废。②

---

① 王继学的硕士论文《张尔岐的老子学思想研究》（山东大学，2006年）一文也谈到了张尔岐老学思想的前后转变。作者将张尔岐早年的老学思想总结为注重"个体精神修养功夫方面，与理学家所吸收的内容并无二致"。张尔岐确实借阅读《老子》以疏散家国之痛，缓解精神上的创伤。但是张尔岐早年对《老子》的理解并不仅局限于精神修养，而是与道教神仙之学有关，其中既有心性之修养，也有生命之修炼，这从其早年信道士之言作《服黄精赋》就可以看出。
② 张尔岐：《蒿庵集》卷二，《日记又序》，《清代诗文集汇编》第39册，上海古籍出版社2010年版，第407页。

张尔岐年少读书之时体弱多病，于是开始自学《黄帝内经》《神农本草经》等医学著作，同时，他认为《老子》与这些医学书籍学理相通，便一同学习之。崇祯七年（1634）他作了一篇《服黄精赋》，三十多年后其反思这篇年少之作，说道："其时方信道士之说，不自知其词之夸。"① 由此可见，他对医学的理解和兴趣与道教有很大的关系。可以说张尔岐很早就与道教结缘，这为其日后思想的一度转向埋下了伏笔。

此后，张尔岐学习、阅读的范围旁及经史，大抵仍在儒家范围之内：

> 十九（1630），学史矣，因并学《书》《春秋》。父师董之，朋友言议，文章日需之。顾以兴亡之际，感慨不自已，旁及乐府、《选》、近诸体，填辞杂歌之，以澹予心，以平予气，而史又废。是时余力之及时文者，百一耳。又以时重诸子，学诸子。二十六（1637），感友人之说，肆力于时文。时文喜杂引《周礼》《礼记》，学《周礼》《礼记》。②

然而好景不长，很快，农民起义风起云涌，张尔岐的父兄相继在明末的农民起义中遇难，张尔岐也因此变得"形神惨悴"，一度发狂想要跳水自杀，还想出家做道士，遁迹山林，只是因为家中老母无人照料之故才作罢。父兄的蒙难使得他有想要亲近道家的想法，如果说此时只是一个契机，那么随后而来的明清易代则促使了张尔岐转身投向道家之学，他说：

> 崇祯皇帝大行之年，予始焚弃时文不复读，思一其力于经与史。乃悠泛无成绪，倍于读时文时之于经与史也……迨弃时

---

① 张尔岐：《蒿庵集》卷三，《跋自书〈服黄精赋〉后》，《清代诗文集汇编》第 39 册，上海古籍出版社 2010 年版，第 418 页。

② 张尔岐：《蒿庵集》卷二，《日记又序》，《清代诗文集汇编》第 39 册，上海古籍出版社 2010 年版，第 407 页。

文，学经史，君父之恨，身世之感，更至递起。自分永弃于时，心仪梅福、申屠蟠、王哀、孙登、陶潜之为人，时时取《老子》及《参同》《文始》之流读之以自遣。杂坐田父酒客间，剧谈神仙、方技、星卜、冢宅不绝口。所谓经与史，名焉存耳，意之所至，乱抽一帙；意之所止，不必终篇。勿论不解，即解亦不忆。嗟乎，将安归咎哉！①

因易代之际的混乱和不稳定性，张尔岐放弃了学习时文，致力于经史的研读。然而令其始料未及的是，寓含了大量历史信息的经史书籍又加重了他痛苦之感。这种精神上的痛苦是双重的，一方面来自明清易代所带来的不稳定感和对故国的眷念，一方面来自父兄在易代之际的相继丧命。家亡国又破，这种苦闷让张尔岐无力于经史书籍的研索，反而促使他开始向往那些逍遥事外的神仙之流。他又重新阅读《老子》，值得注意的是，与此同时还阅读《周易参同契》和《文始真经》等其他道教典籍。可以说，张尔岐在这时是从道教经典的角度阅读《老子》的，他想要在《老子》中寻找神仙之道，以求解脱精神上的痛苦。

二、对《老子》的新认识

在沉湎于道教神仙之学数年之后，张尔岐忽有所悟，开始反省自己这几年来于经史之学的碌碌无为，并为此感到十分惭愧，下定决心重拾经史之学："日有定课，不敢息。经自日一章至日三章，史自日一卷至日二卷，视力为准。其修其废，各详于册。身既隐矣，安所用吾志！退者之不可不学，更甚于进者之不可不学也。不敢告人，且襄吾退者之务。"② 张尔岐给自己规定了一个学习经史之学的次序和日程，并自我激励，即使早已退隐乡间，仍然不能废弃学问。

---

① 张尔岐：《蒿庵集》卷二，《日记又序》，《清代诗文集汇编》第 39 册，上海古籍出版社 2010 年版，第 407—408 页。
② 张尔岐：《蒿庵集》卷二，《日记又序》，《清代诗文集汇编》第 39 册，上海古籍出版社 2010 年版，第 408 页。

明清易代所带来的巨大痛苦，在张尔岐身上只是停留了数年时间，他在短时间内于家亡国破的困顿中走出来，放弃对神仙之学的沉湎，转而投身儒家经史之学。

这种由学问对象的转向而带来的思想变化是十分明显的，他在给顾炎武的信中说道：

> 学者苟能席其成业，尊所闻而行所知，上者可至于圣贤，下者亦足以效一官、济一隅、名一善而无难。私谓士生今日，欲倡正学于天下，似不必多所著述，正当以笃志力行为先务耳。①

张尔岐变成了一个时刻不忘倡导正学于天下的人了，这里的正学，指的是程朱理学，之前醉心的神仙之学早已被抛弃。

思想的转变，也影响了张尔岐对《老子》一书的解读。康熙八年（1669）的夏天，张尔岐于一个偶然的机会重读《老子》，是年他已经五十八岁。在经历了一番沧海桑田、世事变幻和人生浮沉之后，再读年轻时所喜爱的著作，其心境和感触自然也就大不相同了：

> 《老子》明道德，盖将治身以及天下，与外常伦、遗世事者异趣矣。先儒审辨源流，每有论驳，至清静不争之旨，则莫或异议。彼好之者，欲以先六经，固不可，若概以浮屠神仙之属等斥之，不已过乎！②

所谓"外常伦、遗世事者"，在其看来，应当就是道教徒，他们只顾自己个人的解脱而逃离社会。张尔岐在早年经历了国破家亡之后，有一段时间也醉心于道教，且将《老子》理解为神仙之学。而此时

---

① 张尔岐：《蒿庵集》卷二，《答顾书》，《清代诗文集汇编》第 39 册，上海古籍出版社 2010 年版，第 396 页。

② 张尔岐：《老子说略》，《老子集成》第八卷，第 717 页。

的他，多年在儒学尤其是程朱理学的熏陶下，积极面对社会和人生，时刻不忘倡正学于天下。由此，他对《老子》的理解也发生变化，不再将其理解为神仙之学，而是注重阐发其"治身以及天下"的"清静不争之旨"。

三、《老子说略》的诠释特点

张尔岐对《老子》的这种解读深得四库馆臣的青睐，其《老子说略》也因此被收入《四库全书》，四库馆臣对此书的评价颇高，他们认为：

> 其大旨在于涵泳本文，自得理趣，故不及纵横权谲之谈，亦不涉金丹黄白之术，明白简当，颇可以备参览焉。①

四库馆臣总结张尔岐解《老》的特点为"涵泳本文""明白简当"，张氏自己也是这么说的：

> 今夏偶及是书，目力衰甚，苦不能读细注，流览本文而已。读有未通，辄以己意占度，稍加一二言于句读隙间，觉大义犁然，回视诸注，勿计不能读，亦已不欲读矣。因自笑曰：贫者啜水，乃厌酒醴之为烦，此岂可与言天下之备味哉。虽然，属餍之余，激喉涤齿，亦未必不有取于斯也，因录而存之，曰《说略》。②

他自己认为其对《老子》的注解仅是"稍加一二言于句读隙间"，并视之为平淡无味的水。这种平淡无味，指的是其在注解中不肆意发挥，注意与《老子》文本自身在思想上的衔接性。

---

① 永瑢等撰：《四库全书总目》卷一百四十六，《子部道家类》，中华书局1965年版，第1244页。
② 张尔岐：《老子说略》，《老子集成》第八卷，第717页。

第一，《老子说略》不对《老子》的文义做过度的引申甚至曲解。这也就是《四库全书总目提要》中所说的"不及纵横权谲之谈，亦不涉金丹黄白之术"，既不从阴谋权诈的角度解读，也不从内丹修炼的角度理解。

如《老子》第十六章中所讲到的"致虚极，守静笃"，被历代丹家理解为内丹修炼的重要步骤，但张尔岐在《老子说略》中的解读就比较平实。注文道：

> 致虚至于极，守静至于笃。万物并作于前，吾不与之作，而以观其复。万物之作，芸芸然矣，我观复，则不见其芸芸，而与之各归其根。夫物之芸芸者，归其根，则万物无足动我者，是之谓静，是之谓复命。命者，我生之本然也。复其本然，则无动也，亦无静也，谓之常而已。知常者，非微妙玄通之士，不足以几之。故曰：明不知此常，则未免妄作而致凶。人知常，则善恶两忘，何所不容。能容则遍覆无私，何有不公。公则可以为斯民之主而王，王又不足以尽之，而合乎始万物之天，先天地之道。人与道合体，斯可以久而没身不殆矣。
>
> 极言虚静之效，其入手在观复，观复即首章观徼也。①

张尔岐认为这一章讲述了两个问题。其一是达到虚静的手段，即所谓"观复"，也就是第一章体道的"观徼"。从应事的角度入手，不为世间万物扰乱内心，这样才能做到"静"，静则可恢复生命固有的本然状态。其二是虚静的效果，人能虚静则有大公无私之心，虚静则能公，公则能容，既而做到"何所不容""遍覆无私"，有此则可以治民治国。所以在张尔岐看来，虚静并不是一种单纯的生命修炼，虚静是为了更好地治国。这跟丹家将虚静理解为内丹修炼的重要步骤是有很大不同的，内丹家虚静的目的是生命修炼，而张尔岐则将虚静与治国联系起来，这恐怕也更符合《老子》本文的意思。

---

① 张尔岐：《老子说略》，《老子集成》第八卷，第 723 页。

再如《老子》第三十六章，历代不少注家认为此章是老子的权谋之术，张尔岐并不这么认为：

> 天道之盈虚，人事之倚伏，皆有自然必至之势。如将欲歙之也，必已张之矣。将欲弱之也，必已强之矣。将欲废之也，必已兴之矣。将欲夺之也，必已与之矣。此其理至微也，而实至明，是谓微明。大要柔者可以胜刚，弱者可以胜强而已。此理可以自养，亦可以自藏，是鱼之深渊也。此理可以御患，亦可以为患，是国之利器也。鱼不可脱于渊，脱于渊则死之徒矣。国之利器不可以示人，示人则或窃之而为害，不胜言矣。①

在他看来，老子首先陈述了一个有关天道盈虚、人事倚伏的道理，这是自然规律的一部分，总结起来无非就是以柔克刚，以弱胜强。而人应当懂得这个道理，敏锐观察到事物变化发展的趋势，从而能够保护自己不受外患。但是这些道理也可以为患，被别有用心之徒拿来从事一些阴谋活动，这是历代注家所批评的地方。只是在张尔岐眼里，这跟道理本身无关，以柔克刚，以弱胜强，这是自然之理。人们利用它，可以为善，亦可以为患，所以老子才要谆谆教诲"国之利器不可以示人"。而有些注家没有理解老子的这个意思，将老子陈述天道自然规律的话当作阴谋活动，张尔岐认为，其实老子自己是批评并告诫人们不要以此从事于阴谋活动的。

第二，《老子说略》力求准确传达《老子》文义，不从个人的立场加以批评。张尔岐作为一位遵奉程朱理学的学者，对道家老庄之学，其实颇多批评，他曾说：

> 异端欲知其得失，亦不可不观其书。但吾学既明，虽观其书亦不为所惑，苟吾学未明而先观之，鲜不陷溺其中矣。

---

① 张尔岐：《老子说略》，《老子集成》第八卷，第728—729页。

> 老庄之书切不可深溺，若溺其说而诵习不已，犹居齐齐言、
> 居楚楚语，发于心术，文词有不觉者矣。①

其所谓的异端，指的就是老庄之学。张尔岐认为老庄之书虽是异端，但从儒者的角度而言，要想知道其得失所在，就必须读其书。这里有一个前提，那就是读者必须先于儒家的学问能深切明了，如此之后再读老庄之书，才不会被它迷惑。倘若未能在儒学上立稳根基，则极容易陷溺于老庄之学而不能自拔。他的这段话大概也是对其早年沉迷于道教神仙之学的一种自我反思吧。

值得我们注意的是，张尔岐虽然将老庄之学视为异端，但是他在《老子说略》一书中，却能够做到准确传达《老子》文本之义，不轻易以自己儒家的立场去批评老子，或者试图去弥合儒道两家的差异，这在历代《老子》注疏中显得极为难得，也难怪乎四库馆臣说该书"明白简当，颇可以备参览"了。例如，"有无"是《老子》书中时常论及的问题，《老子》说"天下之物生于有，有生于无"，张尔岐其实是不同意老子这个说法的：

> 形虽无而理则有，理虽有而形则无。纯以理言，故曰有无
> 为一。老氏谓无能生有，则无以理言，有以气言。以无形之理
> 生有形之气，截有无为两段，故曰有无为二。②

他认为老子将有无视为二物，无是理，有是气，所以才会有"天下之物生于有，有生于无"的说法。而在他看来，有和无并不是二物。但是他在《老子说略》中却并没有因此批评老子，恰恰相反，他在注解中力图准确反映老子本来的意思，在解释这句话时他说：

---

① 张尔岐：《蒿庵闲话》，《四库全书存目丛书·子部》第 114 册，齐鲁书社 1995 年版，第 281 页。
② 张尔岐：《蒿庵闲话》，《四库全书存目丛书·子部》第 114 册，齐鲁书社 1995 年版，第 281 页。

人不外驰而内反，即入道之肇端。反者，道之动也。有道者，必不与物竞而自处弱。弱者，道之用也。所以然者，盖以天下之物皆生于有，而有则生于无。无者，道之本然也。反者，舍有而趋无。以有趋无，故云道之动也。及其与道为一，无静可名，何有于动乎？弱者，有而不离于无，不离于无，故云道之用也。若究其体，则亦无而已矣。①

他并没有因自己的不同看法而批评老子，而是依顺《老子》原文进行注解。

四、对老子政治思想的新阐发

依前文所述，从整体上看，张尔岐的《老子说略》在诠释时比较重视依顺经文自身的文意和逻辑，但是在解释老子政治思想时，张尔岐常常会有新见萌发。正如有论者指出那样，《老子说略》"特别针对君主行使权力进行规范"，"强调君主应当加强自身的修养，妥当地行使自己的权力"，② 这些具有进步意义的思想，与同时代的启蒙思潮交相辉映。

张尔岐希望限制君主行使权力，主要体现在其对第十章的注释中。他说道："身既治而治人……则于天下之民，生之畜之，生之而不自以为有，为之而不恃其劳，长之而不任己意以宰制之，是谓深远难名之德。"③ 这显然是针对君主或者上位者而言，指出其不能滥用权力，随意宰制百姓。那么究竟应当如何限制君主的权力呢？本书第二章已有所论述，这里再加以补充。

首先，君主需要提高自身的修养。在解释第五十四章"善建者不拔，善抱者不脱"时，张尔岐言道："所谓善建、善抱者，善修其德而已。修德者，修之于身而身正，其德乃真。修之于家而家齐，

---

① 张尔岐：《老子说略》，《老子集成》第八卷，第 730 页。
② 王继学：《张尔岐的〈老子〉学思想研究》，山东大学硕士学位论文，2006 年。
③ 张尔岐：《老子说略》，《老子集成》第八卷，第 721 页。

其德乃余。修之于乡而乡服其化，其德乃长。修之于邦而邦顺其治，其德乃丰。修之于天下而天下各得其所，其德乃普。此其所以不拔、不脱也。"① 在张尔岐看来，对于统治者而言，无论是治理一乡一邦，还是治理天下，其基础都是要加强自身的道德修养。他还有类似的论述："重积德于己，则于天下之事，将无所不胜。于事无所不胜，则其德之量又莫知其所极。德之量莫知其所极，则可以有国矣。其有国也，乃有其抚育一国之本，是有国之母也，斯可以长久治安而无患矣。"② 修德达到莫知其极的地步，才可以在治理国家中做到长治久安，修德的重要性于此显露无遗。

修德的具体内容又是什么呢？张尔岐特别看重的是统治者的无私心，其言曰："圣人之为圣人，无所积以自私。故常为人，既已为人己愈有。故常与人，既已与人己愈大。"③ 圣人之所以能成圣人，就是因为其无私心。无私心则能做到"不有其身"，即不会过于看重自身的得失。张尔岐在解释"贵大患若身"时言道："何谓重大患若身？吾所以有大患者，为吾之自有其身耳。自有其身，则爱身之情过笃，而人世得失之事皆足为难矣。吾能后其身、外其身，是不有其身也。不有其身，则死生荣辱可以一致，复有何患乎？"④ 统治者如果私心太重，斤斤计较于自己的利益得失，则很多小事都足以影响其判断，进而做出很多错误的决策。统治者只有做到无私心，将个人利益得失置之度外，才能在施政过程中放开手脚而不有过多束缚。如此之人，真可寄以天下也。无私心者，则可以做大"公"，"公则可以为斯民之主而王"⑤。

其次，统治者要具有敬畏之心。统治者不要以为手中握有权力就可以肆意妄为，而应以敬畏的态度加以自我制约。如第七十三章注："人有用刚使气而勇于敢者，则必致杀人。有用柔能退而勇于不

---

① 张尔岐：《老子说略》，《老子集成》第八卷，第 734 页。
② 张尔岐：《老子说略》，《老子集成》第八卷，第 735 页。
③ 张尔岐：《老子说略》，《老子集成》第八卷，第 741 页。
④ 张尔岐：《老子说略》，《老子集成》第八卷，第 722 页。
⑤ 张尔岐：《老子说略》，《老子集成》第八卷，第 723 页。

敢者，则可全活。此两者，或利或害，人皆知其不同也。勇于敢，为天之所恶，孰知其致杀之故在此乎？是以勇敢之事，虽在圣人，犹难之，诚知其为天之所恶耳。天之道未尝与人争也，而卒之无所不胜……天之法网，恢恢然大矣，虽若疏廓，而未尝遗失。天道之可畏如此，一犯其所恶，何以急于杀身之祸乎？"① "勇于敢"者，就统治者而言，无非是有为而扰民。张尔岐认为，这类行为是上天都厌恶的。天道是应当被统治者敬畏的，如果统治者一再违反天道，则必然落得不好的后果。

第三节　顾如华《道德经参补注释》

顾如华（1605—1667），湖北汉川人。顺治六年（1649）进士。清陈诗《湖北旧闻录》引顾景星②《白茅堂集》的记载道："如华以贡生举顺治五年顺天乡试，明年成进士，知广平县八载，广平人生祀之。十四年为御史。十八年巡四川，未几，朝议裁巡方官，召还京。康熙二年巡盐江浙，四年入掌京畿道，五年出为浙江参议。六年丁未暮春卒，年六十三。"③ 顾景星是顾如华的同乡，且二人生活年代相同，他对顾氏的介绍大抵可信。从顾景星的记载来看，顾如华为官颇具声名，老百姓甚至为其立生祠。作为一个宦绩显著的官员，顾如华对《老子》一书兴趣浓厚，并为之作注，其注解较重视阐发老子的治国之道。

一、《道德经参补注释》的作者问题

严灵峰主编《无求备斋老子集成续编》收有一本题为《道德经

---

① 张尔岐：《老子说略》，《老子集成》第八卷，第739页。
② 顾景星（1621—1687），湖北蕲州人。明末贡生，南明弘光朝时考授推官，入清后屡征不仕，著有《白茅堂集》。
③ 陈诗：《湖北旧闻录》第6册，武汉出版社1989年版，第1688页。

参补注释》^① 的著作，严灵峰认为其作者是顾如华、孙承泽。^② 但在《周秦汉魏诸子知见书目》中却又说："（《道德经参补注释》）题：'深远集参补注释，晴川顾如华西巚辑，桐城程芳朝其相，北平孙承泽北海同定。"^③ 笔者查阅《无求备斋老子集成续编》所收之《道德经参补注释》，发现作者题名并不如严灵峰所述，而是："桐城程芳朝其相、晴川顾如华西巚辑，北平孙承泽北海同定。"严灵峰应当是弄错了顺序，真正"辑"此书的是程芳朝和顾如华。而更为关键的问题是，笔者查阅相关资料，很多证据都表明《道德经参补注释》的作者是顾如华一个人，而不是上文所述的三人。

同治《汉川县志》卷十九《艺文志》收录了顾如华著作的目录以及部分著作的序言，上言：

> 《顾氏闻见录》、《读庄一映》、《深远集参补注释》四卷、《西台奏议》、《鹅城咏三集合稿》、《山中吟》、《楷书》、《庭内征草》、《六是堂集》、《涉园集》、《移心集》俱顾如华撰。^④

县志中认为《深远集参补注释》四卷（也就是严灵峰所谓的《道德经参补注释》）是顾如华的著作。重要的是，县志中还收录了顾如华为《深远集参补注释》所写的序言，然而这篇序言却并没有收在《无求备斋老子集成续编》所收的《深远集参补注释》中。该序言说：

---

① 按严灵峰《周秦汉魏诸子知见书目》的说法，该书是影印"日本东京上野图书馆藏"的"清刊本"而成，没有注明具体刊刻时间，但他在《无求备斋老子集成续编·目录》中说是清康熙四年（1665）。按照该刊本的原文，此书本名《深远集参补注释》，严灵峰在收入《无求备斋老子集成续编》的时候将其名称改为《道德经参补注释》，估计是为了方便理解。熊铁基主编的《老子集成》所收该书之点校本即以此本为底本。

② 严灵峰：《无求备斋老子集成续编·目录》，台湾艺文印书馆1965年版。

③ 严灵峰：《周秦汉魏诸子知见书目》，台湾正中书局1975年版，第221页。

④ 同治《汉川县志》卷十九，《艺文志》，《中国地方志集成·湖北省府县志辑》，江苏古籍出版社2001年版，第439页。

　　如华《深远集参补注释》自序曰：深远集者何？解老也。太史公谓申韩皆原于道德之意，而老子深远矣，故名也。五千言大义，前人之述备矣，具载本集中，无复庸再叙。河上公生秦汉时，隐居在陕州，予尝过其碑庙，去函谷不远，其注又为汉文帝属作，故当以为《老》注之祖集，见《中都四子》中，予得之最早而疑义尚未能尽晰也。官鹅城，始获周望、洪阳两先生二解，互相参订，则莞钥渐开矣。尝有志于订辑而未遑也。入京师，因购旧书，中始广有所获。最后越中一行，乃得《三子口义》及蛟门相国之集，合并而参阅之，其书始合，其理始畅，予即就数子而评骘。[①]

　　在这篇自序中，顾如华解释了题名"深远集"的由来是因为司马迁在《史记》中称"老子深远矣"。随后他详细叙述了自己寻求诸《老子》注本的经过，其中《河上公注》是从明人所刻《中都四子》中得到的，时间最早。之后在鹅城做官的时候，又得到了陶周望的《老庄解》、张洪阳的《老子注解》。入京后，又广有所获。最后于浙江参政任上得林希逸《三子口义》以及沈一贯的《道德经解》。顾如华就其所得到的诸多《老子》注本"合并而参阅之"，并且就诸家注解加以评论，即"参补"，由此而成书。文中并没有提到"程芳朝同辑""孙承泽同定"之事，是自己"即就数子而评骘"，所以书中注明"参补"等的文字，应当是顾如华自己写的。

　　此外，从东京上野图书馆藏的《道德经参补注释》所收严光化撰之跋文来看，至少在严光化眼里，《深远集参补注释》的作者就是顾如华一人，并没有几人同辑、同定的迹象。跋文写道：

　　吾邑顾西巘侍御先生博综经史，无弗贯穿，然以前人述备，退谢不敢即出以示人。而性情所寄，独于老庄有偏嗜，亦其平

①　同治《汉川县志》卷十九，《艺文志》，《中国地方志集成·湖北省府县志辑》，江苏古籍出版社 2001 年版，第 439 页。

生志趣素有蝉蜕名利、超然物外之意，学焉而得其性之所近也。近寄予书云：将以《老子集解》公之国门，君盍为我序之？予久困山林，僻处瓮牖，而西巘每念之不置，知予亦有斯好，不以车笠异观而不问也。曩予为西巘在鹅城旧刻古文，评订数十则，西巘辄有多中肯綮之褒。至五千言一书，古今所共推为秘笈者，其何敢率意，未睹全书，即为操觚乎？然即西巘旧刻《读庄一映》参会而论断之，其必有以发明犹龙奥旨者。①

严光化自称是顾如华的同乡且同学，并且他似乎并没有在新朝为官，而是隐退山林之间。从其叙述来看，顾如华对老庄之书情有独钟，著有《老子集解》这样的书籍，并邀请自己作序。此处所谓的"老子集解"，应当就是《深远集参补注释》，因为它确实有集解的性质。严光化也没有提到该书为几人同辑、同定的事情，他认为该书的作者就是顾如华。另外，笔者查阅康熙《桐城县志》以及《贰臣传》，在程芳朝和孙承泽的传记和艺文目录中，并未发现有关于《深远集参补注释》的记载。

将《深远集参补注释》的作者题为三人的是日本东京上野图书馆藏清康熙四年（1665）的刊本，该本应当是《深远集参补注释》一书的初刻本，因为严光化所作的跋文落款就是康熙四年，这个时候顾如华还没有去世。从以上的叙述来看，存在的问题有二：其一，刊刻的《深远集参补注释》为什么要删除顾如华所写的自序？其二，种种证据表明《深远集参补注释》的作者是顾如华一人，为什么在最后刊刻的时候却变成了三人？在资料并不全面的情况下，以上的两个问题都不太容易回答。无论是一人还是三人同辑、同定，我们现在能确定的就是，顾如华在《深远集参补注释》的完成中起了很大、甚至可以说是决定性的作用。

---

① 顾如华：《道德经参补注释》，《老子集成》第九卷，第121页。

二、《道德经参补注释》的结构特点

我们先来看《道德经参补注释》的结构特点。

正如顾如华自己所说，他在前后数年时间中相继得到诸多《老子》注本后，"合并而参阅之"，"即就数子而评骘"，以成《道德经参补注释》一书。所谓的"合并而参阅之"，指的是在每一章的正文下罗列前人的注释文字。他以《河上公注》为底本，故首列河上注。其他常引的注解有：林希逸《三子口义》、苏辙《老子解》、陈致虚《道德经转语》、沈津《百家类纂》、陶望龄《老子解》、张位《注解道德经》、杨起元《道德经品节》、沈一贯《老子通》等。顾如华在罗列这些前人注解之后，还以自己简短的总结性文字附之其后，名之曰"参"，也就是他自己所说的"予即就数子而评骘"。在这些简短的文字中，顾如华通常都是在评论前引诸家注解之得失。现举数例说明之。

如顾氏虽然以河上公注本为底本，并且每一章必以河上公注为开头，但是他时常不满意河上公的注解，在第十五章的"参"文中，其说道：

> 此章本注多有可疑者。如解玄为天，言其志节玄妙，精与天通。不若将微妙玄通四字，浑合为是。与兮，但解举事辄加重慎，不如别本作豫字，同犹字，为多疑兽名，总是一迟回意。涣兮若冰释，涣作解除情欲，释作日以空虚，为心融理释，无所疑滞之训，与前后文不相涉，不如别本解作冰泮易溺如恐陷，同前畏慎意思为是。新成，作贵功名，亦朦糊，不如别本解作守常、袭故，不为新巧自炫，成字单作一句收结为当也。此皆是形容有道气象，曰强为之容。犹觉有摹，写不尽处。①

所谓"本注"指的是河上公的注，顾氏认为河上公注对此章若干字

---

① 顾如华：《道德经参补注释》，《老子集成》第九卷，第39页。

句的解释不如其他注本好。如"微妙玄通"的"玄"字，河上公解为"天"，他认为应当将这四个字连在一起解释。"与兮"也不如其他注本作"豫兮"那样能够和上下文对应。"涣兮若冰释"，河上公将其解为解除情欲、日以空虚，他认为这与上下文没有太大关系，应从整体结构考虑，直接从字面上解为冰泮易溺，害怕掉下去。"敝不新成"句，河上公将"新""成"连在一起，训为"贵功名"，他认为不如其他注本将"成"字单独成句那样妥当。对于第十七章的河上公注文，顾如华说："按河上注解，犹兮其贵言，说太上之君，举事犹贵重于言，恐离道失自然也。蛟门亦从之，不如洪阳、口义、复所各解，竟承信不足，且以命令言辞强聒为衰世之象。语气较顺，俟识者再详之。"[1] 此章"犹兮其贵言"句，河上公注解为太古之君主，将言看得十分重要。顾如华认为这个解释不如张位、林希逸、杨起元等人的解释，言指的是命令言辞，言过多就是衰世之象。

当然，顾如华在不少地方也对河上公注多有肯定，而对其他各家注解有所批评。如第五十五章的"参"文中，他说道："洪阳解：早已作死字，与旧注已而不为微别，还当依注为是。"[2] 此章中"不道早已"一句，张位解"已"为死，顾如华不同意张位的看法，认为还是应当依据河上注文，训"已"为"不为"。

三、对老子政治思想的重视

顾如华是一个为官很有成绩的官员，故其对《老子》书中清静无为的政治思想特别重视，并常有妙解。

顾如华认为老子虽然强调"清静无为"，但是老子的清静与佛教是有很大不同的，他说："有欲无欲，两者同谓之玄。可见圣人未尝专主无欲，一味枯寂，此道家之所以稍别于禅宗也。"[3] 佛教的静是专主无欲，一味枯寂，而道家虽然讲无欲清静，但是同时也谈有欲。

---

① 顾如华：《道德经参补注释》，《老子集成》第九卷，第41页。
② 顾如华：《道德经参补注释》，《老子集成》第九卷，第92页。
③ 顾如华：《道德经参补注释》，《老子集成》第九卷，第19页。

即所谓"老子说无处必兼有","一部《道德经》，多半从此处发挥"。①

顾如华认为道家或者说老子虽与禅宗不同，但是却与儒家有密切之联系：

> 释氏亦有三宝之说，如法宝《坛经》，归依自性三宝，佛、法、僧是也。其言未免空而无着，老氏三宝则慈、俭、退，皆与《六经》孔、孟之言相合。慈故能勇，即是仁者必有勇。俭故能广，即是与奢宁俭。不敢为天下先，故能成器长，即是无伐善施劳。孔、老学术，初不相背，即此可见。②

老子和佛教同样都有三宝之说，但是比较起来，佛家的三宝"空而无着"，老子的三宝则与儒家经典的基本精神相吻合：老子所谓的"慈故能勇"，就是儒家的"仁者必有勇"；"俭故能广"，就是儒家的"与奢宁俭"；"不敢为天下先，故能成器长"，就是儒家所言"无伐善施劳"。所以顾如华认为儒道两家在思想上有相通之处，这种相通，就表现在治国上。换句话说，儒道两家在治国理念上有一致之处。他在第五十四章的"参"中说："此章言家国天下，积厚流光，统由于善建善抱，与儒者之言不甚相远。"③ 他之所以将这本著作取名"深远集"，也是因为司马迁以"深远"来赞叹老子的治国理念：

> 知之贼民，毒于猛兽，不如留得浑沌一派，与民相安于不识不知之中。孔子亦云：民可使由，不可使知。此与犹龙非以明民，将以愚之之言，有殊解乎？谓之玄德也固宜。司马迁称老子为深远，即取义于此。④

在顾如华眼里，老子、孔子都是主张让老百姓不识不知的，他认为

---

① 顾如华：《道德经参补注释》，《老子集成》第九卷，第 46 页。
② 顾如华：《道德经参补注释》，《老子集成》第九卷，第 107 页。
③ 顾如华：《道德经参补注释》，《老子集成》第九卷，第 91 页。
④ 顾如华：《道德经参补注释》，《老子集成》第九卷，第 104 页。

司马迁对此点也是极力赞赏。

既然如此，那么《老子》一书于治国上其实是有大作用的，顾如华在自序中论说道：

> 老庄之学，久为儒者所不道，然平心而论，出于六经孔孟之时，似显与儒术背驰，由天下后世而观，则百代之风俗人情，皆从老子口中先已道破，即欲不尊奉为至人神人，不可得也。昔者明太祖用法过峻，其意主于惩创奸慝，一日读老子至民不畏死奈何以死惧之二语，顿悚然有警，为能罢极刑，曾以此著于本经序言。是书不惟能牖迪人心，摄聪明于平淡，抑可赞襄王化，回杀运以慈祥。西汉如曹平阳继何为相，师之而效，汲长孺卧治淮阳，师之而亦效。汉文帝扫除烦苛，与民休息，用之而亦效。其书为古君相所崇奖，业有成验，真所谓至诚前知，其知如神者，非犹龙何能当之？子长目之为深远，犹不足以概之也。①

他认为，老庄之学，历来都为儒者所不道，但是"百代之风俗人情"都早已从老子口中道出了。《老子》书中蕴含了大量治国安邦的文字，他特别举明太祖、西汉曹参、汉文帝等帝王将相的例子，来说明《老子》一书无为而治的思想对治理国家确实能起到重要作用。他严厉批评那些以法制禁令治国者，说道：

> 后世之所以治天下者，全不讲求身教，一切归于法制禁令，而民莫之畏也。朝下一令而暮置之，暮下一令而朝置之，世之所谓明君哲相，率以智术笼人，而犯法终莫能禁止，盗贼终莫可贴息。老子实实见得春秋以后世界，若江河下流之难挽如此，故痛发此议论，然孰昔尊奉其说，以朴静无事返风俗于淳庞，

---

① 同治《汉川县志》卷十九，《艺文志》，《中国地方志集成·湖北省府县志辑》，江苏古籍出版社 2001 年版，第 439 页。

救末劫以义、农者乎?①

顾如华感慨良多,老子已经看出统治者纷纷以法制禁令治国的弊端,并开出了无为而治的药方,然而后世实在是太少人能够按照老子所说的去做了。

基于对老子政治思想的高度肯定和认同,顾如华在注释中,时常以过去发生的著名历史事件来诠释和印证老子的政治思想。如《老子》第三章论述了不贵难得之货的思想,顾如华在这一章后的"参"中对此深有感触,言道:"难得之货,犹召公所谓异物也,不独指珍宝珠玉。北宋方腊之乱,起于朱勔花石纲,非盗之源乎?"② 他以北宋方腊因不堪花石纲之扰而发动起义的事件,来阐述《老子》所谓"不贵难得之货,使民不为盗"的思想。又如第四十六章的"参"言道:"归马放牛,便是垂衣裳而天下治世界。秦皇汉武,穷兵黩武,起于不知足一念,所以卒致海内虚耗,垂戒深矣。"③ 这一章,老子列举了天下有道与天下无道两种社会的对比,顾如华认为,秦皇汉武的穷兵黩武,就是天下无道的表现。他的这种诠释,既解释了《老子》的思想,同时也表达了其对政治人物的历史评价。第六十章的"参"言道:"鬼神为祟,多起于上治之烦扰。故三苗昏虐,民无控诉,相与听于神,祭非其鬼,由是妖诞斯起。舜命重黎,绝地天通,罔有降格,故明明棐尝,鳏寡无盖。此即两不相伤,故德交归之义也。"④ 这一章经文论述了以道治天下,则鬼神与人两不相伤的道理。顾如华引用《国语·楚语下》中记载的舜命令重黎"绝地天通",以避免民神杂糅这件事,来说明《老子》此章的文义,颇具历史感。第六十一章的"参"说道:"下能纳上,牝能胜牡,此即太王事獯鬻,勾践事吴之术。"⑤ 该章经文论说了大国与小国相交

---

① 顾如华:《道德经参补注释》,《老子集成》第九卷,第94页。
② 顾如华:《道德经参补注释》,《老子集成》第九卷,第23页。
③ 顾如华:《道德经参补注释》,《老子集成》第九卷,第81页。
④ 顾如华:《道德经参补注释》,《老子集成》第九卷,第98页。
⑤ 顾如华:《道德经参补注释》,《老子集成》第九卷,第99页。

的基本准则，尤其是小国应当如何在与大国的交往中获取更多利益。顾如华引用《孟子》中"惟智者为能以小事大，故太王事獯鬻、勾践事吴"这个历史典故。太王是周文王的祖父古公亶父，他与越王勾践一样，都能在自身实力弱小之时，以低姿态与强大的势力相交，以期保全自身，最后再等待合适的时机战胜对方。顾如华认为，此二位历史人物的事迹，能较好诠释《老子》六十一章的基本思想。

顾如华并不是退隐者，而是一位长期在职的官员，他对《老子》治国思想的关注，与其官员的身份是有关的。尤其是在明清鼎革之际，社会百废待兴的情况下，《老子》书中无为而治的思想更能够得到官员的重视，他们想要从《老子》中寻找治国安邦的智慧。顺治皇帝对成克巩《道德经注》的肯定并以"御注"的形式颁布，就是一种最高姿态的展示。那些刚刚从易代之际喘过气来的士大夫们，也在思考着稳定和恢复社会的方法。《老子》作为一本长期被儒家视为异端的书籍，在此时，则又受到了帝王和官员的一致认可。

第四节　明清医家的《老子》注释

明清医家注《老》是一个值得重视的现象。明代有吴宣《道德经注》、邵弁《老子汇注》等，可惜都已散佚。清代医家注本有多部存世，分别是徐大椿《道德经注》、黄元御《道德经悬解》以及胡与高《道德经编注》。这些作者不仅为医者，而且还是当世名医。需要注意的是，这些书都被选入《四库全书》或录入"存目"，说明它们对《老子》的阐释或多或少符合《四库全书》编纂者的标准，有值得称道的地方，我们一一来看。

一、徐大椿《道德经注》

徐大椿的《道德经注》得到了《四库全书总目》的明确褒奖，《总目》认为该书"在《老子》注中，尚为善本"，这个"善本"的评价在所有收入《总目》的《老子》注疏中是绝无仅有的。

徐大椿，江苏吴江人，清代著名医生。袁枚曾为其作过传记，袁枚说："余旧史官也。与先生有抚尘之好，急思采其奇方异术，奋笔书之，以垂医鉴而活苍生，仓促不可得。今秋访爔（按：徐大椿子）于吴江，得其自述纪略，又访诸吴江之能道先生者为之立传。"①从字面上来看，这份"自述纪略"应当是徐大椿自传性质的作品。《浙江中医杂志》2007 年第 1 期上登载了这份自传，按披露这份自传的文章所言，"自述纪略"的本名应当是《洄溪府君自序》，其内容抄自吴江徐氏十一世孙徐书诚所修《徐氏宗谱》。《自序》是徐大椿于乾隆三十六年（1771）夏日所作，当年的十月他因奉诏入都，死在北京。从这份自述生平的《自序》中我们可以得知徐大椿一生的主要经历，更为重要的是，我们可以知道徐大椿对《道德经》一书发生兴趣的前因后果。他说：

> 康熙三十二年（1693）五月十五日，余生于下塘毓瑞堂……余生而资质中下，七岁入塾，日诵数行，犹复善忘，师不之奇也。然志气颇异，虽未有所识，似乎不屑随人作生活计。十四岁学时文，在同学中稍优，师诱奖之。因问师：时文至何人而极？师曰：如本朝有名前辈，皆时文尽境。曰：若弟子者，何时可臻其境？师曰：攻苦数年，则庶几矣。曰：然则数年之后，可不学耶？师曰：时文止此也，惟经学则无尽境。曰：然则何以舍终身不可穷之学，而反从事于数年可尽之业乎？且时文即所以明经，而穷经正有益于时文，我志决矣。又问师曰：经学何经为最难？曰：《易经》。余退而取家藏注《易》者数种汇参之，有不能通者，尽心推测，久乃得之。继又好览濂洛关闽诸书，每丙夜默坐潜阅，父师固未之知也。又复旁及诸子百

---

① 袁枚：《徐灵胎先生传》，《国朝耆献类征初编》卷四百八十三，周骏富编：《清代传记丛刊》第 190 册，台湾明文书局 1985 年版，第 573 页。

家，而于《道德经》独有会心。因厌旧注多幽晦沉陋，遂详加注释，积二十余年方脱稿。后并注《阴符经》，合成一书。①

徐大椿十四岁学时文，但对其并不感兴趣，在老师的引导下，他决意钻研经学，并且选择了经学中最难的《易经》。在学习了《易经》之后，又开始接触濂洛关闽等宋代理学家的著作，并且是在深夜偷偷阅读，其家人老师并不知情。之后，他的兴趣又旁及诸子百家，并且对《道德经》情有独钟，开始为其作注。其著作"积二十余年方脱稿"。如果按其十四岁，也即康熙四十五年（1706），开始为《道德经》作注，二十余年后完成，应当是雍正四年（1726）之后。②

徐大椿《道德经注》有如下几个方面的特点。

首先，徐大椿对后人给《道德经》分《道经》《德经》等篇目，以及河上公注给每一章定一个章名等感到不满。其言道："《史记》只云老子著书上下篇，言道德之意五千余言。是时止有上下篇而无分章之目。后世有分五十五、六十四、六十八、七十二、八十一之殊，并有每章各立名目，如首章名体道，二章名养身之类，皆后人之所拟，俱无足取。而唐玄宗又分上篇为《道经》，下篇为《德经》，亦未为的论。"他从《史记》的记载断定《道德经》原本并无分八十一章，没有章名，也没有分《道经》和《德经》。他的《道德经注》"今止分上下二篇为八十一章，以存段落指归而已"，每一章的标题俱以该章首三字命名，如第一章名为"道可道章"，余下以此类推。③

其次，徐大椿对历代《道德经》注疏均感到不满，尤其对影响

---

① 俞志高：《徐灵胎〈洄溪府君自序〉介绍》，《浙江中医杂志》2007年第1期。
② 严灵峰《周秦汉魏诸子知见书目》将徐大椿《道德经注》的成书时间定为乾隆二十五年（1760），有误。从《洄溪府君自序》来看，在雍正四年（1726）前后该书即已完成，严灵峰可能是受《道德经注》书前一篇作于乾隆二十五年的自序所误导，事实上，乾隆二十五年是《道德经注》刊刻行世的年代，距其成书已经过了三十五年多了。
③ 徐大椿：《道德经注》，《老子集成》第九卷，第666页。

很大、流传甚广的王弼注本及河上公注本批评最多。他说："此书古注不下数百家，人立一说，非汗漫支离即疏略浅陋，更有鄙俚荒谬并文理亦不通者，盖其人本不足以知道，强而求解，宜其如此也。王弼之注为最，著词亦肤近无发明。至所云河上公之注，真所谓文理不通者也，其为伪托无疑。而犹流传至今，真不可解。余所见亦不下数十家，非无偶得，总不精纯。"① 徐大椿对历代注本批评非常激烈，认为王弼注本肤浅无所发明，而河上公注则文理不通。他还提出训诂经文的一些原则，"一字训诂本有数义，必视其上下文脉络，方可定此字当训何义，乃能通贯，否则全文俱晦"。徐大椿提出，汉字中的字词时常会有多种意思，到底该将其训为何意，则需要联系上下文的脉络来定，要做到文义上下连贯。他并举例说明之："如第五十九章，治人事天莫如啬，乃俭啬之啬。王弼训为稼穑之啬则下文费解矣。此本字义俱考古字书诸解，择其与本文最切确者为训，故能上下连属。"② 第五十九章经文"治人事天莫若啬"的"啬"字，王弼训为"啬，农夫。农人之治田，务去其殊类，归于齐一也"③。徐大椿认为王弼的这种训诂，使上下文文义不连贯且十分费解，他认为"啬"可训为"俭啬"。徐大椿对自己的注释十分有信心，"余惟熟读经文，深参至道，不袭群言，直疏经义。其或说有与前人同者，此乃一心暗契，并非剿袭也"④。

再次，徐大椿对老子之学的总体评价很高，甚至高过六经。其言道："老氏之学与六经旨趣各有不同，盖六经为中古以后文物极盛之书。老氏所云养生修德治国用兵之法，皆本于上古圣人相传之精意，故其教与黄帝并称，其用甚简，其效甚速，汉时循吏师其一二已称极治。后人訾议不一，所谓下士闻道而大笑者也。学者熟读深

① 徐大椿：《道德经注》，《老子集成》第九卷，第 666 页。
② 徐大椿：《道德经注》，《老子集成》第九卷，第 666 页。
③ 王弼：《道德真经注》，《老子集成》第一卷，第 229 页。
④ 徐大椿：《道德经注》，《老子集成》第九卷，第 666 页。

思，其于修己治人之道，岂云小补？"① 这段话可以从两方面分析：其一，徐大椿认为《老子》一书有益于修身治国，并且在历史上曾经发生过实效。其二，徐大椿进一步追溯老子之学的源头，认为其本于上古圣人之真传，因此比儒家六经之学更为古老。对于徐大椿这个评价，《四库全书总目》有不同看法，称其"未免务为高论"，"大椿此书，于《老子》之学不为无见，而跻《老子》于六经上，则不可以训"。②

最后，徐大椿的《道德经注》较为忠实于老子原意。徐大椿对《道德经》发生兴趣是在其十四岁舍弃时文之后，在阅读《道德经》的同时，他还刻苦钻研易学、宋代理学以及诸子百家之学，且他最精湛的学问是医学。然而难能可贵的是，他的《道德经注》却并没有受到易学和理学的影响，也没有以养生家言注解之。按照他自己的说法，其注解是"直疏经义"③，也就是《四库全书总目》所说的"寻绎经文，疏通其义"，即他所采取的诠释方法比较重视对《道德经》原文原义的疏通，较少有自己主观之看法。

如《道德经》第五十七章明言治国和用兵，然而历来许多人却以性命之理、内丹修炼等注解之，而作为一代名医的徐大椿却没有这样做，他如实地诠解《道德经》之原文：

> 道之所用各不同，正宜以治国，奇宜以用兵，惟取天下则奇正俱不可用。惟以无事为事，则天下自不能外矣。吾何以知天下之可以无事取哉？盖以天下本无事，故不可自我而有事耳。防闲禁忌愈多，非但不足以致富而反益贫。天下各藏利器，所以防奸，而国家昏乱日甚。民技能愈巧则新奇之物日增，全无补于日用。法令日明所以禁暴，而盗贼益多。圣人知其然也，故不以法令而以无为，则民自化于善。不恃利器而惟好静，则

---

① 徐大椿：《道德经注》，《老子集成》第九卷，第666页。
② 永瑢等撰：《四库全书总目》卷一百四十六，《子部道家类》，中华书局1965年版，第1244页。
③ 徐大椿：《道德经注》，《老子集成》第九卷，第666页。

民自归于正；不必忌讳而惟无事，则财自节而富；不尚技巧而惟无欲，则民自返于朴。此所谓无事取天下之道也。①

徐大椿依顺原文而解，将老子无为治国的思想准确地表达了出来。

徐大椿"直疏经义"的注解思路可以将《道德经》一书所蕴含的清静无为之修身理念和治国思想很好地表达出来，也难怪乎《四库全书总目提要》要称其为"善本"。

二、胡与高《道德经编注》

胡与高和黄元御的著作收入《四库全书》"道家类存目"。所谓"存目"，按照乾隆皇帝的说法"其中有俚浅伪谬者，止存书名"，在内容上恐怕还是有无法让四库馆臣满意的地方。如《四库全书总目提要》就批评胡与高的《道德经编注》"篇中分合增改之处，绝不注所据者何本，未免无征"，批评黄元御《道德经悬解》"于原文章次多所变更，字句亦多有窜乱，谓之改本《老子》可也"。② 这是从文献考订的角度而言。但是，我们仔细考察这两种注疏，会发现它们在诠释上有相通之处，与前述徐大椿的著作一样，它们的注疏注重阐发老子清静无为的思想，所以尽管内容有瑕疵，但主旨不谬，因此能够列入"道家类存目"。

胡与高，安徽黟县人。道光五年（1825）《黟县续志》有其生平的简介：

> 胡与高，字岱瞻。雍正癸卯（按：雍正元年，1723）举人，能为古文。所著有《存悔集》，注道德上下经，分晰章句、义理，俱有心得，通医术。康熙辛丑，邑旱，倡首捐赈，勇于为义。及上公车，不事干谒，未尝与显达者通。家居不入公门，

---

① 徐大椿：《道德经注》，《老子集成》第九卷，第 688 页。
② 永瑢等撰：《四库全书总目》卷一百四十七，《子部道家类》，中华书局 1965 年版，第 1255 页。

盖文而有行者，至今人犹称诵之。①

从简短的文字中我们可以得知胡与高曾经中举，并且颇通医术。关于他对医术的兴趣，其《道德经编注》的几篇序言也能为我们提供佐证。胡与高的序称自己"年二十后习岐黄术"②。他不仅自己精通医术，还以医术传家，世代行医。黄兰谷的序称其"有子三人，俱以文学显，尤邃于医，盖以黄老之学世其家者也"③。这个表述很有意思，在黄兰谷看来，医学和黄老之学是相通的。其实胡与高自己也是这样认为的：

> 《灵枢》《素问》诸篇，阐微发奥，明养生之旨，作医学之宗，为天下后世赖者，至深且速。然推其义，特养身之书，而非明道之书也。若《道德经》一篇，法天效地，明道推心，始于一德之莫名，终之弥纶而莫竟，匹夫守之而身修，公卿大夫守之而家国治，有道之主守之而天下平。持此道也，而刑政胥乎太古，礼乐化乎本初，举一世而登诸无怀、葛天之上，不其盛哉？④

两者虽然相通，但还是有层次上的不同。他觉得《灵枢》《素问》这样的书籍只是在阐明养生的道理，并不是明道之书，而《道德经》则是明道之书，其中蕴含有修身治国平天下的道理。作为一位精通医理的医生，他并没有将《道德经》仅仅视作养生之书，恰恰相反，他将《道德经》放到了比医书更高的位置，那就是明道。光精通医术不行，还得"明道"。他对《道德经》的兴趣恐怕与这种理解有很大的关系。

---

① 《嘉庆黟县志·道光黟县续志》卷七，《文苑》，《中国地方志集成·安徽府县志辑》，凤凰出版社 2010 年版，第 235 页。
② 胡与高：《道德经注自序》，《老子集成》第九卷，第 443 页。
③ 胡兰谷：《道德经编注叙》，《老子集成》第九卷，第 442 页。
④ 胡与高：《道德经注自序》，《老子集成》第九卷，第 443 页。

　　《道德经编注》一书是胡与高与其弟胡与宗共同完成的，① 这本合兄弟二人之力完成的《道德经编注》，从诠释特点上来看，比较注重发挥老子清静无为的修身和治国思想。

　　胡与高对《道德经》有一个整体的理解，他认为上下两篇都各自有一个主题，上篇言道，下篇言德，更为重要的是，他并不是泛泛而谈这个问题，而是提出了一个清晰的逻辑结构。关于上篇，他说：

　　　　上篇凡三十六章。大要言道之大纲，不外于有无。而有无之用，不外于玄。故首章三者并出，所以为一篇之总领也。二章明道之体，三章揭道之要，皆为求道者大道之则也。四章明道之渊源莫测，以起玄字之义也。自五章至孔德章，所以申明有无之体，以发玄字之深际也。曲则全四章，承上起下，明自然之义，以结玄字之意也。重为轻根三章，又以申明有无之用，以发自然二字之实际也。将欲取天下七章，言道无大无小，皆以无为为要，明天理之本然，以总结玄与自然之旨也。末章则取道之体，与体道之体，合而言之，以应首章而结通篇之要也。

---

① 按胡与宗的说法，该书是胡与高晚年所作，书成后嘱咐他加以补释，不久胡与高就去世了。而胡与宗因感念其兄，不忍常读是书，于是又过了十余载，直到该书于乾隆十三年（1748）"将付剞劂"时才加以补注，就是书中"附解"的内容。查胡与高的自序作于雍正甲寅（1734），距离该书刊刻的乾隆十三年正十余年左右，因此，《道德经编注》胡与高的注很有可能就是在雍正甲寅年前后完成，书成后他就去世了。但是按照黄兰谷的序所言，胡与高的注很有可能并不是短时间内完成的，早在雍正二年（1724）就已经有完整的书籍存在了。黄兰谷说："年友胡云山种学绩文胸中，深博无涯浃，而特精于黄老家言。雍正甲辰被放后，同车出都时，以所注《道德经》见示，且云吾将刻以问世，子盍为我序之。余反复翻阅……极欲捉笔序之，而行李仓皇，匆匆别去，负约者几卅年矣。"胡与高早在雍正二年时就已经有比较完备的《道德经》注解，且将此注送与他的同年黄兰谷阅读，并邀其为之作序。而按胡与宗的说法，其兄的注解是在雍正十二年完成。一种合理的解释是，胡与高为《道德经》所作的注解并不是一时一地兴之所发而作，而是经过了长达十余年的思考与修改。雍正二年他已经有了比较完备的注解，而且已经邀人为其序以便刊刻行世，可能后来由于种种原因，该书并未刊刻，他也在持续不断地修改，直到雍正十二年才最终定稿。

其第四章，乃道体之至要。十五六章，乃体道之实功。学者熟之，而入道之大本在是矣。其二十五章，乃体道之实用。二十八章，则用道之权术。学者熟之，而入道之大端又在是矣。学者当字体句会，无忽视之可也。①

胡与高认为《道德经》上篇主要论述道，且有着一个清晰的逻辑结构。胡与宗在第一章的"附解"中有所交代："经言道，盖根之无始之始。由无而有，则有道而后有天地，有天地而后有万物。其存之人，则曰朴。其体之身，其推之天下国家，则曰无为，曰自然。而要其用，则总归之于玄，故玄字实全部之枢纽。"② 道有体有用，人们体道而行，推之天下国家，则是无为、自然。所以通观整个上篇，其实所论述的无非就是"道体""体道"和"用道"这三个大问题。

关于道体。胡与高认为第四章是论述道体的关键性文字，其注文曰："此章言道之虚灵，最难测度，有不知而然之妙。通章故作疑难词，更不下一断语，正极力形容道之难测也。"③ 胡与高认为老子通过极力渲染道的虚灵难测来描述道体，所谓："道散而用之，若不见其盈。及观其会极处，则见众理皆由之以出，却渊乎有似万物之宗焉。"这是说道难以眼见、难以捉摸，但是细细思考起来，天下万物皆从之而出，皆以道为依据。其言道："盖道与万物共处天地间，既挫其锐而不用，解其纷而不见，与物和其光而不现其明，与物同其尘而不露其真，究竟此万物交动之地，而此湛然至静者，又似若存于其中，是则物物皆其子，而可为万物之宗矣。"④ 道若隐若现，无法用感官去感知，但又真实不虚地在发挥着作用。胡与高对第四章的诠释，比较准确地把握了老子的原意。

关于体道。胡与高认为第十五、十六章阐述了体道的重要内容，具体而言，十五章"言体道者，当以无而藏有也"。何谓"以无藏

---

① 胡与高：《道德经编注》，《老子集成》第九卷，第 463 页。
② 胡与高：《道德经编注》，《老子集成》第九卷，第 445 页。
③ 胡与高：《道德经编注》，《老子集成》第九卷，第 446 页。
④ 胡与高：《道德经编注》，《老子集成》第九卷，第 446—447 页。

有"呢？他说道："盖实则易败，虚则无际，古之为士，纳至实于至虚之中，而予人以不可识者，只此不欲盈耳。夫唯不欲盈，则虚者常虚，实者常实，静者常浊而长生，动者常清而亦长生，道之所恃以长久而生生不已，守其故而无更端见异之爽也。士之有志体道者，当效古之善为士者而可矣。"虚，是体道之士示之于人的形象，要做到不过于彰显个人的欲望，即"不欲盈"。如何做到"以无藏有"？胡与高认为十六章就回答了这个问题。注文曰："此章言体道者，当体道之本原于心，必能无而始能久也。"体道之人，需要体之于心，即要有一番修心的工夫。十六章经文曰："万物并作，吾以观其复。"胡与高注曰："物字指身内之喜怒哀乐而言。言体道者，当本此至虚之体，推而至于极。本此至静之体，推而守之甚笃。待万物并作之后，吾静以观其来复之处。"他将此处的"物"字解释为人的喜怒哀乐之情，"观复"则是观察人类喜怒哀乐之情从何而来。这个出处，胡与高认为是"吾身至静之地也"。喜怒哀乐之情，是心已发的状态，心之未发时，则是至静，"人生之初，本至静而无动"。如果人们不明白这个道理，则会使心逐于物，其心会纷扰不停歇，"若不知是常理，则不知本然之至静，势必逐物而动，将妄作以罹凶"。①

　　关于用道，胡与高认为第二十五章谈论了这个问题，所谓用道，就是"推之天下国家"，就是法道之自然。他说："是故天地间，无不容者惟道，无不覆者惟天，无不载者惟地，无不尊者惟王，四者皆谓之大。以四大之中，而王亦居一焉，则当体道于身，以为天下式。"这一章谈到了道、天、地、王，胡与高认为其重心还是在王这里。"章内言天言地言王，语意盖归在王上……盖以人之一身，喜怒哀乐之节，尚可以位天地，育万物。况于王乎？"王者，即统治者，乃是天下之尊，其统治应当效法于道。王者该如何以为天下式呢？就是要体道于身，本于自然，他接着说："故人之为道劳攘，当法地道之安静，地之为道疑实；当法天道之虚灵，且天道之成形成象；又当法道之无形无象。至于道则何所法乎？时静时动，时有时无，

_____

①　胡与高：《道德经编注》，《老子集成》第九卷，第452—453页。

一本于自然，而无矫强造作之迹焉而已。"①

基于此，我们可以看到胡与高在论述道时的清晰思路，他以道体、体道和用道三者贯穿上篇，其最终的落脚点还是在王或者说统治者的用道上，其逻辑也就是胡与宗所言"存之人""体之身""推之天下国家"，即道最终还是要落实到天下国家的治理上。

《道德经》下篇，胡与高认为讲述的是德：

> 下篇凡四十五章。大要言德之体用，本于道之无为，无为之用，又在于敛藏，而敛藏之要，则又在于守柔弱而去刚强也。首章言德之体，二章言德之用，而三章则总言以结之。四章言修德者之体，五章言修德者之用，而六七八章，又分言以明之。自天下有道章，至圣人无常心章，皆为在上之修德者发也。出生入死五章，则以道德合而言之，明其体用之一致也。善建章明德之大，含德章明德之至，而知者不言章，则又会道德而结之也。以正治国两章，明治天下之体用。治人事天三章，明治国家之体用，而道者章又合言以结之。为无为七章，则申明道德之要在于敛藏，而敛藏之要在于柔弱，示人以入道修德之则也。吾言甚易知两章，明道德之渊源莫测，示人以求之之病也。民不畏威四章，统言治天下国家之道，以发明柔弱退藏之深义也。人之生章，明强弱之得失。而天下柔弱三章，则浅深言之以尽其致也。天之道章，明天道圣道之一原，而末章又分合言之，以总结通篇之旨也。其十三章，乃修德于身之大法。十五六章，则全德于身之至要也。其二十一、二十二章，则以德化民之极功。四十三、四十四章，又以德化民之深效也。学者于是潜心而会焉，则修齐治平之道，举而措之，而于道德之深义，已思过半矣。②

---

① 胡与高：《道德经编注》，《老子集成》第九卷，第457页。
② 胡与高：《道德经编注》，《老子集成》第九卷，第485页。

胡与高对《道德经》下篇重新从一至四十五排列了章序，他认为道与德是一对体用关系，道为体而德为用，他说"明德之体用，而归于道也"，"道本自然，而其施而用之者则弱，是用弱之德，即为道之用所由见也"，① 道之用由德而得以见。换句话说，德者，就是道之用。德者，也即前文所述的体道和用道。基于此，胡与高认为下篇论述的主要问题就是"修德于身"和"以德化民"两者，正好对应了前文的体道和用道。

关于修德于身。胡与高认为通行之第五十、五十二、五十三等章（即其重编之第十三、十五、十六章），论述了何谓"修德于身"。他认为即体道，就是"无欲无为以养生"。其在注解第五十章时言道："此章亦承上章，而以无欲明无为之旨以养身也。"为什么要无欲无为？是因为"人有生之道，本于无为，自有此六根七情，而日役役劳扰，耗其神智以戕其生"，于是"人不知有生之道，而只知有生之身，以至恋生之厚，而反失其真生耳"。人类本来的状态是无为的，但因人有六根这类感觉器官，以此感觉器官从外界获取信息，进而产生情感、欲望等。人类被这个过程所迷惑，从而忘记了自身的本来状态，沉迷于这个由感官刺激而产生情欲的过程中，无法自拔。而"善慑生者"，"以其能不以六根七情之生为生，而以本来有生之道为生，故无所戕其生，而自无死地也"。② 善于修德之人，则不会被人的感觉器官牵着走。因此，修德于身讲的就是自我的修养。

关于以德化民。胡与高认为通行之第五十七、五十八、七十九、八十等章（即其重编之第二十一、二十二、四十三、四十四等章）在论述这个问题。他认为，"无为，治天下之体"。为什么说无为是治理天下的根本呢？"盖有事则法网严审，山禁樵，泽禁渔，凡可利民者，以多忌讳而不敢犯，其民有不弥贫乎？有事则纷扰烦苛，上不靖，下不宁，人生觊觎而多挟利器，其国家有不昏乱乎？有事则穷奢极欲，车雕几，器刻镂，人多挟伎巧以媚上，而奇邪之物，有

---

① 胡与高：《道德经编注》，《老子集成》第九卷，第 465 页。
② 胡与高：《道德经编注》，《老子集成》第九卷，第 469—470 页。

不滋起乎？且有事即治理整饬，明法制，申禁令，法物滋彰，乃法立而犯法愈众，令申而违令愈甚，盗贼多有矣。"如果不施行无为，而是有事，则会导致民贫、国乱、盗贼多有的状况。因此，他总结道："故圣人治天下，尝言我无为，不以为病民，民自率俾而化；我好静，不以动扰民，民自服教而正；我无事，不以事劳民，民自安业而富；我无欲，不以欲先民，民自浑噩而朴。此治天下要于无事也，若有事其可以治天下哉？"①

从上面的分析我们可以得知，胡与高对《道德经》的理解，逻辑结构极其清晰，他以道、德通贯全篇，道为体而德为用，且以道体、体道（修德于身）、用道（以德化民）为线索，将个人的修养和天下国家的治理紧密联系起来，比较准确地把握了老子无为而治的政治思想。

三、黄元御《道德经悬解》

黄元御的《道德经悬解》在老子思想的诠释上和胡与高思路相似。

黄元御，山东昌邑人，清代著名医生，出生于康熙四十四年（1705）。② 他之所以要为《道德经》作注，是受人之所托。《道德悬解自叙》：

> 丙子正月上元间与澹明居士商略百家，言及五千之文，玄几奥窈，欲俟《灵枢》笺成，续为解之，今且未遑，期之来岁。澹明性爱玄虚，尤癖道德，请先为此注以畅微言……澹明诚欲扇扬玄风，远播寰海，以千古闳业付之下走，仆何敢辞。于是悉心搜研，再易玄草。起二月初一，二十日成，叙其大意以俟明者。③

---

① 胡与高：《道德经编注》，《老子集成》第九卷，第473页。
② 张奇文等：《黄元御年谱初编》，《山东中医学院学报》1989年第1期。
③ 黄元御：《道德经悬解》，《老子集成》第九卷，第488页。

黄元御本来准备在乾隆丙子年即乾隆二十一年（1756）注解《灵枢》，不料因澹明居士的请求而于二月初一开始先行注解《道德经》。[①] 他的《道德经悬解》仅二十天就告成，其成书速度跟徐大椿前后二十年、胡与高历时十几年相比，确实太快了，书成后过了两年他就去世了。尽管草草成就，但《道德经悬解》在对《道德经》文本结构编排以及思想阐释上，还是体现出鲜明的特色，可成"一家之言"。

黄元御对《道德经》的文本结构做了巨大的调整，他认为《道德经》一书"节次颠倒，离乱无章，太上传经未必如是，今次第伦序，使经义承接，文脉顺从"[②]。当然他的调整并不是任意为之，而是有自己的思考和看法：

> 上经言道，下经言德。道在虚无，德兼事功。由近而远，自然之事。今言道者载之上卷，治国化民，一切立德之言，载之下卷。[③]

黄元御认为《道德经》上经言道，下经言德，这是普遍之看法，但他同时又觉得目前的上经下经章节混乱，于是他将全书言道者全部系之上经，共四十章，言德者全部系之下经，共四十一章。这样大规模改编章节者确实历来少有，也无怪乎《四库全书总目》说它是"改本《老子》"[④]。

---

① 其《灵枢悬解自序》也说道："丙子二月，方欲作之（按：指《灵枢悬解》），澹明居士请先解《道德》。《道德》即成，于二月二十五日，乃创此草。正其错乱，发其幽杳，五月二日书竣。"（黄元御：《素问悬解·灵枢悬解·难经悬解》，山西科学技术出版社，2012年，第330页）黄元御作为一代名医，有大量医书传世。光绪《昌邑县续志》卷六《文学》本传称其著《四圣心源》《伤寒悬解》《素灵微蕴》等十三种（《中国地方志集成·山东府县志辑》，凤凰出版社，2004年，第626页），可以说是十分高产，其著书速度之快，也可以想见。

② 黄元御：《道德经悬解》，《老子集成》第九卷，第488页。

③ 黄元御：《道德经悬解》，《老子集成》第九卷，第488页。

④ 永瑢等撰：《四库全书总目》卷一百四十七，《子部道家类》，中华书局1965年版，第1255页。

　　然而就是这样一部"改本",却又能进入《四库全书总目》"子部道家类存目",笔者认为,其主要的原因恐怕还是在黄元御对老子思想的阐发比较符合四库馆臣的标准。他觉得《道德经》一书:

　　　　经义宏博,无处不该,凡道德功名,天地民物,一切大业,悉具于此。道无往而不在,非但岩栖谷饮,析微谈玄而已。诸家谓此喻道之言,附会穿凿,最为不通。今依本义阐发,使经旨明备。[1]

黄元御指出《道德经》一书包罗甚广,不仅仅是发挥玄理、修身养性而已,对于治国、用兵等经世致用之业,亦有涉及。他认为《道德经》的思想体系可以从三个层面予以把握:

　　　　盖五千言中宏博渊淼,约举大要三言而已,曰:知天也,知人也,知己也。天之道,损有余而补不足,是其知天。圣人欲上人,必以言下之,是其知人。复命曰常,知常曰明,是其知己。[2]

所谓知天,即是对天道、对宇宙规律的认知和效仿;所谓知人,即是对人类社会运作规律的理解和把握;所谓知己,即是对自我生命境界的认识和升华。所以,在黄元御看来,《道德经》一书的思想体系囊括了物质世界、人类精神世界以及实践领域等诸多方面。

　　首先,关于知天。黄元御在对第一章的诠释中系统阐发了他所理解的物质世界生成规律,其言曰:

　　　　以道者恍惚窈冥,无物可言,只是一段妙理而已。未有天地之前,太虚寥廓,阴阳不分,所谓无也。无者,天地之太极。

---

[1]　黄元御:《道德经悬解》,《老子集成》第九卷,第488—489页。
[2]　黄元御:《道德经悬解》,《老子集成》第九卷,第487页。

太极包含阴阳，阴阳之内有中气焉，冲虚灵妙，以至无而各万
有。特未经发泄耳，此无中之真宰也。（此太极中间白圈所谓众
妙之门，玄牝之门，皆是此处。此处虽是无物，然实有中气在
焉。未化一切形质，却是一切形质之祖。是无也，非空也。）中
气运转，阴降阳升，积阳为天，积阴为地。天地之初，自此无
中生化，是名天地之始也。既有天地，则万物皆生，无化而为
有，是名万物之母也。（此即道生一，一生二，二生三，三生万
物之义。）①

　　宇宙生成是中国哲学一直较为关心的问题，儒道两家都有各自的系
统论述。老子言道和有无，宋代理学家言无极太极，如此等等，都
是对这一问题的回答，黄元御在注文中则援用了理学的一些术语来
解释老子思想，对儒道两家的理论做了一番联结和比照。如"无名
天地之始"一句，他认为描述的是在宇宙产生之初混沌一片不可名
状的状态，道家称之为"无"，也即是理学中的"太极"。这种
"无"，并不是空空如也，而是蕴含了无数即将实现的可能性，是未
有具体形态的气的集聚。随着气的运动，阴阳变幻，天地生成，宇
宙初开，我们所能经验的物质世界也产生了。蕴含着无数可能的气，
形成了现实的万物。他认为这个过程，在老子看来，是道生万物的
过程，在理学那里，则是太极阴阳运动的结果。在解释"道生一，
一生二，二生三，三生万物"这句时，黄元御亦有类似表达，其言
道："道生一，是谓太极。太极者，无名天地之始也。一生二，是谓
两仪。两仪者，有名万物之母也。二生三，三生万物。则天地人物
于此皆备矣。万物负阴而抱阳，阳前阴后，调剂无偏，故冲气以为
和，是其常也。"②
　　其次，关于知人。此处的"人"，指的是群体的人，知人即如何
在实践领域处理复杂社会关系，也即统治者应当如何统治百姓。知

---

① 黄元御：《道德经悬解》，《老子集成》第九卷，第 489—490 页。
② 黄元御：《道德经悬解》，《老子集成》第九卷，第 495—496 页。

人与知天是紧密联系在一起的,上文所谈到的宇宙生成规律,黄元御认为可以总结为一句话,那就是"损有余而补不足","此造物之公平也"。那么治理国家就要按照天道的规律,"避盈而居损,顺天之道也与"①。为了阐释他对知人的理解,黄元御将《道德经》部分章节文本做了较大调整,如把今本第四十章、五十八章、七十八章的部分文字合成一个新的章节,全文为:"正言若反。祸兮,福所倚。福兮,祸所伏。孰知其极,其无正邪。正复为奇,善复为袄。人之迷也,其日固久矣。反者,道之动。弱者,道之用。是以圣人云:受国之垢,是谓社稷主。受国之不祥,是为天下王。"他解释道:

> 天下之理,正言每若反语。福藏祸中,以为祸而反得福,祸乃福之所倚。祸隐福内,以为福而反得祸,福乃祸之所伏。此理玄远,孰知其极。其但有反而无正耶,正复为奇,其正不长。善复为袄,其善不终。人之迷而而不悟,今古皆然,其日固久矣。盖反者,道之动。天道循环,动而不已,盈虚消长,迭为代更,自然之理如是。是以无正而不反,无反而非正也。弱者,道之用。怯避退缩,无所奔竞。福不能诱,则祸不能引。祸不必避,则福不必去。是以圣人云:受国之垢污,是谓社稷主。受国之不祥,是谓天下王。自处于反,则适得其正矣。②

天道运行,生生不已,在黄元御看来,即"损有余而补不足",这句话还可以用一个字概括,那就是"反"。事物之间的运动变化总是往自己的对立面转化,福与祸、正与奇、善与妖,他们两两对立然而却相互依存、相互转化,天道运行的规律就在这个过程中得以体现。它给人们的启示是要守弱、守柔、谦让,看似处于不利的一面,实则随着事物的发展变化,会往有利的一面去转化。统治者理解了这

---

① 黄元御:《道德经悬解》,《老子集成》第九卷,第 504 页。
② 黄元御:《道德经悬解》,《老子集成》第九卷,第 494 页。

一点，则在治理国家的时候，要忍辱负重、虚心纳谏、以言下人，如此这般，不但不会损伤统治者的地位，反而有利于其树立威信。这就是黄元御说的"圣人欲上人，必以言下之，是其知人"①。

最后，关于知己。所谓"己"，即主体自身，知己即知晓主体精神和生命的源流、演变，并努力提升其境界。道生万物，自然生命的演化规律是什么呢？黄元御认为还应当从天道运转的规律中予以体认。他说道："盖夫万物纷纭，繁衍至于收藏之际，枝叶凋零，春夏生长之气各归其根。归根曰静，静曰复命，是其反本还原，仍归无处，重到母家矣。"② 天下万物的自然生命，无不处在生长、凋零，再生长、再凋零这样循环不已的过程中。凋零看似走向衰败，实则是在返本还原以重新获得生命的潜能，每一次的凋零都预示着未来生命的更加繁茂。这个过程，即上文所谈及天道之"反"的一种体现。自然生命的演化规律，对人们去提升主体生命的境界有重要的启示意义。黄元御认为人们应当"致虚守静以观其复者，所以归根复命，培我长生久视之祖气也"③。如何培育长生久视的祖气呢？他在解释"谷神不死"章时阐述道：

> 谷神在中，先天之祖气也。人之初生，先结祖气。此气方凝，阴阳未判，混沌鸿蒙，是谓太极。阴阳之内有中气焉。中气左旋而化己土，右转而化戊土。戊己运回，阳动而生，则化神魂。阴静而降，则化精魄。神藏于心，精藏于肾，魂藏于肝，魄藏于肺。藏府悉备，形体皆完，乃成为人。己土为脾，戊土为胃，中气在戊己。二土之间，冲虚灵动，众妙皆含。众妙之门是曰谷神。脾胃者，仓廪之官，赖谷气培养，使此先天祖气，不至亏败，是曰谷神。以其先天祖气之虚灵，谓之谷神。以其后天谷气之冲和，谓之谷神。其实总是中气而已，非有二也。

---

① 黄元御：《道德经悬解》，《老子集成》第九卷，第 487 页。
② 黄元御：《道德经悬解》，《老子集成》第九卷，第 491 页。
③ 黄元御：《道德经悬解》，《老子集成》第九卷，第 491 页。

> 人之生，全在谷神。其死者，谷神败也。①

黄元御认为老子所谓"谷神"，指的是人身中的先天祖气，此祖气来自于宇宙未开、混沌一片但却又蕴含着无数可能性的气的集聚状态，人的生命也来源于此。先天祖气在人脾胃中，赖谷气培养而不至于亏败。所谓"谷神不死"，就是指涵养这先天祖气不亏败。道教内丹修炼中也时常谈论"先天真一之气"，但黄元御是名医，他对这祖气的认识与一般道教内丹术不同。在道教内丹修炼中，后天五谷之气是不被看重的，而黄元御则特别看重这一点。他认为先天祖气就存在于脾胃之中，需要靠人以服食五谷去培养，这应该是其基于医家职业的看法。先天祖气得以保养，主体精神与肉体的生命境界得以升华，这就是"知己"。

总而言之，黄元御的《道德经悬解》虽然成书仓促、篇幅不大，但是依然有其独特的思想特色。他认为老子的思想贯穿了物质世界、精神世界和实践领域，是对宇宙运行规律的把握，可以指导人们的社会实践以及生命境界的提升，即所谓"精举微义，一言而已，圣人抱一以为天下式。至简矣，至易矣"②。

---

① 黄元御：《道德经悬解》，《老子集成》第九卷，第 492 页。
② 黄元御：《道德经悬解》，《老子集成》第九卷，第 487 页。

参考文献

一、古籍类

1. 熊铁基、陈红星主编：《老子集成》第四至十卷，宗教文化
出版社，2011 年。包括以下文献：

林希逸：《道德真经口义》（第四卷）

吴澄：《道德真经注》（第五卷）

《大明太祖高皇帝御注道德真经》（第六卷）

危大有：《道德真经集义》（第六卷）

黄润玉：《道德经附注》（第六卷）

王道：《老子亿》（第六卷）

薛蕙：《老子集解》（第六卷）

张邦奇：《释老子》（第六卷）

王樵：《老子解》（第六卷）

田艺蘅：《老子指玄》（第六卷）

朱得之：《老子通义》（第六卷）

沈津：《老子道德经类纂》（第六卷）

归有光：《道德经评注》（第六卷）

张登云：《老子道德经参补》（第六卷）

赵统：《老子断注》（第六卷）

李贽：《老子解》（第六卷）

焦竑：《老子翼》（第六卷）

沈一贯：《老子通》（第七卷）

张位：《道德经注解》（第七卷）

陈深：《老子品节》（第七卷）

徐学谟：《老子解》（第七卷）

陈懿典：《道德经精解》（第七卷）

冯梦桢：《校老子道德经》（第七卷）

王一清：《道德经释辞》（第七卷）

彭好古：《道德经注》（第七卷）

杨起元：《道德经品节》（第七卷）

印玄散人：《老子尺木会旨》（第七卷）

孙鑛：《评王弼注老子》（第七卷）

周如邸：《道德经集义》（第七卷）

陶望龄：《解老》（第七卷）

凌稚隆：《批点老子道德经》（第七卷）

郭子章：《老解》（第七卷）

洪其道：《道德经解》（第七卷）

洪应绍：《道德经测》（第七卷）

顾锡畴：《道德经解》（第七卷）

潘基庆：《道德经集注》（第八卷）

龚修默：《老子或问》（第八卷）

周宗建：《道德经解》（第八卷）

陈仁锡：《老子奇赏》（第八卷）

董懋策：《老子翼评点》（第八卷）

郭良翰：《道德经荟解》（第八卷）

陈继儒：《老子辩》（第八卷）

陶崇道：《道德经印》（第八卷）

王夫之：《老子衍》（第八卷）

傅山：《老子解》（第八卷）

《清世祖御注道德经》（第八卷）

马自乾：《太上道德经集解》（第八卷）

王泰徵：《檀山道德经颂》（第八卷）

马骕：《老子道教》（第八卷）

张尔岐：《老子说略》（第八卷）

德玉：《道德经顺硃》（第八卷）

顾如华、孙承泽：《道德经参补注释》（第九卷）

李大儒：《道德经偶解》（第九卷）

宋常星：《道德经讲义》（第九卷）

花尚：《道德眼》（第九卷）

潘静观：《道德经妙门约》（第九卷）

吴世尚：《老子宗指》（第九卷）

徐永祐：《道德经集注》（第九卷）

胡与高：《道德经编注》（第九卷）

黄元御：《道德悬解》（第九卷）

郭乾泗：《老子元翼》（第九卷）

吴鼐：《老子解》（第九卷）

徐大椿：《道德经注》（第九卷）

纪昀：《老子道德经校订》（第九卷）

卢文弨：《老子音义考证》（第九卷）

毕沅：《老子道德经考异》（第九卷）

黄文莲：《道德经订注》（第九卷）

姚鼐：《老子章义》（第九卷）

郑环：《老子本义》（第十卷）

董德宁：《老子道德经本义》（第十卷）

汪光绪：《道德经纂述》（第十卷）

刘一明：《道德经会义》《道德经要义》（第十卷）

纪大奎：《老子约说》（第十卷）

邓晅：《道德经辑注》（第十卷）

纯阳子：《道德经解》（第十卷）

王昶：《校老子》（第十卷）

王定柱：《老子臆注》（第十卷）

倪元坦：《老子参注》（第十卷）

王绍祖：《老子袭常编》（第十卷）

王念孙：《老子杂志》（第十卷）

严可均：《老子唐本考异》（第十卷）

李西月：《道德经注释》（第十卷）

江有诰：《老子韵读》（第十卷）

吴云：《老子道德经幢残石校记》（第十卷）

龚礼：《道德经经纬》（第十卷）

2. 湛若水：《非老子》，明嘉靖三十四年（1555）刻本。

3. 沈德符：《万历野获编》，中华书局，1959 年。

4. 《明太祖御制文集》，《中国史学丛书（22）》，台湾学生书局，1964 年。

5. 严灵峰：《无求备斋老子集成续编》，台北艺文印书馆，1965 年。

6. 张廷玉等：《明史》，中华书局，1974 年。

7. 赵尔巽等：《清史稿》，中华书局，1977 年。

8. 陆荣撰，佚之点校：《菽园杂记》，中华书局，1985 年。

9. 王世贞撰，魏连科点校：《弇山堂别集》，中华书局，1985 年。

10. 周骏富编：《清代传记丛刊》，台北明文书局，1985 年。

11. 查继佐：《罪惟录》，浙江古籍出版社，1986 年。

12. 顾廷龙主编：《清代朱卷集成》，台湾成文出版社，1992 年。

13. 王守仁著，吴光、钱明等编校：《王阳明全集》，上海古籍出版社，1992 年。

14. 谢肇淛：《五杂俎》，上海书店出版社，2001 年。

15. 黄虞稷撰，瞿凤起、潘景郑整理：《千顷堂书目》（附索引），上海古籍出版社，2001 年。

16. 顾炎武著，黄汝成集释：《日知录集释》，上海古籍出版社，2006 年。

17. 黄宗羲著，沈盈芝点校：《明儒学案》，中华书局，2008 年。

18. 钱谦益：《列朝诗集小传》，上海古籍出版社，2008 年。

二、今人著述

1. 王重民：《老子考》，中华图书馆协会，1927 年。

2．徐世昌：《清儒学案》，中华书局，1959年。

3．皮锡瑞：《经学历史》，中华书局，1959年。

4．方闻：《傅青主先生大传年谱》，台湾中华书局，1970年。

5．柳存仁：《和风堂新文集》，台湾新文丰出版公司，1977年。

6．严灵峰：《周秦汉魏诸子知见书目》，台湾正中书局，1975年。

7．严灵峰：《无求备斋诸子读记》，台北成文出版社，1977年。

8．任继愈：《中国哲学史论》，上海人民出版社，1981年。

9．孟森：《明清史讲义》，中华书局，1981年。

10．汤用彤：《汤用彤学术论文集》，中华书局，1983年。

11．梁启超：《梁启超论清学史二种》，复旦大学出版社，1985年。

12．杨向奎：《清儒学案新编》，齐鲁书社1985—1994年。

13．蒙文通：《古学甄微》，巴蜀书社，1987年。

14．汤一介：《中国传统文化中的儒道释》，中国和平出版社，1988年。

15．余英时：《中国思想传统的现代诠释》，江苏人民出版社，1989年。

16．王煜：《新儒学的演变》，香港中文大学，1990年。

17．黄钊主编：《道家思想史纲》，湖南师范大学出版社，1991年。

18．牟钟鉴等主编：《道教通论——兼论道家学说》，齐鲁书社，1991年。

19．陈来：《有无之境——王阳明哲学的精神》，人民出版社，1991年。

20．柳存仁：《和风堂文集》，上海古籍出版社，1991年。

21．麻天祥：《晚清佛学与近代社会思潮》，台湾文津出版社，1992年。

22．陈祖武：《清初学术思辨录》，中国社会科学出版社，1992年。

23．侯外庐：《中国近代启蒙思想史》，人民出版社，1993年。

24．（德）加达默尔：《哲学解释学》，夏镇平、宋建平译，上海译文出版社，1994年。

25．袁啸波：《民间劝善书》，上海古籍出版社，1995年。

26. 萧萐父、许苏民：《明清启蒙学术流变》，辽宁教育出版社，1995 年。

27. （美）艾尔曼：《从理学到朴学：中华帝国晚期思想与社会变化面面观》，赵刚译，江苏人民出版社，1995 年。

28. 卿希泰主编：《中国道教史》，四川人民出版社，1996 年。

29. 朱维铮：《求索真文明——晚清学术史论》，上海古籍出版社，1996 年。

30. 陈宝良：《中国的社与会》，浙江人民出版社，1996 年。

31. 侯外庐、邱汉生、张岂之主编：《宋明理学史》，人民出版社，1997 年。

32. 刘韶军：《唐玄宗、宋徽宗、明太祖、清世祖〈老子〉御批点评》，湖南人民出版社，1997 年。

33. （日）沟口雄三：《中国前近代思想的演变》，索介然、龚颖译，中华书局，1997 年。

34. 钱穆：《中国近三百年学术史》，商务印书馆，1997 年。

35. 钱穆：《中国学术思想史论丛》，台湾联经事业出版公司，1998 年。

36. 漆永祥：《乾嘉考据学研究》，中国社会科学出版社，1998 年。

37. （美）艾尔曼：《经学、政治和宗族：中华帝国晚期常州今文学派研究》，赵刚译，江苏人民出版社，1998 年。

38. 陈霞：《道教劝善书研究》，巴蜀书社，1999 年。

39. 游子安：《劝化金箴：清代善书研究》，天津人民出版社，1999 年。

40. 印顺：《中国禅宗史》，江西人民出版社，1999 年。

41. （德）加达默尔：《真理与方法》，洪汉鼎译，上海译文出版社，1999 年。

42. 余英时、傅杰编：《论士衡史》，上海文艺出版社，1999 年。

43. 陈垣：《明季滇黔佛教考——外宗教史论著八种》，河北教育出版社，2000 年。

44. （美）成中英主编：《本体与诠释》，生活·读书·新知三联书店，2000年。

45．唐大潮：《明清之际道教"三教合一"思想论》，宗教文化出版社，2000年。

46．余英时：《论戴震与章学诚》，生活·读书·新知三联书店，2000年。

47．高翔：《近代的初曙：18世纪中国观念变迁与社会发展》，社科文献出版社，2000年。

48．陈少峰：《宋明理学与道家哲学》，上海文化出版社，2001年。

49．谢明阳：《明遗民的庄子定位论题》，台湾大学出版委员会，2001年。

50．陈鼓应、冯达文主编：《道家与道教：第二届国际学术讨论会论文集》，广东人民出版社，2001年。

51．任继愈主编：《中国道教史》，中国社会科学出版社，2001年。

52．梁启超：《论中国学术思想变迁之大势》，上海古籍出版社，2001年。

53．张寿安：《以礼代理：凌廷堪与清中叶儒学思想之转变》，河北教育出版社，2001年。

54．刘晓东：《明代士人生存状态研究》，吉林文史出版社，2002年。

55．熊铁基、刘固盛、刘韶军：《中国庄学史》，湖南人民出版社，2003年。

56．韦政通：《中国思想史》，上海书店，2003年。

57．李泽厚：《中国古代思想史论》，天津社会科学院出版社，2003年。

58．陈来：《中国近世思想史研究》，商务印书馆，2003年。

59．林庆彰、张寿安编：《乾嘉学者的义理学》，"中央研究院"中国文哲研究所，2003年。

60．黄爱平：《朴学与清代社会》，河北人民出版社，2003年。

61．刘志琴：《晚明史论：重新认识末世衰变》，江西高校出版社，2004年。

62．王汎森：《晚明清初思想十论》，复旦大学出版社，2004年。

63. 梁启超：《清代学术概论》，中国人民大学出版社，2004 年。

64. 张舜徽：《清人文集别录》，华中师范大学出版社，2004 年。

65. 张舜徽：《清人笔记条辨》，华中师范大学出版社，2004 年。

66. 刘仲华：《清代诸子学研究》，中国人民大学出版社，2004 年。

67. 王继平主编：《晚清湖南学术思想史稿》，湖南人民出版社，2004 年。

68. 熊铁基、马良怀、刘韶军：《中国老学史》，福建人民出版社，2005 年。

69. 张舜徽：《清儒学记》，华中师范大学出版社，2005 年。

70. 张舜徽：《清代扬州学记·顾亭林学记》，华中师范大学出版社，2005 年。

71. 陈祖武、朱彤窗：《乾嘉学派研究》，河北人民出版社，2005 年。

72. 彭林编：《清代经学与文化》，北京大学出版社，2005 年。

73. 张寿安：《十八世纪礼学考证的思想活力》，北京大学出版社，2005 年。

74. 龚书铎主编：《清代理学史》，广东教育出版社。2007 年。

75. 萧萐父：《吹沙集》，巴蜀书社，2007 年。

76. 萧萐父：《吹沙二集》，巴蜀书社，2007 年。

77. 萧萐父：《吹沙三集》，巴蜀书社，2007 年。

78. 廖可斌：《明代文学复古运动研究》，商务印书馆，2008 年。

79. （加）卜正民著：《为权利祈祷：佛教与晚明中国士绅社会的形成》，张华译，江苏人民出版社，2008 年。

80. 刘固盛：《道教老学史》，华中师范大学出版社，2008 年。

81. 吴根友：《明清哲学与中国现代哲学诸问题》，中华书局，2008 年。

82. 嵇文甫：《晚明思想史论》，河南大学出版社，2008 年。

83. 熊铁基、麦子飞主编：《全真道与老庄学国际学术研讨会论文集》，华中师范大学出版社，2009 年。

84. 黎业明：《湛若水年谱》，上海古籍出版社，2009 年。

85. 陈文新主编：《明代科举与文学编年》，武汉大学出版社，2009 年。

86. （加）卜正民著：《明代的社会与国家》，陈时龙译，黄山书社，2009 年。

87. 吴根友主编：《多元范式下的明清思想研究》，生活·读书·新知三联书店，2011 年。

88. 陈玉女：《明代佛教与社会》，北京大学出版社，2011 年。

89. 严耀中：《宏观与微观视野里的中国宗教》，华东师范大学出版社，2012 年。

90. 陈祖武：《清代学术源流》，北京师范大学出版社，2012 年。

91. 陈祖武：《清儒学术拾零》，故宫出版社，2012 年。

92. （美）邓尔麟：《嘉定忠臣：17 世纪中国士大夫之统治与社会变迁》，宋华丽译，中央编译出版社，2012 年。

93. 熊铁基、梁发主编：《第二届全真道与老庄学国际学术研讨会论文集》，华中师范大学出版社，2013 年。

94. 王孝鱼：《老子衍疏证》，中华书局，2014 年。

95. 陈宝良：《明代社会转型与文化变迁》，重庆大学出版社，2014 年。

96. 张岂之主编：《中国思想史》，西北大学出版社，2016 年。

97. 熊铁基、黄健荣主编：《第三届全真道与老庄学国际学术研讨会论文集》，华中师范大学出版社，2017 年。

98. 牟钟鉴：《儒道佛三教关系简明通史》，人民出版社，2018 年。